Kartenübersicht Erde

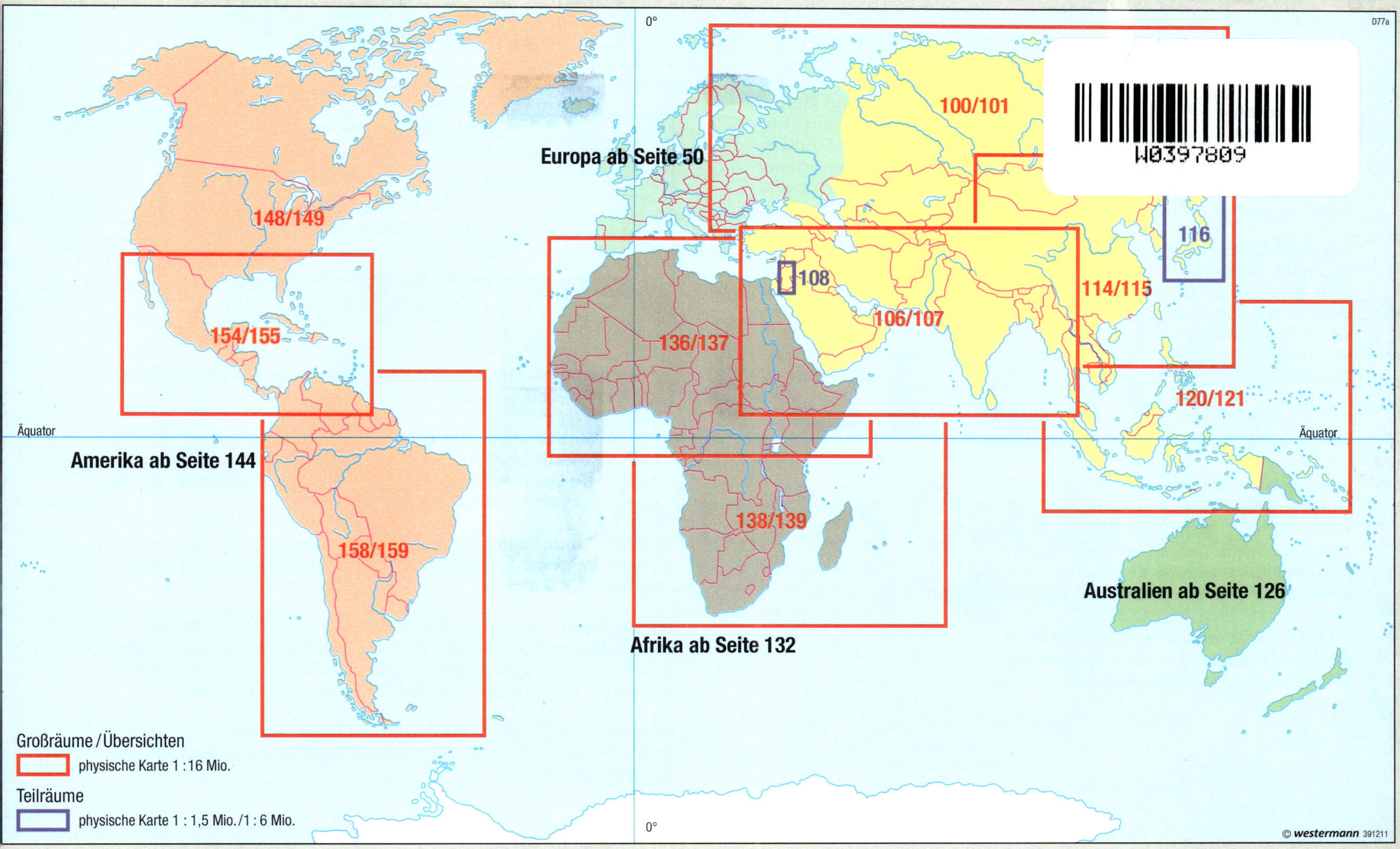

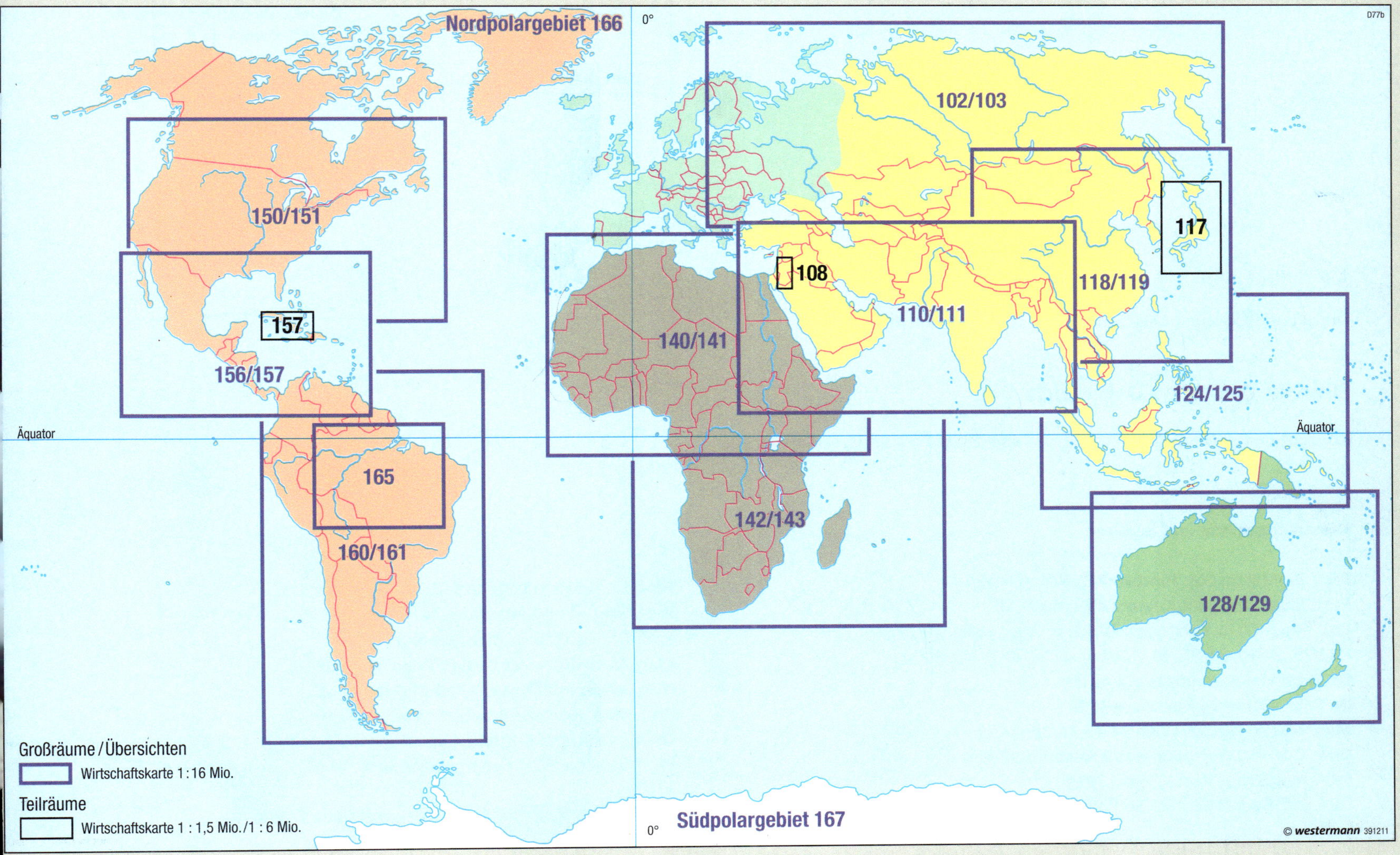

Karteneinführung, Erschließungshilfen

Vom Bild zur Karte
Schärding (Innviertel) Schrägluftbild ... 8 ①
Schärding (Innviertel) Karte ... 1 : 5 000 ... 8 ②
Innsbruck – Senkrechtluftbild ... 1 : 10 000 ... 9 ③
Innsbruck – Stadtplan ... 1 : 10 000 ... 9 ④

Kartentypen – Topographische Karte
Krems an der Donau – Satellitenbildkarte ... 1 : 50 000 ... 10 ①
Zell am See – Topographische Karte ... 1 : 50 000 ... 10 ②

Angewandte Karte
Ankogelgruppe – Wanderkarte ... 1 : 50 000 ... 11 ③
Tauernautobahn und Maltatal-Hochalmstraße – Straßenkarte ... 1 : 200 000 ... 11 ④

Einführung in das Kartenlesen – physische Karte ... 12

Wirtschaftskarte – Systematik ... 13

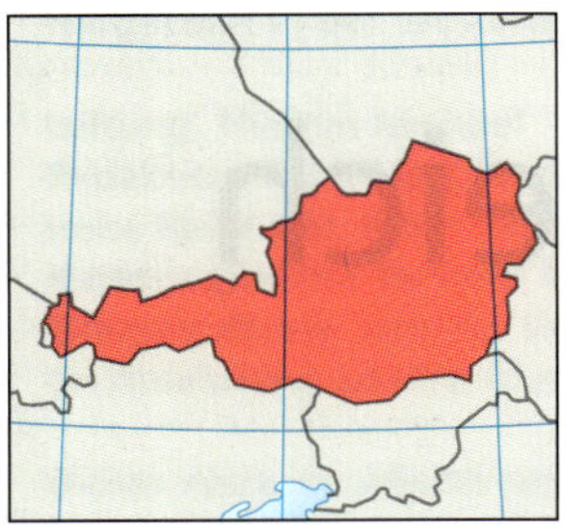

Österreich

Alpenländer – physisch ... 1 : 2 225 000 ... 14/15

Alpenländer – Weltraumbild ... 1 : 2 225 000 ... 16/17

Österreich – physisch ... 1 : 1 500 000 ... 18/19

Vorarlberg/Tirol/Salzburg – physisch ... 1 : 750 000 ... 20/21

Oberösterreich/Niederösterreich/Wien – physisch ... 1 : 750 000 ... 22/23

Kärnten/Steiermark/Burgenland – physisch ... 1 : 750 000 ... 24/25

Alpenländer – Geologie/Tektonik ... 1 : 3 000 000 ... 26/27
Erdzeitalter ... 26 ②
Geologischer Querschnitt ... 27 ③

Österreich – Klima/Vegetation
Jänner – Isothermen ... 1 : 2 500 000 ... 28 ①
Juli – Isothermen ... 1 : 2 500 000 ... 28 ②
Jahresniederschlag ... 1 : 2 500 000 ... 29 ③
Natürliche Vegetation ... 1 : 2 500 000 ... 29 ④

Österreich – Landwirtschaft/Böden
Landwirtschaft ... 1 : 2 500 000 ... 30 ①
Illmitz/Neusiedler See – Strukturwandel 1856/2007 ... 1 : 60 000 ... 30 ②
Böden ... 1 : 2 500 000 ... 31 ③
Flachgau – Strukturwandel zur Grünlandwirtschaft ... 1 : 100 000 ... 31 ④

Österreich – Landwirtschaft und Industrie ... 1 : 1 500 000 ... 32/33

Österreich – Industrieräume ... 34/35
Rheintal ... 1 : 200 000 ... 34 ①
Südliches Wiener Becken ... 1 : 200 000 ... 34 ②
Wirtschaftsraum Linz-Wels-Steyr ... 1 : 400 000 ... 35 ③
Wirtschaftsraum Graz ... 1 : 400 000 ... 35 ④

Österreich – Bevölkerung
Bevölkerungsdichte 2010 ... 1 : 2 500 000 ... 36 ①
Bevölkerung – Altersaufbau ... 36 ②
Bevölkerungsveränderung 2006-2012 ... 1 : 2 500 000 ... 36 ③

Dreiländereck Österreich – Slowakei – Ungarn
Wandel der Grenzregion Wien-Bratislava-Raab ... 1 : 500 000 ... 37 ①
Verkehrserschließung und geopolitische Lage (schematisch) ... 37 ②

Wien – Weltraumbild ... 1 : 50 000 ... 38

Wien – Stadtstruktur
Wien – Funktionale Gliederung ... 1 : 100 000 ... 39
Wien – Innere Stadt ... 1 : 12 500 ... 40 ①
Wien – Inzersdorf – Leben am Stadtrand ... 1 : 12 500 ... 40 ②

Österreich – Landeshauptstädte Linz/Salzburg
Linz – Flächennutzung ... 1 : 50 000 ... 41 ①
Salzburg – Festspielstadt und Touristenzentrum ... 1 : 10 000 ... 41 ②

Österreich – Tourismus
Übersicht ... 1 : 2 500 000 ... 42 ①
Wirtschaftliche Bedeutung des Reiseverkehrs/Herkunft der Reisenden nach Österreich ... 1 : 40 000 000 ... 42 ②
Bad Tatzmannsdorf/Burgenland – Bädertourismus ... 1 : 10 000 ... 42 ③
Kirchberg in Tirol – Wintertourismus ... 1 : 10 000 ... 43 ④
Pörtschach am Wörther See – Sommertourismus ... 1 : 10 000 ... 43 ⑤

Österreich – Verkehr
Verkehr – Straße/Luft/Wasser ... 1 : 2 500 000 ... 44 ①
Verkehr – Eisenbahn ... 1 : 2 500 000 ... 44 ②

Österreich – Verkehr
Glocknermassiv um 1850/2000 ... 1 : 150 000 ... 45 ③
Zentraleuropäische Fernverbindungen ... 1 : 10 000 000 ... 45 ④,⑤

Österreich – Umweltschutz und Naturschutz
Nationale Schutzgebiete ... 1 : 2 500 000 ... 46 ①
Nationalpark Hohe Tauern ... 1 : 600 000 ... 46 ②
Neusiedler See/Seewinkel ... 1 : 350 000 ... 47 ③
Nationalpark Kalkalpen ... 1 : 150 000 ... 47 ④

Österreich – Umweltbelastung
Umweltbelastung ... 1 : 2 500 000 ... 48 ①
Gletschergebiet Ötztaler Alpen ... 1 : 250 000 ... 48 ②

Österreich – Stadt- und Raumplanung
St. Pölten – Planung einer neuen Landeshauptstadt ... 1 : 50 000 ... 49 ①
Steyr 1960 ... 1 : 5 000 ... 49 ②
Steyr 2007 ... 1 : 5 000 ... 49 ③

Österreich – politisch
Politische Gliederung ... 1 : 2 500 000 ... 50 ①

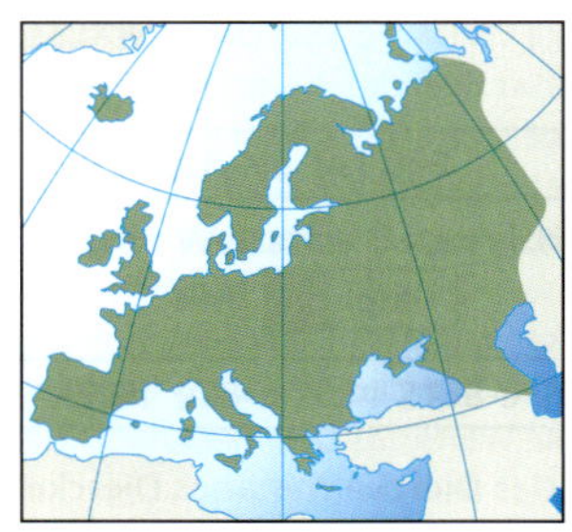

Europa

Europa – Staaten
Staatssprachen und Sprachminderheiten ... 1 : 36 000 000 ... 50 ②
Europäische Zusammenschlüsse ... 1 : 36 000 000 ... 50 ③

Europa – politische Übersicht ... 1 : 24 000 000 ... 51 ④

Europa – physische Übersicht ... 1 : 16 000 000 ... 52/53 ①
Würm- /Weichseleiszeit (letzte Eiszeit) ... 1 : 40 000 000 ... 53 ②
Geotektonik ... 1 : 40 000 000 ... 53 ③

Europa – Klima
Temperaturen im Jänner ... 1 : 36 000 000 ... 54 ①
Temperaturen im Juli ... 1 : 36 000 000 ... 54 ②
Niederschläge im Jahr ... 1 : 36 000 000 ... 55 ③
Frühlingseinzug ... 1 : 24 000 000 ... 55 ④

Europa – Landwirtschaft ... 1 : 16 000 000 ... 56/57 ①
Bodentypen ... 1 : 40 000 000 ... 57 ②
Wandel in der Landwirtschaft – Entwicklung des Ackerbaus 1990 2005 ... 1 : 40 000 000 ... 57 ③

Europa – Wirtschaft ... 1 : 16 000 000 ... 58/59 ①
Wirtschaftliche Raummodelle ... 1 : 40 000 000 ... 59 ②
Energie – Stromerzeugung und -verbrauch ... 1 : 40 000 000 ... 59 ③

Europa – Bevölkerung ... 1 : 24 000 000 ... 60 ①
Ausländische Arbeitnehmer (2005) ... 1 : 40 000 000 ... 60 ②

Europa – Tourismus ... 1 : 24 000 000 ... 61 ①
Balearen – Tourismus ... 1 : 2 400 000 ... 61 ②

Skandinavien/Baltikum – physisch ... 1 : 6 000 000 ... 62/63 ②
Island – physisch ... 1 : 6 000 000 ... 62 ①
Fjordküste ... 1 : 1 000 000 ... 63 ③

Mitteleuropa – physisch 1 : 4 000 000 64/65

West- und Mitteleuropa – Wirtschaft 1 : 6 000 000 66/67

Westalpen – Tourismus 1 : 2 225 000 68 ①
Gliederung der Alpen 1 : 12 500 000 68 ②

Schweiz – physisch 1 : 1 500 000 69 ①
Politische Gliederung 1 : 4 500 000 69 ②

Deutschland – physisch 1 : 2 225 000 70/71

Deutschland – Wirtschaft 1 : 2 225 000 72/73

Deutschland – Berlin und München 74
Berlin 2007 1 : 250 000 74 ①
Berlin unter der Viermächteverantwortung 74 ②
München – Hightech-Standorte 1 : 500 000 74 ③

Deutschland – Rhein-Main
Rhein-Main – Wirtschaft 1 : 500 000 75 ①
Flughafen Frankfurt/Main 1 : 70 000 75 ②

Rheinisch-Westfälisches Industriegebiet
Ruhrgebiet um 1840 1 : 500 000 76 ①
Rheinisch-Westfälisches Industriegebiet 2007 1 : 500 000 76 ②

Mitteleuropa – Energie 1 : 5 000 000 77

Niederlande/Belgien/Luxemburg – physisch 1 : 2 000 000 78

Niederlande – Raumordnung/Hafen
Randstad Holland 1 : 500 000 79 ①
Rotterdam – Europoort 1 : 250 000 79 ②

Britische Inseln – physisch 1 : 4 000 000 80

England/London
Nord- und Mittelengland – Strukturwandel in Bergbau
und Industrie 1950/2006 1 : 1 500 000 81 ①
London – Übersicht 1 : 500 000 81 ②
London – Innenstadt 1 : 50 000 81 ③

Frankreich – physisch 1 : 4 000 000 82/83 ①

Paris
Paris – Übersicht 1 : 500 000 83 ②
Paris – Innenstadt 1 : 50 000 83 ③

Iberische Halbinsel – physisch 1 : 4 000 000 84/85 ①

Spanien – Bewässerungslandwirtschaft
Huerta von Murcia 1 : 200 000 85 ②
El Ejido (Almería) – Treibhausanbau 1 : 200 000 85 ③

Apenninenhalbinsel – physisch 1 : 4 000 000 86/87 ①

Rom/Vulkanismus
Rom 1 : 50 000 87 ②
Golf von Neapel – Leben am Vulkan 1 : 300 000 87 ③

Südwesteuropa – Wirtschaft 1 : 6 000 000 88/89

Südosteuropa/Türkei/Kaukasus – Wirtschaft 1 : 6 000 000 90/91

Südosteuropa/Türkei/Kaukasus – physisch 1 : 6 000 000 92/93

Osteuropa – physisch 1 : 6 000 000 94/95

Osteuropa – Wirtschaft 1 : 6 000 000 96/97

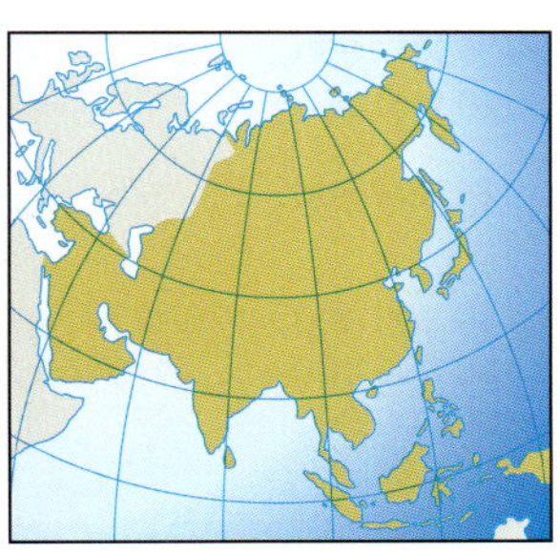

Asien

Asien – politische und physische Übersicht/Bevölkerung
Politische Übersicht 1 : 80 000 000 98 ①
Bevölkerung 1 : 80 000 000 98 ②
Physische Übersicht 1 : 36 000 000 98/99 ③

Nordasien – physisch 1 : 16 000 000 100/101

Nordasien – Wirtschaft 1 : 16 000 000 102/103

Asien – Klima
Temperaturen im Jänner 1 : 85 000 000 104 ①
Temperaturen im Juli 1 : 85 000 000 104 ②
Niederschläge im Jahr 1 : 85 000 000 104 ③
Vorderindien – Monsun 1 : 30 000 000 104 ④

Zentralasien
Aralsee – Landschaftswandel 1960/2009 1 : 6 000 000 105 ①
Afghanistan – Konfliktherd mit
internationaler Militärpräsenz 1 : 8 000 000 105 ②

West- und Südasien – physisch 1 : 16 000 000 106/107

Israel
Physische Übersicht 1 : 1 500 000 108 ①
Wirtschaft 1 : 1 500 000 108 ②

Golfstaaten
Al Hasa – Quelloase 1 : 375 000 109 ①
Arabische Golfstaaten – Wirtschaft 1 : 6 000 000 109 ②
Dubai – Ausbau zur Tourismusmetropole 1 : 250 000 109 ③

West- und Südasien – Wirtschaft 1 : 16 000 000 110/111

Indien
Südasien – Entwicklungsunterschiede 1 : 36 000 000 112 ①
Umbalacheri – Landbesitz/Anbau 1 : 20 000 112 ②
Bangalore (Bengaluru)
wirtschaftliche Weltmarktintegration 1 : 225 000 112 ③

China
Jangtsekiang – Drei-Schluchten-Projekt 1 : 1 800 000 113 ①
Shanghai – Wirtschaftsmetropole 1 : 500 000 113 ②
Pudong – Freihandelszone 1 : 50 000 113 ③

Ostasien – physisch 1 : 16 000 000 114/115

Japan – physisch 1 : 6 000 000 116

Japan – Wirtschaft 1 : 6 000 000 117

Ostasien (China) – Wirtschaft 1 : 16 000 000 118/119 ①

Hongkong (Xianggang) 1 : 500 000 119 ②

Südostasien – physisch 1 : 16 000 000 120/121

Asiatisch – pazifischer Wirtschaftsraum
Asien – Wirtschaft 1 : 36 000 000 122 ①
Arbeitsmigration 1 : 36 000 000 122 ②

Singapur/Indonesien
Stadtstaat Singapur –
Ein Wirtschaftszentrum Südostasiens 1 : 250 000 123 ①
Ophir (West-Sumatra) – Ölpalmenplantage 1 : 175 000 123 ②
Bali – Tourismus 1 : 1 000 000 123 ③

Südostasien – Wirtschaft 1 : 16 000 000 124/125 ①
Borneo – Wirtschaft 1980 1 : 16 000 000 125 ②

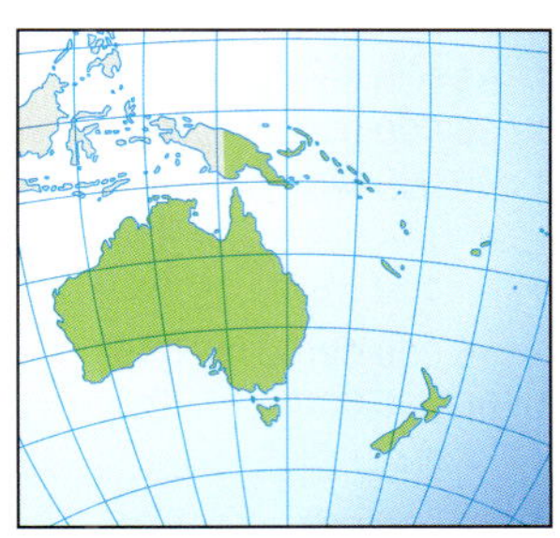

Australien und Ozeanien

Australien und Ozeanien – physische Übersicht/Klima
Australien und Ozeanien – physische Übersicht 1 : 36 000 000 126/127 ①
Hawaii 1 : 1 750 000 127 ②
Maloelap-Atoll (Marshall-Inseln) 1 : 500 000 127 ③
Niederschläge im Jahr 1 : 100 000 000 127 ④
Temperaturen im Jänner/Juli 1 : 100 000 000 127 ⑤

Australien/Neuseeland – Wirtschaft 1 : 16 000 000 128/129 ①
Ureinwohner (Aborigines)/Einwanderung 1 : 50 000 000 128 ②

Indischer Ozean/Pazifischer Ozean
Physische Übersicht 1 : 72 000 000 130/131 ①
Tropisches Wettergeschehen – „El Niño“ und „La Niña“ 131 ②

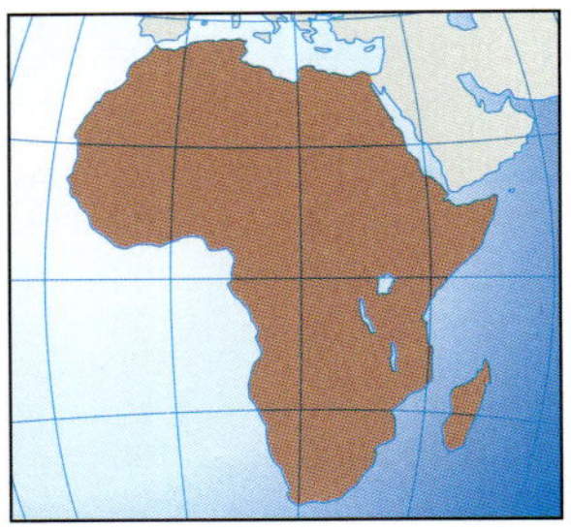

Afrika

Afrika – politische Entwicklung
Afrika im 15.–17. Jahrhundert ... 1 : 72 000 000 ... 132 ①
Bevölkerung ... 1 : 72 000 000 ... 132 ②
Afrika – 1914/1918 ... 1 : 72 000 000 ... 132 ③
Afrika – politische Übersicht ... 1 : 72 000 000 ... 132 ④

Afrika – physische Übersicht ... 1 : 36 000 000 ... 133

Afrika – Klima
Temperaturen im Jänner ... 1 : 72 000 000 ... 134 ①
Temperaturen im Juli ... 1 : 72 000 000 ... 134 ②
Niederschläge im Jahr ... 1 : 72 000 000 ... 134 ③
Zahl der ariden Monate/Dürrewahrscheinlichkeit ... 1 : 72 000 000 ... 134 ④

Afrika – Landwirtschaft ... 1 : 36 000 000 ... 135

Afrika nördlicher Teil – physisch ... 1 : 16 000 000 ... 136/137

Afrika südlicher Teil – physisch ... 1 : 16 000 000 ... 138/139

Afrika nördlicher Teil – Wirtschaft ... 1 : 16 000 000 ... 140/141

Afrika südlicher Teil – Wirtschaft ... 1 : 16 000 000 ... 142/143

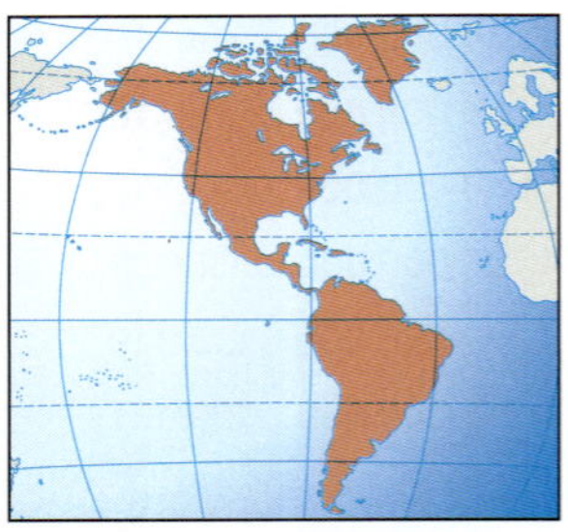

Nordamerika und Südamerika

Amerika – physische Übersicht ... 1 : 36 000 000 ... 144/145 ①
Kalifornien – Erdbeben ... 1 : 6 000 000 ... 145 ②
Geologisches Profil ... 145 ③

Nord- und Mittelamerika – Klima
Temperaturen im Jänner ... 1 : 72 000 000 ... 146 ①
Temperaturen im Juli ... 1 : 72 000 000 ... 146 ②
Niederschläge im Jahr ... 1 : 72 000 000 ... 146 ③
Sunbelt/Frostbelt ... 1 : 42 000 000 ... 146 ④

USA – Bevölkerung
Einwanderung/Besiedlung ... 1 : 36 000 000 ... 147 ①
Minderheiten ... 1 : 36 000 000 ... 147 ②
Bevölkerungsdichte/ -wanderung ... 1 : 36 000 000 ... 147 ③
Bevölkerungsstruktur ... 147 ④

Vereinigte Staaten von Amerika (USA)/Kanada – physisch ... 1 : 16 000 000 ... 148/149 ①
Hurrikan Katrina 27.-29.8.2005 ... 1 : 36 000 000 ... 149 ②

Vereinigte Staaten von Amerika (USA)/ Kanada – Wirtschaft ... 1 : 16 000 000 ... 150/151 ③
Alberta (Kanada) – Ölsandabbau ... 1 : 6 000 000 ... 150 ①
Silicon Valley (Santa Clara County) – Computerindustrie ... 1 : 500 000 ... 150 ②

Nordamerika – New York ... 1 : 50 000 ... 152 ①
New York – Satellitenbild ... 1 : 50 000 ... 153 ②

Mittelamerika – physisch/Mexiko-Stadt ... 1 : 16 000 000 ... 154/155 ①
Mexiko-Stadt – Hochlandmetropole ... 1 : 500 000 ... 154 ②

Mittelamerika – Wirtschaft ... 1 : 16 000 000 ... 156/157 ①
Honduras – Aquakulturen ... 1 : 125 000 ... 156 ②
Kuba – Rohstoffwirtschaft ... 1 : 6 000 000 ... 157 ③

Südamerika – physisch ... 1 : 16 000 000 ... 158/159

Südamerika – Wirtschaft ... 1 : 16 000 000 ... 160/161

Mittel- und Südamerika – Bevölkerung/Staaten
Entdeckungszeitalter ... 1 : 65 000 000 ... 162 ①
Nationalstaaten 1825 ... 1 : 65 000 000 ... 162 ②
Staaten und Ethnien ... 1 : 65 000 000 ... 162 ③
Bevölkerung ... 1 : 65 000 000 ... 162 ④

Südamerika – Klima
Temperaturen im Jänner ... 1 : 60 000 000 ... 163 ①
Temperaturen im Juli ... 1 : 60 000 000 ... 163 ②
Niederschläge im Jahr ... 1 : 60 000 000 ... 163 ③
Nordostbrasilien – El Niño-Jahr (extreme Dürre) ... 1 : 50 000 000 ... 163 ④

Kolumbien/Brasilien
Kolumbien – schwache Staatlichkeit ... 1 : 6 000 000 ... 164 ①
Regionale Entwicklungsunterschiede ... 1 : 36 000 000 ... 164 ②
Rio de Janeiro – Segregation ... 1 : 250 000 ... 164 ③

Amazonien
Eingriff in den tropischen Regenwald ... 1 : 16 000 000 ... 165 ①
Rondônia – Agrarkolonisation ... 1 : 8 000 000 ... 165 ②
Brasília – Hauptstadt seit 1960 ... 1 : 250 000 ... 165 ③

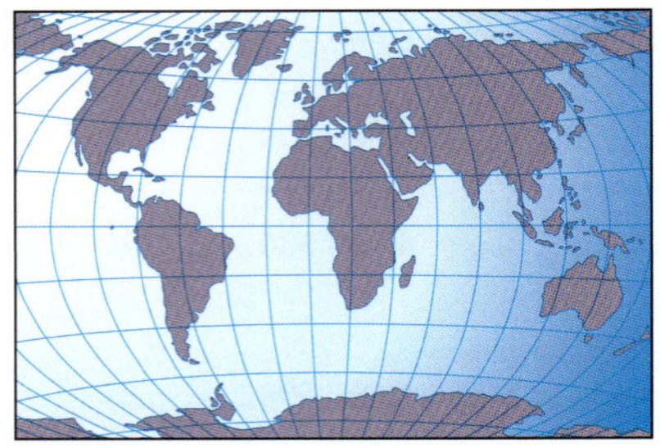

Erde

Polargebiete
Nordpolargebiet (Arktis) ... 1 : 48 000 000 ... 166 ①
Arktis – Nordpol-Entdeckung/Hoheitsansprüche ... 1 : 72 000 000 ... 166 ②
Pole und Magnetfeld der Erde ... 166 ③
Südpolargebiet (Antarktis) ... 1 : 48 000 000 ... 167 ④
Antarktische Halbinsel ... 1 : 12 000 000 ... 167 ⑤
Antarktis – Hoheitsansprüche/Forschung ... 1 : 72 000 000 ... 167 ⑥

Erde – physische Übersicht ... 1 : 90 000 000 ... 168/169 ①
Schalenbau der Erde ... 168 ②
Schnitt durch die Erdkruste (schematisch) ... 168/169 ③

Erdgeschichte/Tektonik/Vulkanismus
Erdgeschichte und Kontinentaldrift ... 170 ①
Geotektonik ... 1 : 120 000 000 ... 171 ②
Erdbeben und Vulkanismus ... 1 : 120 000 000 ... 171 ③

Erde – Klima
Klimate der Erde nach A. Siegmund und P. Frankenberg ... 1 : 90 000 000 ... 172/173 ①
Niederschläge im Juli – Nordsommer-Südwinter ... 1 : 180 000 000 ... 172 ②
Niederschläge im Jänner – Nordwinter-Südsommer ... 1 : 180 000 000 ... 173 ③

Erde – Luftdruck und Winde
Jänner ... 1 : 140 000 000 ... 174 ①
Juli ... 1 : 140 000 000 ... 174 ②
Windsysteme (schematisch) ... 175 ③
Nordatlantische Oszillation (NAO) – winterliche Wettersysteme ... 1 : 120 000 000 ... 175 ④

Erde – Reale Vegetation/Landnutzung
Reale Vegetation ... 1 : 90 000 000 ... 176/177 ①
Waldnutzungs- und Forstwirtschaftsformen ... 1 : 180 000 000 ... 176 ②
Agrarregionen ... 1 : 180 000 000 ... 177 ③

Erde – Agrarwirtschaft
Nahrungs- und Genusspflanzen/ Beschäftigte in der Landwirtschaft ... 1 : 140 000 000 ... 178 ①
Agrarische Rohstoffe/Anteil der Landwirtschaft am Bruttoinlandsprodukt ... 1 : 140 000 000 ... 178 ②

Erde – Energierohstoffe/Rohstoffabhängigkeit
Energierohstoffe/Energieverbrauch ... 1 : 140 000 000 ... 179 ①
Metallische Rohstoffe/Rohstoffabhängigkeit ... 1 : 140 000 000 ... 179 ②

Erde – Welthandel
Welthandel nach Ländern und
Warengruppen (2005) 1 : 30 000 000 /1 : 90 000 000 ... 180/181 ①
Deutschland – Rohstoffabhängigkeit 1 : 180 000 000 ... 180 ②
Japan – Rohstoffabhängigkeit 1 : 180 000 000 ... 181 ③

Erde – Tourismus
Tourismusformen und Reiseziele 1 : 120 000 000 ... 182 ①
Gizeh – Tourismusentwicklung und Stadtwachstum 1 : 50 000 ... 182 ②
Jerusalem 1 : 50 000 ... 182 ③
Europa – Herkunft der Reisenden/
Volkswirtschaftliche Bedeutung des Tourismus 1 : 40 000 000 ... 183 ④
Sri Lanka – Tourismus und Konflikte 1 : 3 000 000 ... 183 ⑤
Himalaya – Tourismus 1 : 500 000 ... 183 ⑥

Erde – Globalisierung
Globalisierte Wirtschaft 1 : 140 000 000 ... 184/185 ①
Verkehr und Kommunikation 1 : 140 000 000 ... 184 ②
Migration 1 : 140 000 000 ... 185 ③

Erde – Bevölkerung
Altersaufbau in 5-Jahresgruppen ... 186 ①
Bevölkerungsdichte und
Bevölkerungsverteilung (2014) 1 : 90 000 000 ... 186/187 ②
Bevölkerungswachstum 1 : 180 000 000 ... 186 ③
Lebenserwartung/Säuglingssterblichkeit 1 : 180 000 000 ... 187 ④

Erde – Menschheit
Entwicklungsstand der Staaten –
Lebensbedingungen 1 : 140 000 000 ... 188 ①
Ernährung/Bildung/Gesundheit 1 : 140 000 000 ... 188 ②
Religionen 1 : 140 000 000 ... 189 ③
Sprachen 1 : 140 000 000 ... 189 ④

Erde – politische Übersicht 1 : 90 000 000 ... 190/191 ①
Politische und militärische Bündnisse (2014) 1 : 180 000 000 ... 190 ②

Erde – Zeitzonen 1 : 180 000 000 ... 191 ③

Erdatmosphäre/Wetterbeobachtung
Erdatmosphäre ... 192 ①
Wetterlage – 26.10.2004 ... 192 ②
Wetterlage – 27.10.2004 ... 192 ③
Wetterlage – 28.10.2004 ... 192 ④
Vertikalschnitt 38° Nord ... 192 ⑤
Bodendruck 38° Nord ... 192 ⑥

Kartennetzentwürfe/Entfernungsberechnung ... 193
Mitarbeiter- und Quellenverzeichnis ... 194
Register ... 195–221
Sachwortregister ... 222/223
Staaten – Flaggen und Statistik ... 224/225
Die Erde im Weltall ... 226/227

Thematische Karten nach Sachgruppen

Geologie, Tektonik, Oberflächenformen

Geologie/Tektonik
Alpenländer – Geologie ... 26/27 ①
Erdzeitalter ... 26 ②
Geologischer Querschnitt ... 27 ③
Europa – Tektonik ... 53 ③
Kalifornien – Erdbeben ... 145 ②
Kalifornien – geologisches Profil ... 145 ③
Erde – Schalenbau ... 168 ②
Schnitt durch die Erdkruste (schematisch) ... 168/169 ③
Erde – Geotektonik ... 171 ②

Vulkanismus
Island – physisch ... 62 ①
Golf von Neapel – Leben am Vulkan ... 87 ③
Hawaii ... 127 ②
Erde – Erdbeben und Vulkanismus/Plattentektonik ... 171 ③

Eiszeit/Vergletscherung
Europa – Würm- /Weichseleiszeit ... 53 ②
Nordpolargebiet (Arktis) ... 166 ①
Südpolargebiet (Antarktis) ... 167 ④

Oberflächenformen
Fjordküste ... 63 ③
Maloelap-Atoll ... 127 ③

Boden, Vegetation

Boden
Österreich – Böden ... 31 ③
Europa – Bodentypen ... 57 ②

Vegetation
Österreich – Natürliche Vegetation ... 29 ④
Europa – Würm- /Weichseleiszeit ... 53 ②
Great Plains – Natürliche Vegetation ... 143 ②
Erde – Reale Vegetation ... 176/177 ①

Vegetationsinformationen sind auch in allen Bodenbedeckungs-/Wirtschaftskarten und den Kontinentübersichten zur Landwirtschaft enthalten.

Klima, Wetter

Österreich – Klima
Isothermen – im Jänner/Juli ... 28 ①, ②
Jahresniederschlag ... 29 ③
Europa – Temperaturen im Jänner/Juli ... 54 ①, ②
Europa – Niederschläge im Jahr ... 55 ③
Frühlingseinzug ... 55 ④
Asien – Temperaturen im Jänner/Juli ... 104 ①, ②
Asien – Niederschläge im Jahr ... 104 ③
Vorderindien – Monsun ... 104 ④
Australien – Niederschläge im Jahr ... 127 ④
Australien – Temperaturen im Jänner/Juli ... 127 ⑤
Afrika – Temperaturen im Jänner/Juli ... 134 ①, ②
Afrika – Niederschläge im Jahr ... 134 ③
Zahl der ariden Monate/Dürrewahrscheinlichkeit ... 134 ④
Nord- und Mittelamerika – Temperaturen im Jänner/Juli ... 146 ①, ②
Nord- und Mittelamerika – Niederschläge im Jahr ... 146 ③
Sunbelt/Frostbelt ... 146 ④
Südamerika – Temperaturen im Jänner/Juli ... 163 ①, ②
Südamerika – Niederschläge im Jahr ... 163 ③
Erde – Klima ... 172/173 ①
Erde – Niederschläge im Jänner ... 173 ③
Luftdruck und Winde – im Jänner/Juli ... 174 ①, ②

Naturkatastrophen

Sturmflut, Überschwemmung, Wirbelstürme, Dürre
Afrika – Zahl der ariden Monate/Dürrewahrscheinlichkeit ... 134 ④
Hurrikan Katrina ... 149 ②

Erdbeben/Vulkane
Island .... 62 ①
Golf von Neapel – Leben am Vulkan .... 87 ③
Europa – Geotektonik .... 53 ③
Erde – Erdbeben und Vulkanismus/Plattentektonik .... 171 ③

Umweltbelastung, Umweltschutz

Umweltbelastung
Wien – Ver- und Entsorgung .... 38 ①
Österreich – Umweltbelastung .... 46 ①
Nationalpark Hohe Tauern – Naturschutzeinrichtungen .... 46 ②
St. Pölten – Planung einer neuen Landeshauptstadt – Ökologische Maßnahmen .... 49 ①
Mexiko-Stadt (Luftbelastung) .... 154 ②
Amazonien – Eingriff in den tropischen Regenwald .... 165 ①
Erde – Waldnutzungs- und Forstwirtschaftsformen .... 176 ②

Land- und Forstwirtschaft, Fischerei

Übersichten und Grundlagen
Österreich – Landwirtschaft .... 30 ①
Bodennutzung 32/33
Rheintal – Bodennutzung .... 34 ①
Südliches Wiener Becken – Bodennutzung .... 34 ②
Afrika – Landwirtschaft 135
Südpolargebiet – Lebensräume Tierwelt .... 167 ④
Erde – Reale Vegetation .... 176/177 ①
Erde – Waldnutzungs- und Forstwirtschaftsformen .... 176 ②
Erde – Agrarregionen .... 177 ③
Nahrungs- und Genusspflanzen/ Beschäftigte in der Landwirtschaft .... 178 ①
Agrarische Rohstoffe/Anteil der Landwirtschaft am Bruttoinlandsprodukt .... 178 ②

Landwirtschaftliche Betriebsformen und -systeme, Vermarktung
Kuba – Zuckerwirtschaft .... 157 ②
Amazonien – Eingriff in den tropischen Regenwald .... 165 ①

Erschließung, Neulandgewinnung
Rondônia – Agrarkolonisation .... 165 ②

Trockengebiete, Bewässerung, Versalzung
Huerta von Murcia .... 85 ②

Strukturwandel
Illmitz/Neusiedler See – Strukturwandel 1856/2007 .... 30 ②
Flachgau – Strukturwandel zur Grünlandwirtschaft .... 31 ④
Europa – Wandel in der Landwirtschaft .... 57 ③

Bergbau, Energie, Industrie

Bergbau, Rohstoffe
Österreich – Bergbau 32/33
Wirtschaftsraum Linz-Wels-Steyr – Bergbau .... 35 ③
West- und Mitteleuropa – Wirtschaft 66/67
Ruhrgebiet um 1840 .... 76 ①
Rheinisch-Westfälisches Industriegebiet – 2007 .... 76 ②
Amazonien – Bergbau .... 165 ①
Polargebiete – Bergbau .... 166 ①, 167 ②
Erde – Energierohstoffe/Energieverbrauch .... 179 ①
Erde – Metallische Rohstoffe/Rohstoffabhängigkeit .... 179 ②
Deutschland/Japan – Rohstoffimporte und Außenhandel .... 180 ②, 181 ③

Energie
Wirtschaftsraum Linz-Wels-Steyr – Energie .... 35 ③
Europa – Energie .... 59 ③
Mitteleuropa – Elektrizitätserzeugung 77
Erde – Energierohstoffe/Energieverbrauch .... 179 ①

Industrie, Industrieentwicklung, Strukturprobleme
Österreich – Verarbeitung landwirtschaftlicher Produkte .... 30 ①
Österreich – Industrie 32/33
Rheintal – Industrie .... 34 ①
Südliches Wiener Becken – Industrie .... 34 ②
Wirtschaftsraum Linz-Wels-Steyr – Industrie .... 35 ③
Wien – Industrie 39
Europa – Industrie .... 58/59 ①
Rheinisch-Westfälisches Industriegebiet – 2007 .... 76 ②
Berlin .... 74 ①
München – „Hightech"-Standorte .... 74 ③
Nord- und Mittelengland – Strukturwandel in Bergbau und Industrie 1950/2006 .... 81 ①
Israel – Wirtschaft .... 108 ②
Silicon Valley – Computerindustrie .... 150 ②
Kuba – Zuckerwirtschaft .... 157 ③
Amazonien – Industrie .... 165 ①

Wirtschaftskarten der Maßstäbe 1 : 2,25 Mio., 1 : 6 Mio., 1 : 12 Mio. und 1 : 16 Mio. siehe Übersicht Seite I und II (Vorderer Einband)

Handel, Verkehr, Tourismus, Dienstleistungen

Handel
Welthandel nach Ländern und Warengruppen .... 180/181 ①
Deutschland/Japan – Rohstoffimporte und Außenhandel .... 180 ②, 181 ③

Verkehr
Österreich – Straße/Luft/Wasser .... 44 ①
Österreich – Eisenbahn .... 44 ②
Glocknermassiv um 1850/1990 .... 45 ①
Zentraleuropäische Fernverbindungen – Straßen .... 45 ④
Zentraleuropäische Fernverbindungen – Bahnen .... 45 ⑤
Rotterdam – Europoort .... 79 ②

Tourismus, Erholung
Österreich-Tourismus – Übersicht .... 42 ①
Wirtschaftliche Bedeutung des Reiseverkehrs/Herkunft der Reisenden nach Österreich .... 42 ②
Bad Tatzmannsdorf/Burgenland – Bädertourismus .... 42 ③
Kirchberg in Tirol – Wintertourismus .... 43 ④
Pörtschach am Wörther See – Sommertourismus .... 43 ⑤
Nationalpark Hohe Tauern .... 46 ②
Europa – Tourismus .... 61 ①
Westalpen – Tourismus .... 68 ①
Balearen – Tourismus .... 61 ②
Rom .... 87 ②
Gizeh – Tourismusentwicklung .... 182 ②
Jerusalem .... 182 ③
Sri Lanka – Tourismus .... 183 ⑤
Himalaya – Tourismus .... 183 ⑥

Dienstleistungsbereich (tertiärer Sektor)
Rheintal – Dienstleistungen .... 34 ①
Südliches Wiener Becken – Dienstleistungen .... 34 ②
Wirtschaftsraum Linz-Wels-Steyr – Dienstleistungen .... 35 ③
Wien – Dienstleistungen 39

Bevölkerung, Mobilität, soziale Gruppen

Bevölkerungsdichte, Bevölkerungswachstum, Verstädterung
Österreich – Bevölkerungsdichte ... 36 ①
Österreich – Bevölkerungsveränderung 2006 – 2012 ... 36 ②
Europa – Bevölkerung ... 60 ①
Asien – Bevölkerung ... 98 ②
Afrika – Bevölkerung ... 132 ①
USA – Bevölkerungsdichte/ -wanderung ... 147 ③
Südamerika – Bevölkerung ... 162 ④
Erde – Bevölkerungsdichte und Bevölkerungsverteilung ... 186/187 ①
Erde – Bevölkerungswachstum ... 186 ②
Erde – Säuglingssterblichkeit/Lebenserwartung ... 187 ③

Mobilität
Österreich – Bevölkerungsveränderung 2006 – 2012 ... 36 ③
Europa – Ausländische Arbeitnehmer ... 60 ②
USA – Einwanderung/Besiedlung ... 147 ①
USA – Bevölkerungsdichte/Bevölkerungswanderung ... 147 ③
Brasilien – Bevölkerungswanderung ... 164 ②
Rondônia – Agrarkolonisation ... 165 ②

Völker, Sprachen, Religionen
Europa – Staatsprachen und Sprachminderheiten ... 50 ②
Rom ... 87 ②
Australien – Ureinwohner/Einwanderung ... 128 ②
Afrika im 15. – 17. Jahrhundert ... 132 ①
USA – Einwanderung/Besiedlung/Minderheiten ... 147 ①, ②
Südamerika – Staaten und Ethnien ... 162 ③
Erde – Religionen ... 189 ③
Erde – Sprachen ... 189 ④

Soziale Gruppen
Mexiko-Stadt ... 154 ②
Brasília – Hauptstadt seit 1960 ... 165 ③

Raumwahrnehmung, Weltbild
Salzburg – Wohnstandortbewertung ... 41 ④

Städtische Siedlungen

Funktionale Gliederung/Stadt- und Sozialstruktur
Schärding (Innviertel) ... 8 ②
Innsbruck – Stadtplan ... 9 ④
Wien – funktionale Gliederung ... 39
Wien – innere Stadt ... 40 ①
Wien-Inzersdorf – Leben am Stadtrand ... 40 ②
Linz – Flächennutzung ... 41 ①
Salzburg – Festspielstadt und Touristenzentrum ... 41 ②
Bad Tatzmannsdorf/Burgenland – Bädertourismus ... 42 ③
Kirchberg in Tirol – Wintertourismus ... 43 ④
Pörtschach am Wörther See – Sommertourismus ... 43 ⑤
London – Übersicht ... 81 ②
Paris – Übersicht/innere Stadt ... 83 ②, ③
Rom ... 87 ②
New York – Manhattan ... 152 ①
Mexiko-Stadt – Sozialstruktur ... 154 ②
Brasília – Hauptstadt seit 1960 ... 165 ③

Stadtwachstum, Siedlungsentwicklung
Linz – Flächennutzung ... 41 ①
Steyr 1960/2007 ... 49 ②, ③
Hongkong ... 119 ②

Neue Städte, Städtebau
London – Übersicht ... 81 ②
Paris – Übersicht ... 83 ②
Hongkong – Übersicht ... 119 ②
Brasília – Hauptstadt seit 1960 ... 165 ③

Raumordnung

Raumordnung
Wien – funktionale Gliederung ... 39
St. Pölten – Planung einer neuen Landeshauptstadt ... 49 ①
Paris – Übersicht (Raumplanung) ... 83 ②
Hongkong ... 119 ②
Brasília – Hauptstadt seit 1960 ... 165 ③

Entwicklungsländer, Entwicklungshilfe

Amazonien – Eingriff in den tropischen Regenwald ... 165 ①
Rondônia – Agrarkolonisation ... 165 ②
Erde – Entwicklungsstand der Staaten ... 188 ①

Staaten, Verwaltung Geschichte

Österreich – politische Gliederung ... 50 ①
Europäische Zusammenschlüsse ... 50 ③
Europa – politische Übersicht ... 51 ④
Berlin unter der Viermächteverantwortung ... 74 ②
Asien – politische Übersicht ... 98 ①
Afrika im 15. – 17. Jahrhundert ... 132 ①
Afrika 1914/1918 ... 132 ③
Afrika – politische Übersicht ... 132 ④
USA – Einwanderung/Besiedlung ... 147 ①
Südamerika – Staaten und Ethnien ... 162 ③
Arktis-Nordpol – Entdeckung/Hoheitsansprüche ... 166 ②
Antarktis – Hoheitsansprüche/Forschung ... 167 ⑥
Erde – Staaten ... 190/191 ①
Erde – politische und militärische Bündnisse (2014) ... 190 ②

Karteneinführung, Erschließungshilfen

Karteneinführung
Vom Bild zur Karte
Schärding (Innviertel) – Schrägluftbild/Karte ... 8 ①, ②
Innsbruck – Senkrechtluftbild/Stadtplan ... 9 ③, ④

Kartentypen
Krems an der Donau – Satellitenbildkarte ... 10 ①
Zell am See – Topografische Karte ... 10 ②
Ankogelgruppe – Wanderkarte ... 11 ③
Tauernautobahn und Maltatal – Straßenkarte ... 11 ④
Physische Karte – Einführung ... 12
Wirtschaftskarte – Systematik ... 13
Alpenländer – Satellitenbild ... 16/17
Kartennetzentwürfe/Entfernungsberechnung ... 193

Erschließungshilfen
Regionales Inhaltsverzeichnis ... 2–4
Thematisches Inhaltsverzeichnis ... 5–7
Register ... 195–221
Sachwortregister ... 222/223

Österreich
Europa
Asien
Ozeanien
Afrika
Amerika
Erde
Register

① Schärding (Innviertel) Schrägluftbild

Karten stellen die dreidimensionale Oberfläche der Erde oder anderer Weltkörper in verebneter Form dar. Sie sind maßstäblich verkleinert, generalisiert, erläutert und dem jeweiligen Darstellungszweck angepasst.

Bildnachweis:
Ernst Scheurecker Luftbildunternehmen und Fotoverlag, Schärding/Inn, aufgenommen 2007

② Schärding (Innviertel) Karte

Maßstab 1 : 5 000

0 50 100 150 m

1 cm auf der Karte ≙ 50 m in der Natur

- überwiegend Wohnbebauung, z.T. Geschäfte
- öffentliches Gebäude
- Kirche, Kloster
- Park, Grünanlage
- Hausgarten
- Freifläche
- **Wassertor** Sehenswürdigkeit
- Kirche
- Kloster
- Museum
- Denkmal
- Stadtmauer
- Tennisanlage
- Hallenbad
- Kneippbad
- Information
- Parkplatz
- • 303 Höhenangabe in Meter
- Staatsgrenze

N NNO NO ONO O OSO SO SSO S SSW SW WSW W WNW NW NNW

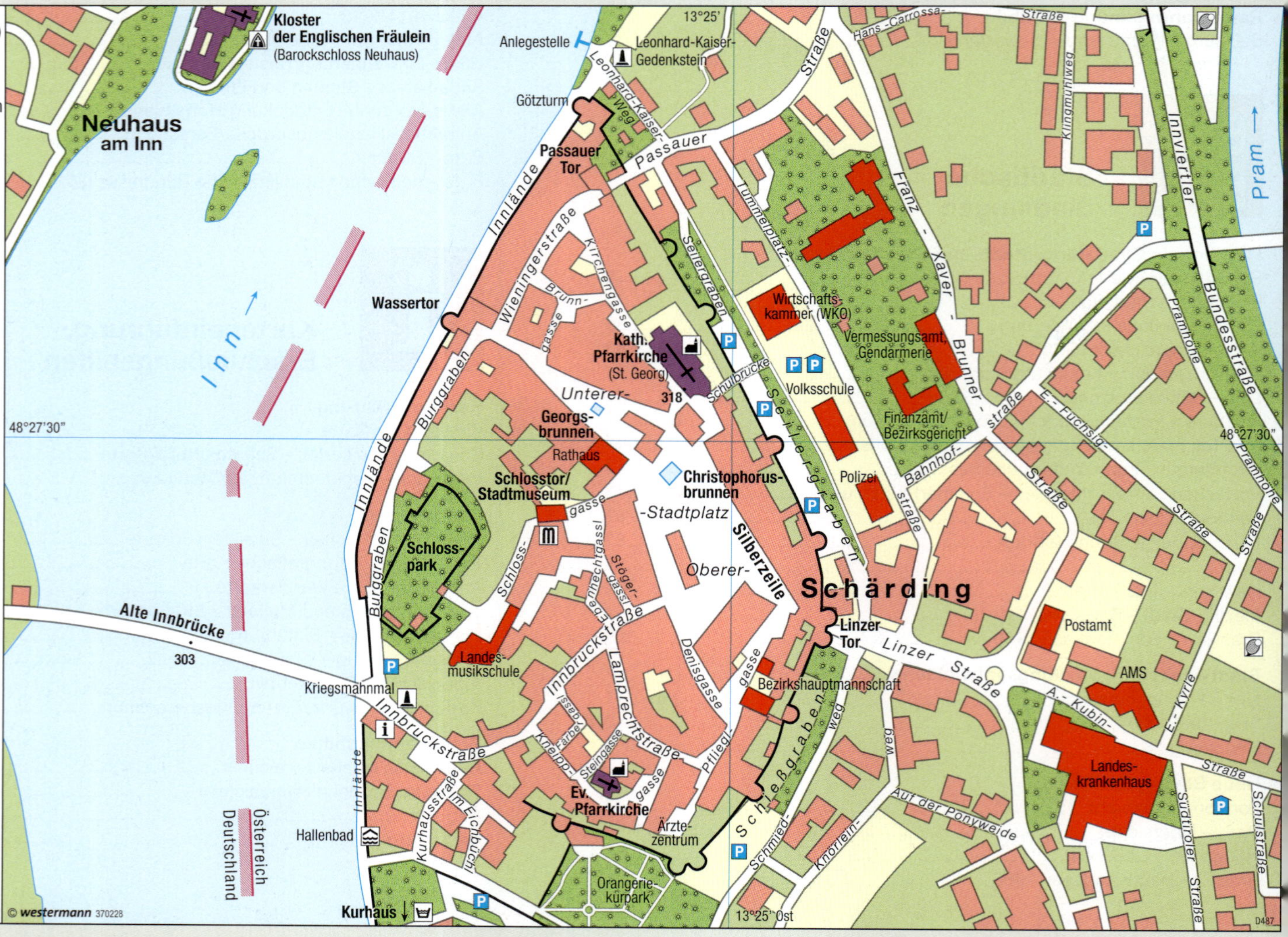

③ Innsbruck-
Senkrechtluftbild
Maßstab 1 : 10 000

© Alpine Luftbild GmbH & Co., Innsbruck 2007

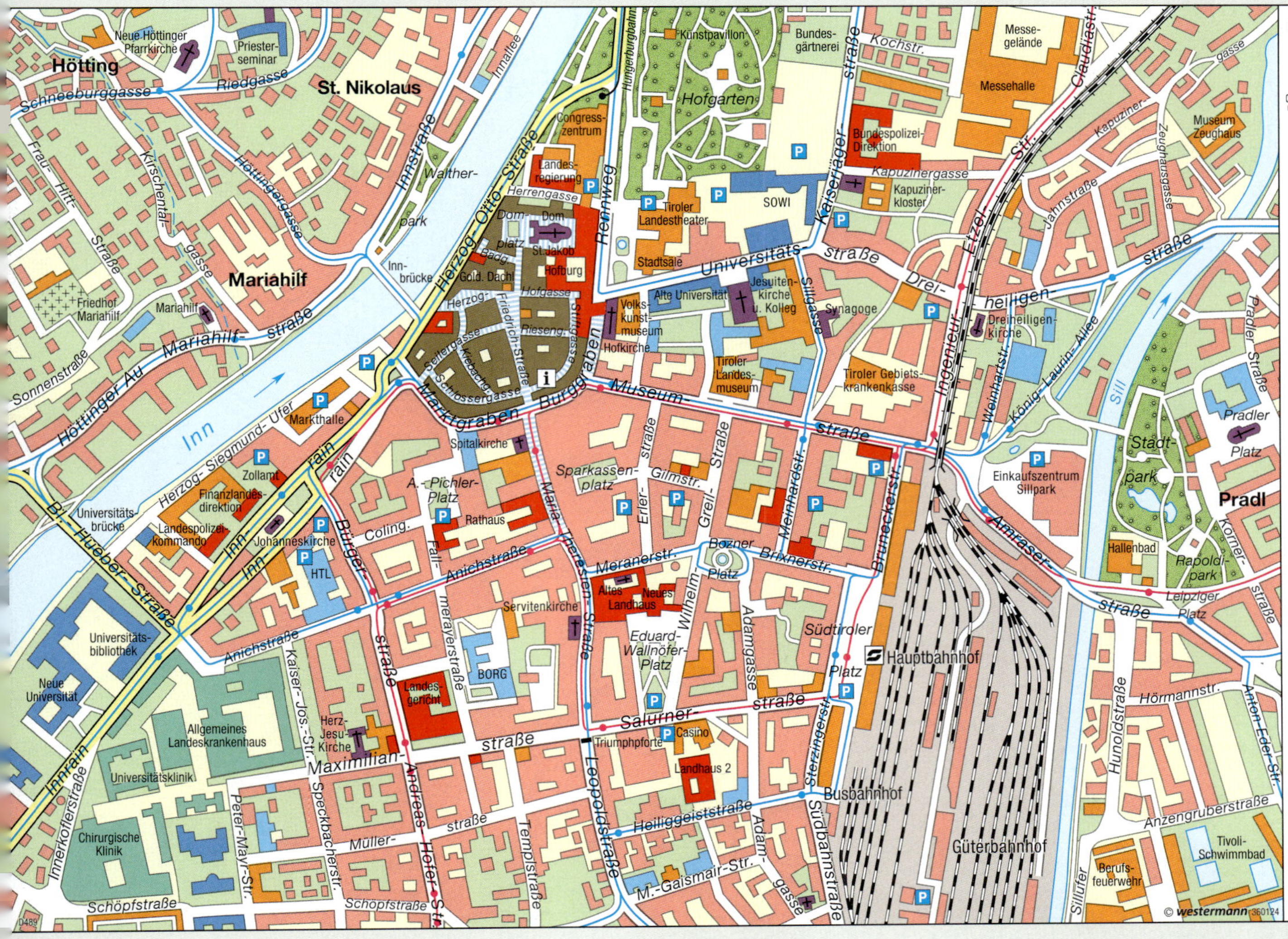

④ Innsbruck-
Stadtplan
Maßstab 1 : 10 000

0 100 200 300 m

1 cm auf der Karte ≙ 100 m in der Natur

- Altstadt
- Bebauung
- öffentliche Gebäude
  - Schule
  - Universität
  - Klinik
  - Verwaltung
  - sonstige öffentliche Gebäude
- Kirche
- Park
- Grünfläche
- Freifläche
- Bahngelände
- Fußgängerzone
- Durchfahrtsstraße
- Eisenbahn
- Straßenbahn mit Haltestelle
- Bus mit Haltestelle
- Information
- Parkplatz
- Bahnhof

① Zell am See – Satellitenbildkarte

Maßstab 1 : 50 000

0 500 1000 m

- Siedlungsfläche
- Wald
- landwirtschaftliche Nutzfläche
- Straße
- See
- Fluss
- Schneefläche

Originaldaten IKONOS, Aufnahme vom 22. März 2003 (TRIGIS Vermessung und Geoinformatik GmbH, Berlin)

② Zell am See – Topographische Karte

Maßstab 1 : 50 000

0 500 1000 m

1 cm auf der Karte ≙ 500 m in der Natur

- Siedlungsfläche
- Wald
- Hauptverbindungsstraße
- wichtige Nebenverbindungsstraße
- sonstige Straße
- Fahrweg
- Eisenbahn
- Fluss
- Bach

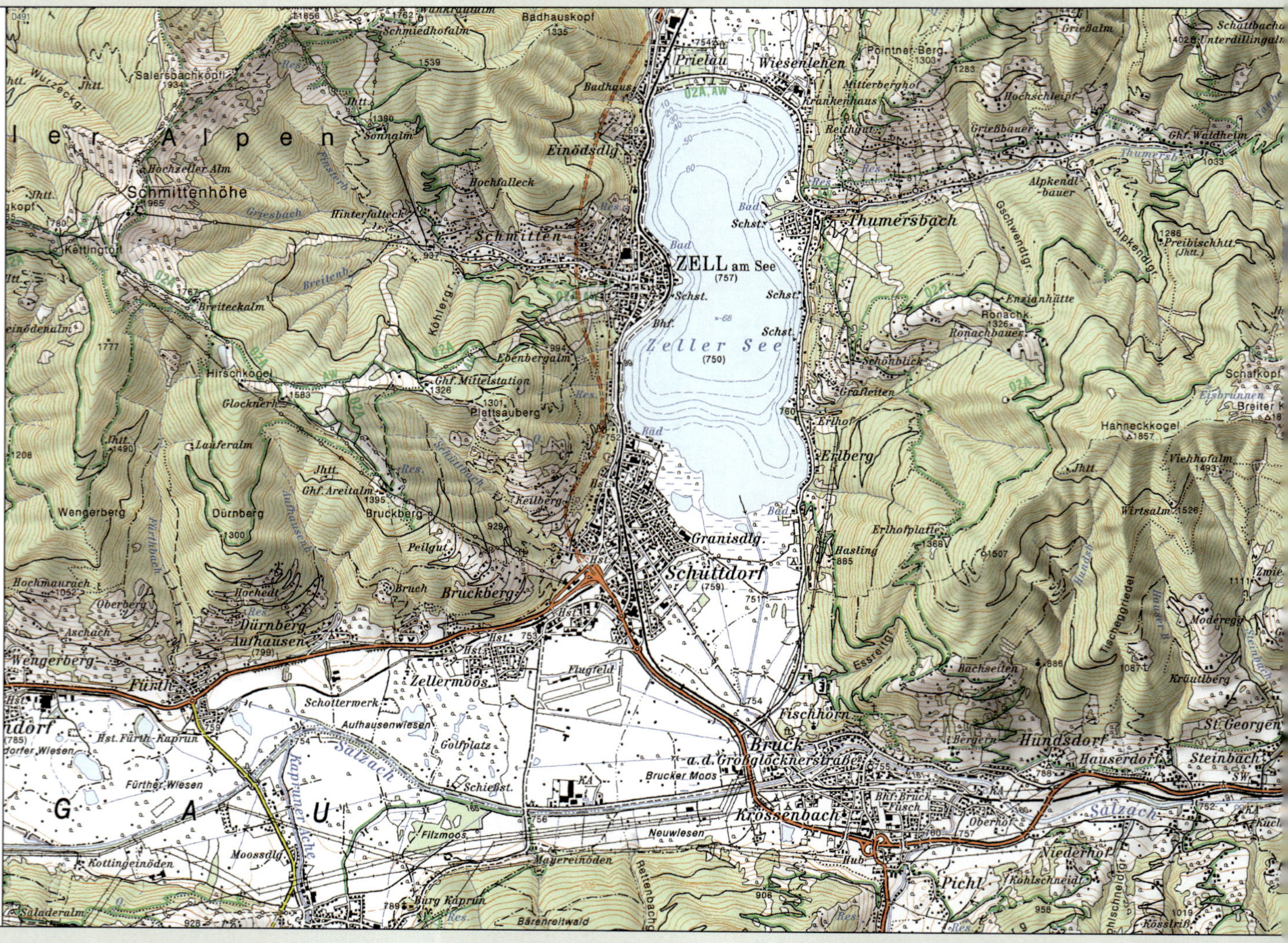

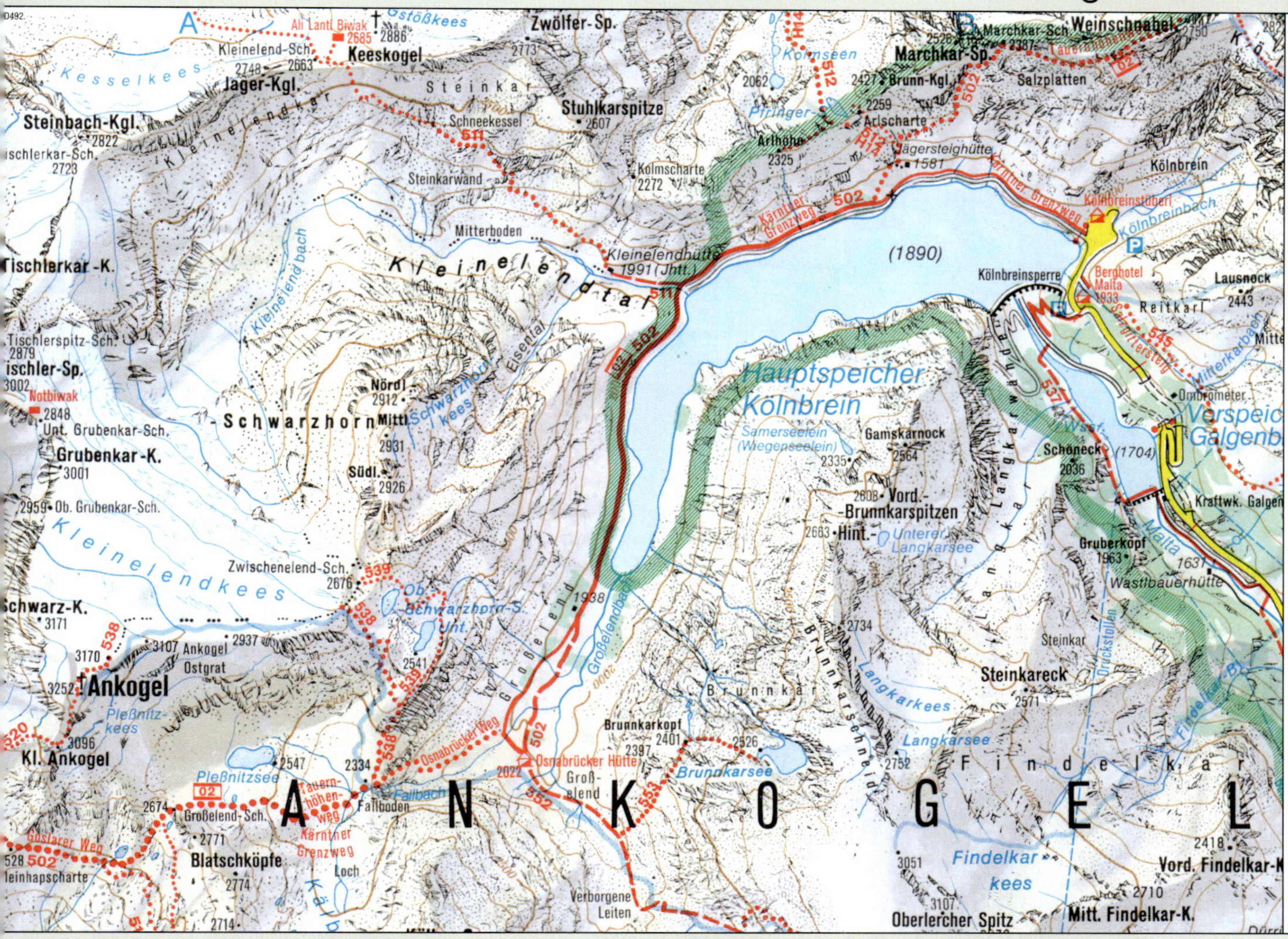

③ Ankogelgruppe – Wanderkarte

Maßstab 1 : 50 000

0 500 1000 m

1 cm auf der Karte ≙ 500 m in der Natur

- 502 Wanderweg mit Nummer
- Zentralalpenweg
- Wanderpfad
- Steig, Bergpfad, markiert
- alpine Schiroute
- Hütte, unbewirtschaftet
- Schutzhütte, Berggasthof, zeitweise bewirtschaftet
- Straße
- Fahrweg
- Steig, Bergpfad
- Parkplatz
- Nationalpark

KOMPASS

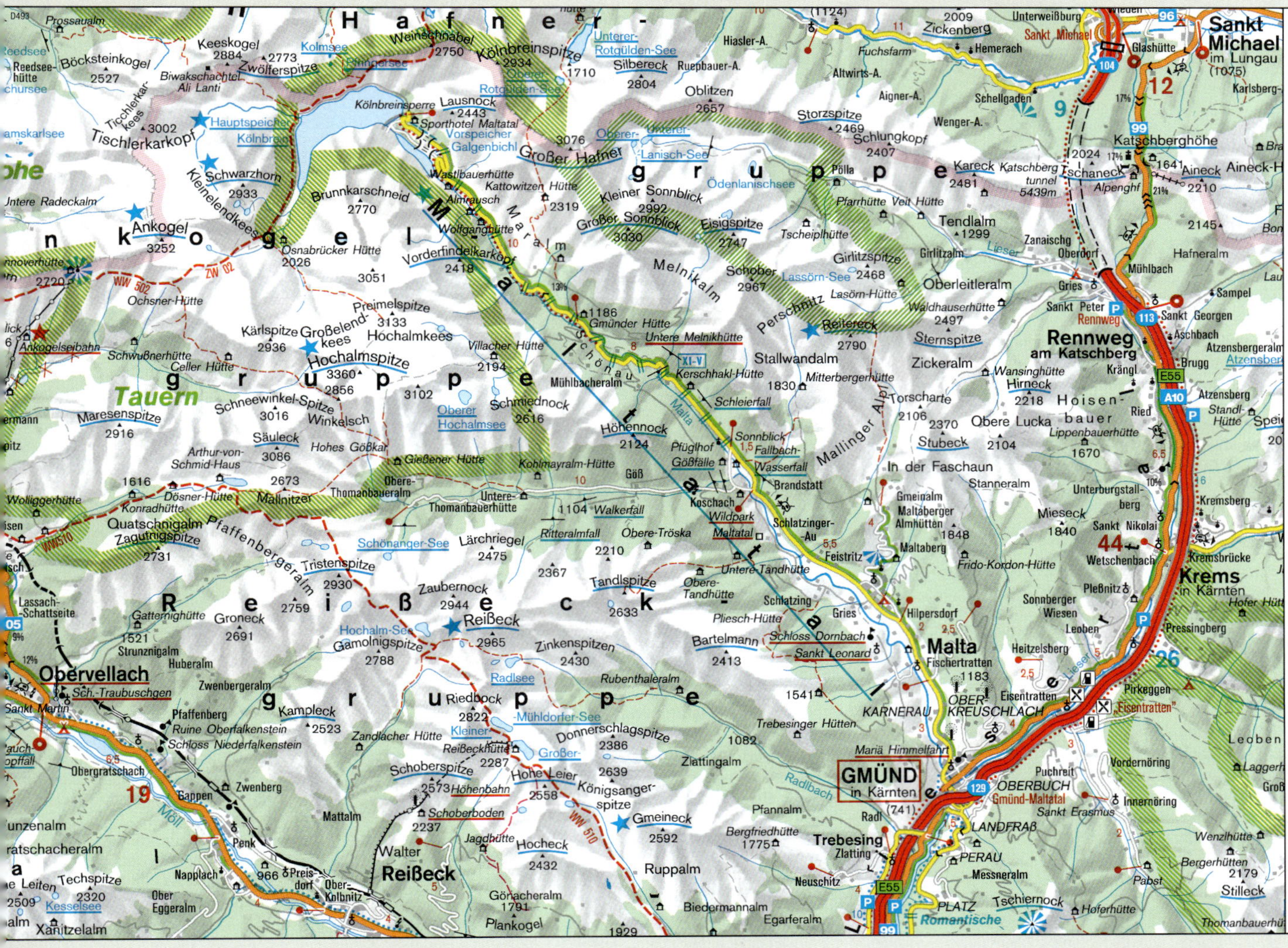

④ Tauernautobahn und Maltatal-Hochalmstraße

Straßenkarte

Maßstab 1 : 200 000

0 1 2 3 4 km

1 cm auf der Karte ≙ 2 km in der Natur

- A10 Autobahn mit Nummer
- Raststätte, Tankstelle
- Parkplatz
- 99 Bundesstraße mit Nummer
- Hauptstraße
- sonstige Straße
- Tunnel
- 15–20 % Steigung
- für Wohnwagen gesperrt
- landschaftlich schöne Strecke
- Fahrweg, Fußweg
- Nationalpark

Signaturen der physischen Karte

Relief/Landformen
- 5980 Berghöhe (in Meter)
- 3812 sonstige Höhenangabe (in Meter)
- 6868 Tiefenangabe (in Meter)
- Gletscher
- Depression
- Watt
- Korallenriff

Gewässer
- Fluss mit Wasserfall
- Fluss, zeitweilig Wasser führend
- Kanal
- See, Salzsee
- Moor, Sumpf
- Wadi, Trockenfluss
- Salzpfanne, Salzsee

Verkehr
- Eisenbahn
  - Fernverkehrsstrecke
  - sonstige wichtige Verbindung
  - Tunnel
  - Fähre
- Autobahn
- Fernstraße
- bedeutende Wasserstraße

Orte Einwohner

über	5 000 000
1 000 000 –	5 000 000
500 000 –	1 000 000
100 000 –	500 000
20 000 –	100 000
unter	20 000

- geschlossene Besiedlung

Verwaltung
- Staatsgrenze
- Verwaltungsgrenze
- nicht festgelegte Grenze
- Sucre Hauptstadt
- La Paz Regierungssitz
- Arequipa Hauptort
- internationaler Flughafen

Einzelzeichen
- Schloss, Burg
- Kirche, Kloster
- Grotte, Höhle
- Pass
- Stausee, Staumauer
- Ruinenstätte
- Oase
- Nationalpark

Landhöhen (in Meter)

über	5 000
3 000 –	5 000
1 500 –	3 000
1 000 –	1 500
500 –	1 000
200 –	500
100 –	200
0 –	100
0 –	200
200 –	2 000
2 000 –	4 000
4 000 –	6 000
Meerestiefen unter	6 000

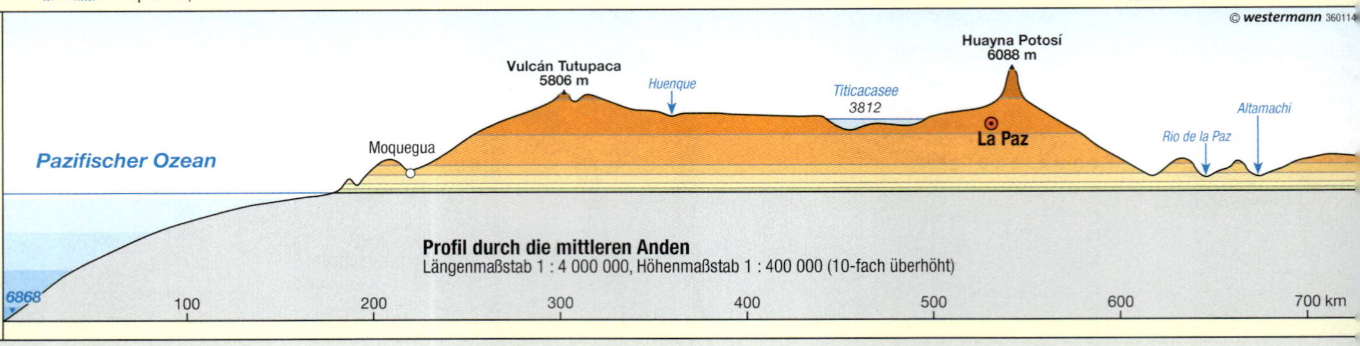

Profil durch die mittleren Anden
Längenmaßstab 1 : 4 000 000, Höhenmaßstab 1 : 400 000 (10-fach überhöht)

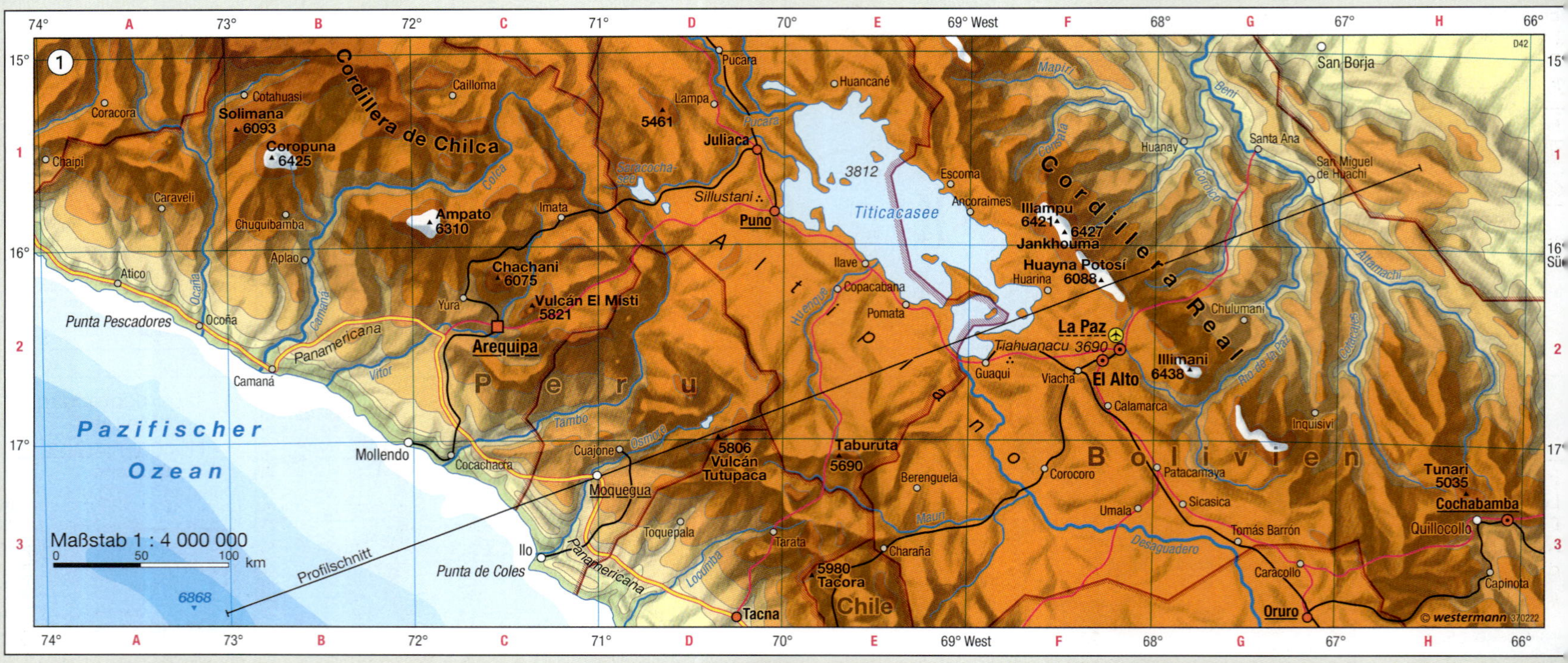

Messen in der Karte

Die Karte gibt Naturgrößen verkleinert wieder. Der Maßstab benennt das Verkleinerungsverhältnis der Kartenstrecke zur Naturstrecke:
Maßstab 1 : 100 000 bedeutet: 1 cm in der Karte entspricht (≙) 100 000 cm (1 km) in der Natur.
Beispiel: Mit dem Geodreieck die Strecke Arequipa–La Paz in Karte ① messen = 9 cm; Maßstab ablesen = 1 : 4 000 000.
Berechnung: 9 cm in der Karte ≙ 4 000 000 · 9 cm = 36 000 000 cm (360 km) in der Natur.

Maßstabsleiste (Vergleich häufig vorkommender Maßstäbe)

1 : 1 500 000	0 – 25 – 50 – 75 km
1 : 4 000 000	0 – 50 – 100 – 150 – 200 km
1 : 6 000 000	0 – 50 – 100 – 150 – 200 – 250 – 300 km
1 : 16 000 000	0 – 50 – 100 – 200 – 300 – 400 – 500 – 600 – 700 – 800 km

Beachte: Durch Verebnung einer Kugeloberfläche können vor allem in kleinen Maßstäben Messfehler entstehen (siehe Seite 193 unten).

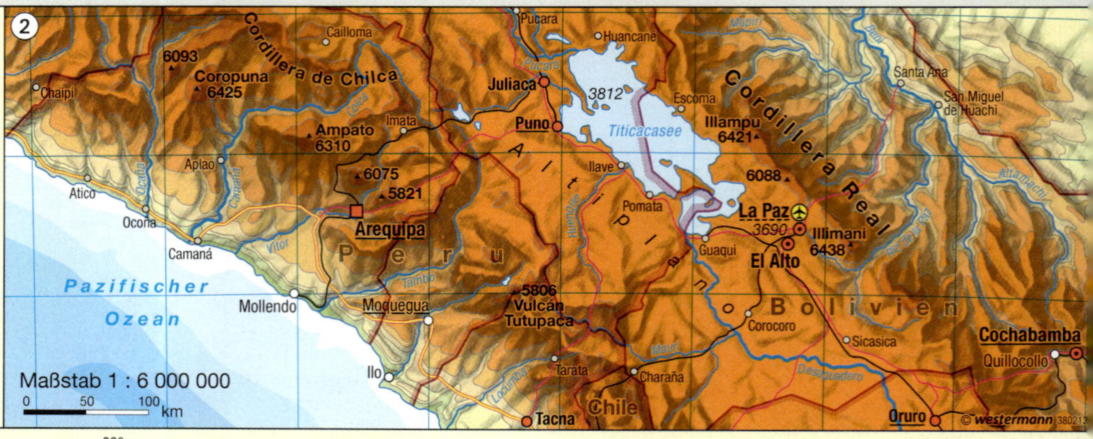

Orientierung in der Karte

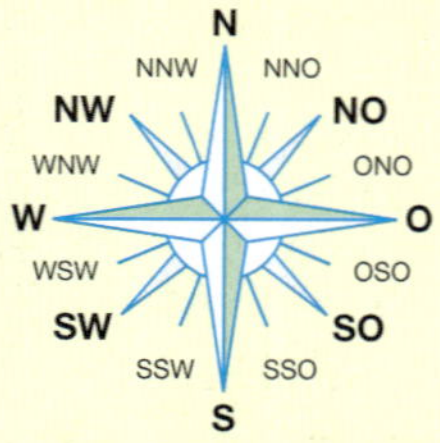

1. Richtungsangaben
Karten sind genordet, das bedeutet: der obere Kartenrand zeigt in Richtung Norden. Ausnahmen sind mit einem Nordpfeil gekennzeichnet.

Richtungen mit Hilfe der Windrose (links) angeben!

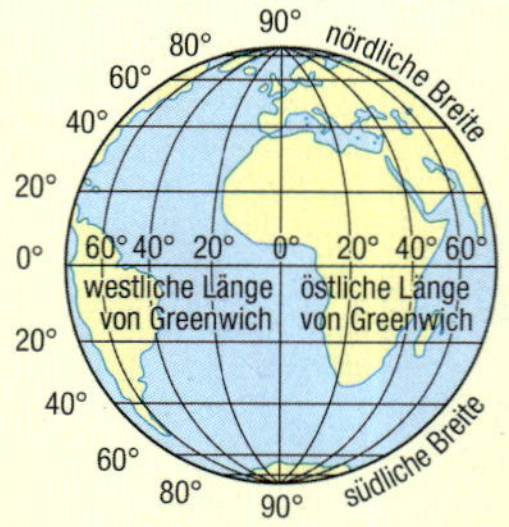

2. Ortsbestimmung
Jeder Punkt auf der Erdoberfläche ist durch die Angabe der Breiten- und Längengrade genau festgelegt.
Beispiel: La Paz 16°30' Süd, 68°09' West.

In Atlaskarten findet man diese geographischen Koordinaten im Kartenrahmen oder am Kartenrand.

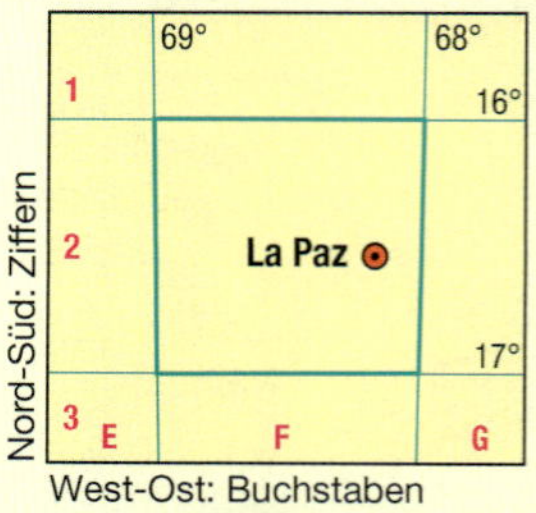

3. Namen suchen
Im alphabetischen Register (ab Seite 195) den gewünschten Namen suchen. Über Seitenzahl und Planquadrat ist er in der Karte zu finden.
Das Planquadrat wird vom Gradnetz gebildet.
Beispiel: La Paz 12.1, F 2
Seite 12, Karte 1, Planquadrat F 2

D40

Bodenbedeckung

- Eis- und Gletscherregion
- Tundra
- Waldtundra
- Taiga (Fichte und Kiefer)
- Taiga (Lärche)
- Nadelwald
- Heide
- Laub- und Mischwald
- Hartlaubgehölze
- Sekundär- und Buschwald
- Weide/Prärie
- Steppe
- Hochlandsteppe
- Strauchformation (xeromorph)
- Halbwüste
- Wüste
- Sandwüste
- Kieswüste
- Fels- und Schuttwüste
- Dornstrauch- und Sukkulentensavanne
- Trockensavanne
- Feuchtsavanne
- Baum- und Strauchsavanne
- tropischer Regenwald
- Moor, Sumpf
- Mangrove
- Trockenwald
- Felsregion
- geschlossene Besiedlung

Die reale natürliche Vegetation wird als Wald und Weide überwiegend extensiv genutzt.

Landwirtschaft

Aus Flächenfarben und Kartenzeichen sind die Hauptnutzungsarten und deren relative Wertigkeit zusammengesetzt.

Großräumige Verbreitung des Kulturlandes

Ackerbau
- auf geringerwertigen Böden
- auf guten Böden
- Bewässerungsland
- Wiese, Weide

Die besonderen Gegebenheiten der Landwirtschaft verschiedener Klimazonen werden durch zusätzliche Hinweise berücksichtigt.

Kartenzeichen (Signaturen)

Getreideanbau
- Weizen
- Mais
- Reis
- Hirse

In großmaßstäbigen Karten werden die Signaturen z. T. stärker differenziert.

Zuckerpflanzen
- Zuckerrohr
- Zuckerrüben

Sonderkulturen, Südfrüchte
- Bananen
- Dattelpalmen
- Hopfen
- Obst, Gemüse
- Zitrusfrüchte
- Haselnüsse – Kulturpflanzen von regional großer Bedeutung, aber weltweit geringer Verbreitung

Genusspflanzen
- Kaffee
- Kakao
- Tabak
- Tee
- Wein

Rohstoffe

Ölpflanzen
- Erdnüsse
- Kokospalmen
- Oliven
- Ölpalmen
- Sojabohnen
- Sonnenblumen

Faserpflanzen
- Baumwolle
- Flachs
- Jute
- Sisal

sonstige Rohstoffe
- Kautschuk
- Korkeiche
- Maulbeerbäume

Die Agrarprodukte sind nicht quantifiziert. Zum Weltmarktanteil der Staaten an einzelnen Produkten siehe Seite 178.

Bergbau

Leitsymbol für die bergbauliche Nutzung von mineralischen Rohstoffen ist die Raute ◇. Farben ordnen die Bergbauprodukte nach ihren Eigenschaften in Hauptgruppen. Eine geometrische Struktur im Zeichen kennzeichnet den jeweiligen Bodenschatz. Je nach Wichtigkeit für das Land und im weltweiten Vergleich werden die Bergbauzeichen in drei Größen gestuft: ◇◇◇. In der Weltübersicht auf Seite 179 sind die Bergbauprodukte als Anteil an der Weltförderung quantifiziert.

Mineralische Rohstoffe

Metallische Erze

(S) Schwermetall-Erze
- Eisen

Stahlveredler
- Chrom
- Kobalt
- Mangan
- Molybdän
- Nickel
- Niob, Tantal
- Vanadium
- Wolfram

weitere Buntmetall-Erze
- Antimon
- Blei, Zink
- Kupfer
- Zinn
- Quecksilber

Edelmetall-Erze
- Gold
- Silber
- Platin

Metalle der Seltenen Erden
- Seltene Erden (z. B. Lanthan, Yttrium, Neodym, Scandium)

(E) Energierohstoff
- Uran

(L) Leichtmetall-Erze
- Bauxit (Rohstoff für die Aluminium- und Gallium-gewinnung)
- Lithium
- Magnesium (Magnesit)
- Titan

(M) sonstige Mineralstoffe

Salze
- Kalisalz
- Phosphate
- Pottasche
- Salpeter
- Steinsalz

Gesteine und sonstige Minerale
- Diamanten
- Graphit
- Kalkstein
- Kies, Sand
- Kaolin
- Asbest
- Schwefel

(E) Fossile Rohstoffe (Energierohstoffe, Rohstoffe für die chemische Industrie)
- Steinkohle
- Braunkohle
- Erdöl
- Erdgas

Industrie

Leitsymbol ist ein Kreis ○, einige Industrien haben ein Sonderzeichen. Die Farben ordnen nach Industriezweigen. Auf die Produktionszweige verweist die innere Struktur der Signatur, die gut wiedererkennbare Zeichenelemente benutzt.

Die Signaturen sind nach der Bedeutung des Standortes für das Land und im weltweiten Vergleich in zwei Stufen gewichtet: ○○. In Karten größerer Maßstäbe werden Signaturen stärker differenziert, diese Zeichen sind in der Übersicht eingerückt.

Baustoffe, Glas-, Keramik-, Porzellanindustrie
- Zement
- Glas
- Keramik
- Porzellan

Metallerzeugung
- Eisen- und Stahlerzeugung
  - Stahlerzeugung (Oxygenstahlkonverter und Elektroöfen)
- Buntmetallverhüttung
- Aluminiumverhüttung

Metallindustrie
- Walzwerk, Gießerei
  - Stahlbau
- Blech- und Metallwaren

Maschinen-, Fahrzeug- und Gerätebau
- Maschinenbau
- Schiffbau
- Kraftfahrzeugbau
- Schienenfahrzeugbau
- Luft- und Raumfahrttechnik
- Raketen, Satelliten, Raumfahrzeuge

Elektrotechnik, IT (Informationstechnik)
- Elektronik

Feinmechanik, Uhren Optik
- Feinmechanik
- Uhren
- Optik, Photonik (Lasertechnik)

Chemische Industrie
- Chemie, Kunststoffe
- Biotechnologie, Pharmazie
- Gummi
- Erdölraffinerie
- Atomindustrie

Leder, Textil, Bekleidung
- Leder
  - Lederwaren
  - Schuhe
- Textilien, Bekleidung
  - Textilien
  - Bekleidung

Spiel- und Schmuckwaren
- Spielwaren
- Musikinstrumente
- Schmuckwaren

Holz, Papier, Druckgewerbe
- Holz, Möbel
  - Holzverarbeitung
  - Möbel
- Zellulose, Papier
  - Zellulose
  - Papier
- Druckgewerbe

Nahrungs- und Genussmittel-industrie
- Fischverarbeitung
- Fleischwaren
- Getränkeherstellung
- Milchverarbeitung
- Tabakwaren
- Zuckerfabrik

Energie

Kraftwerkszeichen sind nach der Stromerzeugungskapazität in MW gewichtet.

Stromerzeugung
- Wasserkraftwerk (Laufkraftwerk, Speicherkraftwerk oder Pumpspeicherkraftwerk)
- Wärmekraftwerk (Kohle, Erdöl, Gas)
- Kernkraftwerk
- Sonnenkraftwerk (Photovoltaik)
- Geothermiekraftwerk

Die kleinen Zeichen stehen in der Regel für eine Kraftwerksleistung unter 1000 MW.

Dienstleistung

Leitsymbol ist ein Sechseck ⬡. In Übersichtskarten kleiner Maßstäbe werden Dienstleistungszentren gezeigt und nach ihrer Bedeutung (Ausstrahlung auf das Umland) in mehreren Größen abgestuft:

Dienstleistungszentrum (Maßstab 1 : 16 000 000 und kleiner)
- mit internationaler Bedeutung (Weltstädte mit umfassendem Dienstleistungsangebot)
- mit überregionaler Bedeutung (Großstädte mit starkem Dienstleistungssektor)
- mit regionaler Bedeutung (Ober- und Mittelzentren mit Bedeutung für das Umland)
- Tourismusort oder -region von internationaler Bedeutung

Karten größerer Maßstäbe zeigen die Dienstleistungszentren nach ihrer Ausrichtung: Eingetragen sind nur Dienstleistungen, die im Städtevergleich typisch für den Standort sind (Dienstleistungsprofil).

Die zentralen Orte sind in solchen Wirtschaftskarten nach der Einwohnerzahl abgestuft:
- über 1 000 000 Einwohner
- 100 000 bis 1 000 000 Einwohner
- unter 100 000 Einwohner

Dienstleistungen (Maßstab 1 : 6 000 000 und größer)

Verwaltung, Versorgung (weit und gleichmäßig verbreitet, daher nur in Detailmaßstäben)
- Regierung, Verwaltung, Justiz
- Versorgung / Entsorgung
- Krankenhaus, Heim

Bildung, Medien
- Universität, Hochschule
- Medien (TV, Presse, Radio)
- Kultur (Theater, Oper, Museum)

Finanzen, Handel
- Finanzzentrum
- Handelsunternehmen
- Service, Beratung (unternehmensnahe Dienstleistungen)
- Messe

Verkehr, Logistik (Warenumschlag, Reise)
- Flughafen
- Hafen
- Logistik (Lager, Spedition)
- Militärstützpunkt

Verkehr

Der Landtransport von Personen, Gütern und Waren zwischen den Zentren benutzt diese Verkehrswege:

Verkehr und Transport
- Eisenbahn
- Autobahn
- Fernverkehrsstraße
- Erdölleitung mit Verlade-Terminal
- Erdgasleitung

Landschaften
Primärer Wirtschaftssektor
Sekundärer Wirtschaftssektor
Tertiärer Wirtschaftssektor
Österreich
Europa
Asien
Ozeanien
Afrika
Amerika
Erde
Register

Frankreich
Schweiz
Deutschland
Italien
Liechtenstein
Monaco
Plateau von Langres
Vogesen
Schwarzwald
Schwäbische Alb
Schweizer Jura
Französischer Jura
Côte d'Or
Charolais
Morvan
Beaujolais
Lyonnais
Vivarais
Dombes
Burgundische Pforte
Berner Alpen
Walliser Alpen
Glarner Alpen
Tessiner Alpen
Rätische Alpen
Allgäuer Alpen
Bregenzerwald
Verwallgruppe
Silvretta
Bergamasker Alpen
Savoyer Alpen
Grajische Alpen
Dauphiné-Alpen
Cottische Alpen
Französische Kalkalpen
Provencalische Alpen
Meeralpen
Ligurische Alpen
Ligurischer Apennin
Apuanische Alpen
Vercors
Provence
Piemont
Lombardei
Emilia
Wallis
Veltlin
Chablais
Golf von Genua
Riviera di Levante
Riviera di Ponente
Genfer See
Bodensee
Neuenburger See
Lago Maggiore
Mont Blanc 4810
Matterhorn 4478
Dufourspitze 4634
Monte Rosa
Jungfrau 4158
Finsteraarhorn 4274
Gran Paradiso 4061
Pelvoux 4102
Écrins
Monte Viso 3841
Tödi 3614
Piz Bernina 4049
Feldberg 1493
Mont Ventoux 1909
Straßburg
Basel
Zürich
Bern
Luzern
Lausanne
Genf
Lyon
Villeurbanne
Grenoble
Turin (Torino)
Mailand (Milano)
Genua (Genova)
Nizza (Nice)
Marseille
Toulon
Dijon
Besançon
Stuttgart
Freiburg
Ulm
Bergamo
Brescia
Novara
Alessandria
Pavia
Savona
La Spezia
Livorno
Cannes
Antibes
Avignon
Arles
Aix-en-Provence
Saint-Étienne
Chambéry
Annecy
Aosta
Biella
Como
Lugano
Chur
Sankt Gallen
Winterthur
Konstanz
Mulhouse
Colmar
Belfort
Épinal

Abstandstreuer Entwurf auf den Schnittkegel. Schnittparallele: 45° und 47° Nord

Maßstab 1 : 2 250 000 0 20 40 60 80 100 km

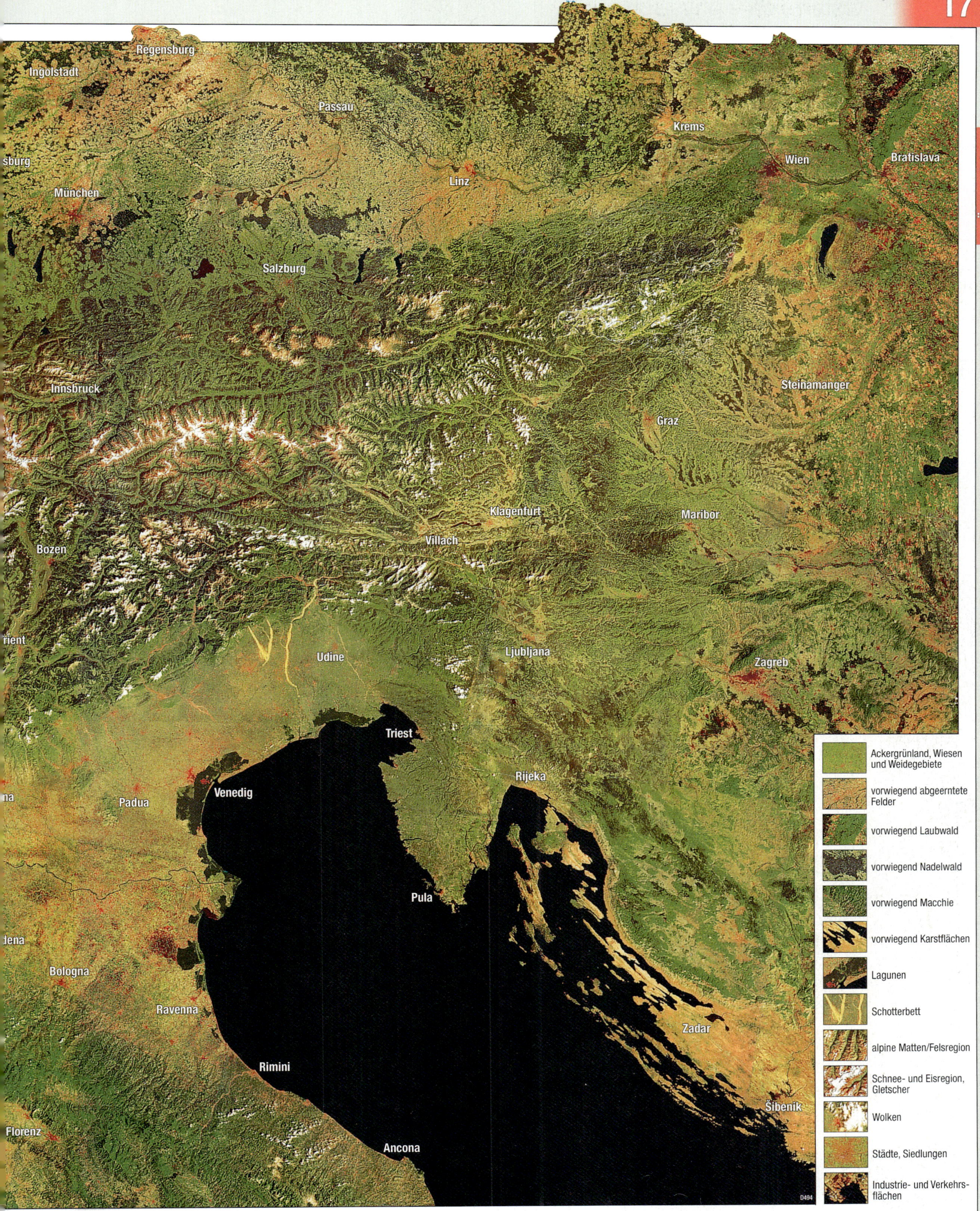

Landsat-Bildmosaik in naturnaher Farbgebung aus 50 Einzelaufnahmen, Aufnahmezeitpunkt Juni bis August, Aufnahmehöhe ca. 915 km.

Bildauswahl: Dr. Lothar Beckel, GEOSPACE Beckel-Satellitenbilddaten, Salzburg.

Bildquelle: National Aeronautics and Space Administration (NASA), Washington; Europäische Weltraumorganisation (ESA), Earthnetstation TELESPAZIO, Rom.

Bildaufbereitung: Deutsche Forschungs- und Versuchsanstalt für Luft- und Raumfahrt (DFVLR/GSOC), Oberpfaffenhofen.

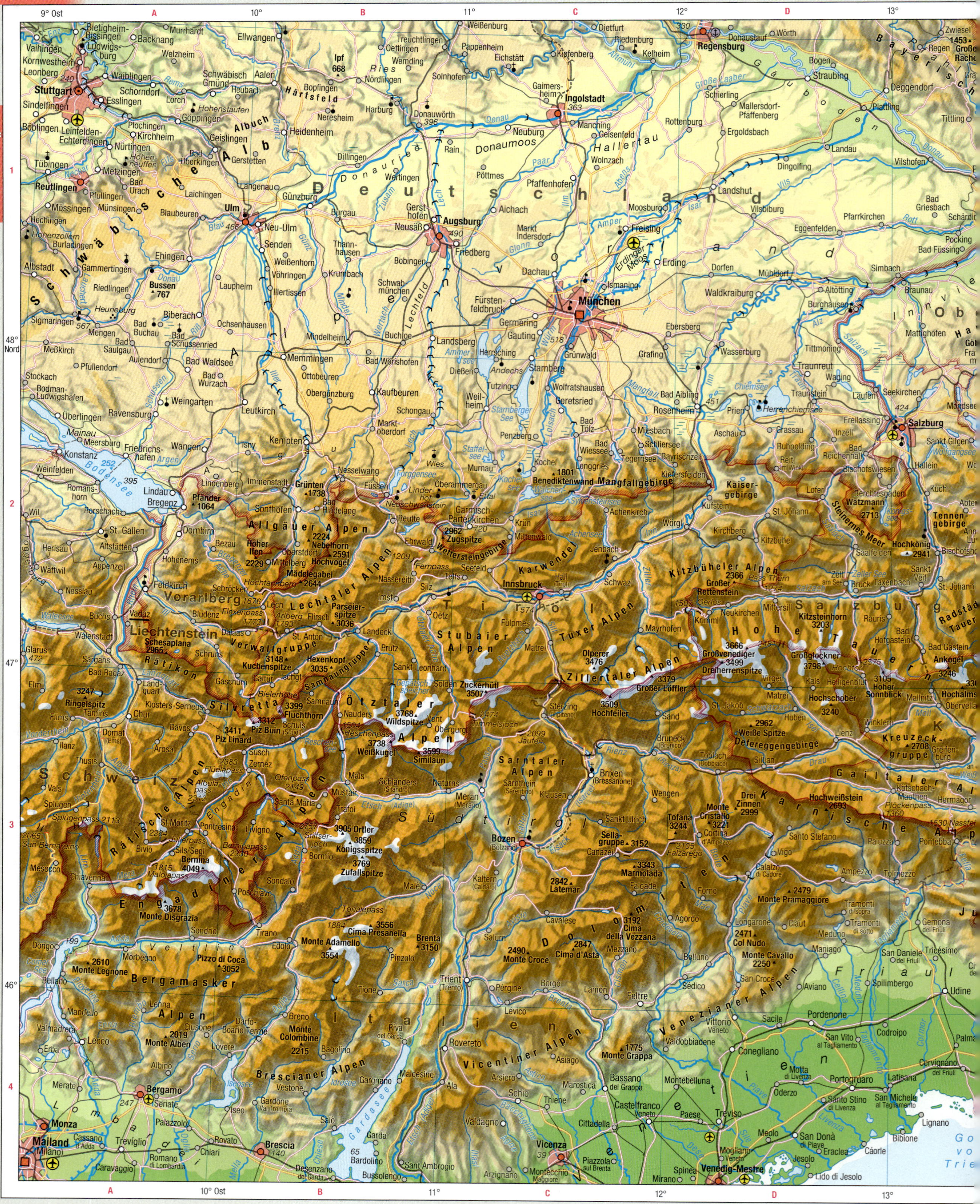

Maßstab 1 : 1 500 000

0 20 40 60 80 100 km

14°	F	15°	G	16°	H	17°	J

Orte

Einwohner

- über 1 000 000
- 500 000 – 1 000 000
- 100 000 – 500 000
- 20 000 – 100 000
- unter 20 000
- geschlossene Besiedlung

Verkehr

Eisenbahn

- Fernverkehrsstrecke
- sonstige wichtige Verbindung
- Tunnel

Straßen

- Autobahn
- Bundesstraße/ Fernstraße
- Tunnel
- Fähre

bedeutende Wasserstraßen

- schiffbarer Fluss
- schiffbarer Kanal

- wichtiger Flughafen
- Flughafen
- Hafen

Einzelzeichen

- Schloss, Burg
- Kloster, Kirche
- Pass

Verwaltung

- Staatsgrenze
- Landesgrenze
- **Wien** Hauptstadt
- **Graz** Landeshauptstadt

Gewässer

- Fluss
- Kanal
- Moor, Sumpf
- See
- Staumauer

Landhöhen (in Meter)

- Gletscher
- über 3000
- 1500 – 3000
- 1000 – 1500
- 750 – 1000
- 500 – 750
- 350 – 500
- 200 – 350
- 100 – 200
- 0 – 100
- 3768 Berghöhe
- 171 sonstige Höhenangabe

Meerestiefen (in Meter)

- 0 – 10
- über 10

Österreich · Europa · Asien · Ozeanien · Afrika · Amerika · Erde · Register

Vorarlberg / Tirol / Salzburg – physisch

Orte
Einwohner
- über 1 000 000
- 500 000 – 1 000 000
- 100 000 – 500 000
- 20 000 – 100 000
- 5 000 – 20 000
- unter 5 000
- I.-Igls Ortschaft
- geschlossene Besiedlung

Verkehr
Eisenbahn
- Fernverkehrsstrecke
- sonstige wichtige Verbindung
- Tunnel

Straßen
- Autobahn
- Fernstraße
- Tunnel

bedeutende Wasserstraßen
- schiffbarer Fluss
- schiffbarer Kanal

- wichtiger Flughafen
- Flughafen

Verwaltung
- Staatsgrenze
- Landesgrenze
- Grenze Südtirol
- Wien Hauptstadt
- Bregenz Landeshauptstadt

Einzelzeichen
- Schloss, Burg
- Kloster, Kirche
- Pass
- Grotte, Höhle
- Ruinenstätte
- 2061 Berghöhe
- 38 sonstige Höhenangabe

Gewässer
- Fluss
- Kanal
- Moor, Sumpf
- See
- Staumauer

Landhöhen (in Meter)
- Gletscher
- über 2500
- 2000 – 2500
- 1500 – 2000
- 1000 – 1500
- 750 – 1000
- 500 – 750
- 350 – 500
- 200 – 350
- unter 200

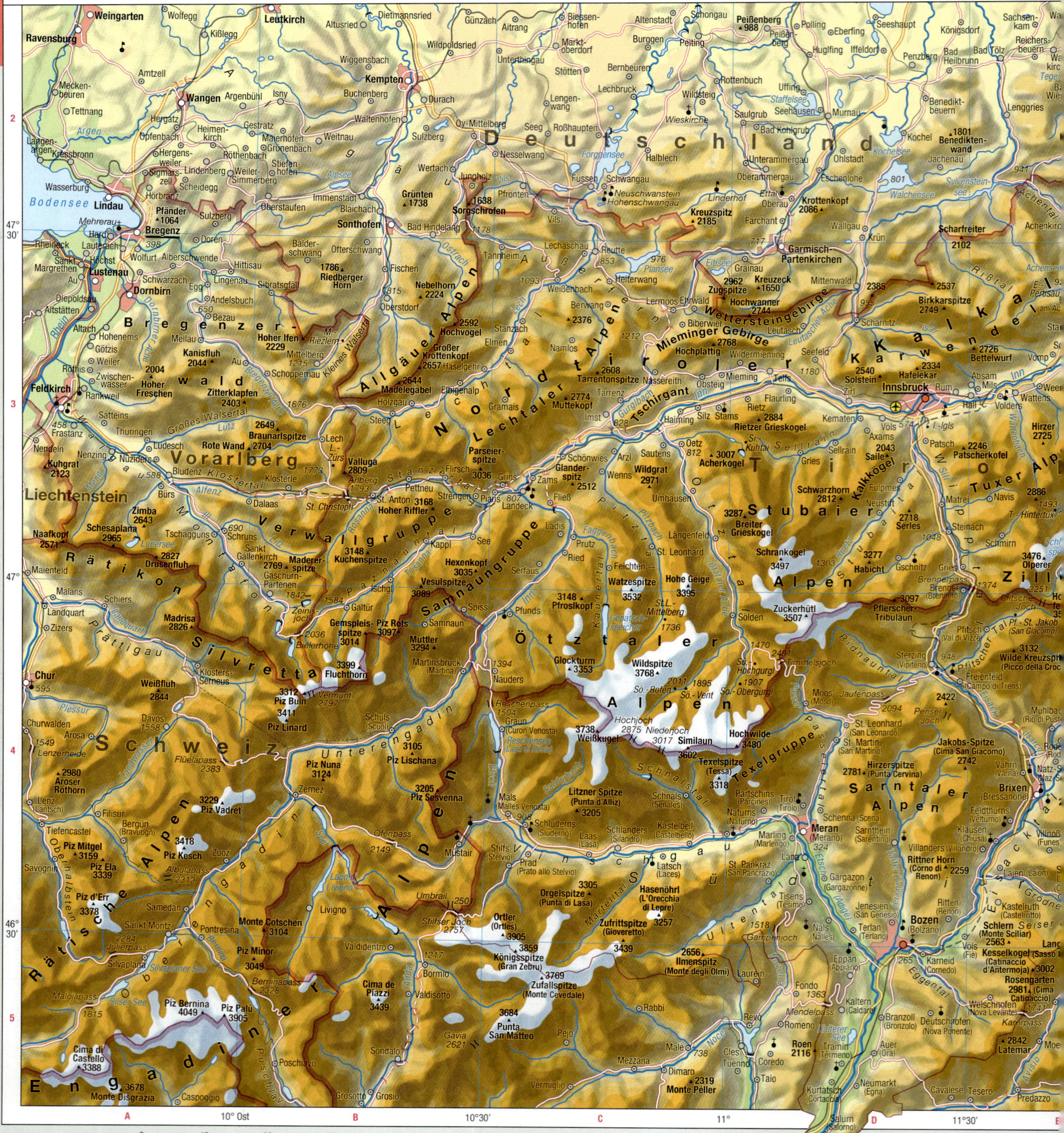

Maßstab 1 : 750 000 — 0 10 20 30 40 50 km

Österreich
Europa
Asien
Ozeanien
Afrika
Amerika
Erde
Register

E 12° Ost F 12°30' G 13° H 13°30' J 14°

E 12° F 12°30' G 13° H 13°30' J

Oberösterreich / Niederösterreich / Wien – physisch

Orte
Einwohner
- über 1 000 000
- 500 000 – 1 000 000
- 100 000 – 500 000
- 20 000 – 100 000
- 5 000 – 20 000
- unter 5 000
- R.-Prein Ortschaft
- geschlossene Besiedlung

Verkehr
Eisenbahn
- Fernverkehrsstrecke
- sonstige wichtige Verbindung
- Tunnel

Straßen
- Autobahn
- Fernstraße
- Tunnel

bedeutende Wasserstraßen
- schiffbarer Fluss
- schiffbarer Kanal
- wichtiger Flughafen
- Flughafen

Verwaltung
- Staatsgrenze
- Landesgrenze
- Grenze Südtirol
- Wien Hauptstadt
- Linz Landeshauptstadt

Einzelzeichen
- Schloss, Burg
- Kloster, Kirche
- Pass
- Grotte, Höhle
- Ruinenstätte
- 2061 Berghöhe
- 38 sonstige Höhenangabe

Gewässer
- Fluss
- Kanal
- Moor, Sumpf
- See
- Staumauer

Landhöhen (in Meter)
- Gletscher
- über 2500
- 2000 – 2500
- 1500 – 2000
- 1000 – 1500
- 750 – 1000
- 500 – 750
- 350 – 500
- 200 – 350
- unter 200

Österreich
Europa
Asien
Ozeanien
Afrika
Amerika
Erde
Register

Maßstab 1 : 750 000
0 10 20 30 40 50 km

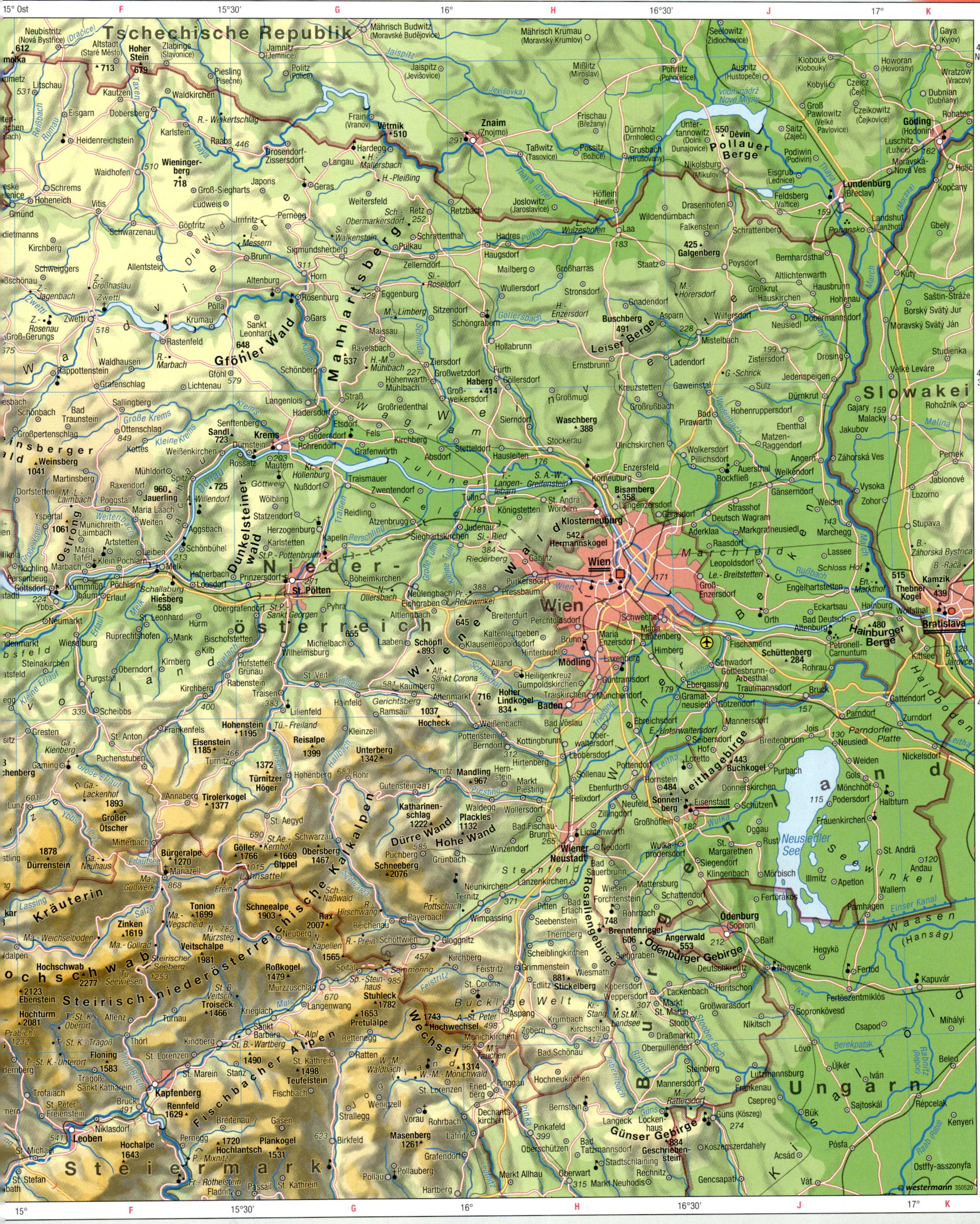
15° Ost
15°30'
16°
16°30'
17°
49° Nord
48° 30'
48°
47° 30'
Tschechische Republik
Slowakei
Ungarn
Nieder-österreich
Wien
Bratislava
St. Pölten
Krems
Tulln
Klosterneuburg
Mödling
Baden
Wiener Neustadt
Neunkirchen
Eisenstadt
Ödenburg (Sopron)
Neusiedler See
Seewinkel
Leithagebirge
Burgenland
Marchfeld
Weinviertel
Waldviertel
Manhartsberg
Gföhler Wald
Dunkelsteiner Wald
Wienerwald
Steinfeld
Bucklige Welt
Wechsel
Rosaliengebirge
Ödenburger Gebirge
Günser Gebirge
Leiser Berge
Pollauer Berge
Hainburger Berge
Steirisch-niederösterreichische Kalkalpen
Fischbacher Alpen
Hochschwab
Steiermark
Kapfenberg
Leoben
Znaim (Znojmo)
Lundenburg (Břeclav)
Göding (Hodonín)
Schneeberg 2076
Rax 2007
Hochwechsel 1743
Ötscher 1893
Dürrenstein 1878
Hermannskogel 542
Hohe Wand
Dürre Wand
Semmering
Donau
Thaya
March
Leitha
Kamp
Traisen
Ybbs
Erlauf
Schwechat
Fischa
Raab
Rabnitz
Einser Kanal
Hanság
Kleine Karpaten
westermann

Kärnten / Steiermark / Burgenland – physisch

Maßstab 1 : 750 000
0 10 20 30 40 50 km

rte
nwohner

über 1 000 000
500 000 – 1 000 000
100 000 – 500 000
20 000 – 100 000
5 000 – 20 000
unter 5 000
-Viktring Ortschaft
geschlossene Besiedlung

Verkehr
Eisenbahn
Fernverkehrsstrecke
sonstige wichtige Verbindung
Tunnel
Straßen
Autobahn
Fernstraße
Tunnel

bedeutende Wasserstraßen
schiffbarer Fluss
schiffbarer Kanal
wichtiger Flughafen
Flughafen

Verwaltung
Staatsgrenze
Landesgrenze
Grenze Südtirol
Wien Hauptstadt
Graz Landeshauptstadt

Einzelzeichen
Schloss, Burg
Kloster, Kirche
Pass
Grotte, Höhle
Ruinenstätte
2061 Berghöhe
38 sonstige Höhenangabe

Gewässer
Fluss
Kanal
Moor, Sumpf
See
Staumauer

Landhöhen (in Meter)
Gletscher
über 2500
2000 – 2500
1500 – 2000
1000 – 1500
750 – 1000
500 – 750
350 – 500
200 – 350
unter 200

① Geologie

Maßstab 1 : 3 000 000

0 50 100 km

Känozoikum

Quartär/Holozän
- Flussablagerungen

Quartär/Pleistozän
- Flussablagerungen
- Löss (Würm)
- maximale Verbreitung des Eises
- Endmoränen (Würm)
- Jungmoränen (Würm)
- Altmoränen (Günz-Mindel-Riss)

Tertiär
- Jungtertiär
- Alttertiär

Mesozoikum

Kreide
- Kreide, ungegliedert
- Oberkreide
- Unterkreide

Jura
- Jura, ungegliedert
- Malm
- Lias, Dogger

Trias
- alpine Trias
- Keuper
- Muschelkalk
- Buntsandstein

Paläozoikum
- Grauwackenzone
- Perm (Zechstein, Rotliegendes)
- Karbon
- Devon
- Silur, Ordovizium, Kambrium

Präkambrium
- Proterozoikum

Magmatische Gesteine

Tiefengesteine
- Granit (vorwiegend Karbon-Perm, in den Alpen z. T. Tertiär)

Ergussgesteine
- Rhyolith (vorwiegend Perm, Bozener Porphyr)
- Basalt (vorwiegend Tertiär)
- Diabas (vorwiegend Devon, Ophiolithe der Alpen (Jura))

Metamorphe Gesteine
- Gneis, Glimmerschiefer, Phyllit, Marmor u. a.
- Verwerfung
- Deckenüberschiebung
- Ries (Impact-Krater)
- Berggipfel
- Querflexur (geologische Grenze zwischen den Westalpen und Ostalpen. Die Ostalpen gliedern sich in: Nördliche Kalkalpen, Zentralalpen, Südliche Kalkalpen)
- A B Profil

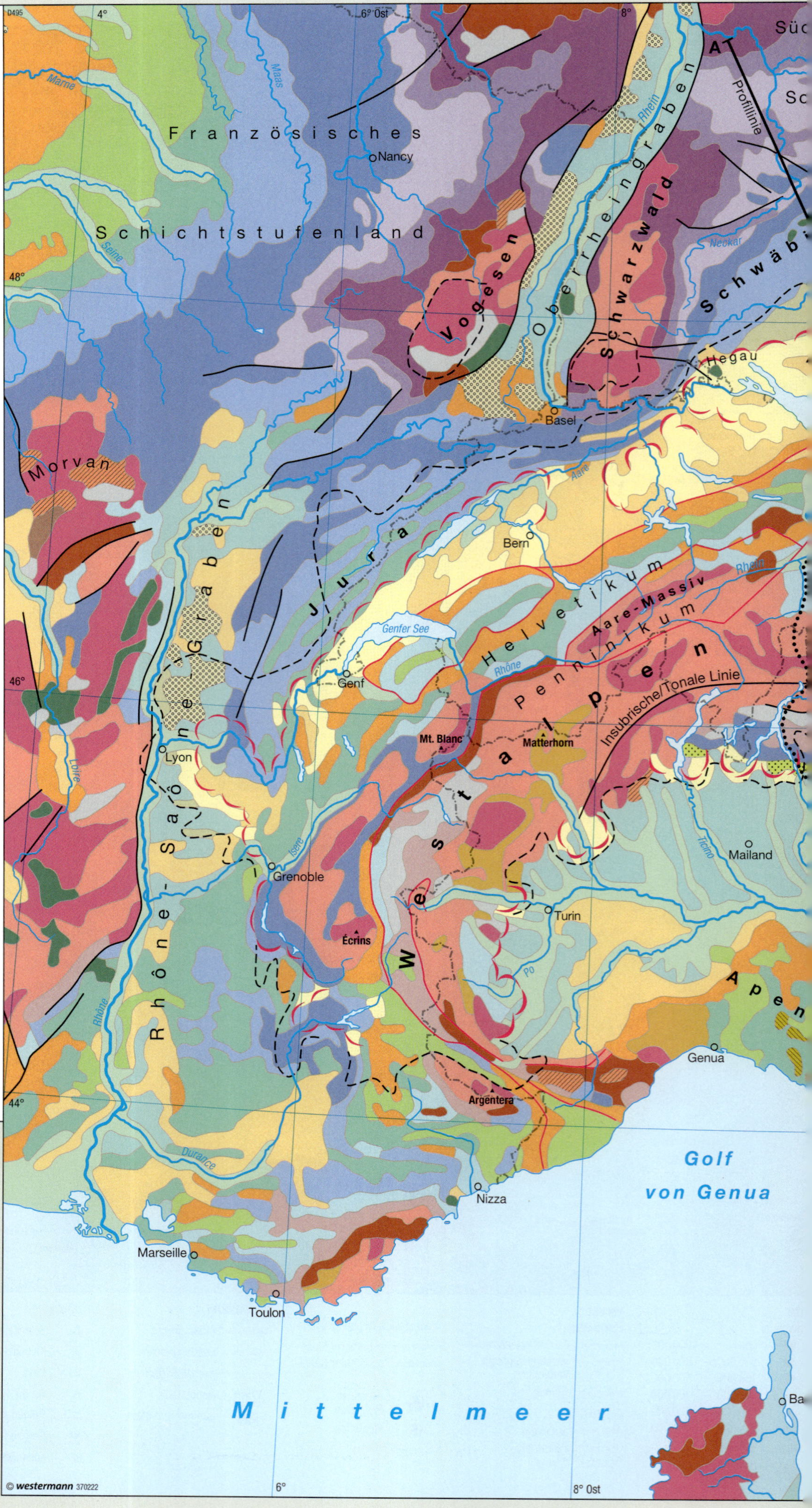

② Erdzeitalter

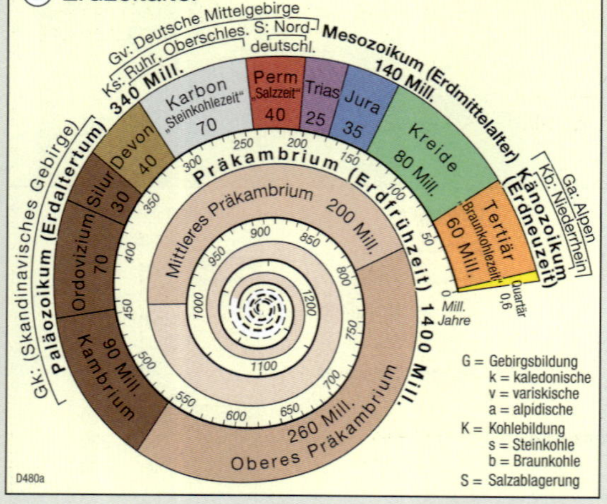

G = Gebirgsbildung
k = kaledonische
v = variskische
a = alpidische
K = Kohlebildung
s = Steinkohle
b = Braunkohle
S = Salzablagerung

D480a

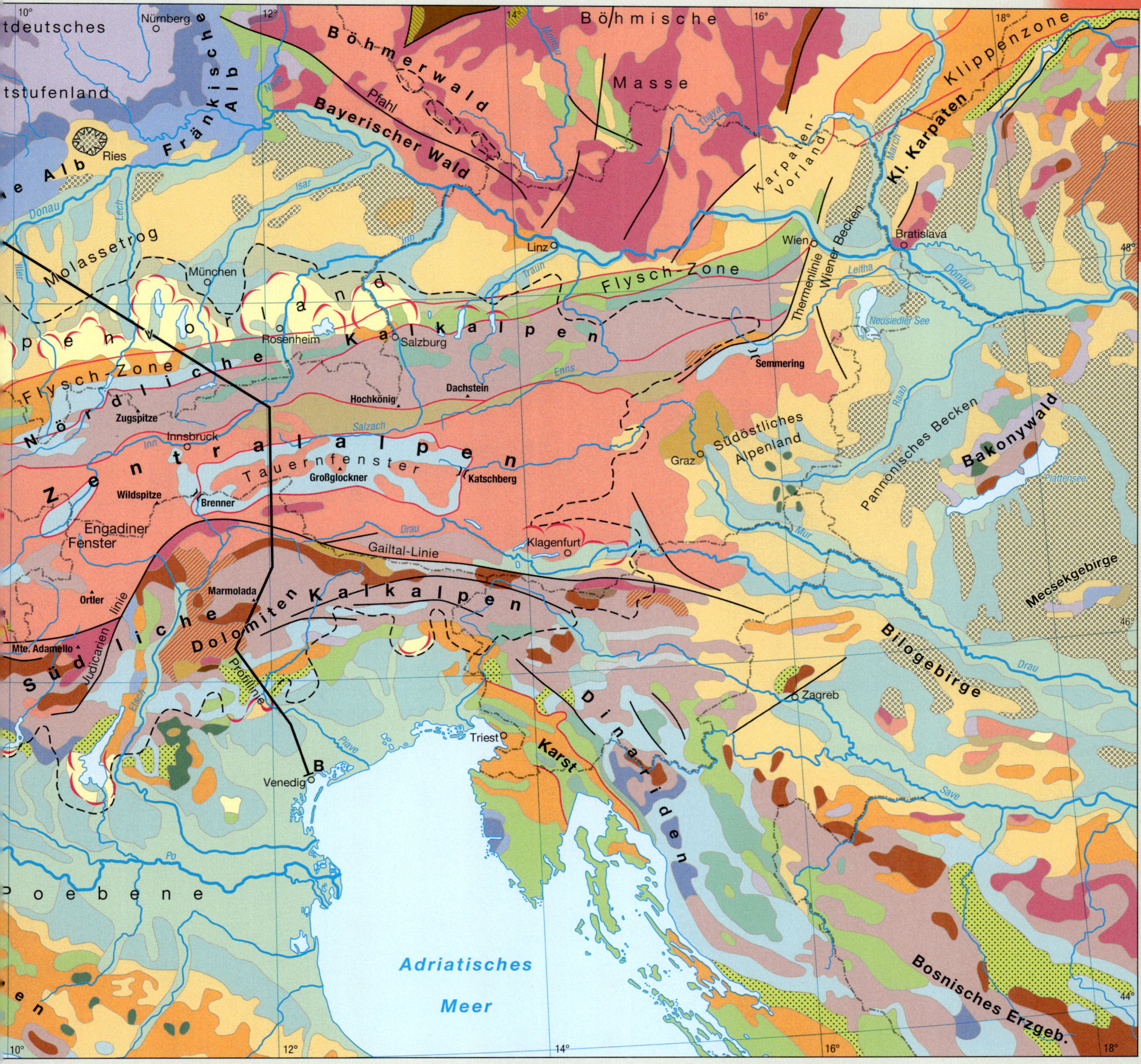

③ Geologischer Querschnitt

Längenmaßstab 1 : 3 000 000

Höhenmaßstab 15-fach überhöht

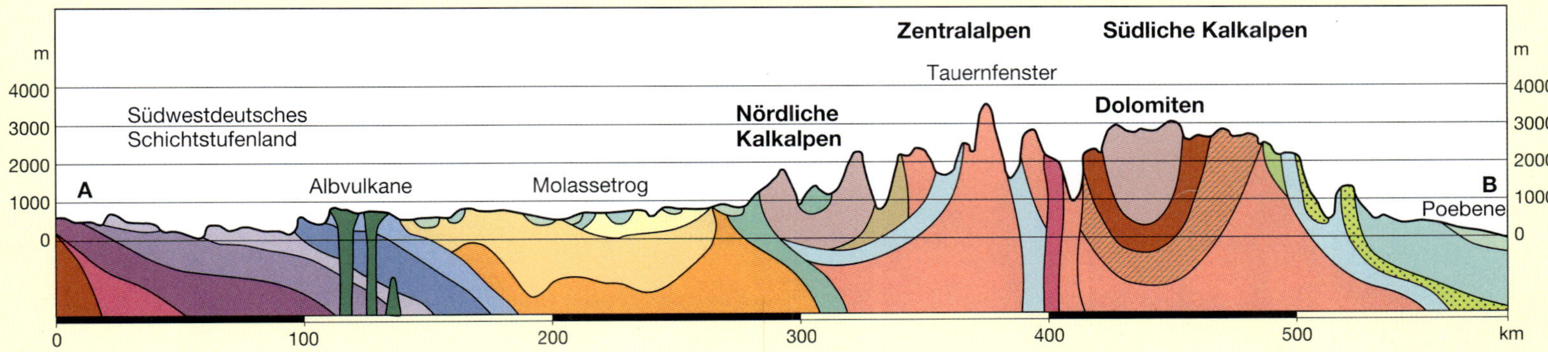

D496

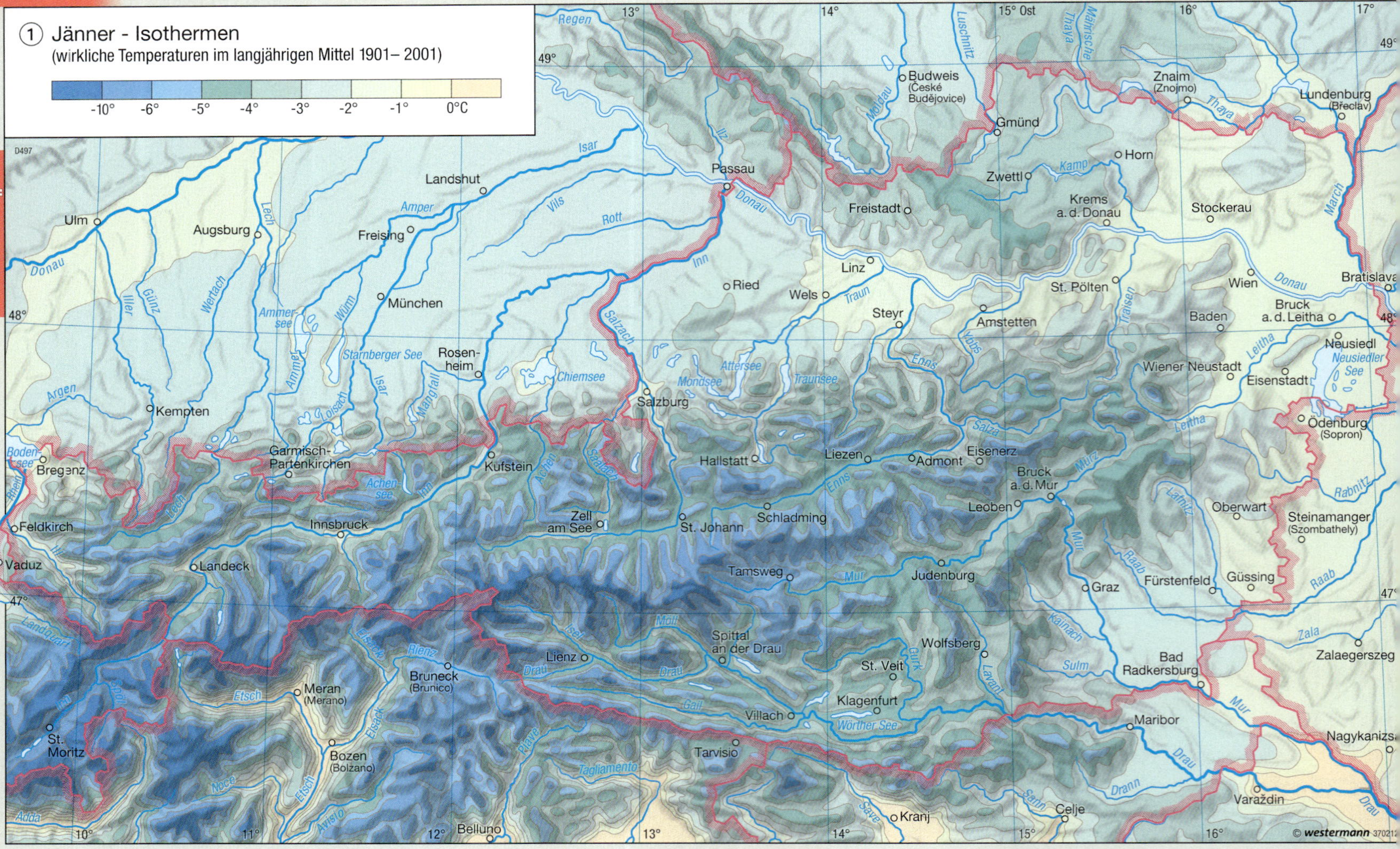

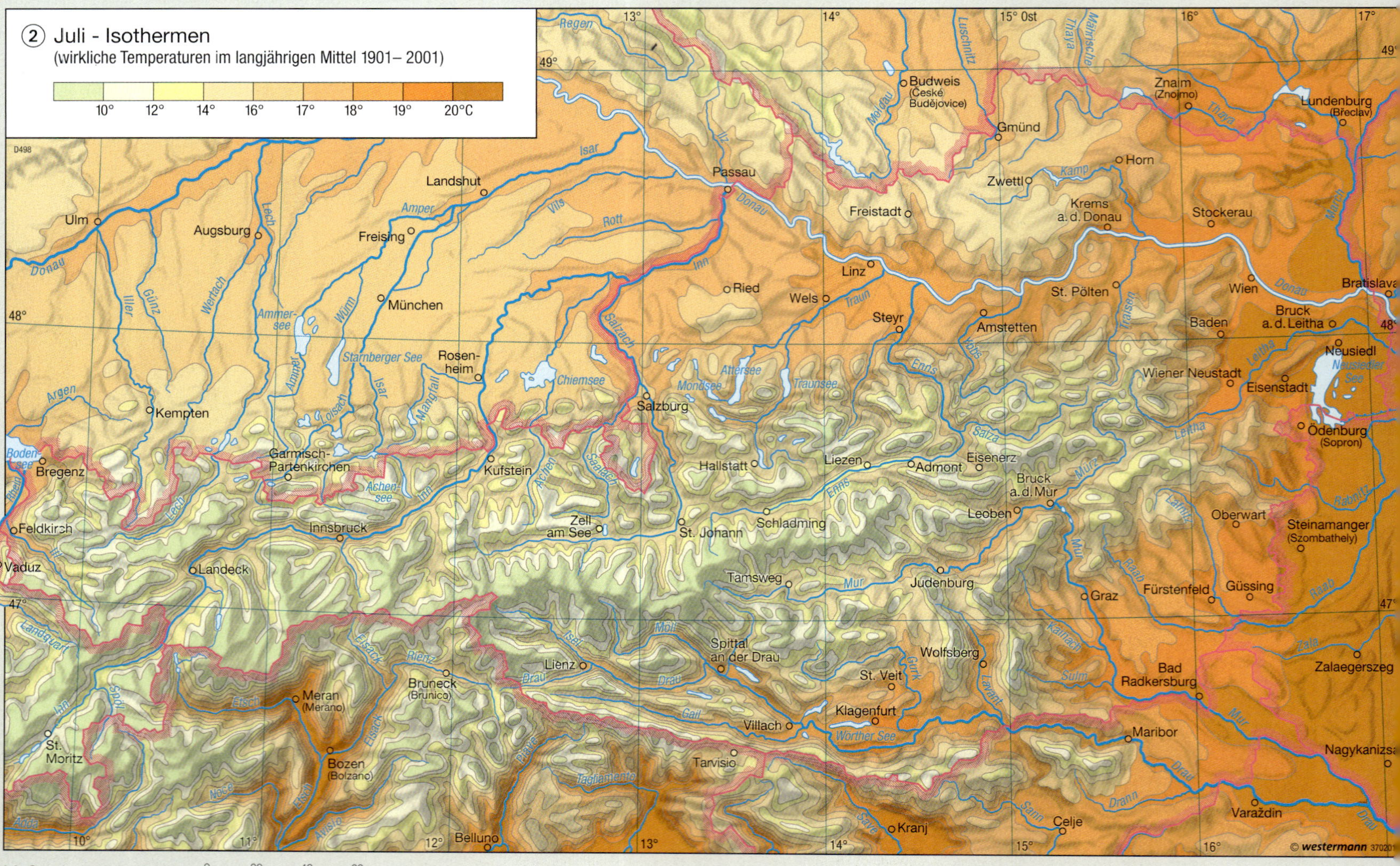

Maßstab 1 : 2 500 000 — 0 20 40 60 km

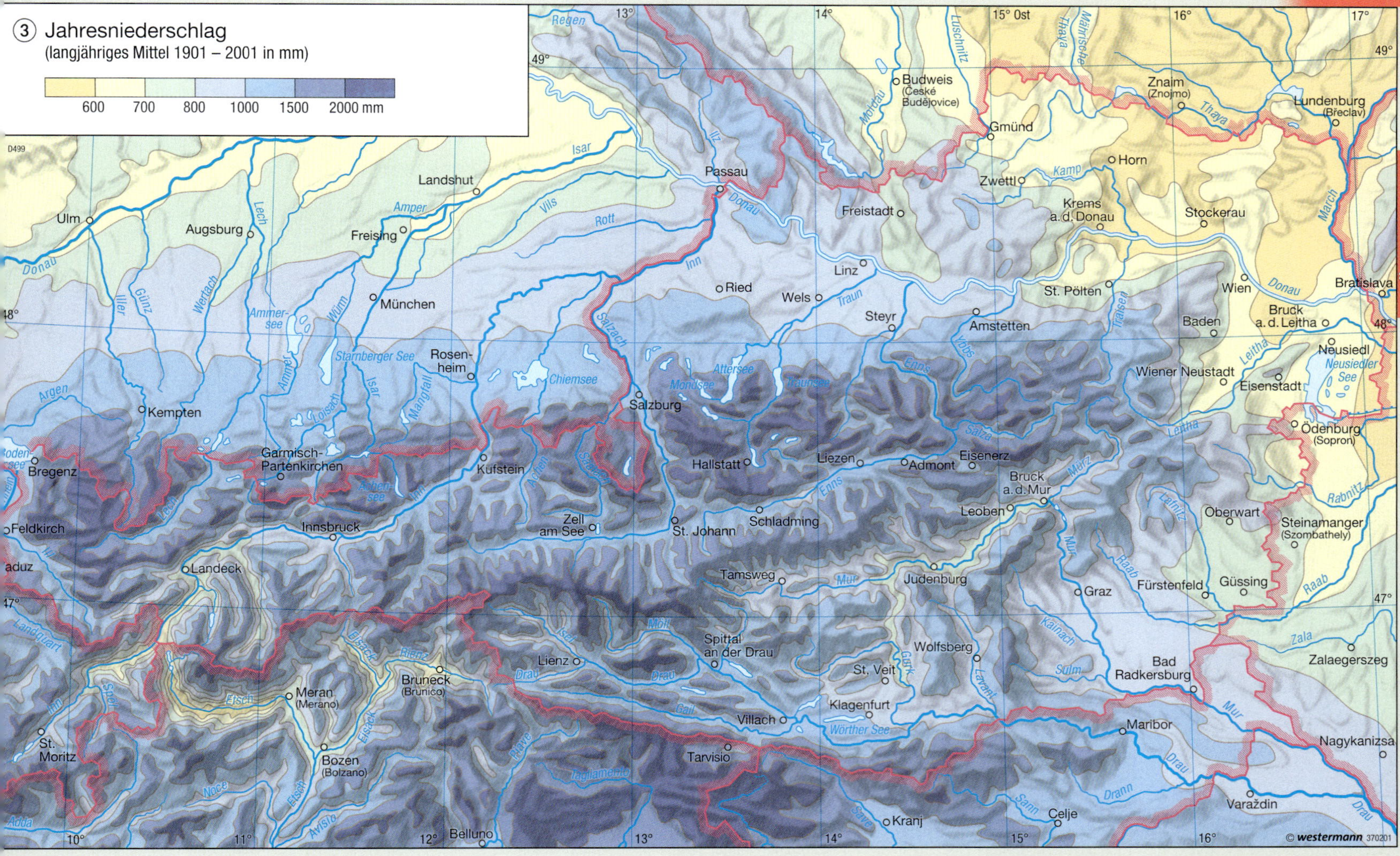

③ Jahresniederschlag
(langjähriges Mittel 1901 – 2001 in mm)

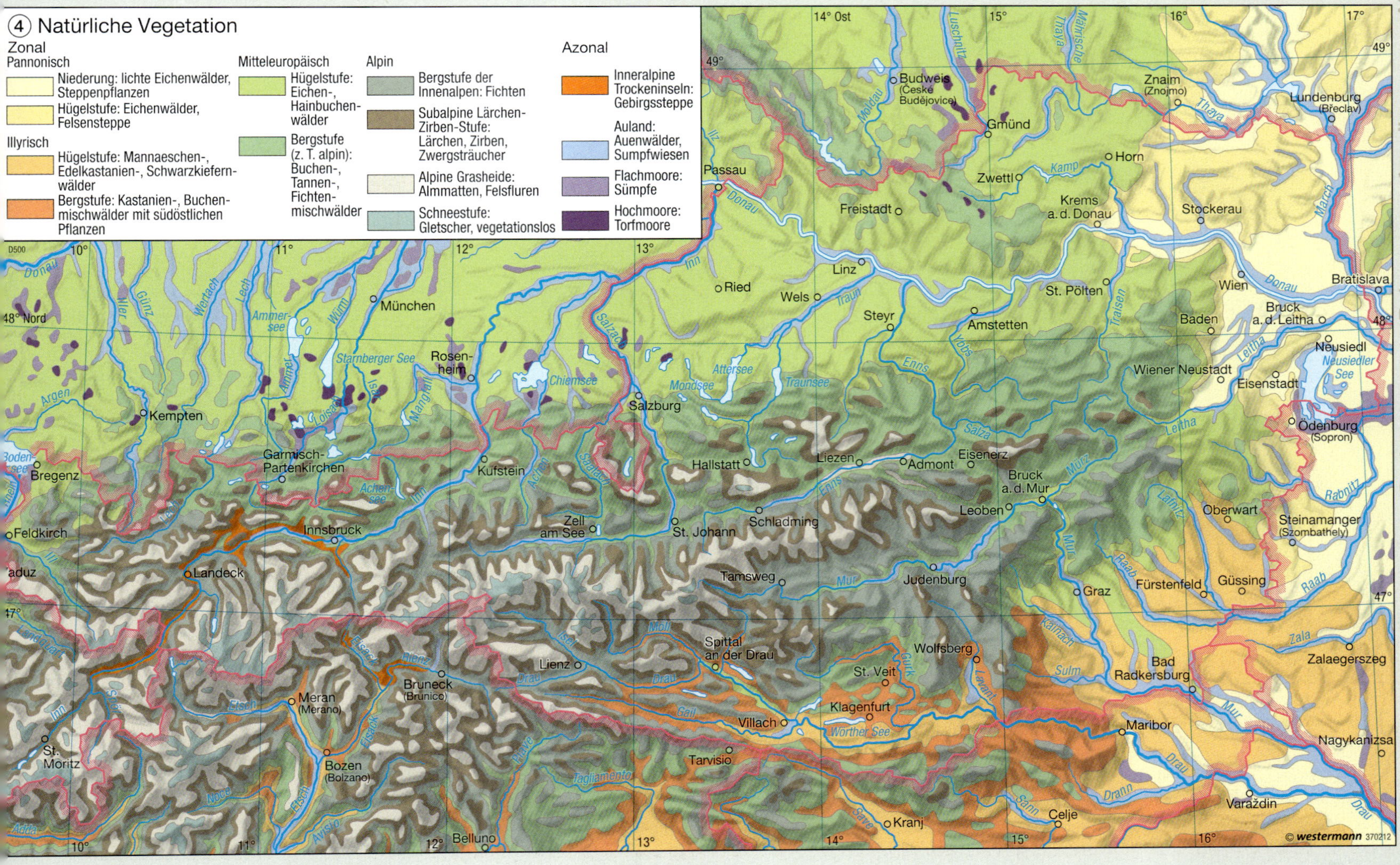

④ Natürliche Vegetation

Maßstab 1 : 2 500 000 — 0 20 40 60 km

Österreich – Landwirtschaft/Böden

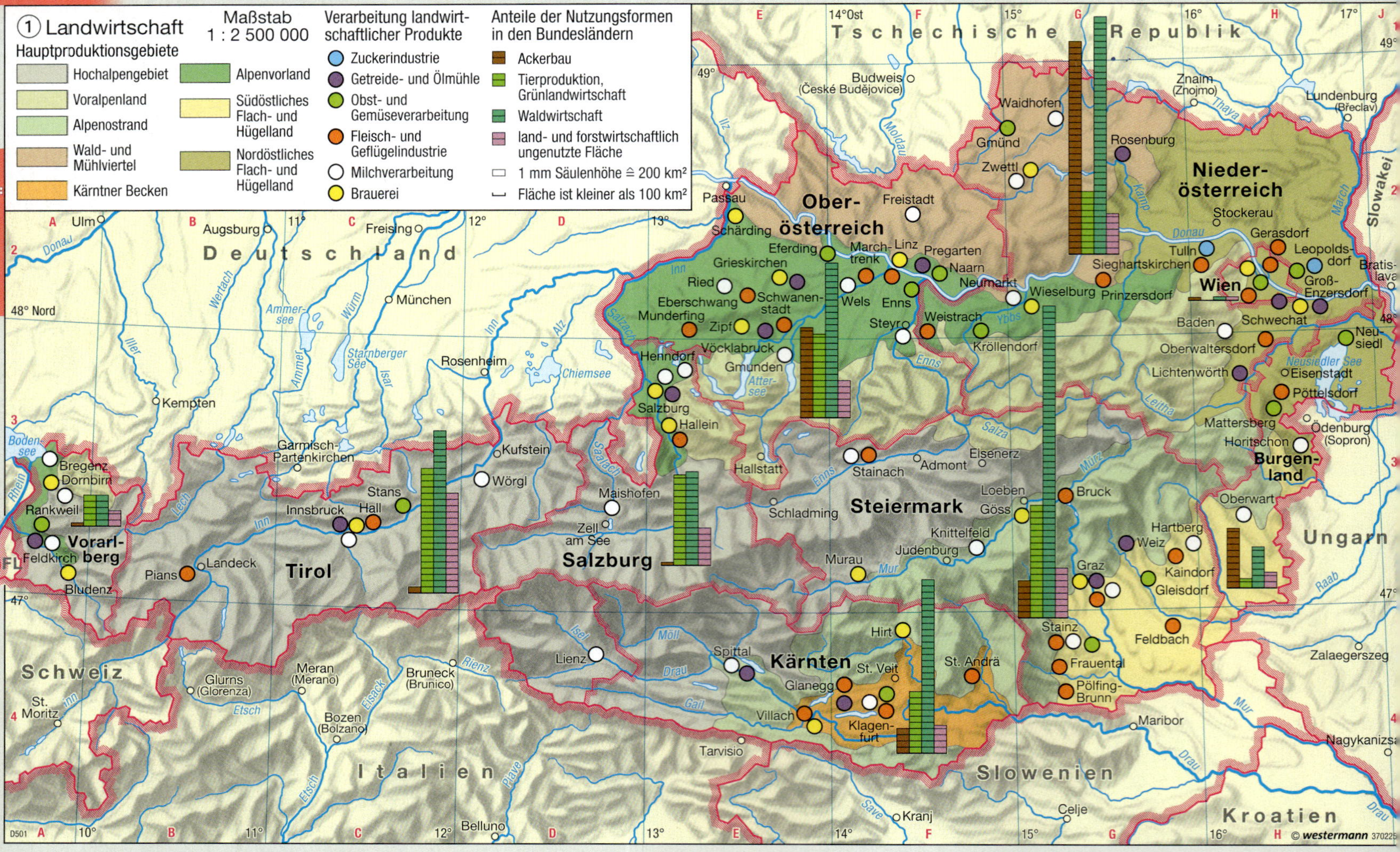

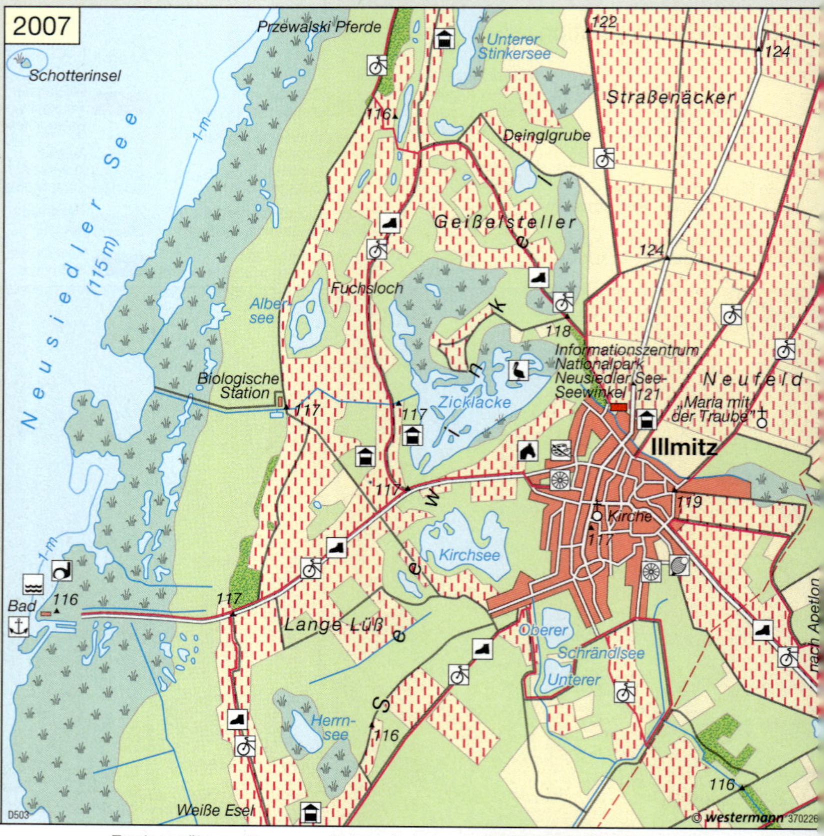

② Illmitz/Neusiedler See – Strukturwandel 1856 / 2007 (Ackerbau, Weinbau, Tourismus)

Maßstab 1 : 60 000 (0 – 500 – 1000 m)

Bodennutzung: Ackerbau; Weingarten; Wiese, Weide; Wald; Schilf; See, Lacke

Tourismus: Wassersport; Bootshafen; Reiten; Naturerlebnis (Exk.); Beobachtungsturm; Hobbyurlaub; Pferdefuhrwerke; Wanderweg; Radweg; Minigolf; Tennis

▴117 Höhenangabe in m; –1 m– Tiefenlinie; Straße, Weg; Hottergrenze

Tourismusübernachtungen 1971–2007 (in Tausend)

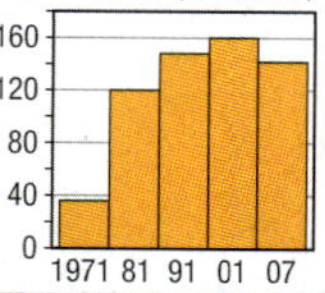

Bodennutzung 1973–2007 (in ha)

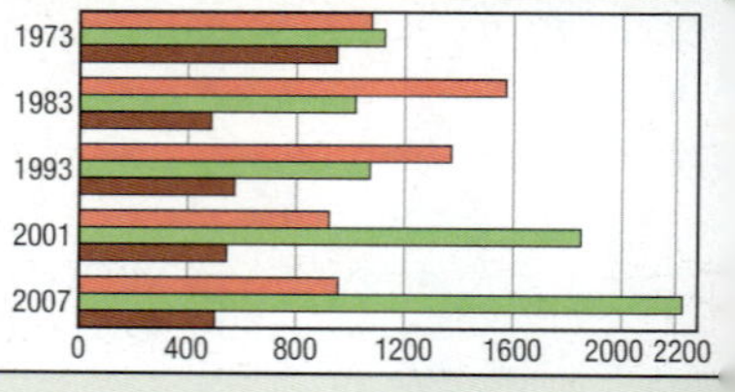

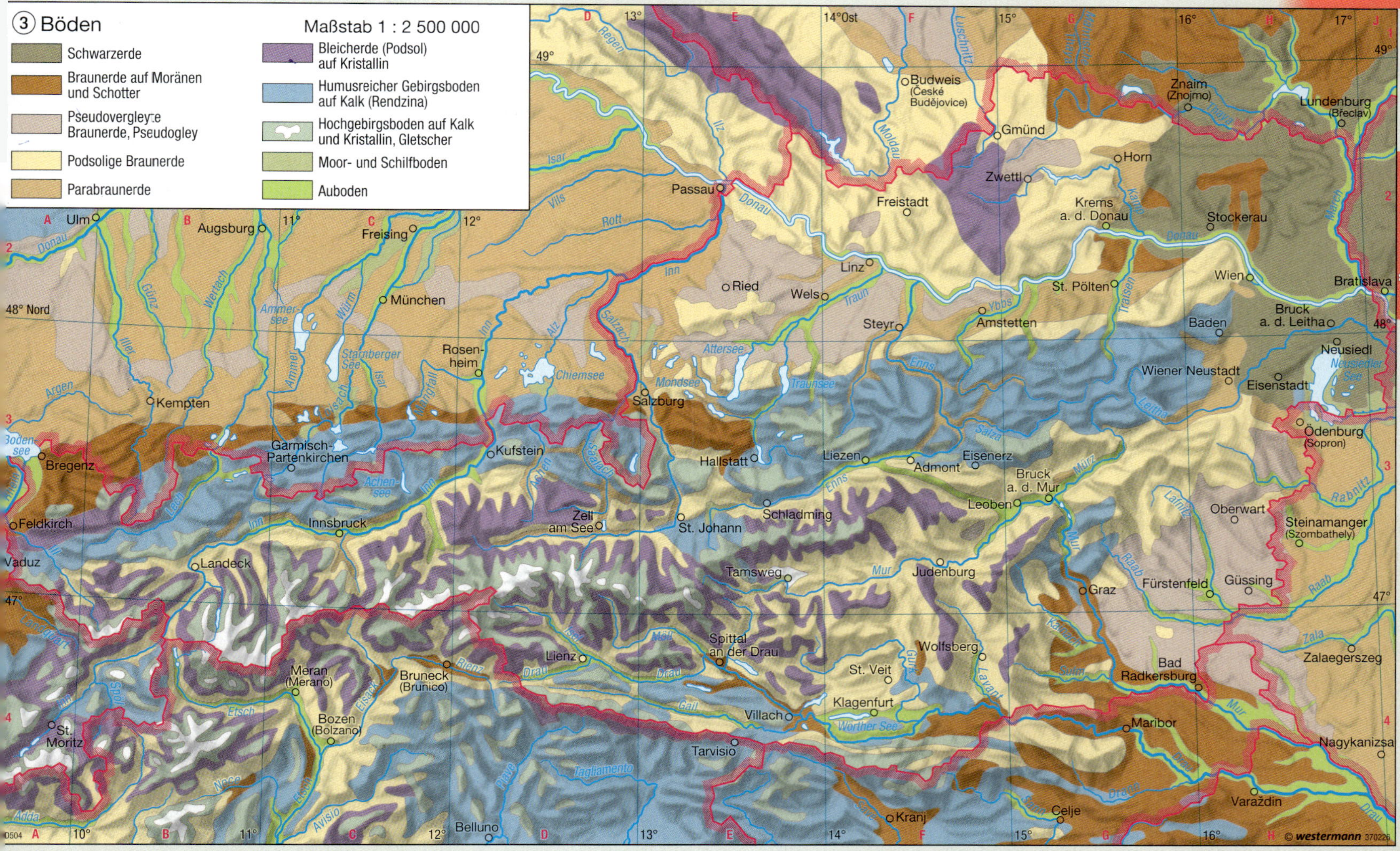
3 Böden
Maßstab 1 : 2 500 000
Schwarzerde
Braunerde auf Moränen und Schottern
Pseudovergleyte Braunerde, Pseudogley
Podsolige Braunerde
Parabraunerde
Bleicherde (Podsol) auf Kristallin
Humusreicher Gebirgsboden auf Kalk (Rendzina)
Hochgebirgsboden auf Kalk und Kristallin, Gletscher
Moor- und Schilfboden
Auboden
Ulm
Augsburg
Freising
München
Kempten
Rosenheim
Salzburg
Passau
Budweis (České Budějovice)
Gmünd
Zwettl
Znaim (Znojmo)
Lundenburg (Břeclav)
Horn
Krems a. d. Donau
Stockerau
Freistadt
Linz
Ried
Wels
Steyr
Amstetten
St. Pölten
Wien
Bratislava
Bruck a. d. Leitha
Baden
Neusiedl
Wiener Neustadt
Eisenstadt
Ödenburg (Sopron)
Bregenz
Feldkirch
Vaduz
Garmisch-Partenkirchen
Kufstein
Innsbruck
Landeck
Zell am See
St. Johann
Hallstatt
Schladming
Liezen
Admont
Eisenerz
Leoben
Bruck a. d. Mur
Oberwart
Steinamanger (Szombathely)
Fürstenfeld
Güssing
Graz
Tamsweg
Judenburg
Wolfsberg
Spittal an der Drau
Lienz
Meran (Merano)
Bruneck (Brunico)
Bozen (Bolzano)
St. Moritz
St. Veit
Klagenfurt
Villach
Tarvisio
Bad Radkersburg
Maribor
Zalaegerszeg
Nagykanizsa
Varaždin
Celje
Kranj
Belluno
Donau
Inn
Isar
Lech
Iller
Salzach
Enns
Mur
Drau
Raab
Leitha
Moldau
Thaya
March
Ammersee
Starnberger See
Chiemsee
Bodensee
Attersee
Traunsee
Mondsee
Wörther See
Neusiedler See
48° Nord
47°
49°
13°
14° Ost
15°
16°
17°
10°
11°
12°
© westermann

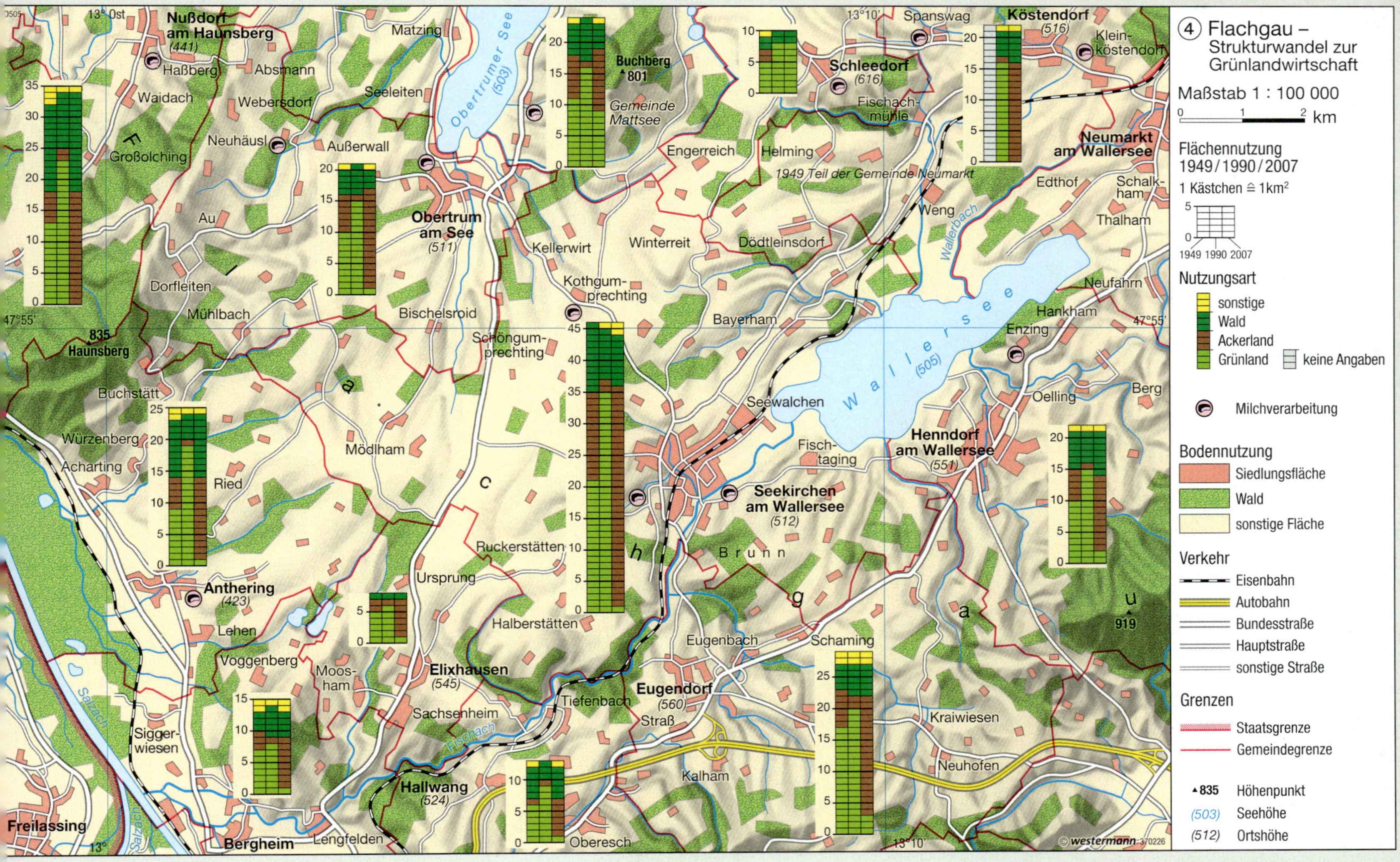
4 Flachgau – Strukturwandel zur Grünlandwirtschaft
Maßstab 1 : 100 000
0 1 2 km
Flächennutzung 1949/1990/2007
1 Kästchen ≙ 1 km²
1949 1990 2007
Nutzungsart
sonstige
Wald
Ackerland
Grünland
keine Angaben
Milchverarbeitung
Bodennutzung
Siedlungsfläche
Wald
sonstige Fläche
Verkehr
Eisenbahn
Autobahn
Bundesstraße
Hauptstraße
sonstige Straße
Grenzen
Staatsgrenze
Gemeindegrenze
835 Höhenpunkt
(503) Seehöhe
(512) Ortshöhe
Nußdorf am Haunsberg (441)
Haßberg
Waidach
Abtsmann
Webersdorf
Großolching
Neuhäusl
Matzing
Seeleiten
Außerwall
Obertrumer See (503)
Obertrum am See (511)
Buchberg 801
Gemeinde Mattsee
Spanswag
Köstendorf (516)
Kleinköstendorf
Schleedorf (616)
Fischachmühle
Engerreich
Helming
1949 Teil der Gemeinde Neumarkt
Neumarkt am Wallersee
Edthof
Schalkham
Thalham
Weng
Au
Kellerwirt
Winterreit
Dödtleinsdorf
Dorfleiten
Mühlbach
Kothgumprechting
Bischelsroid
Schöngumprechting
Bayerham
Neufahrn
Hankham
Wallersee (505)
Enzing
835 Haunsberg
Buchstätt
Würzenberg
Acharting
Ried
Mödlham
Seewalchen
Oelling
Berg
Fischtaging
Henndorf am Wallersee (551)
Seekirchen am Wallersee (512)
Brunn
Ruckerstätten
Ursprung
Anthering (423)
Lehen
Halberstätten
Voggenberg
Moosham
Elixhausen (545)
Eugenbach
Schaming
919
Sachsenheim
Tiefenbach
Eugendorf (560)
Straß
Kraiwiesen
Siggerwiesen
Hallwang (524)
Kalham
Neuhofen
Freilassing
Bergheim
Lengfelden
Oberesch
Salzach
Fischach
13° Ost
13°10'
47°55'
© westermann

Österreich – Landwirtschaft und Industrie

Maßstab 1 : 1 500 000

0 20 40 60 80 100 km

Bodennutzung
Ackerbau auf
geringerwertigen Böden
guten Böden
Hauptanbauarten
Getreide: Weizen, Mais, Gerste, Roggen
Obst, Gemüse
Zuckerrüben
Wein
Wiese, Weide
Wald
Schilf
Almen
Fels- und Gebirgsregion, Ödland
Bodenschätze
Eisen
Erdöl
Wolfram
Erdgas
Magnesit
Graphit
Steinsalz
Kaolin
Braunkohle
Gips
Industrie
Eisen- und Stahlerzeugung
Buntmetallverhüttung
Aluminiumverhüttung
Metallindustrie
Walzwerk, Gießerei
Stahlbau
Eisen-, Blech-, Metallwaren
Maschinenbau
Schiffbau
Kraftfahrzeugbau
Schienenfahrzeugbau
Luft- und Raumfahrttechnik
Elektrotechnik
Elektronik
Feinmechanik, Optik, Uhren
Biotechnologie, Pharmazie
Chemie, Kunststoffe
Gummi
Erdölraffinerie
Leder, Schuhe
Textilien, Bekleidung
Holz, Möbel
Zellulose, Papier
Spielgeräte, Sportartikel
Musikinstrumente
Schmuckwaren
Nahrungs- u. Genussmittel
Baustoffe
Glas
Keramik
Dienstleistung
Erläuterungen siehe Seite 35
Energie
Wasserkraftwerk
Laufkraftwerk
Speicherkraftwerk
Wärmekraftwerk
Kohle-, Öl-, Gaskraftwerk
Kernkraftwerk
Größenstufen in Megawatt (MW)
unter 100 (in Auswahl)
100 – 1000
über 1000
Wasserüberleitung
Verkehr und Transport
Eisenbahn
Autobahn, Fernstraße
Erdölleitung
Erdgasleitung
Orte
Einwohner
über 1 000 000
100 000 – 1 000 000
unter 100 000
Energieerzeugung vgl. auch Seite 77
Tschechische Republik
Slowakei
Ungarn
Slowenien
Kroatien
Niedere Tauern
Gurktaler Alpen
Karawanken
Weinviertel
Wiener Wald
Wien
Linz
Graz
Bratislava
Ljubljana
Zagreb
Maribor
Klagenfurt
St. Pölten
Wiener Neustadt
Neusiedler See
Plattensee (Balaton)
MEGAL (Mitteleuropäische Gasleitung)
West-Austria-Gasleitung
TAG (Trans-Austria-Gasleitung)
AWP (Adria-Wien-Pipeline)
© westermann

Österreich – Industrieräume

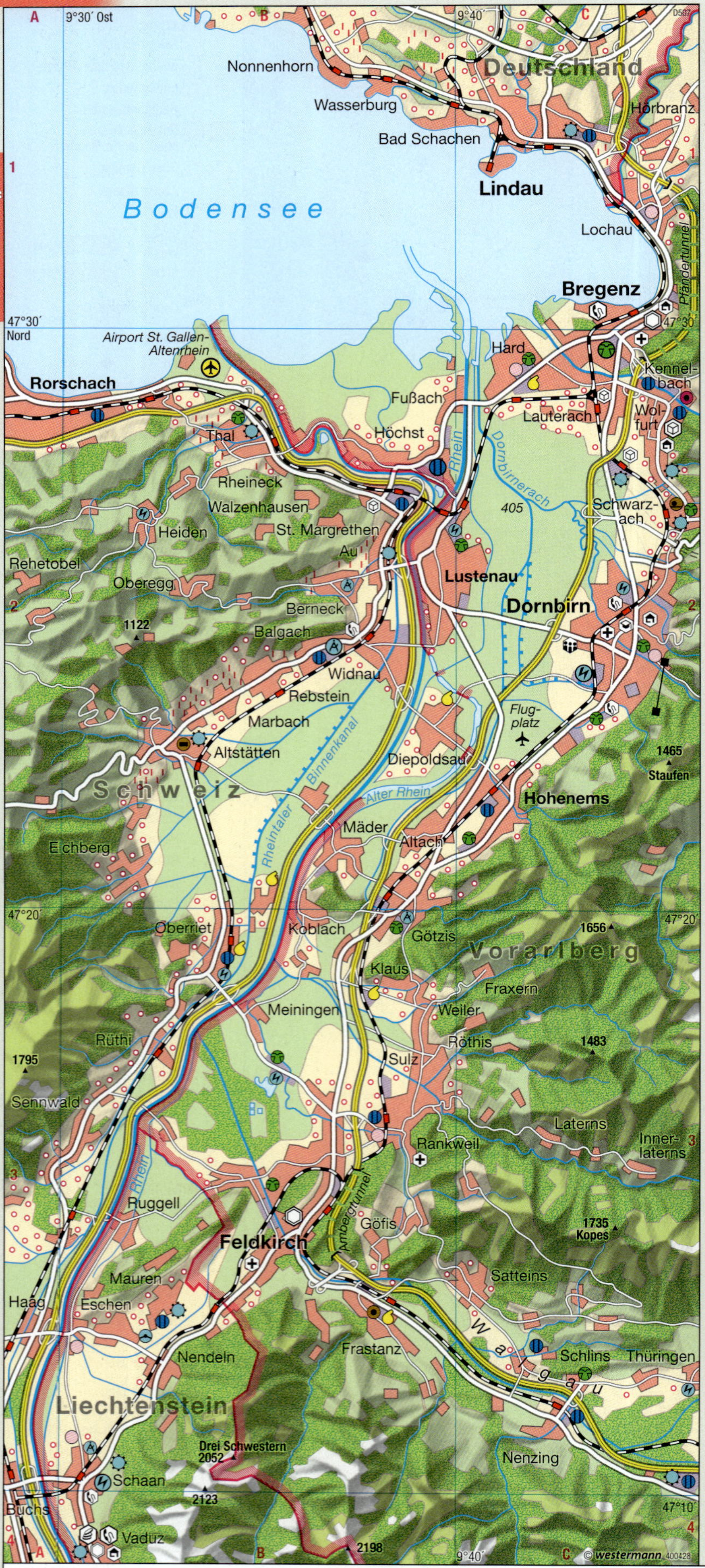

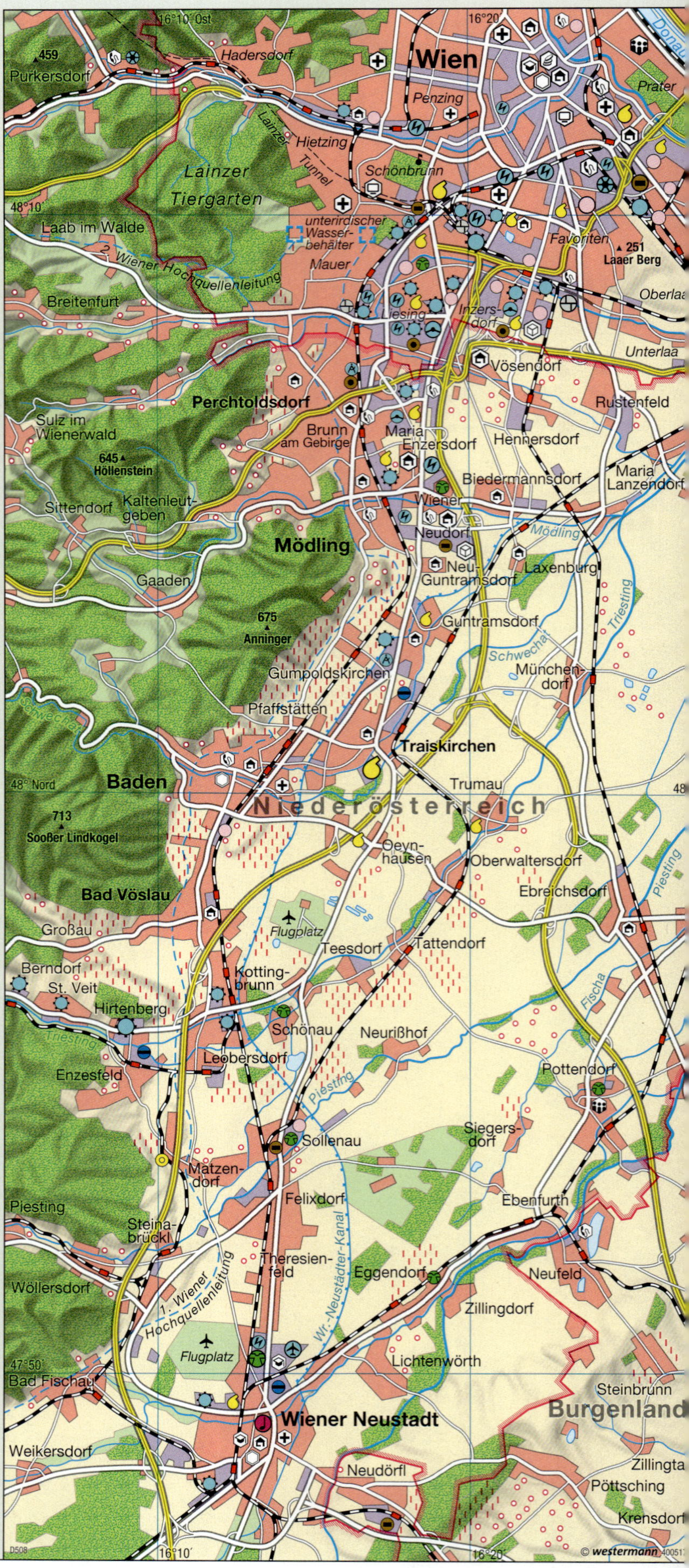

① Rheintal   Maßstab 1 : 200 000   ② Südliches Wiener Becken   Maßstab 1 : 200 000

Bodennutzung
- Siedlung
- Ackerbau
- Obst
- Wein
- Wiese
- Wald
- Alm
- Fels

Industrie/Dienstleistung
- Industrie, Handel, Gewerbe
- Walzwerk, Gießerei
- Metallwaren
- Maschinenbau, Metallverarbeitung
- Kraftfahrzeugbau
- Luft- und Raumfahrt
- Schienenfahrzeugbau
- Elektrotechnik, Elektronik
- Feinmechanik, Optik
- Chemie, Kunststoffe
- Gummi
- Textil, Bekleidung, Leder
- Holz, Holzverarbeitung
- Zellulose, Papier
- Sportartikel
- Musikinstrumente
- Glas, Keramik
- Baustoffe
- Nahrungs- und Genussmittel
- Dienstleistungen (siehe Seite 35)

Beschäftigte
- 100 bis 499
- 500 bis 999
- 1000 und mehr

Verkehr/Grenzen
- Autobahn
- Bundesstraße
- Eisenbahn
- Staatsgrenze
- Landesgrenze

③ Wirtschaftsraum Linz-Wels-Steyr

④ Wirtschaftsraum Graz

Maßstab 1 : 400 000

0 5 10 km

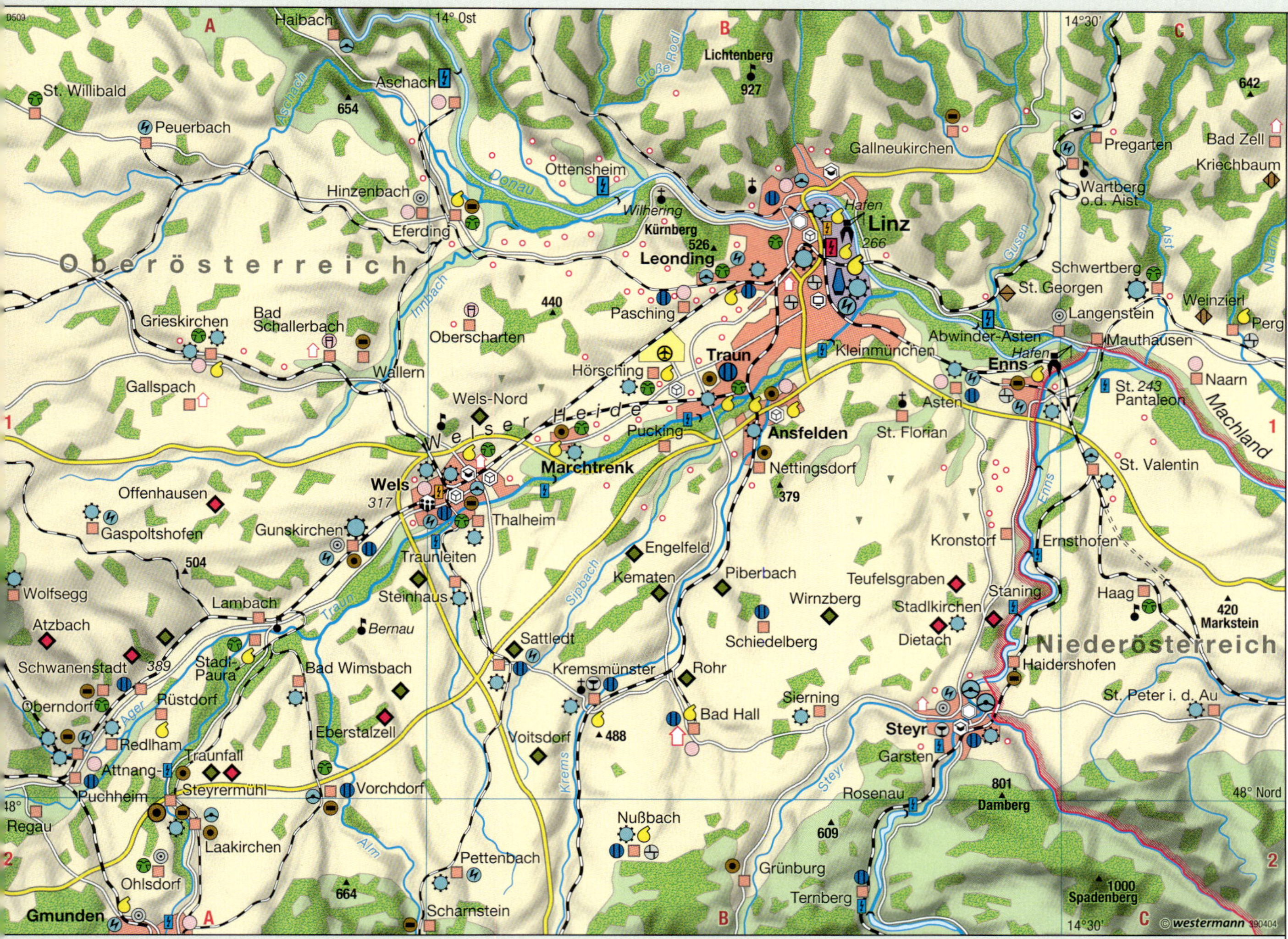

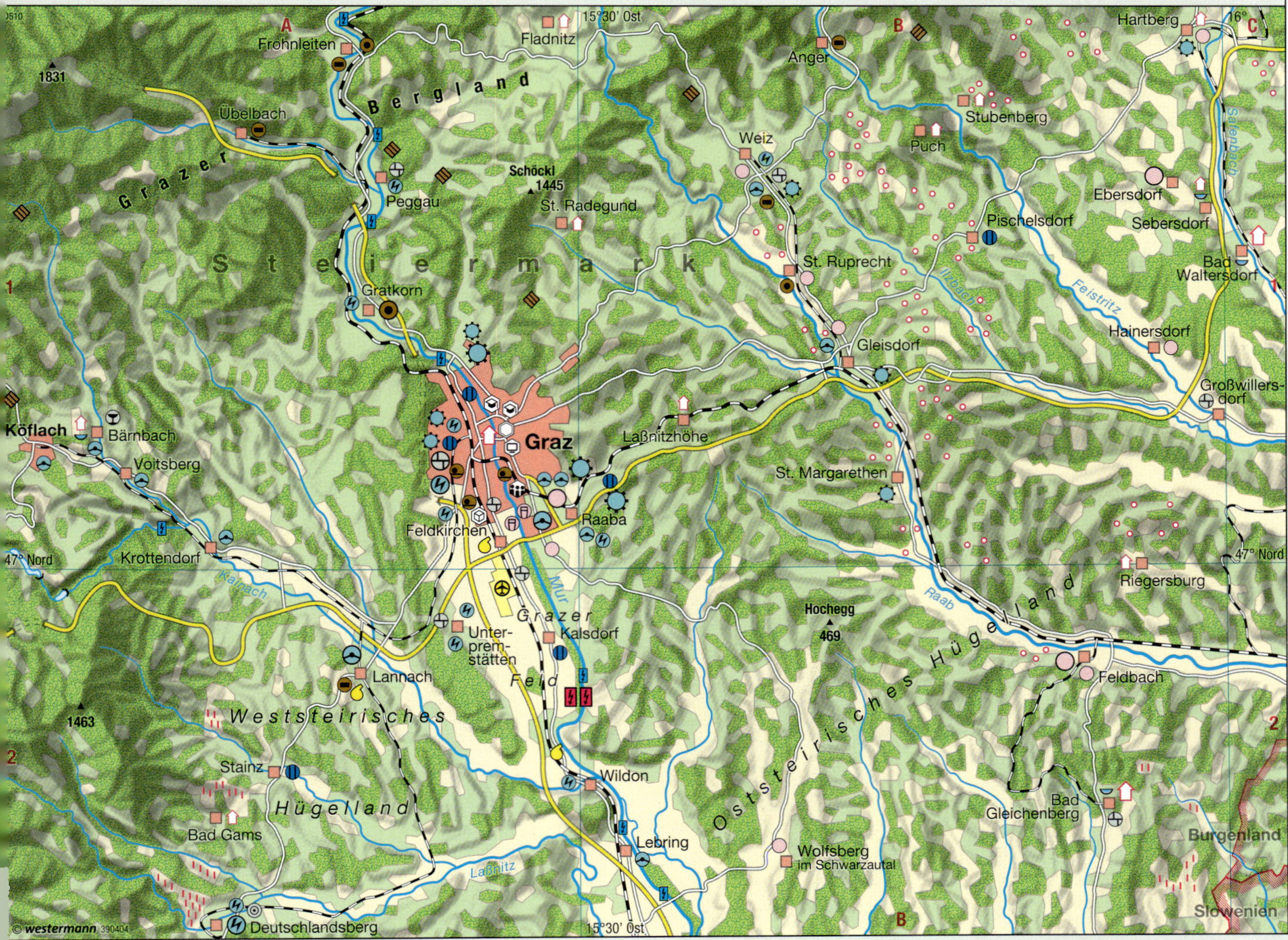

Bergbau
- Erdöl
- Erdgas
- Porzellanerde
- Quarzsand
- Steinbruch (Kalk, Dolomit, Marmor)
- Talk

Industrie
- Eisen- und Stahlerzeugung
- Eisen-, Blech- und Metallwaren
- Maschinen- und Anlagenbau
- Fahrzeugbau (inkl. Zuliefer-Betriebe)
- Elektrotechnik, Elektronik
- Chemie, Kunststoffe, Pharmazeutika
- Textilien, Bekleidung
- Holz, Möbel
- Zellulose, Papier
- Großdruckerei
- Nahrungs- und Genussmittel
- Getränkeherstellung
- Baustoffe, Bauteile
- Glas
- Keramik

Größenstufen der Industriesignaturen
- über 1 000 Beschäftigte
- 100 bis 1 000 Beschäftigte

Energie
- Wasserkraftwerk
- Wärmekraftwerk
- Fernheizwerk

Leistung in Megawatt
- über 100
- unter 100

Dienstleistung
- Verwaltungszentrum
- Universität, Fachhochschule
- Krankenhaus
- Bildung, Medien
- Handelsunternehmen
- Logistik (Lager, Spedition)
- Finanzzentrum
- Service, Beratung
- Messe

Beschäftigte
- über 15 000
- 1 000 bis 15 000

Tourismus (Übernachtungen pro Jahr)
- über 250 000
- unter 250 000
- Therme

Landwirtschaft
- Ackerbau
- Wiese, Weide
- Wald
- Zuckerrüben
- Obst
- Wein

Orte
- über 10 000 Einwohner
- unter 10 000 Einwohner

Verkehr
- Autobahn
- Straße
- Eisenbahn

Grenzen
- Staatsgrenze
- Landesgrenze

Österreich – Bevölkerung

Österreich
Europa
Ozeanien
Afrika
Amerika
Erde
Register

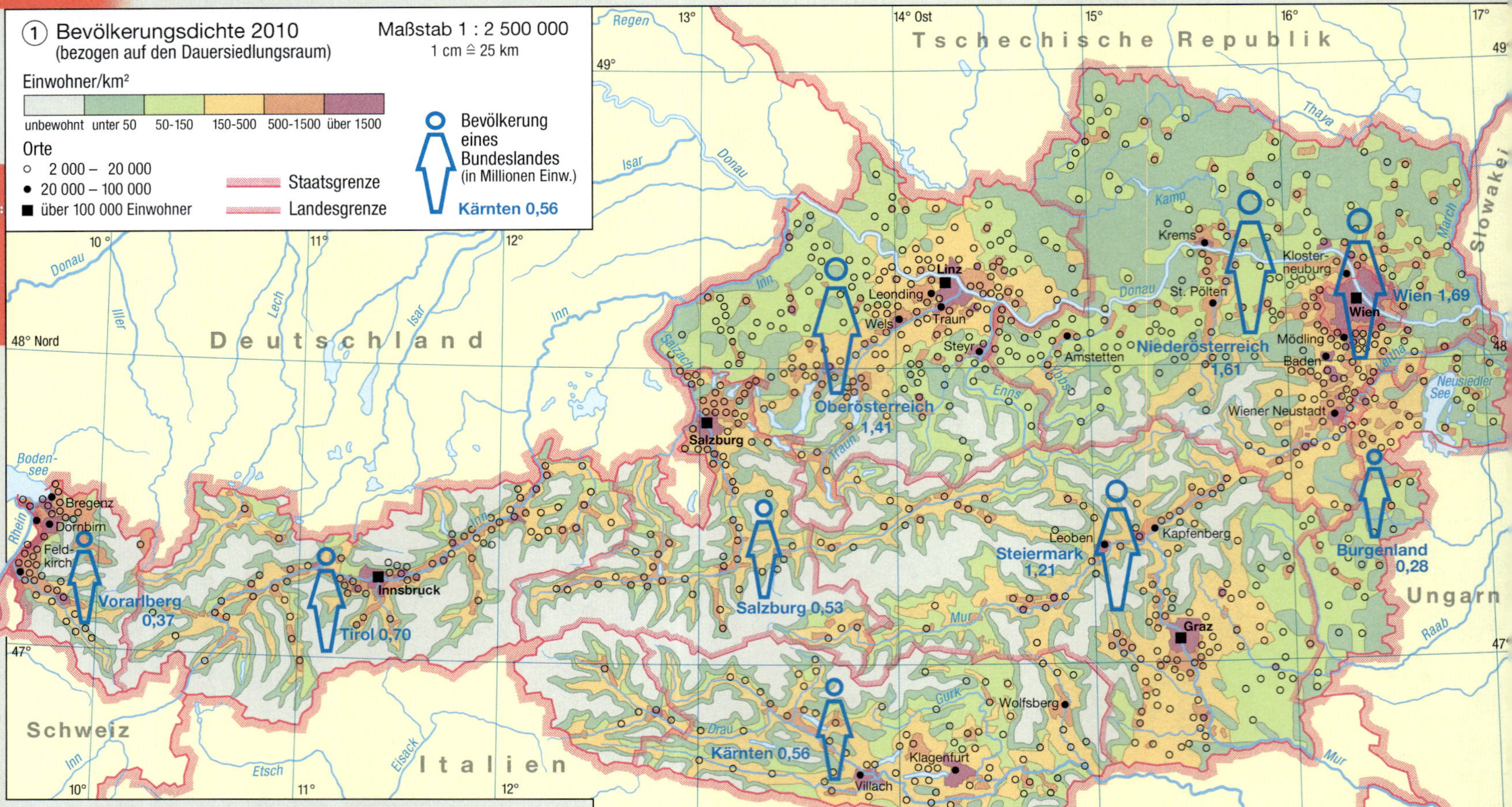

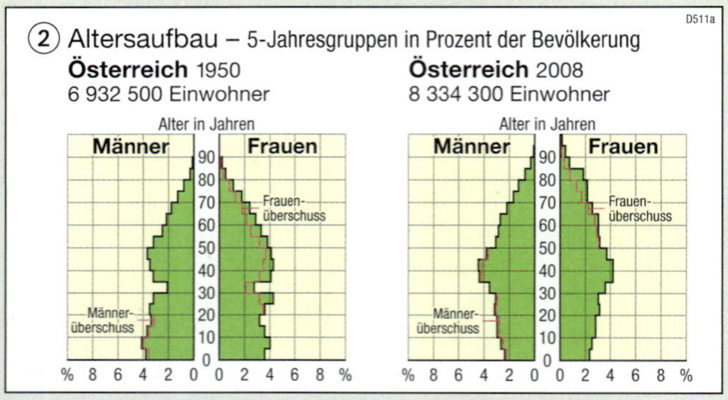

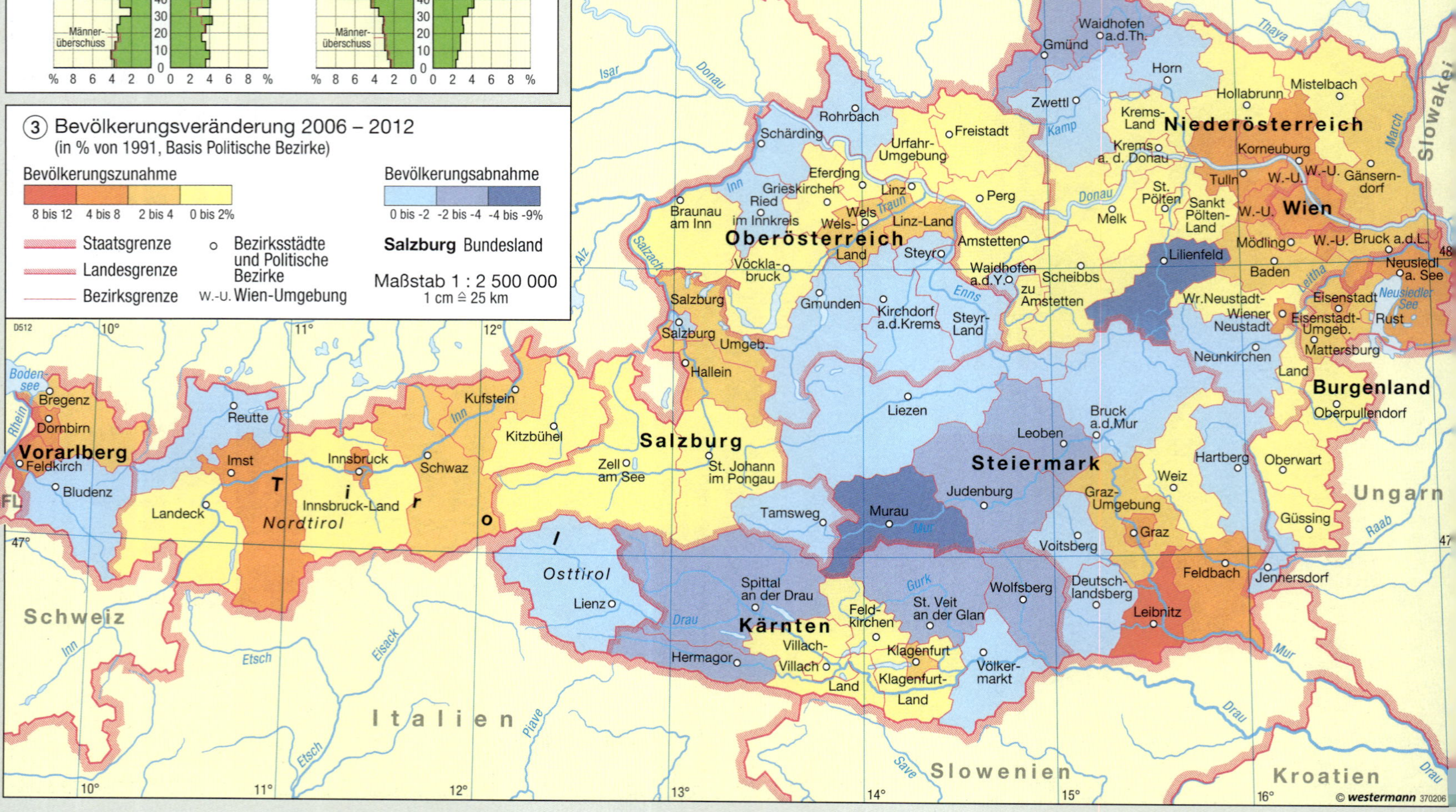

① Wandel der Grenzregion Wien – Bratislava – Raab

Verkehr

Autobahn/Schnellstraße
- bis 1989
- nach 1989
- in Planung

Eisenbahn
- Fernverkehr
- nach 1989
- wichtige Verbindung
- Tunnelstrecke

Neubau nach 1989

wirtschaftliche Infrastruktur
- Gründerzentrum
- Technologiezentrum

Einkaufsinfrastruktur
- Einkaufszentrum
- Hypermarché

Modernisierung und Restrukturierung nach 1989

Bergbau und Industrie
- Erdöl
- Erdgas
- Metallindustrie
- Schiffbau
- Kraftfahrzeugindustrie
- Elektroindustrie
- Feinmechanik
- Chemie, Kunststoffe
- Gummi
- Erdölraffinerie
- Textilien, Bekleidung
- Holz, Möbel
- Nahrungs- und Genussmittel

Energie
- Wasserkraftwerk
- Wärmekraftwerk
- Fernheizwerk
- Windkraftwerk, Windpark

Dienstleistung
- Regierung, Verwaltung, Justiz
- Krankenhaus, Heim
- Universität, Hochschule
- Bildung, Medien
- Kultur (Theater, Oper, Museen)
- Finanzzentrum
- Handelsunternehmen
- Service, Beratung
- Messe
- Logistik
- Militärstützpunkt
- Tourismus
- Kurort
- Therme
- internationaler Flughafen

Zentrale Orte
- **Wien** Oberzentrum
- **Bratislava** Mittelzentrum
- **Ödenburg** Unterzentrum

Orte
- über 10 000 Einwohner
- unter 10 000 Einwohner

Grenzen
- Staatsgrenze
- Landesgrenze, Krajgrenze in der Slowakei

Bodennutzung
- Ackerland
- Wald
- Naturparkgrenze

② Verkehrserschließung und geopolitische Lage (schematisch)

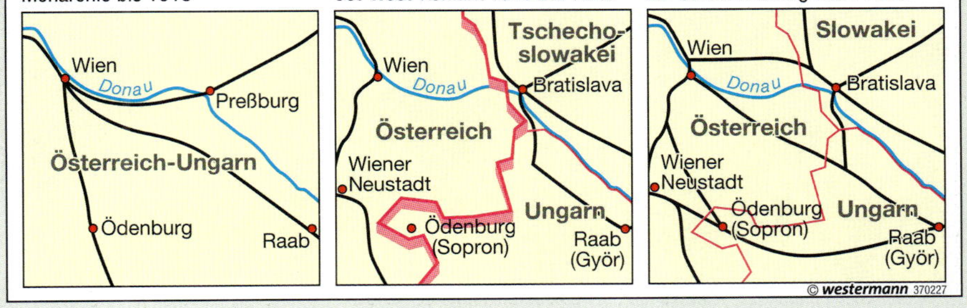

Maßstab 1 : 500 000 — 0 10 20 30 40 50 km

Österreich Europa Asien Ozeanien Afrika Amerika Erde Register

Wien – Weltraumbild

Maßstab 1 : 50 000

0 500 1000 1500 2000 2500 m

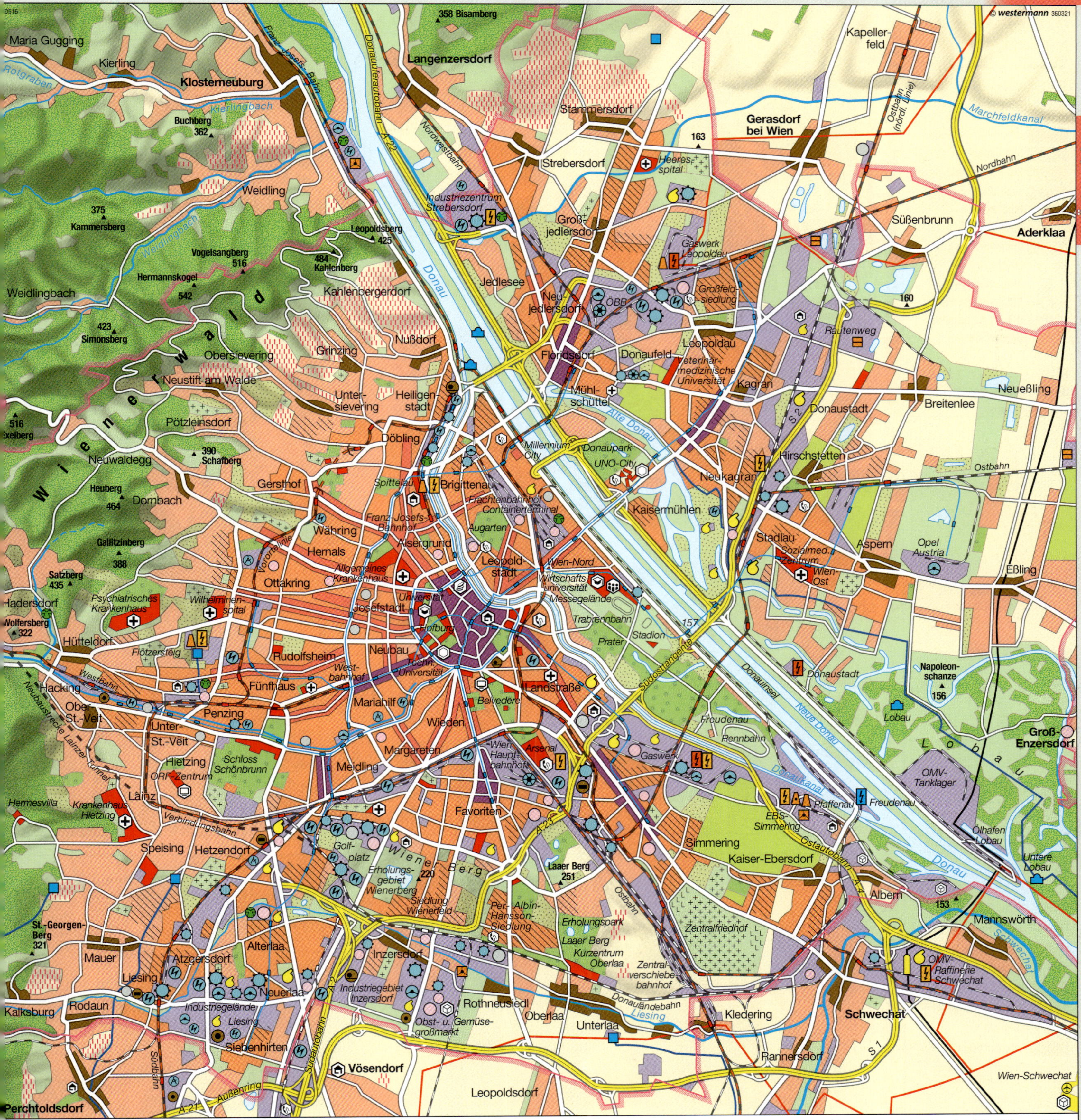

Wien – funktionale Gliederung/Ver- und Entsorgung/Wirtschaft

Maßstab 1 : 100 000 (0 500 1000 2000 m)

Bebauung
- Hauptzentrum
- Bezirkszentrum, Geschäftsstraße
- hohe und mittlere Bebauungsdichte
- geringe Bebauungsdichte
- alter Ortskern
- Großwohnsiedlung
- öffentliches Gebäude

Erholung, Freizeit
- Grünfläche, Sportanlage
- Park
- Kleingarten
- Wald

Sonstige Flächennutzung
- Friedhof
- Gärtnerei
- Weinanbau
- landwirtschaftliche Nutzfläche, Freifläche

Verkehr
- Autobahn, Schnellstraße
- Hauptstraße
- sonstige Straße
- S-Bahn
- U-Bahn
- sonstige Eisenbahn
- internationaler Flughafen
- Stadtgrenze

Versorgung, Entsorgung
- Wärme-, Wasserkraftwerk
- Fernheizwerk
- Grundwasserwerk
- Wasserbehälter
- Wasserleitung
- Erdölleitung
- Erdgasleitung
- Müllverbrennungsanlage
- Mülldeponie
- Sondermüllentsorgung
- Kläranlage

Industrie, Dienstleistung
- Industrie, Bahngelände, Verkehrsfläche
- Maschinenbau
- Fahrzeug- und Motorenbau
- Schienenfahrzeugbau
- Elektrotechnik
- Feinmechanik, Optik, Elektronik
- Chemie, Kunststoffe
- Erdölraffinerie
- Textil, Bekleidung
- Holz, Möbel
- Druckgewerbe
- Zellulose, Papier
- Baustoffe
- Nahrungs- u. Genussmittel
- Dienstleistungen (Erläuterungen siehe S. 35)
- Größen nach Wichtigkeit (Beschäftigte, Umsatz)

Österreich
Europa
Asien
Ozeanien
Afrika
Amerika
Erde
Register

① Wien – Innere Stadt

Maßstab 1 : 12 500

0 100 200 300 m

- Mischnutzung
- Büro- und Geschäftsnutzung
- öffentliches Gebäude
- Bildungseinrichtung
- kulturelle Einrichtung
- kirchliche Einrichtung
- Hotel, Pension
- Geldinstitut
- Grünanlage, Park
- Fußgängerzone
- Tiefgarage
- S-Bahn mit Bahnhof
- U-Bahn mit Bahnhof
- Straßenbahn

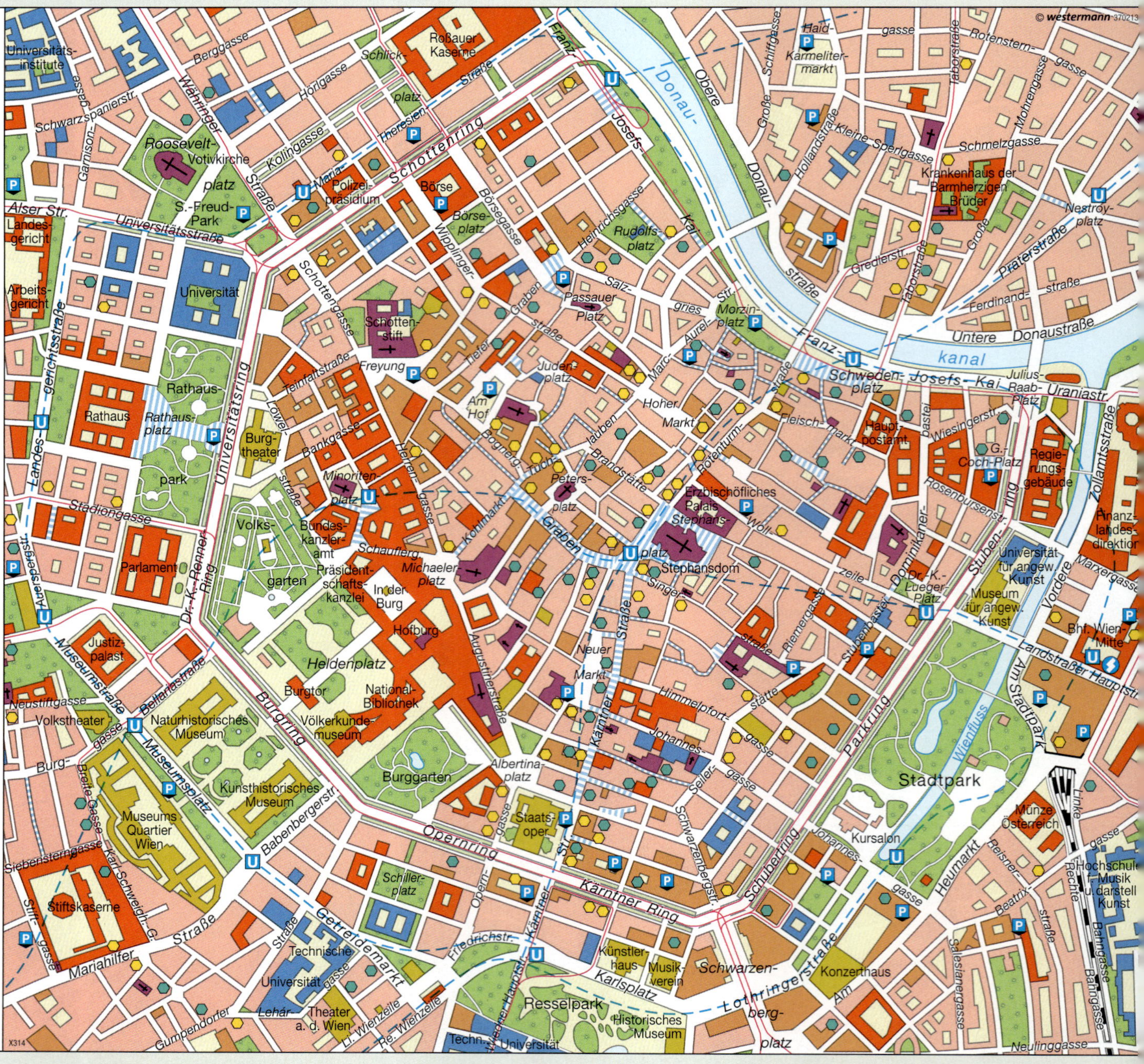

Wien – Bevölkerungsentwicklung

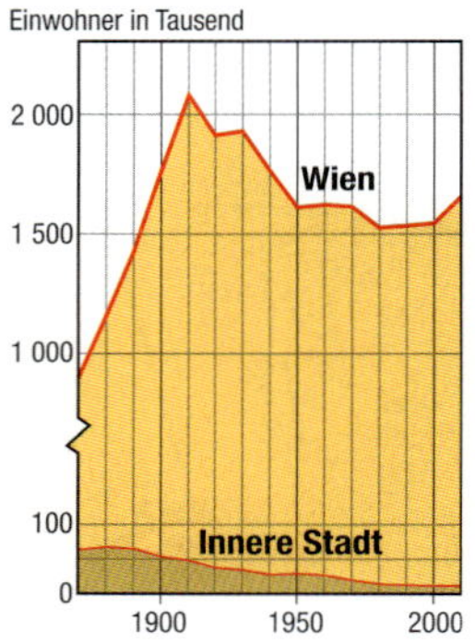

Wien – Altersaufbau 2007

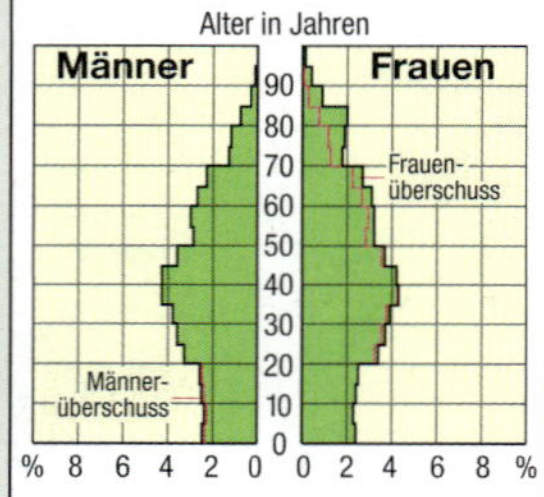

② Wien – Inzersdorf Leben am Stadtrand

Maßstab 1 : 12 500

0 100 200 300 m

- Wohngebäude
- Einzelhaus mit Garten
- öffentliches Gebäude
- Schule, Kindergarten
- Geldinstitut
- Lebensmittelgeschäft
- Gewerbe u. Industrie mit Abstellfläche
- Grünfläche
- landwirtschaftliche Nutzfläche
- Freifläche
- Lokalbahn Baden-Wien

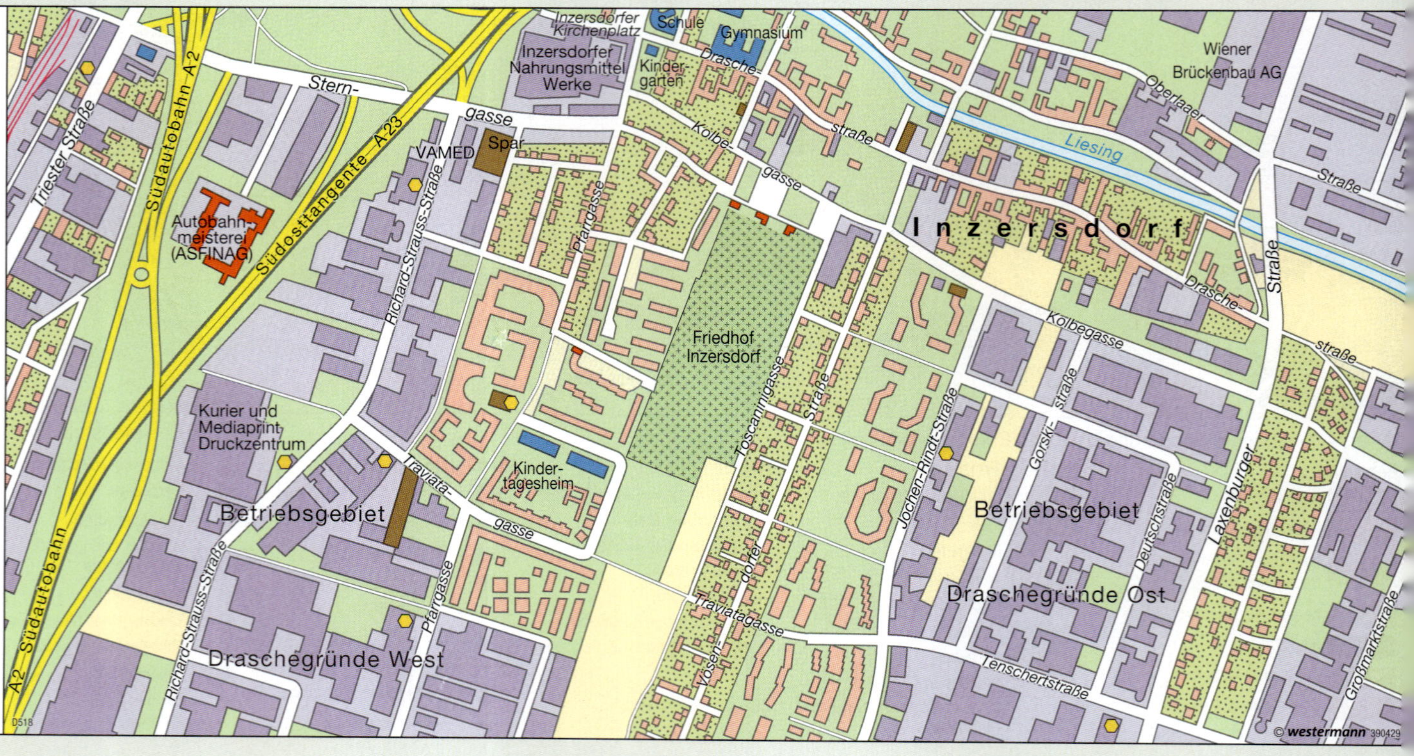

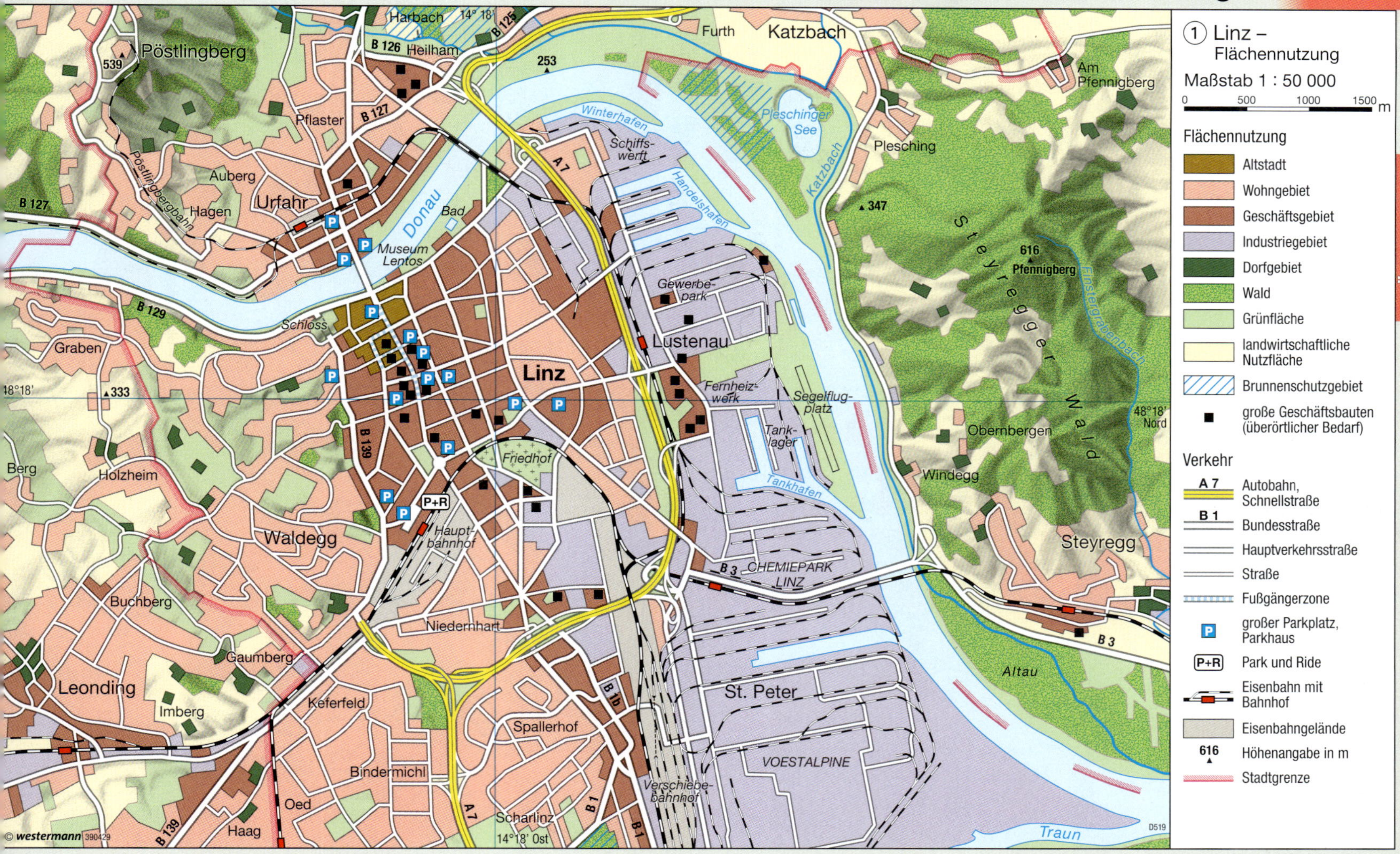

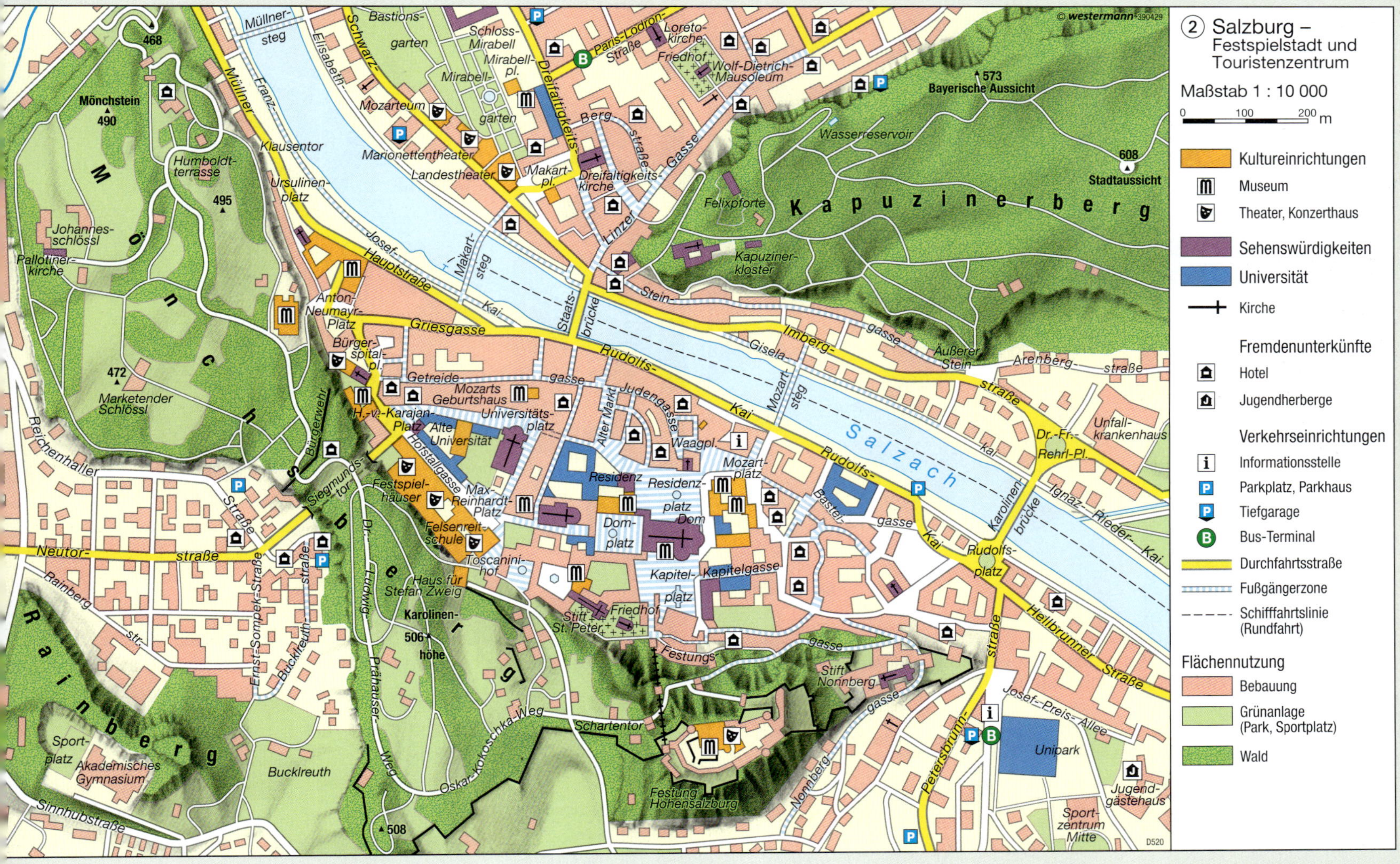

Österreich
Europa
Asien
Ozeanien
Afrika
Amerika
Erde
Register

Österreich – Tourismus

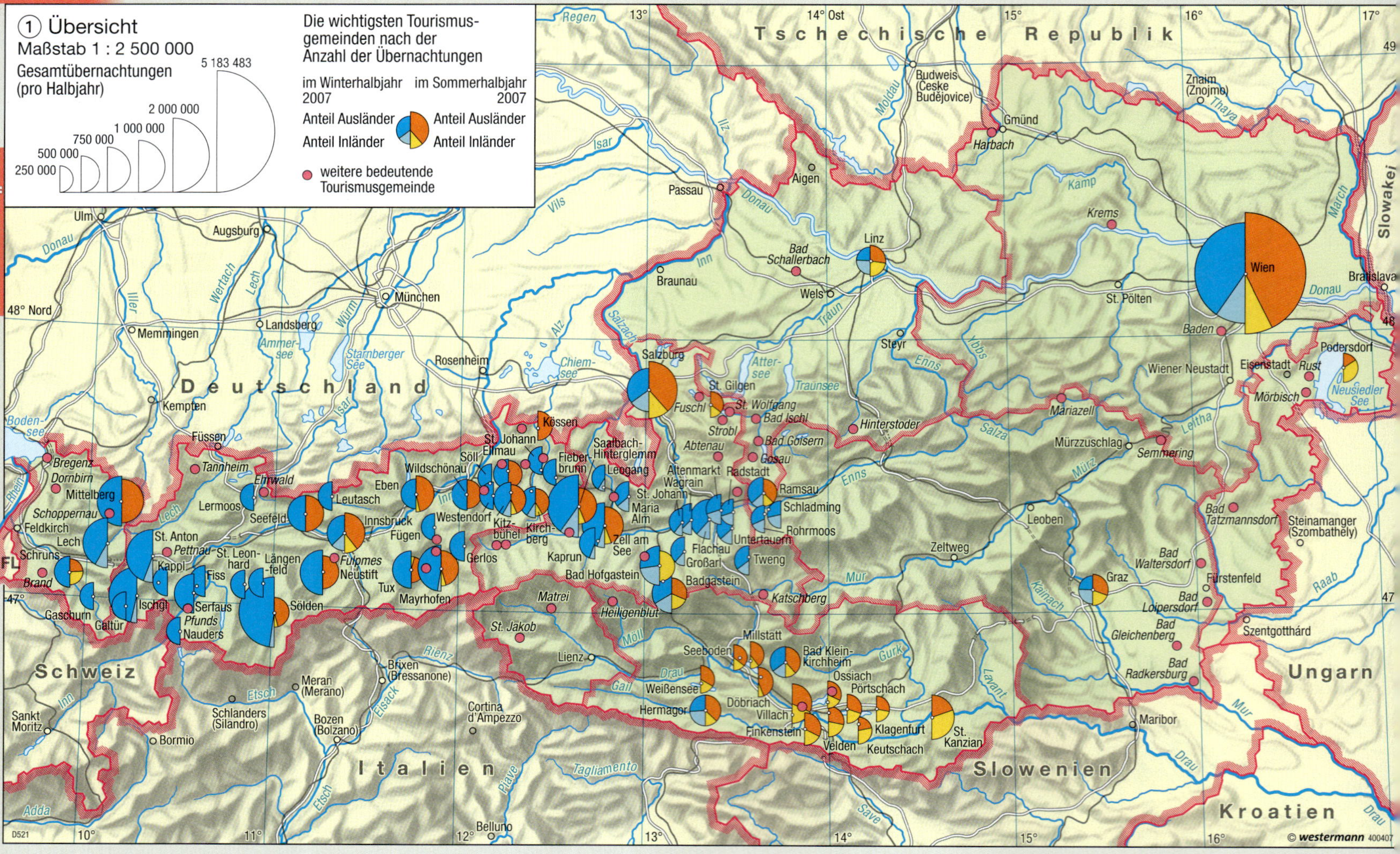

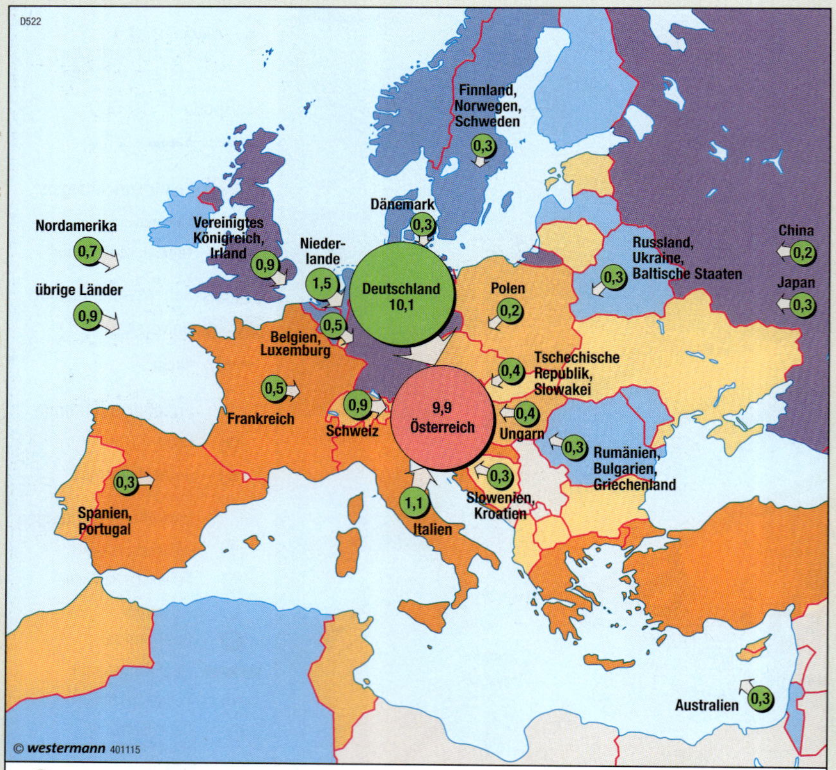

2 Wirtschaftliche Bedeutung des Reiseverkehrs/Herkunft der Reisenden nach Österreich — Maßstab 1 : 40 000 000

Reiseverkehr 2005
Länder mit aktiver Reisebilanz: 0 – 1 Mrd. Euro; 1 – 5 Mrd. Euro; über 5 Mrd. Euro
Länder mit passiver Reisebilanz: 0 – 1 Mrd. Euro; 1 – 5 Mrd. Euro; über 5 Mrd. Euro
Reisende nach Österreich 2007 (nach Herkunftsländern in Mio.): Reisende nach Österreich; österreichische Inlandreisende

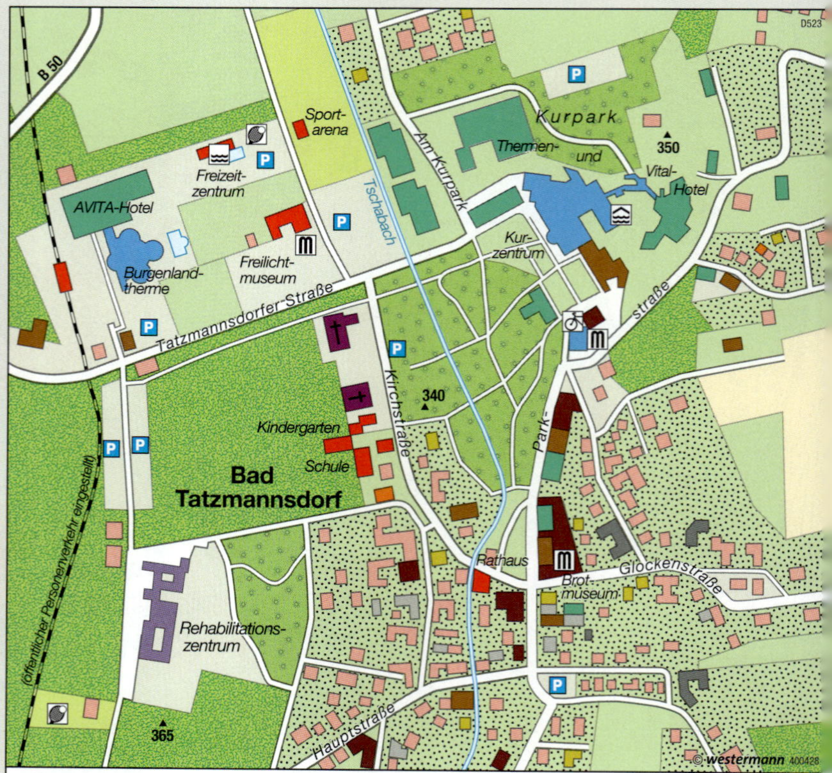

3 Bad Tatzmannsdorf/Burgenland – Bädertourismus — Maßstab 1 : 10 000

Kur- und medizinische Einrichtung; Klinik, Sanatorium; Hotel; Pension; Privatzimmer; Gasthof; Geschäft; öffentliches Gebäude; Kirche; sonstige Bebauung; Sportanlage; Grünfläche, Garten; Wald, Park; Ackerland; Freifläche; Nebenerwerbsbauer; leer stehendes Gebäude; Hallenbad; Freibad; Museum; Tennis; Fahrradverleih; Parkplatz; 365 Höhenangabe (m)

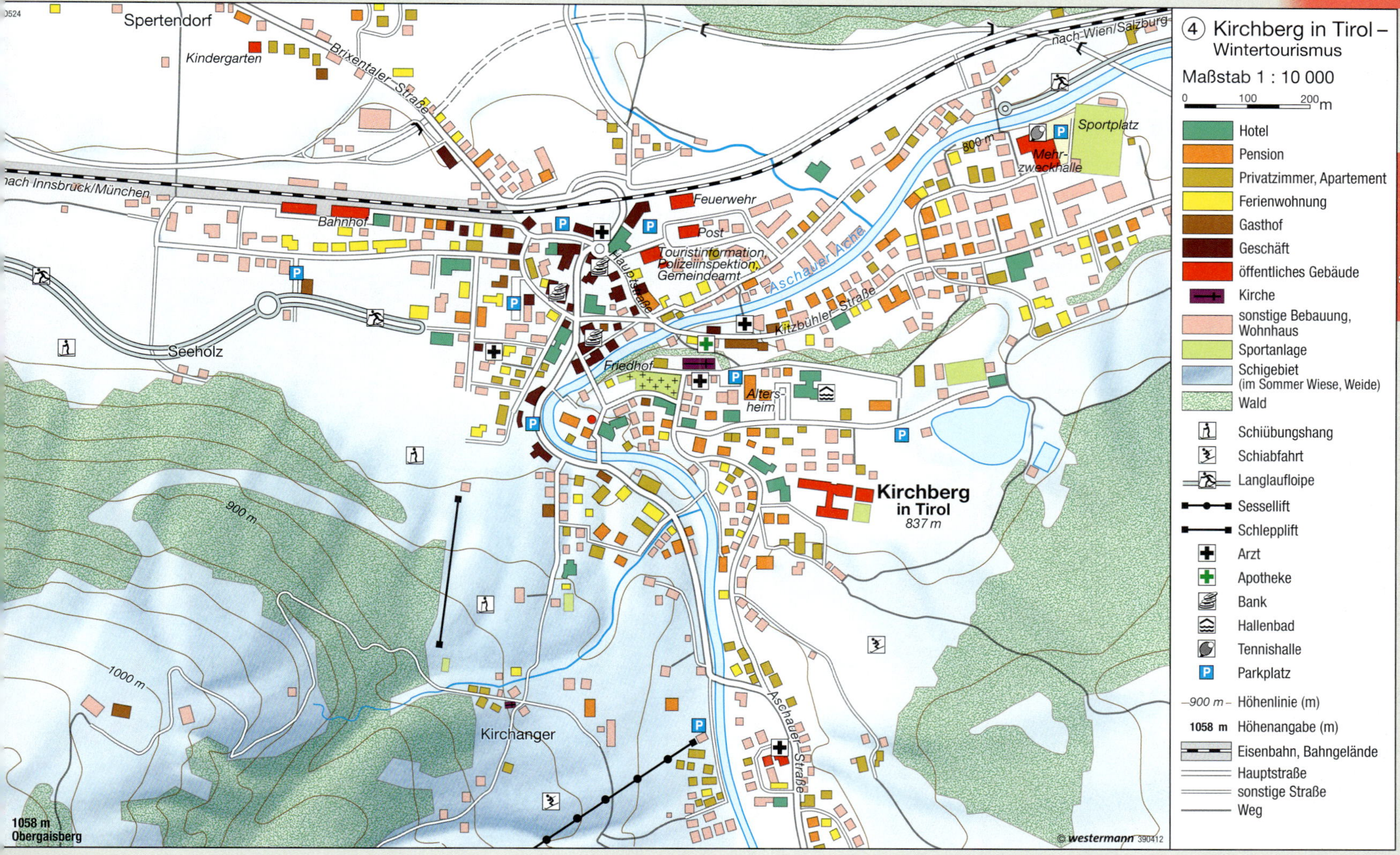
④ Kirchberg in Tirol – Wintertourismus
Maßstab 1 : 10 000
0 100 200 m
Hotel
Pension
Privatzimmer, Apartement
Ferienwohnung
Gasthof
Geschäft
öffentliches Gebäude
Kirche
sonstige Bebauung, Wohnhaus
Sportanlage
Schigebiet (im Sommer Wiese, Weide)
Wald
Schiübungshang
Schiabfahrt
Langlaufloipe
Sessellift
Schlepplift
Arzt
Apotheke
Bank
Hallenbad
Tennishalle
Parkplatz
–900 m– Höhenlinie (m)
1058 m Höhenangabe (m)
Eisenbahn, Bahngelände
Hauptstraße
sonstige Straße
Weg
Spertendorf
Kindergarten
Brixentaler Straße
nach Wien/Salzburg
nach Innsbruck/München
Sportplatz
Mehrzweckhalle
800 m
Feuerwehr
Bahnhof
Post
Touristinformation, Polizeiinspektion, Gemeindeamt
Hauptstraße
Aschauer Ache
Kitzbüheler Straße
Seeholz
Friedhof
Altersheim
Kirchberg in Tirol
837 m
900 m
1000 m
Kirchanger
Aschauer Straße
1058 m Obergaisberg
© westermann 390412

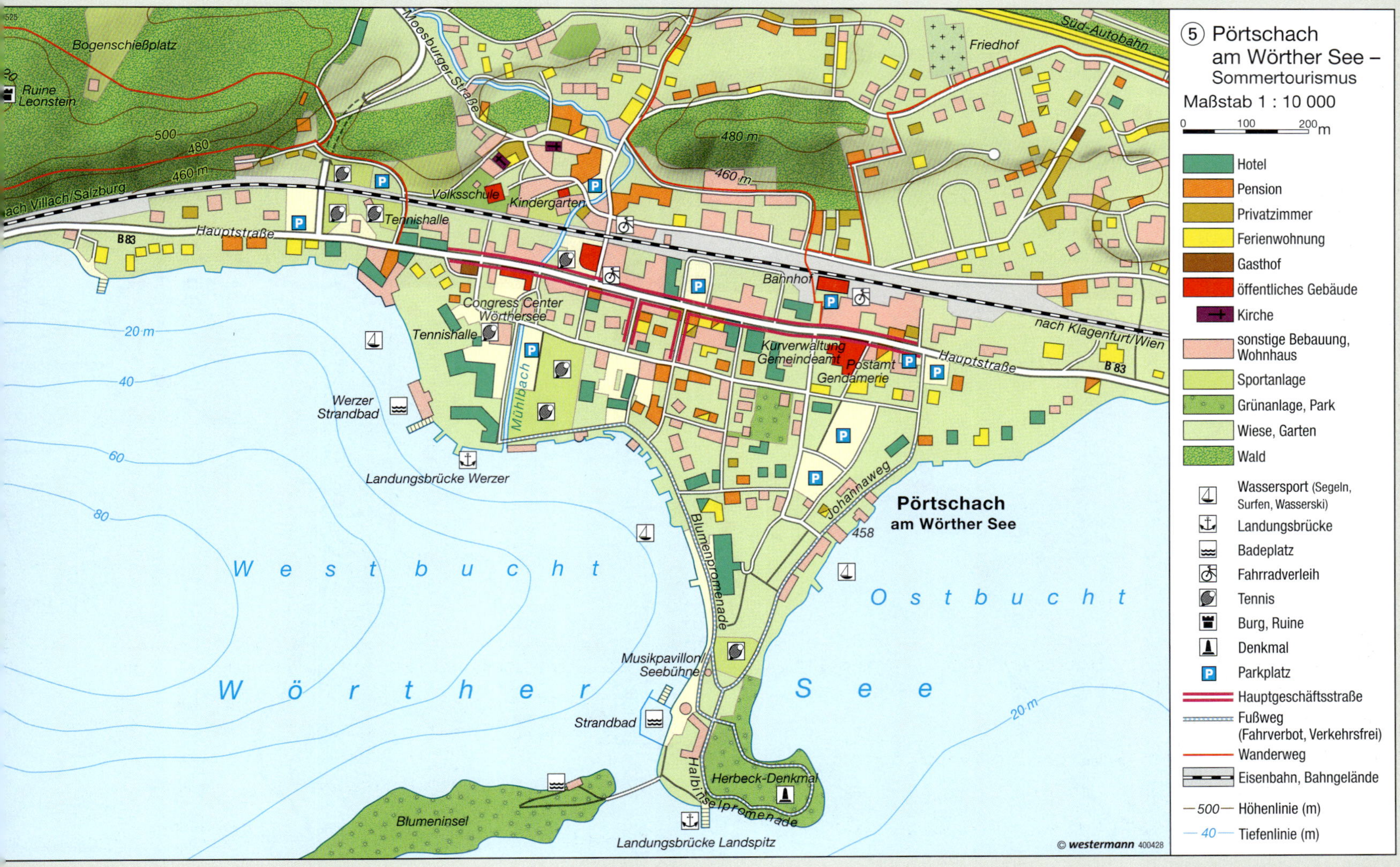
⑤ Pörtschach am Wörther See – Sommertourismus
Maßstab 1 : 10 000
0 100 200 m
Hotel
Pension
Privatzimmer
Ferienwohnung
Gasthof
öffentliches Gebäude
Kirche
sonstige Bebauung, Wohnhaus
Sportanlage
Grünanlage, Park
Wiese, Garten
Wald
Wassersport (Segeln, Surfen, Wasserski)
Landungsbrücke
Badeplatz
Fahrradverleih
Tennis
Burg, Ruine
Denkmal
Parkplatz
Hauptgeschäftsstraße
Fußweg (Fahrverbot, Verkehrsfrei)
Wanderweg
Eisenbahn, Bahngelände
–500– Höhenlinie (m)
–40– Tiefenlinie (m)
Bogenschießplatz
Ruine Leonstein
Moosburger Straße
Friedhof
Süd-Autobahn
500
480
460 m
480 m
460 m
nach Villach/Salzburg
Volksschule
Kindergarten
Tennishalle
B 83
Hauptstraße
Bahnhof
Congress Center Wörthersee
Tennishalle
Kurverwaltung Gemeindeamt
Postamt
Gendamerie
nach Klagenfurt/Wien
Hauptstraße
B 83
20 m
40
60
80
Werzer Strandbad
Mühlbach
Landungsbrücke Werzer
Johannaweg
Pörtschach am Wörther See
458
Blumenpromenade
Westbucht
Ostbucht
Wörther See
Musikpavillon Seebühne
Strandbad
20 m
Blumeninsel
Herbeck-Denkmal
Halbinselpromenade
Landungsbrücke Landspitz
© westermann 400428

Österreich – Verkehr

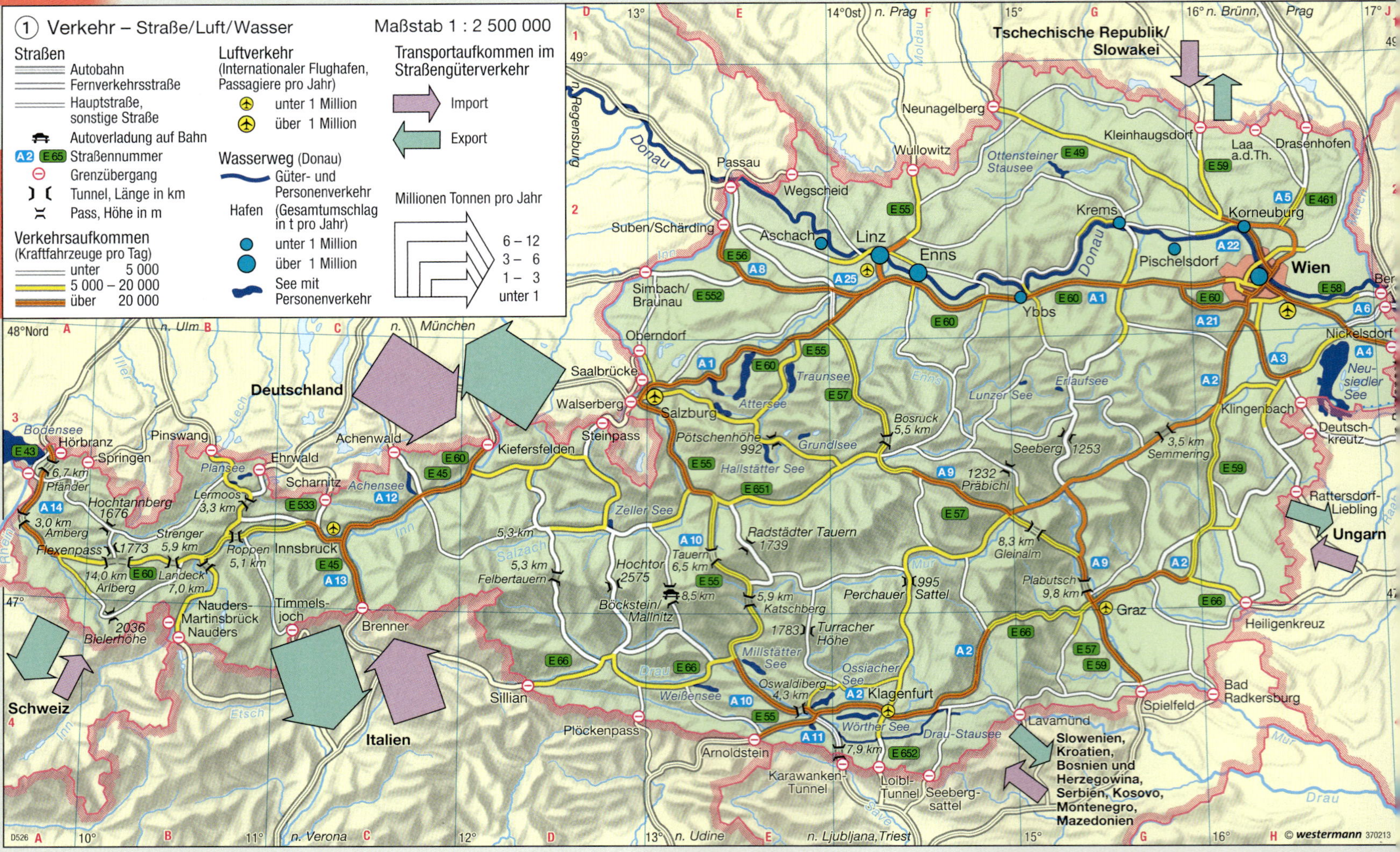

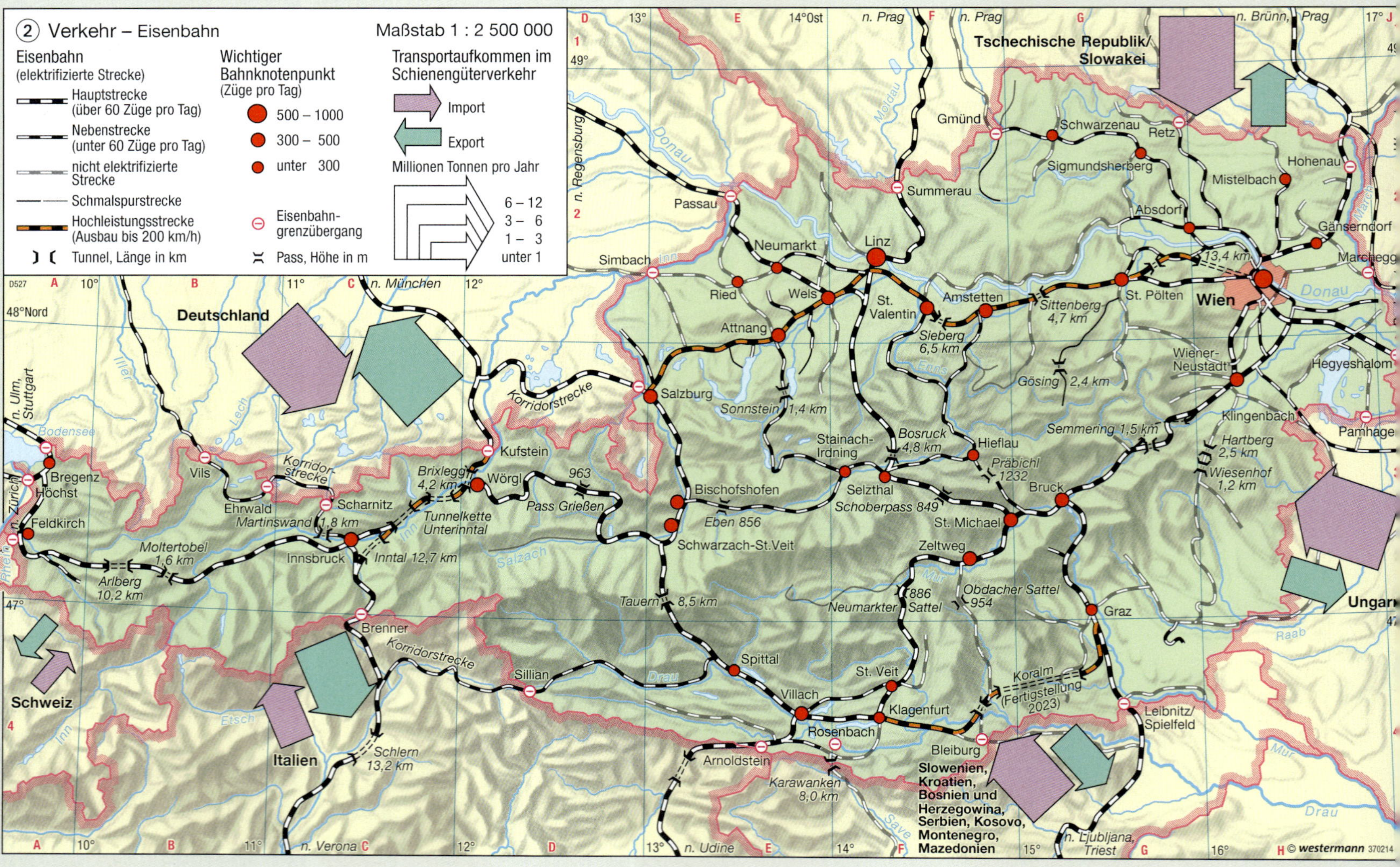

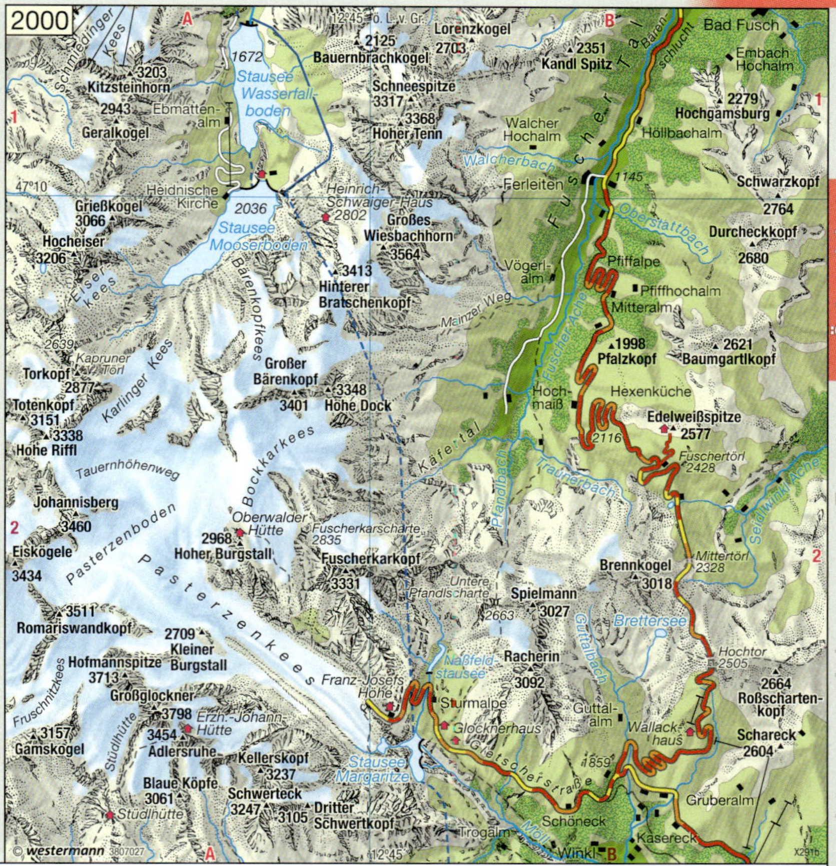

③ Glocknermassiv um 1850/2000

Maßstab 1 : 150 000 — 0 1 2 3 km

Bodennutzung
- Gletscherregion
- anstehender Fels
- Lockermaterial (Felsblöcke, Blockschutt, Schutthalden)
- vorwiegend alpine Matten
- Wald, vorwiegend Nadelwald
- vorwiegend Grünlandwirtschaft

Verkehr
- Bundesstraße
- Fahrstraße
- Weg, Pfad (Auswahl)
- Seilbahn, Sessellift

Steigung der Großglockner-Hochalpenstraße
- unter 5
- 5 – 8
- 8 – 12%

- Staumauer
- Überleitungsstollen
- Druckstollen
- Siedlung
- Almen mit einer oder mehreren Hütten
- Schutzhütte
- 3564 Höhe in Meter

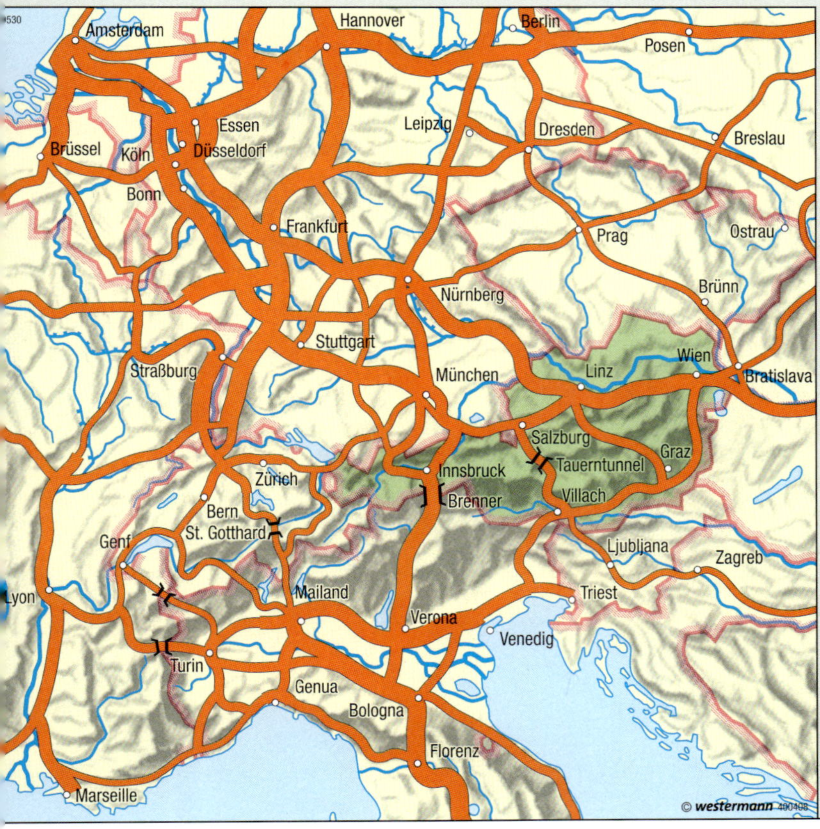

Zentraleuropäische Fernverbindungen ④ Straßen ⑤ Eisenbahnen

Maßstab 1 : 10 000 000 — 0 100 200 300 km

Gütertransport auf der Straße (in Millionen Tonnen pro Jahr): unter 10 | 10 - 20 | 20 - 30 | 30 - 40 | über 40

Gütertransport auf der Schiene (in Millionen Tonnen pro Jahr): unter 5 | 5 - 10 | 10 - 15 | über 15

Österreich – Umwelt- und Naturschutz

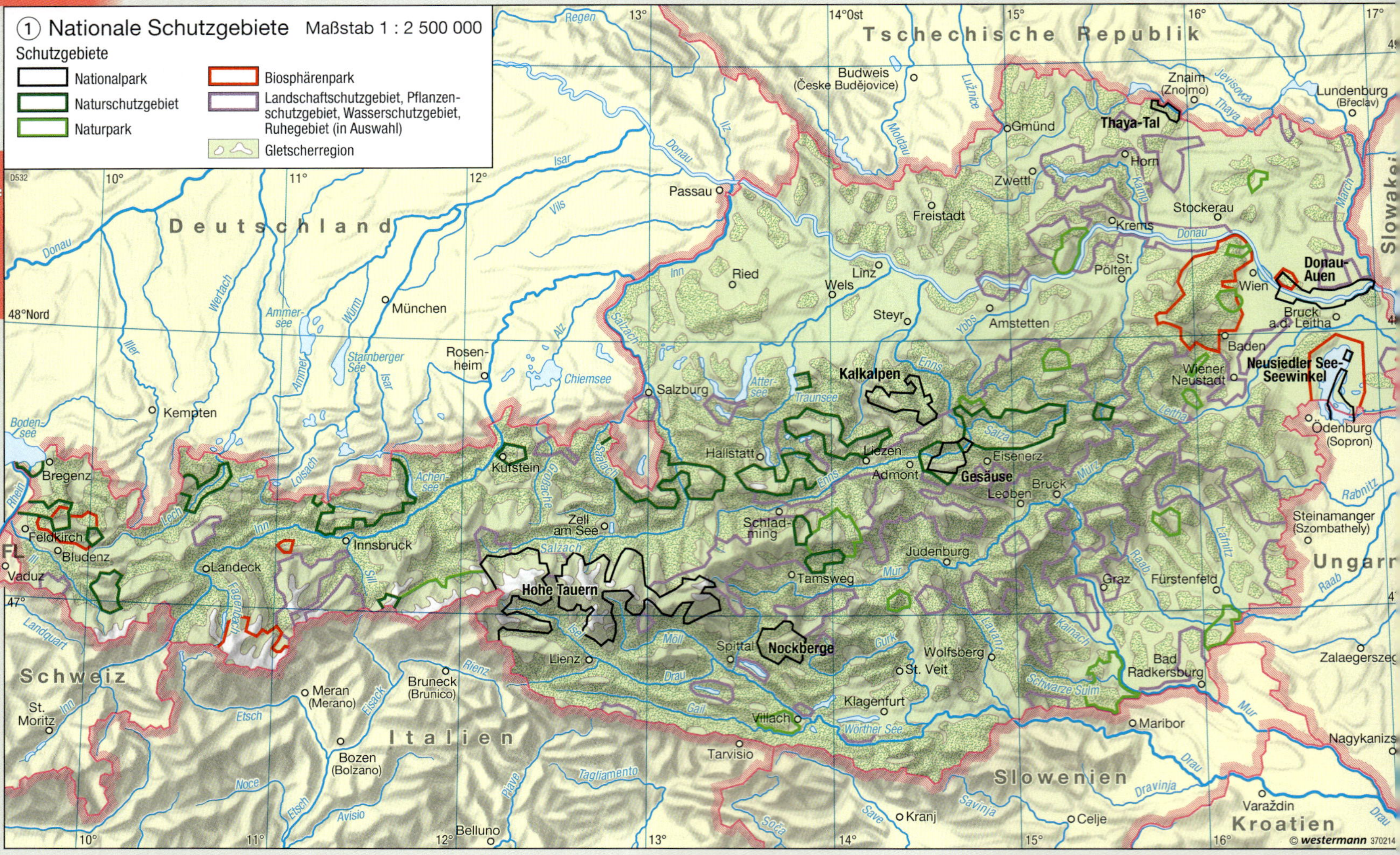

(3) Nationalpark Neusiedler See – Seewinkel

Maßstab 1 : 350 000

- Nationalparkgrenze
- Bewahrungszone
- Naturzone (Kernzone)
- Siedlungsfläche
- Ackerbau
- Wein
- Feuchtgebiet
- Wald
- Museum
- Burg, Schloss, Ruine
- Campingplatz
- Seebad mit Übernachtungen (2007)
- sehenswertes Stadtbild
- Therme
- Theater, Kulturaufführungen
- Eisenbahn
- Autobahn
- Straße
- Hauptwanderweg
- Fähre
- ▲366 Berghöhe in Meter
- ▼1,8 Seetiefe in Meter
- Staatsgrenze

(4) Nationalpark Kalkalpen

Maßstab 1 : 150 000

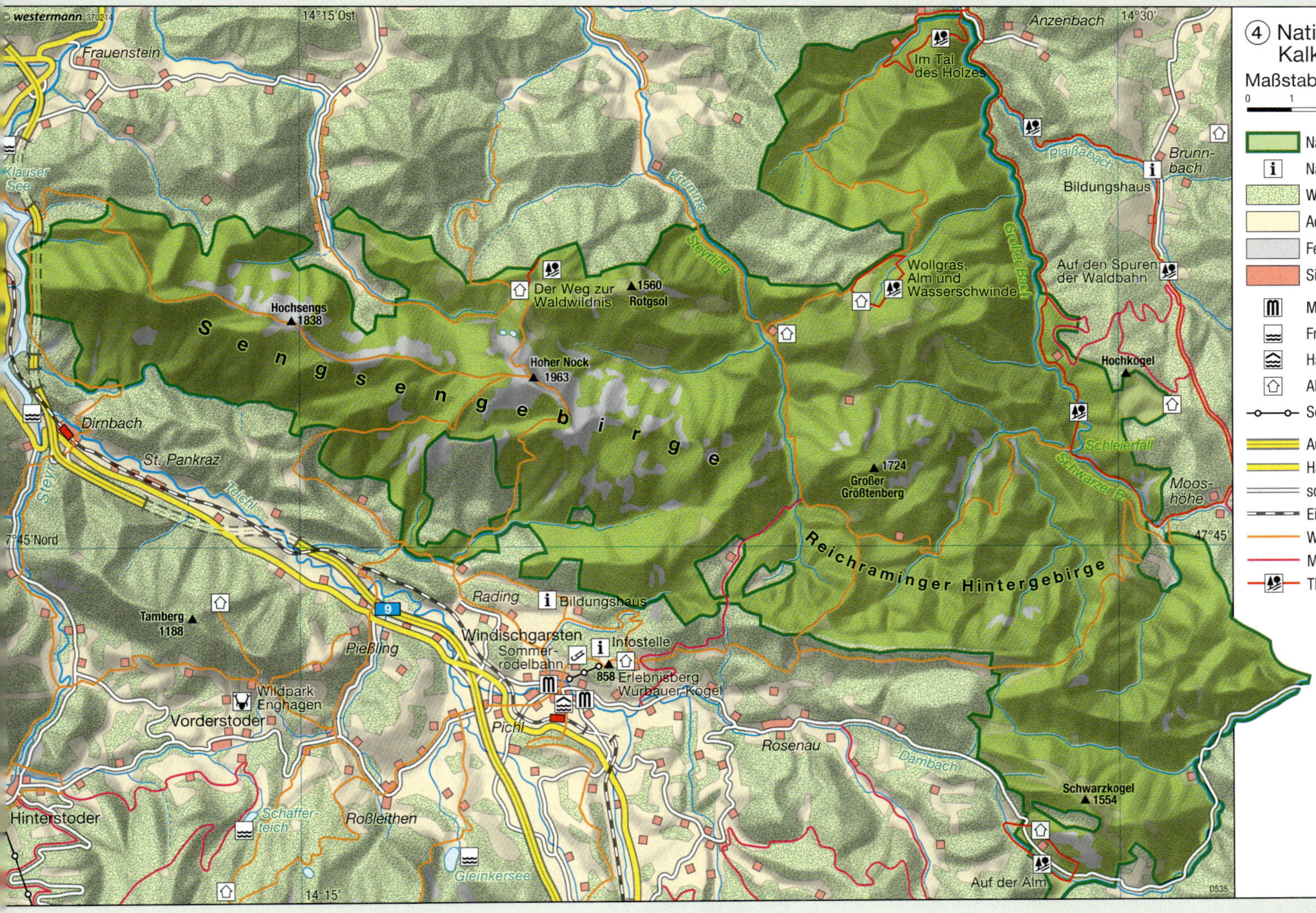

- Nationalpark
- Nationalparkinformation
- Wald
- Ackerland, Grünland
- Fels
- Siedlungsgebiet
- Museum
- Freibad, Badesee
- Hallenbad
- Alm, Hütte
- Sessellift
- Autobahn
- Hauptverkehrsstraße
- sonstige Straße
- Eisenbahn
- Wanderweg
- Mountainbikeweg
- Themenweg

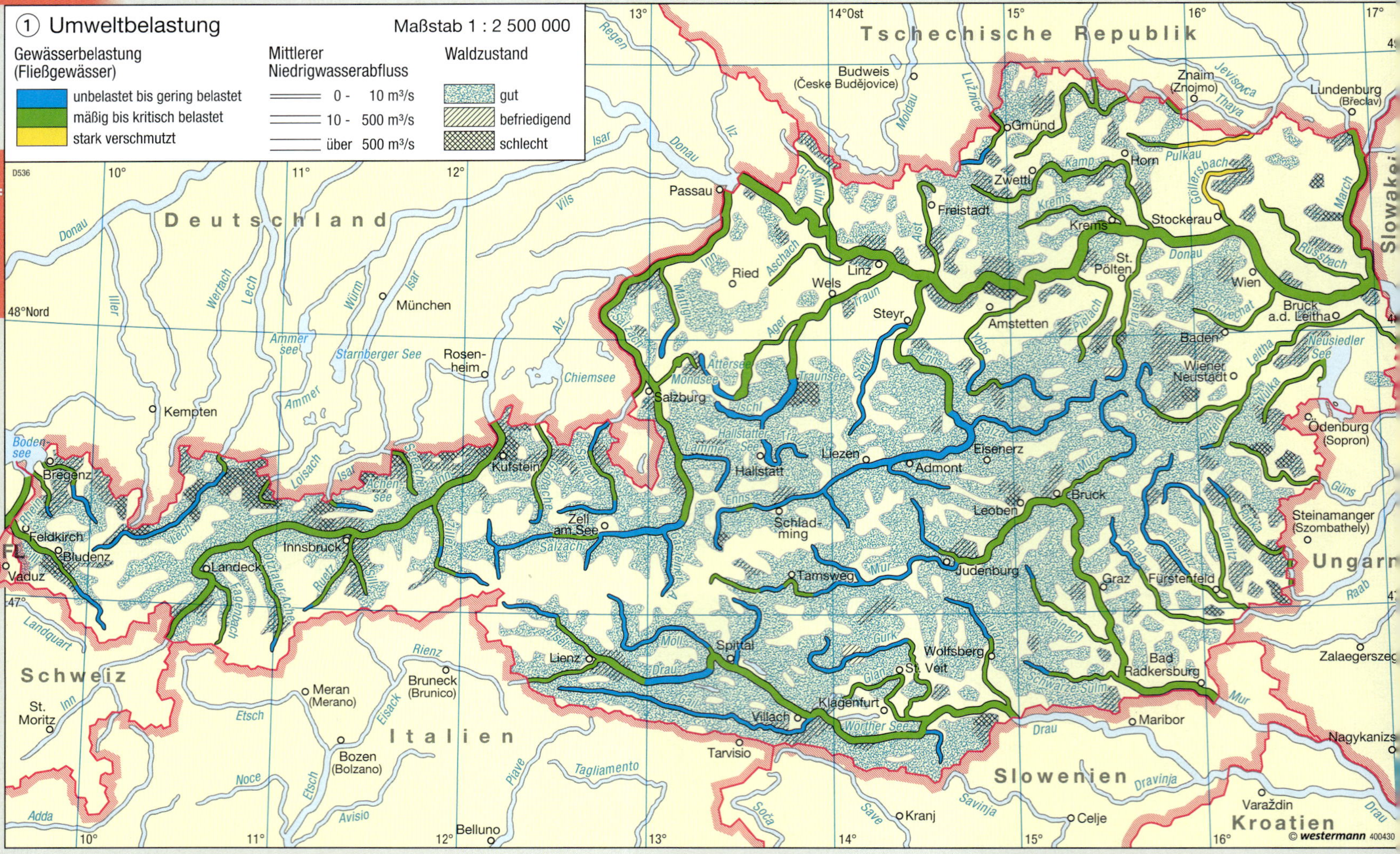
① Umweltbelastung
Maßstab 1 : 2 500 000
Gewässerbelastung (Fließgewässer)
unbelastet bis gering belastet
mäßig bis kritisch belastet
stark verschmutzt
Mittlerer Niedrigwasserabfluss
0 - 10 m³/s
10 - 500 m³/s
über 500 m³/s
Waldzustand
gut
befriedigend
schlecht
Tschechische Republik
Deutschland
Schweiz
Italien
Slowenien
Kroatien
Ungarn
Slowakei
FL
Budweis (České Budějovice)
Znaim (Znojmo)
Lundenburg (Břeclav)
Gmünd
Zwettl
Horn
Freistadt
Passau
Krems
Stockerau
St. Pölten
Wien
Ried
Linz
Wels
Steyr
Amstetten
Bruck a.d. Leitha
München
Rosenheim
Kempten
Salzburg
Baden
Wiener Neustadt
Ödenburg (Sopron)
Bregenz
Feldkirch
Bludenz
Vaduz
Kufstein
Innsbruck
Landeck
Zell am See
Hallstatt
Liezen
Admont
Eisenerz
Schladming
Leoben
Bruck
Steinamanger (Szombathely)
Tamsweg
Judenburg
Graz
Fürstenfeld
Lienz
Spittal
Wolfsberg
St. Veit
Klagenfurt
Villach
Bad Radkersburg
Zalaegerszeg
Meran (Merano)
Bruneck (Brunico)
St. Moritz
Bozen (Bolzano)
Tarvisio
Maribor
Nagykanizsa
Belluno
Kranj
Celje
Varaždin
Donau
Inn
Isar
Lech
Iller
Wertach
Würm
Amper
Ammersee
Starnberger See
Alz
Chiemsee
Vils
Ilz
Regen
Moldau
Lužnice
Thaya
Jevišovka
Kamp
Krems
Pulkau
Göllersbach
March
Rußbach
Traun
Enns
Ybbs
Erlauf
Pielach
Traisen
Aist
Aschach
Mattig
Salzach
Mondsee
Attersee
Traunsee
Schwechat
Leitha
Neusiedler See
Güns
Raab
Lafnitz
Mur
Mürz
Drau
Gurk
Möll
Isel
Gail
Lavant
Sulm
Kainach
Wörther See
Ossiacher See
Bodensee
Rhein
Ill
Landquart
Loisach
Achensee
Ötztaler Ache
Pitze
Rienz
Eisack
Etsch
Noce
Avisio
Adda
Piave
Tagliamento
Soča
Save
Savinja
Dravinja
Maltsch
Große Mühl
Mühl
48°Nord
47°
10°
11°
12°
13°
14°Ost
15°
16°
17°
© westermann

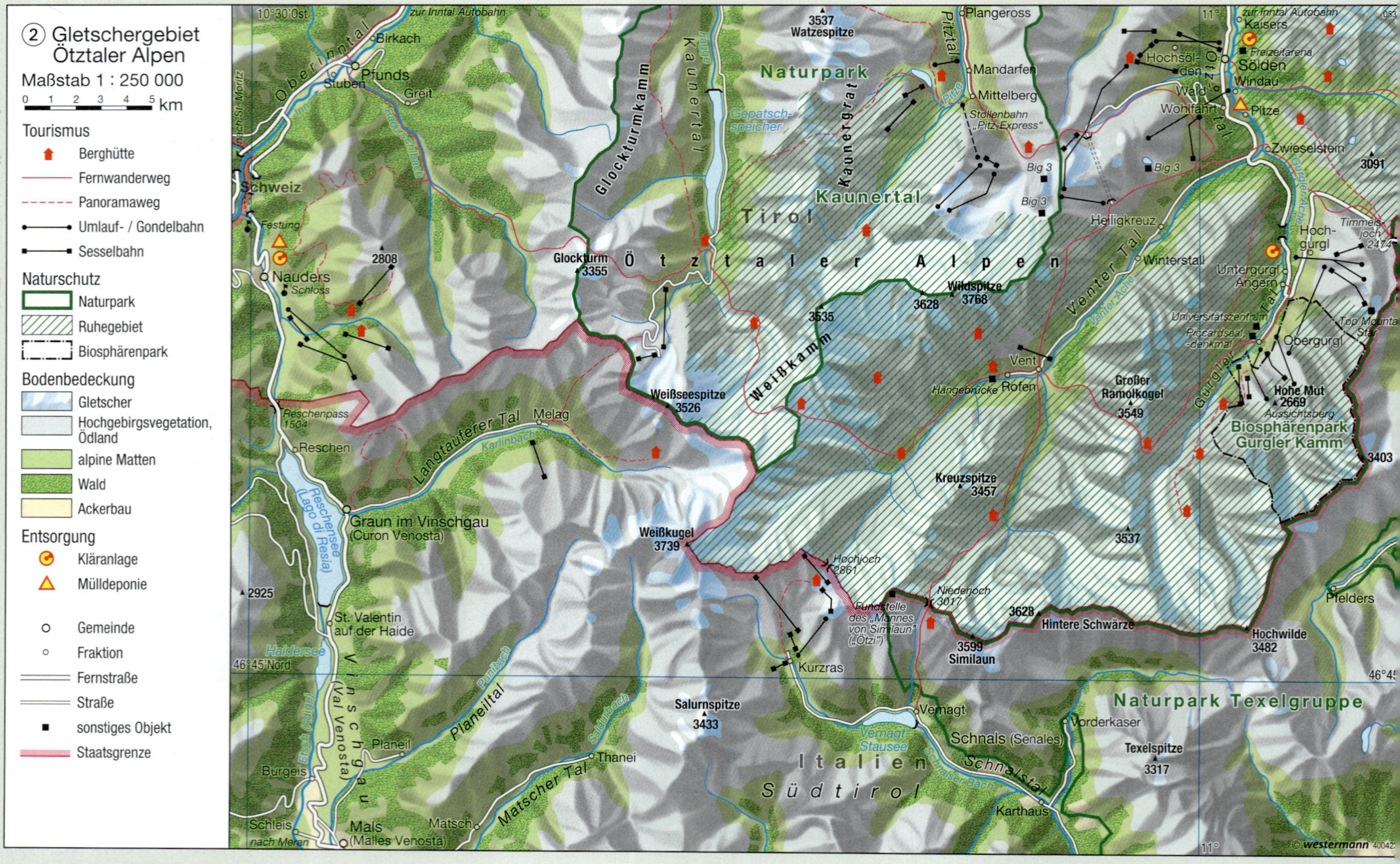
② Gletschergebiet Ötztaler Alpen
Maßstab 1 : 250 000
0 1 2 3 4 5 km
Tourismus
Berghütte
Fernwanderweg
Panoramaweg
Umlauf- / Gondelbahn
Sesselbahn
Naturschutz
Naturpark
Ruhegebiet
Biosphärenpark
Bodenbedeckung
Gletscher
Hochgebirgsvegetation, Ödland
alpine Matten
Wald
Ackerbau
Entsorgung
Kläranlage
Mülldeponie
Gemeinde
Fraktion
Fernstraße
Straße
sonstiges Objekt
Staatsgrenze
Naturpark Kaunertal
Tirol
Ötztaler Alpen
Schweiz
Italien
Südtirol
Naturpark Texelgruppe
Biosphärenpark Gurgler Kamm
Oberinntal
Birkach
Pfunds
Stuben
Greit
Nauders
Festung
Schloss
Reschenpass 1504
Reschen
Reschensee (Lago di Resia)
Graun im Vinschgau (Curon Venosta)
St. Valentin auf der Haide
Haidersee
Vinschgau (Val Venosta)
Burgeis
Planeil
Planeiltal
Schleis
Mals (Malles Venosta)
Matsch
Matscher Tal
Thanei
Langtauferer Tal
Melag
Glockturmkamm
Glockturm 3355
Kaunertal
Gepatschspeicher
Kaunergrat
Watzespitze 3537
Pitztal
Plangeross
Mandarfen
Mittelberg
Stollenbahn „Pitz Express“
Big 3
Weißseespitze 3526
Weißkamm
Wildspitze 3768
3628
3535
Weißkugel 3739
Hochjoch 2861
Fundstelle des „Mannes vom Similaun“ („Ötzi“)
Niederjoch 3017
Similaun 3599
Hintere Schwärze 3628
Kreuzspitze 3457
Großer Ramolkogel 3549
Vent
Rofen
Hängebrücke
Venter Tal
Heiligkreuz
Winterstall
Sölden
Windau
Hochsölden
Wohlfahrt
Pitze
Zwieselstein
Hochgurgl
Untergurgl
Angern
Obergurgl
Universitätszentrum
Hohe Mut 2669
Aussichtsberg
Gurgler Tal
Timmelsjoch 2474
Ötztal
zur Inntal Autobahn
Kaisers
Freizeitarena
2808
2925
3091
3403
3537
3482
Hochwilde
Pfelders
Kurzras
Salurnspitze 3433
Vernagt
Vernagt Stausee
Schnals (Senales)
Schnalstal
Vorderkaser
Texelspitze 3317
Karthaus
nach Meran
10°30'Ost
11°
46°45'Nord
© westermann

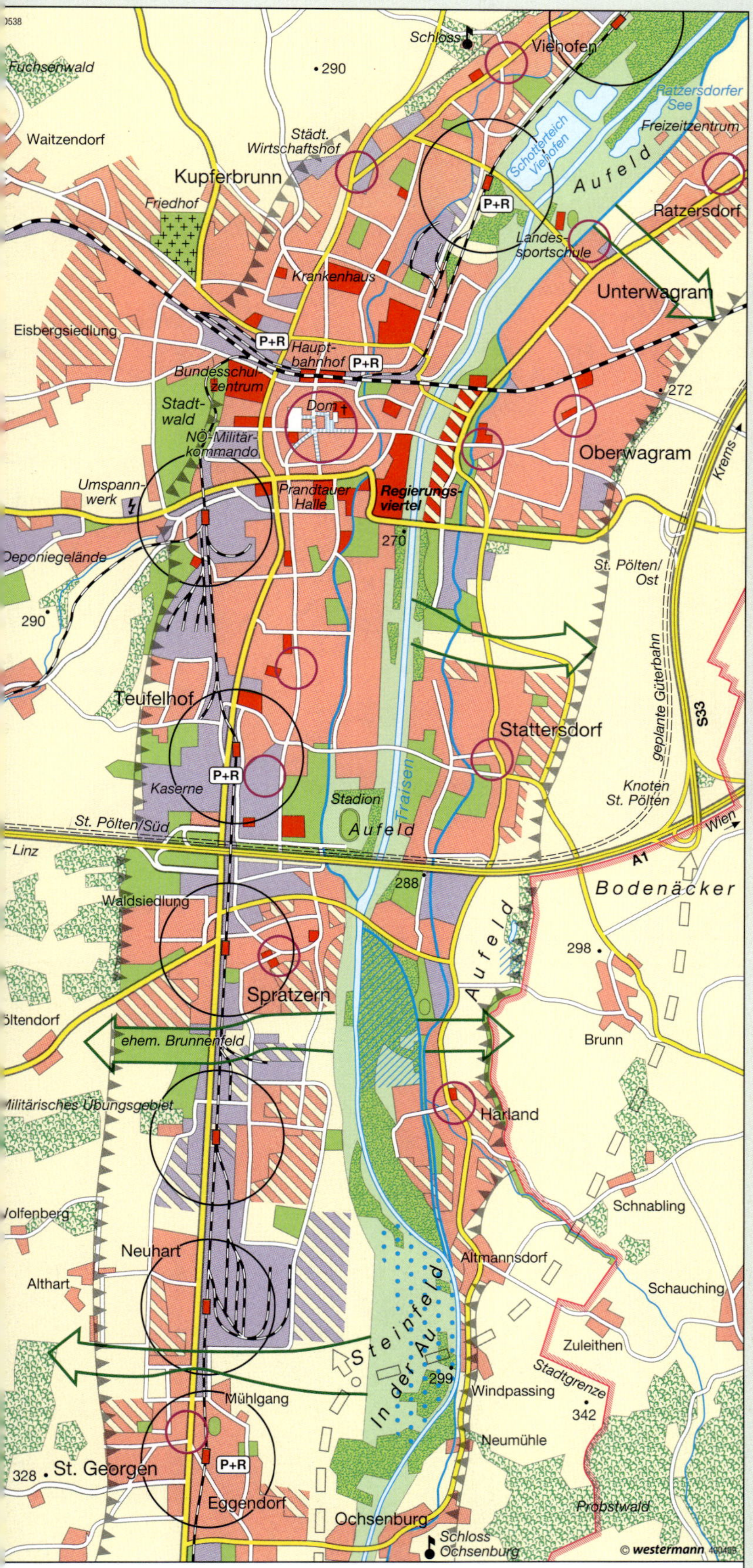

① St. Pölten – Planung einer neuen Landeshauptstadt

Topographische Ordnungsstruktur
- Fluss, Bach
- Auwald, Wald
- Stufenrand der Niederterrasse

Flächennutzung
- Siedlungsfläche
- Industrie, Gewerbe, u.ä.
- öffentliches Gebäude
- Erweiterungspotential
- landwirtschaftliche Vorrangszone

Infrastruktur
- Autobahn
- Hauptverkehrsstraße
- sonstige Straße
- Fußgängerzone
- gewünschte Verkehrsbeziehung
- Eisenbahn, Schnellbahn mit Bahnhof
- Einzugsbereich einer Schnellbahnstation
- P+R Park und Ride
- Zentrenausbau

Ökologische Maßnahmen
- regionaler Grünzug
- Park, Grünfläche, Garten
- Freihaltezone zur Klimatisierung
- Grundwasserentnahme, Brunnenschutzgebiet
- Grundwasseranreicherung

Maßstab 1 : 50 000
0 500 1000 m

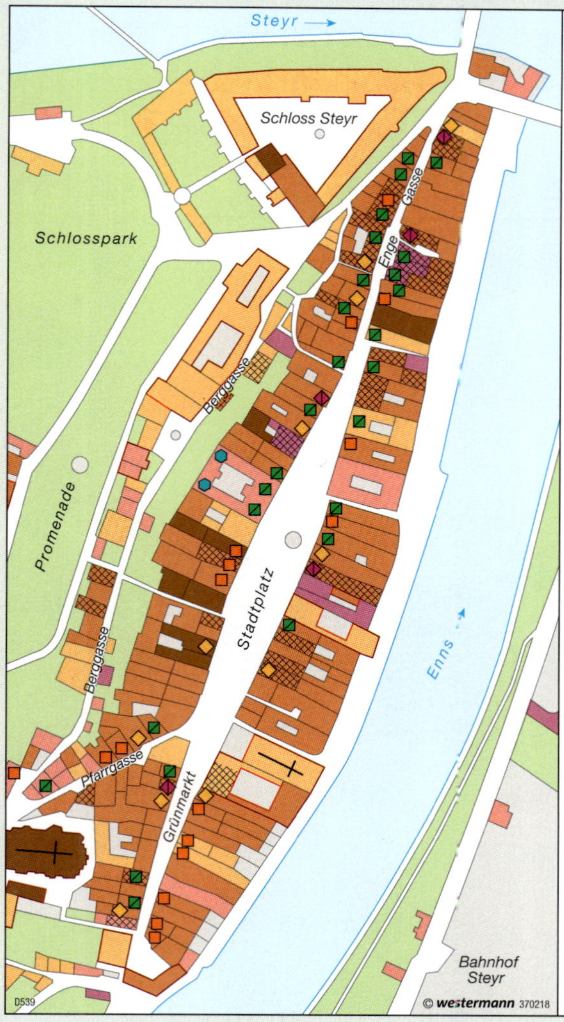

② Steyr 1960

Maßstab 1 : 5 000
0 50 100 m

Baualter der Gebäude
- vor 1500
- 1500 – 1600
- 1600 – 1800
- 1800 – 1918
- nach 1918

Sanierung 1945 – 1960
- Wiederaufbau nach Kriegsschäden

Parterrenutzung 1960
- Lebensmittelgeschäft
- Gaststätte
- Bekleidung, Stoffe, Schuhe
- Juwelier, Optiker
- Bank, Versicherung, Reisebüro

- öffentliches Gebäude
- Grünfläche

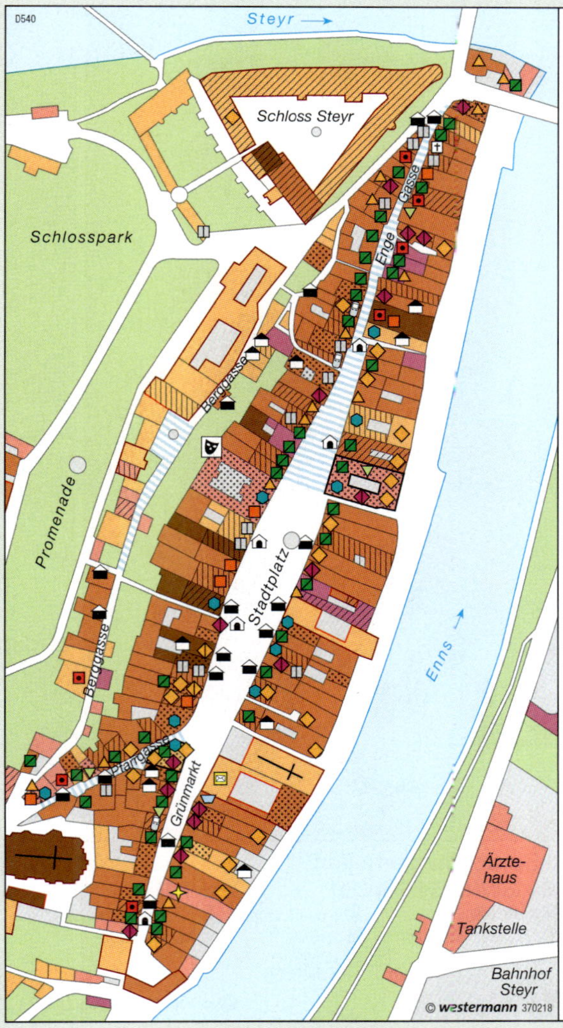

③ Steyr 2007

Maßstab 1 : 5 000
0 50 100 m

Baualter siehe Karte ②

Sanierungsphasen
- 1961 – 1970
- 1971 – 1980
- nach 1980

Sanierungsmaßnahmen
- Dachgeschossausbau
- Fassadenrenovierung
- Portalumbau

Parterrenutzung 2007
- Lebensmittelgeschäft
- Gaststätte, Café
- Bekleidung, Stoffe, Schuhe, Lederwaren
- Juwelier, Optiker
- Trafik, Buch, Photo, CD
- Handy Shop
- Apotheke, Drogerie, Parfümerie, Friseur
- Möbel, Spielwaren, Haushaltsgeräte
- Blumen
- Wäscherei
- Bank, Versicherung, Reisebüro
- Post
- Hotel
- Casino
- Bestattung

- Einkaufspassage
- Fußgängerzone
- öffentliches Gebäude
- Grünfläche

Österreich
Europa
Asien
Ozeanien
Afrika
Amerika
Erde
Register

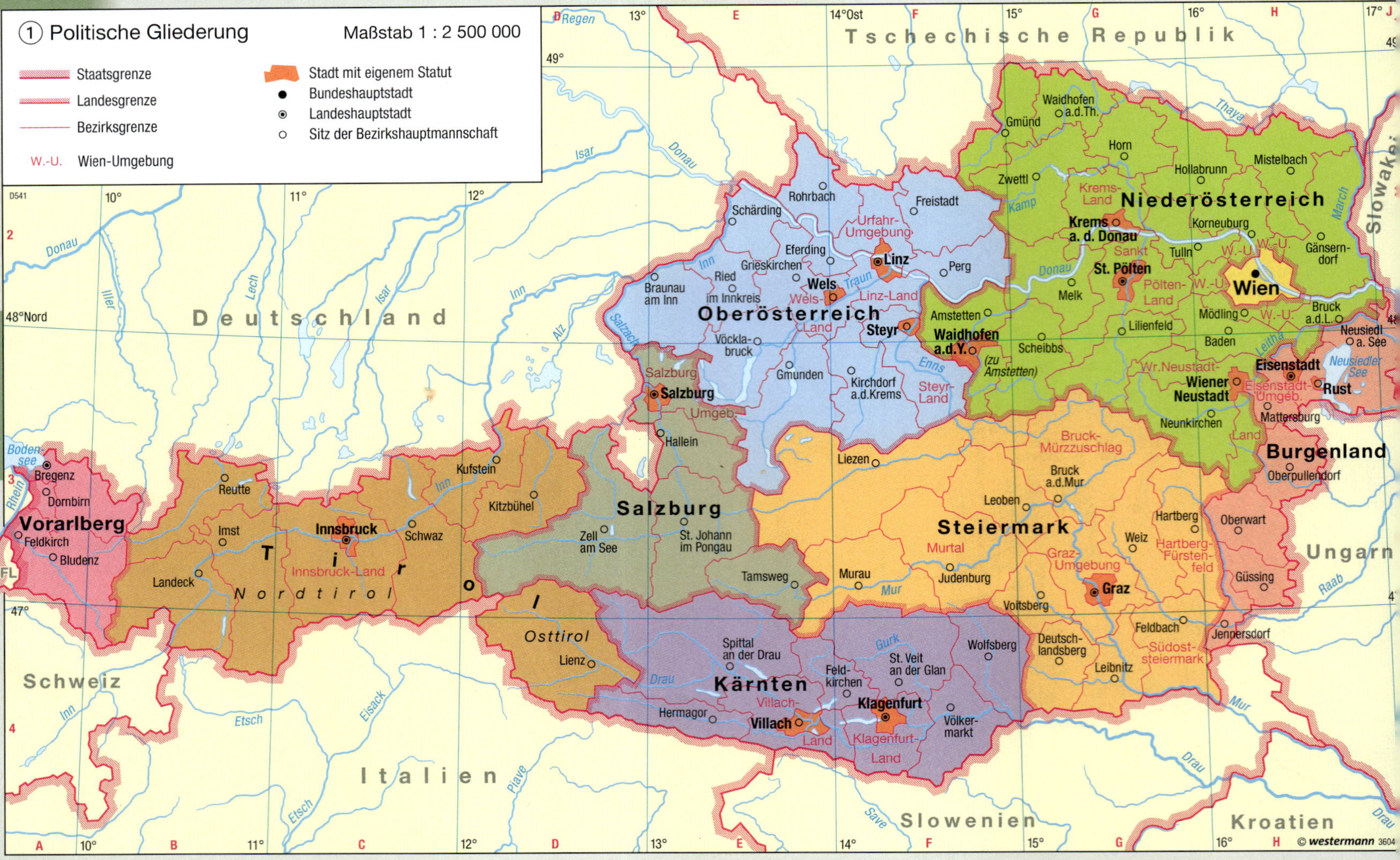

(1) Politische Gliederung — Maßstab 1 : 2 500 000

- Staatsgrenze
- Landesgrenze
- Bezirksgrenze
- W.-U. Wien-Umgebung
- Stadt mit eigenem Statut
- Bundeshauptstadt
- Landeshauptstadt
- Sitz der Bezirkshauptmannschaft

(2) Staatssprachen und Sprachminderheiten

INDOEUROPÄISCHE SPRACHEN (INDOGERMANISCHE SPRACHEN)

- (1) Germanische Sprachen
- (2) *Deutsch*
- (3) Romanische Sprachen
- (4) Griechisch
- (5) Keltische Sprachen
- (6) Albanisch
- (7) Slawische Sprachen
- (8) *Russisch*
- (9) *Polnisch*
- Baltische Sprachen
- (10) Indo-iranisch
- (11) BASKISCH
- HAMITO-SEMITISCH

URAL-ALTAIISCHE SPRACHEN

- (12) Finno-ugrische Sprachen
- (13) *Ungarisch*
- (14) Türkisch

Deutsch — Staatssprache
(11) *Baskisch* — Minderheitensprache

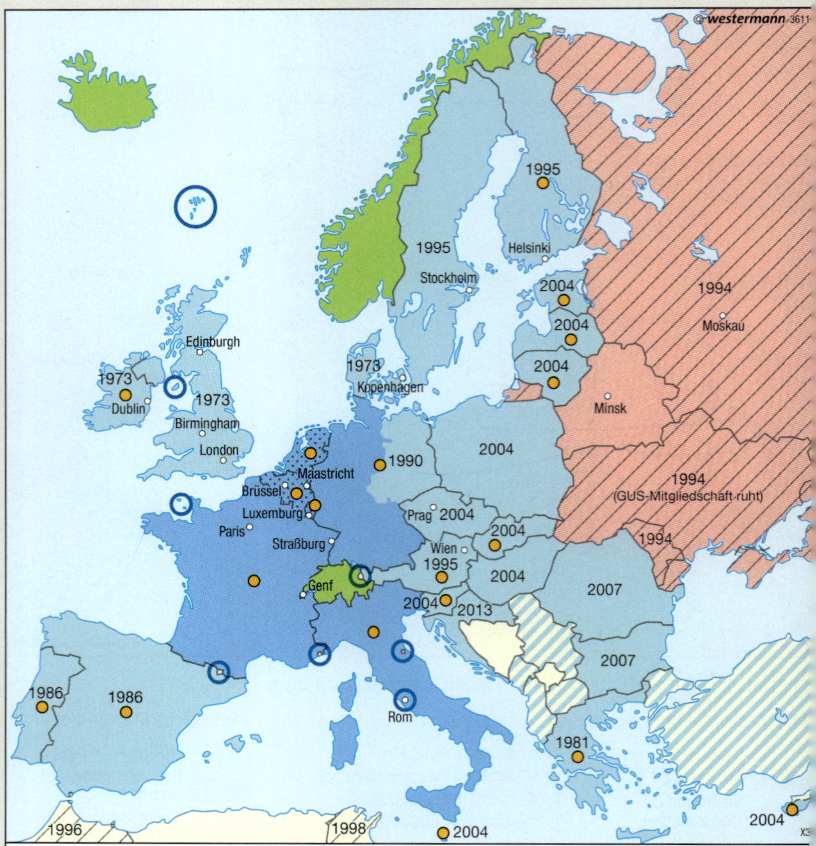

(3) Europäische Zusammenschlüsse

EU (seit 1993 Europäische Union, vorher Europäische Gemeinschaft (EG))

- Montanunion 1951 (Kernstaaten der EG)
- 1986 Neumitglied (Beitrittsjahr)
- Beitrittskandidat
- Gründungs- und Konferenzort
- Euro-Staat
- assoziiert (Gebiet, Staat)
- 1994 Partnerschafts- und Handelsabkommen mit der **EU** (Vertragsjahr)
- **BENELUX** 1921 (Union Douanière Benelux)
- **EFTA** 1960 (European Free Trade Association)
- **EWR** 1993 (Europäischer Wirtschaftsraum) ohne Schweiz
- **GUS** 1991 (Gemeinschaft Unabhängiger Staaten)

④ Europa – politische Übersicht

Maßstab 1 : 24 000 000

0 200 400 600 800 1000 km

Staatsgrenze
umstrittene Grenze
Hauptstadt

Abkürzungen:

Li. = Liechtenstein	(G.-B.) = Großbritannien	P. = Priština
(Dän.) = Dänemark	(Norw.) = Norwegen	

* Die Halbinsel Krim gehört völkerrechtlich zur Ukraine, wird aber derzeit faktisch von Russland kontrolliert.

Maßstab 1 : 16 000 000
0 100 200 300 400 500 km

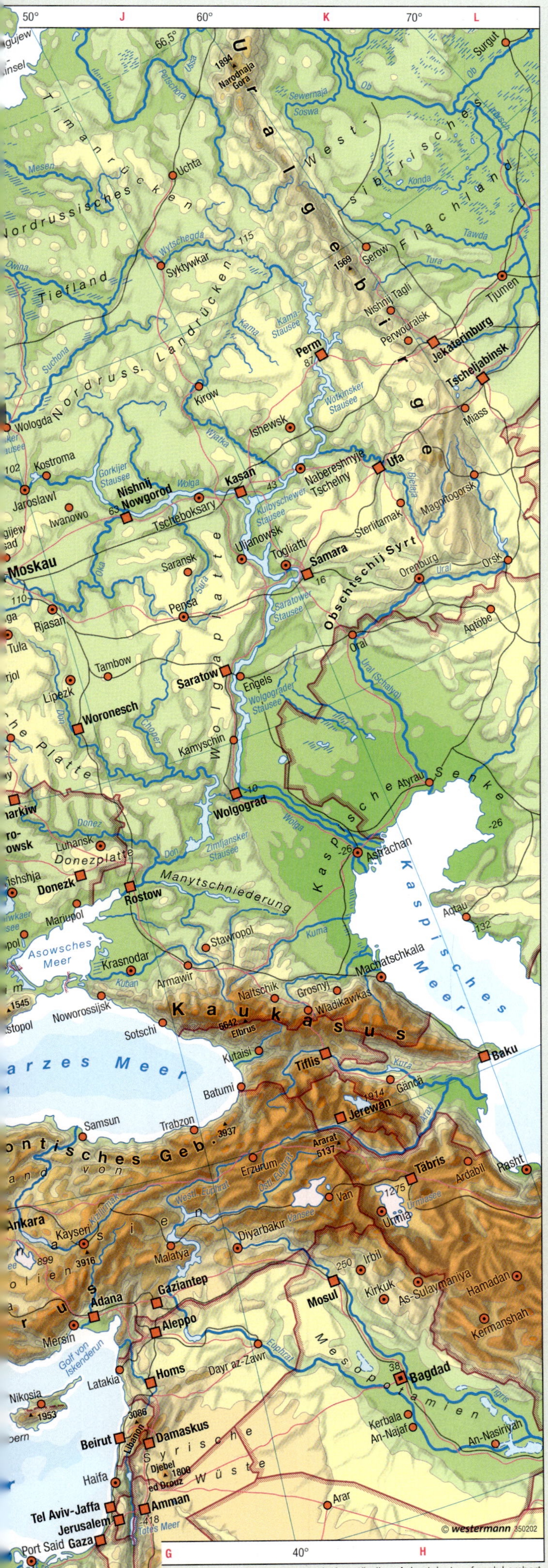

Flächentreuer zwischenständiger Azimutalentwurf nach Lambert. Berührpunkt: 50° Nord/20° Ost

② Würm-/Weichseleiszeit (letzte Eiszeit) – Vergletscherung

Maßstab 1 : 40 000 000

- Vergletscherung
- Löss
- eiszeitliches Süßwassermeer
- maximale Ausdehnung der pleistozänen Vergletscherung
- heutige Vergletscherung
- – 50 m – Linien gleicher nacheiszeitl. Landhebung

Vegetationszonen
- Tundra
- borealer Nadelwald
- Steppe und Waldsteppe
- Laub- und Mischwald
- mediterrane Vegetation

Altsteinzeit (wichtige Fundorte)
- Altmensch, z. B. Neandertaler

Cro-Magnon- und Jetztmensch
- Knochen und Geräte
- Fels- und Höhlenmalerei

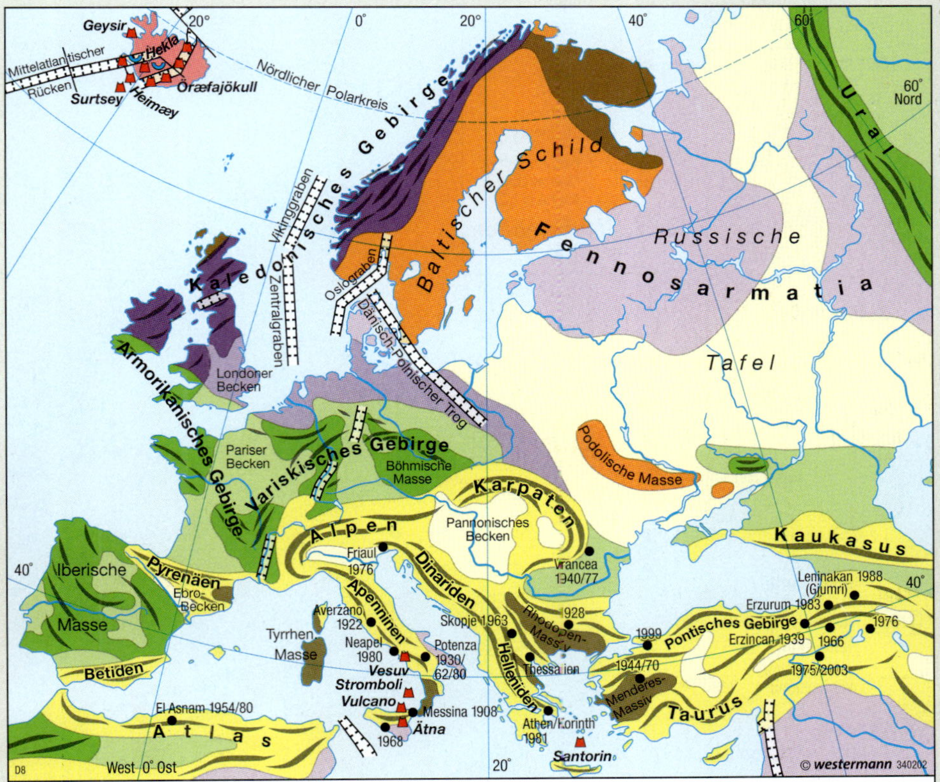

③ Geotektonik

Maßstab 1 : 40 000 000

Präkambrischer Schild (Kraton)
- älteres Präkambrium
- jüngeres Präkambrium

Paläo-Europa
- kaledonisches Gebirge
- mesozoische Sedimentüberdeckung
- paläozoisches Tafelland

Meso-Europa
- variskisches Gebirge
- mesozoisch-känozoische Sedimentüberdeckung

Käno-Europa
- alpidisches Gebirge
- älteres Massiv
- känozoischer Senkungsraum

- Vulkanzone des Mittelatlantischen Rückens
- tätiger Vulkan
- Gebiet heißer Quellen (Geysir)
- schweres Erdbeben (seit 1900)
- Graben
- Faltung

Österreich · Europa · Asien · Ozeanien · Afrika · Amerika · Erde · Register

Österreich
Europa
Asien
Ozeanien
Afrika
Amerika
Erde
Register

Klimadiagramme

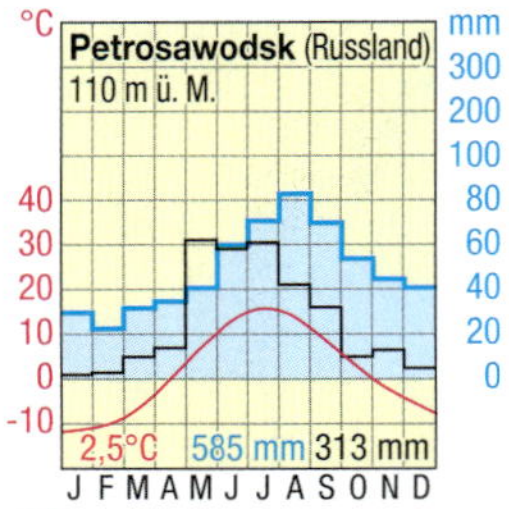

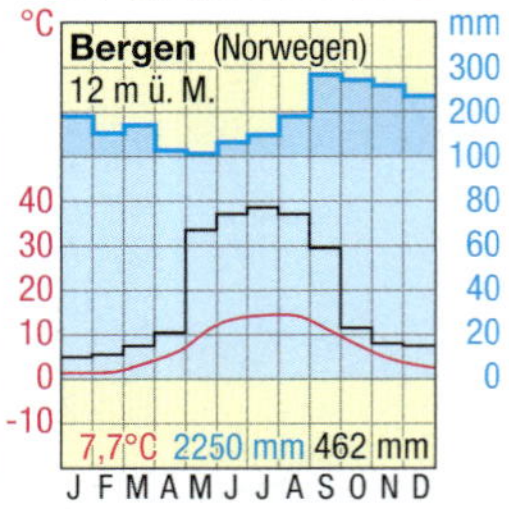

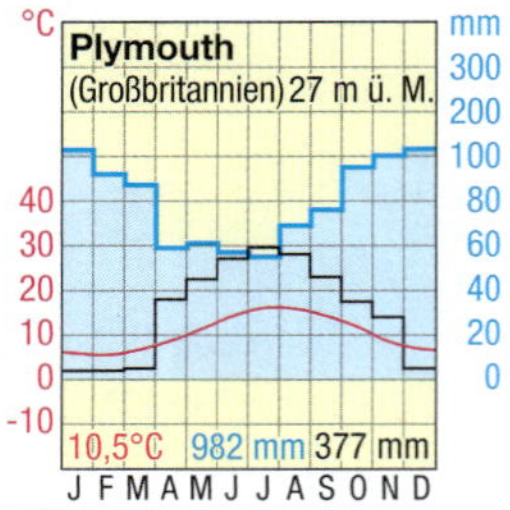

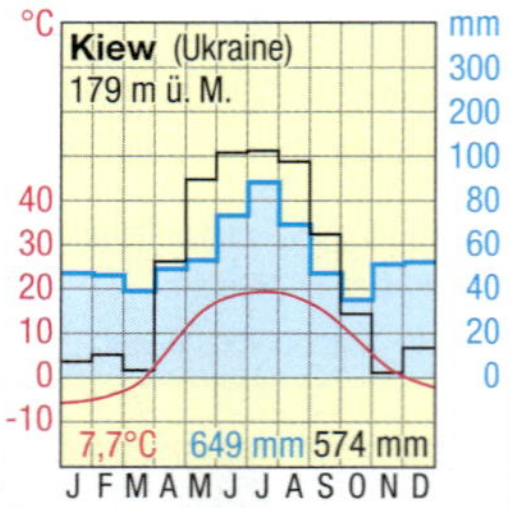

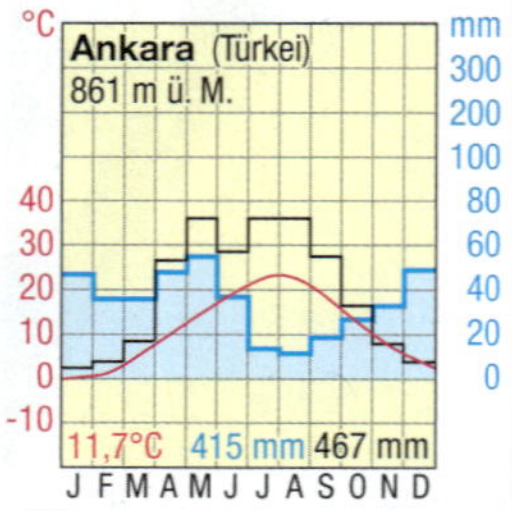

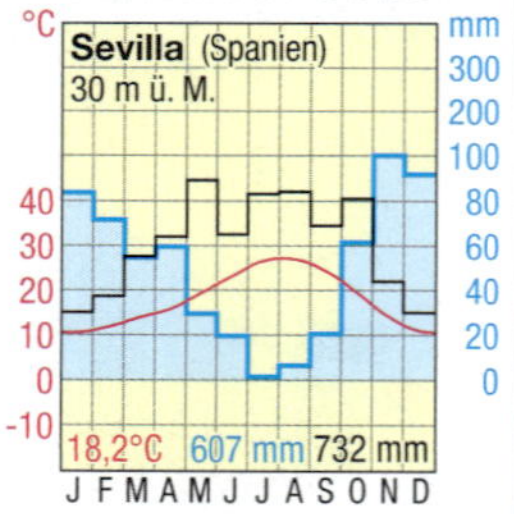

Monat	Mittelwerte	Jahr
	Niederschlag	344 mm
	Temperatur	11,6°C
	max. mögliche Verdunstung	658 mm

Örtliche Winde (auf die Jahreszeit bezogen)
- warm
- kalt

Maßstab 1 : 36 000 000

① Temperaturen im Jänner
(Wirkliche Temperaturen im langjährigen Mittel)

-15°C
-10°
-5°
0°
5°
10°
15°
17,5°
20°
25°
30°C

Küsteneis im Jänner

Isotherme der Meeresoberfläche in °C

② Temperaturen im Juli

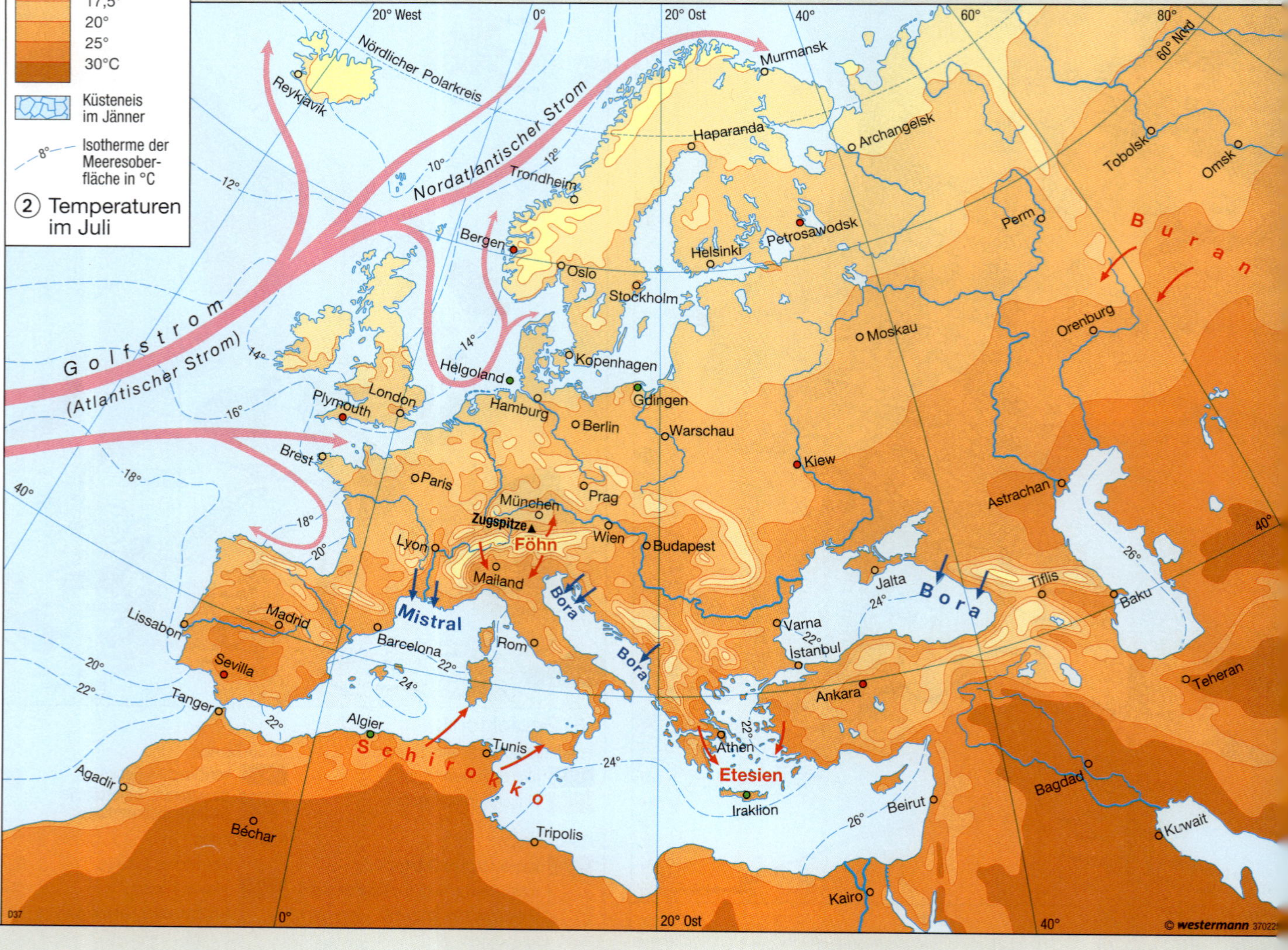

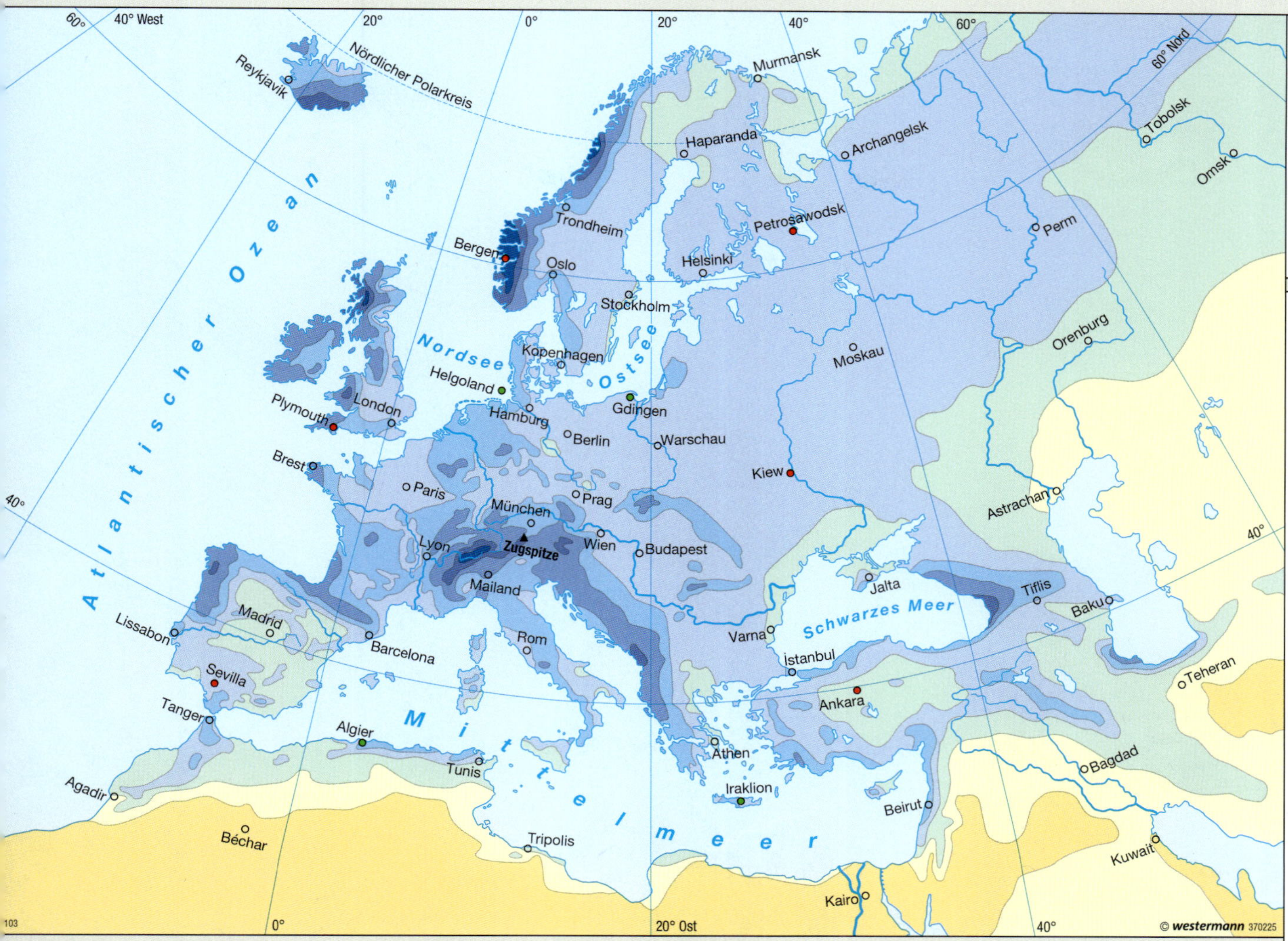

③ Niederschläge im Jahr

Maßstab 1 : 36 000 000

- 2000 mm
- 1500
- 1000
- 750
- 500
- 250
- 100

Hauptwindrichtungen

(langjähriges Mittel)

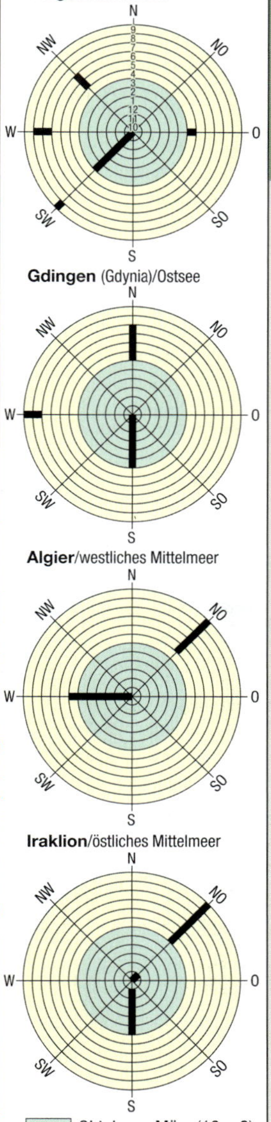

- Oktober – März (10 – 3)
- April – September (4 – 9)
- Hauptwindrichtung

④ Frühlingseinzug

(Beginn des Sprossaustriebs von Moor-Birke, Süßkirsche, Eberesche, Alpen-Johannisbeere)

Maßstab 1 : 24 000 000

- vor dem 26.3.
- 26.3.
- 5.4.
- 15.4.
- 25.4.
- 5.5.
- 15.5.
- 25.5.
- 4.6.
- 14.6. und später

- Ort mit Klimadiagramm
- Ort mit Winddiagramm

Österreich
Europa
Asien
Ozeanien
Afrika
Amerika
Erde
Register

Europa – Landwirtschaft

Maßstab 1 : 16 000 000

0 100 200 300 400 500 km

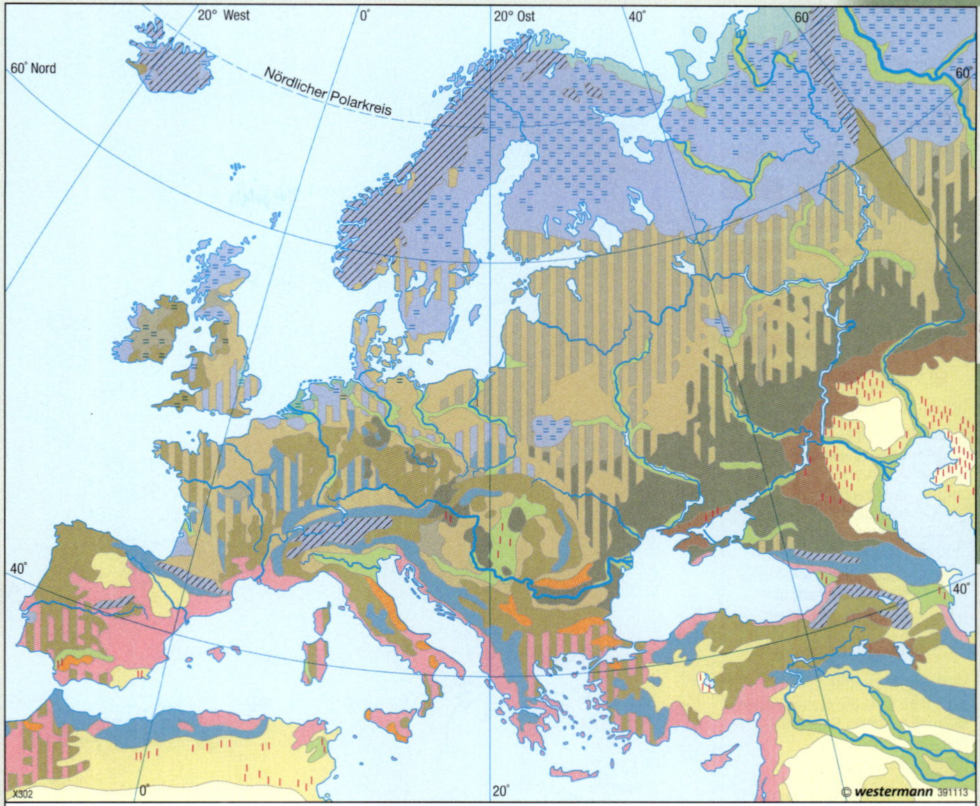

② Bodentypen — Maßstab 1 : 40 000 000

- Tundrenböden
- Podsole
- Gebirgspodsole
- Rasenpodsole (staunasse Parabraunerden)
- Parabraunerden (Sols lessivés)
- vorwiegend saure Braunerden
- Schwarzerden (Tschernoseme)
- kastanienfarbene Böden (Kastanoseme)
- mediterrane Braunerden und Terra rossa
- Halbwüste
- Vollwüste
- dunkle Tonböden (Vertisole)
- Rendzinen, einschl. Kalkrohböden

mineralische und hydromorphe Böden
- Marschböden
- Auenböden

Vorkommen von
- Moorböden
- Salzböden

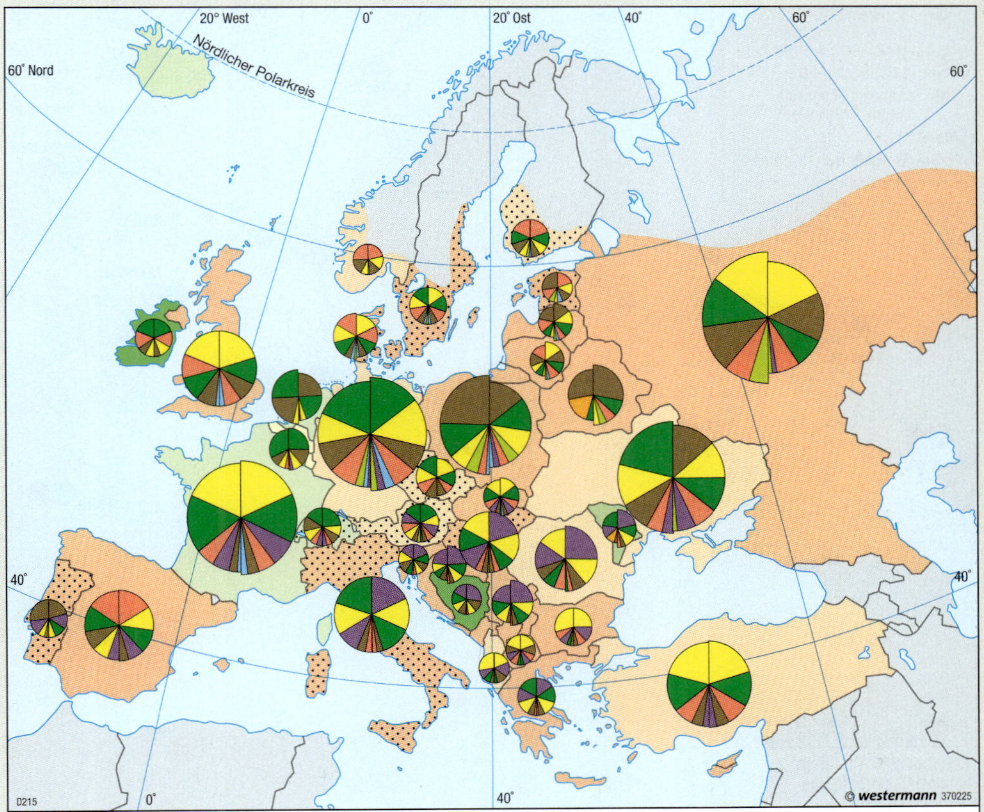

③ Wandel in der Landwirtschaft – Entwicklung des Ackerbaus 1990–2005 — Maßstab 1 : 40 000 000

Erntemenge in Mio. t: 130, 90, 60, 40, 25, 15, 10, bis 2

Veränderung der Erntemenge: 1990 | 2005

Anteil der Anbaufrüchte (Erntemenge)
- Weizen
- Gerste
- Roggen
- Raps, Senf
- Körnermais
- Kartoffeln
- Zuckerrüben
- > 5% ökologisch bewirtschaftete Fläche

Veränderung der Anbaufläche

Zunahme
- > 10%
- 5 – 10
- 0 – 5
- unverändert

Abnahme
- 0 – 5
- 5 – 10%

① Wirtschaft
Wirtschaftszentren
nach Ausrichtung und Ausstrahlung im globalen Städtevergleich
Industriezentren
Schwerindustrie (Metalle, Grundstoffe)
Leichtindustrie (Konsumgüter)
Hightech-Industrie (Innovationszentrum)
Dienstleistungszentren
politisch-kulturelles Zentrum, Bildung, Medien
Finanzzentrum (Banken, Handel, Börse)
unternehmensnahe Dienstleistungen (Beratung, Service)
Ausstrahlung eines Zentrums
global bedeutendes Zentrum
kontinental bedeutendes Zentrum
für mehrere Staaten bedeutendes Zentrum
nationale wirtschaftliche Bedeutung (Auswahl)
sonstiger Ort
bedeutende Tourismusregion
Wirtschaftsräume
nach dem Grad der menschlichen Nutzung („Human Footprint")
Kulturlandschaft
dicht besiedelt (Verdichtungsraum mit intensiver Nutzung durch Industrie/Landwirtschaft)
intensiv genutzt (meist landwirtschaftlich geprägt)
weniger intensiv genutzt
naturnahe Landschaft
vereinzelte/einseitige menschliche Eingriffe
Bergbauregion
Energierohstoffe (Erdöl, Erdgas, Kohle, Uran)
Schwermetall-Erze (Eisen, Stahlveredler, Bunt- und Edelmetalle)
Leichtmetall-Erze
sonstige Mineralien (Salze, Gesteine)
Verkehr
Eisenbahn (Fernverkehr)
Fernstraße
Lesebeispiel München
kontinental bedeutendes Wirtschaftszentrum:
Industriezentrum in zweifacher Hinsicht
Leichtindustrie
Hightech-industrie
Dienstleistungszentrum in dreifacher Hinsicht
politisch-kulturelles Zentrum
unternehmensnahe Dienstleistungen
Finanz-zentrum
Maßstab 1 : 16 000 000
0 100 200 300 400 500 km
GOP = Górnośląski Okręg Przemysłowy (Oberschlesisches Industrierevier)
Nördlicher Polarkreis
Europäisches Nordmeer
Barentssee
Weißes Meer
Nordsee
Ostsee
Bottnischer Meerbusen
Der Kanal
Adriatisches Meer
Tyrrhenisches Meer
Ionisches Meer
Ägäisches Meer
Mittelmeer
Island
Norwegen
Schweden
Finnland
Estland
Lettland
Litauen
Vereinigtes Königreich
Nordirland
Irland
Großbritannien
Mittelengland
Dänemark
Niederlande
Randstad
Belgien
Luxemburg
Rhein-Ruhr
Deutschland
Polen
Weißrussland
Ukraine
Tschechische Republik
Slowakei
Österreich
Schweiz
Frankreich
Ungarn
Rumänien
Moldau
Slowenien
Kroatien
Bosnien und Herzegow.
Serbien
Montenegro
Kosovo
Mazedonien
Albanien
Bulgarien
Griechenland
Italien
San Marino
Monaco
Andorra
Spanien
Portugal
Marokko
Algerien
Tunesien
Libyen
Ägypten
Reykjavík
Murmansk
Archangelsk
Oulu
Trondheim
Bergen
Oslo
Tampere
Turku
Helsinki
Sankt Petersburg
Stockholm
Tallinn
Göteborg
Riga
Kopenhagen
Malmö
Aarhus
Glasgow
Edinburgh
Dublin
Shannon
Cork
Liverpool
Leeds
Manchester
Sheffield
Birmingham
London
Königsberg
Vilnius
Danzig
Minsk
Hamburg
Bremen
Berlin
Posen
Warschau
Łódź
Breslau
GOP
Kraków
Kiew
Antwerpen
Lille
Brüssel
Le Havre
Paris
Leipzig
Prag
Pilsen
Frankfurt
Nürnberg
Stuttgart
Straßburg
Dijon
Nantes
München
Linz
Wien
Brünn
Bratislava
Budapest
Basel
Bern
Zürich
Genf
Lyon
Graz
Bordeaux
Gijón
Bilbao
Porto
Toulouse
Grenoble
Turin
Mailand
Ljubljana
Zagreb
Chişinău
Odessa
Krywyj Rih
Hermannstadt
Bukarest
Banja Luka
Belgrad
Sarajevo
Lissabon
Madrid
Barcelona
Marseille
Bologna
Florenz
Podgorica
Skopje
Tirana
Sofia
İstanbul
Valencia
Sevilla
Malaga
Palma de Mallorca
Rom
Bari
Neapel
Tarent
Thessaloniki
İzmir
Tanger
Rabat
Casablanca
Oran
Algier
Annaba
Tunis
Palermo
Catania
Athen
Malta
Tripolis
Bengasi
Es-Sallum
Alexandria
66,5°
20°
10°
70°
West 0° Ost
30°
40°
60° Nord
50°
40°

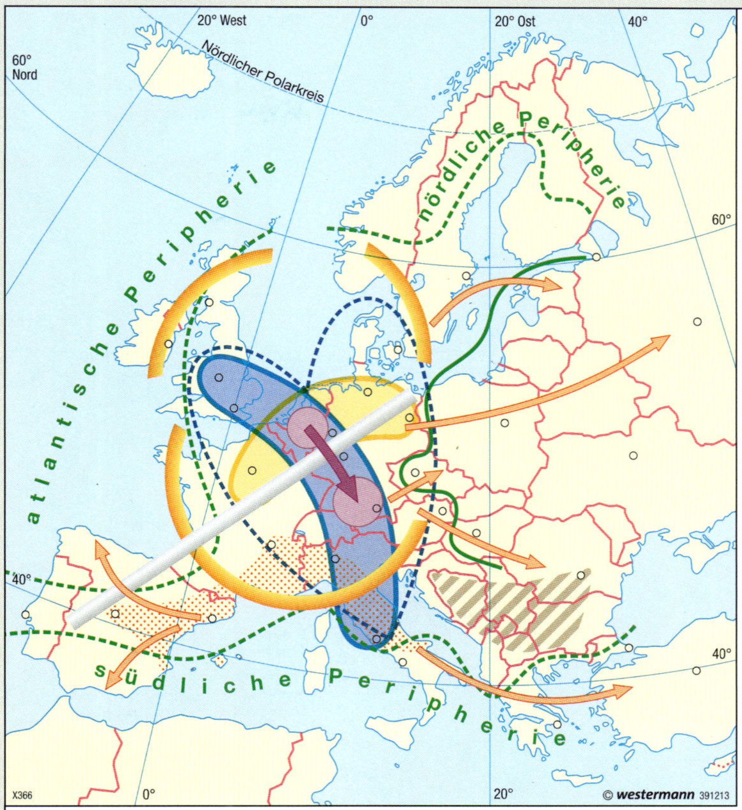

② Europa – wirtschaftliche Raummodelle

Raumplanung und Wissenschaft fragen in ihren Diskussionen nach der wirtschaftlichen Raumgliederung Europas. Dazu wurden in den letzten Jahren verschiedene Modelle entwickelt. Sie veranschaulichen folgende Lagevorstellungen zum Wirtschaftsraum (*kursiv: ausgewählte Abgrenzungskriterien*):

- Wirtschaftlicher Kernraum *Bevölkerungsdichte, Industriebesatz, Durchschnittseinkommen, Verkehrsnetz*
- Randlagen (Peripherie) *Bevölkerungsdichte, Wirtschaftsstruktur*
- Probleme und Entwicklungen *Arbeitslosigkeit, Investitionen, politische Rahmenbedingungen*

Wirtschaftszentren
- Industrie- und Dienstleistungszentrum (vergleiche Karte ①)

Wirtschaftlicher Kernraum
- „Blaue Banane" nach Brunet, 1989 (wirtschaftliches Rückgrat Europas)
- „Sunbelt" nach Brunet, 1989 (Ballung moderner Industrien und Dienstleistungen)
- „Gelbe Banane" nach Wienen, 1994 (fügt weitere Wohlstandsregionen hinzu)
- „Wirtschaftliches Herz" Europas

Randlagen (Peripherie)
- Grenze zu den Peripherien (nach verschiedenen Quellen)
- Gürtel von Hightech-Regionen rings um den Kernraum, 2005
- Transformationsbruch, seit 1990 (politisch-ökonomischer Ansatz)

Probleme und Entwicklungen
- mögliche Verlagerung des wirtschaftlichen Schwerpunktes der EU
- Achse der Problemregionen (nach Brunet)
- „Keil politischer Instabilität"
- mögliche Entwicklungsachse
- Staatsgrenze

Maßstab 1 : 40 000 000

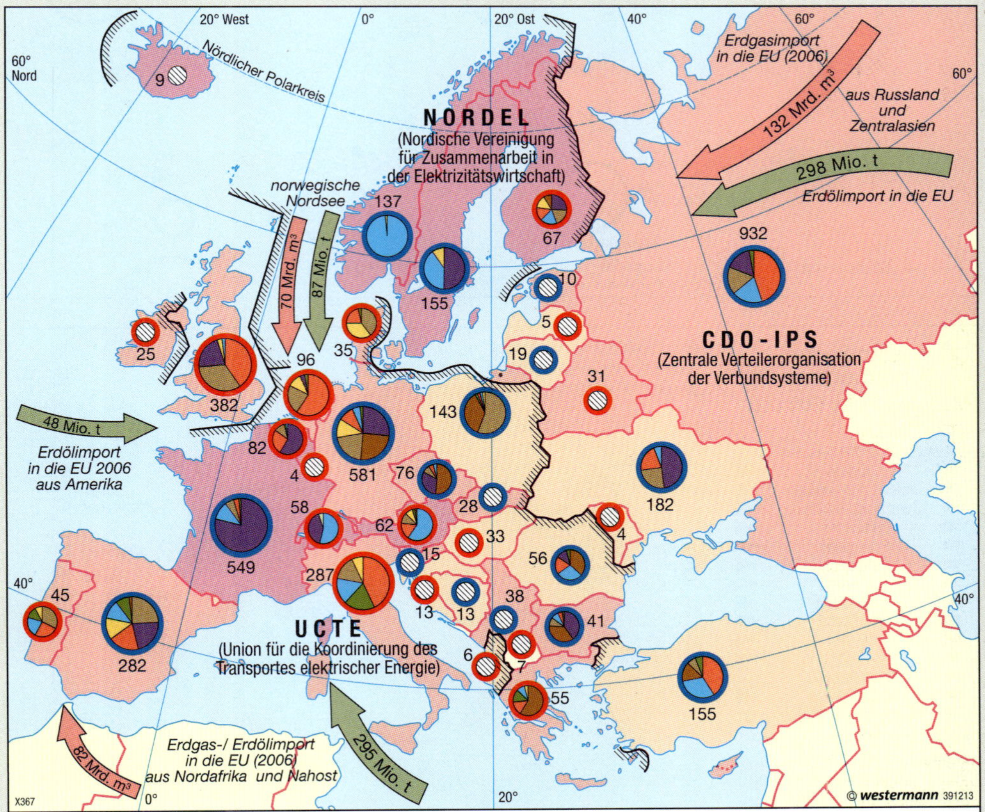

③ Energie – Stromerzeugung und -verbrauch

Maßstab 1 : 40 000 000

Stromerzeugung 2005 (Mrd. kWh/Jahr)

Mrd. kWh
- 1 – 40
- 40 – 100
- 100 – 200
- 200 – 1000

Primärenergieträger
- Steinkohle
- Braunkohle
- Erdöl
- Erdgas
- Kernkraft
- Wasserkraft
- Windkraft und sonstige regenerative Energieträger

Stromversorgung
- Stromexport
- Stromimport
- UCTE Stromverbund

Stromverbrauch pro Kopf der Bevölkerung
- unter 10
- 10 – 20
- über 20 kWh/Tag

① Bevölkerung

Maßstab 1 : 24 000 000

Bevölkerungsdichte (Einwohner/km²)

- unter 1
- 1 – 10
- 10 – 25
- 25 – 50
- 50 – 100
- 100 – 200
- 200 – 500
- über 500

Gesamtbevölkerung der Staaten 2006 (Staaten über 3 Mio. Einw.)

145, 100, 50, 20, 10, 5 Einwohner in Millionen

Jährliche Bevölkerungsveränderung 1990 – 2007 (Staaten über 3 Mio. Einw.)

- über 2,0
- 1,0 bis 2,0
- 0,5 bis 1,0
- 0,0 bis 0,5
- unter 0 %

Städtische Agglomerationen (über 1 Mio. Einwohner, Megastädte über 5 Mio. Einwohner)

- 1 000 000 – 2 000 000
- 2 000 000 – 5 000 000
- 5 000 000 – 10 000 000
- über 10 000 000 Einwohner

Staatsgrenze

② Ausländische Arbeitnehmer (2005)

Maßstab 1 : 40 000 000

Zielland (1 Kästchen < 10 000 Personen)

- Türken
- ehem. Jugoslawen
- Zentral-/Osteuropäer
- Italiener
- Portugiesen
- Albaner
- Griechen
- Franzosen
- Deutsche
- Spanier
- Iren
- Skandinavier
- Nordafrikaner
- übrige Nationalitäten

Anteil ausländischer Arbeitnehmer an den Erwerbstätigen in den Zielländern (in Prozent)

- über 20
- 5 – 12
- 3 – 5
- unter 3

Geldüberweisungen 2005 in einzelne Herkunftsländer

1,3 gerundete Werte in Milliarden Euro

Schengen-Staaten

- Anwenderstaaten
- Unterzeichnerstaat

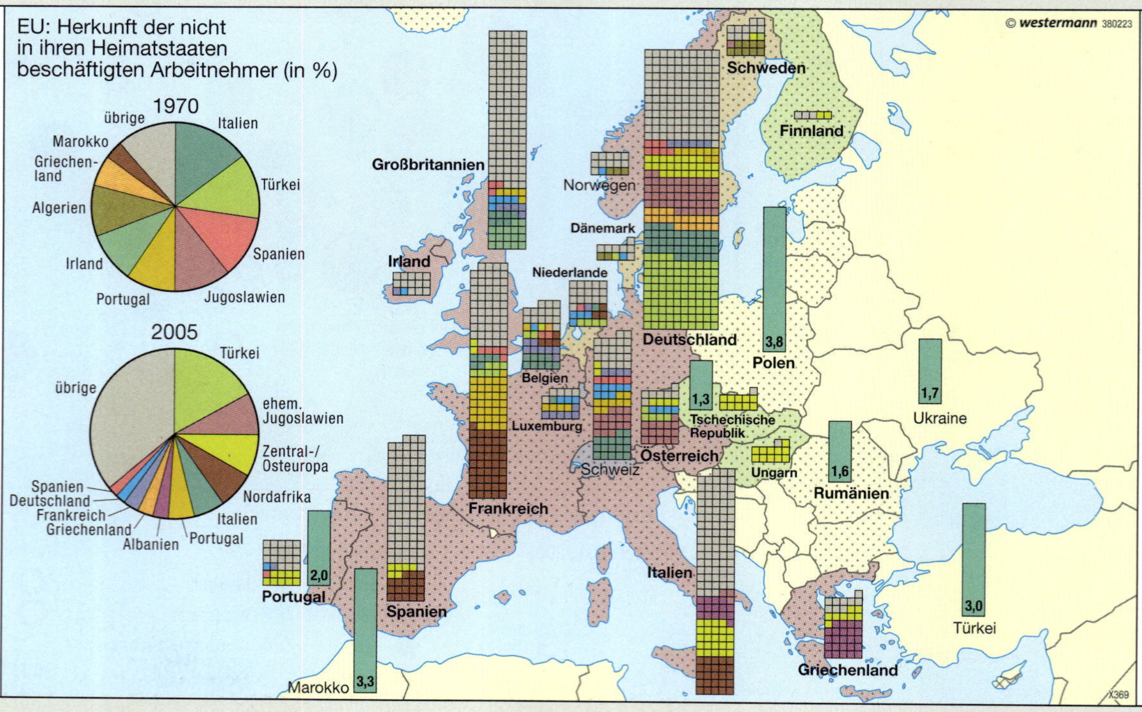

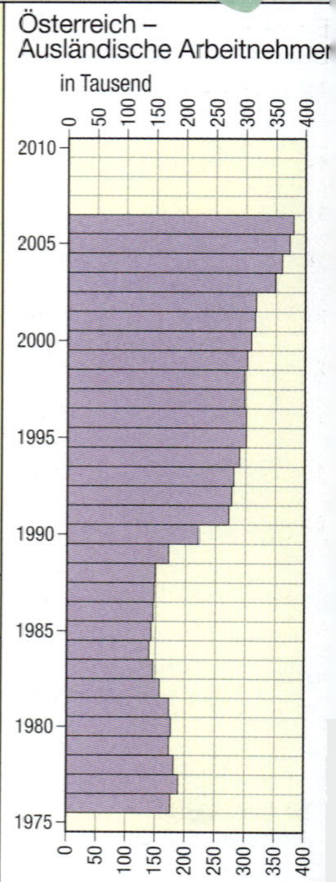

1 Tourismus

Maßstab 1 : 24 000 000

Destinationen
(Landschaft durch natürliche bzw. kulturelle Attraktionspunkte und touristische Einrichtungen geprägt)

Binnenland
- überwiegend Sommererholung
- Sommer- und Wintererholung

Meeresküste
- Sommererholung
- Sommer- und Wintererholung

Bedeutende Tourismusorte
(über 1 Million Übernachtungen im Jahr bzw. über 10 000 Fremdenbetten; in Auswahl)

Ausbau für den Tourismus: vor 1960 / nach 1960
- Tourismusort
- Wintersportzentrum
- Wallfahrtsort
- Heilbad, Kurort
- Städtetourismus (über 5 Millionen Übernachtungen pro Jahr)
- Freizeitpark

Kreuzfahrtrouten (Meer / Fluss)
- besonders häufig befahren
- häufig befahren

Abkürzungen:

A.	= Altötting
A. T.	= Abano Terme
B.	= Brighton
B.-B.	= Baden-Baden
B. R.	= Bad Reichenhall
B. W.	= Bad Wildungen
Fl.	= Florenz
Gr.	= Grömitz
K.	= Kevelaer
Ka.	= Karlsbad
O.-M.	= Orcières-Merlette
Schev.	= Scheveningen
Ve.	= Venedig
W.	= Winterberg
Wk.	= Wieskirche

Entwicklung des Balearen-Tourismus
Touristenankünfte (in Millionen)

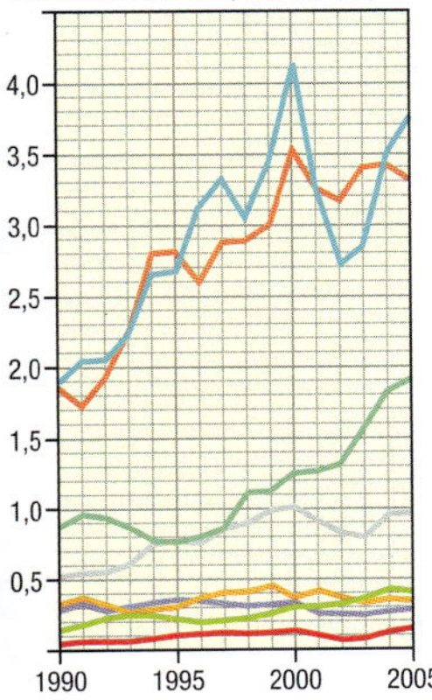

Herkunft der Touristen
- Deutschland
- Großbritannien
- Spanien
- Skandinavien
- Italien
- Frankreich
- Österreich
- Sonstige

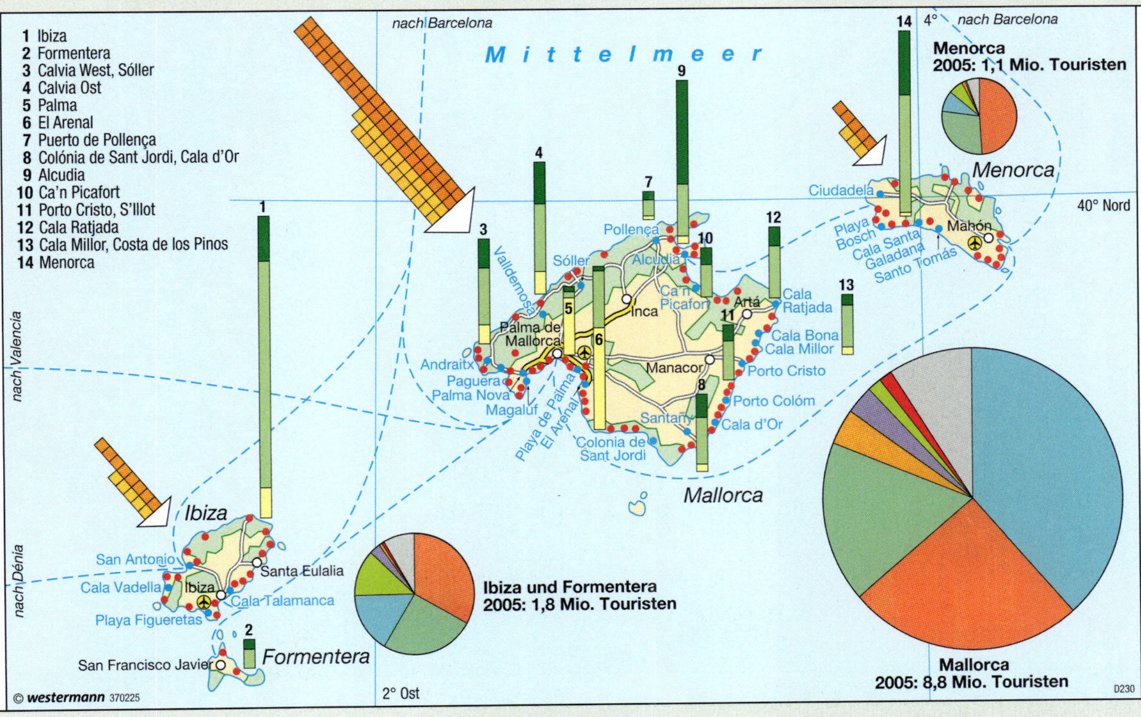

2 Balearen – Tourismus

Maßstab 1 : 2 400 000

0 20 40 60 km

- Natur- und Landschaftsschutzgebiet
- Kulturland
- Palma wichtiger Ort
- Sóller Tourismusort
- Feriensiedlung
- internationaler Flughafen
- Fährverbindung

Bettenangebot in Hotels und Apartment-Anlagen
2005
davon 1990
davon 1960

1 mm Säulenhöhe ≙ 2000 Betten

Fluggäste (Ankünfte)
1990 2005

1 Kästchen ≙ 250 000 Fluggäste (Touristen und andere Einreisende)

Barentssee
Europäisches Nordmeer
Bottnischer Meerbusen
Weißes Meer
Ladogasee
Russland
Finnland
Schweden
Norwegen
Lappland
Finnmark
Norrland
Kola-Halbinsel
Murmansk
Oulu (Uleåborg)
Tampere
Jyväskylä
Lahti
Trondheim
Bergen
Luleå
Kiruna
Tromsø
Narvik
Bodø
Lofoten
Vesterålen
Nordkap
Kebnekajse 2111
Sulitjelma 1914
Dovrefjell
Jotunheimen
Nördlicher Polarkreis
2
1 Island
Europäisches Nordmeer
Island
Vatnajökull
Reykjavík
Akureyri
Hekla 1491
Vulkan
Heiße Quelle, Geysir
© westermann

Maßstab 1 : 6 000 000

0 50 100 150 km

Orte

Einwohner

- über 1 000 000
- 500 000 – 1 000 000
- 100 000 – 500 000
- 20 000 – 100 000
- unter 20 000

Verkehr

- Eisenbahn
- Autobahn
- Fernstraße, Piste
- Fähre
- Wasserstraße
- wichtiger Flughafen
- wichtiger Hafen

Verwaltung

- Staatsgrenze
- Oslo Hauptstadt

Landhöhen (in Meter)

- Gletscher
- über 3000
- 1500 – 3000
- 1000 – 1500
- 500 – 1000
- 200 – 500
- 100 – 200
- 0 – 100
- Depression
- 2464 Berghöhe
- 425 sonstige Höhenangabe

Meerestiefen (in Meter)

- 0 – 40
- 40 – 200
- 200 – 2000
- über 2000
- 368 Tiefenangabe

③ Fjordküste

Maßstab 1 : 1 000 000

- Ackerland, Heide
- Wald
- Ödland (Fjell)
- Wasserfall
- Fährverbindung
- wichtige Straße
- Tunnel
- Stabkirche

Orte

- über 200 Einwohner
- unter 200 Einwohner

Register | Erde | Amerika | Afrika | Ozeanien | Asien | Europa | Österreich

Flächentreuer zwischenständiger Azimutalentwurf nach Lambert. Berührpunkt: 60° Nord/18° Ost

Mitteleuropa – physisch

Maßstab 1 : 4 000 000

0 50 100 150 200 km

Orte

Einwohner

- 1 000 000 – 5 000 000
- 500 000 – 1 000 000
- 100 000 – 500 000
- 20 000 – 100 000
- unter 20 000

Verkehr

- Eisenbahn
- Tunnel
- Autobahn
- Tunnel
- Fernstraße
- Tunnel
- Fähre

bedeutende Wasserstraßen

- schiffbarer Fluss
- schiffbarer Kanal

- wichtiger Flughafen
- wichtiger Hafen

Einzelzeichen

- Pass

Verwaltung

- Staatsgrenze
- **Berlin** Hauptstadt

Gewässer

- Fluss
- Kanal
- Moor, Sumpf
- See
- Staumauer

Landhöhen (in Meter)

- Gletscher
- über 3000
- 1500 – 3000
- 1000 – 1500
- 500 – 1000
- 200 – 500
- 100 – 200
- 0 – 100
- Depression
- 880 Berghöhe
- 550 sonstige Höhenangabe

Meerestiefen (in Meter)

- 0 – 40
- über 40
- 79 Tiefenangabe

Abstandstreuer Entwurf auf den Schnittkegel. Schnittparallele: 46° und 52° Nord

West- und Mitteleuropa – Wirtschaft

Österreich
Europa
Asien
Ozeanien
Afrika
Amerika
Erde
Register

Bodenbedeckung
- Nadelwald
- Heide, Moor, Ödland
- Laub- und Mischwald
- Buschwald/Macchie
- Moor, Sumpf
- Ödland
- Fels-, Eis- und Gletscherregion

Bodennutzung
Ackerbau
- auf geringerwertigen Böden
- auf guten Böden
- Bewässerungsland
- Wiese, Weide

Hauptanbaufrüchte
- Weizen
- Mais
- Reis
- Zuckerrüben
- Hopfen
- Obst, Gemüse
- Zitrusfrüchte
- Tabak
- Wein
- Oliven
- Sojabohnen
- Sonnenblumen
- Flachs

Bergbau
- Eisen
- Chrom
- Kupfer
- Blei, Zink
- Gold
- Silber
- Bauxit
- Magnesit
- Steinkohle
- Braunkohle
- Erdöl
- Erdgas
- Salze
- Steinsalz

Stromerzeugung
- Wasserkraftwerk
- Wärmekraftwerk
- Kernkraftwerk
- Geothermiekraftwerk

Industrie
- Eisen- und Stahlerzeugung
- Buntmetallverhüttung
- Aluminiumverhüttung
- Metallindustrie
- Maschinenbau
- Schiffbau
- Kraftfahrzeugbau
- Schienenfahrzeugbau
- Luft- und Raumfahrttechnik
- Elektrotechnik
- Elektronik
- Feinmechanik, Uhren
- Optik, Photonik
- Glas, Keramik, Porzellan
- Chemie, Kunststoffe
- Biotechnologie, Pharmazie
- Erdölraffinerie
- Gummi
- Atomindustrie
- Leder, Textil, Bekleidung
- Holz
- Zellulose, Papier
- Nahrungs- und Genussmittel
- Fischverarbeitung

Dienstleistungszentren
- Bildung, Medien
- Finanzen, Handel
- Verkehr, Logistik
- Tourismus

Verkehr und Transport
- wichtige Eisenbahn
- Autobahn, Fernstraße
- Wasserweg (Fluss, Kanal)
- Erdgasleitung
- Erdölleitung
- 200-m-Tiefenlinie (Kontinentalschelf)

- Staatsgrenze
- Verwaltungsgrenze
- Grenze der nationalen Wirtschaftszonen im Meer

Maßstab 1 : 6 000 000

0 50 100 150 200 250 km

Kattegat
Dänemark
Schweden
Öland
Ostsee
Bornholm
Litauen
zu Russland
Ostpreußen
Masuren
Weiß-
russland
Deutsche
Bucht
Deutschland
Harz
Erzgebirge
Nord-
böhmen
Böhmerwald
Polen
Tschechische
Republik
Beskiden
Slowakei
Ukraine
Ungarn
Österreich
Schweiz
Alpen
Slowenien
Kroatien
Bosnien und
Herzegowina
Serbien
Rumänien
Südkarpaten
Bulgarien
Montenegro
Kosovo
Albanien
Mazedonien
Italien
Apennin
Adriatisches Meer
Ligurisches Meer
Golf
von Genua
Korsika
(Fr.)
Elba
San
Marino
Aalborg
Aarhus
Esbjerg
Odense
Kopen-
hagen
Malmö
Lund
Helsingborg
Halmstad
Karlskrona
Kalmar
Liepaja
Šiauliai
Memel
(Klaipeda)
Kaunas
Vilnius
Minsk
Königsberg
(Kaliningrad)
Danzig
(Gdańsk)
Gdingen
Elbing
Allenstein
Białystok
Grodno
Baranawitschi
Pinsk
Brest
Kiel
Flensburg
Rostock
Wismar
Lübeck
Hamburg
Bremen
Bremerhaven
Cuxhaven
Emden
Stettin
(Szczecin)
Swinemünde
Köslin
(Koszalin)
Bromberg
Graudenz
Thorn
Płock
Warschau
Landsberg
Posen
(Poznań)
Konin
Radom
Lublin
Łódź
Kowel
Luzk
Riwne
Berlin
Hannover
Wolfsburg
Braunschweig
Magdeburg
Osnabrück
Bielefeld
Paderborn
Dortmund
Leverkusen
Kassel
Göttingen
Halle
Leipzig
Dresden
Görlitz
Breslau
(Wrocław)
Oppeln
Kattowitz
(Katowice)
Krakau
(Kraków)
Kielce
Tschenstochau
Rzeszów
Tarnów
Lemberg
Ternopil
Erfurt
Jena
Chemnitz
Plauen
Frankfurt
Mainz
Mannheim
Würzburg
Nürnberg
Bamberg
Schweinfurt
Prag
Pilsen
Pardubitz
Brünn
Olmütz
Ostrau
Zlín
Žilina
Košice
Prešov
Regensburg
Stuttgart
Karlsruhe
Augsburg
München
Ingolstadt
Linz
Wien
St. Pölten
Bratislava
Budapest
Miskolc
Debrecen
Großwardein
Cluj-Napoca
Salzburg
Innsbruck
Graz
Leoben
Villach
Maribor
Ljubljana
Zagreb
Rijeka
Triest
Udine
Venedig
Verona
Mailand
Bergamo
Brescia
Turin
Genua
Bologna
Modena
Parma
Florenz
Pisa
Livorno
Ravenna
Rimini
Ancona
Pescara
L'Aquila
Zürich
Basel
Bern
Luzern
Szeged
Arad
Temeschburg
Hermann-
stadt
Osijek
Novi Sad
Belgrad
Sarajevo
Split
Mostar
Dubrovnik
Podgorica
Niš
Priština
Skopje
Sofia
Pernik
Craiova
Baia Mare
Hunedoara
© westermann

Westalpen – Tourismus

Österreich
Europa
Asien
Ozeanien
Afrika
Amerika
Erde
Register

① Tourismus

Tourismusorte

- Erholungsort mit vorwiegender Sommersaison
- Erholungsort mit vorwiegender Wintersaison
- seit 1970 erbauter Wintersportort (Schistation)
- Kurort, Heilbad
- Besichtigungstourismus
- Orte mit etwa 1 Mio. Übernachtungen pro Jahr, bzw. 10 000 Fremdenbetten
- Orte mit etwa 400 000 Übernachtungen pro Jahr, bzw. 4 000 Fremdenbetten

Städte über 50 000 Einwohner sind stärker umrandet.

Verkehr

- Eisenbahn
- Autobahn
- wichtige Fernverkehrsstraße
- Tunnel
- Pass

Grenze

- Staatsgrenze

Bodenbedeckung

- vorwiegend Ackerland
- Wald
- Wiese, Weide, Alm
- Felsregion
- Gletscher

② Gliederung der Alpen

Maßstab 1 : 12 500 000

0 100 200 300 km

- Zentralalpen
- Kalkalpen
- Grenze West- und Ostalpen

Maßstab 1 : 2 250 000 0 20 40 60 80 100 km

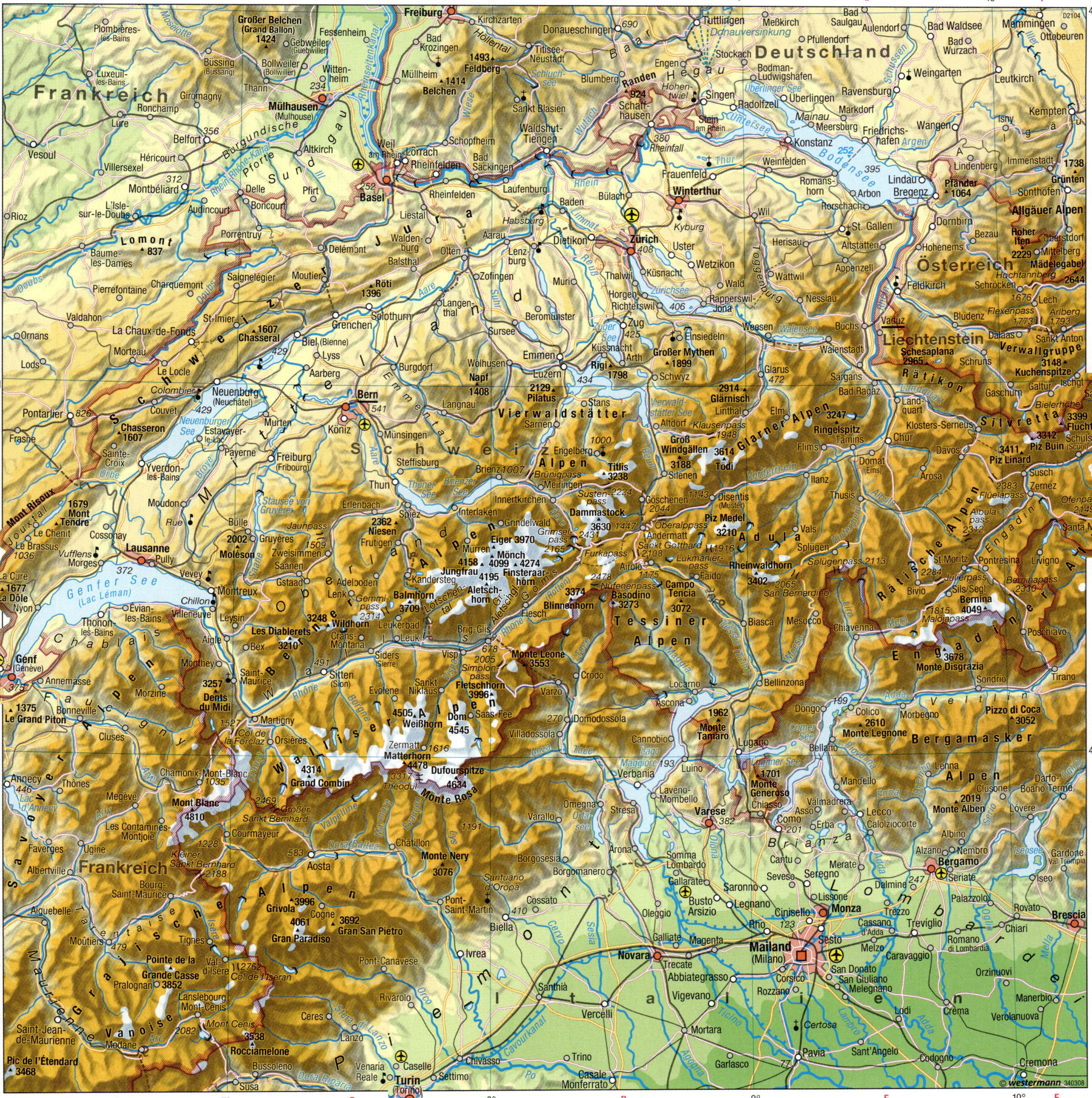

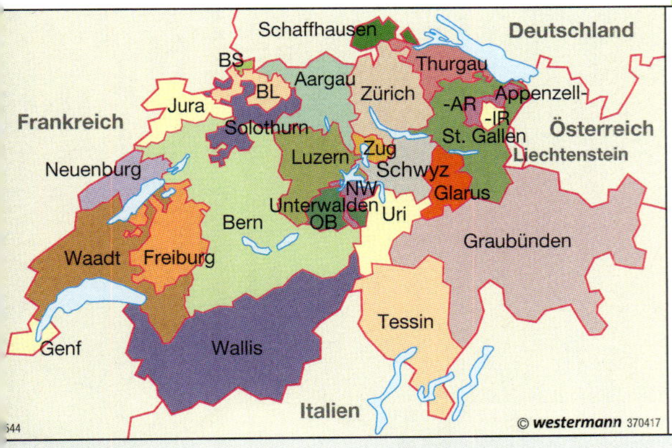

② Politische Gliederung

Maßstab 1 : 4 500 000

AR	=	Außerrhoden
BL	=	Basel-Landschaft
BS	=	Basel-Stadt
IR	=	Innerrhoden
NW	=	Nidwalden
OB	=	Obwalden

① Physische Übersicht

Orte

Einwohner

- über 1 000 000
- 500 000 – 1 000 000
- 100 000 – 500 000
- 20 000 – 100 000
- unter 20 000
- geschlossene Besiedlung

Verwaltung

- Staatsgrenze
- **Bern** Hauptstadt

Verkehr

Eisenbahn

- Fernverkehrsstrecke
- sonstige wichtige Verbindung
- Tunnel

Straßen

- Autobahn
- Bundesstraße/Fernstraße
- Tunnel
- Flughafen

Einzelzeichen

- Schloss, Burg
- Kloster, Kirche
- Pass

Landhöhen (in Meter)

- Gletscher
- über 3000
- 1500 – 3000
- 1000 – 1500
- 750 – 1000
- 500 – 750
- 350 – 500
- 200 – 350
- 100 – 200
- 0 – 100
- 3768 Berghöhe
- 171 sonstige Höhenangabe

Maßstab 1 : 1 500 000

0 10 20 40 60 80 km

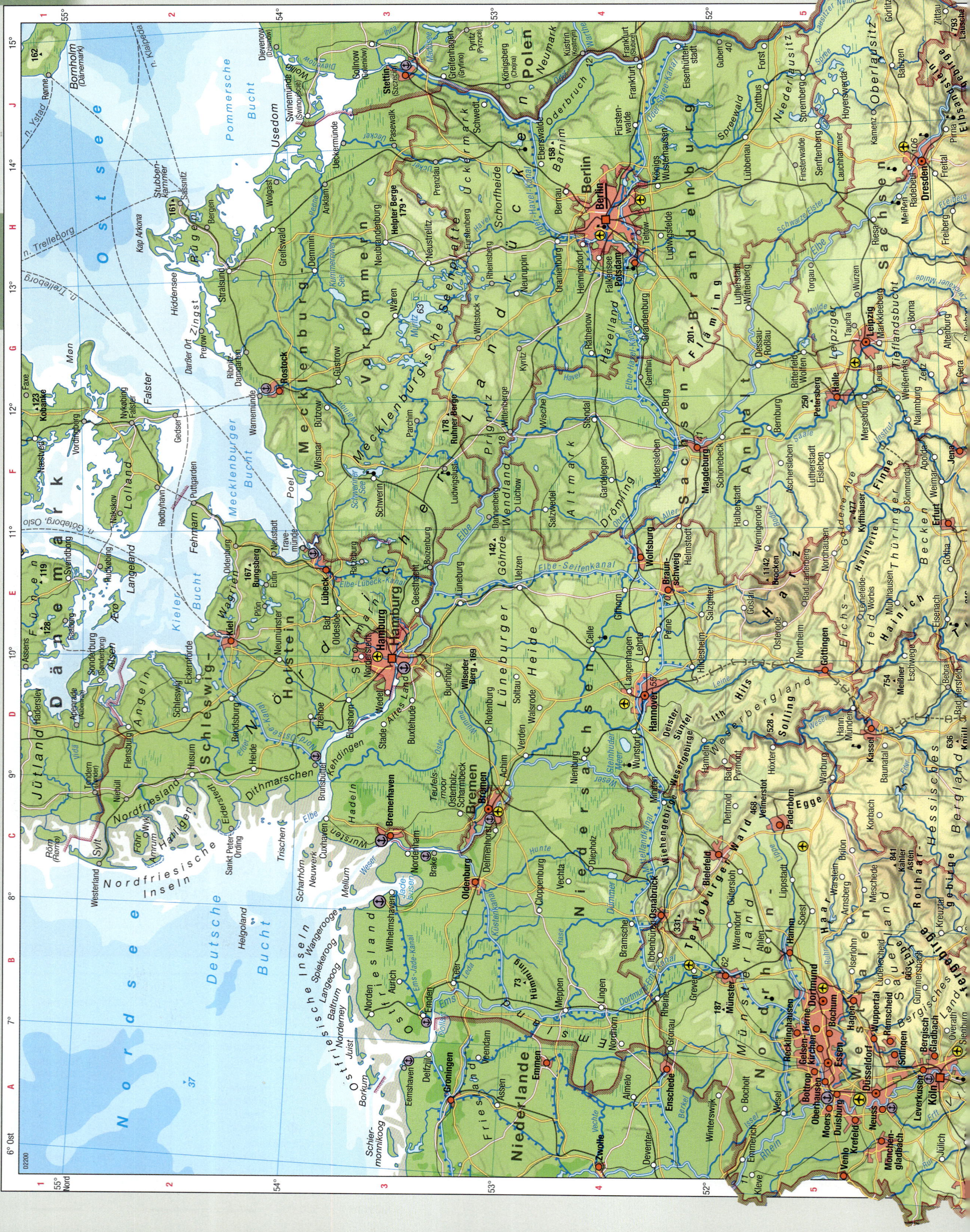
Ostsee
Nordsee
Deutsche Bucht
Pommersche Bucht
Mecklenburger Bucht
Kieler Bucht
Bornholm (Dänemark)
Dänemark
Polen
Niederlande
Jütland
Rügen
Usedom
Fehmarn
Lolland
Falster
Langeland
Helgoland
Nordfriesische Inseln
Ostfriesische Inseln
Dithmarschen
Schleswig-Holstein
Mecklenburg
Vorpommern
Niedersachsen
Lüneburger Heide
Altmark
Sachsen-Anhalt
Brandenburg
Fläming
Harz
Teutoburger Wald
Münsterland
Westfalen
Sachsen
Oberlausitz
Niederlausitz
Berlin
Potsdam
Hamburg
Bremen
Bremerhaven
Hannover
Braunschweig
Wolfsburg
Magdeburg
Halle
Leipzig
Dresden
Rostock
Kiel
Lübeck
Schwerin
Stettin (Szczecin)
Frankfurt
Cottbus
Göttingen
Kassel
Osnabrück
Münster
Bielefeld
Paderborn
Dortmund
Essen
Bochum
Düsseldorf
Köln
Oldenburg
Groningen
Zwolle
Enschede
Erfurt
Jena

Orte

Einwohner

über	1 000 000
500 000 – 1 000 000	
100 000 – 500 000	
20 000 – 100 000	
unter	20 000
geschlossene Besiedlung	

Verkehr

- Eisenbahn
- sonstige wichtige Verbindung
- Tunnel
- Autobahn
- Fernstraße
- Tunnel
- Fähre

bedeutende Wasserstraßen

- schiffbarer Fluss
- schiffbarer Kanal (über 1350 t Tragfähigkeit)
- wichtiger Flughafen
- Flughafen
- wichtiger Hafen
- Hafen

Einzelzeichen

- Schloss, Burg
- Kloster, Kirche
- Pass

Verwaltung

- Staatsgrenze
- Landesgrenze
- **Berlin** Hauptstadt eines Staates
- München Landeshauptstadt

Gewässer

- Fluss
- Kanal
- Moor, Sumpf
- See
- Staumauer

Landhöhen (in Meter)

- Gletscher
- über 1500
- 1000 – 1500
- 500 – 1000
- 200 – 500
- 100 – 200
- 50 – 100
- 0 – 50
- Depression

Meerestiefen (in Meter)

- Watt
- 0 – 10
- 10 – 20
- 20 – 40
- über 40

- 3768 Berghöhe
- 171 sonstige Höhenangabe
- 50 Tiefenangabe

Maßstab 1 : 2 250 000

0 20 40 60 80 100 km

E. = Essen
G. = Gelsenkirchen
R. = Recklinghausen
Dü. = Düsseldorf
Ostsee
Nordsee
Dänemark
Schweden
Polen
Niederlande
Bornholm (Dän.)
Hamburg
Berlin
Bremen
Hannover
Kiel
Lübeck
Rostock
Stettin (Szczecin)
Magdeburg
Halle-Leipzig
Dresden
Braunschweig
Wolfsburg
Bielefeld
Münster
Osnabrück
Oldenburg
Bremerhaven
Wilhelmshaven
Emden
Groningen
Dortmund
Bochum
Duisburg
Köln
Ruhrgebiet
Lüneburger Heide
Niedersächsisches Becken
Teutoburger Wald
Harz
Fläming
Ostfriesland
von Norwegen
von Russland

Maßstab 1 : 2 250 000

0 20 40 60 80 100 km

Bodennutzung

- Ackerbau auf
  - geringerwertigen Böden
  - guten bis sehr guten Böden
- Wiesen, Weiden, Almen
- Dünen / Heide, Moor
- Wald
- Fels- und Gletscherregion
- geschlossene Bebauung

Bergbau

- Eisen
- Wolfram
- Steinkohle
- Braunkohle
- Erdöl
- Erdgas
- Kali
- Steinsalz
- Graphit
- Kaolin
- Bims

Industrie

- Eisen- und Stahlerzeugung
- Buntmetallverhüttung
- Aluminiumverhüttung
- Metallindustrie
- Maschinenbau
- Schiffbau
- Kraftfahrzeugbau
- Schienenfahrzeugbau
- Luft- und Raumfahrttechnik
- Elektrotechnik
- Elektronik
- Feinmechanik, Optik, Uhren
- Erdölraffinerie
  - unter 10 Mio. t
  - 10 - 15 Mio. t Jahresdurchsatz
- Chemie, Kunststoffe
- Biotechnologie, Pharmazie
- Gummi
- Leder, Schuhe
- Textilien, Bekleidung
- Holz, Möbel
- Zellulose, Papier
- Druckgewerbe
- Spielwaren
- Schmuckwaren
- Musikinstrumente
- Nahrungs- und Genussmittel
- Fischverarbeitung
- Baustoffe
- Glas
- Keramik
- Porzellan

Dienstleistung

- Verwaltung, Versorgung
- Universität, Hochschule
- Medien
- Logistik
- Finanzzentrum
- Service
- Messe

Verkehr und Transport

- Eisenbahn
- Autobahn
- Straße
- Kanal
- Erdölleitung
- Erdgasleitung
- Saar — Verdichtungsraum über 500 000 Einw.

Orte

- über 1 000 000 Einwohner
- 100 000 - 1 000 000 Einwohner
- unter 100 000 Einwohner

1 Berlin 2007

Maßstab 1 : 250 000

0 1 2 3 4 5 6 7 km

Wohnbebauung

Bevölkerungsdichte
- unter 8 000
- 8 000 – 16 000
- über 16 000 Einw./km²
- *Marzahn* Großwohnanlage (erbaut nach 1960)

Industrie
- Gewerbegebiet
- Stahlerzeugung, Stahlverarbeitung
- Maschinen- und Fahrzeugbau
- Elektrotechnik, Feinmechanik, Optik
- Chemie, Kunststoffe
- Pharmazie, Biotechnologie
- Papier, Druckgewerbe, Verlagswesen
- Nahrungs- und Genussmittel
- Hightech

Ver- und Entsorgung
- Heizkraftwerk
- Heizwerk
- Gaswerk
- Wasserwerk
- Klärwerk
- Mülldeponie/ Abfallbeseitigung
- Müllverbrennung

Verkehr
- Eisenbahn mit Bahnhof
- S-Bahn
- Autobahn
- internationaler Flughafen
- Binnenhafen

Dienstleistungen
- Großkrankenhaus
- Messe
- Universität, Hochschule
- Handel und Verwaltung
- Grenze von Berlin
- Stadtbezirksgrenze
- Grünanlage, Friedhof
- landwirtschaftliche Nutzfläche (z. T. Freifläche)
- Wald

2 Berlin unter der Viermächteverantwortung

(bis 3. Okt. 1990)

3 München – Hightech-Standorte

Maßstab 1 : 500 000

0 5 10 15 km

Privatwirtschaftliche Forschung, Entwicklung, Produktion Hightech-Betriebe 2007

Anzahl 100, 80, 60, 40, 20, 10, 5, 1

Stadt München = 1241

- Softwareentwicklung und Datenverarbeitung
- Bio-/Nanotechnologie
- Luft- und Raumfahrt, Fahrzeugtechnik
- Medizin-/Mess- und Umwelttechnik, Optische Technologie

öffentlich geförderte Forschung
- Universität, Hochschule
- Forschung, Entwicklung
- internationaler Flughafen
- Flugplatz, z. T. militärisch genutzt

ausgewählte Sporteinrichtungen
- Golfplatz
- großer Yachtliegeplatz

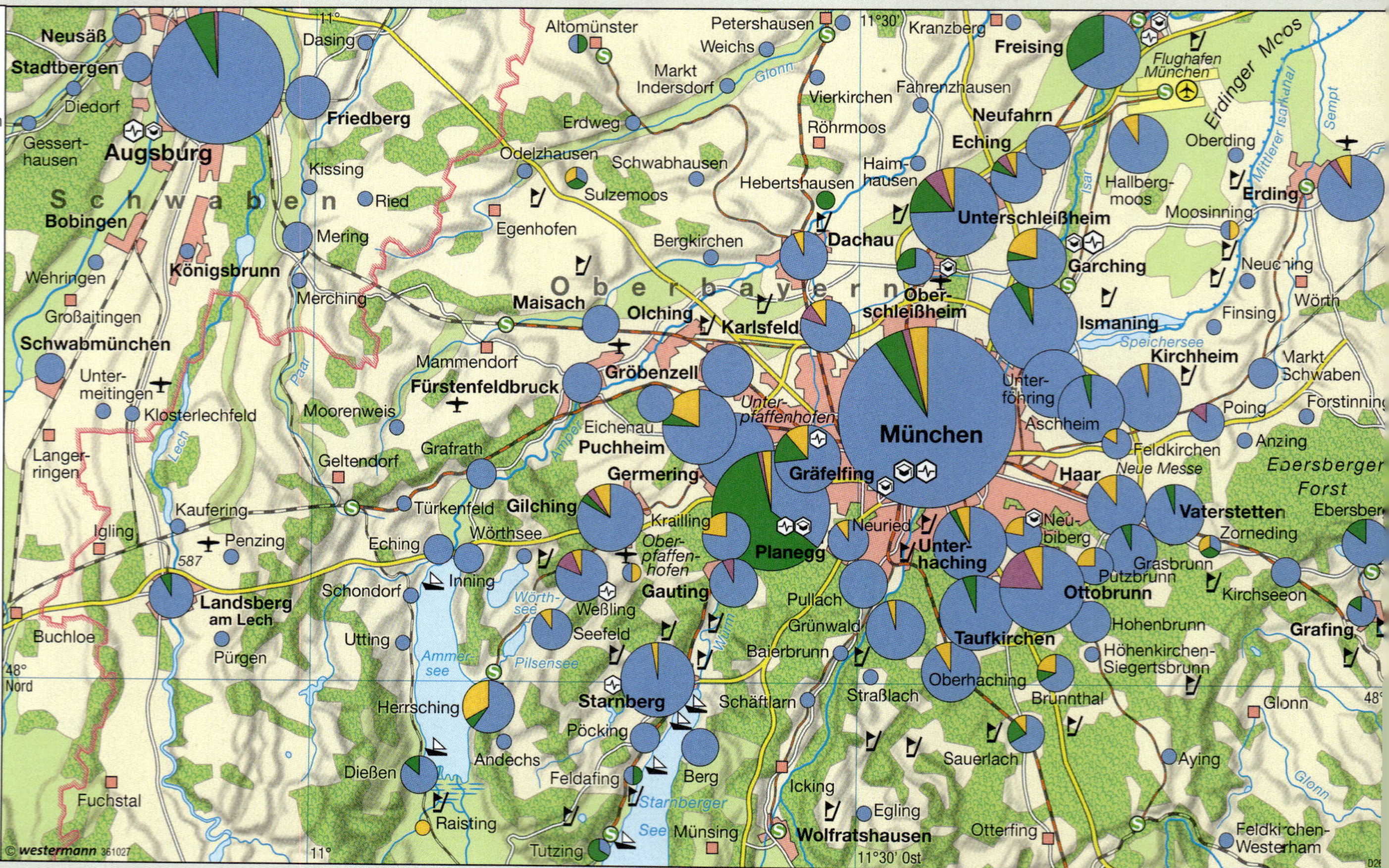

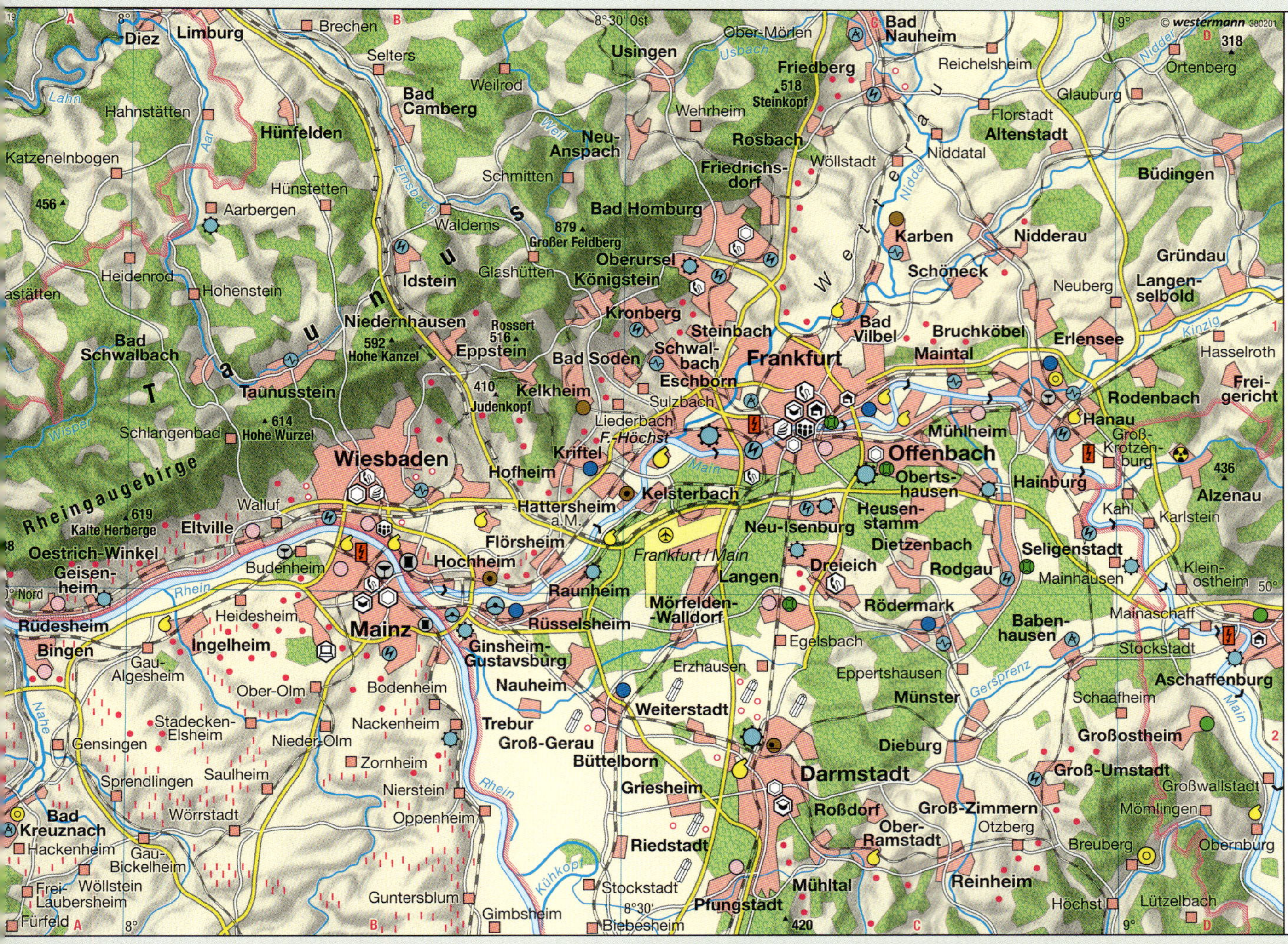

① Rhein-Main – Wirtschaft

Maßstab 1 : 500 000

0 5 10 km

Bodennutzung
- landwirtschaftliche Nutzfläche

Sonderkulturen
- Obst
- Gemüse
- Wein
- Spargel
- Wald

Orte
- über 10 000 Einw.
- unter 10 000 Einw.

Verkehr
- Autobahn
- Bundesstraße
- Eisenbahn
- Flughafen
- schiffbarer Fluss/Schleuse

Dienstleistung
- Verwaltung, Versorgung
- Universität, Hochschule
- Medien (TV, Radio, Presse)
- Handelsunternehmen
- Finanzzentrum
- Service, Beratung
- Messe

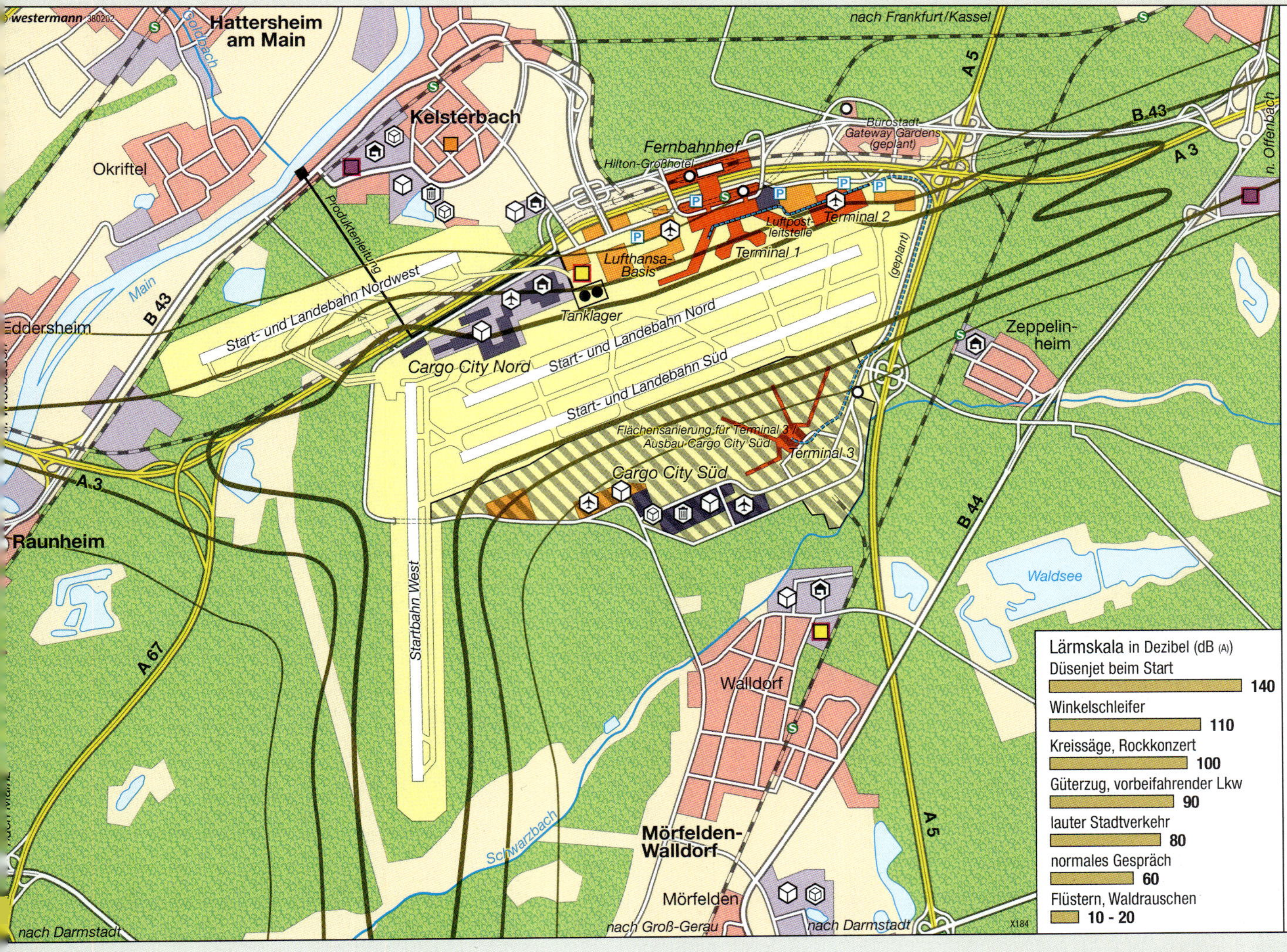

Lärmskala in Dezibel (dB (A))

Düsenjet beim Start	140
Winkelschleifer	110
Kreissäge, Rockkonzert	100
Güterzug, vorbeifahrender Lkw	90
lauter Stadtverkehr	80
normales Gespräch	60
Flüstern, Waldrauschen	10 - 20

② Flughafen Frankfurt/Main

Maßstab 1 : 70 000

0 1 2 km

Flughafenanlagen
- 490 Arbeitsstätten
- 73 000 Beschäftigte (2010)
- Fluggastabfertigung
- Frachtabfertigung
- Flughafenverwaltung und Serviceeinrichtungen
- Hochbahn „Sky Line"
- Parkhaus, Parkplatz
- Flächensanierung

Flughafenorientierte Unternehmen

Zentralverwaltungen
- Industrieunternehmen
- Handelsunternehmen
- sonstige Unternehmen und Organisationen
- Unternehmen mit Sitz im Ausland

Dienstleistungsunternehmen
- ≙ mehrere Unternehmen
- Luftfrachtspeditionen
- Transport- und Kurierdienst
- Fluggesellschaften
- Bordversorgung/Bodendienst
- sonstige Dienstleistungen
- Großhotel

Fluglärmbelastung
(Dauerschallpegel, gemittelt aus mehreren Lärmereignissen)
- 70 dB (A)
- 65 dB (A)
- 60 dB (A)

Rheinisch-Westfälisches Industriegebiet

① Ruhrgebiet um 1840

Maßstab 1 : 500 000

0 5 10 15 km

- Steinkohlenschacht und Stollen
- Kohlenhafen
- Kohlenbahn
- Eisenverhüttung
- Textilindustrie
- Wasserweg mit Staustufe
- Flussfähre
- wichtige Straßen
- Orte
- Schloss, Burg
- Kirche, Kloster
- Wald
- Heide
- Sumpf
- Ackerbau auf guten/auf geringwertigen Böden

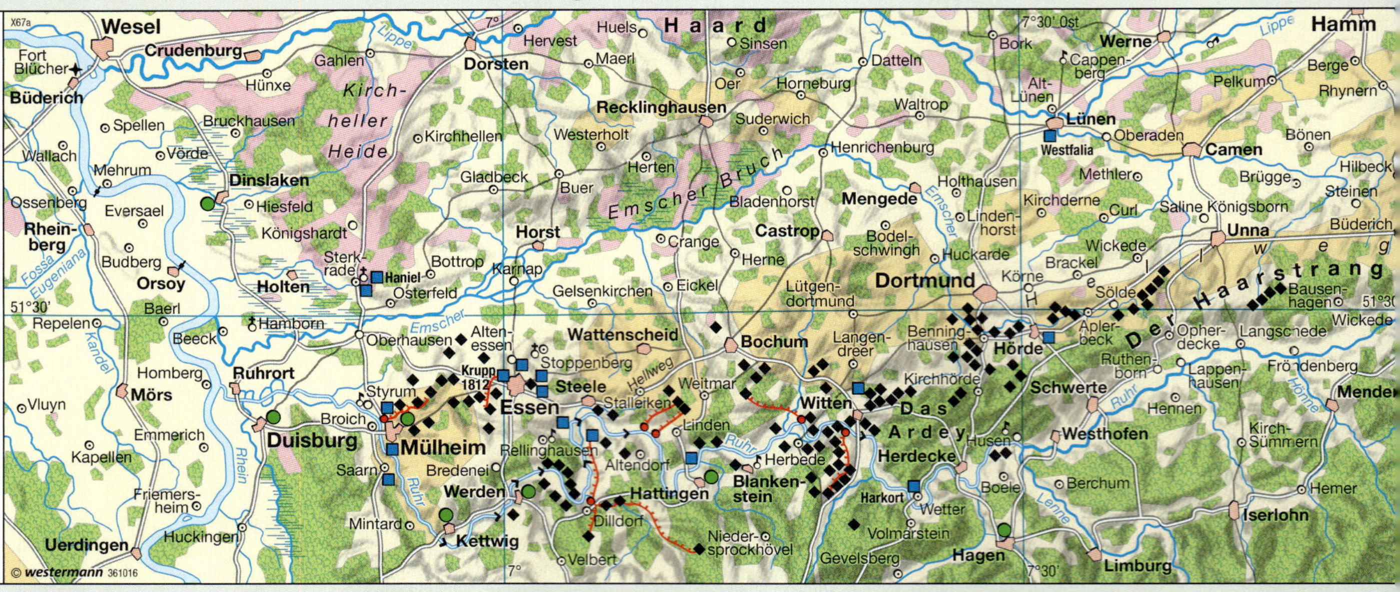

② Rheinisch-Westfälisches Industriegebiet 2007

Maßstab 1 : 500 000

Bergbau

- Steinkohle
- seit 1957 stillgelegte Zeche
- Kalkstein

Industrie

- Roheisenerzeugung
- Gießerei, Walzwerk, Röhrenwerk
- Stahlerzeugung, (Oxygenstahlkonverter und Elektroöfen)
- Kokerei
- Buntmetallverhüttung
- Aluminiumverhüttung
- Eisen-, Blech-, Metallwaren
- Maschinenbau
- Kraftfahrzeugbau
- Schienenfahrzeugbau
- Elektrotechnik, Mikroelektronik
- Feinmechanik, Optik
- Chemie, Kunststoffe
- Biotechnologie, Pharmazie
- Erdölraffinerie
- Gummi
- Textilien, Bekleidung
- Papier
- Glas
- Nahrungs- u. Genussmittel
- Industriefläche
- Fremdenverkehrsort

Dienstleistung

- Verwaltung
- Universität, Hochschule
- TV, Presse, Medien
- Handelsunternehmen
- Finanzzentrum
- Service, Beratung
- Messe

Verkehr und Transport

- Eisenbahn
- Autobahn
- Straße
- Flughafen
- schiffbarer Fluss
- Erdölleitung
- Erdgasleitung
- Kohlekraftwerk
- Wasserkraftwerk

westermann 361030
Elektrizitäts-
erzeugung
Maßstab 1 : 5 000 000
Bodenschätze
Steinkohle
Braunkohle
Elektrizitätserzeugung
Wasserkraftwerk
(ab 10 MW)
Laufkraftwerk
Speicherkraftwerk
(einschl. Pumpspeicher)
Wärmekraftwerke
(ab 100 MW) auf Basis
Steinkohle
Braunkohle
Heizöl
Erdgas
Biomasse
Kernenergie
stillgelegt
Grenzkraftwerk
(für Stromlieferung
nach zwei Ländern)
Größenstufen
(Engpassleistung in MW)
10 – 100
100 – 300
300 – 1000
1000 – 3000
über 3000
Verbundnetz
Überlandleitungen
380 – 400 kV
< 380 kV
Gleichstrom-Seekabel
Nordsee
Ostsee
nach Norwegen
(in Planung)
nach Schweden
Dänemark
Niederlande
Belgien
Luxemburg
Deutschland
Polen
Tschechische Republik
Slowakei
Österreich
Ungarn
Schweiz
Liechtenstein
Frankreich
Slowenien
Kroatien
Bosnien und Herzegowina
Italien
San Marino
Monaco
Adriatisches Meer
Ligurisches Meer
Ruhrrevier
Rheinisches Braunkohlenrevier
Helmstedter Revier
Mitteldeutsches Revier
Lausitzer Revier
Nordböhmen
Westböhmen
Saar
Lothringer Becken
Apenrade
Skælskør
Flensburg
Kiel
Lübeck
Rostock
Greifswald-Lubmin
Brunsbüttel
Brokdorf
Stade
Wedel
Hamburg
Krümmel
Hamburg-Moorburg
Stettin
Dolna Odra
Schwedt
Eemshaven
Groningen
Bergum
Wilhelmshaven
Emden
Unterweser
Bremen
B.-Hafen
Lingen
Emsland
Landesbergen
Robert Frank
Hannover
Wolfsburg
B.-Reuter
Berlin
Jänschwalde
Zwolle/Harculo
Velsen
Lelystad
Amsterdam
Utrecht
Nimwegen
Rotterdam
Dordrecht
Borssele
Geertruidenberg
Herdersbrug
Doel
Maasbracht
Gent
Ruien
Kallo
Brüssel
Langerlo
Les Awirs
Tihange
Hornaing
Bouchain
Pont-sur-Sambre
Chooz
Revin
Herden
Veltheim
Mehrum
Ibbenbüren
Grohnde
Buschhaus
Hallendorf
Voerde
Walsum
Marl
Scholven
Stockum/Gersteinwerk
Westfalen
Würgassen
Schwarze Pumpe
Boxberg
Turów
Frimmersdorf
Neurath
Niederaußem
Köln
Weisweiler
Elverlingsen
Biggetalsperre
Waldeck
Schkopau
Lippendorf
Gera
Jena
Hohenwarte
Goldisthal
Markersbach
Prunéřov
Tušimice
Počerady
Mělník
Tisová
Arzberg
Mülheim-Kärlich
Frankfurt
Großkrotzenburg/Staudinger
Langenprozelten
Aschaffenburg
Grafenrheinfeld
Vianden
Mainz
Biblis
Mannheim
Bexbach
BASF Ludwigshafen
Philippsburg
Obrigheim
Heilbronn
Neckarwestheim
Marbach
Walheim
Karlsruhe
Stuttgart
Altbach
Esch
Cattenom
Richemont
Blenod
La Maxe
Carling
Fenne
Happurg
Nürnberg
Schwandorf
Pilsen
Orlík
Temelín
Dalešice
Dukovany
Bohunice
Nogent-sur-Seine
Straßburg
Ingolstadt
Gundremmingen
Zolling-Anglberg
Isar
Ohu/Isar
München
Pleinting
Jochenstein
Linz
Ottenstein
Altenwörth
Korneuburg
Wien-Donaustadt
Dürnrohr
Wien-Simmering
Gabčíkovo
Walchenseewerk
Fessenheim
Schluchseewerk
Leibstadt
Beznau
Gösgen
Mühleberg
Rodund
Sellrain-Silz
Mayrhofen
Kaunertal
Zillergründl
Kaprun
Malta
Voitsberg
Šoštanj
Krško
Sisak
Grimsel
Nendaz
Sils
Edolo
Sondrio
Roncovalgrande
Lucy
Chalon-sur-Saône
Vouglans
Vouvry
Châtelard
Fionnay
Bugey
Génissiat
Loire
Super Phénix
La Bathie
La Coche
Villarodin
St. Alban
Grand Maison
Sinard-Monteynard
Montpezat
Chivasso
Super-Bissorte
Turbigo
Trino Vercelese
La Casella
Cassano
Tavazzano
Piacenza
Caorso
Ostiglia
Sermide
Porto Marghera
Venedig
Monfalcone
Rijeka
Senj
Porto Tolle
Porto Corsini
Cruas
Bollène
Tricastin (Pierrelatte)
Serre Ponçon
Gesso (Piastra)
Genua
Vado Ligure
La Spezia
Brasimone Suviana
Aramon
Gardanne
Martigues-Ponteau
Livorno
Larderello (Geothermisches Kraftwerk)
Camerata
Obrovac
Zakučac
Elbe
Weser
Oder
Spree
Saale
Werra
Fulda
Rhein
Main
Mosel
Maas
Ruhr
Neckar
Donau
Inn
Salzach
Enns
Mur
Drau
Raab
Moldau
Lech
Iller
Saône
Doubs
Loire
Rhône
Po
Adige
Arno
Marne
Schelde
Isarstufen
Innstufen
Lechstufen
Illerstufen
Moselstufen
4° Ost
8°
12°
16°
52°
48°
44°
im Bau

Niederlande / Belgien / Luxemburg – physisch

Maßstab 1 : 2 000 000 0 20 40 60 80 100 km

Abstandstreuer Entwurf auf den Schnittkegel. Schnittparallele: 50° und 53° Nord

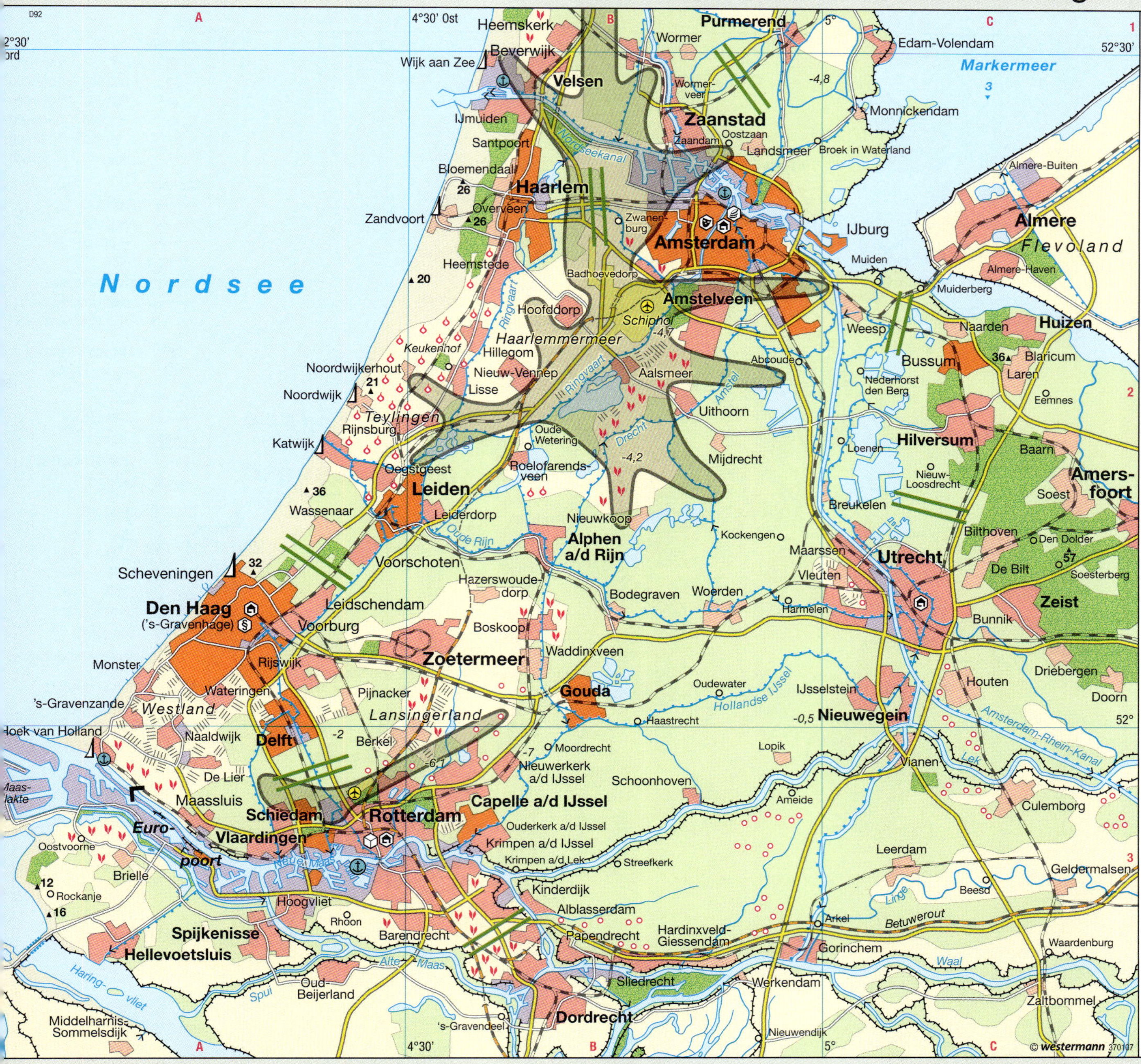

① Randstad Holland
Maßstab 1 : 500 000
0 5 10 km

Bodennutzung
- vorwiegend Acker- und Gartenbau
- Gemüse, Schnittblumen
- Glashauskulturen (Gemüse, Schnittblumen, Topfpflanzen)
- Blumenzwiebeln
- Obst
- Wiese, Weide
- Wald, Grünanlage
- Strand, Küstendünen

Siedlungsdichte
Orte über 10 000 Einwohner mit einer Bevölkerungsdichte (auf Gemeindebasis)
- über 4000 Einw./km²
- 1000 – 4000
- 500 – 1000
- Ort unter 10 000 Einw.

sonstige Bebauung
- Industrie-, Hafenanlage

Dienstleistungszentren
- Regierungssitz, staatliche Dienststellen
- Hauptverwaltungen großer Unternehmen
- Finanzzentrum, Handel
- kulturelles Zentrum
- Großhandel, internationale Spedition
- Hafen
- Seebad

Raumordnung
- Pufferzone (bebauungsfreies Gebiet von mindest. 4 km Breite)
- Fluglärmzone (keine Neubaugebiete)

Verkehrswege
- Eisenbahn
- Hochgeschwindigkeitsstrecke
- Autobahn, Schnellstraße
- schiffbarer Fluss/schiffbarer Kanal über 1350 t Tragfähigkeit
- sonstiger Kanal, kanalisierter Fluss

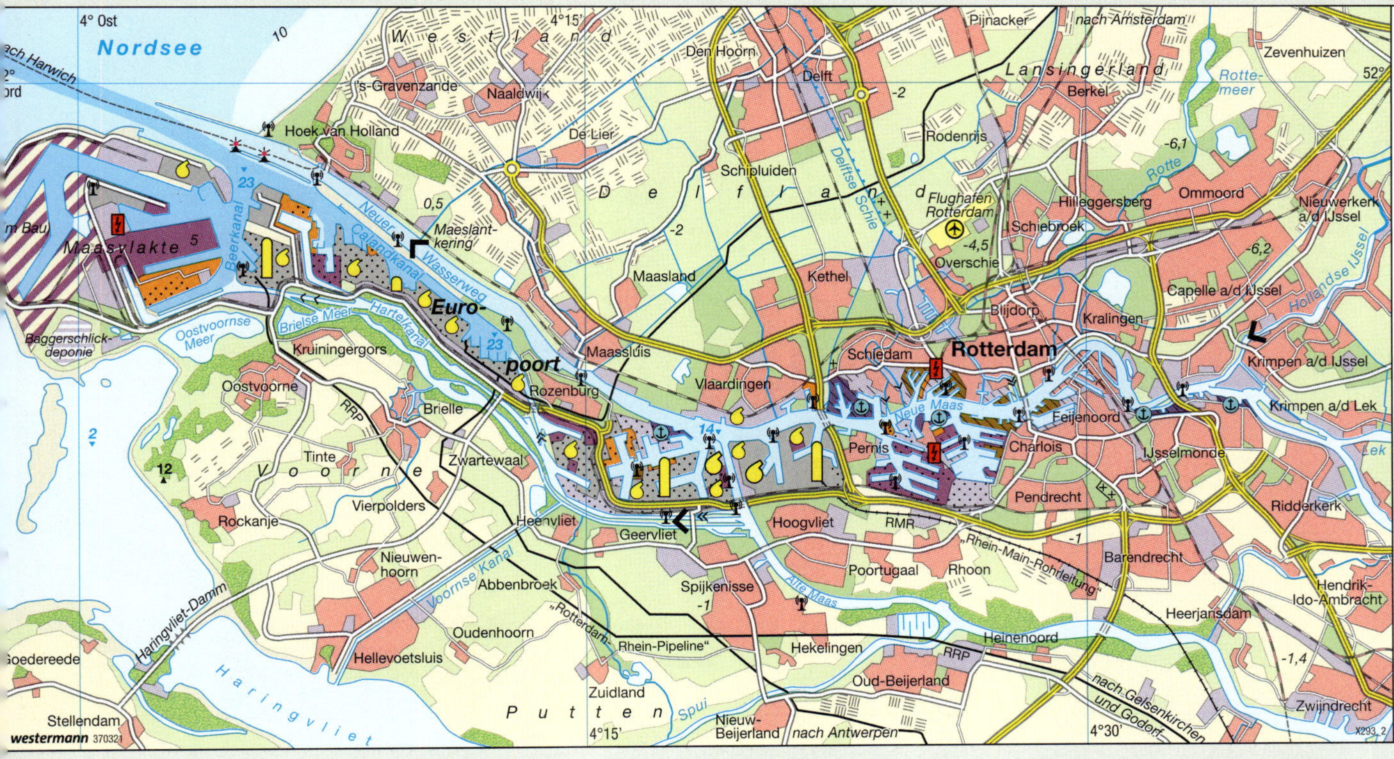

② Rotterdam – Europoort
Maßstab 1 : 250 000
0 2,5 5 km

Schifffahrtswege
- über 20 m Fahrwassertiefe (für Großtanker geeignet)
- 10 – 20 m Fahrwassertiefe
- Radarstation
- Leuchtfeuer
- Schleuse, Sturmflutwehr

Hafenfunktion
- Stückgut
- Containerterminal, Roll on/Roll off
- Massengut
- Ölhafen mit Raffinerie und Petrochemie
- Werft
- sonstige Industrieanlage
- Erdölleitung
- Produktenleitung
- Kraftwerk

Hafenerweiterung
- Betriebsfläche vor 1954
- Erweiterung bis 1969
- Erweiterung nach 1969

Weitere Erläuterungen siehe Karte ①

Britische Inseln – physisch

Maßstab 1 : 4 000 000 — 0 50 100 150 200 km

Abstandstreuer Entwurf auf den Schnittkegel. Schnittparallele: 50° und 58° Nord

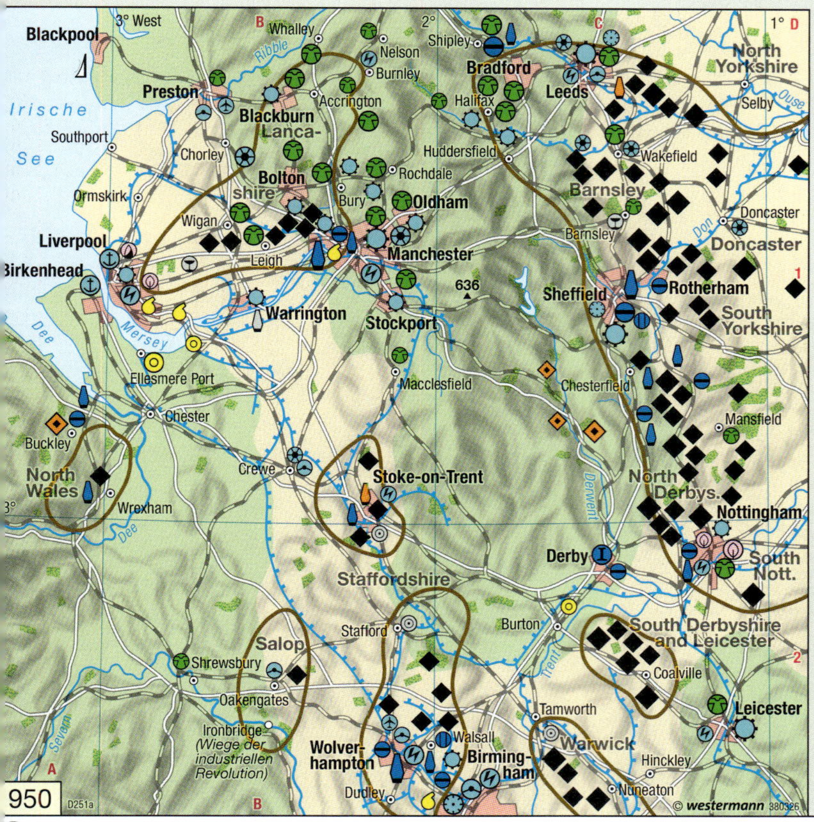

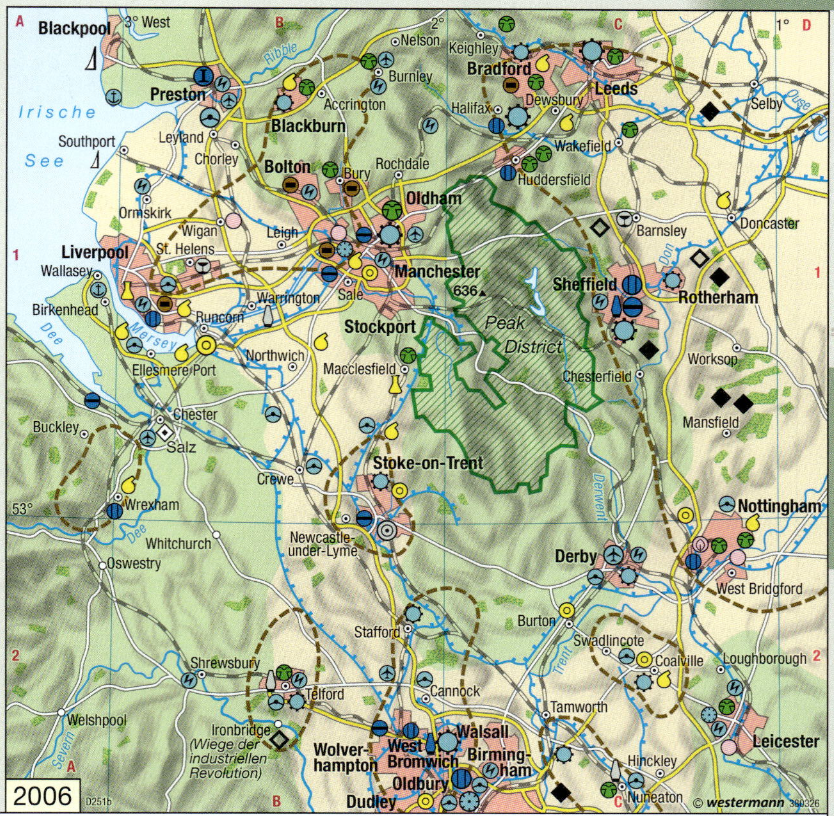

1 Nord- und Mittelengland – Strukturwandel in Bergbau und Industrie 1950/2006

Maßstab 1 : 1 500 000 — 0 10 20 30 40 50 km

Bergbau
- Blei, Zink
- Steinkohle
- Tagebau (unter 1 Mio. t)
- Untertagebau (1 – 2 Mio. t)
- Kohlefeld

Industrie
- Eisen- u. Stahlerzeugung
- Buntmetallverhüttung
- Aluminiumverhüttung
- Walzwerk
- Stahlbau
- Eisen-, Blech- u. Metallwaren
- Maschinenbau
- Schiffbau
- Kraftfahrzeugbau
- Schienenfahrzeugbau
- Luft- u. Raumfahrttechnik
- Elektrotechnik, elektronische Industrie
- Feinmechanik
- Chemie, Kunststoffe
- pharmazeutische Industrie
- Gummi
- Möbelindustrie
- Glas
- Keramik
- Textil, Bekleidung
- Nahrungsmittel
- Zucker
- Tabak

Verkehr
- Kanal
- Eisenbahn
- Autobahn
- Straße

Bodennutzung
- Ackerbau
- Wiese, Weide (z. T. Ödland)
- Wald
- Nationalpark

Orte
- über 100 000
- 20 000 – 100 000
- unter 20 000 Einw.
- Seebad

2 London - Übersicht

Maßstab 1 : 500 000 — 0 2 4 6 8 10 km

- Wohnbebauung
- London um 1700
- bedeutendes Schloss
- Park, Grünanlage
- Wald
- landwirtschaftliche Nutzfläche
- Industrie, Gewerbe, Bahnanlage
- Inner-London
- Greater-London

Verkehrswege
- Autobahn
- Straße
- Eisenbahn
- Hochgeschwindigkeitsstrecke
- internationaler Flughafen, Flugplatz

3 London - Innenstadt

Maßstab 1 : 50 000 — 0 500 1000 m

- Hauptgeschäftszentrum (vorwiegend Banken, Versicherungen, Büros)
- sonstiges Geschäftszentrum (vorwiegend Kaufhäuser, Einzelhandel, Restaurants)
- Wohngebiet, gemischt mit Handel und Gewerbe
- Regierung und Verwaltung
- kulturelle Einrichtung (Theater, Museum, Baudenkmal)
- Bildungs- und Sozialeinrichtungen (Universität, Krankenhaus)
- Eisenbahn mit Bahnhof
- Docklands Light Railway mit Station
- U-Bahn mit Station
- Citymaut-Bereich
- Gewerbe und Industrie/Eisenbahngelände

Frankreich – physisch

Maßstab 1 : 4 000 000

0 50 100 150 200 km

Orte

Einwohner

- über 5 000 000
- 1 000 000 – 5 000 000
- 500 000 – 1 000 000
- 100 000 – 500 000
- 20 000 – 100 000
- unter 20 000

Verkehr

- Eisenbahn
- Autobahn/Fernstraße
- Fähre

Landhöhen (in Meter)

- Gletscher
- über 3000
- 1500 – 3000
- 1000 – 1500
- 500 – 1000
- 200 – 500
- 100 – 200
- 0 – 100
- 4807 Berghöhe
- 171 sonstige Höhenang.

Meerestiefen (in Meter)

- 0 – 200
- 200 – 2000
- 2000 – 4000
- über 4000
- 5205 Tiefenangabe

ndstreuer Entwurf auf den Schnittkegel. Schnittparallele: 44° und 50° Nord

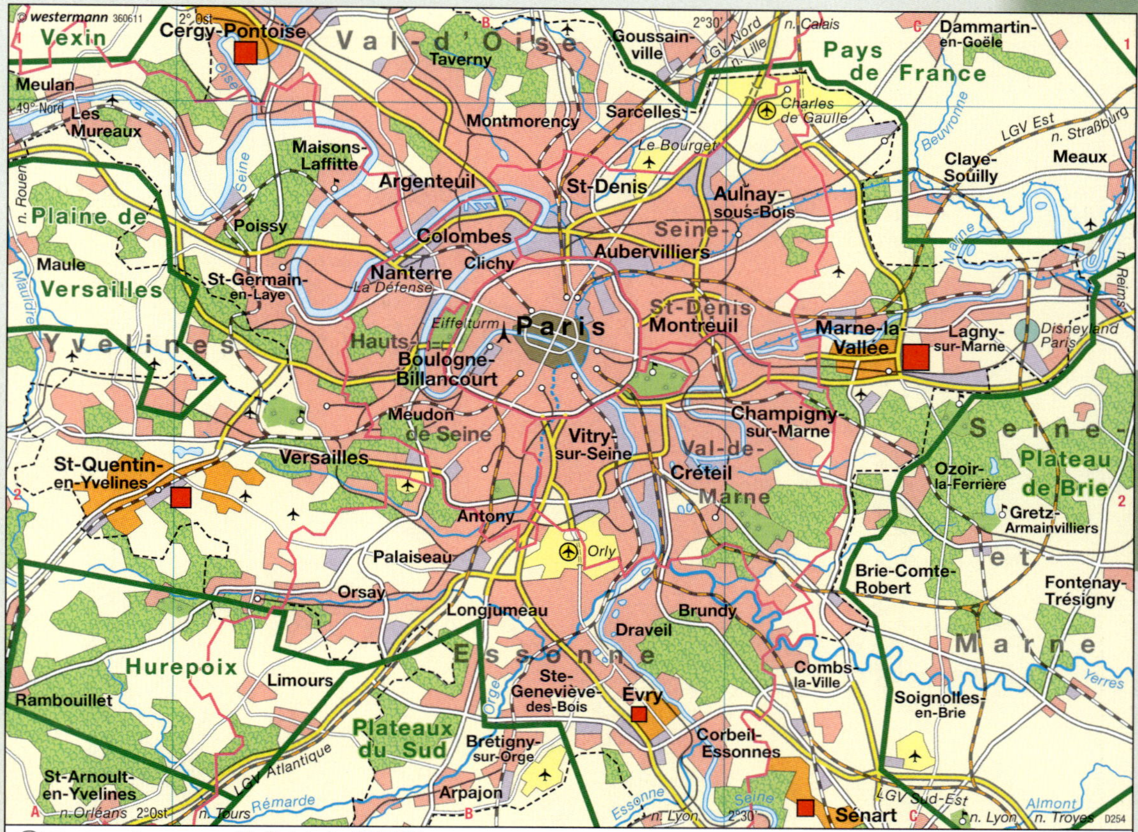

② Paris – Übersicht

Maßstab 1 : 500 000

Wohnbebauung

- heute / um 1700
- bedeutendes Schloss
- Park, Grünanlage
- Wald
- landwirtschaftliche Nutzfläche
- Industrie, Gewerbe, Bahnanlage
- wichtiger Flughafen
- Flugplatz
- Autobahn
- Straße
- Eisenbahn
- Hochgeschwindigkeitsstrecke (TGV, Eurostar)
- Vorortbahn
- Endstation

Raumplanung Paris

- seit 1960 entstandene „Neue Stadt" (Ville Nouvelle)
- Einwohner 2000
- 1 mm² ≙ 20 000 Einwohner
- Vexin: Vorrangzone für Erholung und Landschaftsschutz
- Grenze der Agglomeration (Définition INSEE)
- Départementsgrenze
- TGV: Train à Grande Vitesse (Hochgeschwindigkeitszug)
- LGV: Ligne à Grande Vitesse (Hochgeschwindigkeitsstrecke)

③ Paris – Innenstadt

Maßstab 1 : 50 000

- Hauptgeschäftszentrum (vorwiegend Banken, Versicherungen, Büros)
- sonstiges Geschäftszentrum (vorwiegend Kaufhäuser, Einzelhandel, Restaurants)
- Wohngebiet, gemischt mit Handel und Gewerbe
- Regierung und Verwaltung
- kulturelle Einrichtung (Theater, Museum, Baudenkmal)
- Bildungs- und Sozialeinrichtung (Universität, Krankenhaus)
- Gewerbe und Industrie
- Eisenbahngelände
- Park, Grünanlage, Friedhof
- Eisenbahn
- Stadtbahn (RER)
- U-Bahn mit Station

Österreich
Europa
Asien
Ozeanien
Afrika
Amerika
Erde
Register

Maßstab 1 : 4 000 000   0 50 100 150 200 km

Orte		Verkehr		Verwaltung	
Einwohner					
über	1 000 000		Eisenbahn		Staatsgrenze
500 000 – 1 000 000			Autobahn	Madrid	Hauptstadt
100 000 – 500 000			Fernstraße	Gewässer	
20 000 – 100 000			Fähre		Bewässerungskanal/Tunnel
unter	20 000		wichtiger Flughafen		Staumauer
			wichtiger Hafen		

Abstandstreuer Entwurf auf den Schnittkegel. Schnittparallele: 36° und 42° Nord

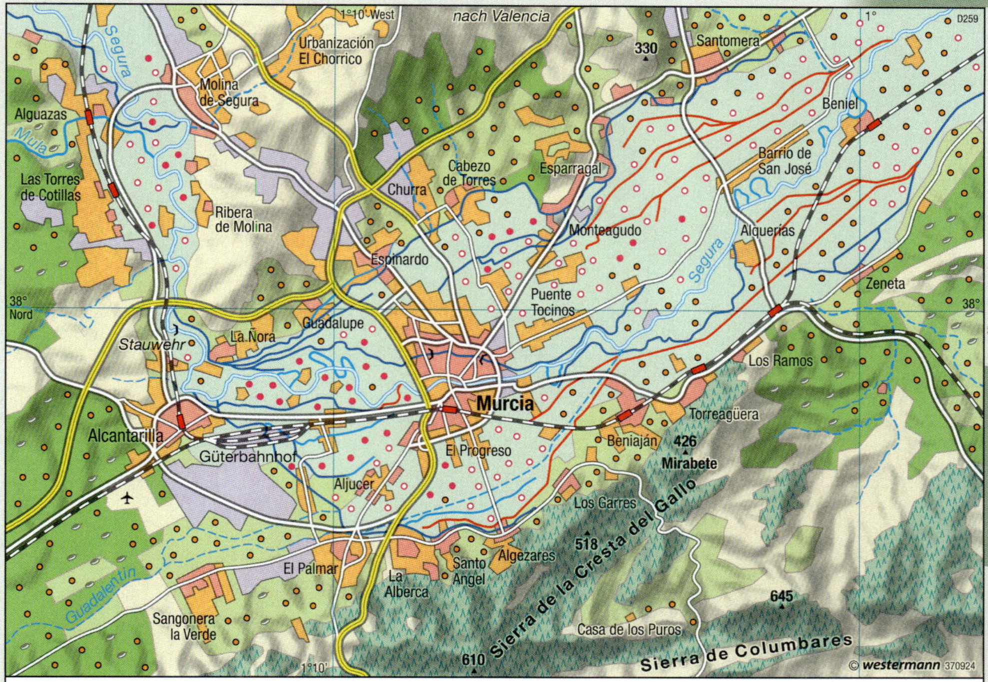

② Huerta von Murcia

Maßstab 1 : 200 000 0 2 4 6 km

- traditionelle Fluss- und Kanalbewässerung
- Brunnenbewässerung (nach 1900)
- Wasserfernntransport, Druckleitungen, Wasseraufbereitung (seit 1980)
- Bewässerungskanal
- Entwässerungskanal
- Pfirsiche, Aprikosen
- Gemüse
- Zitrusfrüchte
- Oliven
- Ödland (z. T. aufgegebener Trockenfeldbau oder verbuscht)
- Siedlung vor/seit 1985
- Industrie-/Gewerbegebiet
- Schnellstraße (vierspurig)
- Eisenbahn
- Straße
- lichter, z. T. niederer Kiefernwald
- selten Wasser führende Rinnen

Anbaukalender für das traditionelle Bewässerungsland der Huerta von Murcia

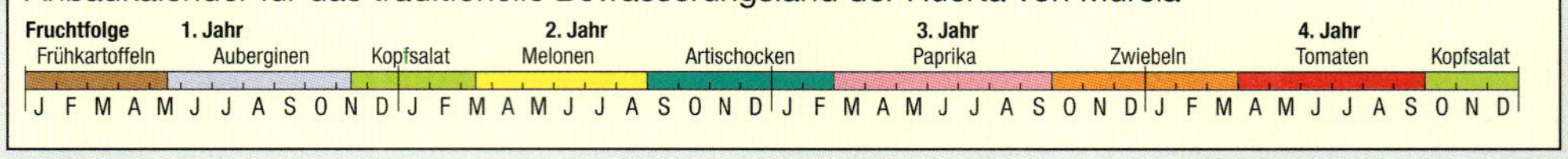

Anbaukalender zweier Gewächshäuser im „Plastikmeer“ um El Ejido

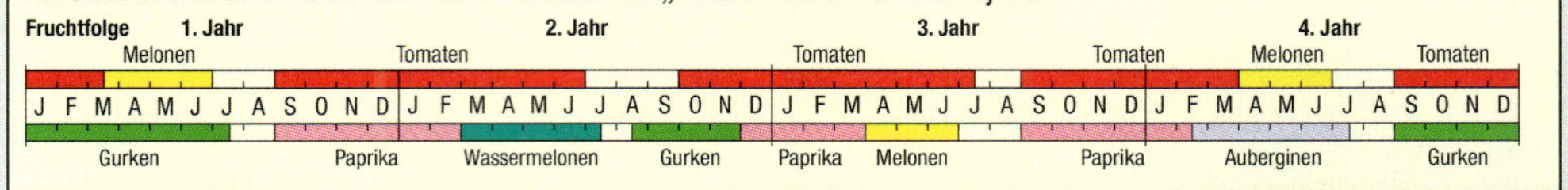

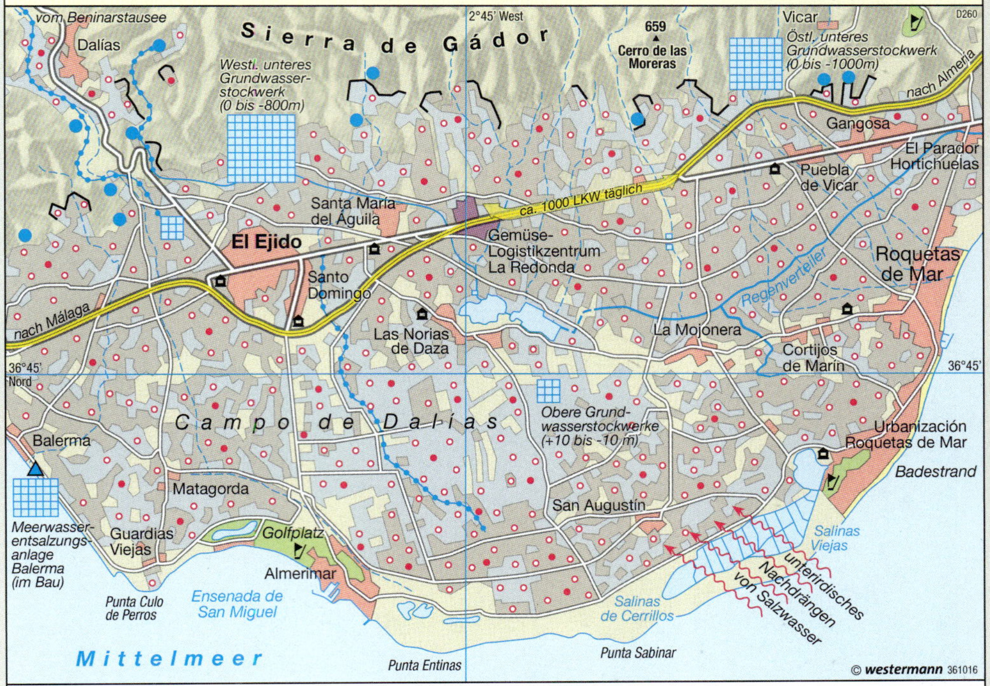

③ El Ejido (Almería) – Treibhausanbau

Maßstab 1 : 200 000 0 2 4 6 km

Folientreibhäuser
- 1985
- 2005
- Planierung von Hängen
- Gemüse (Tomaten, Paprika, Gurken, Zucchini, Bohnen)
- Obst (z. B. Melonen)

Bewässerung
- Kanal
- Leitung
- Abflussrinne (rambla)
- Regenrückhaltebecken
- jährliche Wasserzufuhr (1 Kästchen ≙ 1 Mio. m³)

- Siedlungsfläche
- Ödland und Macchie
- Schnellstraße (vierspurig)
- informelle Jobbörse für Tagelöhner / Helfer (mehrheitlich Migranten ohne Arbeitserlaubnis)

Österreich
Europa
Asien
Ozeanien
Afrika
Amerika
Erde
Register

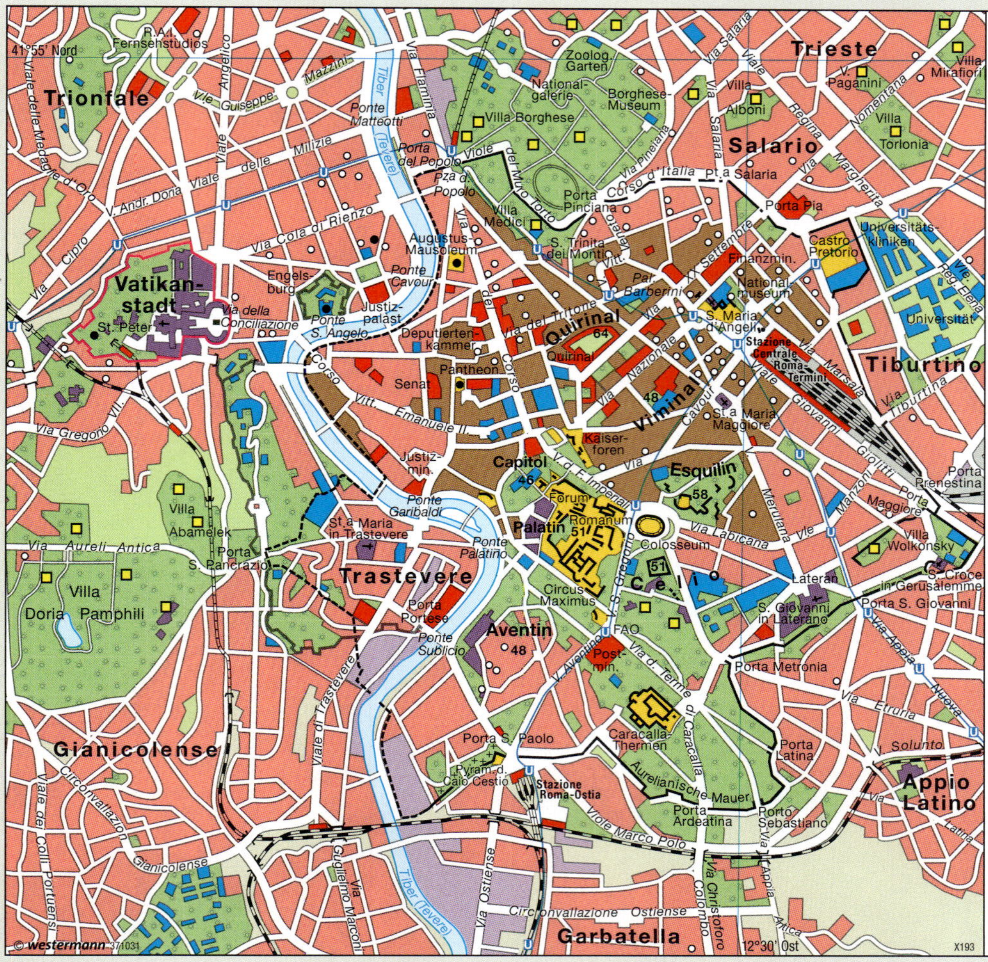

② Rom

Maßstab 1: 50 000

0 500 1000 1500 m

- Stadtmauer des Kaisers Aurelius
  - erhalten
  - nicht mehr erhalten
- antikes Bauwerk, z.T. Ausgrabungen
- Palatin 51 Hügel in der Stadt mit Höhenangabe
- mittelalterliche Stadtmauer
- Grenze der Vatikanstadt
- Kirche, Kloster
- kirchliche Einrichtung für Klerus und Pilger (Priesterkollegien, Hospitien usw.)
- Hotel
- U-Bahn
- Citybereich, Hauptgeschäftszentrum
- Wohnbebauung
- öffentliches Gebäude, Ministerien, Verwaltung
- kulturelle Einrichtung (Hochschulen, Kliniken, Forschung, Theater, Museen)
- Villa, Palast
- Eisenbahngelände
- Industrie, Gewerbe
- Park, Grünanlage
- Friedhof
- Grün-, Ackerfläche
- Freifläche

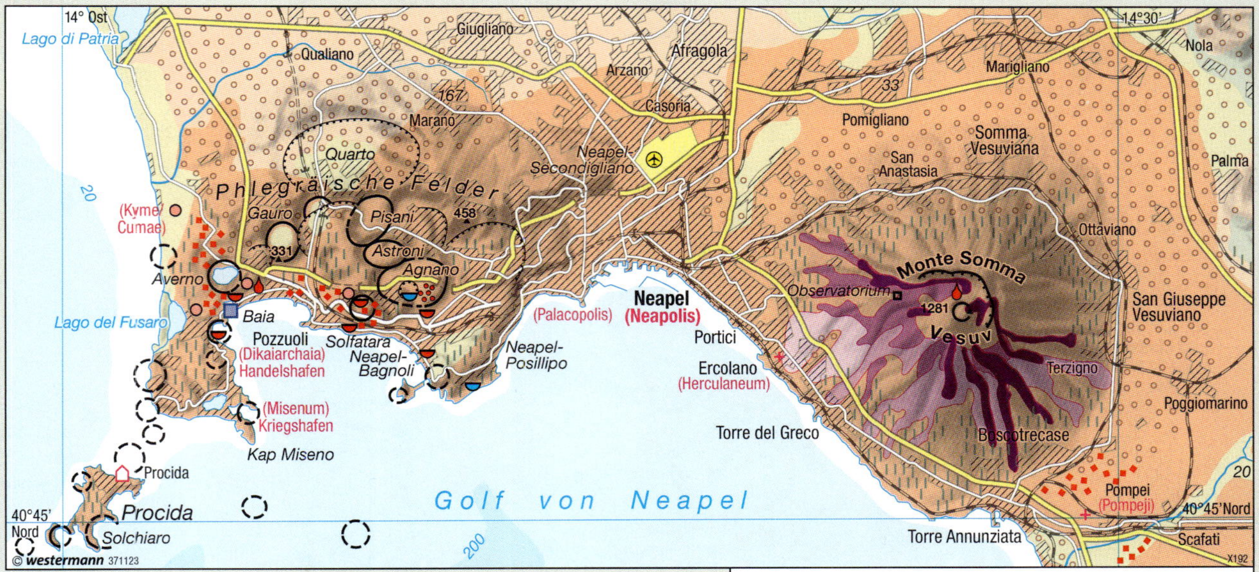

Orte

Einwohner

- über 1 000 000
- 500 000 – 1 000 000
- 100 000 – 500 000
- 20 000 – 100 000
- unter 20 000

Verkehr

- Eisenbahn
- Tunnel
- Autobahn
- Fernstraße
- Fähre

bedeutende Wasserstraßen

- schiffbarer Fluss
- wichtiger Flughafen
- wichtiger Hafen

Einzelzeichen

- Schloss, Burg
- Kloster, Kirche
- Pass
- Grotte, Höhle
- Ruinenstätte

Verwaltung

- Staatsgrenze
- Rom Hauptstadt

Gewässer

- Fluss
- Kanal
- Moor, Sumpf
- See
- Staumauer

Landhöhen (in Meter)

- Gletscher
- über 3000
- 1500 – 3000
- 1000 – 1500
- 500 – 1000
- 200 – 500
- 100 – 200
- 0 – 100
- Depression
- 4807 Berghöhe
- 238 sonstige Höhenangabe

Meerestiefen (in Meter)

- 0 – 200
- 200 – 2000
- über 2000
- 3639 Tiefenangabe

③ Golf von Neapel – Leben am Vulkan

Maßstab 1 : 300 000

0 2 4 6 8 10 km

Geologie

Lavastrom (mit Entstehungszeit)

- vor 1700
- 1700 – 1850
- 1850 – 1900
- nach 1900
- Aschen, Tuffe und Lapilli
- umgelagertes vulkanisches Material
- Krater
- vermutet
- Caldera
- Fumarole
- Mofette
- Mineralquelle
- Thermalquelle
- Prospektion auf Dampf
- Quartär
- Tertiär, Kreide, Jura, Trias (überwiegend Kalkgestein)

Besiedlung/Tourismus

Antike griechische und römische Siedlungen

- Villa der römischen Kaiser
- Landgüter (Villae) und Sommervillen
- Ruinen 79 n. Chr. verschütteter Städte
- (Neapolis) antiker Name
- heutige Besiedlung
- Tourismus

Landnutzung/Verkehr

- Wein
- Obst und Gemüse
- Eisenbahn mit Tunnel
- Autobahn/Straße

…f den Schnittkegel. Schnittparallele: 38° und 44° Nord

Atlantischer Ozean
Golf von Biscaya
Golf von St-Malo
Frankreich
Zentral-massiv
Bretagne
Pyrenäen
3404 Pico de Aneto
Andorra
Spanien
Portugal
Kantabrisches Gebirge
2648 Picos de Europa
Iberisches Randgebirge
Kastilisches Scheidegebirge
Sierra Morena
Betische Kordillere
3476 Sierra Nevada
Balearen
Mallorca
Menorca
Ibiza
Formentera
Mitt
Straße von Gibraltar
Marokko
Er Rif
Algerien
Tell Atlas
Paris
Nogent
Brest
Perros-Guirec
Dinard/St-Malo
Fougères
Concarneau
Rennes
Le Mans
Orleans
Beg Meil
Lorient
Quiberon
Dampierre
La Baule
St-Nazaire
Nantes
Angers
Cholet
Tours
Bourges
Nevers
Dijon
Le Creusot
Chalon-s.S.
Les Sables-d'Olonne
Niort
Poitiers
Montluçon
Vichy
Roanne
La Rochelle
Clermont-Ferrand
Limoges
Lyon
Royan
St-Étienne
Bordeaux
Brive
Valence
Pierrelatte
Grenoble
Arcachon
Parentis
Mimizan
Agen
Montauban
Ales
Marcoule
Avignon
Toulouse
Montpellier
Sète
La Grande Motte
Fos-sur-Mer
Marseille
Lacq
Nogueres
Tarbes
Lourdes
Lannemezan
Biarritz
Malvési
Perpignan
El Ferrol
San Ciprián
La Coruña
As Pontes
Meirama
Aviles
Gijón
Oviedo
Santander
Gaviota
Donostia-San Sebastián
Bilbao
Torrelavega
Santiago de Compostela
Lugo
León
Vigo
Orense
Beasain
Vitoria-Gasteiz
Pamplona
Burgos
Braga
Porto
Santo Tirso
Valladolid
S. João de Madeira
Aveiro
Estarreja
Salamanca
Zaragoza
Lérida
Manresa
Martorell
Badalona
Barcelona
L'Hospitalet
Lloret de Mar
Ripoll
Asco
Tarragona
Casablanca
Coimbra
Covilhã
Panasqueira
Madrid
Almaraz
Teruel
Cuenca
Fatima
Toledo
Aranjuez
Castellón de la Plana
Sagunto
Valencia
Lissabon
Cascais/Estoril
Setúbal
Badajoz
Puertollano
Albacete
Alcoy
Benidorm
Alicante
Elche
Sines
Neves-Corvo
Serpa
Minas de Riotinto
Córdoba
Andújar
Linares
Murcia
Cartagena
Portimão
Faro
Huelva
Sevilla
Granada
Guadix
Almería
Jerez de la Frontera
Cádiz
Málaga
Marbella
Torremolinos
Algeciras
Gibraltar (Großbritannien)
Tanger
Ceuta (Spanien)
Tétouan
Calvià
Palma de Mallorca
Algier
Bejaia
Tizi-Ouzou
Ténès
Sétif
Ech-Cheliff
Ouarsenis
Oran
Arzew
Melilla (Spanien)
Nador
Beni Saf
Ghazaouet
Sidi bel Abbès
Tlemcen
Oujda
Rabat
Sidi Kacem
Fès
Guercif
Schott ech Chergui
Djelfa
48°
44° Nord
40°
36°
8° West
4°
0°
A
B
C
D
E
1
2
3
4
5

Maßstab 1 : 6 000 000

0 50 100 150 200 250 km

Österreich
Europa
Asien
Ozeanien
Afrika
Amerika
Erde
Register

Maßstab 1 : 6 000 000 — 0 50 100 150 200 250 km

Dienstleistung, Verkehr und Transport siehe Seite 13

Österreich
Europa
Asien
Ozeanien
Afrika
Amerika
Erde
Register

Südosteuropa/Türkei/Kaukasus – physisch

Orte
Einwohner

über	5 000 000
1 000 000 –	5 000 000
500 000 –	1 000 000
100 000 –	500 000
20 000 –	100 000
unter	20 000

Verkehr
- Eisenbahn
- Fähre
- Autobahn
- Fernstraße
- bedeutende Wasserstraße
- schiffbarer Fluss
- wichtiger Flughafen
- wichtiger Hafen

Einzelzeichen
- Pass
- Ruinenstätte
- Kirche, Kloster
- Grotte, Höhle

Verwaltung
- Staatsgrenze
- umstrittene Grenze
- Athen Hauptstadt

Gewässer
- Fluss
- Kanal
- See
- Stausee, Staumauer
- Sumpf

Landhöhen (in Meter)
- Gletscher
- über 3000
- 1500 – 3000
- 1000 – 1500
- 500 – 1000
- 200 – 500
- 100 – 200
- 0 – 100
- Depression

- 3768 Berghöhe
- 171 sonstige Höhenangabe

Meerestiefen (in Meter)
- 0 – 200
- 200 – 2000
- 2000 – 4000
- über 4000
- 50 Tiefenangabe

Maßstab 1 : 6 000 000

0 50 100 150 200 250 km

© westermann 340308
36°
40°
44°
48°
52°
F
G
H
J
44° Nord
40°
36°
32°
1
2
3
4
Asowsches Meer
Kaspisches Meer
Bucht von Taganrog
Straße von Kertsch
Bucht von Mangyschlak
Manytschniederung
Jergeni-Hügel
Stawropoler Hochland
Terek-Kuma-Niederung
Kaukasus
Georgien
Armenien
Aserbaidschan
Schirwansteppe
Russland
Kasachstan
Halbinsel Busatschi
Halbinsel Agrachan
Halbinsel Apscheron
Kap Tjub-Karagan
Tjulenji-Inseln
Pontisches Gebirge
Innerer Taurus
Äußerer Taurus
Östlicher Taurus
Kurdistan
Iran
Irak
Syrien
Mesopotamien
Syrische Wüste
Libanon
Zagrosgebirge
Luristan
Vansee
Urmiasee
Sewansee
Assad-Stausee
Atatürk-Stausee
Keban-Stausee
Karakaya-Stausee
Ilisu-Stausee (in Planung)
Tharthar-See
Al-Habbaniya-See
Al-Milh-See
Dokan-Stausee
Krasnodarer Stausee
Mingäçevir Stausee
Euphrat
Tigris
Kura
Aras
Terek
Kuma
Kuban
Großer Zab
Kleiner Zab
Diyala
Khabur
Wadi Hauran
Wadi al-Ghudaf
Astrachan
Elista
Stawropol
Krasnodar
Noworossijsk
Sotschi
Maikop
Armawir
Newinnomyssk
Tscherkessk
Pjatigorsk
Kislowodsk
Naltschik
Wladikawkas
Grosnyj
Machatschkala
Derbent
Kaspijsk
Tiflis (Tbilissi)
Kutaisi
Batumi
Suchumi
Rustawi
Gjumri
Jerewan
Baku
Sumqayıt
Gäncä
Mingäçevir
Stepanakert (Xankändi)
Naxçıvan
Täbris (Tabriz)
Ardabil
Rascht
Bandar-e Anzali
Urmia (Orumiyeh)
Zanjan
Qazvin
Hamadan
Kermanshah (Bakhtaran)
Sanandaj
Ilam
Khorramabad
Borujerd
Dezful
Andimeshk
Trabzon
Samsun
Ordu
Giresun
Rize
Erzurum
Erzincan
Sivas
Tokat
Malatya
Elâzığ
Diyarbakır
Batman
Siirt
Van
Kars
Ağrı
Muş
Bingöl
Şanlıurfa
Kahramanmaraş
Adıyaman
Gaziantep
Mardin
Kayseri
Aleppo (Halab)
Latakia (Al Lazqiya)
Hama
Homs (Hims)
Ar-Raqqah
Dayr az-Zawr
Al-Hasaka
Al-Qamishli
Tripoli (Tarabulus)
Damaskus
Mosul
Erbil
Kirkuk
As-Sulaymaniya
Dahuk
Zakhu
Tikrit
Samarra
Bagdad (Baghdad)
Al-Fallujah
Ar-Ramadi
Kerbala
Al-Hillah
Al-Kut
Baqubah
Elbrus 5642
Kasbek 5033
Ararat 5137
Süphan 4434
Sabalan 4814
Djuttydag 4127
Basardjusju 4466
Aragaz 4090
Hermon 2814
Kap Pestschany
Kap Dolgaja
Kertsch
Atschujewo
Jeisk
Mariupol
Berdjansk
Melitopol
Asow
Batajsk
Tuapse
Pizunda
Gudautha
Poti
Kaspijskij
Kisljar
Kotschubej
Chasawjurt
Bujnaksk
Izberbasch
Qusar
Quba
Şamaxı
Lənkəran
Astara
Shemaxa
Neftçala
Salyan
Sabirabad
Imischli
Ali Bayramli
Mianeh
Miandoab
Maragheh
Mahabad
Saqqez
Bukan
Marivan
Baneh
Kangavar
Malayer
Nahavand
Harsin
Kuhdasht
Kabir Kuh 2801
Mehran
Rawanduz
Halabja
Kifri
Tuz Khurmatu
Khanaqin
Jalawla
Mandali
Al-Khalis
Balad
Hit
Haditha
Ana
Al-Qaim
Abu Kamal
Al-Mayadin
Tadmor (Tudmor)
Palmyra
Jabal Abu Rujmayn
Salamiye
As-Sukhnah
Sab Biyar
Duma
Baalbek
Al-Qunaytira
Qiryat Shemona
Idlib
Maarrat an-Numan
Antakya
İskenderun
Golf von İskenderun
Adana
Osmaniye
Kilis
Nizip
Birecik
Suruç
Ceylanpınar
Ras al-Ayn
Nusaybin
Cizre
Silopi
Hakkari
Yüksekova
Başkale
Doğubayazıt
Iğdır
Patnos
Malazgirt
Tatvan
Bitlis
Ahlat
Hınıs
Horasan
Sarıkamış
Oltu
Artvin
Ardahan
Hopa
Bayburt
Gümüşhane
Tunceli
Pülümür
Palu
Ergani
Siverek
Viranşehir
Kızıltepe
Midyat
Çınar
Bismil
Kurtalan
Sinjar
Tall Afar
Ninive
Nimrud
Hatra
Assur
Al-Hadar

Österreich
Europa
Asien
Ozeanien
Afrika
Amerika
Erde
Register

G
44°
H
48°
J
52°
K
56°
L
60°
Nordrussischer Landrücken
Mittlerer Ural
Kasachstan
Kaspische Senke
Kaspisches Meer
Obschtschij Syrt
Wolgaplatte
Sokskije Jary
Jergeni-Hügel
Manytschniederung
Bergufer
Wiesenufer
Totma
Nikolsk
Soligalitsch
Kologriw
Bui
Manturowo
Scharja
Kotelnitsch
Kirow
Slobodskoi
Kirowo-Tschepezk
Omutninsk
Rudnitschry
Kirs
Kudymkar
Poschwa
Tschermos
Kamastausee
Ugleuralsk
Kisel
Gubacha
Sarany
Kuschwa
Tschussowoi
Polasna
Lyswa
Krasnokamsk
Perm
Nytwa
Kungur
Glasow
Sujewka
Jar
Galitsch
Makarjew
Kostroma
Nerechta
Kineschma
Jurjewez
Gorkijer Stausee
Witschuga
Rodniki
Putschesch
Schuja
Gorodez
Semjonow
Balachna
Bor
Nishnij Nowgorod
Dsershinsk
Kowrow
Kstowo
Wetluga
Wetlushskij
Schachunja
Jaransk
Kilemary
Joschkar-Ola
Morki
Jurino
Kosmodemjansk
Nowotscheboksarsk
Tscheboksary
Selenodolsk
Wolshsk
Kasan
Sowjetsk
Nolinsk
Malmysh
Wjatskije-Poljany
Kilmes
Uwa
Igra
Ischewsk
Sarapul
Wotkinsk
Wotkinsker Stausee
Osa
Tschaikowskij
Barda
Krasnoufimsk
Oktjabrskij
Tschernuschka
Askino
Janaul
Neftekamsk
Kambarka
Mosgha
Sosnowka
Bondjushskij
Jelabuga
Mamadysch
Menselinsk
Nabereshnyje Tschelny
Nishnekamsk
Nishnekamsker Stausee
Pawlowsker Stausee
Burajewo
Mischkino
Birsk
Djurtjuli
Pawlowka
Ufa
Iglino
Ascha
Archangelskoje
Inser
Krasnousolskij
Sigasinskij
Wjasniki
Murom
Pawlowo
Bogorodsk
Lyskowo
Perewos
Sergatsch
Schumerlja
Kanasch
Arsamas
Melenki
Kulebaki
Wyksa
Setschenowo
Kasimow
Jermisch
Perwomaisk
Lukojanow
Ardatow
Alatyr
Buinsk
Kamskoje Ustje
Kuibyschewer Stausee
Tschistopol
Basarnyje Mataki
Almetjewsk
Sajinsk
Asnakajewo
Leninogorsk
Bugulma
Schugurowo
Nurlat
Staraja Maina
Dimitrowgrad
Nowaja Malykla
Uljanowsk
Tschekmagusch
Tuimasy
Jasykowo
Oktjabrskij
Bawly
Belebej
Dawlekanowo
Rajewskij
Prijutowo
Abdulino
Sterlitamak
Ischimbai
Ponomarjowka
Salawat
Meleus
Kumertau
Kondrowka
Romodanowo
Komsomolskij
Saransk
Sassowo
Subowa Poljana
Rusajewka
Insa
Terenga
Barysch
Togliatti
Shiguljowsk
Shiguljowsk
Kinel
Otradnyj
Samara
Nowokuibyschewsk
Sysran
Oktjabrsk
Pochwistnewo
Buguruslan
Großer Kinel
Scharlyk
Pleschanowo
Busuluk
Neftegorsk
Tschapajewsk
Besentschuk
Nowospasskoje
Chworostjanka
Kusnezk
Sursk
Nikolsk
Sosnowoborsk
Pensa
Wadinsk
Nishnij Lomow
Semetschino
Morschansk
Pitschajewo
Kamenka
Belinskij
Schazk
Kondol
Serdobsk
Lopatino
Saratower Stausee
Iwantejewka
Sorotschinsk
Andrejewka
Nowosergijewka
Orenburg
Saraktasch
Tjulgan
Jermolajewo
Isjangulowo
Mrakowo
Starosubchangulowo
Tambow
Kotowsk
Rasskasowo
Kirsanow
Tamala
Rtischtschewo
Petrowsk
Baltai
Chwalynsk
Bolschaja Tschernigowka
Taschla
Sol-Ilezk
Jekaterinowka
Atkarsk
Sennoi
Wolsk
Balakowo
Pugatschow
Gornyj
Aksai
Oral
Martuk
Mordowo
Sherdewka
Borissoglebsk
Balaschow
Kalininsk
Saratow
Engels
Marx
Puschkino
Jerschow
Osinki
Kamenka
Alghabas
Schalkar
Poworino
Jelan
Shirnowsk
Krasnyj Kut
Urjupinsk
Rudna
Kamyschin
Nowousensk
Ülbischin
Shympity
Nowoalexejewka
Nowoanninskij
Danilowka
Kotowo
Alexandrow Gai
Kalatsch
Michailowka
Nikolajewsk
Pallasowka
Shalpaktal
Bykowo
Wolgograder Stausee
Frolowo
Ilowlja
Primorsk
Taipak
Karatal
Kasanskaja
Serafimowitsch
Kletski
Sowjetskaja
Dubowka
Sarai-Berke
Elton
Nowaja Kasanka
Inderborskij
Sagis
Bokowskaja
Wolgograd
Wolshskij
Kapustin Jar
Surowikino
Miljutinskaja
Morosowsk
Nishnij Tschir
Zimljansker Stausee
Swetlyj Jar
Achtubinsk
Nishnij Baskuntschak
Belaja Kalitwa
Sinegorskij
Zimljansk
Wolgodonsk
Kotelnikowo
Ketschenery
Sarpasee
Sarpa
Charabali
Seroglaska
Akkol
Nowobogatinskoje
Makat
Dossor
Iskininskij
Rakuscha
Kulsary
Kostschagyl
Atyrau
Akkystau
Peschnoi
Shilaja Kosa
Saburunje
Bolschaja Martynowka
Simowniki
Orlowski
Wesjelyj-stausee
Proletarsk
Remontnoje
Salsk
Elista
Utta
Astrachan
Kamysjak
Mumra
Jaschkul
Soljonoje
Manytsch-Gudilo-See
Gorodowikowsk
Diwnoje
Iki-Burul
Glina
Opornyi
Suchona
Jug
Wjatka
Kama
Wetluga
Oka
Sura
Moksha
Zna
Worona
Chopjor
Medwediza
Ilowlja
Don
Sal
Wolga
Achtuba
Jeruslan
Kleiner Usen
Großer Usen
Ural
Ilek
Samara
Sok
Tscheremschan
Großer Irgis
Belaja
Ufa
Sylwa
Tschussowaja
Dema
Ik
Emba
Uil
Kaldygaity
Kuschum
Nugusch
Sakmara
294
252
302
492
618
331
87
452
284
75
156
74
275
517
63
56
691
382
332
128
375
237
183
215
280
351
171
404
481
1040
10
345
245
240
78
31
57
85
84
149
-3
15
-17
-13
-23
-24
-25
-16
-26
25
221
© westermann 340309
Orte
Einwohner
über 5 000 000
1 000 000 – 5 000 000
500 000 – 1 000 000
100 000 – 500 000
20 000 – 100 000
unter 20 000
Verkehr
Eisenbahn
Autobahn
Fernstraße
Fähre
bedeutende Wasserstraßen
schiffbarer Fluss
schiffbarer Kanal
wichtiger Flughafen
wichtiger Hafen
Einzelzeichen
Pass
Ruinenstätte
Verwaltung
Staatsgrenze
umstrittene Grenze
Moskau Hauptstadt
Gewässer
Fluss
Kanal
Moor, Sumpf
See
Staumauer
Landhöhen (in Meter)
über 1500
1000 – 1500
500 – 1000
200 – 500
100 – 200
0 – 100
Depression
1640 Berghöhe
112 sonstige Höhenangabe
Meerestiefen (in Meter)
0 – 200
über 200
249 Tiefenangabe

Österreich
Europa
Asien
Ozeanien
Afrika
Amerika
Erde
Register

Maßstab 1 : 6 000 000

0 50 100 150 200 250 km

Bodenbedeckung
- Nadelwald
- Heide
- Laub- u. Mischwald
- Steppe
- Halbwüste, Wüste

Bodennutzung
Ackerbau
- auf geringerwertigen Böden
- auf guten Böden
- Wiese, Weide

Hauptanbaufrüchte
- Weizen
- Mais
- Reis
- Zuckerrüben
- Obst, Gemüse
- Tabak
- Wein
- Sojabohnen
- Sonnenblumen
- Flachs

Bergbau
- Eisen
- Mangan
- Kupfer
- Gold
- Quecksilber
- Steinkohle
- Braunkohle
- Erdöl
- Erdgas
- Uran
- Phosphat
- Pottasche

Stromerzeugung
- Wasserkraftwerk
- Wärmekraftwerk
- Kernkraftwerk

Industrie
- Eisen- und Stahlerzeugung
- Buntmetallverhüttung
- Aluminiumverhüttung
- Metallindustrie
- Maschinenbau
- Schiffbau
- Kraftfahrzeugbau
- Schienenfahrzeugbau
- Luft- und Raumfahrttechnik
- Elektrotechnik
- Elektronik
- Uhren
- Optik, Photonik
- Chemie, Kunststoff
- Biotechnologie, Pharmazie
- Erdölraffinerie
- Atomindustrie
- Leder, Textil, Bekleidung
- Holzverarbeitung
- Holz, Möbel
- Zellulose, Papier
- Nahrungs- und Genussmittel
- Fischverarbeitung

Dienstleistungszentren
- Bildung, Medien
- Finanzen, Handel
- Verkehr, Logistik
- Tourismus

Verkehr und Transport
- wichtige Eisenbahn
- Autobahn, Fernstraße
- Wasserweg (Fluss, Kanal)
- Erdgasleitung
- Erdölleitung
- Erdölverladehafen

Asien – politische und physische Übersicht / Bevölkerung

① Politische Übersicht
Maßstab 1 : 80 000 000

- **1945** Jahr der Unabhängigkeit
- selbstständiges Mitglied des Commonwealth of Nations
- ○ Hauptstadt eines Staates

Provinz (China)
1. Peking (Beijing)
2. Tianjin
3. Hebei
4. Autonomes Gebiet Ningxia der Hui
5. Chongqing
6. Autonomes Gebiet Guangxi der Zhuang

③ Physische Übersicht

Landhöhen (in Meter)
- über 1500
- 1000 – 1500
- 500 – 1000
- 200 – 500
- 100 – 200
- 0 – 100
- Depression

- 8846 Berghöhe
- 230 sonstige Höhenangabe

Meerestiefen (in Meter)
- 0 – 200
- 200 – 2000
- 2000 – 4000
- 4000 – 6000
- 6000 – 8000
- über 8000
- 5875 Tiefenangabe

Gewässer
- Fluss
- See
- Salzsee
- Moor, Sumpf

Verwaltung
- Staatsgrenze

Ballungsräume
Einwohner
- über 10 000 000
- 5 000 000 – 10 000 000
- 1 000 000 – 5 000 000
- unter 1 000 000

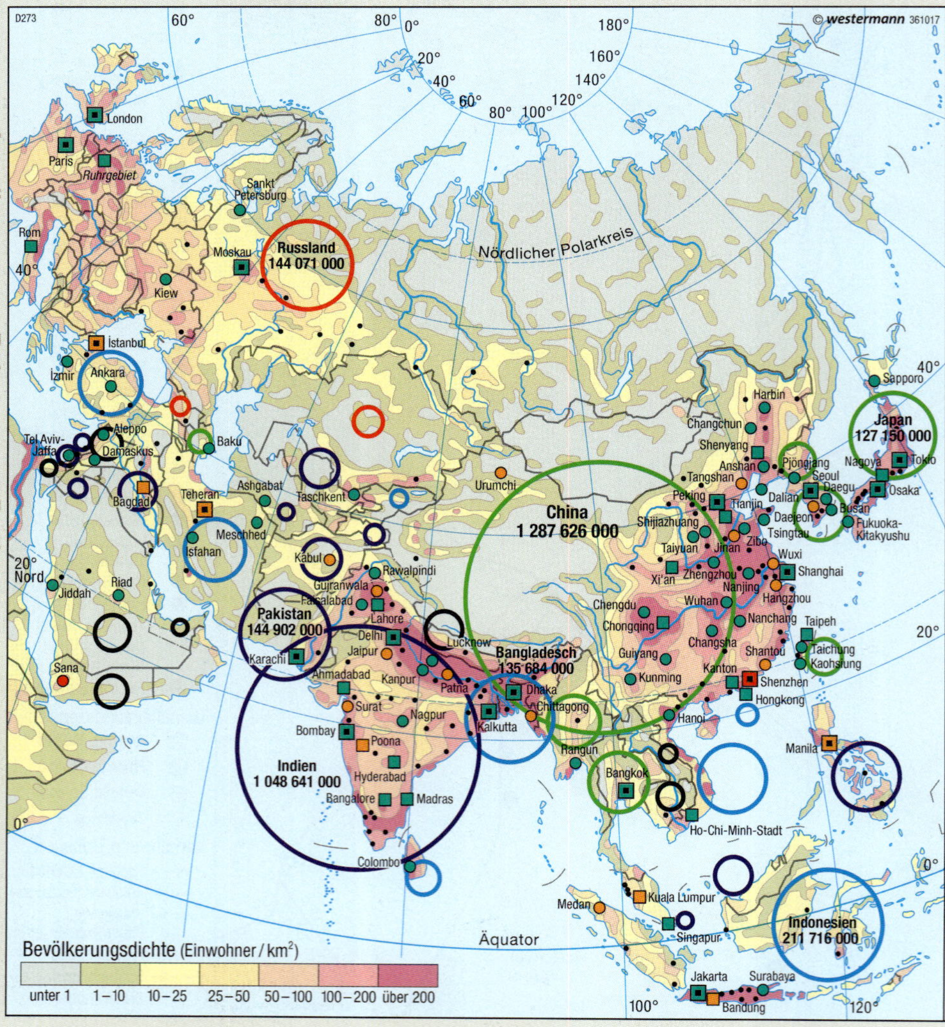

② Bevölkerung
Maßstab 1 : 80 000 000

Gesamtbevölkerung 2006 (Staaten über 3 Millionen Einwohner)
- über 100 Millionen Einwohner mit Größenangabe
- 50
- 20
- 10
- 5 Millionen Einwohner

Jährliches Bevölkerungswachstum (Durchschnitt 1990–2007)
- über 3,0
- 2,0 – 3,0
- 1,0 – 2,0
- 0,0 – 1,0
- unter 0%

Städtische Agglomerationen
- • 1 000 000 – 2 000 000
- ○ 2 000 000 – 5 000 000
- □ 5 000 000 – 10 000 000
- ▣ über 10 000 000 Einw.

(Megastädte über 5 Mio. Einw.)

Wachstum in Agglomerationen
Verdopplung der Einwohner seit 1990:
- alle 10 Jahre
- zwischen 10 – 20 Jahren
- in mehr als 20 Jahren

Maßstab 1 : 36 000 000 0 200 400 600 800 10

Flächentreuer zwischenständiger Azimutalentwurf nach Lambert. Berührungspunkt 40° Nord/90° Ost

Österreich
Europa
Asien
Ozeanien
Afrika
Amerika
Erde
Register

Nordasien – physisch

Maßstab 1 : 16 000 000

Erläuterungen siehe Seite 106

Österreich
Europa
Asien
Ozeanien
Afrika
Amerika
Erde
Register

Flächentreuer zwischenständiger Azimutalentwurf nach Lambert. Berührpunkt: 60° Nord/100° Ost

Maßstab 1 : 16 000 000

0 100 200 300 400 500 km

Österreich Europa Asien Ozeanien Afrika Amerika Erde

Ostsibirische See
Sewernaja Semlja
Neusibirische Inseln
Laptewsee
Taimyr-Halbinsel
Tiksi
Werchojansk
Werchojansker Gebirge
Tscherskigebirge
Kolymagebirge
Nördlicher Polarkreis
Syrjanka
Dukat
Bilibino
Pewek
Anadyr
Korf
Kamtschatka
Sussuman
Magadan
Ochotsk
Dshebariki-Chaja
Ochotskisches Meer
Dshugdshurgebirge
Lena
Wiljui
Wiljuisk
Jakutsk
Nischni Bestjach
Aichal
Tschernyschewski
Mirnyj
Lensk
Sibirien
Taiga
Tommot
Aldan
Nerjungri
Stanowoigebirge
Bodaibo
Baikal-Amur-Magistrale (BAM)
Tynda
Seja
Skoworodino
Transsib
Amur
Bureja
Blagoweschtschensk
Chabarowsk
Komsomolsk
Sowjetskaja-Gawan
Schantar-Inseln
Nikolajewsk
Ocha
Nogliki
Sachalin
De Kastri
Uglegorsk
Cholmsk
Jushno-Sachalinsk
La-Pérouse-Str.
Hokkaido
Japan
Sapporo
Muroran
Hakodate
Bikin
Dalnegorsk
Nachodka
Wladiwostok
Chingansk
Fujin
Hegang
Jiamusi
Jixi
Mudanjiang
Mandschurei
Qiqihar
Daqing
Harbin
Jilin
Changchun
Tumen
Chongjin
Nordkorea
Hungnam
Wonsan
Pjongjang
Tonghua
Fushun
Shenyang
Benxi
Dandong
Anshan
Fuxin
Liaoning
Jinzhou
Chengde
Großer Chingan
China
Hailar
Krasnokamensk
Nertschinskij-Sawod
Tschita
Tschoibalsan
Kerulen
Ulan-Ude
Petrowsk-Sabaikalski
Gussinoosjorsk
Baikalsee
Irkutsk
Angarsk
Tscheremchowo
Sima
Tulun
Taischet
Bratsk
Kansk
Krasnojarsk
Ust-Ilimsk
Bogutschany
Angara
Shelesnogorsk-Ilimski
Untere Tunguska
Steinige Tunguska
Mongolei
Erdenet
Darchan
Selenga
Ulan-Bator
Gobi oder Schamo
Tawan Tolgoi
Oyuu Tolgoi
alpine und arktische Tundra
Waldtundra
nördlicher Nadelwald (Fichten- und Kiefertaiga)
nördlicher Nadelwald (Lärchentaiga)
Laub- und Mischwald
Hochgebirgsgrasland
Steppe
Halbwüste
Wüste, Sandwüste
Weitere Erläuterungen siehe Seite 13

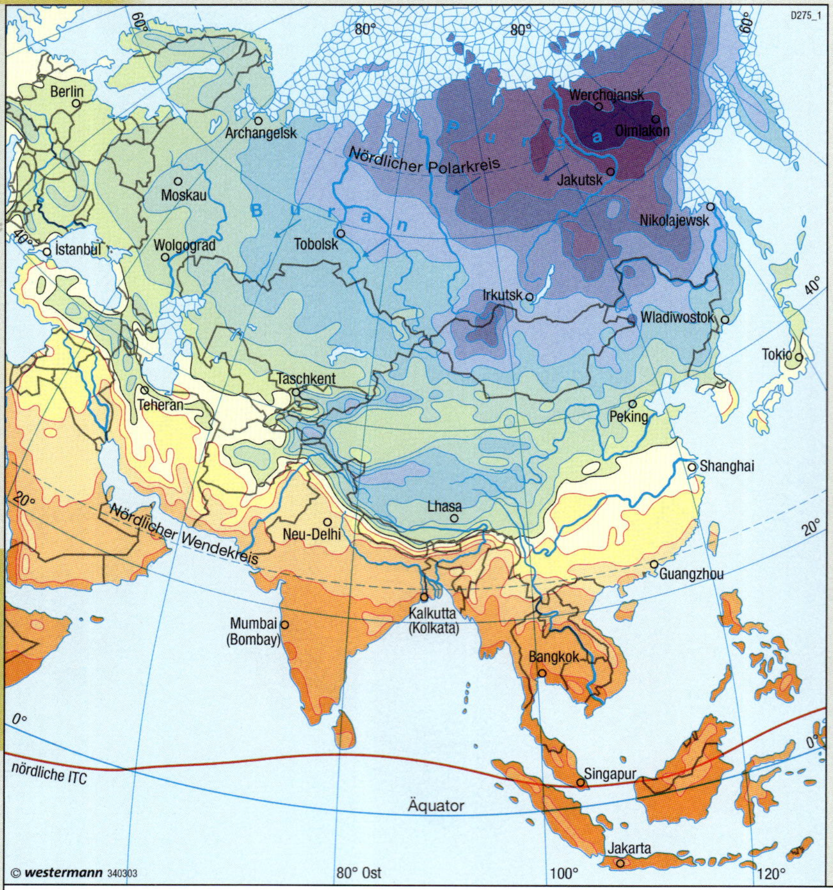

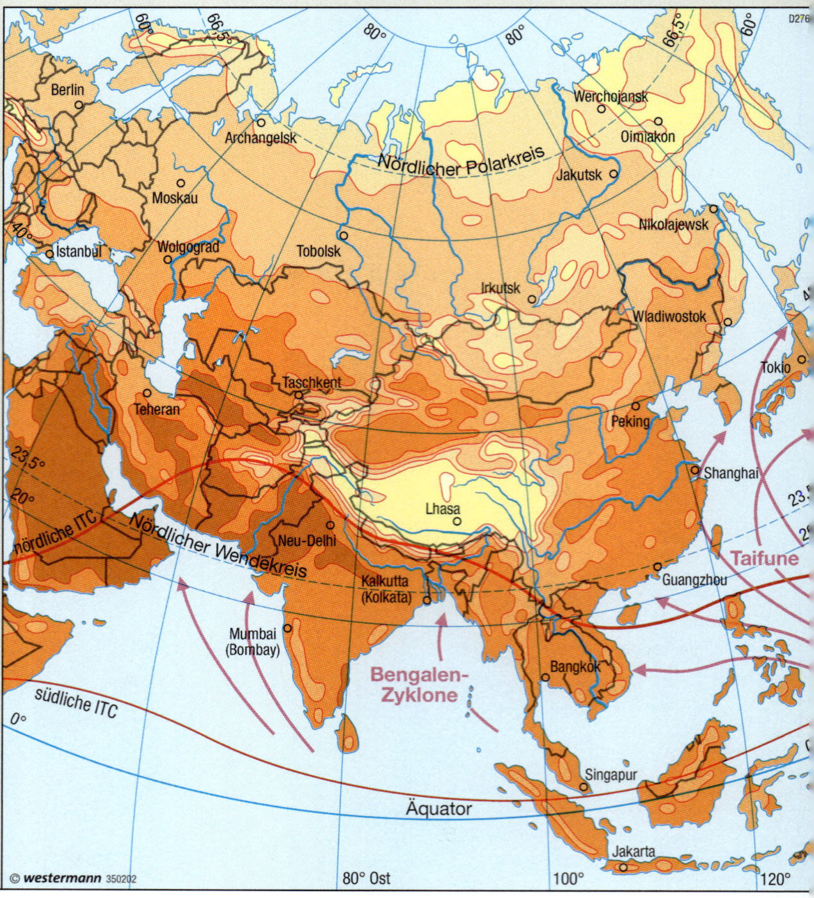

① Temperaturen im Jänner

② Temperaturen im Juli

-50° C, -45°, -40°, -35°, -30°, -25°, -20°, -15°, -10°, -5°, 0°, 5°, 10°, 15°, 20°, 25°, 30° C

Küsteneis im Jänner — Purga örtliche Winde — Taifune Zyklone Wirbelstürme (Mai – Nov.) — innertropische Konvergenz (ITC)

Maßstab 1 : 85 000 000

③ Niederschläge im Jahr

0 mm, 100, 250, 500, 1000, 2000, 3000, 4000 mm

Staatsgrenze

Maßstab 1 : 85 000 000

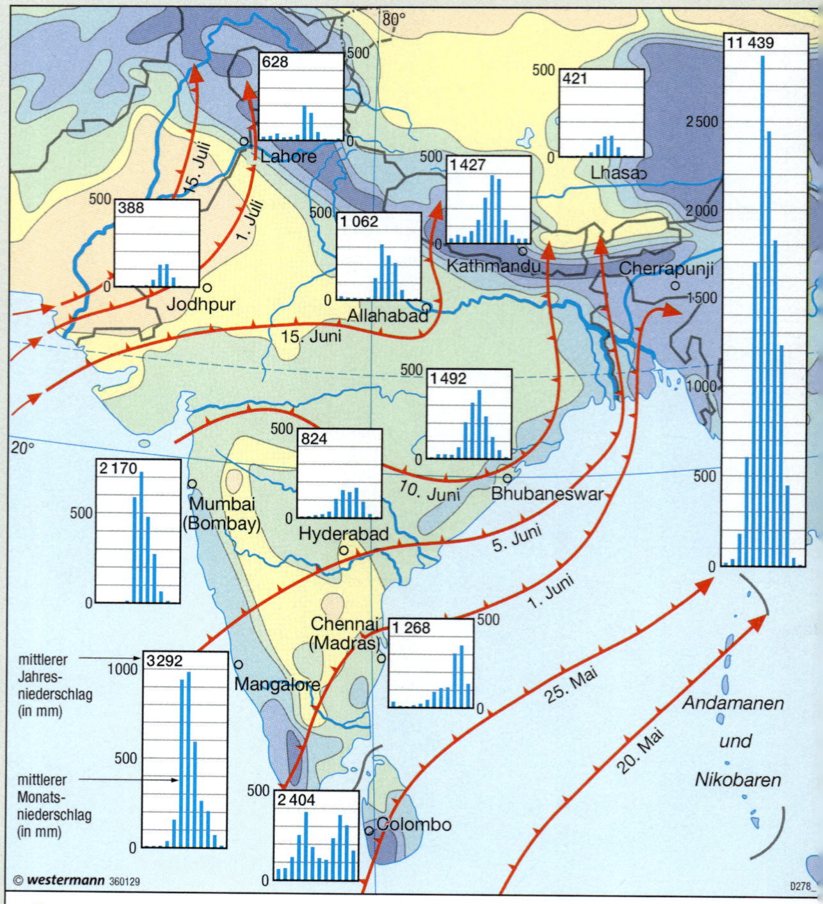

④ Vorderindien – Monsun

Zahl der humiden Monate: 0, 2, 4, 6, 8, 10

Einsetzen des Südwest-Monsuns

Maßstab 1 : 30 000 000

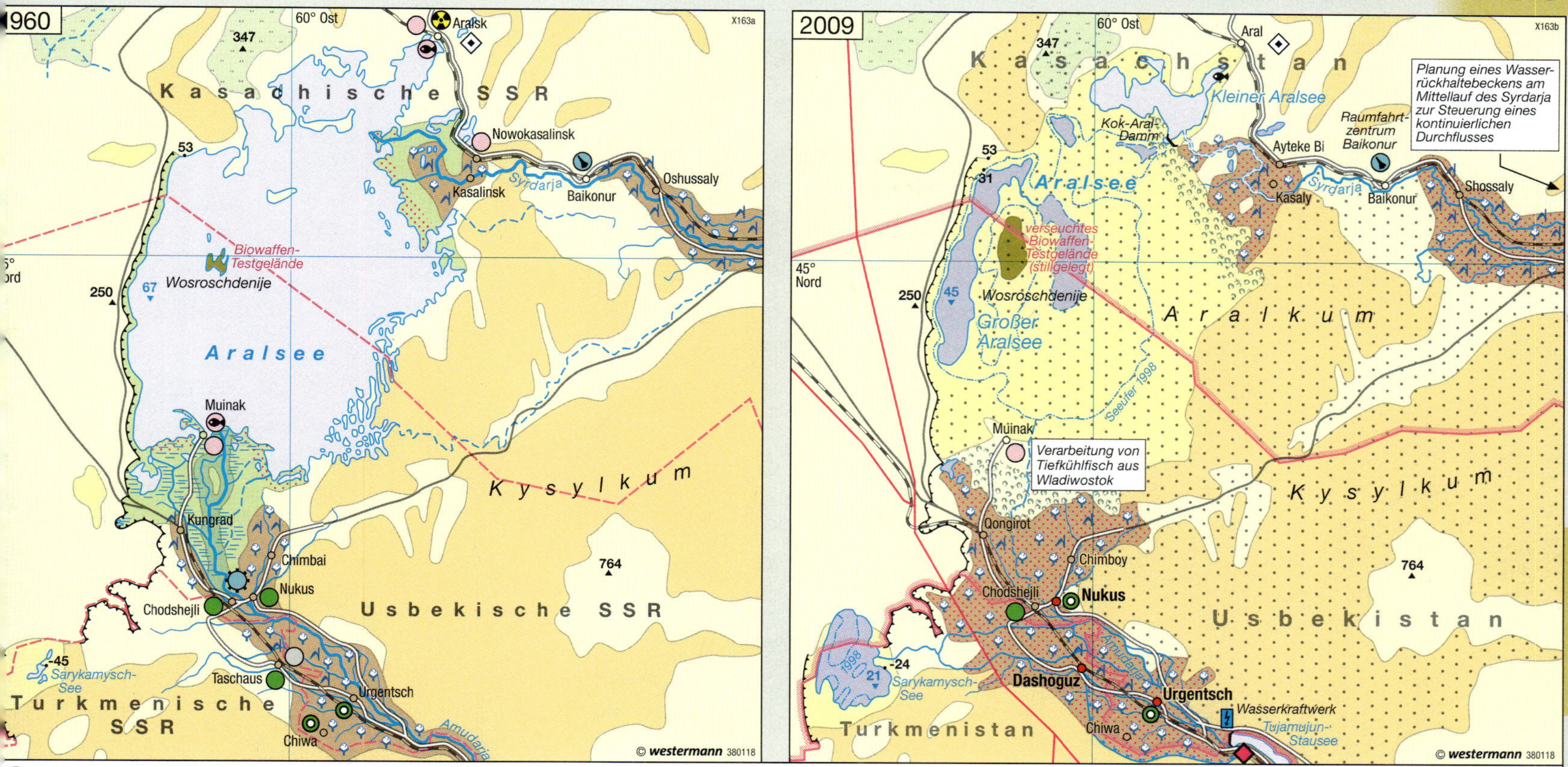

1 Aralsee – Landschaftswandel 1960/2009

Maßstab 1 : 6 000 000 — 0 50 100 150 km

Naturvegetation
- Steppe
- Halbwüste
- Salzwüste
- Sandwüste
- Flussdelta
- Auenwald
- 5 70 Salzwasser (Salzgehalt in g/l)
- periodischer Fluss
- Steilhang

Landnutzung und Umweltfolgen
- Bewässerungsland
- Reis
- Baumwolle
- Bodenversalzung
- Sand- und Salzverwehungen

Umweltsanierung
- Staudammbau (2005)
- Flussbett-Sanierung (Eindämmung der Versickerung)
- Waldschutzstreifen mit salzresistenten Bäumen (Saxaul)
- Wiederbelebung der Fischerei

Industrie
- Fischereihafen
- Nahrungsmittelindustrie
- Landmaschinenbau
- Baumwollentkernung
- Textilindustrie
- Baustoffindustrie
- Salzgewinnung
- Erdgas
- Erdgasleitung
- Atomindustrie
- Eisenbahn
- Straße
- Piste
- Grenze einer Sowjetrepublik
- Staatsgrenze

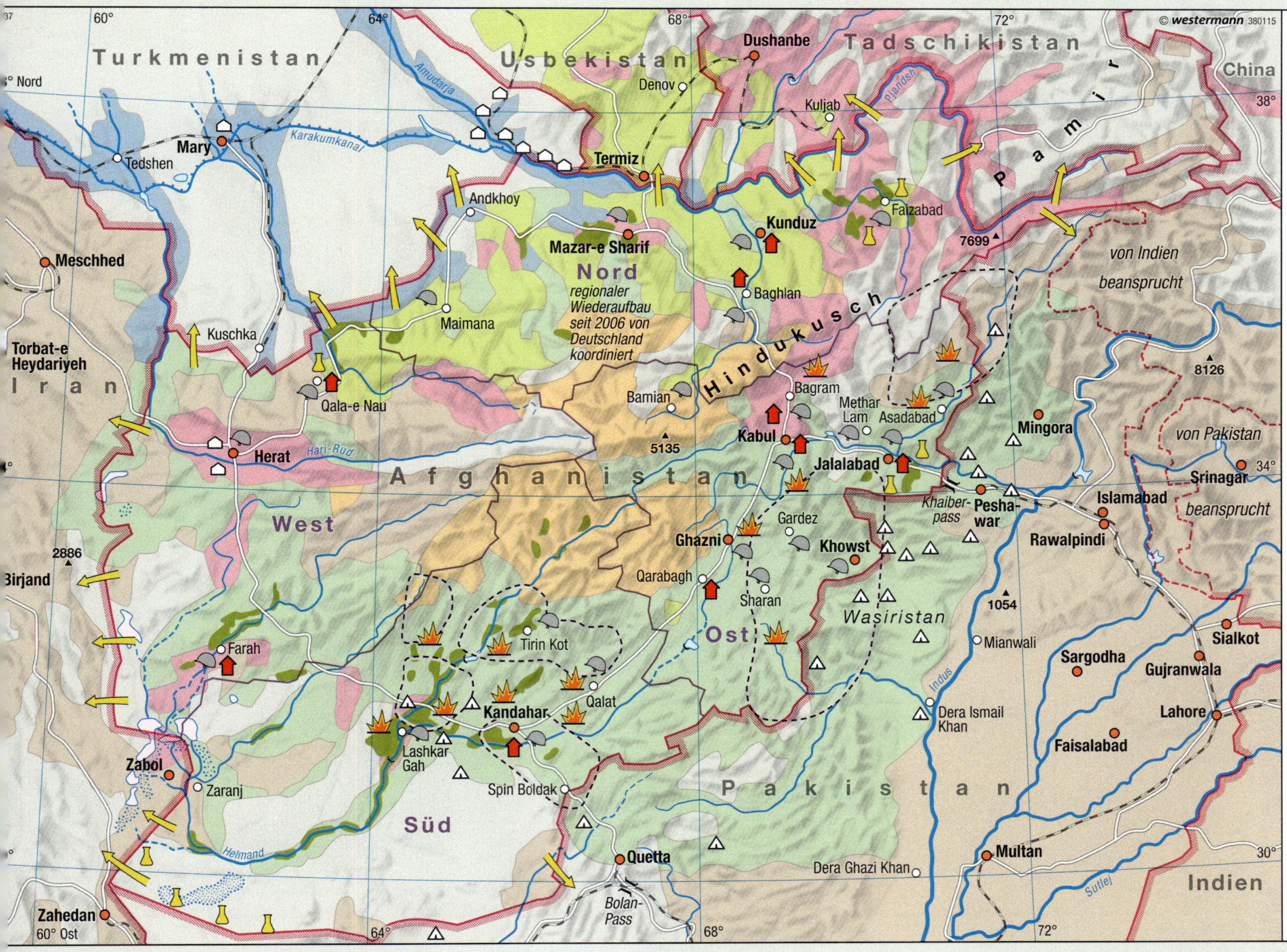

2 Afghanistan – Konfliktherd mit internationaler Militärpräsenz

Maßstab 1 : 8 000 000 — 0 50 100 150 km

Militäreinsatz (NATO-geführt)
- Militärbasis der ISAF-Schutztruppe (Stabilisierung), der britischen und der US-Armee (Terrorbekämpfung)
- **Nord** ISAF-Regionalkommando
- Rückzugsgebiet von Taliban-Milizen
- Gefechte (2002 – 2007)

Opiumproduktion
- Schlafmohnanbau
- Drogenlabor (Herstellung v. Morphin/Heroin aus Opium)
- Schmuggel von Opiaten

Bevölkerung
- kaum besiedelt
- Ort über 100 000 Einw.
- Ort unter 100 000 Einw.
- Flüchtlingssiedlung
- Flüchtlingslager (Zelte)
- Wiederansiedlung von > 50 000 Flüchtlingen

Ethnische Gliederung

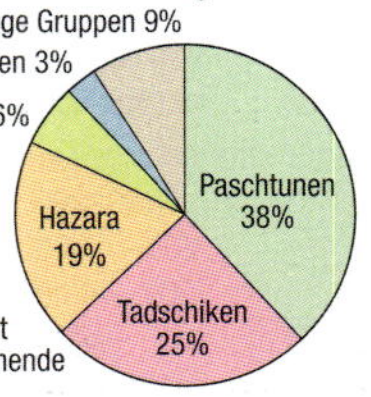

Karte zeigt vorherrschende Ethnien

Österreich
Europa
Asien
Ozeanien
Afrika
Amerika
Erde
Register

Maßstab 1 : 16 000 000
0 100 200 300 400 500 km

Österreich
Europa
Asien
Ozeanien
Afrika
Amerika
Erde

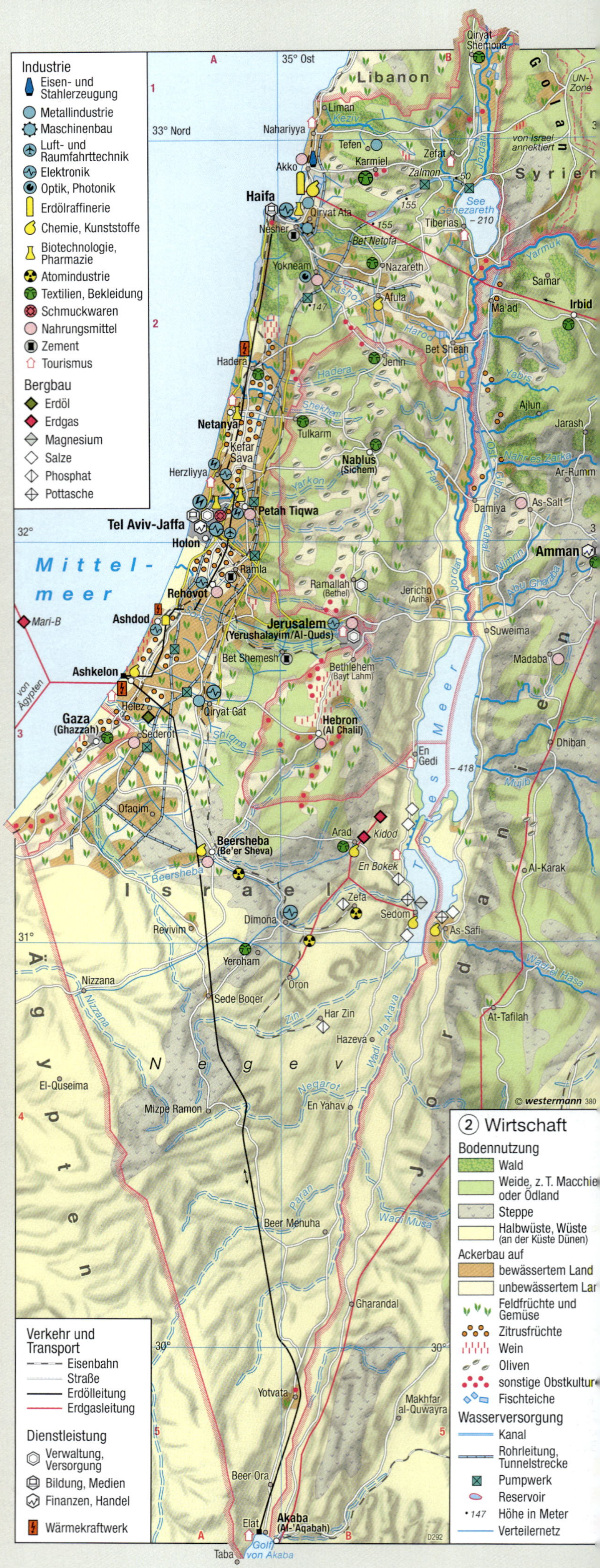

Maßstab 1 : 1 500 000
0 10 20 30 km

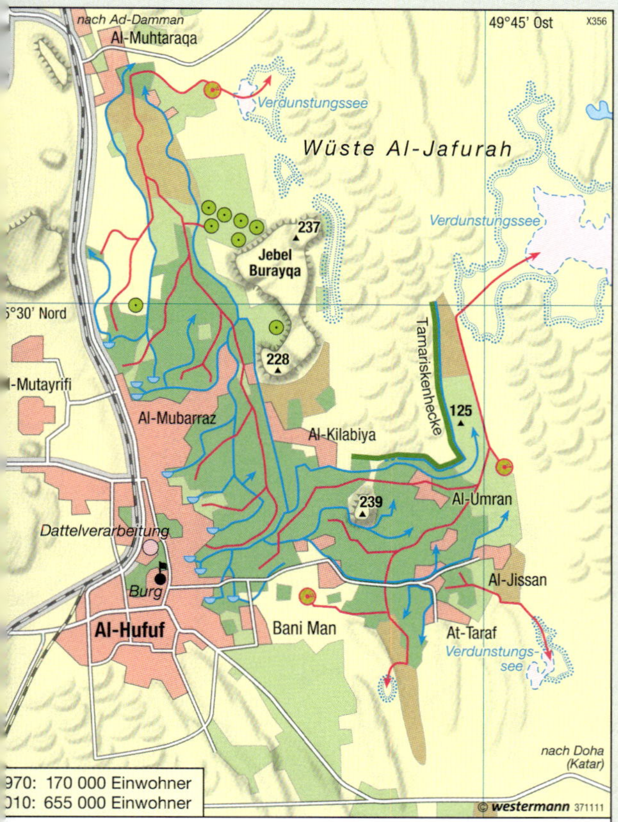

1 Al Hasa – Quelloase Maßstab 1 : 375 000

Bewässerung / Entwässerung
- Brunnen, z.T. Pumpen
- Kläranlage
- Bewässerungshauptkanal
- Entwässerungshauptkanal
- landwirtschaftliche Reservefläche (früher versumpft)

Dattelpalmen und Unterkulturen
- traditionell: Luzerne, Reis
- modern: Gemüse, Weizen, Luzerne
- Kreisbewässerung
- Erdölbesprühung (Sandfixierung)
- Wanderdünen

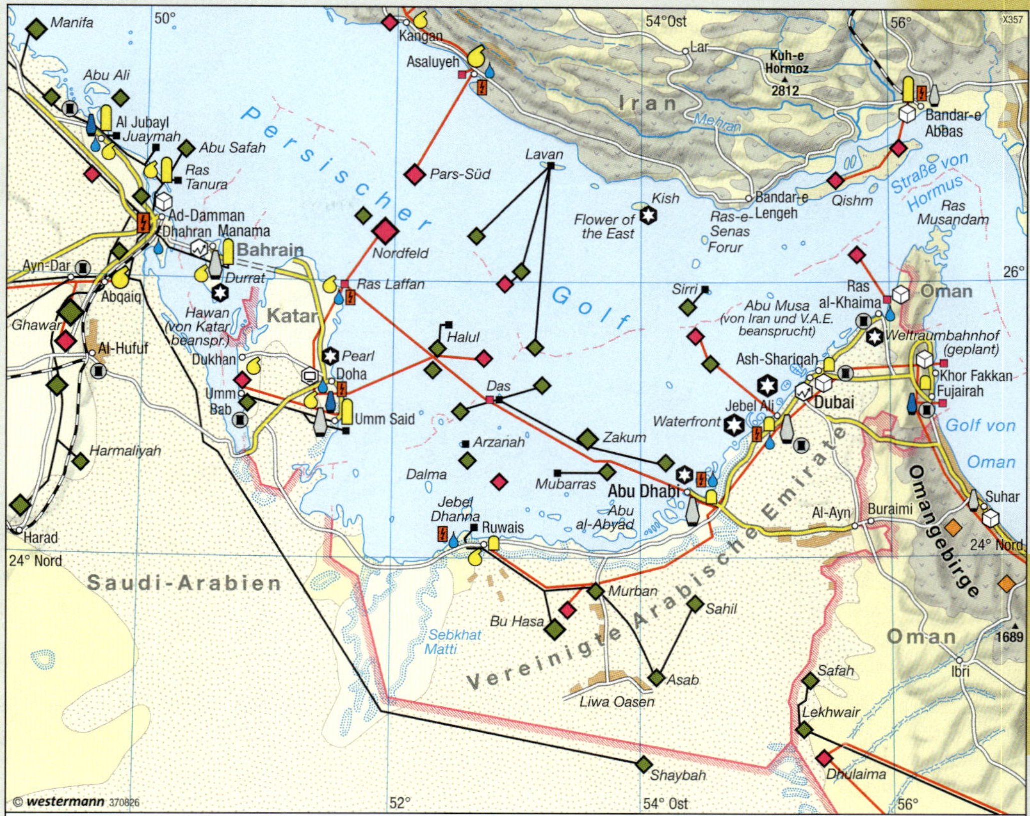

2 Arabische Golfstaaten – Wirtschaft Maßstab 1 : 6 000 000 (0 50 100 km)

Bergbau / Industrie
- Erdöl
- Erdgas
- Erdölleitung mit Terminal
- Erdgasleitung mit Terminal
- Kupfer
- Raffinerie
- Wärmekraftwerk (Erdgas)
- Meerwasserentsalzungsanlage
- Stahlerzeugung
- Aluminiumverhüttung
- Petrochemie
- Zementwerk

Dienstleistung
- prestigeträchtiges Bauprojekt (Großinvestition seit 2000 in Tourismus und Immobilien)
- Finanzen, Handel
- TV, Presse, Medien
- Logistik

- Staatsgrenze
- Wirtschaftsgrenze im Meer

Weitere Erläuterungen siehe Seite 110

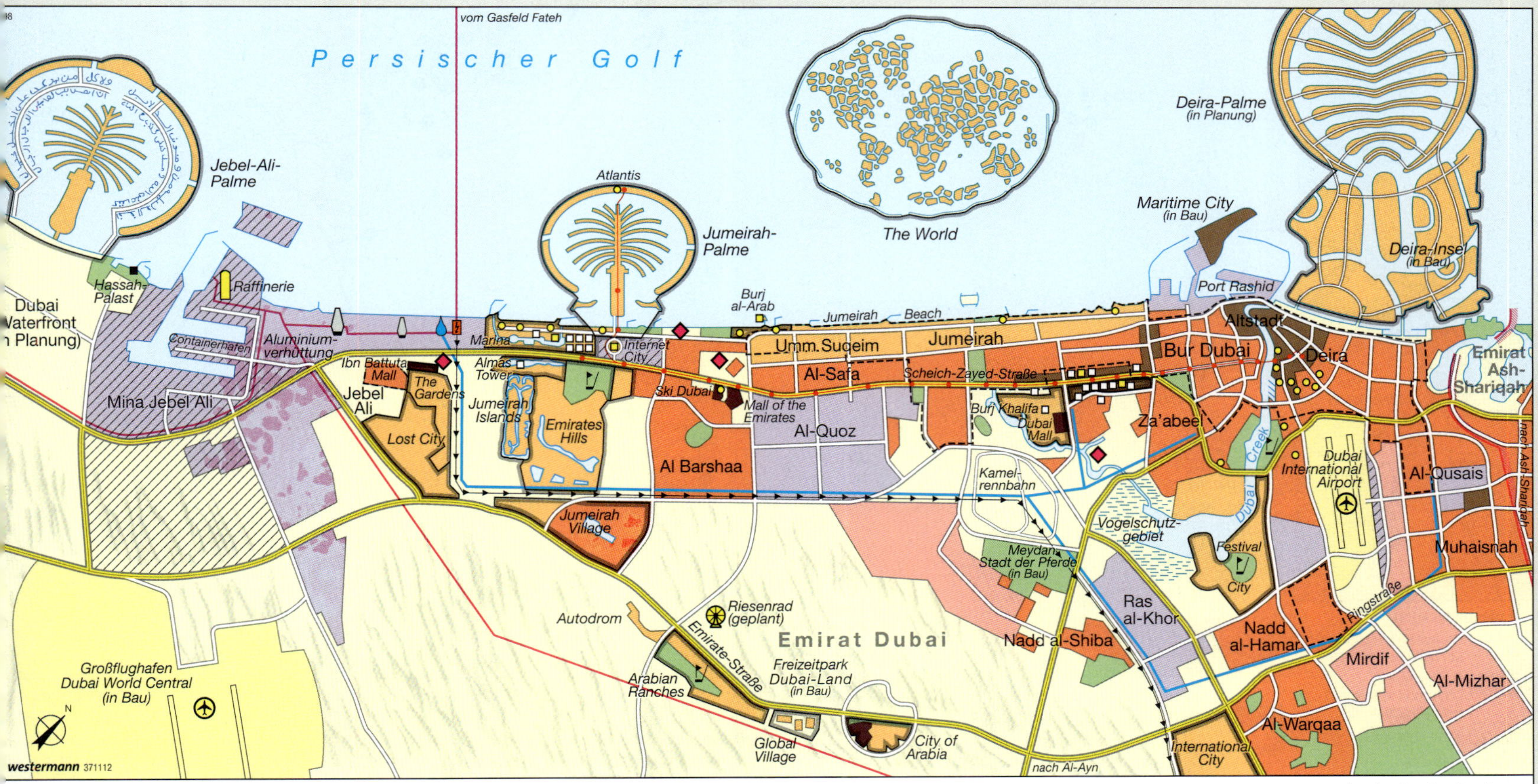

3 Dubai – Ausbau zur Tourismusmetropole Maßstab 1 : 250 000 (0 1 2 3 4 5 km)

Bebauung
- luxuriöser/hoher Wohnkomfort
- mittlerer Wohnkomfort
- einfacher/niedriger Wohnkomfort
- Ausdehnung der Wohnbebauung bis 1990
- bewachtes Wohn- u. Geschäftsviertel (private Großinvestitionen)
- Hochhaus über 200 m Höhe

Tourismus
- bewässerte Grünanlage
- Wüste
- Golfplatz
- Luxushotel
- Einkaufs-/Vergnügungszentrum

Wirtschaft
- Industrie-/Gewerbegebiet
- Geschäfts-/Einkaufsviertel
- Freihandelszone
- Gas (erschöpftes Vorkommen)
- Wärmekraftwerk (Erdgas)
- Erdgasleitung
- Meerwasserentsalzungsanlage
- Hauptwasserleitung
- Hochspannungsleitung

Verkehr
- Autobahn/Schnellstraße
- sonstige Straße
- Hochbahn/U-Bahn (im Bau)
- Emiratsgrenze

West- und Südasien – Wirtschaft

Bodenbedeckung
- Hochgebirgsvegetation mit Schnee- und Eisregion
- sommergrüner Laub- und Mischwald, Gebirgsnadelwald
- Hartlaubgehölze
- Halbwüste
- Wüste
- davon Sandwüste
- davon Kieswüste
- davon Fels-/Schuttwüste
- Dornstrauchsavanne
- tropischer und subtropischer Wald
- Mangrove

Bodennutzung
- Ackerbau, tropischer Feldbau
- Bewässerungsland
- Steppe, Gebirgsweide

Hauptanbaufrüchte
- Weizen
- Reis
- Mais
- Hirse
- Zuckerrohr
- Zuckerrüben
- Bananen
- Dattelpalmen
- Zitrusfrüchte
- Kaffee
- Tabak
- Tee
- Erdnüsse
- Kokospalmen
- Sojabohnen
- Baumwolle
- Jute
- Sisal
- Kautschuk

Bergbau
- Eisen
- Chrom
- Mangan
- Wolfram
- Blei, Zink
- Kupfer
- Zinn
- Quecksilber
- Gold
- Bauxit
- Titan
- Lithium
- Steinkohle
- Braunkohle
- Erdöl
- Erdgas
- Uran
- Phosphat
- Graphit
- Edelsteine
- Seltene Erden

Stromerzeugung
- Wasserkraftwerk
- Wärmekraftwerk
- Kernkraftwerk

Industrie
- Eisen- u. Stahlerzeugung
- Buntmetallverhüttung
- Aluminiumverhüttung
- Metallindustrie
- Maschinenbau
- Schiffbau
- Kraftfahrzeugbau
- Luft- u. Raumfahrttechnik
- Raketen u. Raumfahrzeuge
- Elektrotechnik, Elektronik
- chemische Industrie
- Erdölraffinerie
- Textilien, Leder
- Holzindustrie
- Druckgewerbe
- Nahrungs- u. Genussmittel
- Fischverarbeitung

Dienstleistungszen…
- mit internat… Bedeutung
- mit überregi… Bedeutung
- mit regional… Bedeutung
- Tourismus

Transport und Verk…
- Überladeha…
- Erdgasleitu…
- Erdölleitung

Maßstab 1 : 16 000 000

0 100 200 300 400 500 km

Inkai
Betpak-Dala
(Hungersteppe)
Kasachstan
Taldykorgan
Almaty
Taraz
Simkent
Bishkek
Kirgisistan
Fergana-
becken
Taschkent
Fergana
Samarkand
Tadschikistan
Dushanbe
Pamir
Hindukusch
Kabul
Peshawar
Islamabad
Rawalpindi
Gujranwala
Faisalabad
Lahore
Amritsar
Ludhiana
Multan
Quetta
Bolan-Pass
Sui
Sukkur
Bahawalpur
Thar
Rajasthan
Bikaner
Hyderabad
arachi
Wusu
Urumchi
Yining
Hami
Wuhai
Raumfahrtzentrum Jiuquan
Jiayuguan
Yumenshen
Yumen
Yinchuan
Korla
Aksu
Kashi
Tian Shan
Tarimbecken
Tarim He
Lenghu
Golmud
Baiyin
Xining
Lanzhou
Hotan
Kunlun Shan
China
7723
6802
6096
8610
Karakorum
Srinagar
Himalaya
Tibet
Naggu
Lhasa
Xigazê
5500
Mianyang
Chengdu
Yulong
Raumfahrtzentrum Xichang
Ertan
Panzhihua
Lanping
Nangal
7816
Delhi
Neu-Delhi
Gurgaon
Mathura
Ajmer
Jaipur
Gwalior
Kanpur
Lucknow
Varanasi
Allahabad
Nepal
Dhaulagiri 8167
Mount Everest 8846
Kathmandu
Darjeeling
Thimphu
Bhutan
Dibrugarh
Digboi
Brahmaputra
Myitkyina
Shiliguri
Guwahati
Lumding
Cherrapunji
Sylhet
Barauni
Patna
Bihar
Bangladesch
Dhaka
Khulna
Chittagong
Singrauli
Bokaro
Ranchi
Asansol
Durgapur
Jamshedpur
Kalkutta
Rourkela
Korba
Kota
Udaipur
Sagar
Bhopal
Gujarat
Ahmadabad
Indore
Jabalpur
Chhindwara
Balaghat
Jamnagar
Bhavnagar
Vadodara
Surat
Narmada
Bhilai
Raipur
Hirakud
Odisha
Mahanadi
Angul
Cuttack
Bhubaneshwar
Nagpur
Indien
Aurangabad
Nashik
Bombay
Poona
Nizamabad
Hyderabad
Jeypore
Visakhapatnam
Singareni
Kakinada
Vijayawada
Machilipatnam
Koyna
Solapur
Krishna
Goa
Panaji
Belgaum
Hubli-Dharwad
Bhadravati
Nellore
Raumfahrtzentrum Sriharikota
Madras
Bangalore
Mangalore
Mysore
Mettur
Salem
Cuddalore
Neyveli
Tamil Nadu
Kerala
Coimbatore
Cochin
Madurai
Tuticorin
Quilon
Trivandrum
Jaffna
Sri Lanka
Colombo
Ratnapura
Lakkadiven
(Indien)
Malediven
Golf von Bengalen
Myanmar
(Birma)
Monywa
Mandalay
Taunggyi
Chauk
Naypyidaw
Mawchi
Pyay
Akyab
Bassein
Rangun
Moulmein
Kap Negrais
Jinghong
Hauei Sai
Chiang Mai
Lampang
Mae Sot
Thailand
Tavoy
Myeik
Andamanen
(Indien)
Port Blair
Andamanisches
Meer
Ranong
Phuket
Nikobaren
(Indien)
Arun
Banda Aceh
Sumatra
Indischer Ozean
Mekong
Nu Jiang
Jangtsekiang
Yarlung (Tsangpo)
Indus
Ganges
Son
Godavari
Manjra
Huang He
70°
80°
90°
100°
23,5°
30°
20°
10°
© westermann 351023

① Südasien – Entwicklungsunterschiede

Maßstab 1 : 36 000 000

Pro-Kopf-Einkommen (2005) in Euro
Die Umrechnung in Euro berücksichtigt die lokale Kaufkraft.

- über 5 000
- 3000 – 5000
- 2000 – 3000
- 1500 – 2000
- unter 1500 €/Jahr
- Lebensbedingungen in indischen Bundesstaaten unter Landesdurchschnitt (HDI, s. S. 188 Karte 1)

Bevölkerung (2006)
nur Regionen > 5 Mio. Einw. dargestellt
- insgesamt
- davon unter Armutsgrenze
- ≙ 10 Mio. Menschen

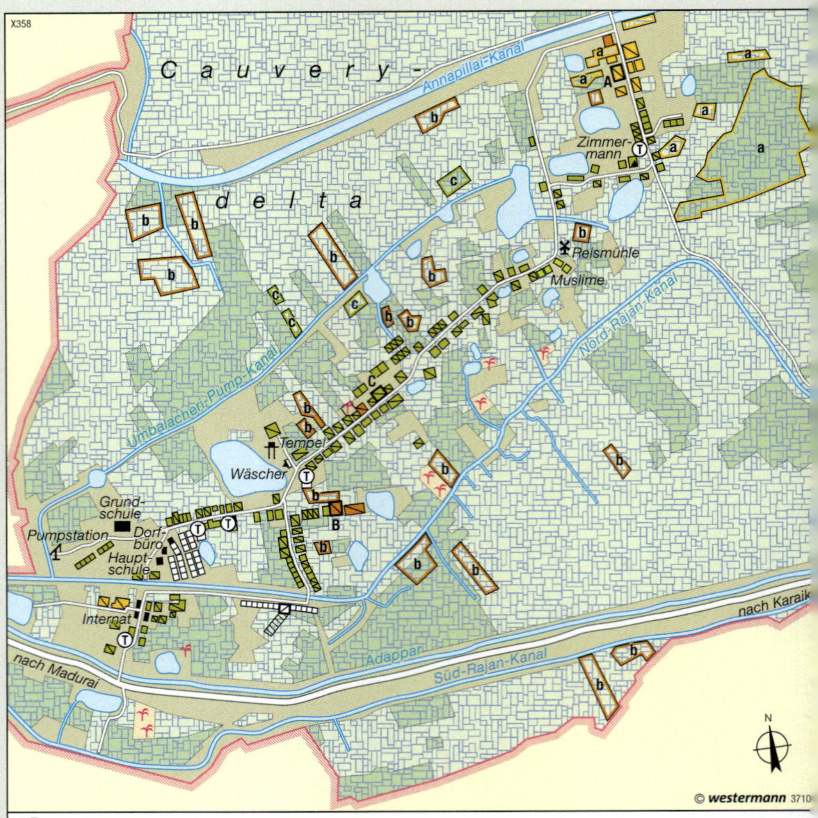

② Umbalacheri – Landbesitz/Anbau

Maßstab 1 : 20 000 — 0 100 200 300 m

Landbesitz (ausgewählt am Beispiel eines Bauern der jeweiligen Kaste)
- A a Brahmane (Großbauer)
- B b gehobene Kaste (mittlerer Bauer)
- C c Bauernkaste (Kleinbauer)
- Harijan (Kleinstbauer, Landarbeiter)

Besitzverhältnisse
- ohne Landbesitz
- mit Landbesitz
- Bauer als Beispiel
- Staatsland, ungenutztes Ackerland

Bewässerungsfeldbau
- Hochertragsreis (2 Ernten /Jahr)
- ertragsarmer Reis (1 Ernte /Jahr)
- Kokospalmen
- Bewässerungskanal

- öffentliche Gebäude
- Teestube
- Straße
- Weg
- Dorfgrenze

③ Bangalore (Bengaluru) – wirtschaftliche Weltmarktintegration

Maßstab 1 : 225 000 — 0 2,5 5 km

Produktion für den Weltmarkt
Standorte der Informations- und Kommunikationstechnologie (IT) und Textilindustrie
- modernes Geschäftszentrum mit IT-Unternehmen in vielgeschossigen Gebäuden
- wohlhabender Stadtteil mit IT-Unternehmen in kleinen Bürokomplexen
- Technologie- und Gewerbepark mit IT-Unternehmen
- Universität, Hochschule mit IT-Schwerpunkt
- Randlagen zu alten Dorfkernen mit privaten Textilbetrieben
- Stadtentwicklungsgebiet, z. T. noch mit Kleingewerbe

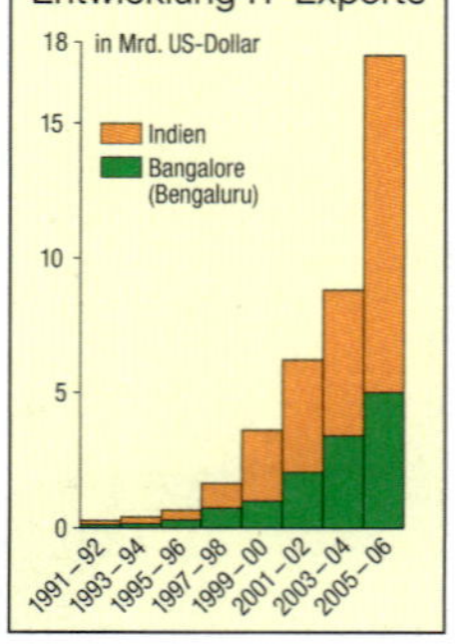

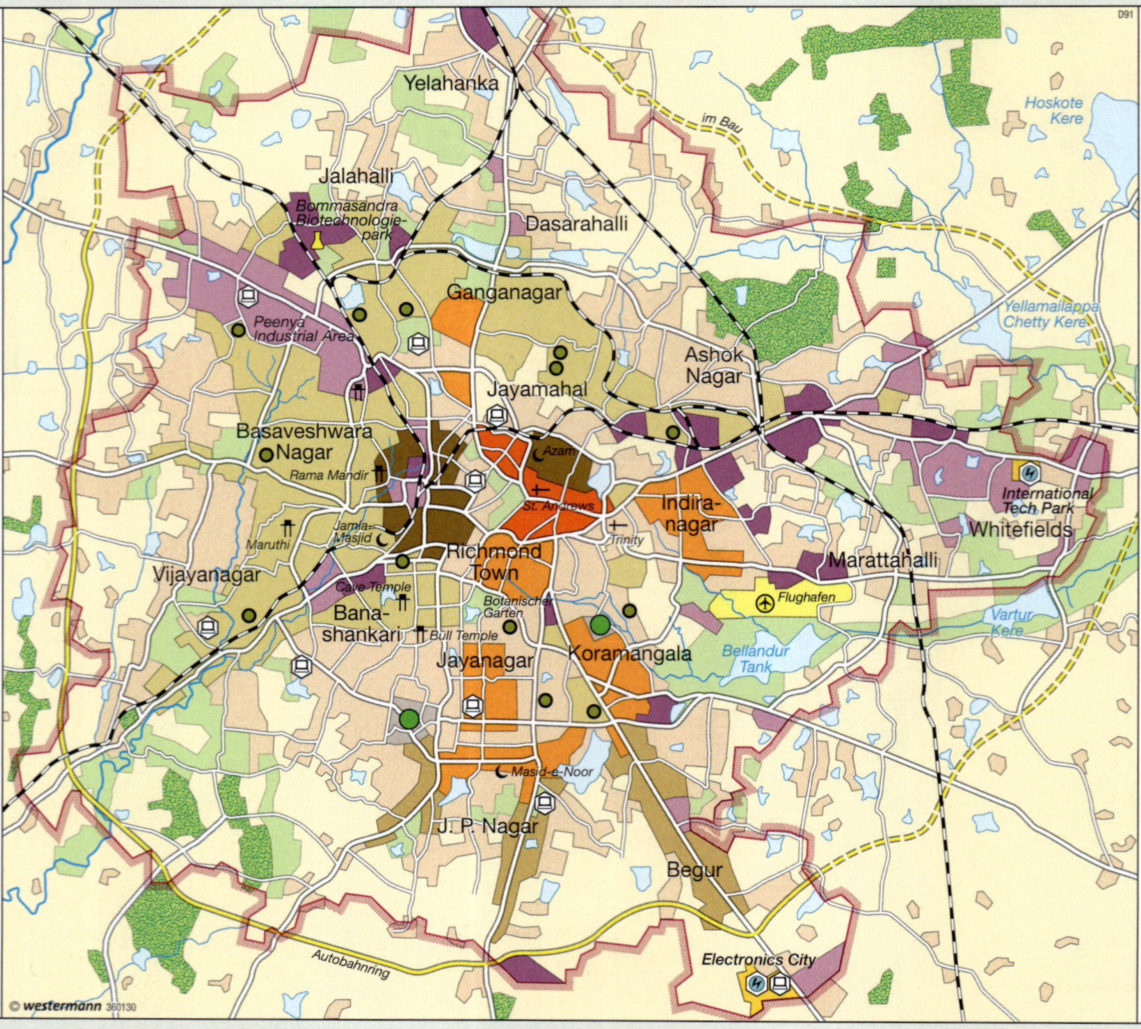

Produktion für den Binnenmarkt
- Standort von großen Staatsunternehmen
- Gewerbepark mit Privatunternehmen
- traditionelles Markt- und Geschäftszentrum
- älteres Wohnquartier mit Heimindustrie, Kleingewerbe und Handel
- Wohnbebauung
- Slum (Elendsquartier)
- Tempel, Moschee, Kirche
- Acker- und Brachland
- Grünfläche, Wald
- Wasserreservoir, Stausee
- Straße
- Eisenbahn
- Stadtgrenze

Bevölkerungsstruktur Stadt Bangalore:
ca. 5 000 000 Einwohner
(1 Kästchen ≙ 100 000 Einw.)
€/Jahr Jahreseinkommen

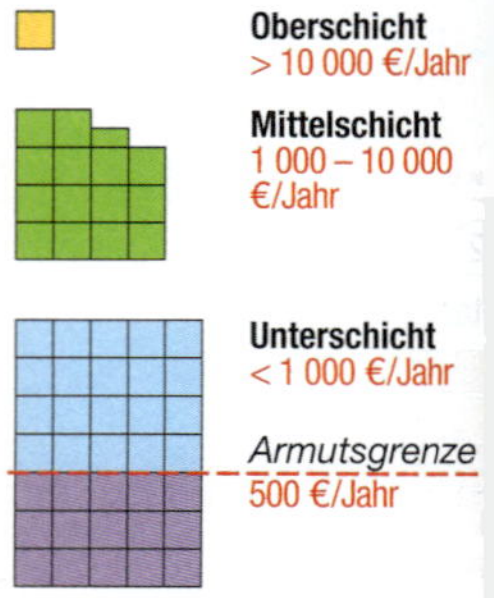

① Jangtsekiang – Drei-Schluchten-Projekt Maßstab 1 : 1 800 000

0 10 20 30 km

- Stausee, Staudamm
- Wasserkraftwerk
- Ort über 100 000 Einw.
- Ort unter 100 000 Einw.
- geflutete Orte
- gefluteter Tempel
- Wiederansiedlungsgebiet (für ca. 1,3 Mio. Umgesiedelte)
- Sehenswürdigkeit bei Flusskreuzfahrten
- überschwemmungsgefährdetes Gebiet
- Deich
- Eisenbahn
- Autobahn
- Straße
- Brücke (Neubau)

Landhöhen (in Meter)

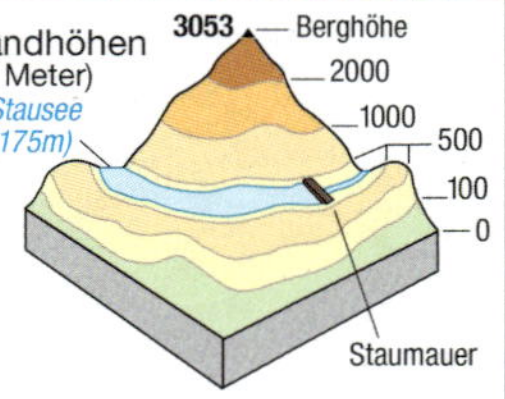

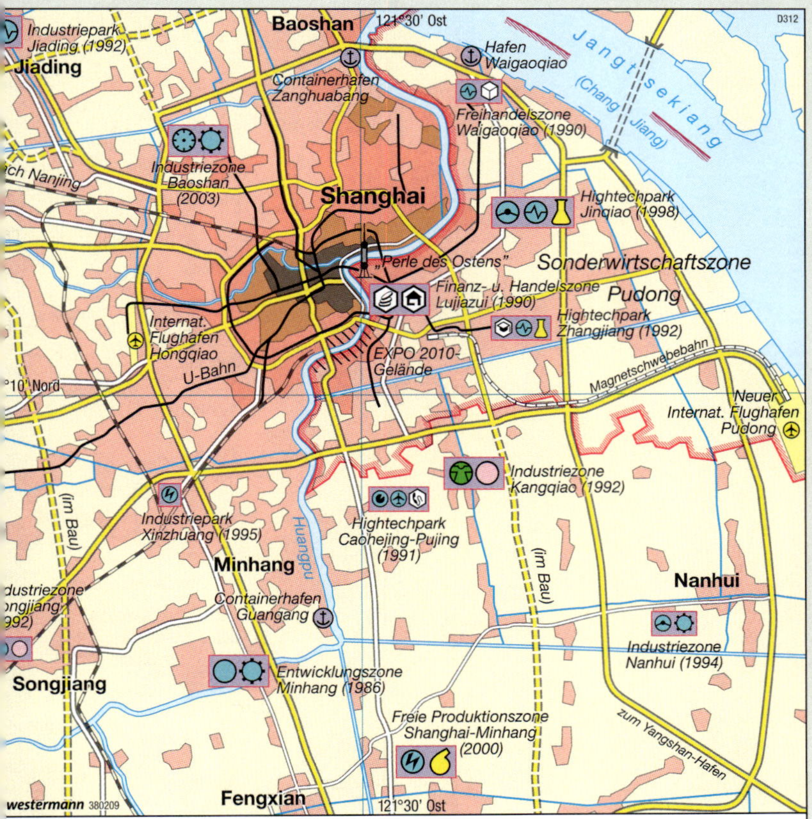

② Shanghai – Wirtschaftsmetropole Maßstab 1 : 500 000

0 5 10 km

Stadtentwicklung
- bis 1916
- bis 1946
- bis 1976
- bis 2006
- Sonderwirtschaftszone

Industrieansiedlung (Jahr)
- Industrie-/Gewerbepark mit Schwerpunkt auf
- Maschinenbau
- Kraftfahrzeugbau
- Metallverarbeitung
- Luft- und Raumfahrttechnik
- Elektrotechnik
- Elektronik
- Feinmechanik
- Optik
- Chemie, Kunststoffe
- Biotechnologie
- Textilindustrie
- Nahrungsmittelindustrie
- Universität
- Logistik
- Finanzzentrum
- Handelsunternehmen
- Software (Service)

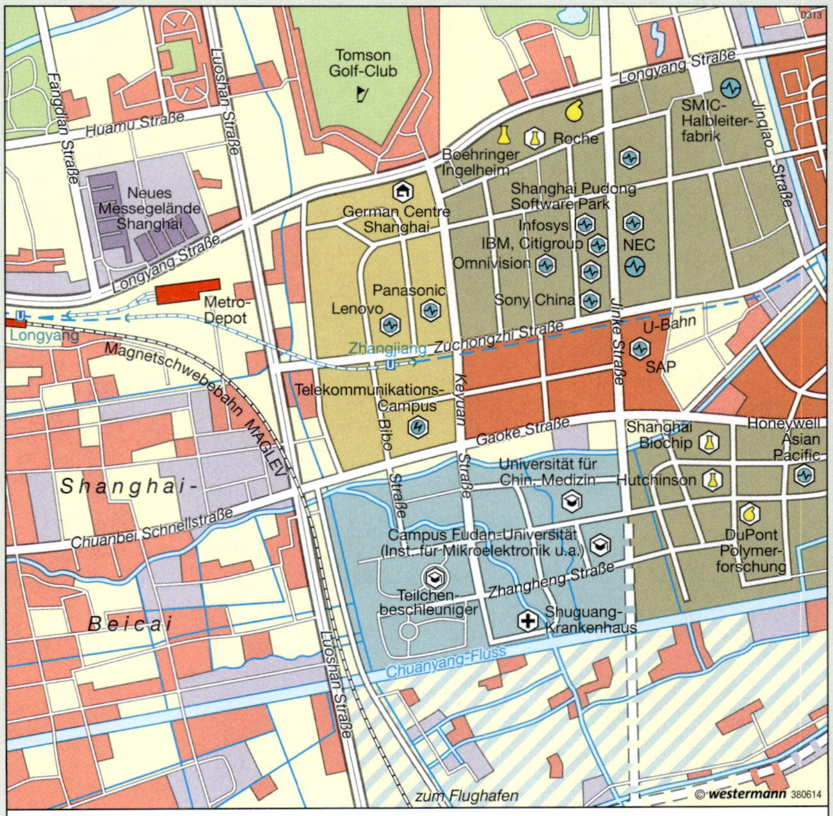

③ Pudong – Freihandelszone Maßstab 1 : 50 000

0 500 1000 m

Hightechpark Zhangjiang
ausgewiesene Flächen für
- Hightech-Industrie
- Innovationsunternehmen und Gründer
- Forschung und Entwicklung (F&E)
- Angestellten-Wohnungen

Arbeitsstätten im Technologiepark
F&E Produktion (> 500 Mitarbeiter)
- Mikroelektronik
- Information/Kommunikation
- Chemie/Kunststoffe
- Biotechnologie
- staatliche Forschungseinrichtung

Planung
- Straßenausbau/-neubau
- Erweiterungsfläche F&E

Maßstab 1 : 16 000 000

0 100 200 300 400 500 km

Orte
Einwohner

- über 5 000 000
- 1 000 000 – 5 000 000
- 500 000 – 1 000 000
- 100 000 – 500 000
- 20 000 – 100 000
- unter 20 000

Verkehr
- Eisenbahn
- Fernstraße
- Fähre

bedeutende Wasserstraßen
- schiffbarer Fluss
- schiffbarer Kanal

Einzelzeichen
- Pass
- Ruinenstätte
- Grenzmauer (China)
- Korallenriff

Verwaltung
- Staatsgrenze
- Verwaltungsgrenze (Autonome Region in China)
- Waffenstillstandslinie
- Grenze von Jammu und Kaschmir
- nicht festgelegte Grenze
- **Peking** Hauptstadt eines Staates
- **Nanning** Hauptort

Gewässer
- Fluss
- Fluss, zeitweilig Wasser führend
- Moor, Sumpf
- See
- Salzsee
- Staumauer

Landhöhen (in Meter)
- Gletscher
- über – 5000
- 3000 – 5000
- 1500 – 3000
- 1000 – 1500
- 500 – 1000
- 200 – 500
- 100 – 200
- 0 – 100
- Depression
- 8848 Berghöhe
- 2380 sonstige Höhenan

Meerestiefen (in Meter)
- 0 – 2
- 200 –
- 2000
- 4000
- 600
- übe
- 7559 Ti

Flächentreuer zwischenständiger Azimutalentwurf nach Lambert. Berührpunkt: 35° Nord/110° Ost

128° Ost
132°
136°
140°
Russland
China
Nordkorea
Südkorea
Japan
Japanisches Meer
(Ostmeer)
Pazifischer Ozean
Honshu
Shikoku
Kyushu
Sado
Tsushima
Koreastraße
Tsushimastraße
Tsugarustraße
Ostkoreagolf
Peter-des-Großen-Bai
Sichote-Alin
Chugokugebirge
Shikokugebirge
Kyushugebirge
Hidagebirge
Akaishigebirge
Mikunigebirge
Kitakamigebirge
Abukumagebirge
Taebaekgebirge
Changbai Shan
Mandschurei
Wladiwostok
Nachodka
Sapporo
Hakodate
Aomori
Akita
Morioka
Sendai
Niigata
Fukushima
Toyama
Kanazawa
Fukui
Nagano
Maebashi
Tokio
Yokohama
Kawasaki
Chiba
Shizuoka
Hamamatsu
Nagoya
Gifu
Kyoto
Osaka
Kobe
Nara
Wakayama
Himeji
Okayama
Hiroshima
Yamaguchi
Shimonoseki
Takamatsu
Tokushima
Matsuyama
Kochi
Fukuoka
Kitakyushu
Saga
Nagasaki
Kumamoto
Oita
Miyazaki
Kagoshima
Busan
Ulsan
Daegu
Pohang
Chongjin
Hamhung
Wonsan
Dokdo/Takeshima
Ullung (Südkorea)
Oki-Inseln
Izu-Inseln
Tanegashima
Yakushima
1936
Fuji
3776
3696
3063
Orte
Einwohner
über 5 000 000
1 000 000 – 5 000 000
500 000 – 1 000 000
100 000 – 500 000
20 000 – 100 000
unter 20 000
Verwaltung
Staatsgrenze
nicht festgelegte Grenze
Tokio Hauptstadt
Verkehr
Eisenbahn
Tunnel
Autobahn
Fernstraße
Flughafen
Hafen
Gewässer
Fluss
Staumauer
Landhöhen (in Meter)
über 3000
1500 – 3000
1000 – 1500
500 – 1000
200 – 500
100 – 200
0 – 100
Depression
2899 Berghöhe
1244 sonstige Höhenangabe
Meerestiefen (in Meter)
0 – 200
200 – 2000
2000 – 4000
4000 – 6000
6000 – 8000
über 8000
3063 Tiefenangabe
westermann 340309

Maßstab 1 : 6 000 000

Österreich Europa Asien Ozeanien Afrika Amerika Erde Register

1 : 16 000 000
0 100 200 300 400 500 km

Bodenbedeckung
- Hochgebirgsvegetation mit Schnee- und Eisregion
- nördlicher Nadelwald
- Laub- und Mischwald der gemäßigten Zone
- subtropischer Kiefernwald
- Sekundär- und Buschwald
- Steppe, Hochgebirgsweide
- Halbwüste
- Wüste, Sandwüste
- tropischer und subtropischer Wald
- Mangrove

Bodennutzung
- Trockenfeldbau
- Bewässerungsland
- Weide (z.T. Buschwald)

Hauptanbaufrüchte
- Weizen
- Mais
- Reis
- Zuckerrohr
- Zuckerrüben
- Bananen
- Zitrusfrüchte
- Tabak
- Tee
- Erdnüsse
- Kokospalmen
- Sojabohnen
- Baumwolle
- Jute
- Kautschuk

Weitere Erläuterungen siehe Seite 13

Bergbau
- Eisen
- Chrom
- Mangan
- Molybdän
- Niob, Tantal
- Vanadium
- Wolfram
- Blei, Zink
- Kupfer
- Zinn
- Quecksilber
- Gold
- Bauxit
- Titan
- Lithium
- Steinkohle
- Braunkohle
- Erdöl
- Erdgas
- Uran
- Phosphat
- Graphit
- Diamanten
- Seltene Erden

Stromerzeugung
- Wasserkraftwerk
- Wärmekraftwerk
- Kernkraftwerk

Industrie
- Eisen- und Stahlerzeugung
- Buntmetallverhüttung
- Aluminiumverhüttung
- Metallindustrie
- Maschinenbau
- Schiffbau
- Kraftfahrzeugbau
- Luftfahrttechnik
- Raketen
- Elektrotechnik, Elektronik, IT
- Optik, Photonik
- chemische Industrie
- Biotechnologie, Pharmazie
- Erdölraffinerie
- Atomindustrie
- Textilien, Leder
- Holz, Zellulose, Papier
- Porzellan, Keramik
- Nahrungs- und Genussmittel

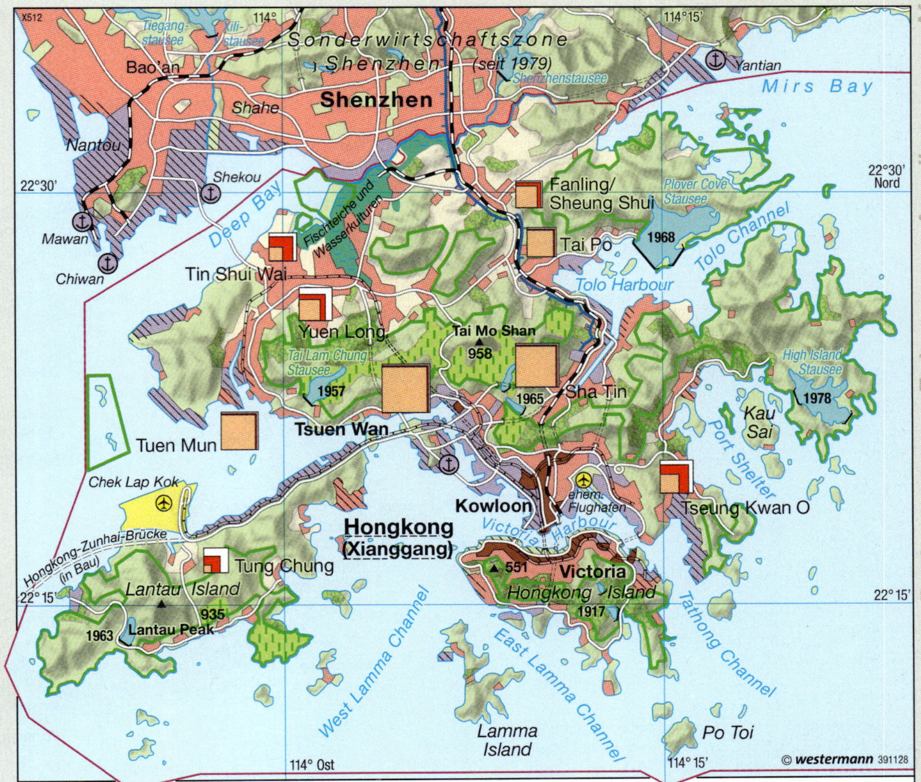

② Hongkong (Xianggang) – Sonderverwaltungsgebiet

Maßstab 1 : 500 000   0 2 4 6 8 10 km

- Wohnbebauung 1946 (heute Altbaubestand, z.T. Squatter, 50 000 bis 200 000 Einwohner/km²)
- Wohnbebauung heute (50% aller Wohnungen öffentlich gefördert, 30 000 bis 100 000 Einwohner/km²)
- Industrie- und Hafenanlage
- Eisenbahn
- S- und U-Bahn
- Straße, Autobahn
- Tunnel

Raumplanung
- Landgewinnung

Entwicklung der „Neuen Städte"
- Plan Einwohner 2013
- Einwohner 2003
- Einwohner 1993

1 mm² ≙ 20 000 Einwohner
- Hafen

Wasserwirtschaft
- 1968 Talsperre/Reservoir (mit Baujahr)
- Wasserschutzgebiet/ Naturpark
- Aufforstung
- Wasserleitung
- Gebietsgrenze

Österreich
Europa
Asien
Ozeanien
Afrika
Amerika
Erde
Register

Flächentreuer zwischenständiger Azimutalentwurf nach Lambert. Berührpunkt: 10° Nord/125° Ost

Asiatisch-pazifischer Wirtschaftsraum

① Asien – Wirtschaft

Maßstab 1 : 36 000 000

Wirtschaftszentren
nach Ausrichtung und Ausstrahlung im globalen Städtevergleich

Industriezentren
- Schwerindustrie (Metalle, Grundstoffe)
- Leichtindustrie (Konsumgüter)
- Hightech-Industrie (Innovationszentrum)

Dienstleistungszentren
- politisch-kulturelles Zentrum, Bildung, Medien
- Finanzzentrum (Banken, Handel, Börse)
- unternehmensnahe Dienstleistungen (Beratung, Service)

Ausstrahlung eines Zentrums
- global bedeutendes Zentrum
- kontinental bedeutendes Zentrum
- für mehrere Staaten bedeutendes Zentrum
- nationale wirtschaftliche Bedeutung (Auswahl)
- sonstiger Ort
- bedeutende Tourismusregion

Bergbauregion
- E Energierohstoffe (Erdöl, Erdgas, Kohle, Uran)
- S Schwermetall-Erze (Eisen, Stahlveredler, Bunt- und Edelmetalle)
- L Leichtmetall-Erze
- M sonstige Mineralien (Salze, Gesteine)

Wirtschaftsräume
nach dem Grad der menschlichen Nutzung (*"Human Footprint"*)

Kulturlandschaft
- dicht besiedelt (Verdichtungsraum mit intensiver Nutzung durch Industrie und Landwirtschaft)
- intensiv genutzt (meist landwirtschaftlich geprägt)
- weniger intensiv genutzt

naturnahe Landschaft
- vereinzelte/einseitige menschliche Eingriffe

Verkehr
- Eisenbahn (Fernverkehr)
- Fernstraße

② Arbeitsmigration

Maßstab 1 : 36 000 000

Wirtschaftskraft
Bruttoinlandsprodukt pro Kopf 2005 in Euro
Die Umrechnung aus den Landeswährungen in Euro berücksichtigt die lokale Kaufkraft (Kaufkraftparität)

- unter 2 500 €/Jahr
- 2 500 bis 5 000
- 5 000 bis 10 000
- 10 000 bis 20 000
- über 20 000 €/Jahr

Arbeitsmigration
- seit 2000 fortwährende Wanderungstrends

Auswanderungsland Philippinen
- (1,3 Mio.) Auswanderung von Filipinas und Filipinos mit Arbeitserlaubnis zwischen 2000 und 2005

Anzahl und typische Berufe der Auswanderer nach (in 1000)

88	Taiwan (Hausangestellte, Handwerker, Arbeiter)
70	Südkorea (Hausangestellte, Entertainer, Arbeiter)
113	Japan (Hausangestellte, Entertainer, Seeleute)
252	Amerika und Europa (Seeleute, Ärzte, Krankenschwestern)
32	Australien (Akademiker, Bau- und Bergarbeiter)
70	Singapur (Seeleute, Hausmädchen, Krankenschwestern)
33	Malaysia (Hausangestellte, Kellner, Hilfsarbeiter)
540	Nahost (Öl- und Bauarbeiter, Angestellte, Hausmädchen)
106	Hongkong (Seeleute, Hausmädchen, Krankenschwestern)

- 59 Rücküberweisung dieser Arbeitsmigranten auf die Philippinen in Mio. Euro (2005)

Bruttoinlandsprodukt Philippinen: 75,8 Mrd. €
+ alle Rücküberweisungen: 8,9 Mrd. €
= Bruttonationaleinkommen (BNE 2005)

A.G. = Autonomes Gebiet
Svz. = Sonderverwaltungszone

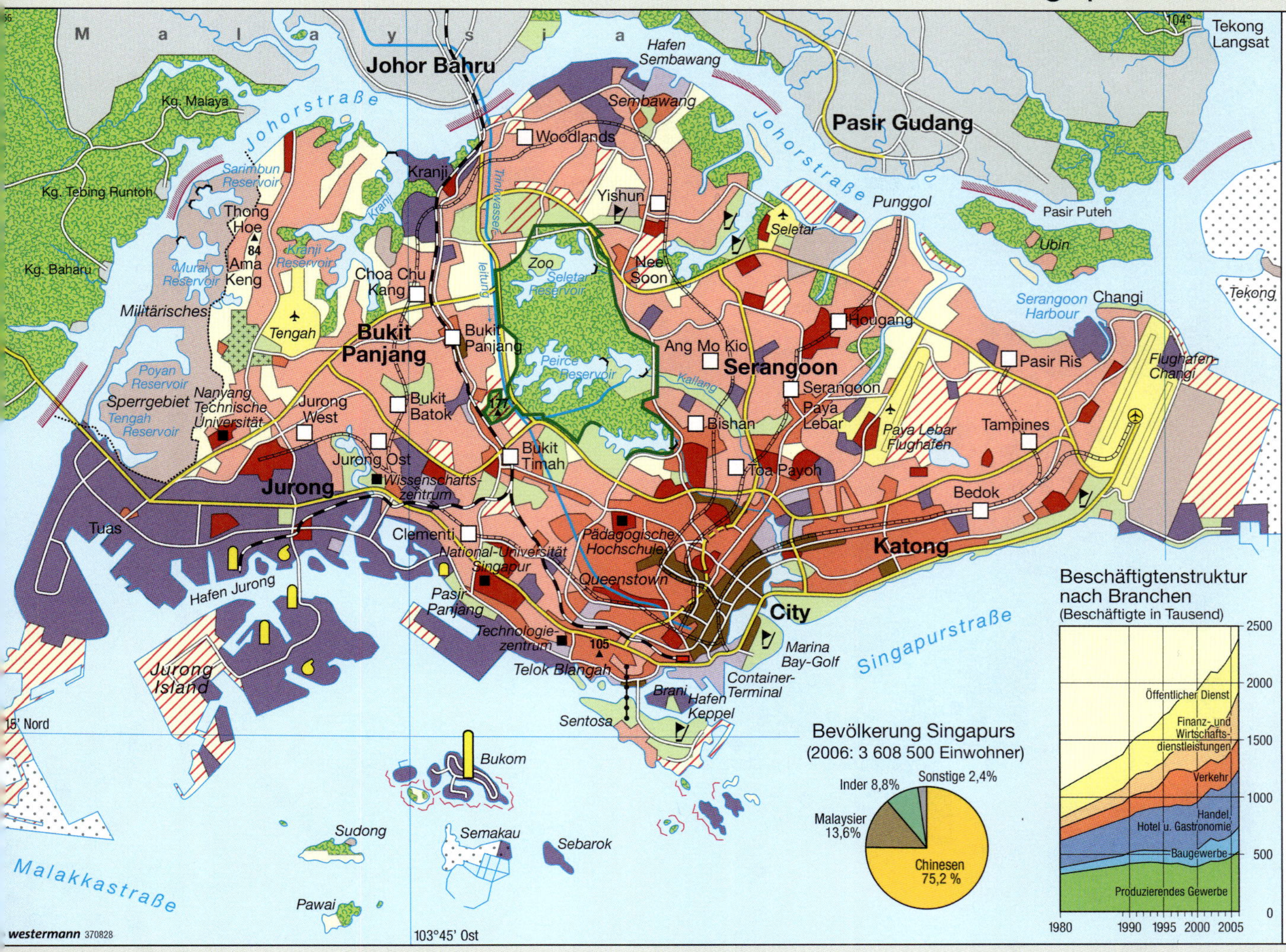

① Stadtstaat Singapur

Ein Wirtschaftszentrum Südostasiens

Maßstab 1 : 250 000

0 1 2 3 4 5 km

- Wohnbebauung
- City, Geschäftszentrum, Bankenviertel
- öffentliche Einrichtung
- Industrie-, Hafenanlage
- Militär
- Park, Erholungsgebiet
- Freiflächen, im wesentl. Bauerwartungsland
- tropischer Wald, z.T. Mangrove

Verkehr

- Stadtautobahn
- Straße
- Eisenbahn
- S-Bahn
- Seilbahn
- internationaler Flughafen
- Grenze der Sperrzone

Entwicklung seit 1965

- neues Wohngebiet
- neue Stadt (New Town)
- Industrie- und Gewerbefläche
- Wasserschutzgebiet
- Neuland, z.T. zur Bebauung vorgesehen
- zur Bebauung vorgesehen

Erdölverarbeitung

- Chemie, Kunststoffe
- Erdölraffinerie

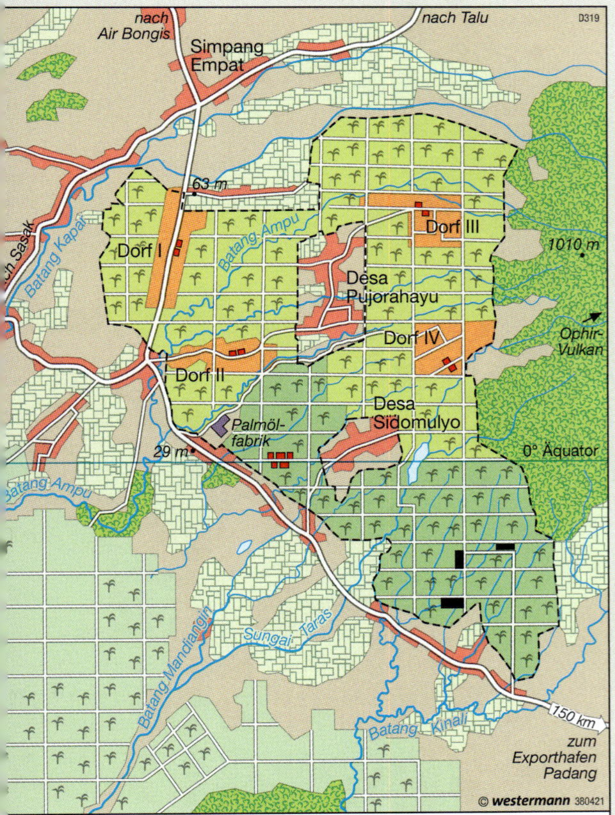

② Ophir (West-Sumatra) – Ölpalmenplantage

Maßstab 1 : 175 000

0 1,5 3 km

- Kernplantage (Nucleus)
- Wohnquartier von Plantagenarbeitern
- Pflanzung von Vertragsbauern (Plasma)
- Neusiedlung von Vertragsbauern
- öffentliches Gebäude (Verwaltung, Schule, Klinik)
- Grenze der Ophir-Plantage
- Altsiedlung
- sonstige Ölpalmen-plantage, z.T. noch unbepflanzt
- Nassreisanbau
- Regenfeldbau mit Brachland
- tropischer Regenwald
- Straße, Weg

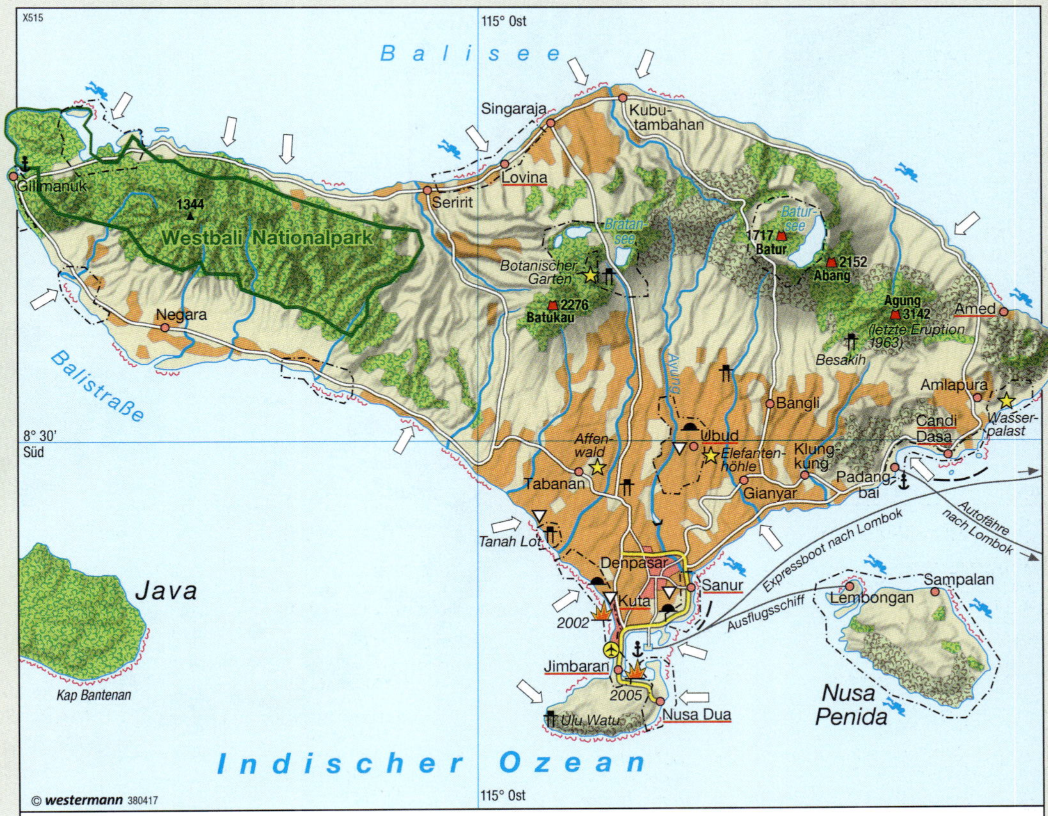

③ Bali – Tourismus

Maßstab 1 : 1 000 000

0 10 20 30 km

- Wald
- Bewässerungsfeldbau
- Regenfeldbau und Dauerkulturen
- Wiederbewaldung von Asche- und Lavaflächen
- städtische Siedlung
- Schnellstraße, Straße
- Flughafen
- Hafen
- Küstenschutz (Wellenbrecher)
- Korallenriff
- Vulkan

Tourismus

- Kuta — wichtiger Tourismusort
- Öko- und Agro-Tourismus (z.T. projektiert)
- Tempel, Sehenswürdigkeit
- Tauchen, Schnorcheln
- 2002 Terroranschlag (Jahr)

Nutzungskonflikte

- Umweltdegradation durch hohen Nutzungsdruck
- Umwidmung von Nassreisflächen für Tourismus
- Abfalldeponie
- Wehr mit Wasserspeicher

Österreich
Europa
Asien
Ozeanien
Afrika
Amerika
Register

Österreich
Europa
Asien
Ozeanien
Afrika
Amerika
Erde
Register

Maßstab 1 : 16 000 000 0 100 200 300 400 500 km

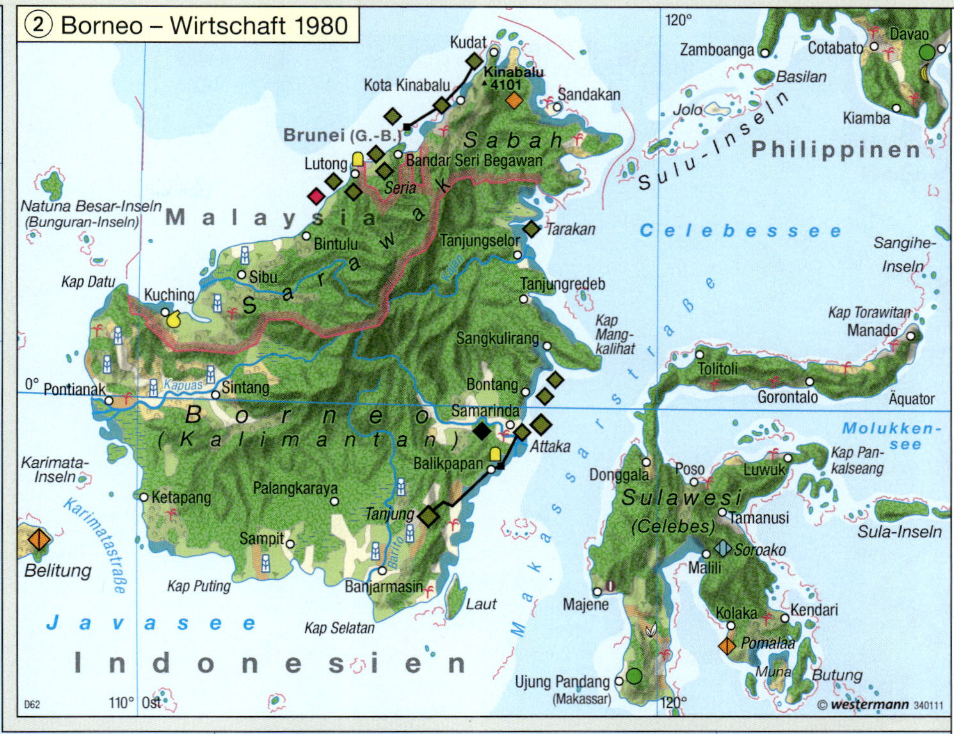

① Wirtschaft

Bodenbedeckung
- subtropischer Kiefernwald
- Sekundär- und Buschwald (z. T. Weide)
- Feuchtsavanne
- tropischer Regenwald
- Sumpf, Moor
- Mangrove
- Trockenwald

Bodennutzung
- tropischer und subtropischer Feldbau
- Plantagenwirtschaft
- Bewässerungsland

Hauptanbaufrüchte
- Mais
- Reis
- Zuckerrohr
- Bananen
- Zitrusfrüchte
- Kaffee
- Kakao
- Tabak
- Tee
- Erdnüsse
- Kokospalmen
- Ölpalmen
- Sojabohnen
- Baumwolle
- Jute
- Kautschuk

Bergbau
- Eisen
- Stahlveredler
- Chrom
- Wolfram
- Nickel
- Blei, Zink
- Kupfer
- Zinn
- Gold
- Silber
- Bauxit
- Steinkohle
- Braunkohle
- Erdöl
- Erdgas
- Uran
- Phosphat

Stromerzeugung
- Wasserkraftwerk
- Wärmekraftwerk
- Kernkraftwerk
- Geothermiekraftwerk

Industrie
- Eisen- und Stahlerzeugung
- Buntmetallverhüttung
- Aluminiumverhüttung
- Metallindustrie
- Maschinenbau
- Schiffbau
- Fahrzeugbau
- Elektrotechnik, Elektronik
- Optik, Photonik
- Chemie, Kunststoffe
- Biotechnologie, Pharmazie
- Erdölraffinerie
- Textilindustrie
- Holz
- Papier
- Nahrungs- und Genussmittel
- Fischverarbeitung

Dienstleistungszentren
- mit internationaler Bedeutung
- mit überregionaler Bedeutung
- mit regionaler Bedeutung
- ohne Klassifizierung
- Tourismus

Verkehr und Transport
- wichtige Eisenbahn
- wichtige Straße
- Erdgasleitung
- Erdölleitung
- Ölverladehafen
- tätiger Vulkan
- Korallenriff

Australien und Ozeanien – physische Übersicht / Klima

Maßstab 1 : 36 000 000 0 200 400 600 800 1000 km

Flächentreuer zwischenständiger Azimutalentwurf nach Lambert. Berührpunkt: 10° Süd/150° Ost

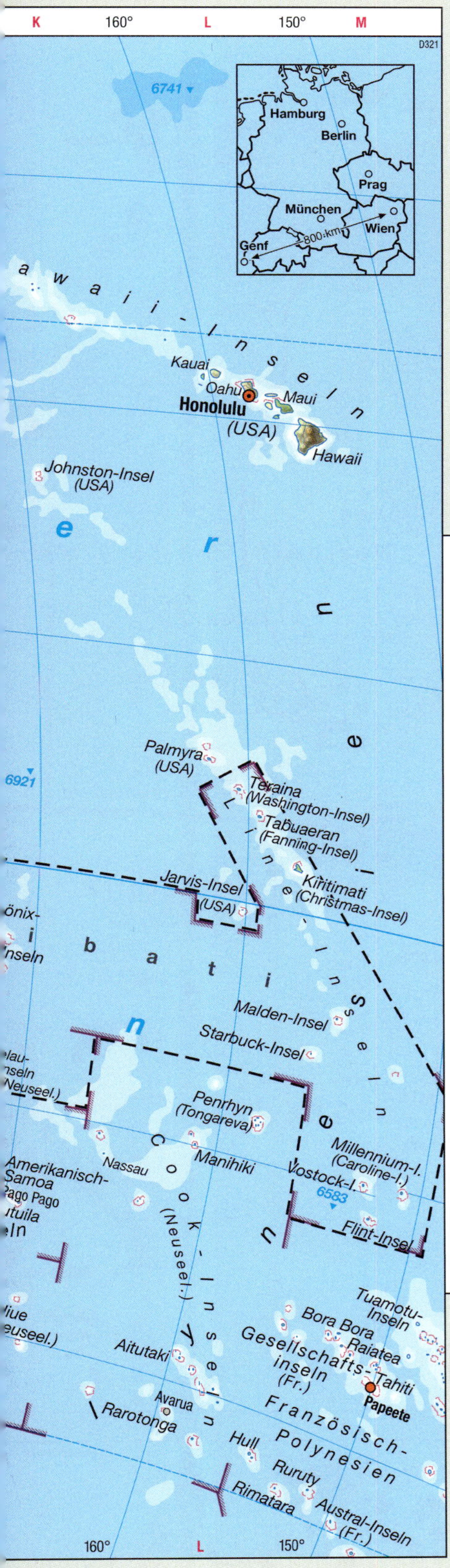

② Hawaii

Maßstab 1 : 1 750 000

0 10 20 30 km

Bodennutzung

- Ackerbau, z. T. bewässert
- Zuckerrohrplantage
- Kaffeeanbau
- Nussanbau
- Weideland
- Regenwald
- offener Wald, Gebüsch, Gräser
- Felsregion, Ödland
- Lavastrom
- Straße
- Siedlung
- Flughafen
- 4205 Höhe in Meter

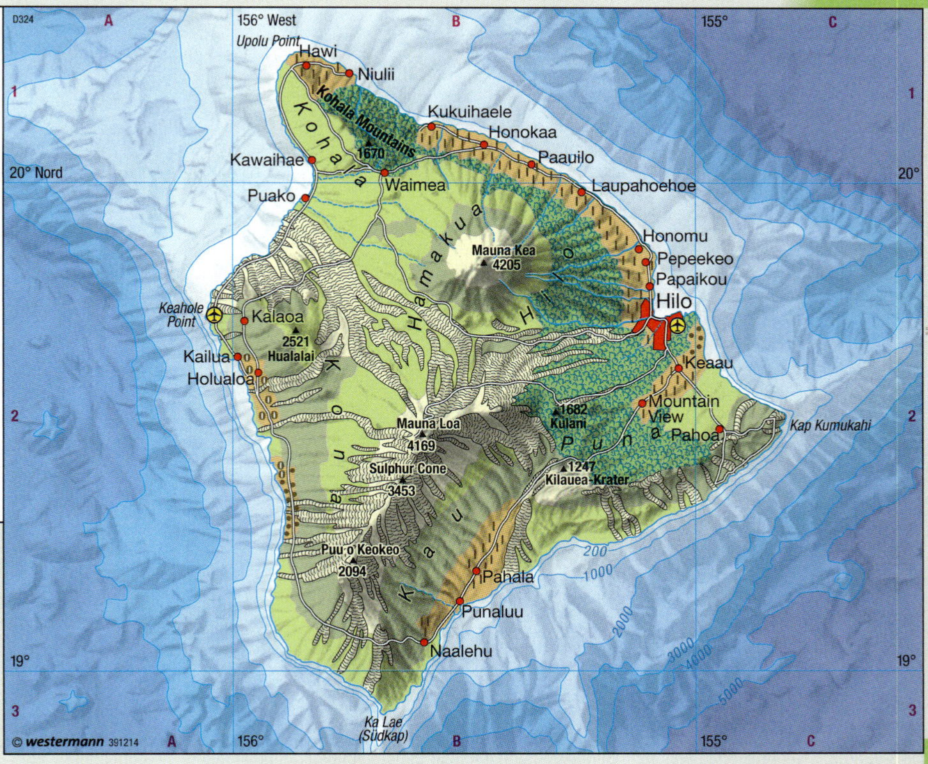

Landhöhen (in Meter)

- über 1500
- 1000 – 1500
- 500 – 1000
- 200 – 500
- 100 – 200
- 0 – 100
- Depression
- ▲5029 Berghöhe

Meerestiefen (in Meter)

- 0 – 200
- 200 – 2000
- 2000 – 4000
- 4000 – 6000
- 6000 – 8000
- über 8000
- ▼11034 Tiefenangabe
- Korallenriff

Verwaltung

- Staatsgrenze

(Staatsgrenzen im Meer sind Orientierungshilfen, sie entsprechen nicht dem rechtlich verbindlichen Verlauf.)

Ballungsräume

Einwohner	
über	10 000 000
5 000 000	– 10 000 000
1 000 000	– 5 000 000
500 000	– 1 000 000
100 000	– 500 000
20 000	– 100 000
unter	20 000

Suva Hauptstadt

Verkehr

- Eisenbahn
- Fernstraße

③ Maloelap-Atoll (Marshall-Inseln)

Maßstab 1 : 500 000

0 5 10 km

- Korallenriff
- Untiefe (anwachsende Korallen)
- Siedlung (etwa 450 Einwohner)
- Kokospalmen

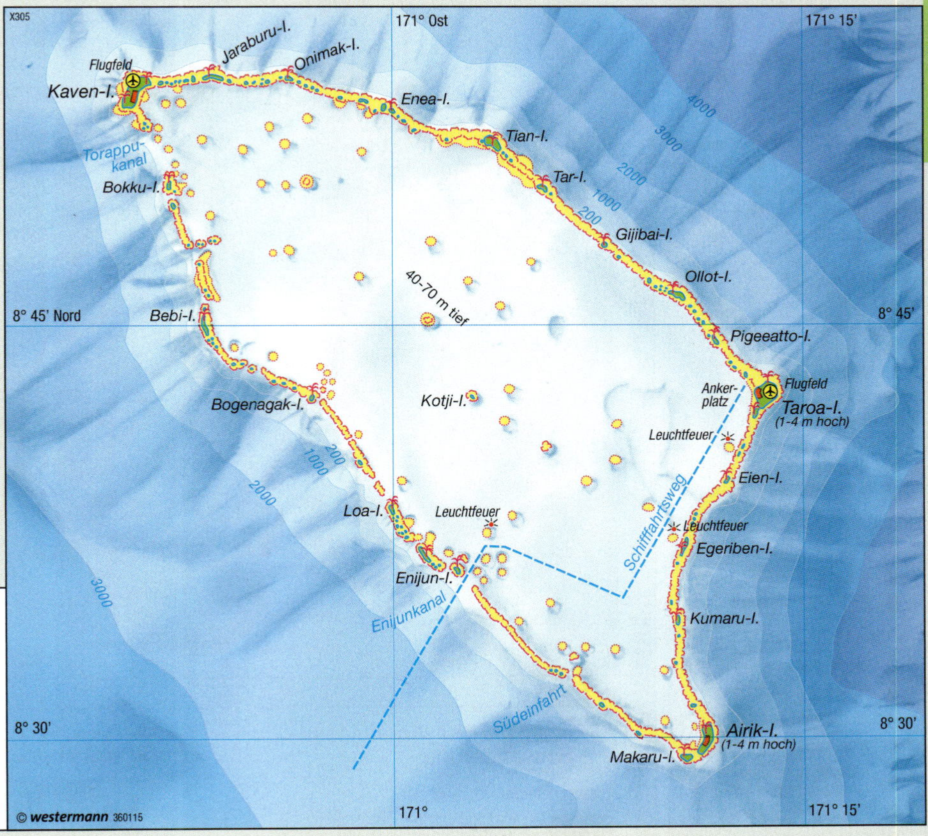

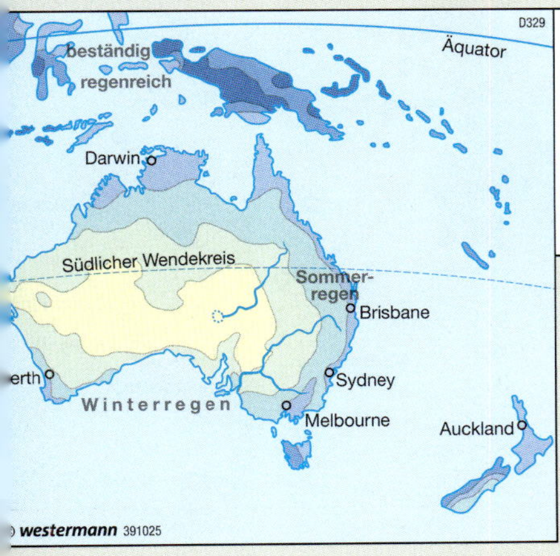

④ Niederschläge im Jahr

- 250
- 500
- 1000
- 2000
- 3000 mm

Maßstab 1 : 100 000 000

⑤ Temperaturen

- 5°
- 10°
- 15°
- 20°
- 25°
- 30° Celsius
- 20° C Wassertemperatur Winter

Maßstab 1 : 100 000 000

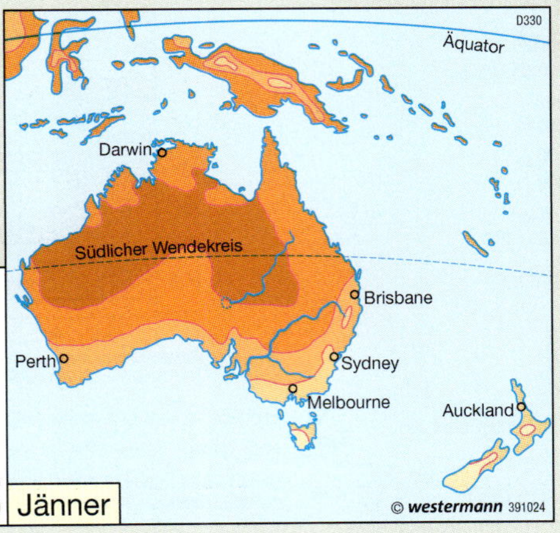

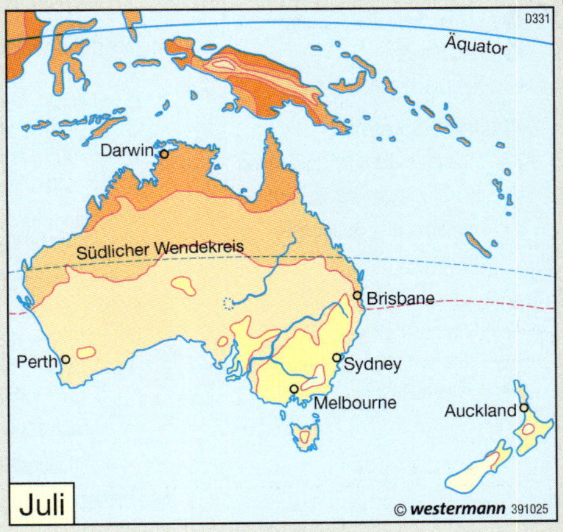

① Wirtschaft

Bodenbedeckung
- Eis- und Gletscherregion
- Strauchformation (xeromorph)
- Halbwüste (Spinifexgras, Salzbusch)
- Wüste
- Trockensavanne (Akazie und Eukalyptus)
- Feuchtsavanne
- tropischer Feucht- und Regenwald
- Sumpf (saisonal)
- Mangrove
- Feucht- und Trockenwald der gemäßigten Zone
- Trockenwald (Eukalyptus)
- Salzpfanne

Bodennutzung
- Ackerbau
- Bewässerungsland
- Weide

Hauptanbaufrüchte
- Weizen, Gerste, Hafer
- Zuckerrohr
- Wein
- Bananen
- Kokospalmen
- Obst, Gemüse
- Sojabohnen
- Zitrusfrüchte
- Baumwolle

Viehhaltung
(1 Zeichen ≙ 2,5 Mio. Stück)
- Rinder
- Schafe

Bergbau
- Eisen
- Kobalt
- Mangan
- Nickel
- Niob, Tantal
- Blei, Zink
- Kupfer
- Zinn
- Gold
- Silber
- Bauxit
- Lithium
- Titan
- Salz
- Phosphat
- Edelsteine (Opale, Diamanten)
- Steinkohle
- Braunkohle
- Erdöl
- Erdgas
- Uran

Stromerzeugung
- Wasserkraftwerk
- Wärmekraftwerk
- Geothermiekraftwerk

Industrie
- Eisen- und Stahlerzeugung
- Buntmetallverhüttung
- Aluminiumverhüttung
- Metallindustrie
- Maschinen-, Fahrzeug- und Gerätebau, Elektronik
- chemische Industrie
- Erdölraffinerie
- Leder, Textil, Bekleidung
- Holz, Papier
- Nahrungsmittel

Dienstleistungszentren
- mit internationaler Bedeutung
- mit überregionaler Bedeutung
- mit regionaler Bedeutung
- Tourismus

Transport
- Erdgasleitung
- Erdölleitung
- Ölverladehafen

② Ureinwohner (Aborigines)/Einwanderung

Landrechte der Ureinwohner
- heutige Landrechte, z. T. Reservate und Wohngebiete (im Besitz von Gruppen, Sippen oder Stämmen, kein Privatbesitz)

Anzahl der Ureinwohner
- über 10000 Aborigines
- 5000 – 10000
- 2500 – 5000
- 1000 – 2500
- 300 – 1000
- landwirtschaftlich nicht nutzbares Land

Besiedlung durch Europäer
- bis 1830
- 1830 – 1850
- 1850 – 1875
- 1875 – 1900
- nach 1900 bzw. unbewohnt
- Bundesstaatengrenze

Maßstab 1 : 50 000 000

Einwanderung nach Australien

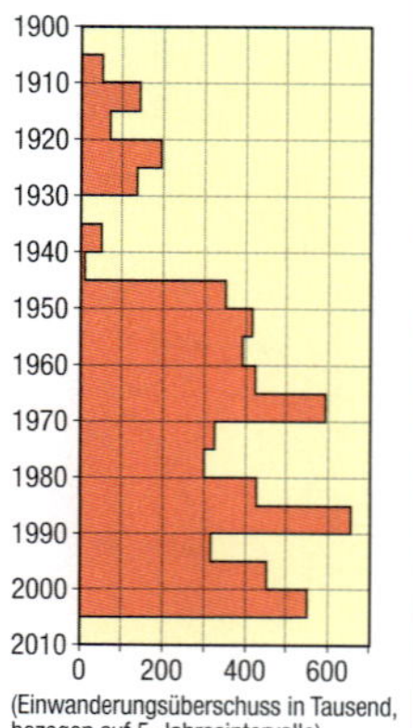

(Einwanderungsüberschuss in Tausend, bezogen auf 5-Jahresintervalle)

- wichtige Vorkommen von Bodenschätzen
- Sydney (1788) erste dauerhafte europäische Siedlung
- gewaltsame Konflikte zwischen europäischen Siedlern und Aborigines

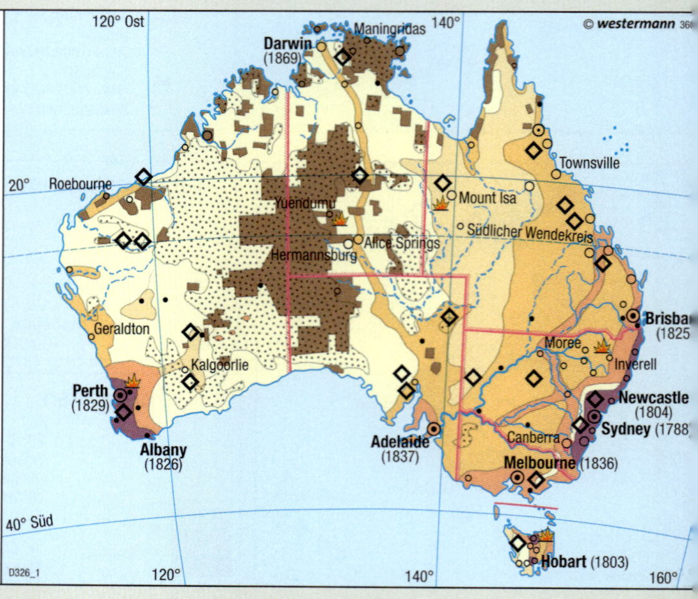

Maßstab 1 : 16 000 000 — 0 100 200 300 400 500 km

Indischer Ozean / Pazifischer Ozean

① Physische Übersicht

Landhöhen in Meter								
Depression	0	200	500	1000	1500	3000	6000	Inlandeis

▲8846 Berghöhe

Meerestiefen in Meter						
0	200	2000	4000	6000	8000	

▾9540 Tiefenangabe

Gewässer

- Fluss
- Kanal
- See
- Schelfeis
- Packeisgrenze
- äußere Treibeisgrenze

Orte

Einwohner

- über 1 000 000
- unter 1 000 000

°-Isotherme
s Meerwassers
- im Februar
- im August

Maßstab 1 : 72 000 000

0 500 1000 1500 2000 2500 km

X417a

„El Niño“ und „La Niña“ in Kiritimati (Ozeanien)
(Je kräftiger die Farbe, desto extremer das Klimaereignis.)

	Jahresquartale			
	JFM	AMJ	JAS	OND
1986	Niña		Niño	**Niño**
1987	**Niño**	**Niño**	**Niño**	**Niño**
1988	Niño	**Niña**	**Niña**	**Niña**
1989	**Niña**	Niña		
1990			Niño	
1991	Niño	Niño	**Niño**	**Niño**
1992	**Niño**	**Niño**		
1993	Niño	**Niño**	Niño	
1994		Niño	Niño	**Niño**
1995	**Niño**			Niña
1996	Niña			
1997		**Niño**	**Niño**	**Niño**
1998	**Niño**	Niño	**Niña**	**Niña**
1999	**Niña**	**Niña**	**Niña**	**Niña**
2000	**Niña**	Niña		Niña
2001	Niña			
2002		Niño	**Niño**	**Niño**
2003	**Niño**		Niño	Niño
2004			**Niño**	**Niño**
2005	Niño	Niño		Niña
2006	Niña		Niño	**Niño**

② Tropisches Wettergeschehen – „El Niño“ und „La Niña“

Das Wettergeschehen beiderseits des Pazifischen Ozeans ist über weiträumige Luft- und Meeresströmungen miteinander verkoppelt.
In manchen Jahren kann es zu folgenreichen Abweichungen von den typischen Temperatur- und Strömungsverhältnissen kommen. Die Ursachen dafür sind bis heute nicht vollständig aufgeklärt.
Die extremen Klimaereignisse **„El Niño“** und **„La Niña“** haben unterschiedliche Auswirkungen für die Bevölkerung im pazifischen Raum, z. B. Dürren oder Überflutungen.

Monatsmittel der Meerestemperatur (in °C, oberflächennah)
- 30°C
- 25°
- 20°
- 15°
- 10°
- 5°C
- kalter Meeresstrom
- warmer Meeresstrom
- vorherrschende Winde
- Hochdruckgebiet
- Tiefdruckgebiet

X417b

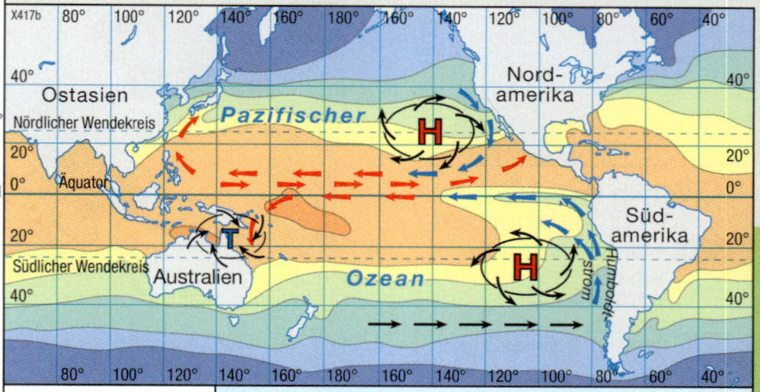

Dezember 1993 (Normalverhältnisse)

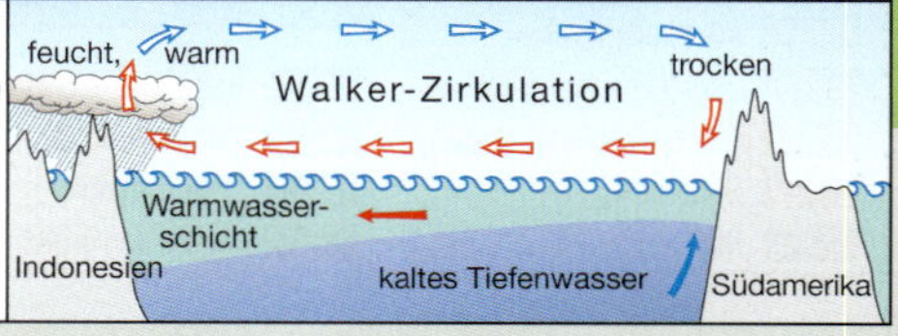

Profil am Äquator

© westermann 391019

X417c

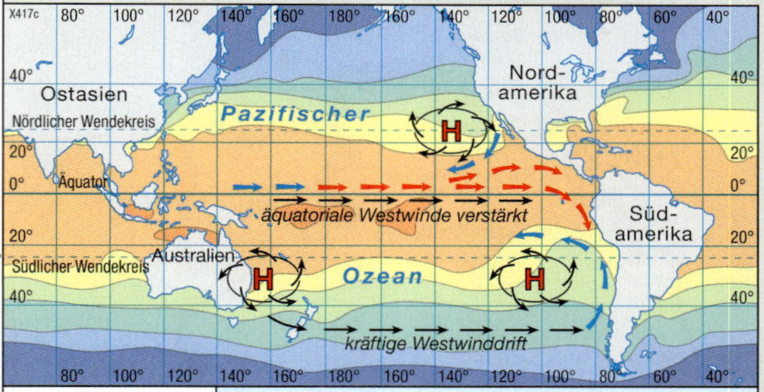

Dezember 1997 – „El Niño“

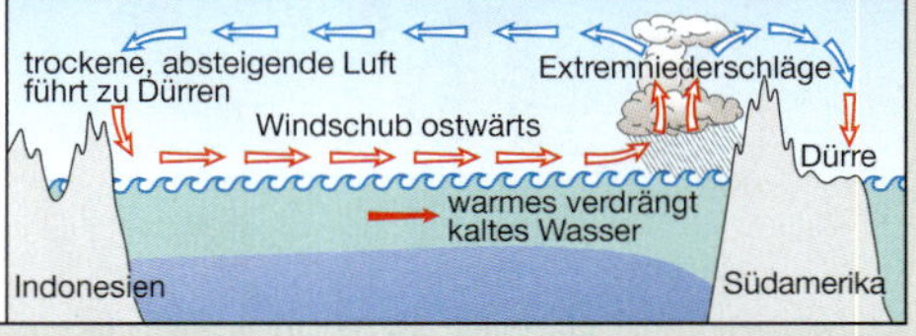

Profil am Äquator

© westermann 390930

X417d

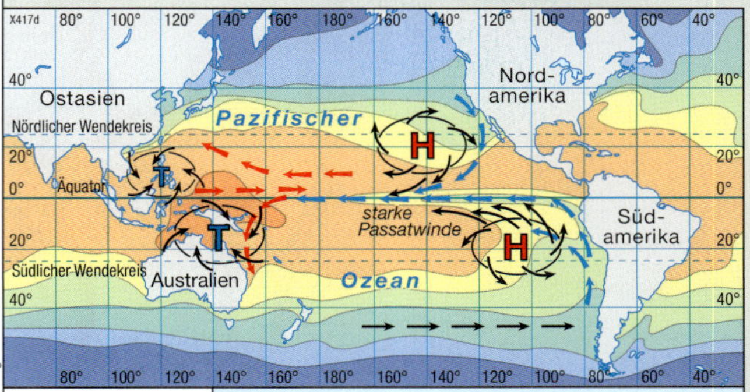

Dezember 1998 – „La Niña“

Profil am Äquator

© westermann 391019

Afrika – politische Entwicklung

① Afrika im 15.–17. Jahrhundert

- islamisch-arabische Welt
- Handelswege durch die Sahara
- arabische Expansion im 8.–15. Jahrhundert
- Zaira islamisch-afrikanische Reiche
- Küstenkönigreiche
- christliche Königreiche
- Stadtstaaten der Haussa
- Songhai
- Mali
- Bambara
- Dafur-Kordofan
- Kanem-Reich
- Mossi-Königreiche
- vermutetes Herkunftsgebiet der Bantus
- Verbreitungsgebiet im 15. Jahrhundert
- Kernräume der Bantukönigreiche

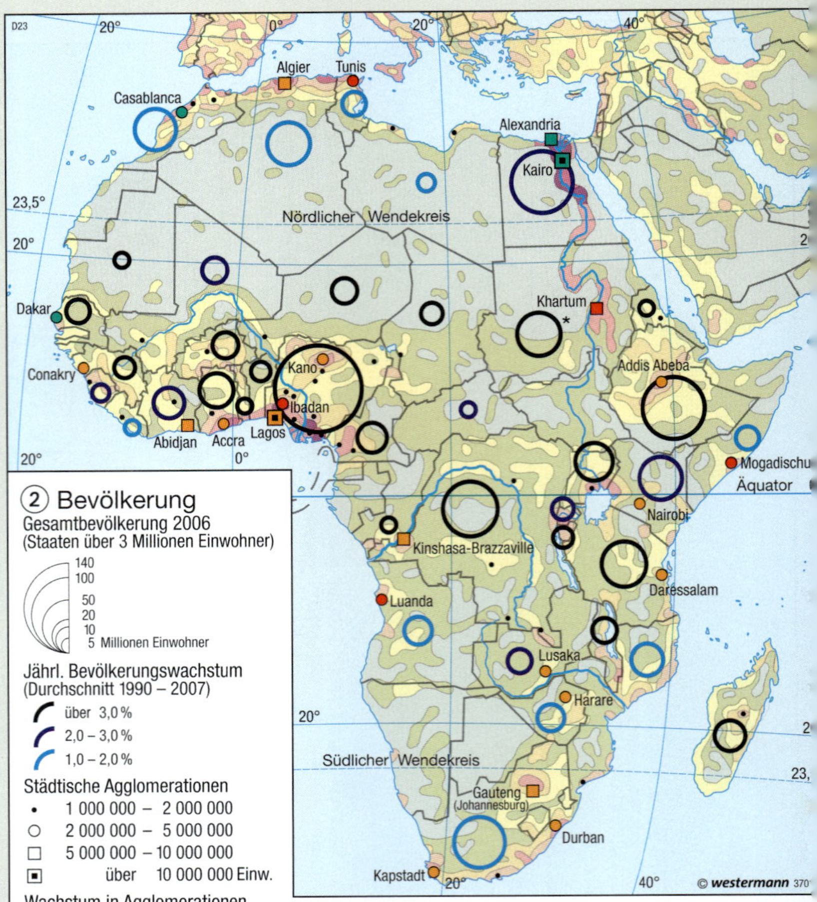

② Bevölkerung

Gesamtbevölkerung 2006 (Staaten über 3 Millionen Einwohner)

140, 100, 50, 20, 10, 5 Millionen Einwohner

Jährl. Bevölkerungswachstum (Durchschnitt 1990 – 2007)

- über 3,0 %
- 2,0 – 3,0 %
- 1,0 – 2,0 %

Städtische Agglomerationen

- 1 000 000 – 2 000 000
- 2 000 000 – 5 000 000
- 5 000 000 – 10 000 000
- über 10 000 000 Einw.

Wachstum in Agglomerationen
Verdoppelung der Einwohner seit 1990

- alle 10 Jahre
- zwischen 10 und 20 Jahren
- in mehr als 20 Jahren

Bevölkerungsdichte (Einwohner/km²)

unter 1 | 1–10 | 10–25 | 25–50 | 50–100 | 100–200 | 200–500 | über 500

*gilt für Sudan und Südsudan

③ Afrika – 1914/1918

Selbstständige Staaten in Flächenfarbe

1848 Jahr der Unabhängigkeit

Kolonialgebiete europäischer Staaten 1914

1787 Jahr der Erwerbung

- belgisch
- britisch
- deutsch
- französisch
- italienisch
- portugiesisch
- spanisch

④ Afrika – politische Übersicht

Selbstständige Staaten in Flächenfarbe

1960 Jahr der Unabhängigkeit

○Tunis Hauptstadt

selbstständige Mitglieder des Commonwealth of Nations

Abkürzungen:

Ba. = Banjul	Lo. = Lomé
Bi. = Bissau	Ou. = Ouagadougou
C. = Conakry	P. = Porto Novo

Maßstab 1 : 72 000 000 — 0, 500, 1000, 1500, 2000, 2500 km

Maßstab 1 : 36 000 000 — 0 200 400 600 800 1000 km

Flächentreuer äquatorständiger Azimutalentwurf nach Lambert. Berührpunkt: 15° Ost/Äquator.

Afrika – Klima

① Temperaturen im Jänner

−10 | −5 | 0 | 5 | 10 | 15 | 20 | 25 | 30 °C

Innertropische Konvergenz (ITC) im Jänner
nördliche
südliche

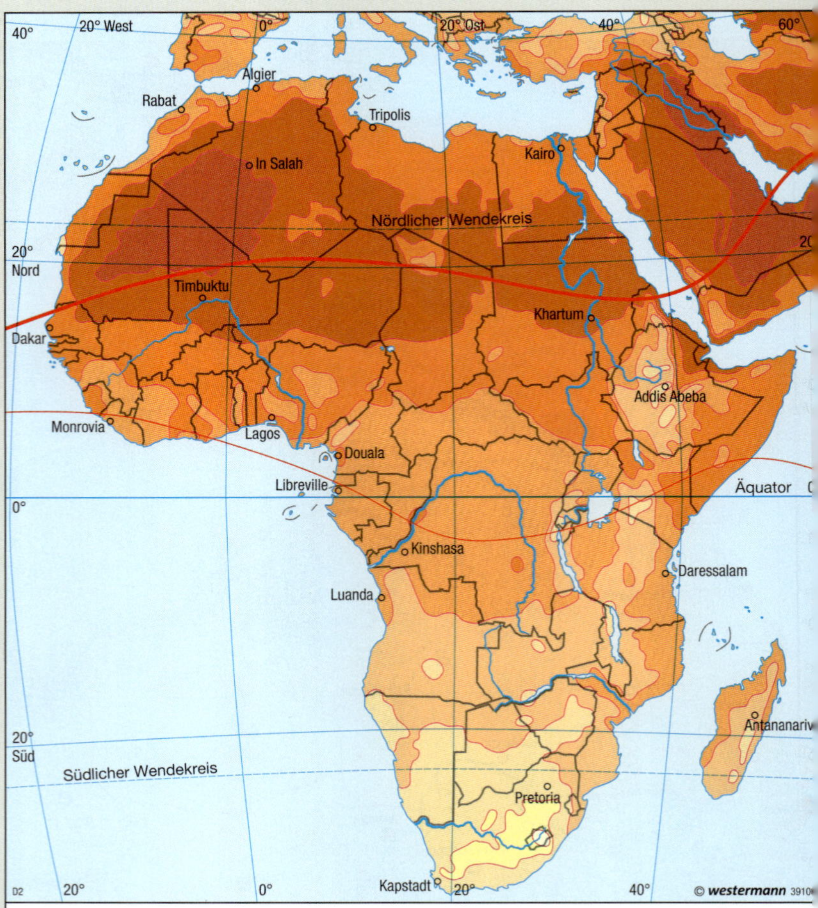

② Temperaturen im Juli

5 | 10 | 15 | 20 | 25 | 30 | 35 °C

Innertropische Konvergenz (ITC) im Juli
nördliche
südliche

③ Niederschläge im Jahr

20 | 250 | 500 | 1000 | 1500 | 2000 | 3000 mm im Jahr

④ Zahl der ariden Monate/Dürrewahrscheinlichkeit

—8— mittlere Anzahl der ariden Monate mit negativer klimatologischer Wasserbilanz (potenzielle Verdunstung über Land > Niederschlag)

klimatologische Trockengrenze (potenzielle Verdunstung über Land = Niederschlag)

Dürrewahrscheinlichkeit
- sehr häufig (1–2 Jahre bis ständig)
- häufig (alle 2–5 Jahre)
- selten bis nie

Maßstab 1 : 72 000 000

0 | 500 | 1000 | 1500 | 2000 | 2500 km

Österreich
Europa
Asien
Ozeanien
Afrika
Amerika
Erde
Register

Maßstab 1 : 16 000 000 — 0 100 200 300 400 500 km

Erläuterungen siehe Seite 139

Griechenland
Peloponnes
Athen
Kreta
Heraklion
Rhodos
Taurus
Türkei
Antalya
Adana
Mersin
Gaziantep
Aleppo (Halab)
Zypern
Nikosia (Lefkosia)
Levantinisches Meer
Latakia
Tripoli
Libanon
Beirut
Syrien
Syrische Wüste
Hama
Homs (Hims)
Palmyra
Damaskus (Dimashq)
Ar-Raqqah
Dayr az-Zawr
Mosul
Irbil
Kirkuk
As-Sulaymaniya
Irak
Mesopotamien
Bagdad
Al-Kut
Kerbala
An-Najaf
As-Samawah
An Nasiriyah
Basra
Ur
Euphrat
Tigris
Iran
Sanandaj
Hamadan
Qom
Kashan
Isfahan
Yazd
Kermanshah
Ahvaz
Abadan
Khorramshahr
Shiraz
Bandar-e Bushehr
Zagrosgebirge
Große Salzwüste (Dasht-e Kavir)
Israel
Haifa
Tel Aviv-Jaffa
Jerusalem
Gaza
Beersheba
Amman
Az-Zarqa
Jordanien
Totes Meer
Hebron
Ma'an
Akaba
Elat
Sinai
Kuwait
Persischer Golf
Bahrain
Manama
Katar
Doha
Ad-Dammam
Al-Hufuf
Riad (Ar-Riyad)
Al-Kharj
Saudi-Arabien
Nefud
Ha'il
Buraydah
Tabuk
Medina (Al-Madinah)
Yanbu al-Bahr
Mekka
Jiddah
Taif
Große Arabische Wüste (Rub al-Khali)
Abha
Khamis Mushayt
Najran
Jizan
Jemen
Sana (Sana'a)
Hodeida
Ta'izz
Aden
Al-Mukalla
Golf von Aden
Mittelmeer
Große Syrte
Bengasi (Banghazi)
Tobruk (Tubruq)
Cyrenaika
Jabal al-Akhdar
Ajdabiya
Libysche Wüste
Kalansho-Serir
Kufra-Oasen
Ägypten
Alexandria (El-Iskandariya)
Damanhur
Tanta
El-Mansura
Port Said (Bur Said)
Ismailia
Suez (As-Suweis)
Suezkanal
Kairo (El-Qahira)
Gizeh
El-Faiyum
Beni Suef
El-Minya
Mallawi
Asyut
Sohag
Qina
Luxor (El-Uqsur)
Assuan (Aswan)
Hurghada
Safaga
El-Quseir
Arabische Wüste
Qattara-senke
Siwa
Marsa Matruh
El-Alamein
Farafra
Dakhla
El-Kharga
Nassersee
Rotes Meer
Sudan
Nubische Wüste
Wadi Halfa
Port Sudan (Bur Sudan)
Suakin (Sawakin)
Atbara
Ad-Damir
Bajudasteppe
Omdurman
Khartum
Kassala
Wad Madani
Sannar
Gedaref (Al-Qadarif)
Kordofan
El-Obeid (Al Ubayyid)
Rabak
Kosti
Darfur
El-Fasher
El-Geneina (Al Junaynah)
Nyala
Jabal Marra
Dar Nuba
Obernil-becken
Malakal
Südsudan
Bahr al-Ghazal
Juba
Wau
Weißer Nil
Blauer Nil
Atbara
Sobat
Eritrea
Asmara
Massawa
Dahlak-Archipel
Äthiopien
Addis Abeba
Gonder
Tanasee
Bahir Dar
Mekele
Dessie
Dire Dawa
Harar
Jimma
Awasa
Shashemene
Arba Minch
Dschibuti
Somalia
Hargeysa
Berbera
Mogadischu (Muqdisho)
Kismaayo
Kenia
Turkana-see (Rudolfsee)
Uganda
Kampala
Jinja
Victoria-see
Indischer Ozean
D. R. Kongo
Kongobecken
Kisangani
Zentralafrikanische Republik
Tschad
Ennedi
Tibesti
Wadai
© westermann

Maßstab 1 : 16 000 000 0 100 200 300 400 500 km

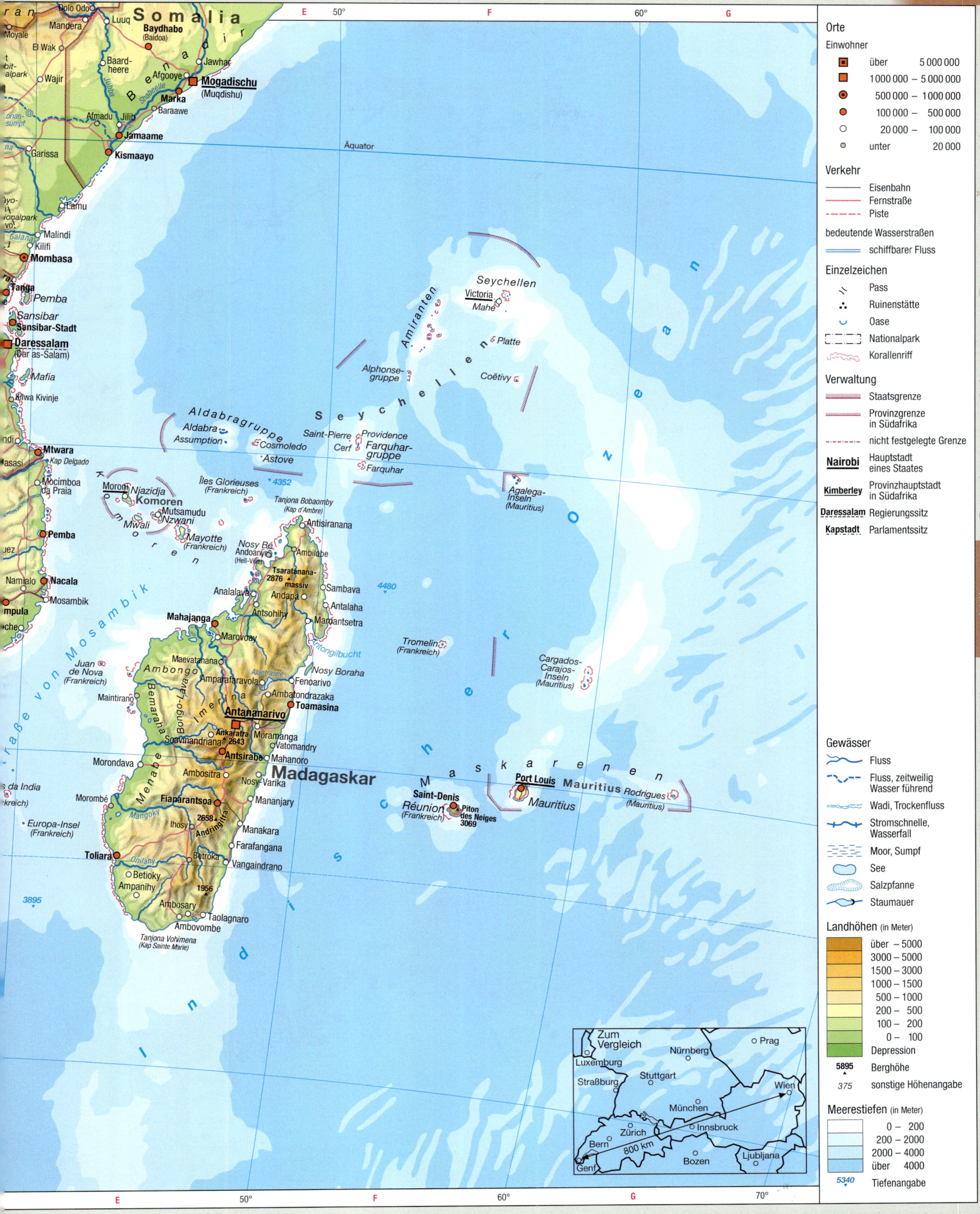

Flächentreuer zwischenständiger Azimutalentwurf nach Lambert. Berührpunkt: 10° Süd/ 30° Ost

Österreich
Europa
Asien
Ozeanien
Afrika
Amerika
Erde
Register

Maßstab 1 : 16 000 000 0 100 200 300 400 500 km

Erläuterungen siehe Seite 143

Österreich

Europa

Asien

Ozeanien

Afrika

Amerika

Register

Österreich
Europa
Asien
Ozeanien
Afrika
Amerika
Erde
Register

Maßstab 1 : 16 000 000

0 100 200 300 400 500 km

Somalia
Baydhabo
Baardheere
Mogadischu
Marka
Wabi Shabeelle
Juba
Garissa
Kismaayo
Äquator
Malindi
Mombasa
Pemba
Sansibar-Stadt
Daressalam
Mafia
Mtwara
Seychellen
Victoria
Mahé
Amiranten
Platte
Alphonse-gruppe
Coëtivy
Seychellen
Aldabragruppe
Aldabra
Assumption
Cosmoledo
Astove
Farquhargruppe
St. Pierre
Providence
Cerf
Farquhar
Moroni
Njazidja
Komoren
Nzwani
Mwali
Komoren
Mayotte (Frankreich)
Îles Glorieuses (Frankreich)
Tanjona Bobaomby (Kap d'Ambre)
Agalega-Inseln (Mauritius)
Antsiranana
Andoany
2876
Tsaratanana-massiv
Pemba
Nacala
Mosambik
Straße von Mosambik
Mahajanga
Juan de Nova (Frankreich)
Tromelin (Frankreich)
Cargados-Carajos-Inseln
Fenoarivo
Ambatondrazaka
Toamasina
Antananarivo
Madagaskar
Ankaratra 2643
Antsirabe
Morondava
Maskarenen
Mauritius
Port Louis
Mauritius
Rodrigues (Mauritius)
Saint-Denis
Réunion (Frankreich)
Morombé
Mangoky
Fianarantsoa
Mananjary
Europa-Insel (Frankreich)
Ihosy
Manakara
Toliara
Vangaindrano
Onilahy
Südlicher Wendekreis
Taolagnaro
Tanjona Vohimena (Kap Sainte Marie)
Indischer Ozean
40°
50°
60°
70°
0°
10°
20°
23,5°
30°
E
F
G
1
2
3
4
5
© westermann 361215
Bodenbedeckung
Hartlaubgehölze, Macchie
Steppe, Gebirgsweide
Halbwüste
Wüste, davon
Sandwüste (Erg)
Kieswüste (Serir)
Fels- und Schuttwüste (Hamada)
Dornstrauch- und Sukkulentensavanne
Trockensavanne
Feuchtsavanne
tropischer Regenwald
Moor, Sumpf
Mangrove
Trockenwald
Bodennutzung
Ackerbau (tropische Landwechselwirtschaft, vorwiegend für den Eigenbedarf)
intensive Landwirtschaft (Dauerfeldbau mittelbäuerlicher Betriebe, Oasen, an Küsten und Hauptverkehrswegen: Pflanzungen und Plantagen)
Bewässerungsland
Hauptanbaufrüchte
Weizen
Mais
Reis
Hirse
Zuckerrohr
Bananen
Dattelpalmen
Obst, Gemüse
Zitrusfrüchte
Kaffee
Kakao
Tabak
Tee
Wein
Erdnüsse
Kokospalmen
Oliven
Ölpalmen
Baumwolle
Jute
Sisal
Kautschuk
Korkeiche
200 m-Tiefenlinie (Kontinentalschelf)
Bergbau
Eisen
Chrom
Kobalt
Mangan
Nickel
Niob, Tantal (Coltan)
Blei, Zink
Kupfer
Zinn
Gold
Silber
Platin
Lithium
Titan
Steinkohle
Erdöl
Erdgas
Uran
Salz
Phosphat
Edelsteine
Stromerzeugung
Wasserkraftwerk
Wärmekraftwerk
Kernkraftwerk
Sonnenkraftwerk
Industrie
Eisen- und Stahlerzeugung
Buntmetallverhüttung
Aluminiumverhüttung
Metallindustrie
Maschinenbau
Fahrzeugbau
Elektrotechnik, Elektronik
chemische Industrie
Erdölraffinerie
Textilien, Bekleidung
Holz
Zellulose, Papier
Nahrungs- und Genussmittel
Fischverarbeitung
Dienstleistungszentren
mit internationaler Bedeutung
mit überregionaler Bedeutung
mit regionaler Bedeutung
keine Klassifizierung
Tourismus
Verkehr und Transport
wichtige Eisenbahn
wichtige Straße
Erdgasleitung
Erdölleitung, Ölverladehafen
Wasserferntransport
Staatsgrenze

Maßstab 1 : 36 000 000
0 200 400 600 800 1000 km

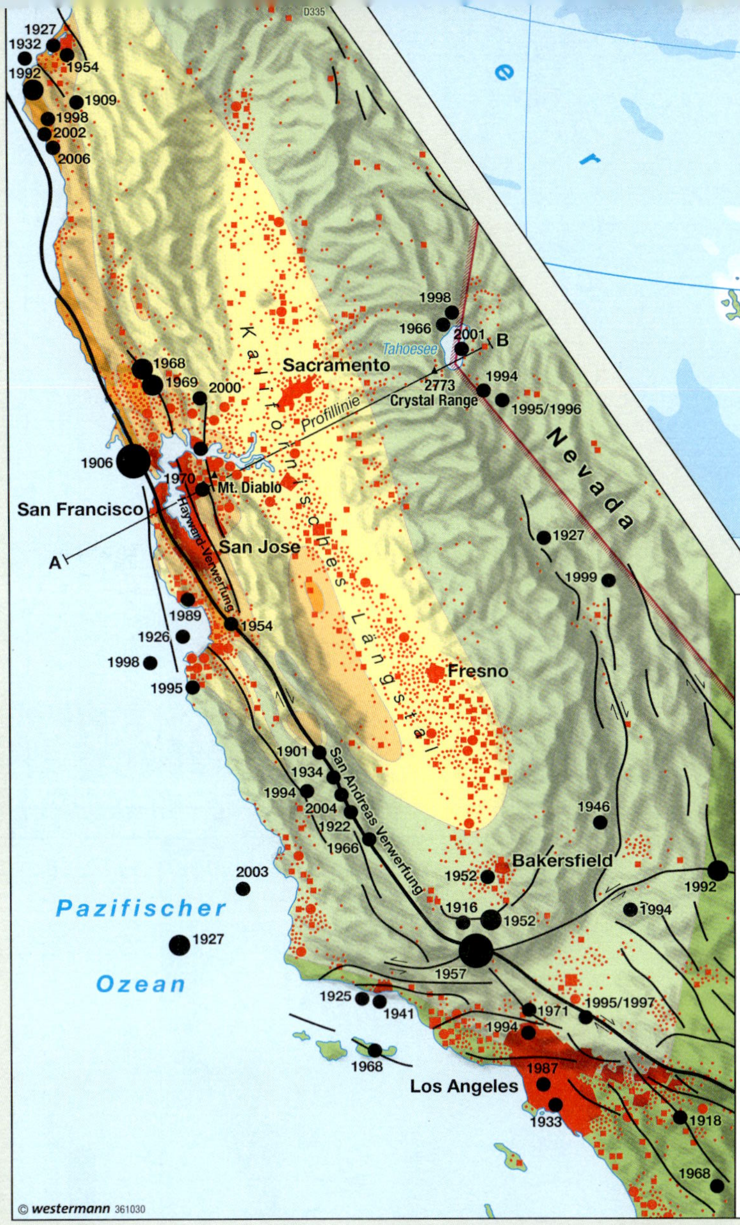

② Kalifornien – Erdbeben

Maßstab 1 : 6 000 000

aktive Verwerfung mit Richtung der horizontalen Verschiebung

starke Erdbeben seit 1900 (Richterskala)

- 5 – 6,9
- 7 – 7,9
- 8 und stärker

Erdbebenstärke San Francisco 18. 4. 1906 (Mercalliscala – nach sichtbaren Schäden)

- 1 – 2
- 3 – 4
- 5 – 6
- 7 – 8
- 9 – 10

Bevölkerungsverteilung

Einwohner

- über 100 000
- 50 000 – 100 000
- 25 000 – 50 000
- 10 000 – 25 000
- unter 10 000

Längenmaßstab 1 : 4 000 000 – Höhenmaßstab 20-fach überhöht

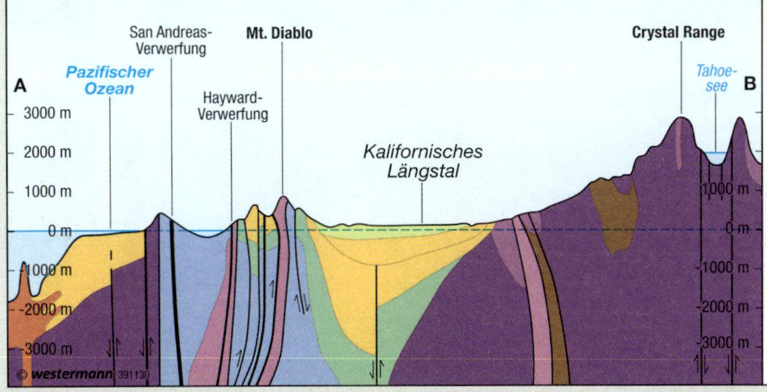

③ Geologisches Profil

Känozoikum

- Sedimente Quartär
- Vulkanite Quartär/Tertiär
- Sedimente Tertiär

Mesozoikum

- Sedimente Oberkreide
- Sedimente Jura/Kreide
- Vulkanite Jura/Kreide
- metamorphe Gesteine Trias
- Granitintrusion Trias

Paläozoikum

- metamorphe Gesteine
- Verwerfung mit Richtung der vertikalen Verschiebung

Nord- und Mittelamerika – Klima

① Temperaturen im Jänner

② Temperaturen im Juli

−35 −30 −25 −20 −15 −10 −5 0 5 10 15 20 25 30° Celsius

Blizzard-Kaltlufteinbrüche (Dezember bis März)

Northers- (Norte-) Polarlufteinbrüche im Winter

Küsteneis im Jänner

Wirbelstürme: Kerngebiet der Tornados (Mai bis Juli)

Zugbahnen verheerender Hurrikane (August bis Oktober)

Maßstab 1 : 72 000 000

③ Niederschläge im Jahr

Maßstab 1 : 72 000 000

100 250 500 1000 1500 2000 3000 mm im Jahr

Staatsgrenze

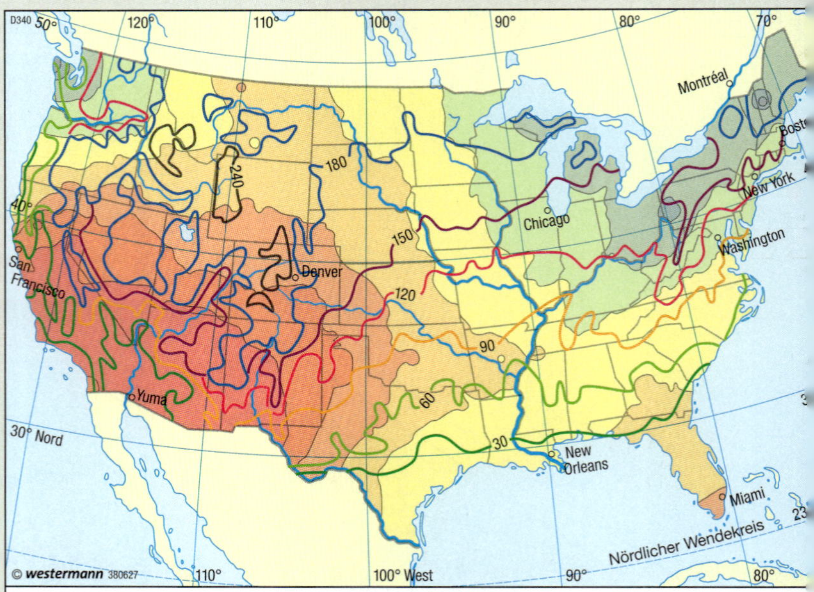

Durchschnittliche monatliche Sonnenscheindauer (in 100 Stunden)

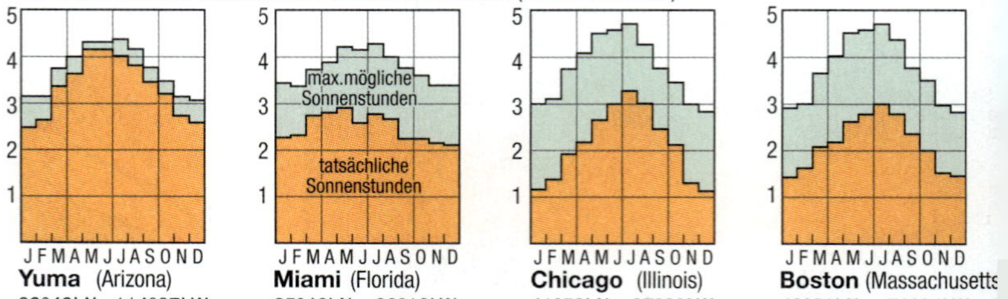

Yuma (Arizona) 32°43′ N 114°37′ W

Miami (Florida) 25°46′ N 80°12′ W

Chicago (Illinois) 41°53′ N 87°38′ W

Boston (Massachusetts) 42°21′ N 71°04′ W

④ Sunbelt/Frostbelt

Maßstab 1 : 42 000 000

2000 2200 2400 2600 2800 3000 3200 3400 Sonnenstunden im Jahr

Frosttage im Jahr: 30 60 90 120 150 180 240

Österreich
Europa
Asien
Ozeanien
Afrika
Amerika
Erde
Register

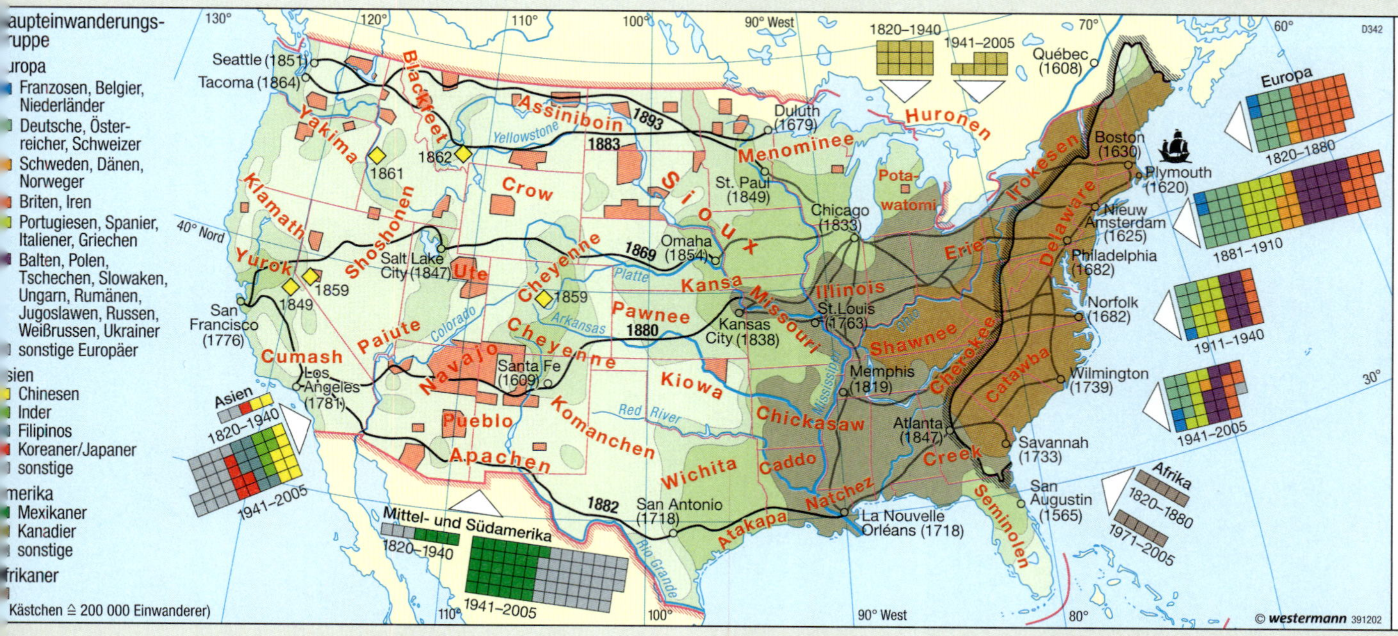

① Einwanderung/Besiedlung

- **Kiowa** – Lebensraum ausgewählter Indianerstämme vor der Besiedlung durch die Weißen
- Landung der Pilgerväter, September 1620
- 13 Kolonien 1776
- Goldrausch

Frontier (Besiedlungsgrenze) bis
- 1800
- 1830
- 1860
- 1880
- nach 1880

- transkontinentale Eisenbahn
- **1880** – Jahr der Fertigstellung
- wichtige Anschlussbahn
- Indianerreservation heute

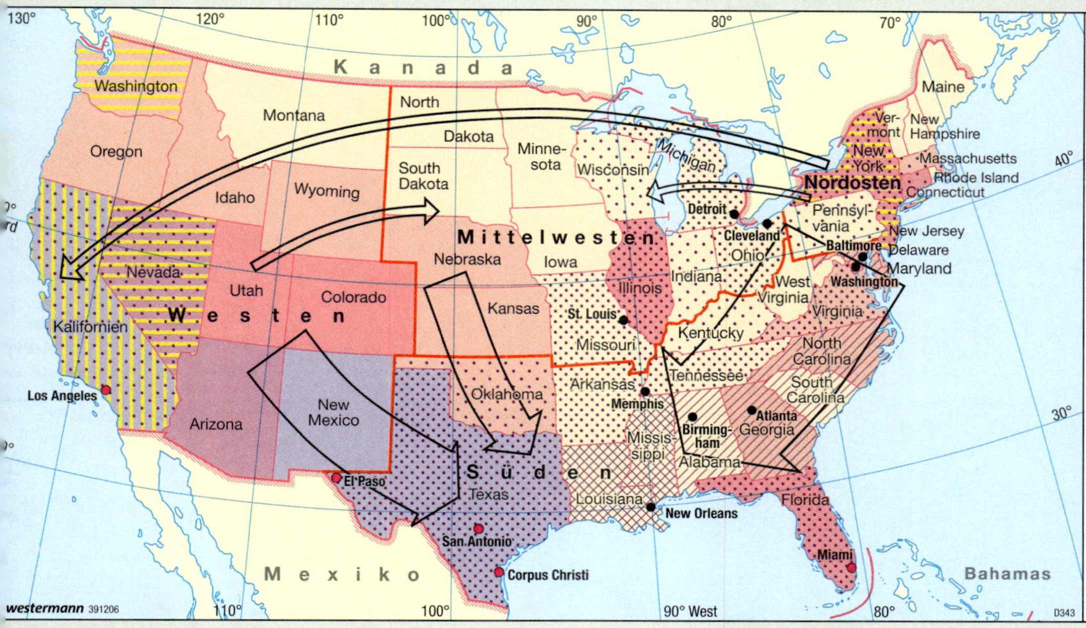

② Minderheiten

Bevölkerungsanteile 2004 in %

Hispanics*
- 0 – 5
- 5 – 10
- 10 – 20
- 20 – 30
- über 30

* Spanisch sprechende Bevölkerung

Afro-Amerikaner
- 5 – 10
- 10 – 20
- 20 – 30
- über 30

Asiaten
- 5 – 10
- über 10

Stadtbevölkerung
- Afro-Amerikaner (über 50%)
- Hispanics (über 40%)

Wanderungsbilanz der Afro-Amerikaner und Hispanics (1990 – 2004)

aus einer Großregion → in eine andere Großregion (Süden)

(1 mm Pfeilbreite ≙ 50 000 Menschen)

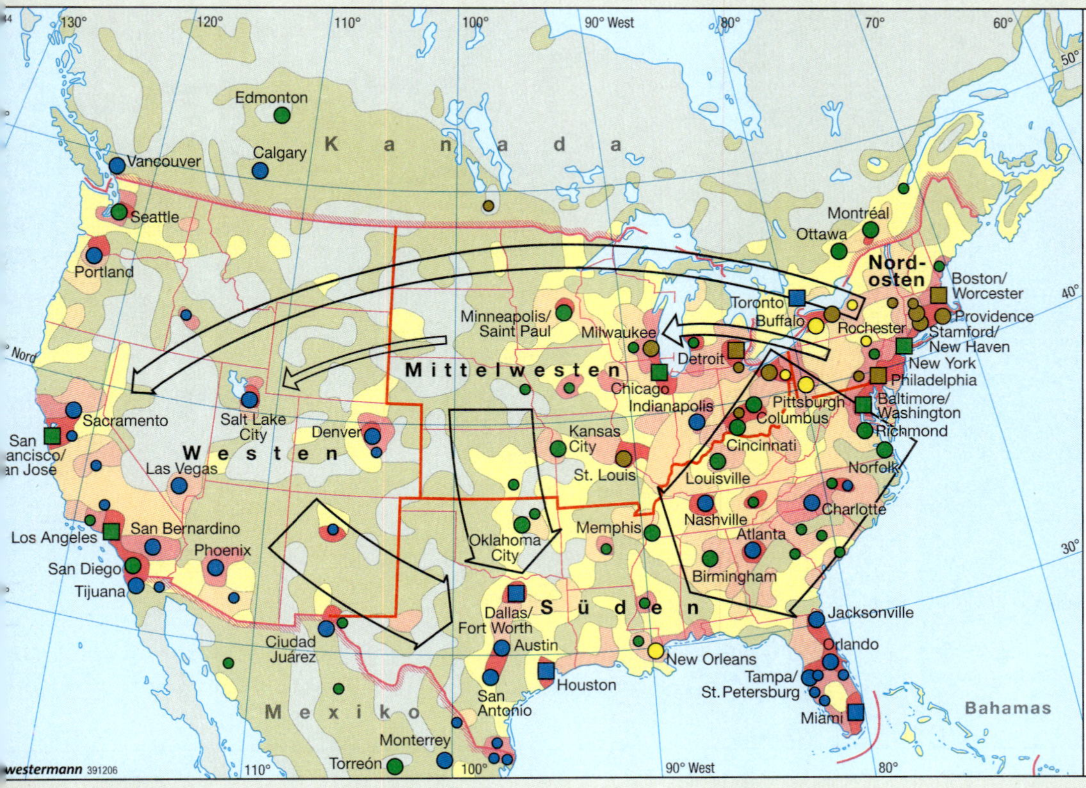

③ Bevölkerungsdichte/Bevölkerungswanderung

- unter 1
- 1 – 10
- 10 – 25
- 25 – 50
- 50 – 100
- 100 – 200
- 200 – 500 Einwohner/km²

Wanderungsbilanz der Gesamtbevölkerung (1990 – 2004)

aus einer Großregion → in eine andere Großregion (Süden)

(1 mm Pfeilbreite ≙ 100 000 Menschen)

Stadtentwicklung (1990 – 2004) (Agglomeration bzw. US Standard Metropolitan Statistical Area)
- Bevölkerungsabnahme
- Wachstum bis 10 %
- Wachstum 10 – 25 %
- Wachstum über 25 %

Stadtgröße (Agglomeration bzw. US Standard Metropolitan Statistical Area)
- 500 000 – 1 000 000
- 1 000 000 – 5 000 000
- über 5 000 000 Einwohner

- Staatsgrenze
- Grenze der Bundesstaaten
- Grenze einer Großregion

Maßstab 1 : 36 000 000 (0 200 400 600 800 1000 km)

④ Bevölkerungsstruktur

USA (2006)

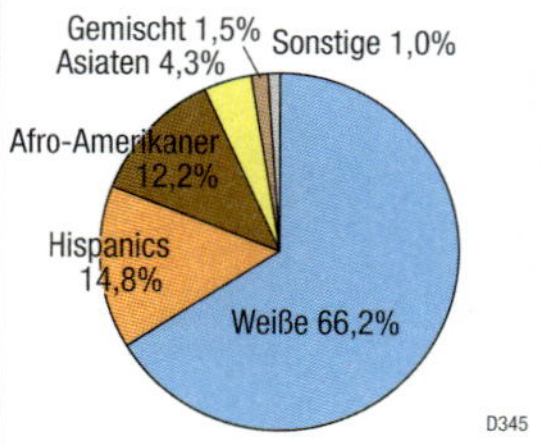

Kalifornien (2006)

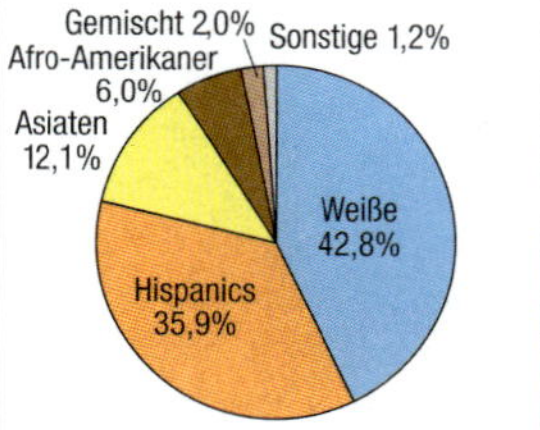

USA – Arbeitslosigkeit

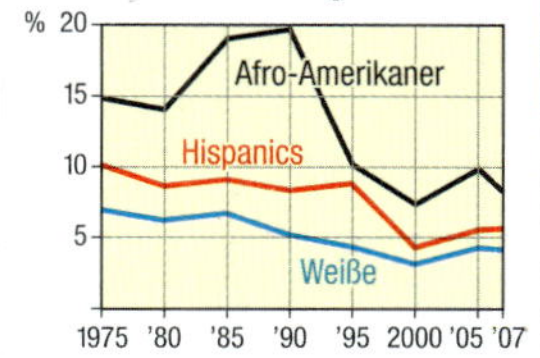

USA – Entwicklung der Altersstruktur (1950–2006)

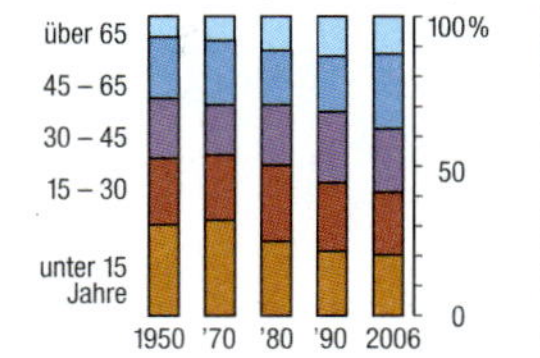

USA – Altersaufbau (2006)

5-Jahresklassen in % der Bevölkerungsgruppe

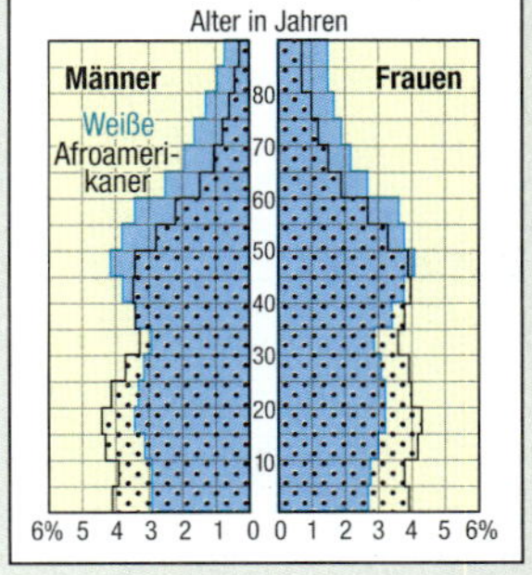

Maßstab 1 : 16 000 000
0 100 200 300 400 500 km

Flächentreuer zwischenständiger Azimutalentwurf nach Lambert. Berührpunkt: 40° Nord/95° West.

Orte

Einwohner

- über 5 000 000
- 1 000 000 – 5 000 000
- 500 000 – 1 000 000
- 100 000 – 500 000
- 20 000 – 100 000
- unter 20 000

Verkehr

- Eisenbahn
- Transkontinentale Straße (Pan-American-Highway)
- Fernstraße
- Fähre

bedeutende Wasserstraßen

- schiffbarer Fluss
- schiffbarer Kanal

Einzelzeichen

- Pass
- Ruinenstätte
- Nationalpark
- Korallenriff

Verwaltung

- Staatsgrenze
- Verwaltungsgrenze (US-Bundesstaat, Provinz in Kanada)
- **Ottawa** Hauptstadt
- **Denver** Hauptort

Abkürzung

D.C. District of Columbia

Gewässer

- Fluss
- Fluss, zeitweilig Wasser führend
- Stromschnelle, Wasserfall
- Kanal
- Wasserleitung
- Moor, Sumpf
- See
- Salzsee
- Staumauer

Landhöhen (in Meter)

- Gletscher
- über 3000
- 1500 – 3000
- 1000 – 1500
- 500 – 1000
- 200 – 500
- 100 – 200
- 0 – 100
- Depression
- 4345 Berghöhe
- 341 sonstige Höhenangabe

Meerestiefen (in Meter)

- 0 – 200
- 200 – 2000
- 2000 – 4000
- 4000 – 6000
- 6000 – 8000
- über 8000
- 6399 Tiefenangabe

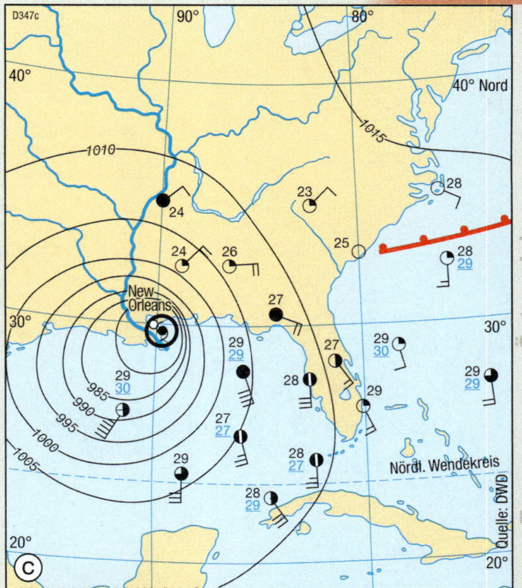

29.8.2005, 12 Weltzeit
Kerndruck 923 hPa, maximale Windgeschwindigkeit 110 Knoten

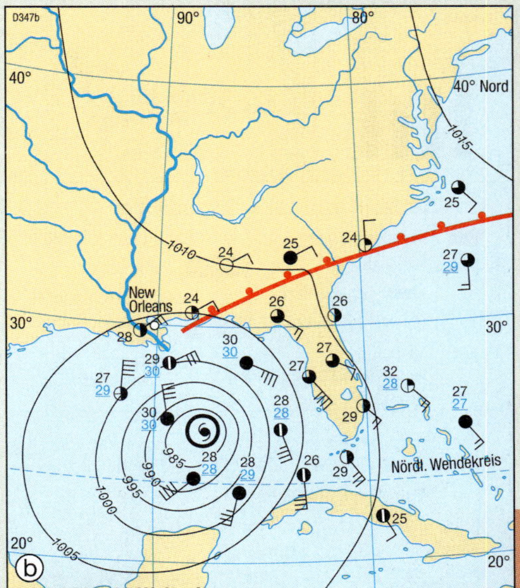

28.8.2005, 12 Weltzeit
Kerndruck 909 hPa, maximale Windgeschwindigkeit 145 Knoten

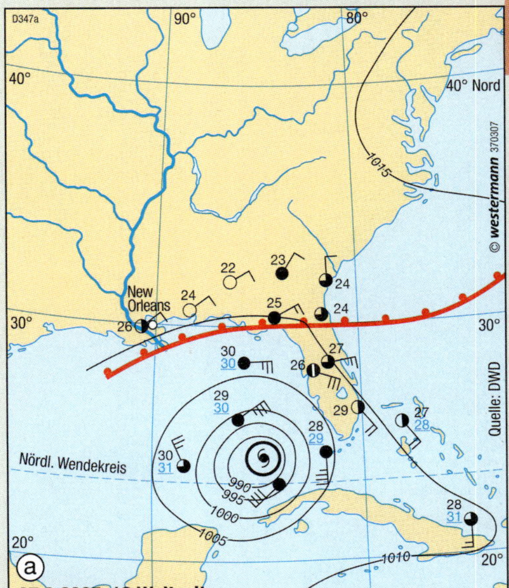

27.8.2005, 12 Weltzeit
Kerndruck 942 hPa, maximale Windgeschwindigkeit 100 Knoten

2 Hurrikan Katrina 27.-29.8.2005

- Hurrikan (Windgeschwindigkeit über 64 Knoten ≙ über 118 km/h ≙ 12 Beaufort (Bft))
- Warmfront
- 28/29 Luft-/Wassertemperatur
- Windrichtung, Windstärke (ein kurzer Strich=1 Bft, ein langer Strich=2 Bft)
- 1010 Isobaren (Luftdruck in Hektopascal)
- Isobaren liegen sehr dicht
- Wolkenbedeckung in Achtel

Maßstab 1 : 36 000 000

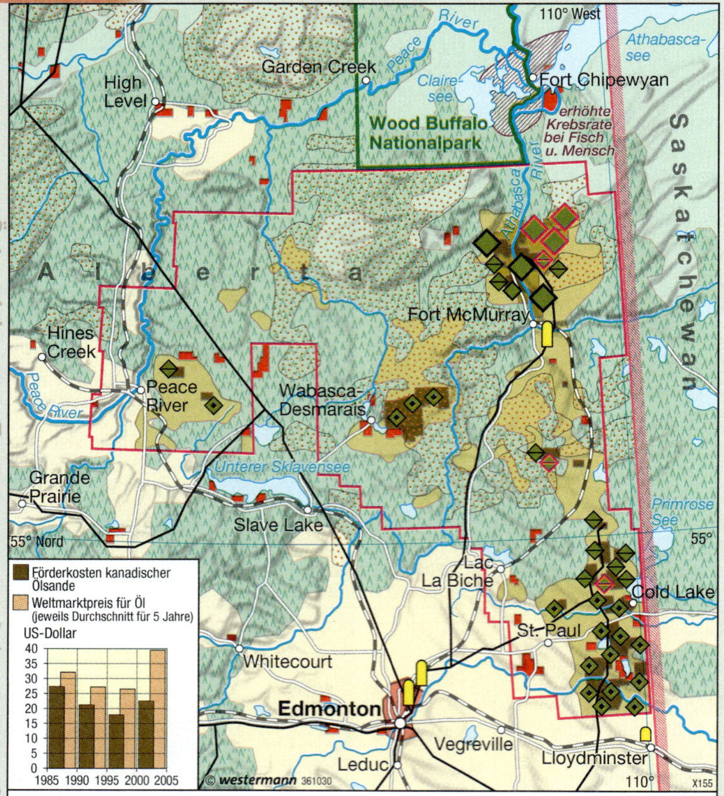

① Alberta (Kanada) – Ölsandabbau Maßstab 1 : 6 000 000

- Indianerreservat
- Nationalpark
- Karibu-Schutzgebiet
- Borealer Nadelwald
- Tundra
- landwirtschaftliche Nutzfläche

Ölgewinnung aus Ölsanden
- Abbaugebiet
- Prospektionsgebiet
- tagebaugeeignetes Gebiet
- geplantes Abbaugebiet

Fördermethoden (aktuell / geplant)
- Tagebau
- Dampfverfahren
- Ölsandpumpe
- Erdölpipeline, z. T. auch Ölsandtransport
- Erdölraffinerie

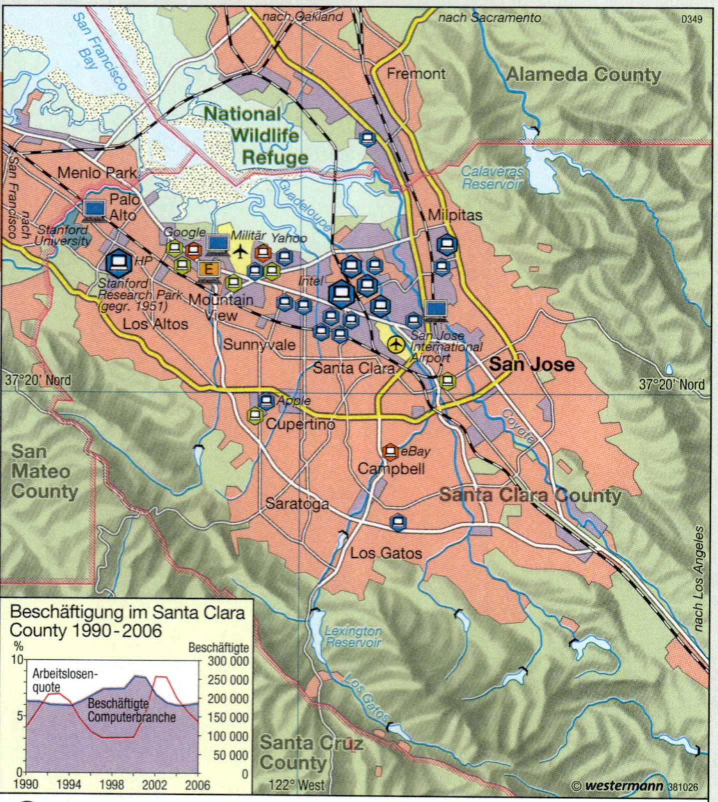

② Silicon Valley (Santa Clara County) – Computerindustrie 1 : 500 000

- Universitätscampus
- Industriegebiet (Job Belt)
- Wohngebiet, z. T. Mischgebiet
- Wald-, Busch- u. Strauchland (z. T. Weide)
- Salzteich, Salzmarsch
- Watt

Informationstechnologie bedeutende Unternehmen
- Computer-Hardware
- Computer-Software
- Internetdienst

Unternehmensumsatz in Mrd. US-$ (Mittelwert 2003–2005)
< 10 10–25 > 25

Internet
- Stand-Alone-Rootserver
- Rootserver-Node

Countygrenze

Maßstab 1 : 16 000 000 0 100 200 300 400 500 km

Nunavut
Hudson Bay
Ungava Bay
Kuujjuaq
Churchill
Newfoundland and Labrador
Churchill Falls
Happy Valley-Goose Bay
Labrador City
Voisey's Bay
Thompson
Flin Flon
The Pas
Manitoba
Winnipegsee
James Bay
Attawapiskat
Québec
Gagnon
Port-Cartier
Neufundland
Corner Brook
St. John's
Saint-Pierre und Miquelon (Frankreich)
Baie-Comeau
Murdochville
Chibougamau
Chicoutimi
Sankt-Lorenz-Strom
Rec Lake
Ontario
Winnipeg
Kenora
Kapuskasing
Manitouwadge
Trans Canada
Porcupine
Val-d'Or
Noranda
Bathurst
Prince Edward I.
Sydney
New Brunswick
Fredericton
Nova Scotia
Sable-Insel
Halifax
St. John
Yarmouth
Québec
Thetford
Trois-Rivières
Montréal
Ottawa
Massena
Thunder Bay
Hemlo
Oberer See
Cobalt
Sault Sainte Marie
Sudbury
Mesabi
Duluth
Dakota
Bismarck
Fargo
Minnesota
Wisconsin
Michigan
Huronsee
Toronto
Hamilton
Ontariosee
Syracuse
Rochester
Albany
Maine
Portland
Boston
Vermont
New Hampshire
Massachusetts
Hartford
Providence
New Bedford
Rhode Island
Conn.
St. Paul
Minneapolis
Rochester
Green Bay
Muskegon
Grand Rapids
Flint
Sioux Falls
Milwaukee
Michigansee
Lansing
Detroit
Sarnia
Buffalo
Eriesee
New York
Pennsylvania
Cleveland
Akron
Pittsburgh
Philadelphia
New Jersey
Sioux City
Waterloo
Cedar Rapids
Chicago
Toledo
Iowa
Davenport
Rockford
Des Moines
Omaha
Lincoln
Peoria
Indiana
Indianapolis
Dayton
Ohio
Columbus
Baltimore
Delaware
Washington
Maryland
Springfield
Illinois
St. Joseph
Cincinnati
West Virginia
Charleston
Virginia
Norfolk
Appalachen
Kansas
Topeka
Kansas City
St. Louis
Missouri
Wichita
Evansville
Louisville
Kentucky
Ölschiefer
Winston-Salem
Durham
Greensboro
North Carolina
Oak Ridge
Nashville
Tennessee
Knoxville
Charlotte
Tulsa
Oklahoma City
Oklahoma
Springdale
Arkansas
Memphis
Chattanooga
Huntsville
Greenville
South Carolina
Columbia
Wilmington
Little Rock
Ölschiefer
Mid Valley
Birmingham
Colonial
Atlanta
Augusta
Charleston
Red River
Fort Worth
Dallas
Mississippi
Alabama
Columbus
Georgia
Savannah
Shreveport
Monroe
Louisiana
Rockdale
Austin
Houston
Lake Charles
Baton Rouge
Port Arthur
Mobile
New Orleans
Pensacola
Jacksonville
Daytona Beach
Weltraumbahnhof Kap Canaveral
Orlando
Tampa
Galveston
Victoria
Golfküste
Sarasota
Florida
Laredo
Corpus Christi
Grand Bahama
Freeport
Great Abaco
Bahamas
Eleuthera
Miami
Golf von Mexiko
Brownsville
Matamoros
Reynosa
Kap Sable
Nassau
Andros
Cat
Key West
Florida Keys
Floridastraße
Große Bahamabank
Exuma
Acklins
Kuba
Havanna
Matanzas
Santa Clara
Camagüey
Holguín
Ciudad Victoria
Atlantischer Ozean
100°
90°
80°
70°
60°
50°
40°
30°
23,5°
90° West
Steinkohle
Braunkohle
Erdöl
Erdgas
Uran
Stromerzeugung
Wasserkraftwerk
Wärmekraftwerk
Kernkraftwerk
Geothermiekraftwerk
Industrie
Eisen- u. Stahlerzeugung
Buntmetallverhüttung
Aluminiumverhüttung
Metallindustrie
Maschinenbau
Schiffbau
Kraftfahrzeugbau
Luft- u. Raumfahrttechnik
Raketen u. Raumfahrzeuge
Elektrotechnik, IT
Elektronik, Hightech
Optik, Photonik
Chemie, Kunststoffe
Biotechnologie, Pharmazie
Erdölraffinerie
Atomindustrie
Leder, Textil, Bekleidung
Holzverarbeitung
Zellulose, Papier
Nahrungs- u. Genussmittel
Fischverarbeitung
Bodenbedeckung
Tundra
Waldtundra
Gebirgsnadelwald, subtropischer Nadelwald
nördlicher Nadelwald
Laub- und Mischwald
Steppe, z.T. Halbwüste
Wüste
Sumpf
Mangrove
Bodennutzung
Ackerbau
auf ärmeren Böden
auf guten Böden (Löss)
Bewässerungsland
Wiese, Weide
Prärie/extensive Weide
Hauptanbaufrüchte
Weizen
Mais
Reis
Zuckerrohr
Sisal
Zuckerrüben
Obst, Gemüse
Zitrusfrüchte
Tabak
Wein
Erdnüsse
Sojabohnen
Sonnenblumen
Baumwolle
Bergbau
Eisen
Stahlveredler
Molybdän
Niob, Tantal
Blei, Zink
Kupfer
Gold
Silber
Platin
Pottasche
Steinsalz
Graphit
Lithium
Dienstleistungszentren
mit internationaler Bedeutung
mit überregionaler Bedeutung
mit regionaler Bedeutung
keine Klassifizierung
Tourismus
Verkehr und Transport
wichtige Eisenbahn
wichtige Straße
Erdgasleitung
Erdölleitung
Staatsgrenze
Verwaltungsgrenze
200-m-Tiefenlinie (Kontinentalschelf)

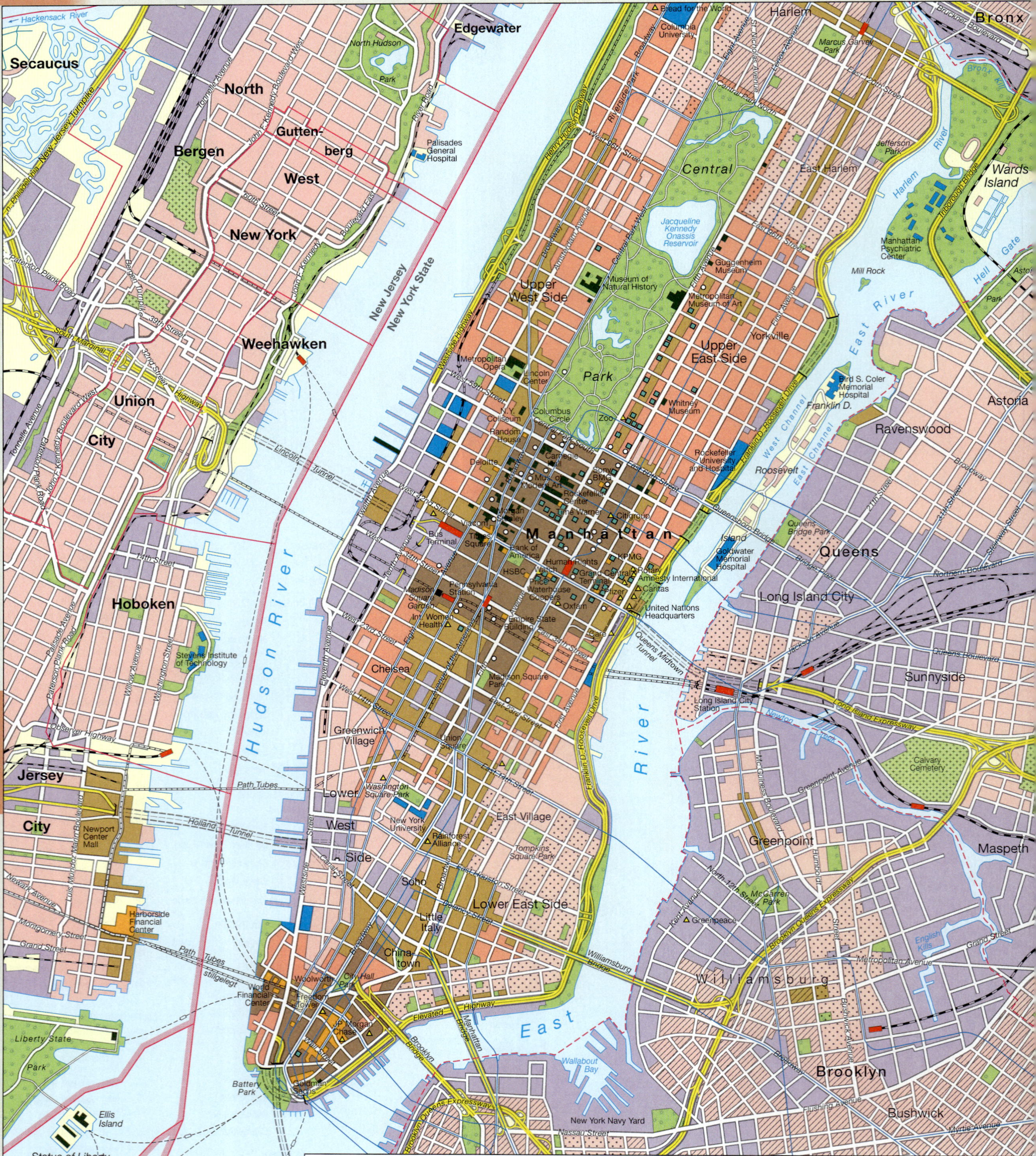

① New York – Flächennutzung

Maßstab 1 : 50 000

0 500 1000 1500

Hauptgeschäftszentrum (Central Business District) Hochhausviertel: vorwiegend Verwaltungen von Industrie und Handel, Geschäftsstraßen	
wichtiges Handelszentrum (Major Commercial Center): vorwiegend Kaufhäuser und Geschäfte	
Wohngebiet mit sehr hoher Wohndichte: vorwiegend Hochhäuser, sehr stark durchsetzt mit Geschäften sowie Büros privater und öffentlicher Institutionen	
Wohngebiet mit mehrgeschossigen Häusern alter und neuer Bauart, gemischt mit Geschäften und Büros	
Universität, Klinik, Forschungsinstitut	
Finanzzentrum – Banken, Börsen und Versicherungen	
Industrie, Gewerbe- und Lagerhäuser, Großmärkte, Verkehrs- u. Hafenflächen	

X187

Bundesstaatengrenze
Stadtgrenze
Boroughgrenze

Bevölkerungsanteil unterhalb der Armutsgrenze
über 50%
20 – 50%

Park, Grünanlage
Friedhof
Freifläche

Theater, Museum
Großhotel
diplomatische Vertretung
internationale Nichtregierungsorganisation (NGO)

Hauptbahn mit Bahnhof
Neben- und Industriebahn
Eisenbahntunnel
Untergrundbahn
Fähre

② New York – Satellitenbild

Bebauung
Grünfläche
Gewässer

Originaldaten IKONOS, Aufnahme 2007 (TRIGIS Vermessung und Geoinformatik GmbH, Berlin)

Maßstab 1 : 50 000
0 500 1000 1500 m

Österreich
Europa
Asien
Ozeanien
Afrika
Amerika
Erde
Register

Mittelamerika – physisch / Mexiko-Stadt

Orte
Einwohner
- über 5 000 000
- 1 000 000 – 5 000 000
- 500 000 – 1 000 000
- 100 000 – 500 000
- 20 000 – 100 000
- unter 20 000

Verkehr
- Eisenbahn
- Transkontinentale Straße (Panamericana)
- Fernstraße
- bedeutende Wasserstraßen
- schiffbarer Fluss/ Kanal

Einzelzeichen
- Ruinenstätte

Verwaltung
- Staatsgrenze
- Bogotá Hauptstadt
- Grenze der Bundesstaaten (USA und Brasilien)
- Columbia Hauptort

Landhöhen (in Meter)
- über 5000
- 3000 – 5000
- 1500 – 3000
- 1000 – 1500
- 500 – 1000
- 200 – 500
- 100 – 200
- 0 – 100
- Depression
- 6772 Berghöhe
- 2850 sonstige Höhenangabe

Meerestiefen (in Meter)
- 0 – 200
- 200 – 2000
- 2000 – 4000
- 4000 – 6000
- 6000 – 8000
- über 8000
- 9219 Tiefenangabe

2 Mexiko-Stadt – Hochlandmetropole

Maßstab 1 : 500 000 (0 – 5 – 10 km)

Wohnviertel der
- Oberschicht
- Mittelschicht
- Unterschicht, z.T. Slums
- Innenstadt (Centro Histórico)
- Industriegebiet
- Zentrum der Aztekenstadt „Tenochtitlan"
- Texcoco aztekischer Ort
- wichtiger Busbahnhof
- Autobahn/Straße
- Eisenbahn
- Grenze Mexiko-Stadt
- Seeufer um 1500 (ehemaliges Seebett, bei Erdbeben bes. schadensgefährdet)
- Entwässerungskanäle
- Restsee (ökologische Schutzzone; in der Trockenzeit begrünt)
- vorherrschende Windrichtung

Höhenlage (in Meter)
- 4000
- 3500
- 3000
- 2500
- Vulkan
- 5286 Höhe in Meter

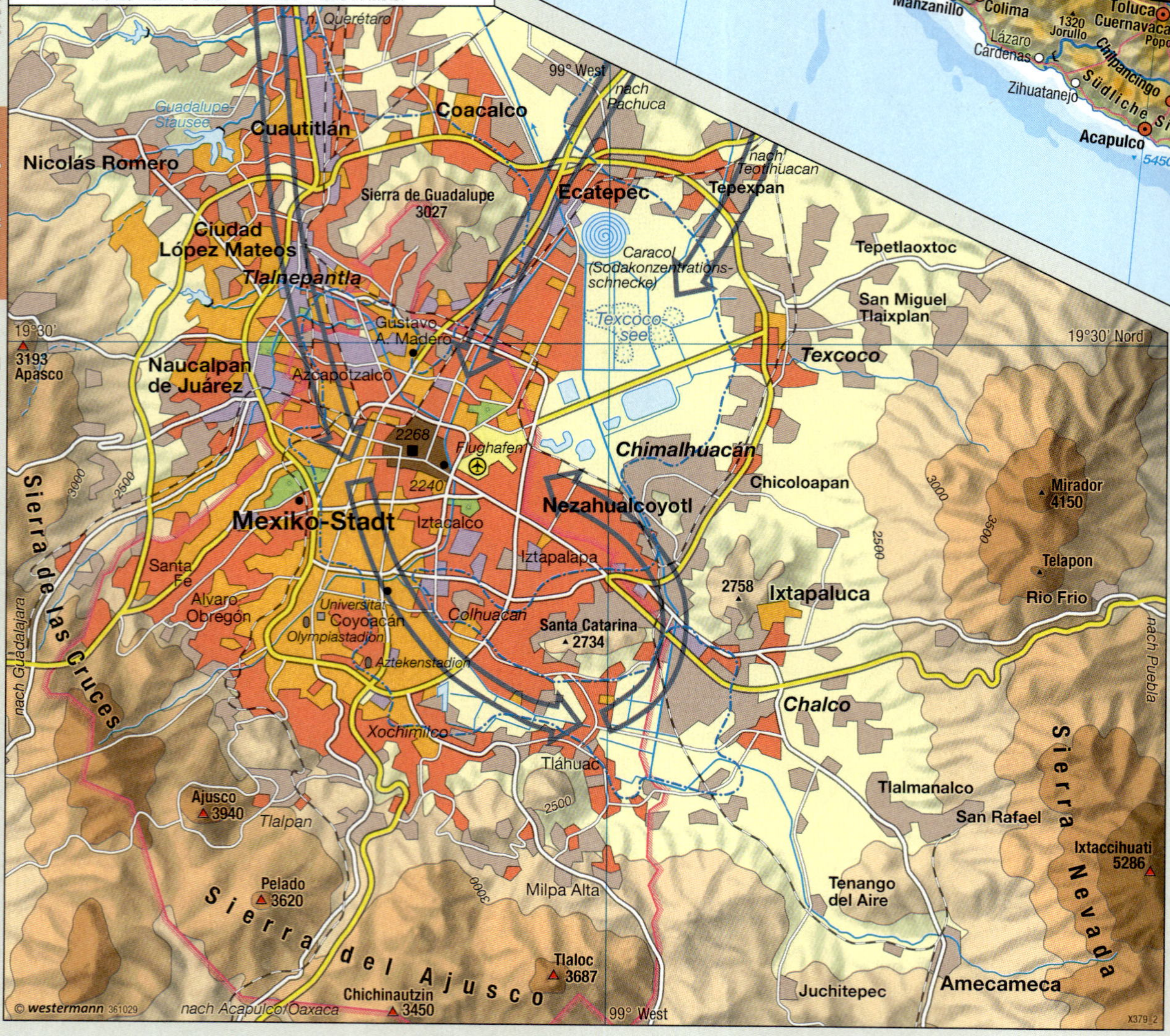

Maßstab 1 : 16 000 000
0 100 200 300 400 500 km

Flächentreuer zwischenständiger Azimutalentwurf nach Lambert. Berührpunkt: 20° Nord/80° West

Österreich
Europa
Asien
Ozeanien
Afrika
Amerika
Erde
Register

Maßstab 1 : 16 000 000

0 100 200 300 400 500 km

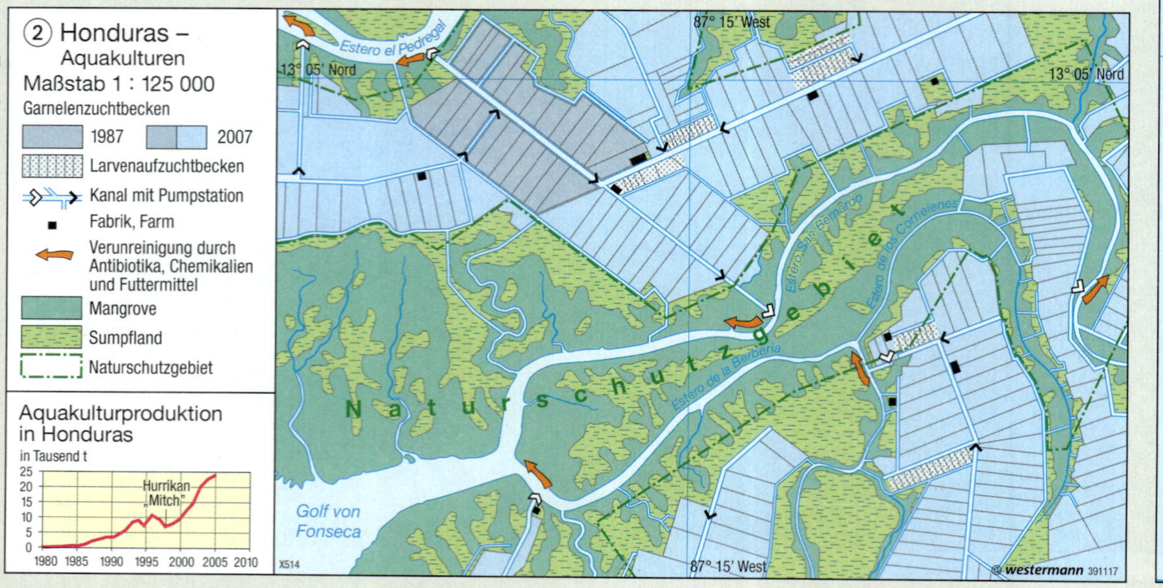

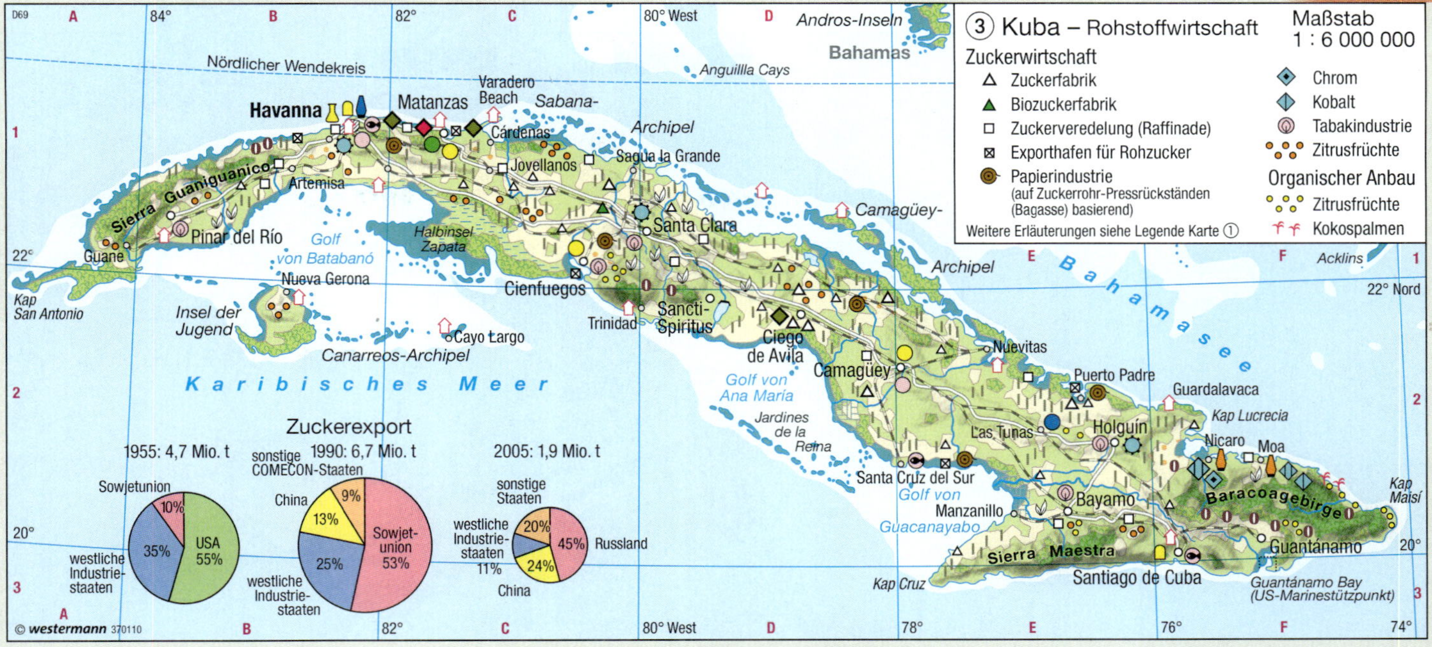

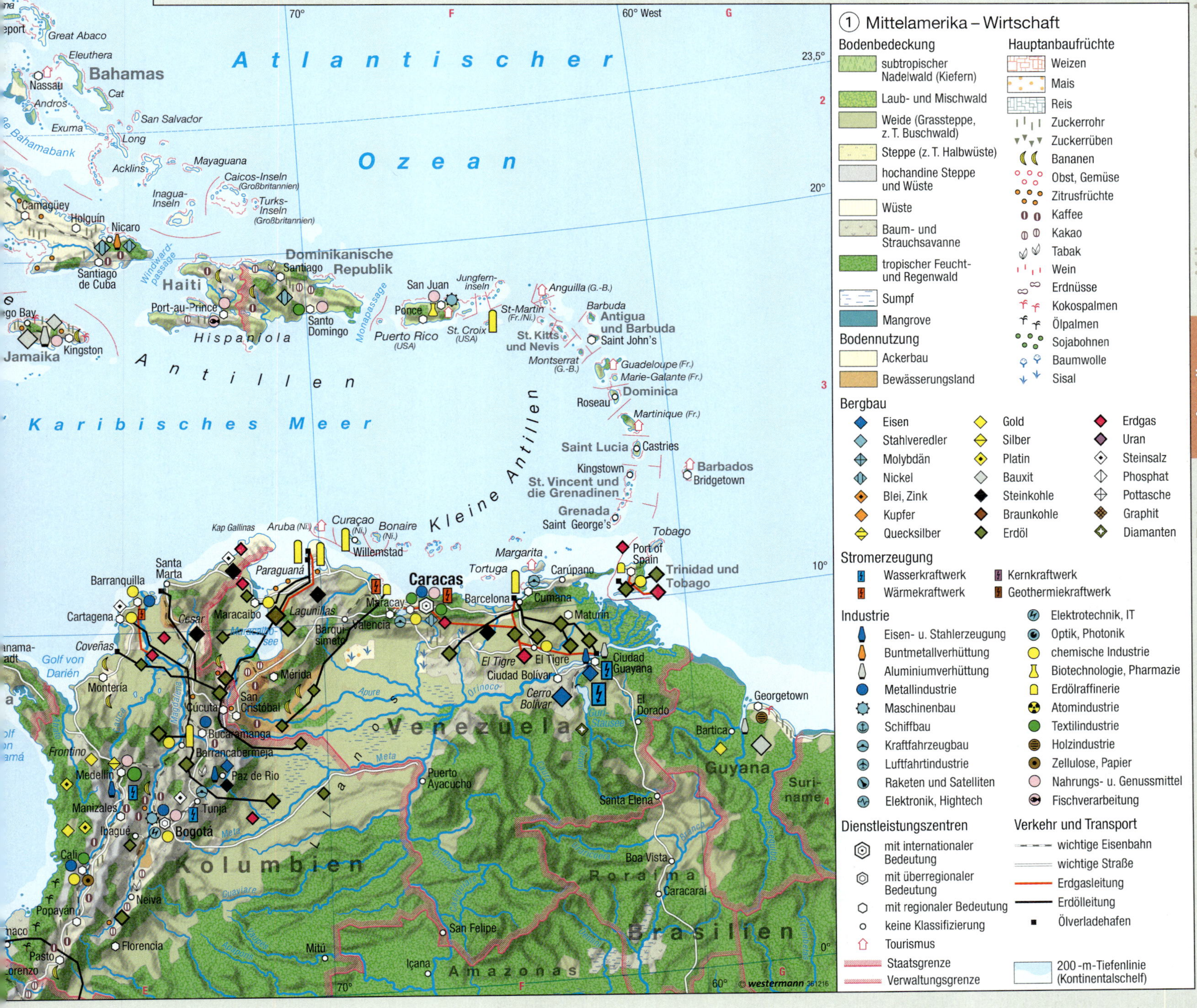

Österreich
Europa
Asien
Ozeanien
Afrika
Amerika
Erde
Register

Maßstab 1 : 16 000 000
0 100 200 300 400 500 km

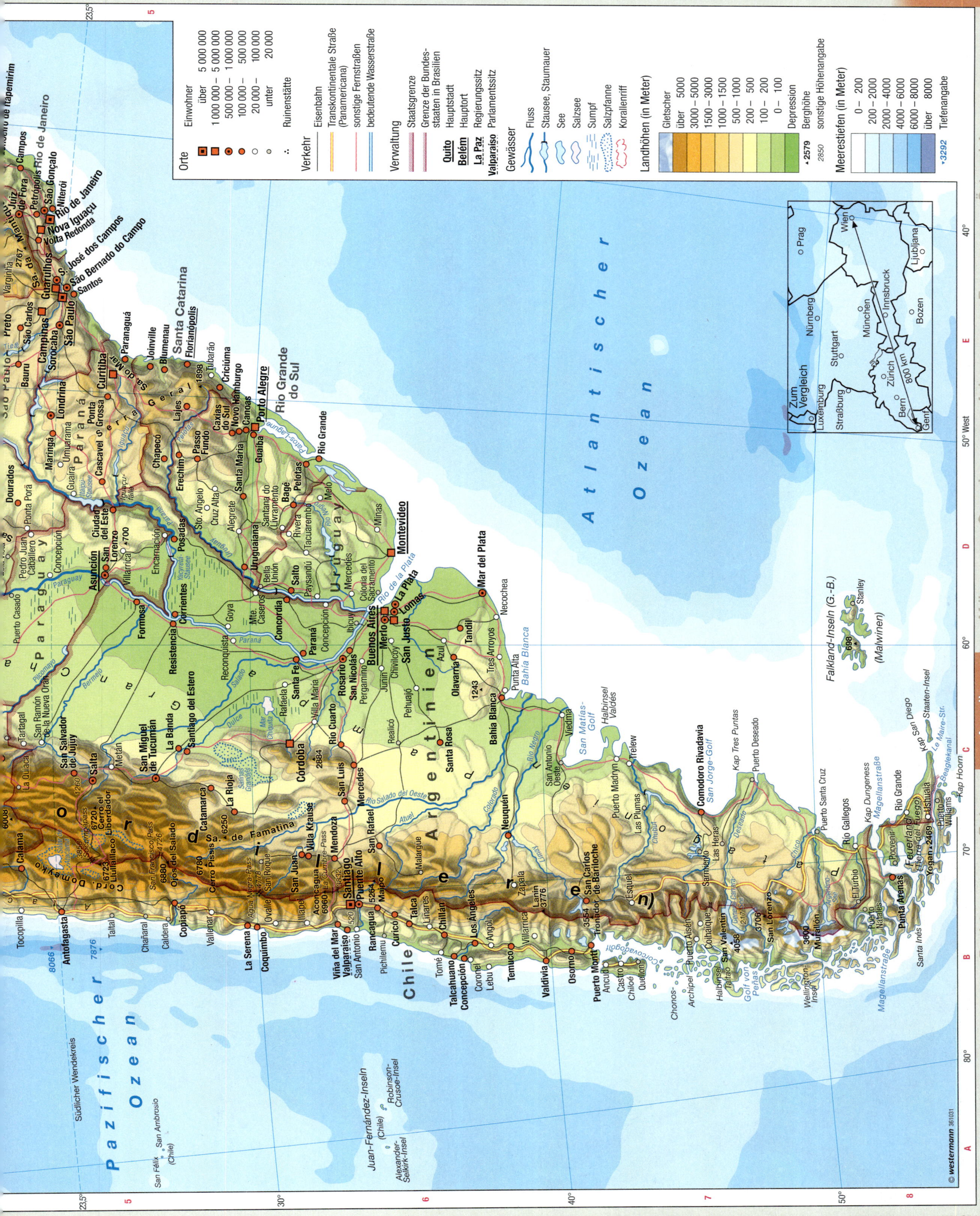

Flächentreuer schiefachsiger Schnittzylinderentwurf. Längentreue Parallelkreise: 5° Nord/35° Süd

Österreich
Europa
Asien
Ozeanien
Afrika
Amerika
Erde
Register

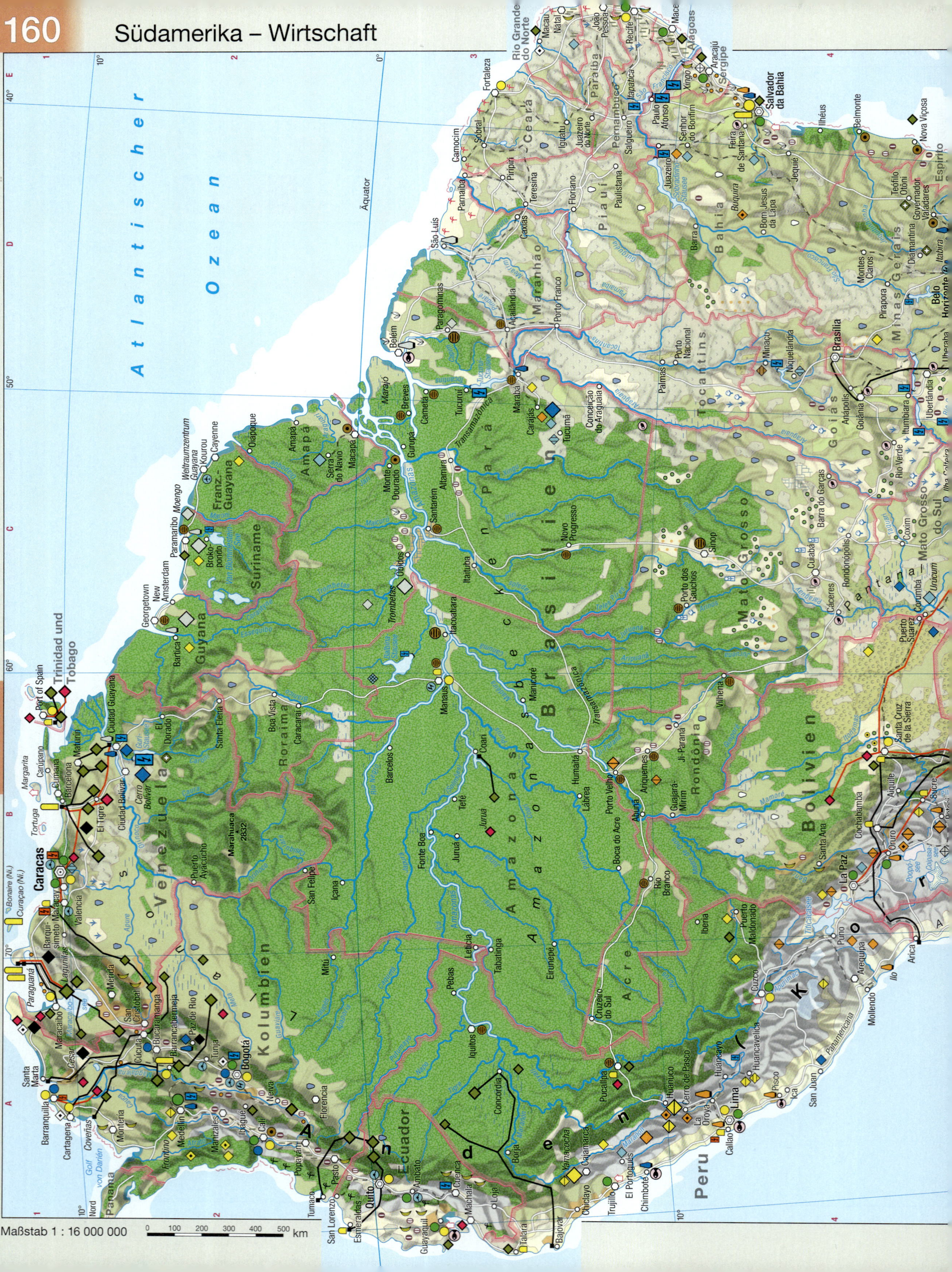

Pazifischer Ozean
Atlantischer Ozean
Südlicher Wendekreis
Chile
Argentinien
Paraguay
Uruguay
Santiago
Buenos Aires
Montevideo
Rio de Janeiro
São Paulo
Porto Alegre
Asunción
Juan-Fernández-Inseln (Chile)
Alexander-Selkirk-Insel
Robinson-Crusoe-Insel
San Félix (Chile)
San Ambrosio
Falkland-Inseln (Großbritannien)
(Malwinen)
Stanley
Feuerland
Staaten-Insel
Kap Hoorn
Aconcagua 6962
Bodenbedeckung
Eis- und Gletscherregion
antarktische Tundra
Steppe (beweidet)
hochandine Steppe und Wüste
Halbwüste
Wüste
Baum- und Strauchsavanne
tropischer Regenwald
subtropischer Wald
Moor, Sumpf
Mangrove
gemäßigter Regenwald
Trockenwald (beweidet)
Salzpfanne
Salzsee
Bodennutzung
Ackerbau
Bewässerungsland
intensive Weide
extensive Weide
Hauptanbaufrüchte
Weizen
Mais
Reis
Zuckerrohr
Bananen
Obst, Gemüse
Zitrusfrüchte
Kaffee
Kakao
Tabak
Tee
Wein
Erdnüsse
Kokospalmen
Sojabohnen
Sonnenblumen
Baumwolle
Sisal
Kautschuk
Bergbau
Eisen
Stahlveredler
Nickel
Niob, Tantal
Blei, Zink
Kupfer
Zinn
Quecksilber
Gold
Platin
Silber
Bauxit
Lithium
Phosphate
Steinsalz
Pottasche
Asbest
Diamanten
Steinkohle
Erdöl
Erdgas
Uran
Stromerzeugung
Wasserkraftwerk
Wärmekraftwerk
Kernkraftwerk
Industrie
Eisen- u. Stahlerzeugung
Buntmetallverhüttung
Aluminiumverhüttung
Metallindustrie
Schiffbau
Fahrzeugbau
Luft- u. Raumfahrttechnik
Maschinenbau
Elektrotechnik, Elektronik
chemische Industrie
Erdölraffinerie
Leder, Textil, Bekleidung
Holz
Zellulose, Papier
Fischverarbeitung
Fleischwaren
Dienstleistungszentren
mit internationaler Bedeutung
mit überregionaler Bedeutung
mit regionaler Bedeutung
keine Klassifizierung
Tourismus
Verkehr und Transport
wichtige Eisenbahn
wichtige Straße
Erdgasleitung
Erdölleitung
Ölverladehafen
Staatsgrenze
Grenze brasilianischer Bundesstaaten
200 m-Tiefenlinie (Kontinentalschelf)
Viehhaltung
(1 Zeichen ≙ 5 Mio. Stück)
Rinder
Schafe
© westermann 380102

① Entdeckungszeitalter
Maßstab 1 : 65 000 000
Ges Indianervolk
Indianische Hochkulturen
Azteken
Maya
Inka
um 1350
bis 1463
bis 1532
Inkastraße
Entdeckungen und Eroberungen
Kolumbus 1. Reise 1492/93
Vespucci 1. Reise 1499
Cabral 1500
Balboa 1513
Magellan 1519/21
Cortés 1519–20
Pizarro 1531–33
Bahia 1549 Stadt mit Gründungsjahr
Nördlicher Wendekreis
20° Nord
0° Äquator
Südlicher Wendekreis
20° Süd
40°
60° West
Kolumbus 1492
Amerigo Vespucci 1499
Cortés 1519–20
Havanna 1511
San Salvador
Santo Domingo 1496
Veracruz 1519
Tenochtitlán
Misquito
Balboa 1513
Caracas 1566
Bogotá 1538
Chibcha
Aruak
Karaiben
Tukano
Pano
Tupi
Ges
São José do Rio (Manaus) 1669
Tabatinga 1780
Amazonas
Madeira
Pernambuco 1526
Bahia 1549
Cabral 1500
Pizarro 1531/32
Lima 1535
Cuzco
Rio de Janeiro 1556
Cabral 1500 nach Indien
Paraná
Guarani
Guaikuru
Araukaner
Buenos Aires 1535/80
Valdivia 1552
Patagonier
Magellan 1520 (1. Weltumseglung 1519–21)
spanisch-portugiesische Interessengrenze 1494
© westermann 380125

② Nationalstaaten 1825
am Ende der Befreiungskriege
Maßstab 1 : 65 000 000
Kolonien um 1800
spanische Besitzungen
portugiesische Besitzungen
Peru Vizekönigreich
1811 Jahr der Unabhängigkeit
(erschlossene Gebiete sind in Flächenfarbe dargestellt)
Republik Mexiko 1821
Neu-Spanien
Mexiko-Stadt
Kuba (Span.)
Bahama-Inseln (G.-B.)
Jamaika (G.-B.)
Haiti 1804
Britisch Honduras
Honduras 1821
Guatemala 1821
El Salvador 1821
Nicaragua 1821
Costa Rica 1821
Trinidad (G.-B.)
Caracas
Venezuela 1811
Guayana
(G.-B.) (Nieder.) (Fr.)
Bogotá
Kolumbien 1810
Neu-Granada
Staatenbund der Vereinigten Provinzen von Neu-Granada 1811
Quito
Ecuador 1809
São José do Rio Negro (Manaus)
Amazonas
Madeira
Brasilien
Kaiserreich Brasilien 1822
Bahia
Republik Peru 1821
Lima
Cuzco
Peru
La Paz
Republik Bolivien 1825
Rep. Paraguay 1811
Asunción
Rio de Janeiro
Republik Chile 1818
Vereinigte Provinzen von La Plata 1810 (Argentinische Konföderation)
La Plata
Santiago
Uruguay 1828
Buenos Aires
Rio de la Plata
Patagonien
Nördlicher Wendekreis
Südlicher Wendekreis
0° Äquator
© westermann

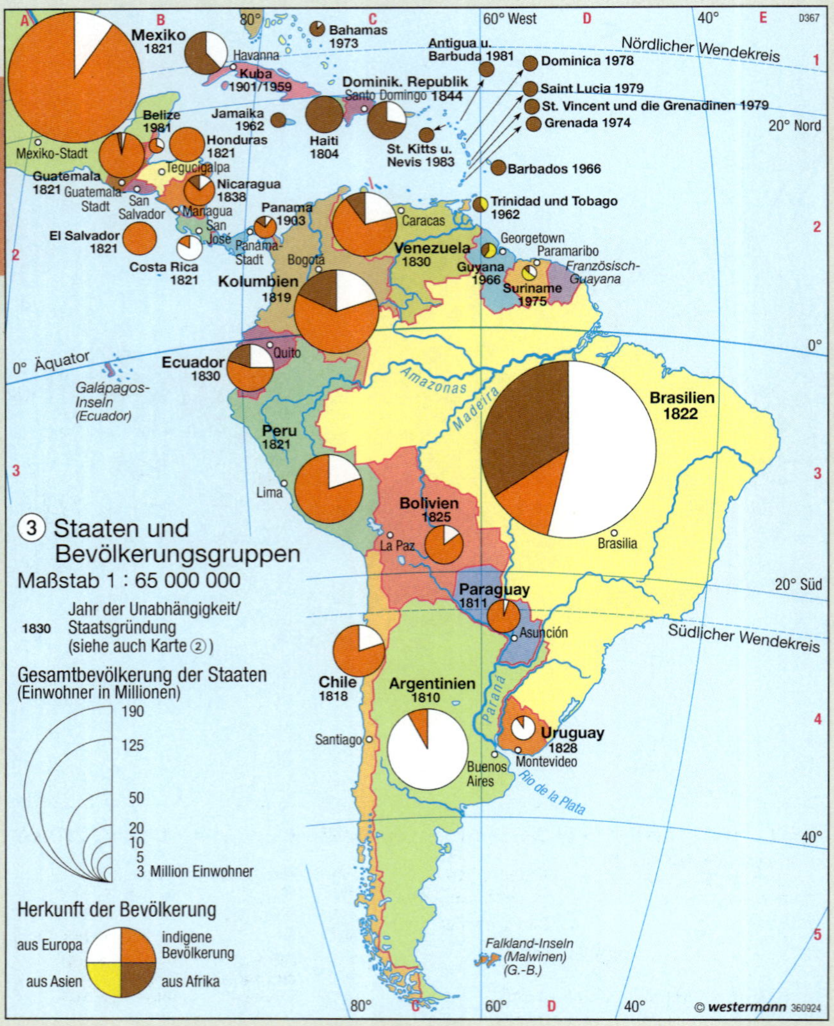
③ Staaten und Bevölkerungsgruppen
Maßstab 1 : 65 000 000
1830 Jahr der Unabhängigkeit/ Staatsgründung (siehe auch Karte ②)
Gesamtbevölkerung der Staaten (Einwohner in Millionen)
190
125
50
20
10
5
3 Million Einwohner
Herkunft der Bevölkerung
aus Europa
indigene Bevölkerung
aus Asien
aus Afrika
Mexiko 1821
Mexiko-Stadt
Havanna
Kuba 1901/1959
Bahamas 1973
Antigua u. Barbuda 1981
Dominica 1978
Dominik. Republik Santo Domingo 1844
Saint Lucia 1979
St. Vincent und die Grenadinen 1979
Grenada 1974
Belize 1981
Jamaika 1962
Haiti 1804
St. Kitts u. Nevis 1983
Barbados 1966
Honduras 1821
Tegucigalpa
Guatemala 1821
Guatemala Stadt
Nicaragua 1838
Managua
San Salvador
El Salvador 1821
San José
Costa Rica 1821
Panama 1903
Panama-Stadt
Trinidad und Tobago 1962
Caracas
Venezuela 1830
Georgetown
Paramaribo
Guyana 1966
Suriname 1975
Französisch-Guayana
Bogotá
Kolumbien 1819
Quito
Ecuador 1830
Galápagos-Inseln (Ecuador)
Amazonas
Madeira
Brasilien 1822
Brasília
Peru 1821
Lima
Bolivien 1825
La Paz
Paraguay 1811
Asunción
Chile 1818
Santiago
Argentinien 1810
Uruguay 1828
Montevideo
Buenos Aires
Rio de la Plata
Paraná
Falkland-Inseln (Malwinen) (G.-B.)
Nördlicher Wendekreis
20° Nord
0° Äquator
20° Süd
Südlicher Wendekreis
© westermann 360924

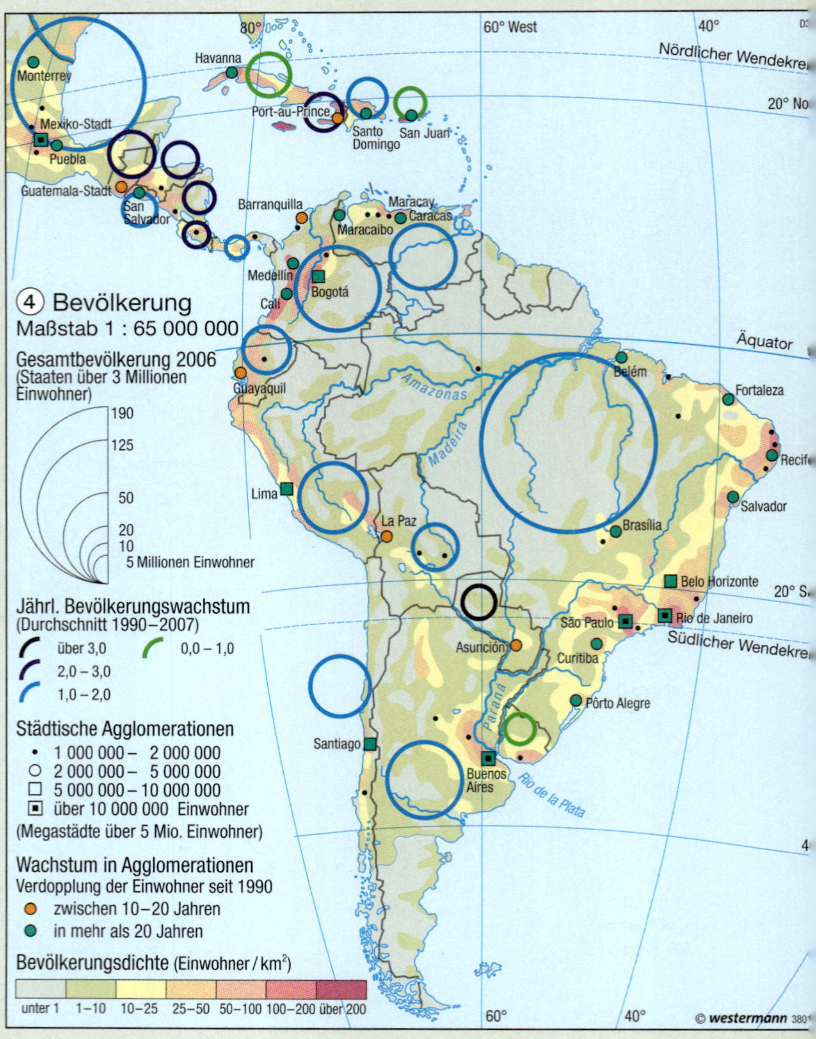
④ Bevölkerung
Maßstab 1 : 65 000 000
Gesamtbevölkerung 2006 (Staaten über 3 Millionen Einwohner)
190
125
50
20
10
5 Millionen Einwohner
Jährl. Bevölkerungswachstum (Durchschnitt 1990–2007)
über 3,0
2,0 – 3,0
1,0 – 2,0
0,0 – 1,0
Städtische Agglomerationen
1 000 000 – 2 000 000
2 000 000 – 5 000 000
5 000 000 – 10 000 000
über 10 000 000 Einwohner
(Megastädte über 5 Mio. Einwohner)
Wachstum in Agglomerationen
Verdopplung der Einwohner seit 1990
zwischen 10–20 Jahren
in mehr als 20 Jahren
Bevölkerungsdichte (Einwohner/km²)
unter 1
1–10
10–25
25–50
50–100
100–200
über 200
Monterrey
Havanna
Mexiko-Stadt
Puebla
Guatemala-Stadt
San Salvador
Port-au-Prince
Santo Domingo
San Juan
Barranquilla
Maracay
Caracas
Maracaibo
Medellín
Bogotá
Cali
Guayaquil
Lima
La Paz
Belém
Fortaleza
Recife
Salvador
Brasília
Belo Horizonte
São Paulo
Rio de Janeiro
Curitiba
Asunción
Pôrto Alegre
Santiago
Buenos Aires
Rio de la Plata
Amazonas
Madeira
Paraná
Äquator
Nördlicher Wendekreis
Südlicher Wendekreis
© westermann

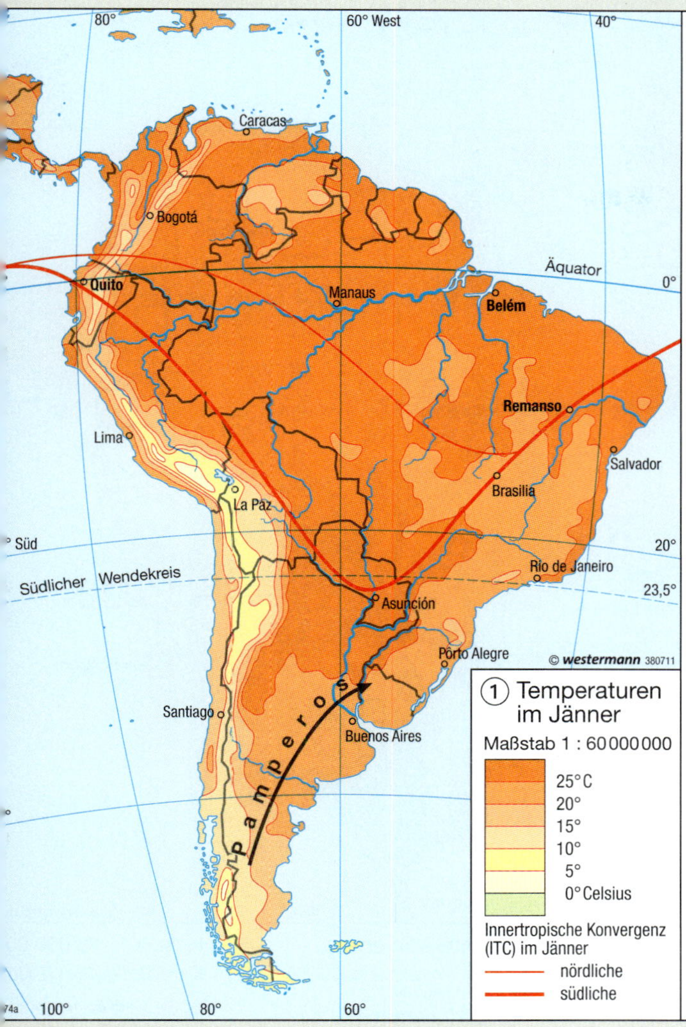

① Temperaturen im Jänner

Maßstab 1 : 60 000 000

25° C
20°
15°
10°
5°
0° Celsius

Innertropische Konvergenz (ITC) im Jänner
nördliche
südliche

Thermoisoplethendiagramm

Belém 10 m ü. M.

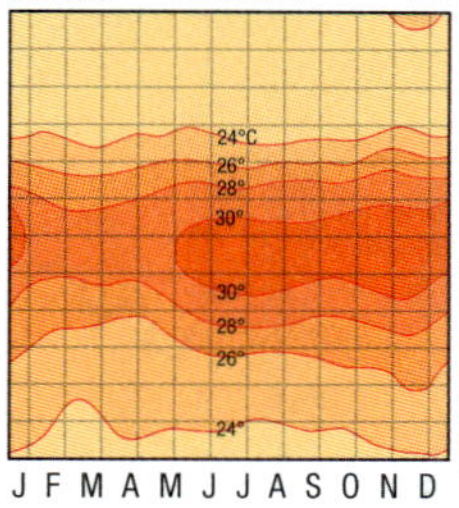

Quito 2850 m ü. M.

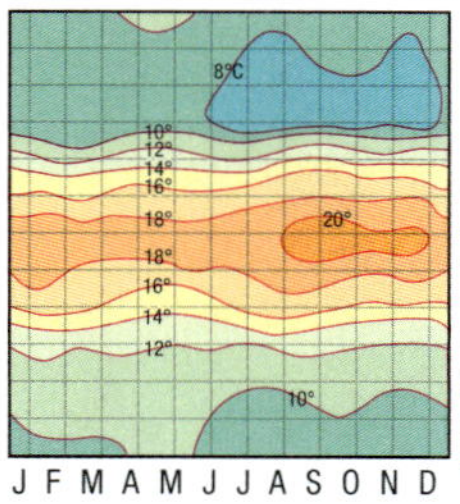

Klimadiagramm
Remanso (Caatinga)

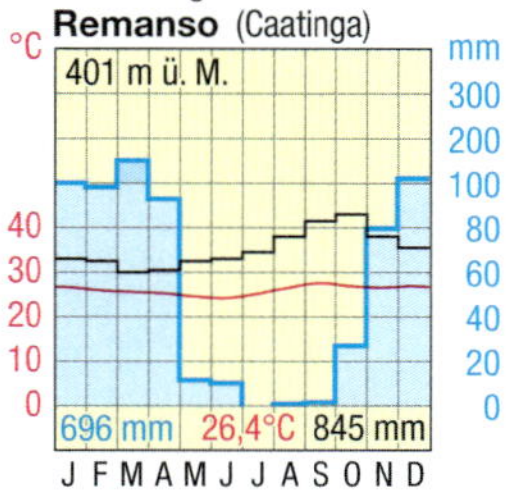

Niederschlag
Temperatur
potenzielle Verdunstung

② Temperaturen im Juli

Maßstab 1 : 60 000 000

Erläuterung der Farben siehe Karte ①

Innertropische Konvergenz (ITC) im Juli
nördliche
südliche

Pamperos
Kaltlufteinbrüche (ganzjährig)

Staatsgrenze

③ Niederschläge im Jahr

Maßstab 1 : 60 000 000

(langjähriges Mittel)

250 500 1000 1500 2000 3000 mm

Staatsgrenze

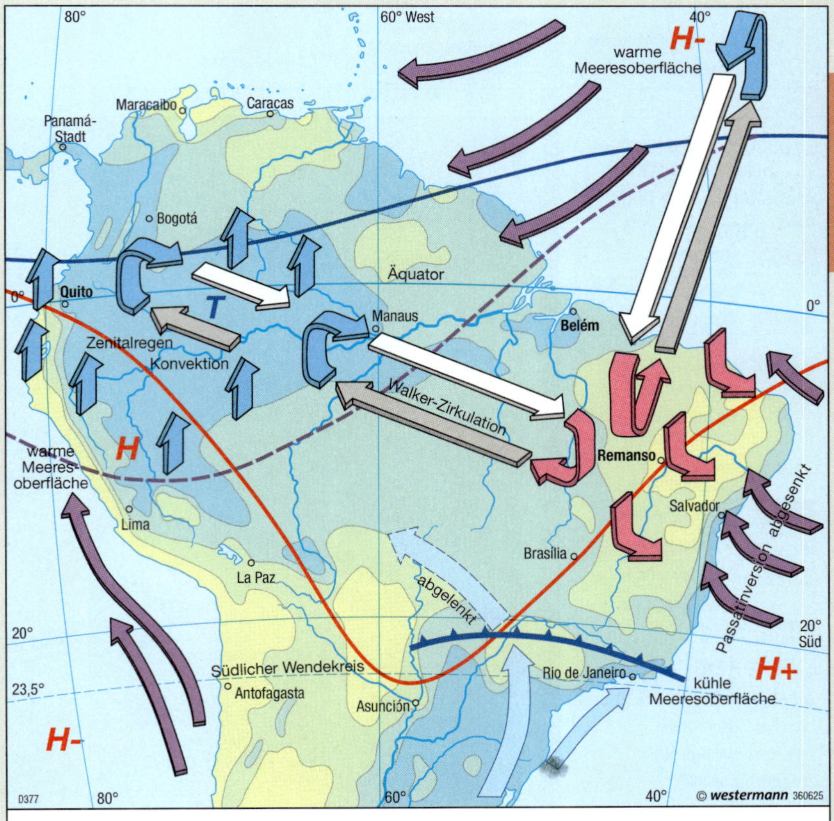

④ Nordostbrasilien – El Niño-Jahr (extreme Dürre) Maßstab 1 : 50 000 000

mittlere Anzahl arider Monate (Verdunstung über Land > Niederschlag)
0– 2
3– 5
6– 9
10–12 Monate

H Hochdruckgebiet
+ verstärkt – abgeschwächt
T Tiefdruckgebiet
Passat
Kaltfront

aufsteigende Luft
absteigende Luft
höhen- und bodennahe Zirkulation

Innertropische Konvergenz (ITC)
Juli
El Niño (Dez.)
Jänner

(El Niño siehe auch Seite 131 Karte ②)

① Kolumbien – schwache Staatlichkeit Maßstab 1 : 6 000 000 (0 50 100 km)

- tropischer Wald
- Bergwald
- Ackerbau
- Weideland
- Baum-/Strauchsavanne
- Halbwüste

Drogenanbaugebiete
- Koka
- Schlafmohn
- Marihuana
- Drogenschmuggel
- Benzinschmuggel
- Waffenschmuggel
- Flüchtlinge

Aktionsräume
- Guerilla (FARC, ELN)
- Rückzugsgebiet der Guerilla
- Paramilitär
- Militär
- Militärstützpunkt

Hauptstraßen
- sicher
- weitgehend sicher
- unsicher

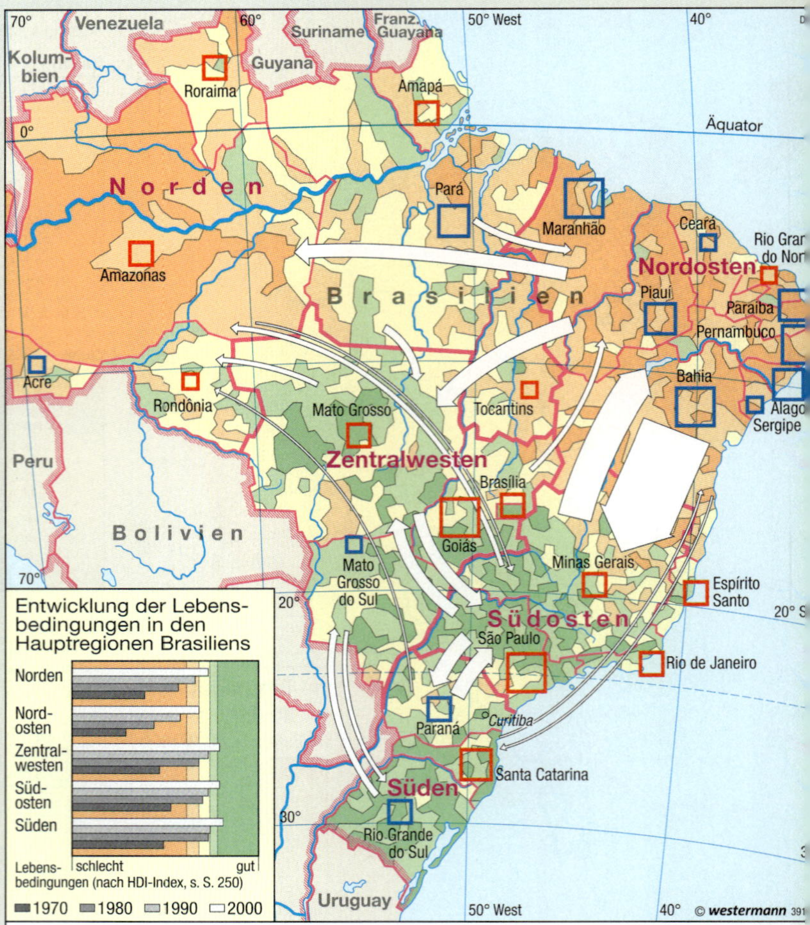

② Regionale Entwicklungsunterschiede Maßstab 1 : 36 000 000

Wanderungssaldo (1995–2000) nach Bundesstaaten und Territorien (in Tausend)
- 350 000
- 100 000
- 50 000
- 25 000
- Abnahme
- Zunahme

Bevölkerungswanderung (1995–2000) nach Hauptregionen
- (1 mm Pfeilbreite ≙ 100 000 Personen)
- Staatsgrenze
- Grenze der Hauptregionen
- Grenze der Bundesstaaten und Territorien

Lebensbedingungen (2000)
- schlecht
- schlecht bis mittel
- mittel
- mittel bis gut
- gut

③ Rio de Janeiro – Segregation

Maßstab 1 : 250 000 (0 1 2 3 4 5 km)

- Wohnviertel der Oberschicht und oberen Mittelschicht
- Wohnviertel der Mittelschicht
- Wohnviertel der Unterschicht
- bewachter Wohnkomplex (condomínio)
- Favela (Marginal- und Elendsviertel)
- Geschäftszentrum
- Industriegebiet
- Park, Grünanlage
- Kultur-/Brachland
- Wald
- Sumpf
- Autobahn, Schnellstraße
- Hauptstraße
- sonstige Straße
- Eisenbahn
- U-Bahn
- Seilbahn
- Zahnradbahn
- Flughafen
- Stadtgrenze
- Nationalpark

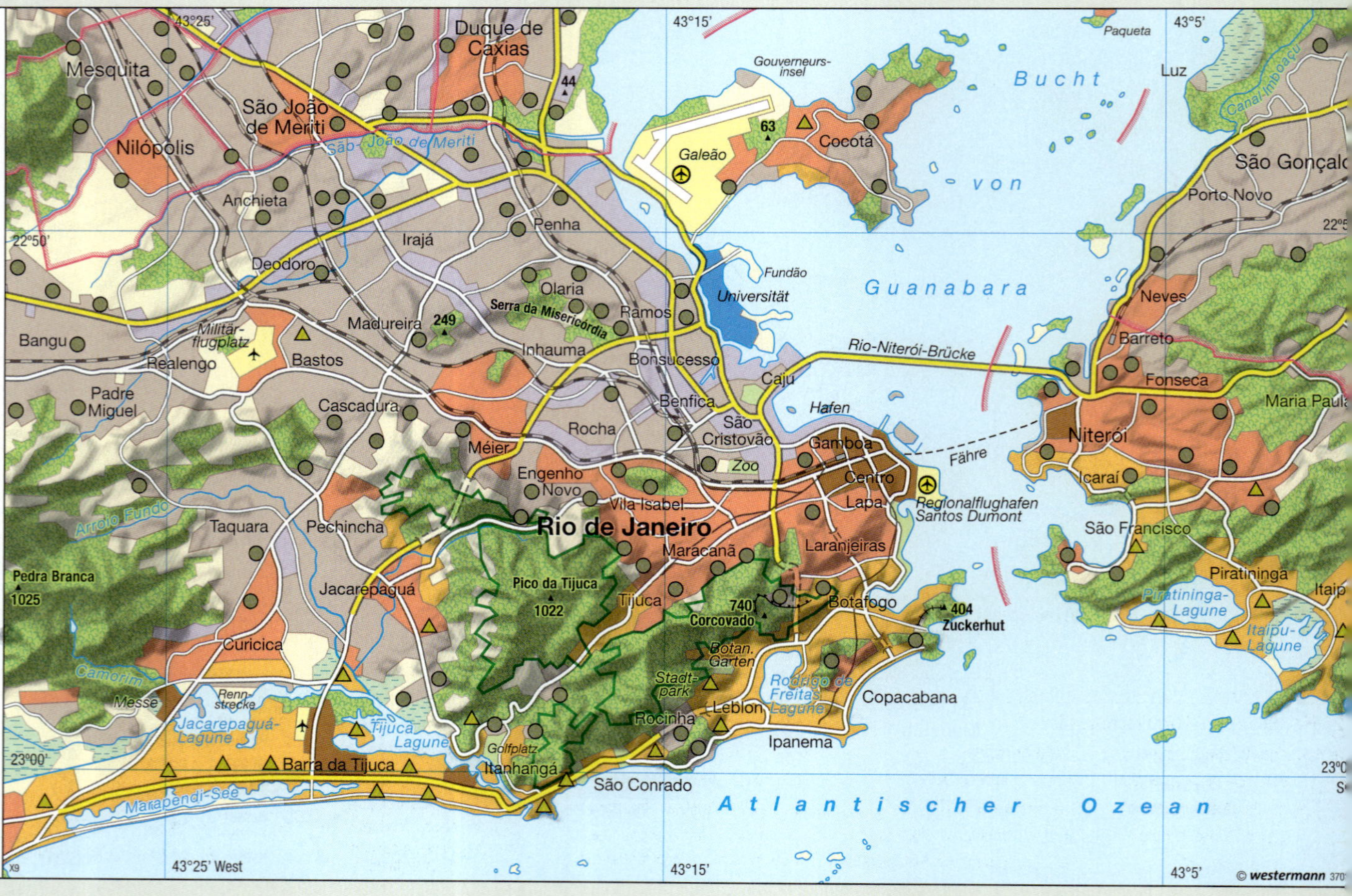

① Amazonien – Eingriff in den tropischen Regenwald

Maßstab 1 : 16 000 000

Bodenbedeckung
- tropischer Regenwald
- subtropischer Wald
- Baum- und Strauchsavanne
- Trockenwald
- hochandine Steppe und Wüste

Landwirtschaft
- Ackerland
- Weideland
- Mais
- Sojabohnen
- landwirtschaftliches Kolonisationsgebiet
- starke Rodungen
- Rinderhaltung in Großbetrieben
- Waldreservegebiet

Bergbau
- Eisen
- Stahlveredler
- Nickel
- Blei, Zink
- Kupfer
- Zinn
- Gold
- Silber
- Bauxit
- Asbest
- Erdöl
- Erdgas

Industrie
- Petrochemie
- Aluminiumverhüttung
- Fischverarbeitung
- Fleischverarbeitung
- Holz
- Wasserkraftwerk
- Stausee, Staumauer
- Staatsgrenze
- Grenze der Bundesstaaten

Weitere Erläuterungen siehe Seite 161

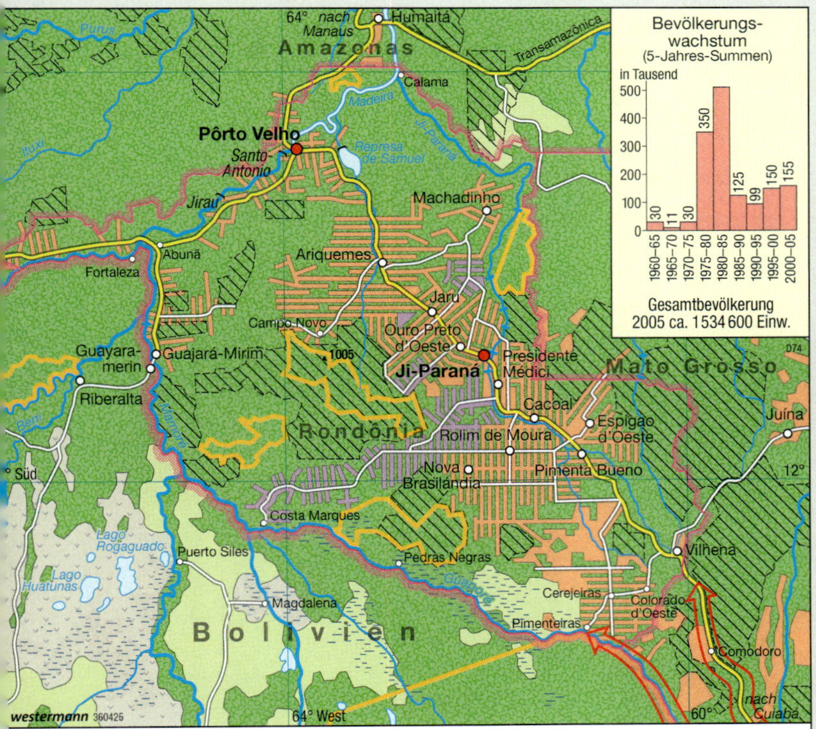

② Rondônia – Agrarkolonisation

Maßstab 1 : 8 000 000

Landwirtschaftliche Erschließung
- durch staatl. Landvergabe
- durch wilde Landnahme
- Erschließungsrichtung
- Indioschutzgebiet

Verkehrswege
- Asphaltstraße
- Naturstraße
- schiffbarer Fluss
- Stromschnelle, Wasserfall

Orte
- über 100 000 Einwohner
- 20 000 – 100 000 Einwohner
- unter 20 000 Einwohner

Weitere Erläuterungen siehe Karte ①

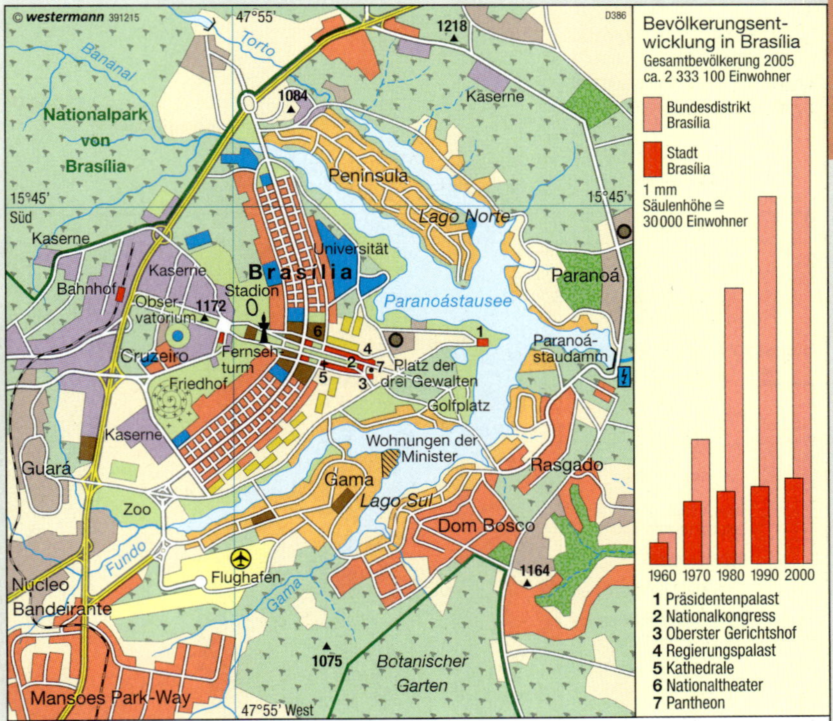

③ Brasília – Hauptstadt seit 1960

Maßstab 1 : 250 000

- Regierungsviertel, öffentliches Gebäude
- Diplomatenviertel, Botschaften usw.
- Geschäftsviertel
- Universitätsviertel, Krankenhaus
- Wohnviertel der Oberschicht (Villenviertel)
- Wohnviertel der Mittelschicht
- Wohnviertel der Unterschicht
- Favela (großes Elendsviertel)
- Industrie, Gewerbe, Kaserne
- Sport- und Freizeitanlage, Grünanlage
- Baumsavanne
- Eukalyptuswald

① Nordpolargebiet (Arktis)

Maßstab 1 : 48 000 000

0 250 500 750 1000 1250 km

Eisverhältnisse
- Inlandeis
- tätiger Vulkan
- Packeisgrenze
- äußerste Treibeisgrenze
- 3231 / 3000 Höhe über dem Meeresspiegel, Eisdicke (in Meter)
- Eisdrift
- 10°-Juli-Isotherme (Grenze der Arktis)

Meeresströmungen
- kalt
- warm

Dauerfrostboden (Permafrost)
- geschlossene Verbreitung
- inselartiges Vorkommen

Vegetation
- Tundra
- nördlicher Nadelwald
- Laub- und Mischwald
- Steppe (Prärie), Hochgebirgssteppe
- Halbwüste, Wüste
- landwirtschaftliche Nutzfläche

Bergbau
- Eisen
- Stahlveredler
- Buntmetalle
- Edelmetalle
- Kohle
- Erdöl
- Erdgas
- radioaktive Verseuchung des Meeres durch Atommüll

Meerestiefen
- 0 – 200
- 200 – 2000
- 2000 – 4000
- 4000 – 6000
- 6000 – 8000
- über 8000 m

Ballungsräume (Einwohner)
- über 10 000 000
- 5 000 000 – 10 000 000
- 1 000 000 – 5 000 000
- 500 000 – 1 000 000
- 100 000 – 500 000
- unter 100 000
- Staatsgrenze

② Arktis – Nordpol-Entdeckung/Hoheitsansprüche

Maßstab 1 : 72 000 000

0 500 1000 1500 km

- Packeis
- Treibeis, Eisberge
- Küsteneis im Winter
- Forschungs- und Entdeckungsreisen
- Staatsgrenze
- Grenze der Hoheitsgebiete
- 200 Meilen-Fischereizone

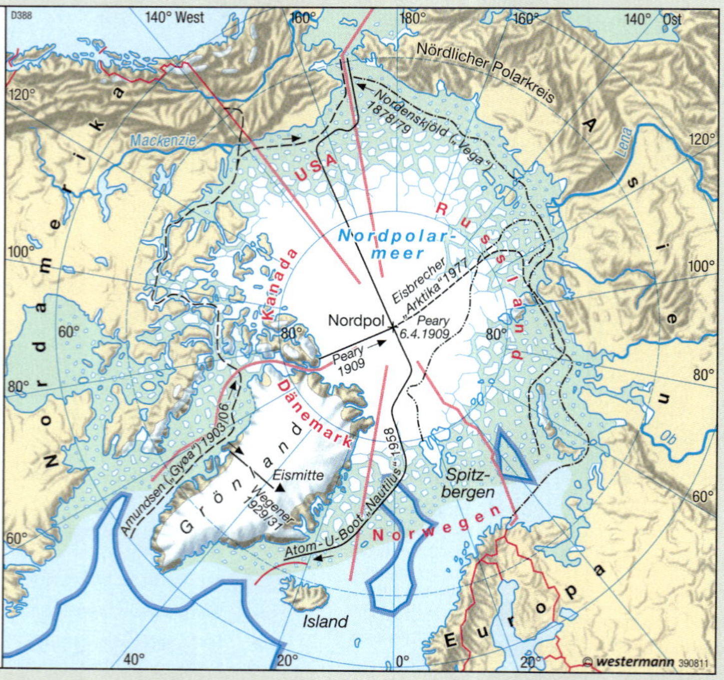

③ Pole und Magnetfeld der Erde

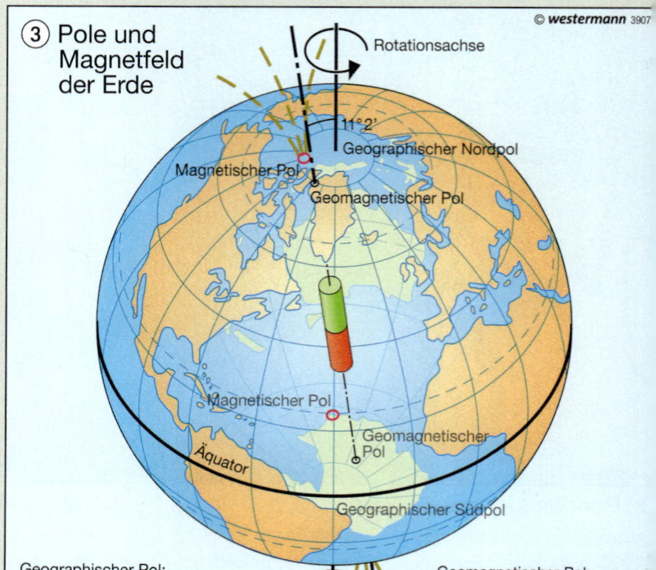

Geographischer Pol: Rotationsachse

Magnetischer Pol: beobachtete Magnetfeldlinien stehen senkrecht auf der Erdoberfläche

Geomagnetischer Pol: berechnetes Magnetfeld unter Annahme eines sehr kleinen Stabmagneten im Erdmittelpunkt. Grundlage des geomagnetischen Koordinatensystems

④ Südpolargebiet (Antarktis)

Maßstab 1 : 48 000 000

0 250 500 750 1000 1250 km

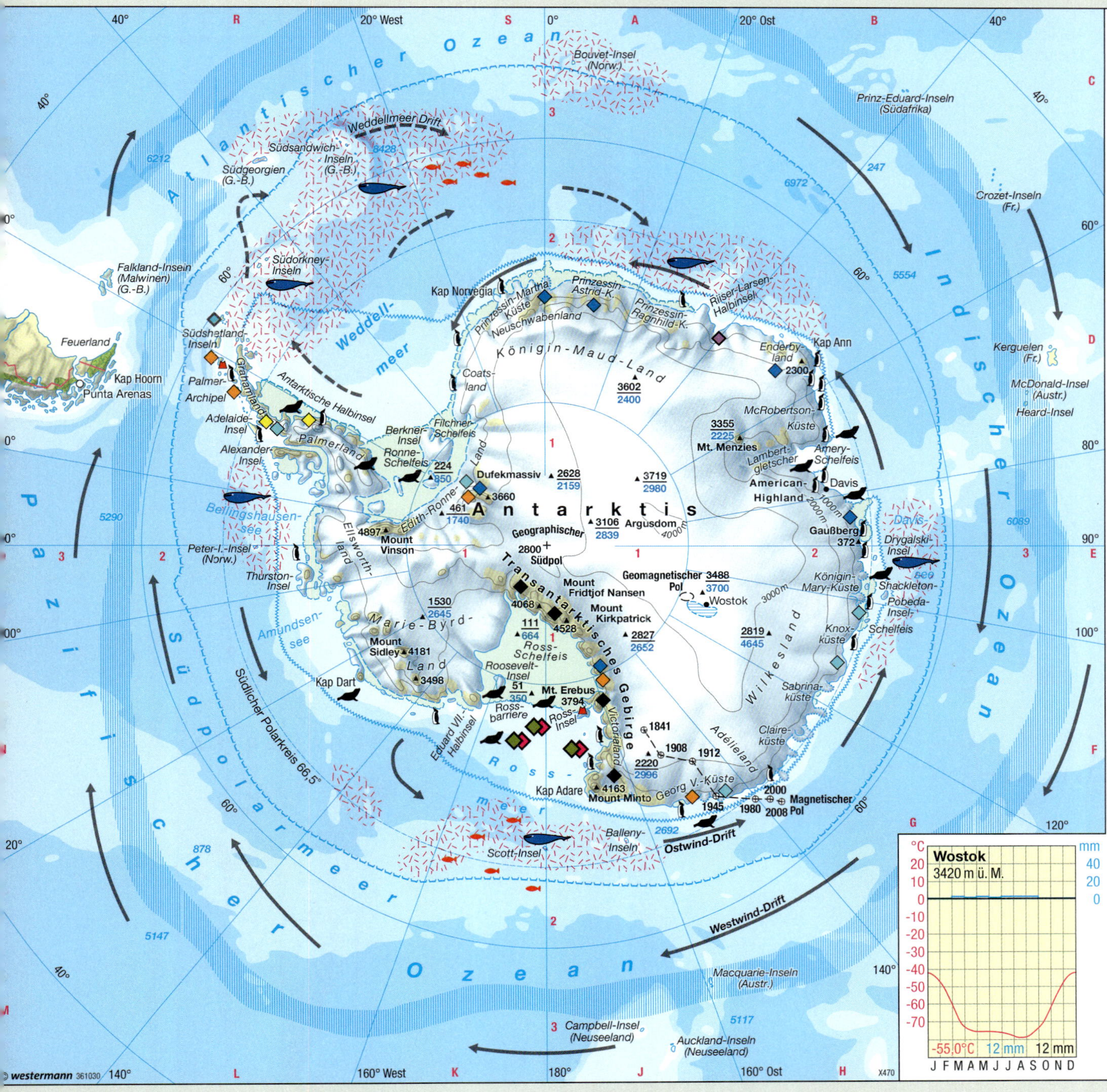

Eisverhältnisse

- Inlandeis
- Gebiet mit eisfreien Arealen
- Schelfeis
- Gletscher
- Packeisgrenze
- äußerste Treibeisgrenze
- tätiger Vulkan
- antarktische Konvergenz (Grenze der Antarktis)
- Winddrift
- 2628 / 2225 Höhe über dem Meeresspiegel, Eisdicke (in Meter)
- Höhenlinie
- Unter-Eis-See (bisher erkundet)

Lebensräume

- Krill (Hauptverbreitungsgebiet)
- Wale
- Robben
- Pinguine (bedeutende Kolonien)
- Fischgründe

Fundorte von Erzen und Energierohstoffen

- Eisen
- Stahlveredler
- Buntmetalle
- Edelmetalle
- Kohle
- Erdöl/Erdgas (fündige Bohrungen)
- Uran

Meerestiefen

- 0 – 200
- 200 – 2000
- 2000 – 4000
- 4000 – 6000
- 6000 – 8000
- über 8000 m

⑤ Antarktische Halbinsel

Maßstab 1 : 12 000 000

- Forschungsstation, ganzjährig besetzt
- Sommerstation
- Inlandeis
- Gebiet mit eisfreien Arealen
- Schelfeis
- Schelfeisverlust seit 1989

⑥ Antarktis – Hoheitsansprüche/ Forschung

Maßstab 1 : 72 000 000

- Grenzen der Hoheitsansprüche
- wichtige Forschungsreisen
- Forschungsstation, ganzjährig besetzt
- Sommerstation

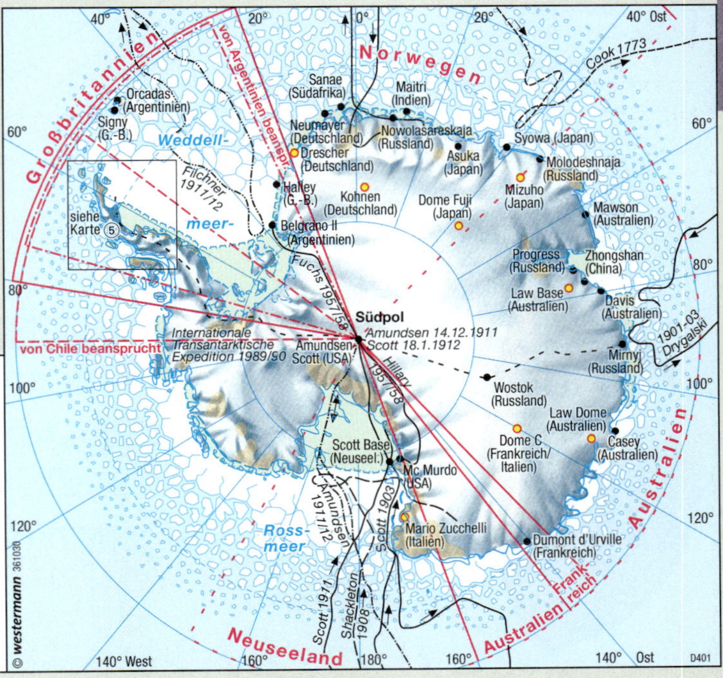

① Physische Übersicht

Verteilung Land – Wasser

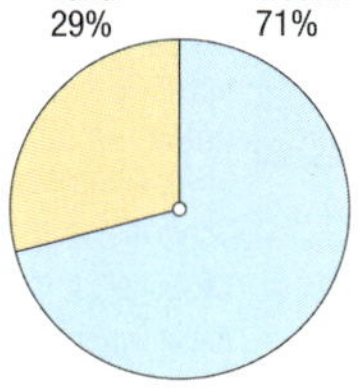

Größe der Kontinente
(in Prozent der Landoberfläche)

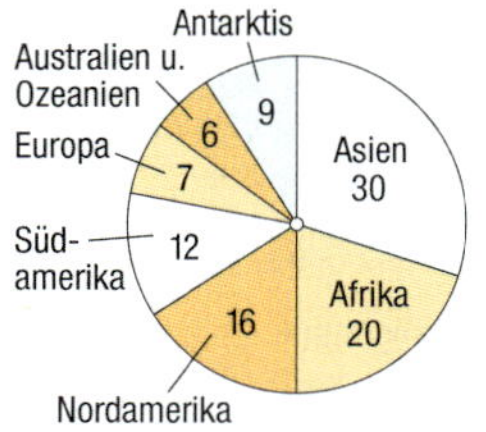

Größe der Weltmeere
(in Prozent der Wasseroberfläche)

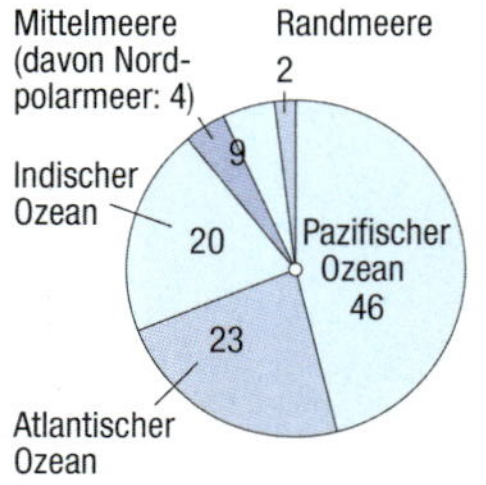

Landhöhen (in Meter)

- über 1500
- 1000 – 1500
- 500 – 1000
- 200 – 500
- 0 – 200
- Depression
- Inlandeis
- 3231 Höhenangabe

Meerestiefen (in Meter)

- 0 – 200
- 200 – 2000
- 2000 – 4000
- 4000 – 6000
- 6000 – 8000
- über 8000
- 10882 Tiefenangabe

Abbildungsmaßstab 1 : 90 000 000
Maßstab am Äquator 1 : 100 000 000

② Schalenbau der Erde

Zahlenangaben in Kilometern

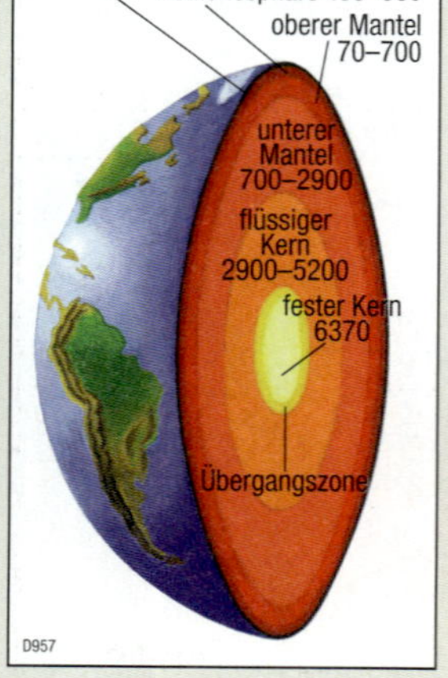

③ Schnitt durch die Erdkruste (schematisch, Längenmaßstab 1 : 90 000 000)

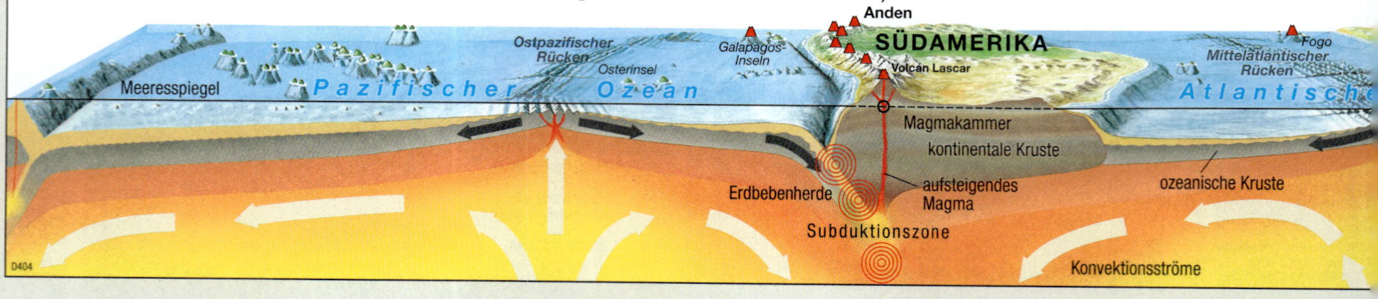

Winkels Netzentwurf
Polarmeer
Franz-Josef-Land
Kap Tscheljuskin
Spitzbergen
Nowaja Semlja
Karasee
Taimyr-Halbinsel
Laptewsee
Ostsibirische See
Nordkap
Barentssee
Werchojansk
Werchojansker Gebirge
Nördlicher Polarkreis
Beringstraße
66,5°
60°
80°
Skandinavien
Kola
Ural
Salechard
Sibirien
Stanowoigebirge
Beringmeer
Aleuten
Aleutengraben
Kamtschatka
Ochotskisches Meer
Nordsee
London
Paris
Berlin
Moskau
Europa
Nowosibirsk
Jablonowyjgebirge
Altai
Asien
Alpen
4810 Mont Blanc
Rom
Kaspische Senke
Kaukasus
5642 Elbrus
Schwarzes Meer
Kaspisches Meer
Turan
Tian Shan
Tarimbecken
Gobi
Peking
Mandschurei
Korea
Japanisches Meer (Ostmeer)
Honshu
Tokio
Japangraben
Nordwestpazifisches Becken
Pazifischer Ozean
Linie des Datumswechsels
Hawaiirücken
Mittelmeer
Mesopotamien
Hochland von Iran
Hindukusch
Kunlun Shan
Hochland von Tibet
Mt. Everest 8848
Himalaya
Ostchinesisches Meer
Südchinesisches Bergland
Kanton
Kairo
Ahaggar
Tibesti
Sahara
Arabien
Große Arabische Wüste
Rotes Meer
Thar
Delhi
Indien
Ganges
Bombay
Golf von Bengalen
Andamanen
Bangkok
Philippinenbecken
Philippinen
Philippinengraben
Marianengraben
Marianen
Mikronesien
Karolinen
Marshall-Inseln
Sonntag
Montag
Zentralpazifisches Becken
23,5°
20°
Arabisches Meer
Arabisches Becken
Kap Guardafui
4620 Ras Daschan
Hochland von Äthiopien
Afrika
Asandeschwelle
Arabisch-Indischer Rücken
Kap Comorin
Sri Lanka
Nikobaren
Südchinesisches Meer
Malaiischer Archipel
Malediven
Somalibecken
Mount Kenia 5199
Kongobecken
Guineaschwelle
Golf von Guinea
Kinshasa
5895 Kilimandscharo
Daressalam
Seychellen
Indischer Ozean
Tschagos-Inseln
Zentralindisches Becken
Kokos-Inseln
3805 Kerinci
Sumatra
Borneo
Puncak Jaya 4884
Neuguinea
Melanesien
Salomon-Inseln
Kiribati
Äquator
0°
Phönix-Inseln
Tuvalu
Samoa
Angolabecken
Lundaschwelle
Komoren
Maskarenenbecken
Java
Sundagraben
7450
Kap York
Darwin
Great Barrier Reef
Korallensee
Fidschi
Kalaharibecken
Madagaskar
Str. v. Mosambik
Maskarenen
Nordaustralisches Becken
Große Sandwüste
Australien
Australisches Tiefland
Neukaledonien
Johannesburg
Drakensberge
Natalbecken
Madagaskarbecken
Ninetyeast Rücken
Westaustralisches Becken
Große Victoriawüste
Perth
Tongagraben
Kapstadt
Kap der Guten Hoffnung
Walfischrücken
Südwestindisches Becken
Südindisches Becken
Große Australische Bucht
Australische Alpen
2230 Mt. Kosciuszko
Sydney
Tasmansee
Kermadecgraben
Agulhasbecken
Kapschwelle
Westlicher Indischer Rücken
St. Paul
Südaustralisches Becken
Tasmanien
Tasmanbecken
Neuseeland
Chatham-Insel
Bouvet-Insel
Kerguelen
Kerguelen-Gaußberg-Rücken
Indisch-Antarktischer Rücken
Atlantisch-Indischer Rücken
Atlantisch-Indisches Südpolarbecken
Indisch-Antarktisches Becken
Tasmanschwelle
Campbell-Insel
Südpazifisches Becken
Südlicher Polarkreis
Wostok-see
Transantarktisches Gebirge
Rossmeer
Antarktis
© westermann 351216

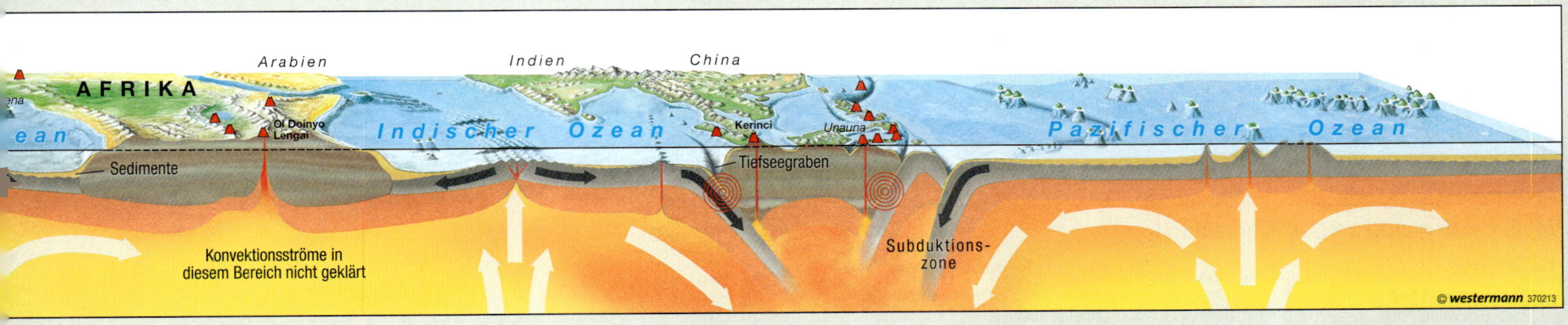
Arabien
Indien
China
AFRIKA
Ol Doinyo Lengai
Indischer Ozean
Kerinci
Unauna
Pazifischer Ozean
Sedimente
Tiefseegraben
Konvektionsströme in diesem Bereich nicht geklärt
Subduktionszone
© westermann 370213

Österreich
Europa
Asien
Ozeanien
Afrika
Amerika
Erde
Register

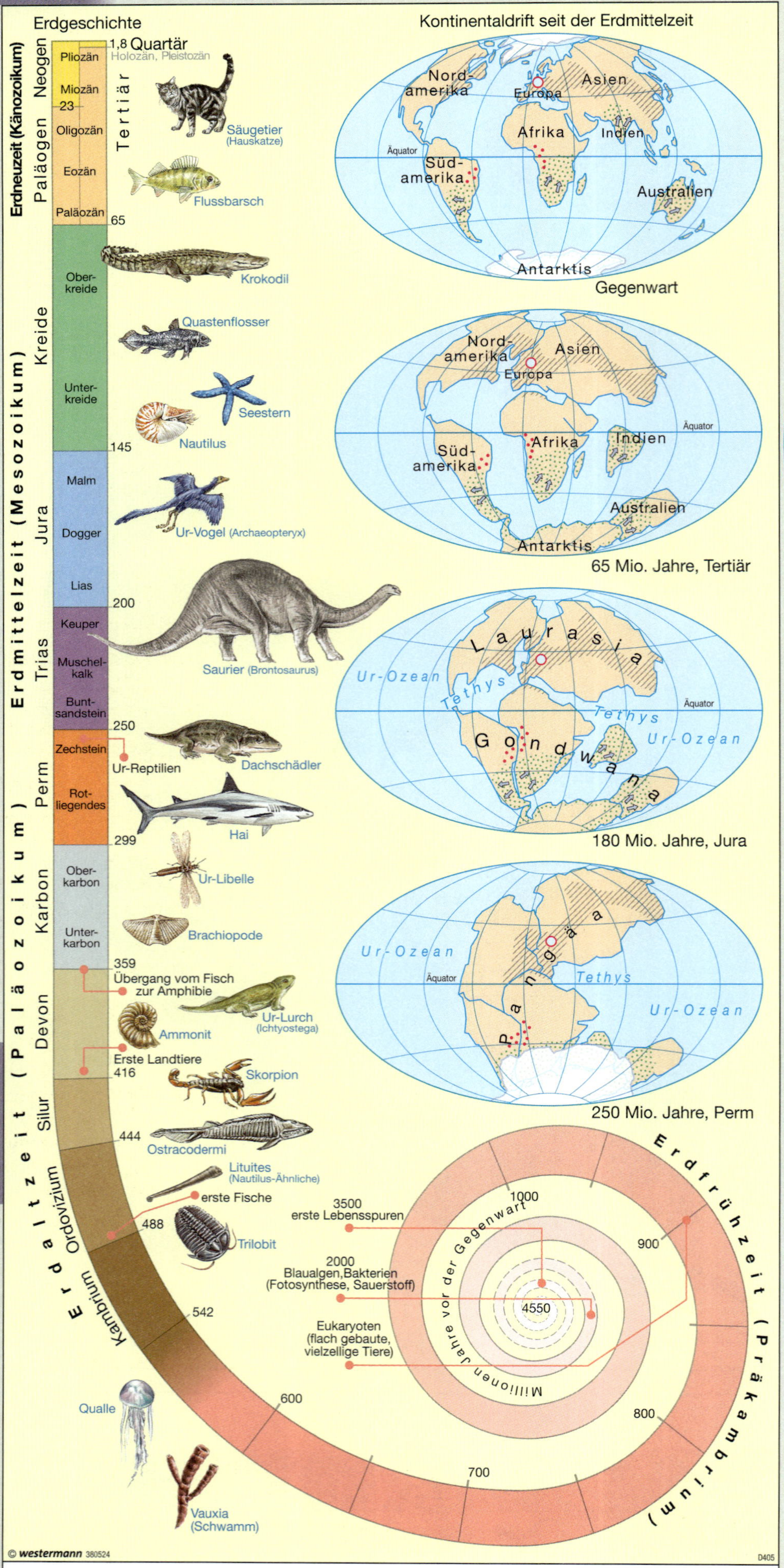

① Erdgeschichte und Kontinentaldrift

Vereisung
Gletscherschliff
Steinkohlevorkommen (Urwälder des Karbon)
gleiche Pflanzengattungen (Farne)
gleiche Tiergattungen (Reptilien)
Lage von Deutschland

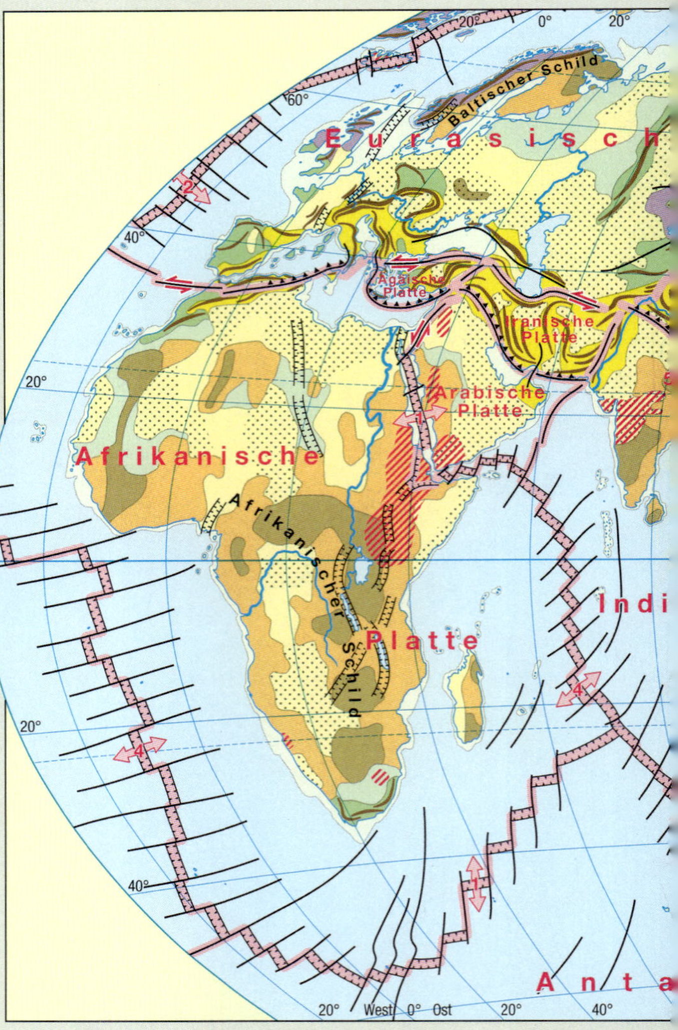

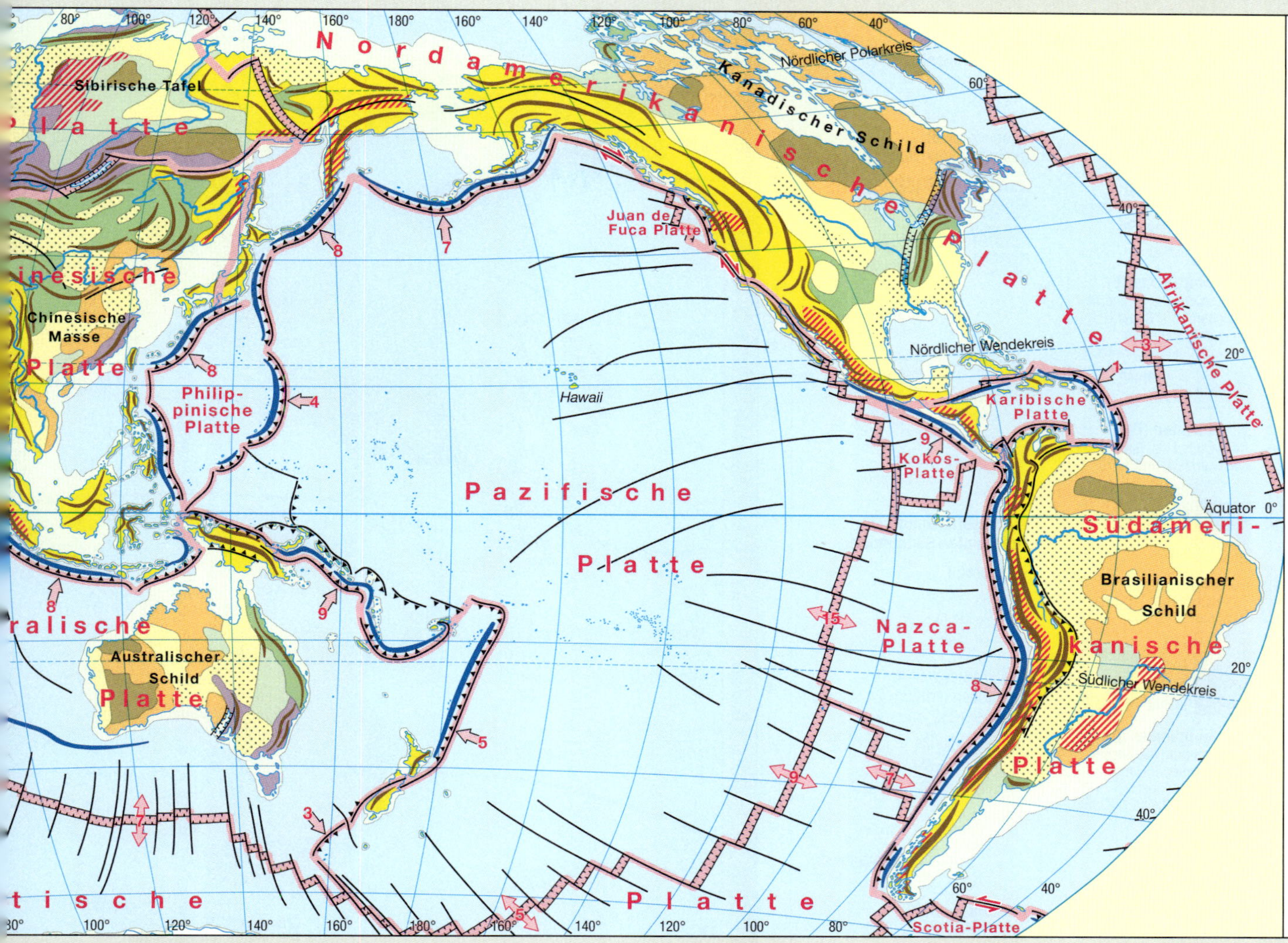

② Geotektonik

Maßstab 1 : 120 000 000

Präkambrium
- älteste Kerne (älter als 2,5 Mrd. Jahre, in Afrika älter als 3 Mrd. Jahre)
- junges Präkambrium

Paläozoikum
- kaledonisches Gebirge, z. T. jüngstes Präkambrium
- variskisches Gebirge
- paläozoische Tafelländer

Mesozoikum/Känozoikum
- alpidisches Gebirge
- mesozoisch-känozoische Tafelländer
- alpidische Vortiefen und innerkontinentale Becken (känozoisch)
- Vulkanite (vorwiegend Plateaubasalte)
- Kontinentalschelf

Plattentektonik
- Plattengrenze, z. T. vermutet
- ozeanischer Rücken mit Querstörung und Zentralgraben
- Tiefseegraben
- aktive Subduktion (Richtung der Absenkung), Kollisionszone
- Störungszone, Horizontalverschiebung
- kontinentaler Grabenbruch
- 15 Meeresbodenaufspreizung in cm/Jahr
- 8 Plattenbewegungsrichtung in cm/Jahr

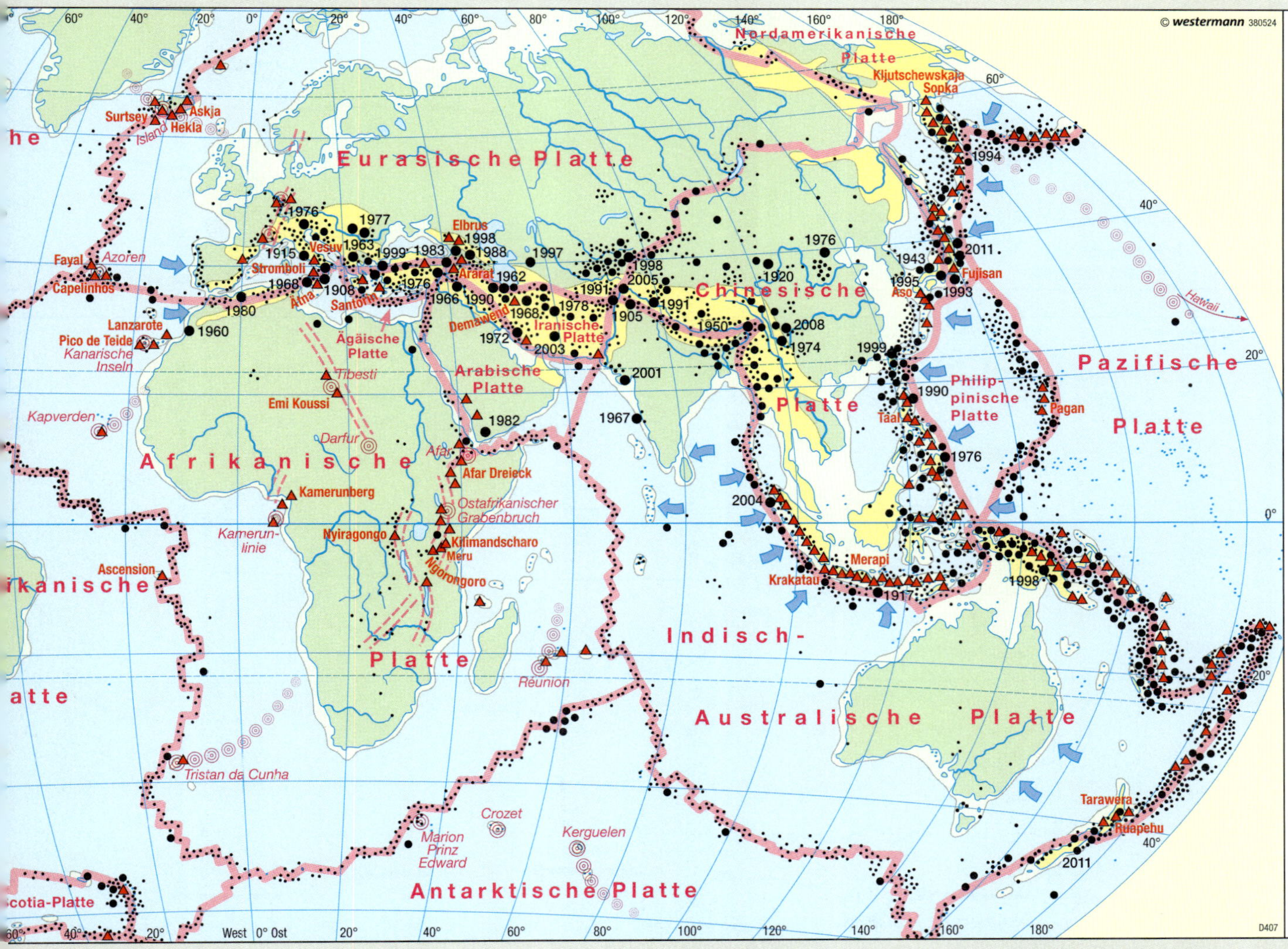

③ Erdbeben und Vulkanismus

Maßstab 1 : 120 000 000

- Epizentren von Erd- und Seebeben (bis 700 km Tiefe)
- starke bis sehr starke Beben (über Stärke 7 auf der Richterskala, Bebenherd in weniger als 60 km Tiefe)
- 2011 Katastrophenbeben mit Jahreszahl
- Vulkan quartären Alters
- Hotspot, Kette erloschener Vulkane
- Flutwellengefahr (Tsunami)
- Zone alpidischer Faltung (mobile Zone)
- Landoberfläche (stabile Zone)
- Kontinentalschelf
- Plattengrenzen, z.T. vermutet
- Ausbildung neuer Plattengrenzen

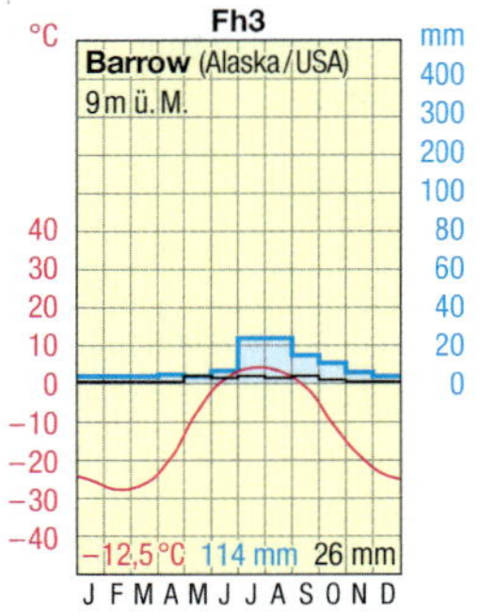

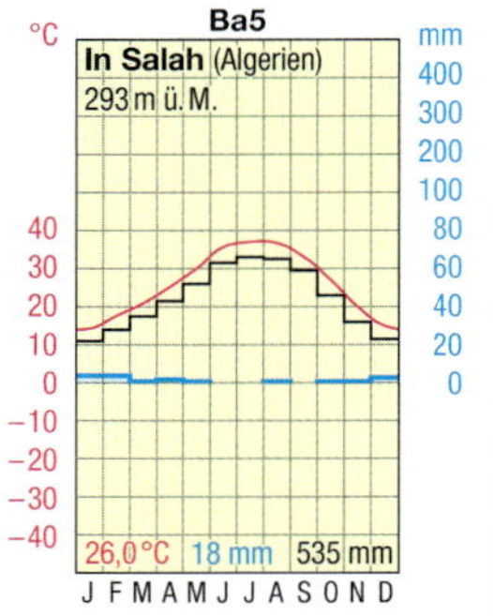

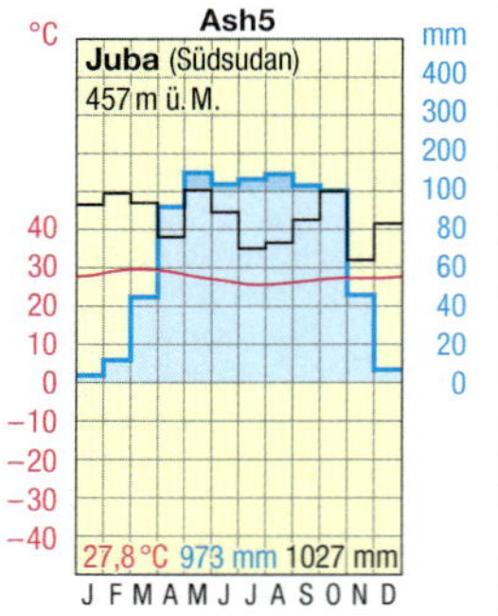

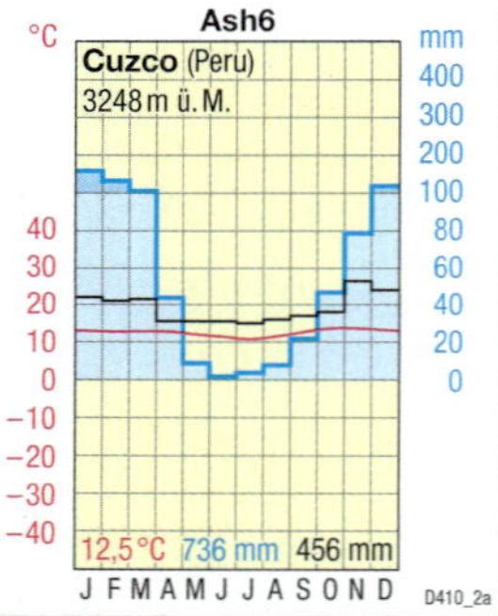

① Klimate der Erde
nach A. Siegmund und P. Frankenberg (effektive Gliederung)

Maßstab 1 : 90 000 000

Polare Zone (F)
Jahresmittel der Temperatur unter −10 °C (zu kalt für intensive landwirtschaftliche Nutzung)
- semihumid
- humid

Subpolare Zone (E)
Jahresmittel der Temperatur zwischen −10 °C und 0 °C (zu kalt für intensive landwirtschaftliche Nutzung)
- semihumid
- humid

Mittelbreiten (D)
Jahresmittel der Temperatur zwischen 0 °C und 12 °C
- arid
- semiarid
- semihumid
- humid

Subtropen (C)
Jahresmittel der Temperatur zwischen 12 °C und 24 °C
- arid
- semiarid
- semihumid
- humid

Trockenklimate (B)
Jahressumme des Niederschlags unter 250 mm (zu kalt für intensive landwirtschaftliche Nutzung)
- arid
- semiarid

Tropen (A)
Jahresmittel der Temperatur über 24 °C
- arid
- semiarid
- semihumid
- humid

arid	trocken, 0–2 humide Monate
semiarid	wechseltrocken, 3–5 humide Monate
semihumid	wechselfeucht, 6–9 humide Monate
humid	feucht, 10–12 humide Monate

Höhenklimate des jeweiligen Klimatyps

Kontinentalität (außerhalb der Tropen)
- hochmaritim
- maritim
- kontinental
- hochkontinental

	Jahresschwankung der monatlichen Durchschnittstemperatur
hochmaritim	unter 10 °C
maritim	10 °C bis 20 °C
kontinental	20 °C bis 40 °C
hochkontinental	über 40 °C

Küstennebel (Winter/Sommer)

Meeresströmungen im Nordwinter/Südsommer

Temperatur
- warm
- kühl
- kalt

Geschwindigkeit in Seemeilen (sm) pro 24 Stunden (1 sm = 1852 m)
- über 24
- 12 – 24
- 6 – 12

Juba • Ort mit Klimadiagramm

Klimadiagramme

Monatsmittelwerte
- Temperatur
- Niederschlag
- potenzielle Landschaftsverdunstung (maximal mögliche Verdunstung)

Jahresmittelwerte
- 25,9 °C Temperatur
- 958 mm Niederschlag
- 1019 mm potenzielle Landschaftsverdunstung (maximal mögliche Verdunstung)

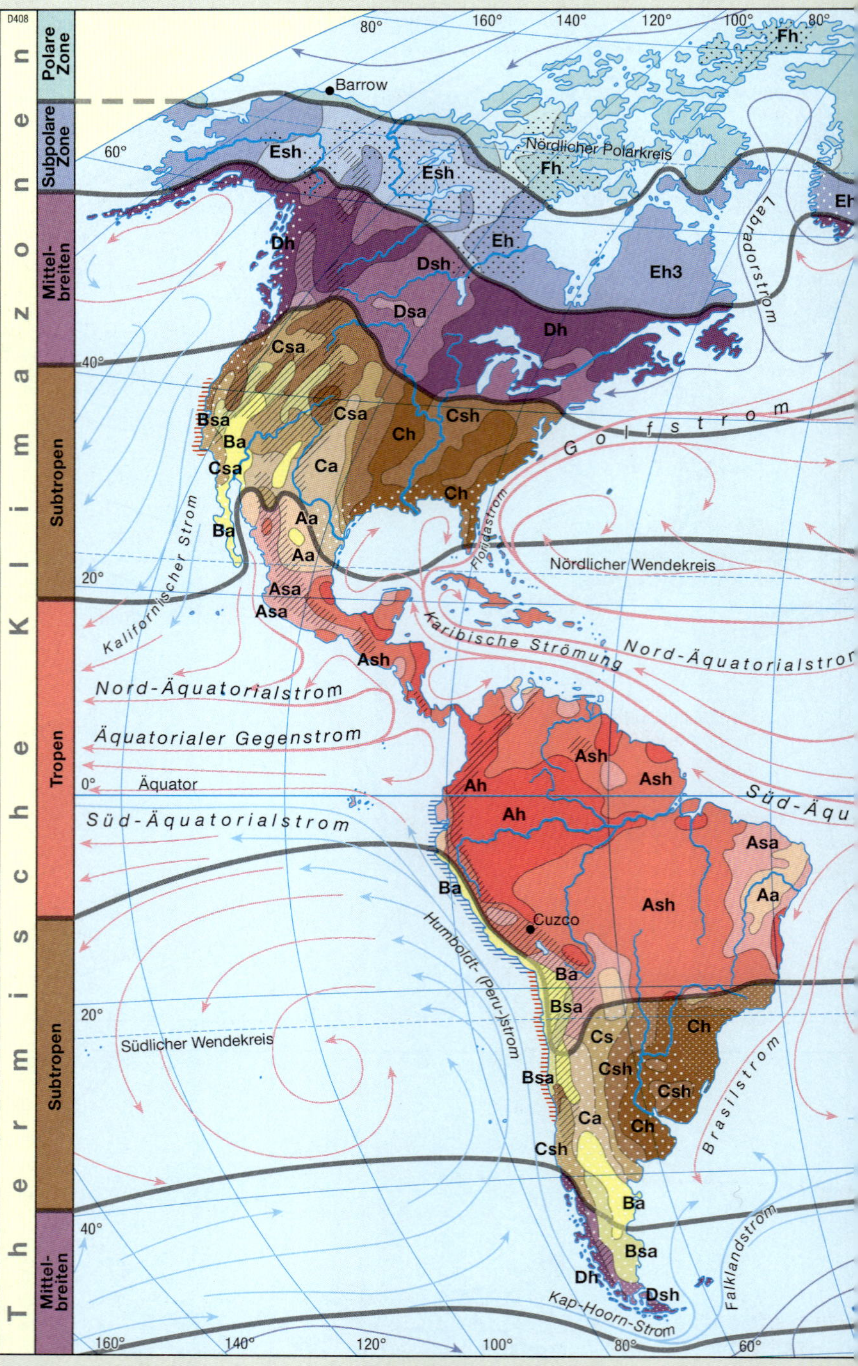

② Niederschläge im Juli
Nordsommer-Südwinter

Maßstab 1 : 180 000 000

Monatliche Niederschläge
- unter 25
- 25 – 50
- 50 – 100
- 100 – 200
- 200 – 300
- 300 – 400
- über 400 mm

nördliche Innertropische Konvergenz (ITC) im Juli (nach Flohn)

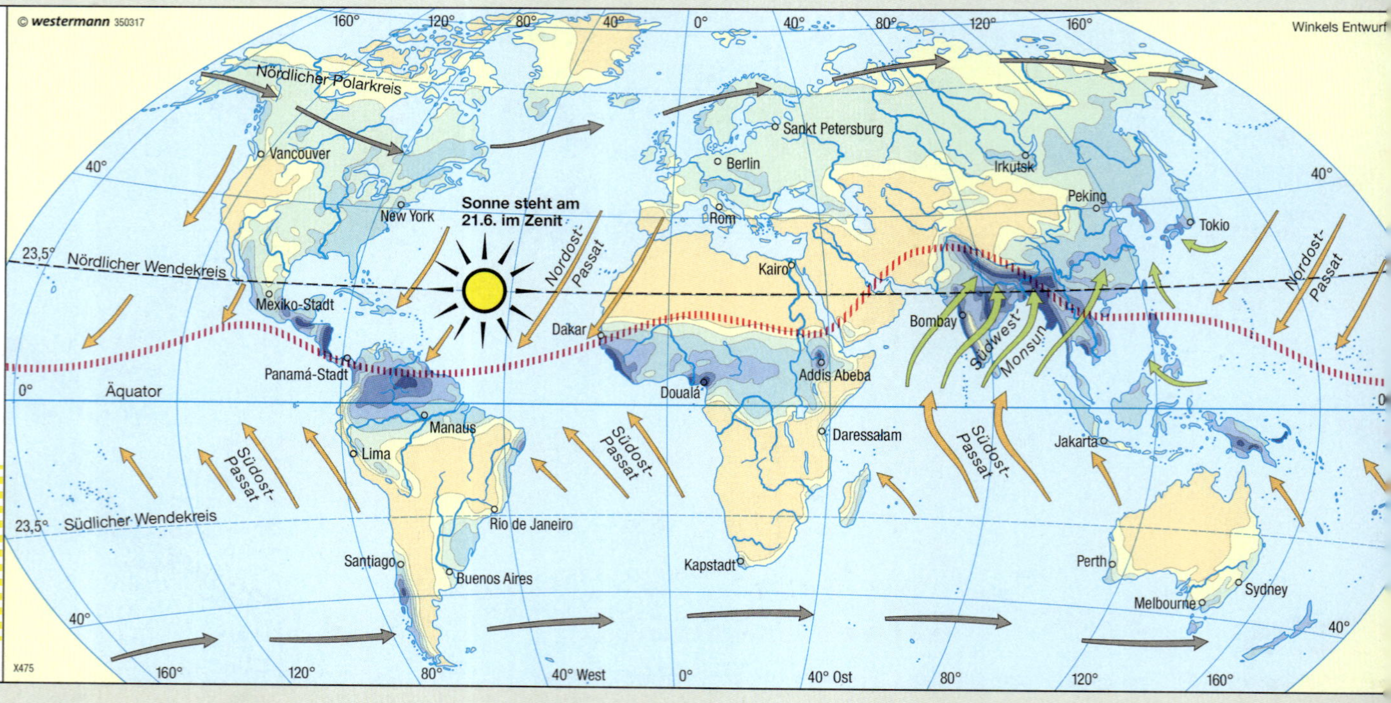

Tageslänge
Beleuchtung der Erde am 21. Juni

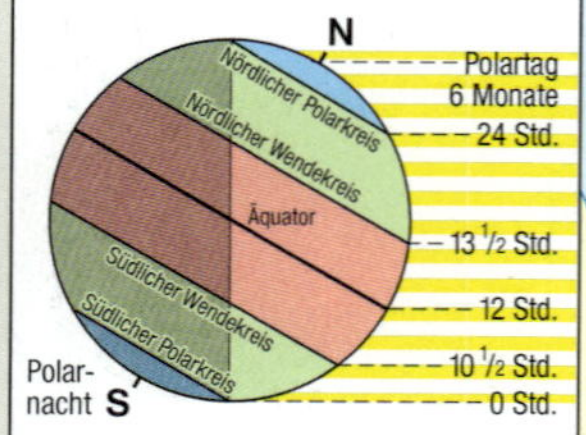

Österreich
Europa
Asien
Ozeanien
Afrika
Amerika
Erde
Register

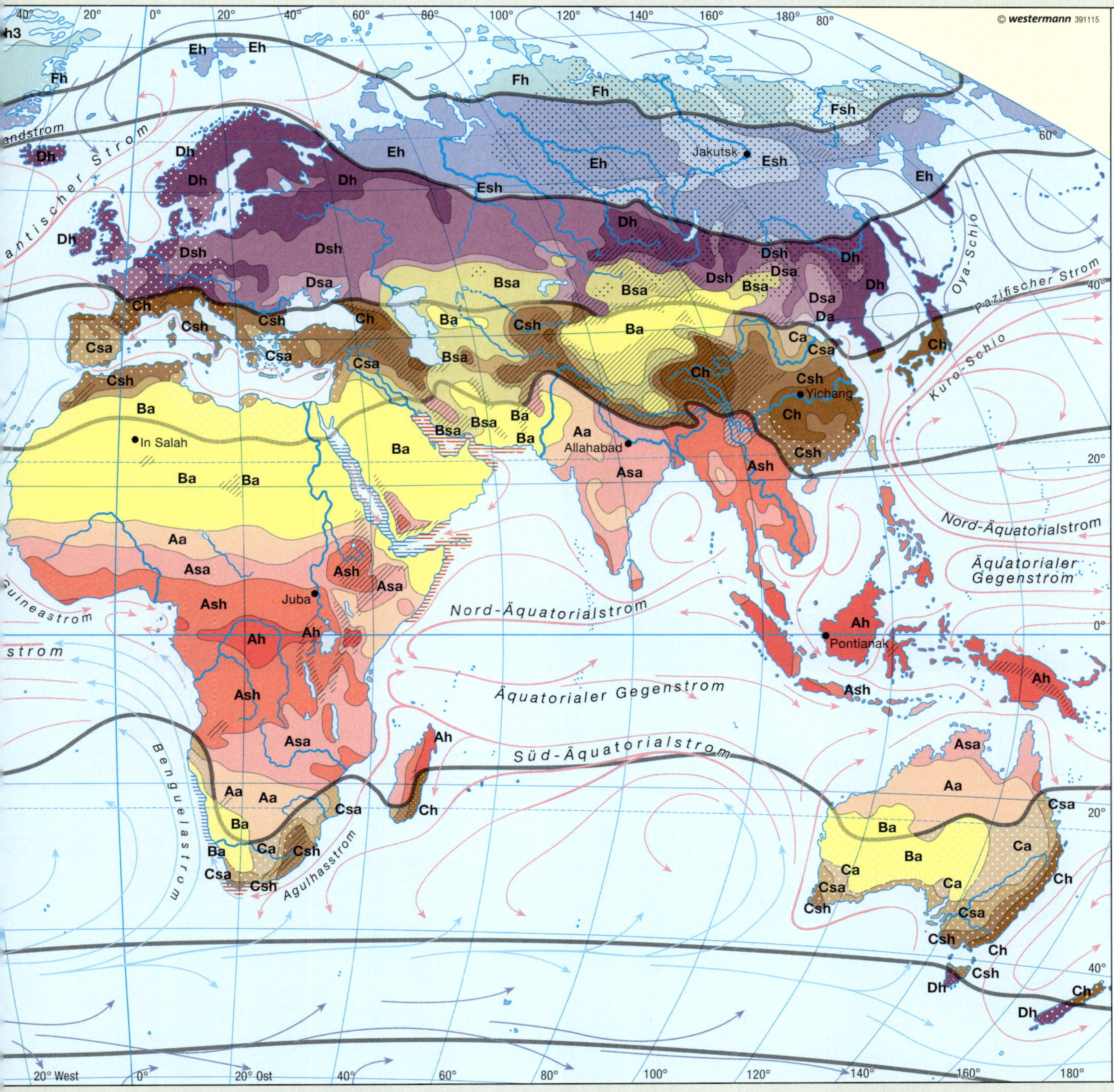

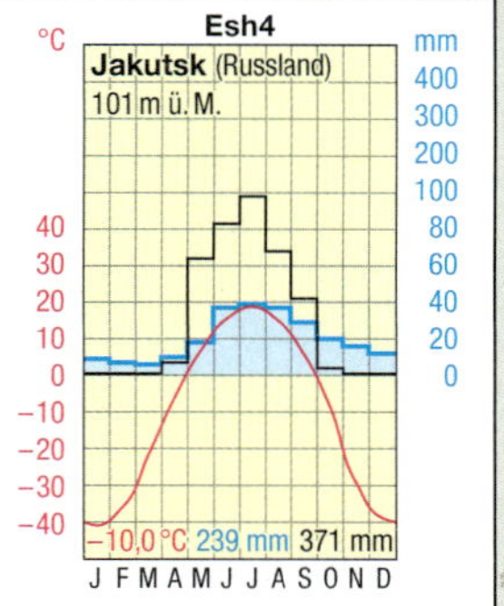

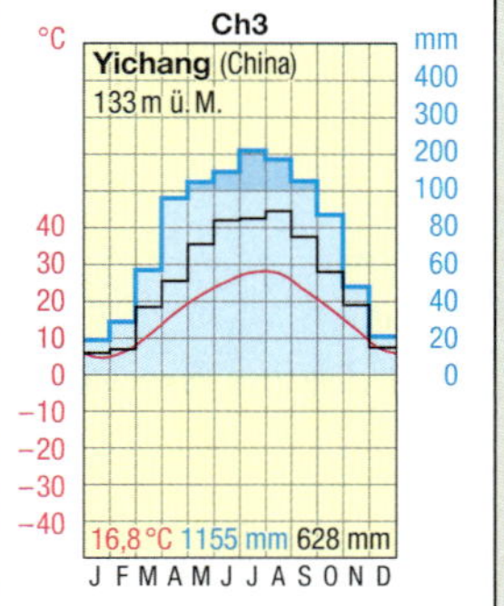

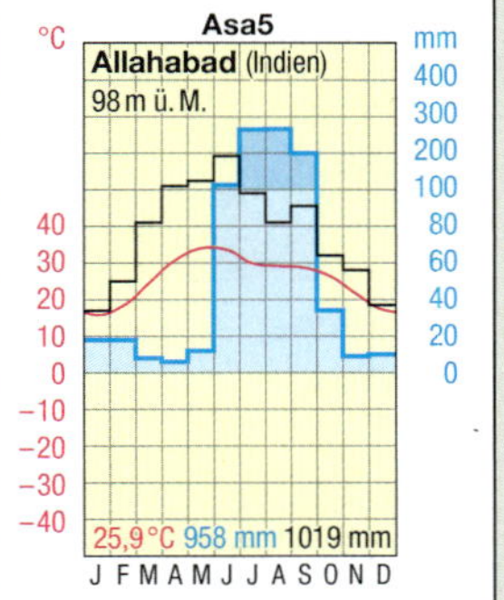

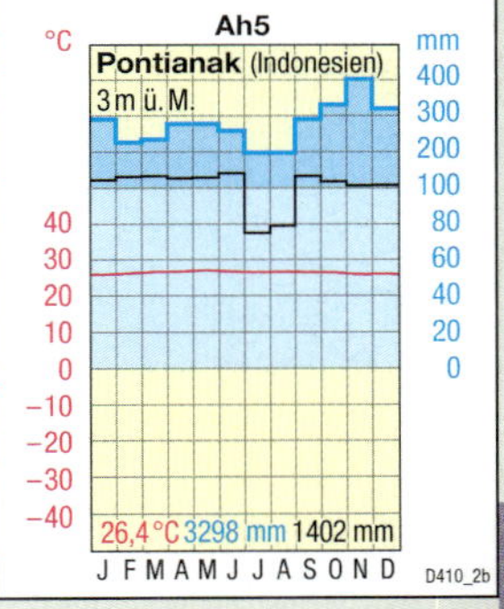

D410_2b

Winkels Entwurf

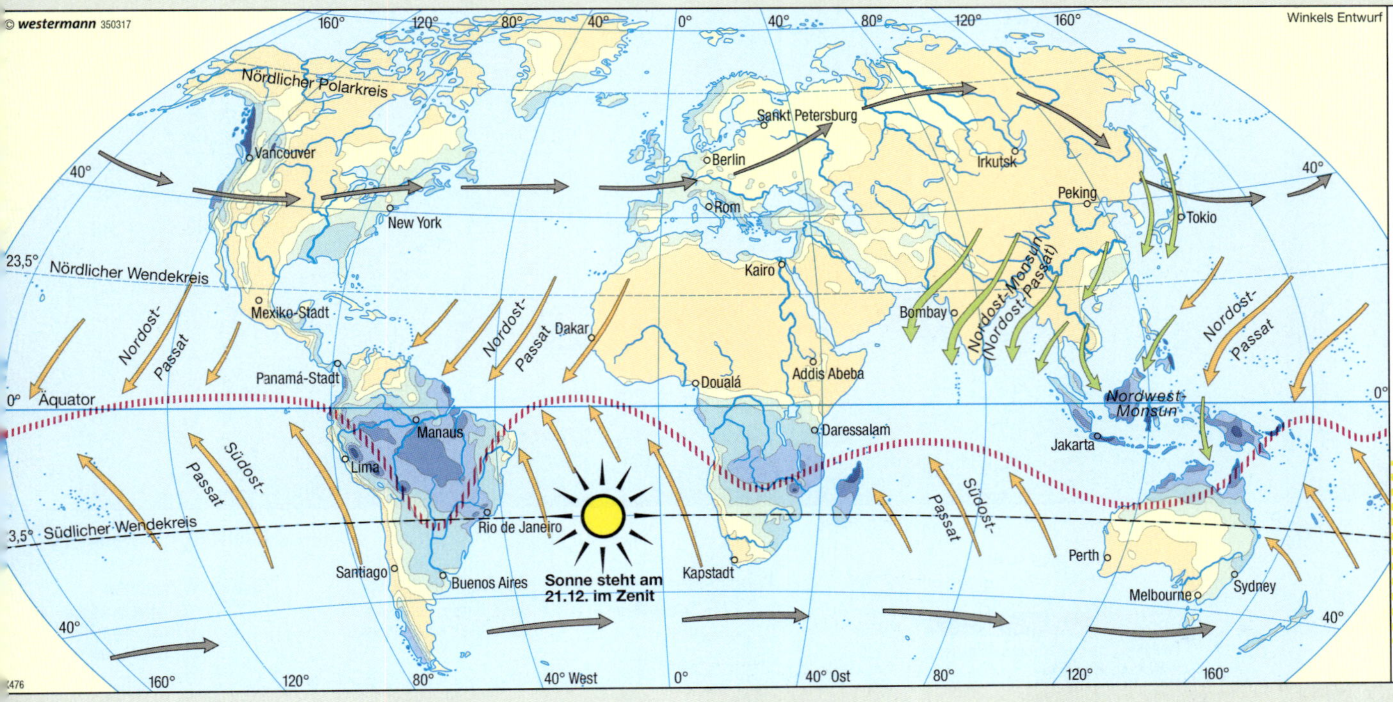

③ Niederschläge im Jänner
Nordwinter-Südsommer
Maßstab 1 : 180 000 000

Die großen Windsysteme der Erde

- Passat
- Monsun
- Westwind der hohen nördlichen und südlichen Breiten
- südliche Innertropische Konvergenz (ITC) im Jänner (nach Flohn)

Tageslänge
Beleuchtung der Erde am 21. Dezember

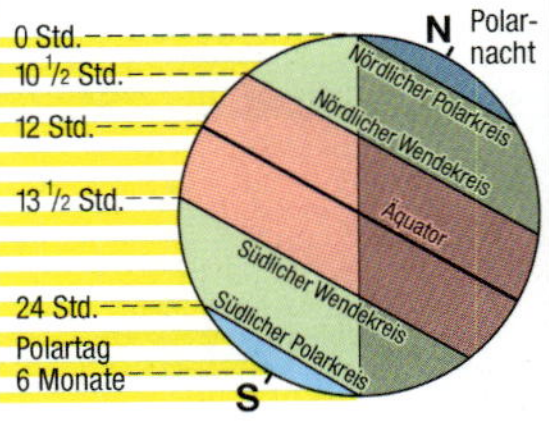

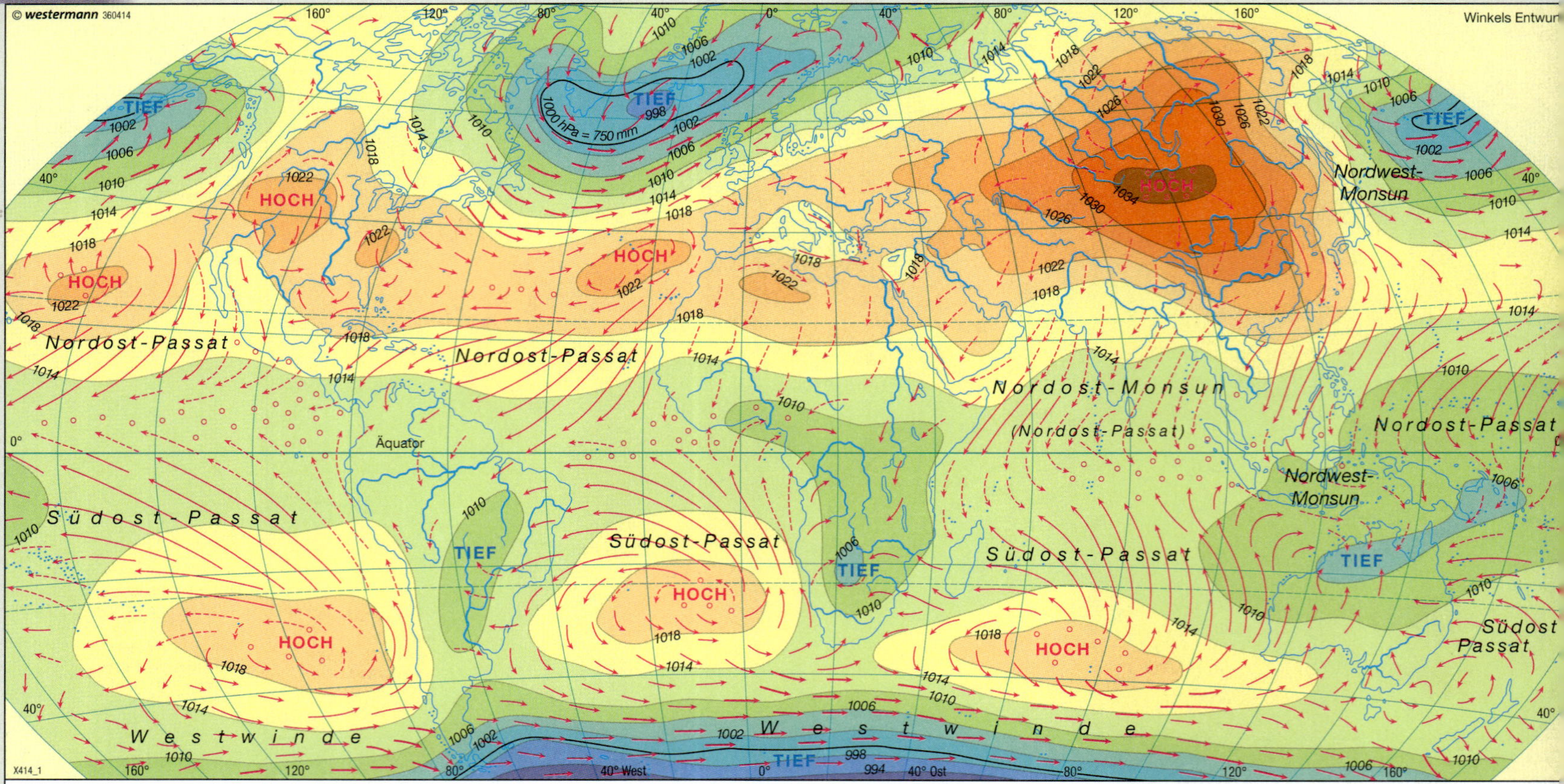

① Jänner

Maßstab 1 : 140 000 000

Luftdruck

TIEF 994 998 1000 hPa 1002 1006 1010 1014 1018 1022 1026 1030 1034 HOCH

1000 hPa = 750 mm Quecksilbersäule (Torricelli-Barometer)

1018 Linien gleichen Luftdrucks (Isobaren) in Hektopascal (hPa)

Windstärke
- schwach
- mäßig
- stürmisch

Windbeständigkeit
lange Pfeile = beständig
kurze Pfeile = veränderlich

häufige Windstillen
äquatoriale Kalmen und Kalmen der Rossbreiten an den Wendekreisen

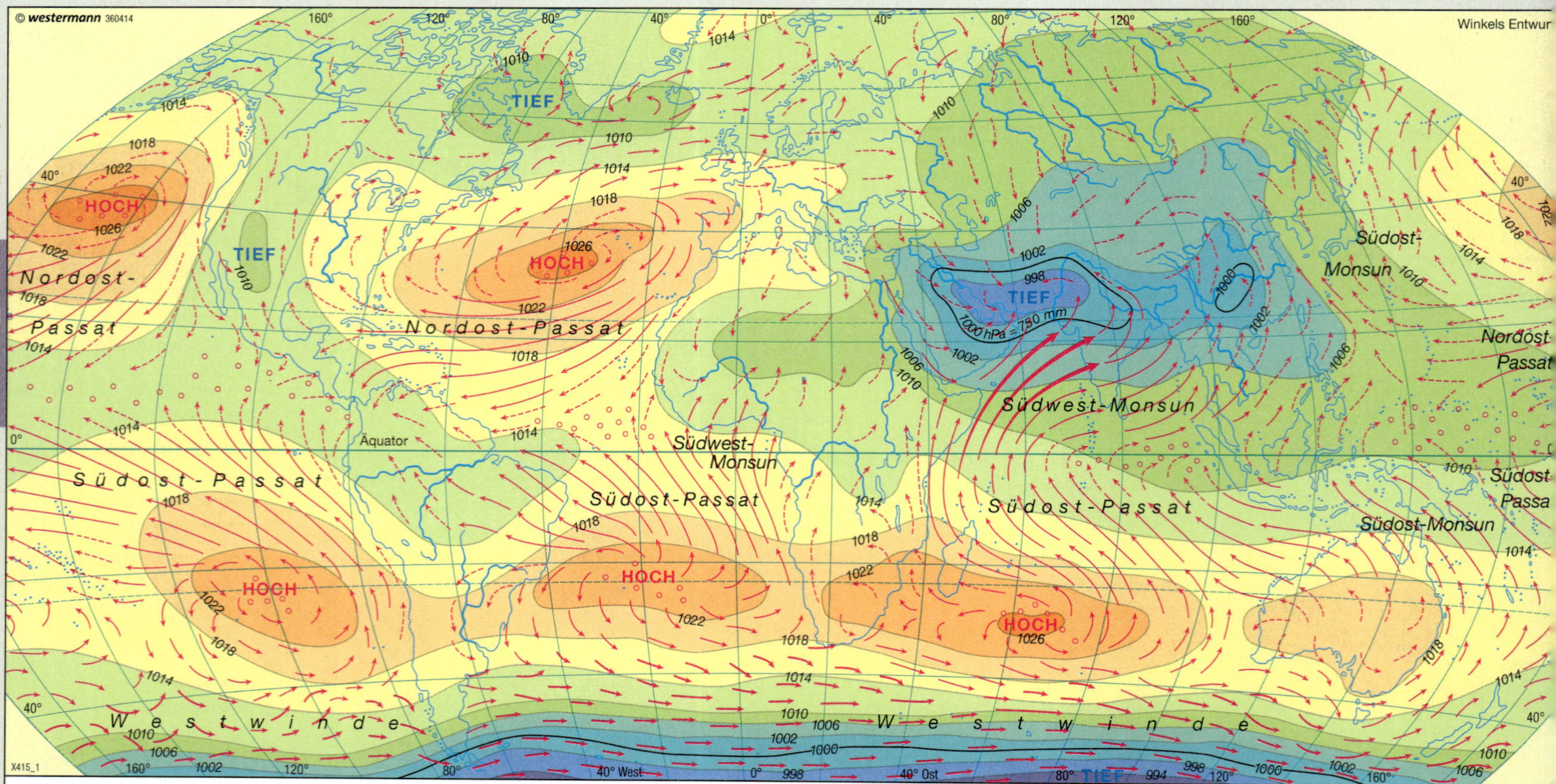

② Juli

Maßstab 1 : 140 000 000

Luftdruck

TIEF 994 998 1000 hPa 1002 1006 1010 1014 1018 1022 1026 1030 1034 HOCH

1000 hPa = 750 mm Quecksilbersäule (Torricelli-Barometer)

1018 Linien gleichen Luftdrucks (Isobaren) in Hektopascal (hPa)

Windstärke
- schwach
- mäßig
- stürmisch

Windbeständigkeit
lange Pfeile = beständig
kurze Pfeile = veränderlich

häufige Windstillen
äquatoriale Kalmen und Kalmen der Rossbreiten an den Wendekreisen

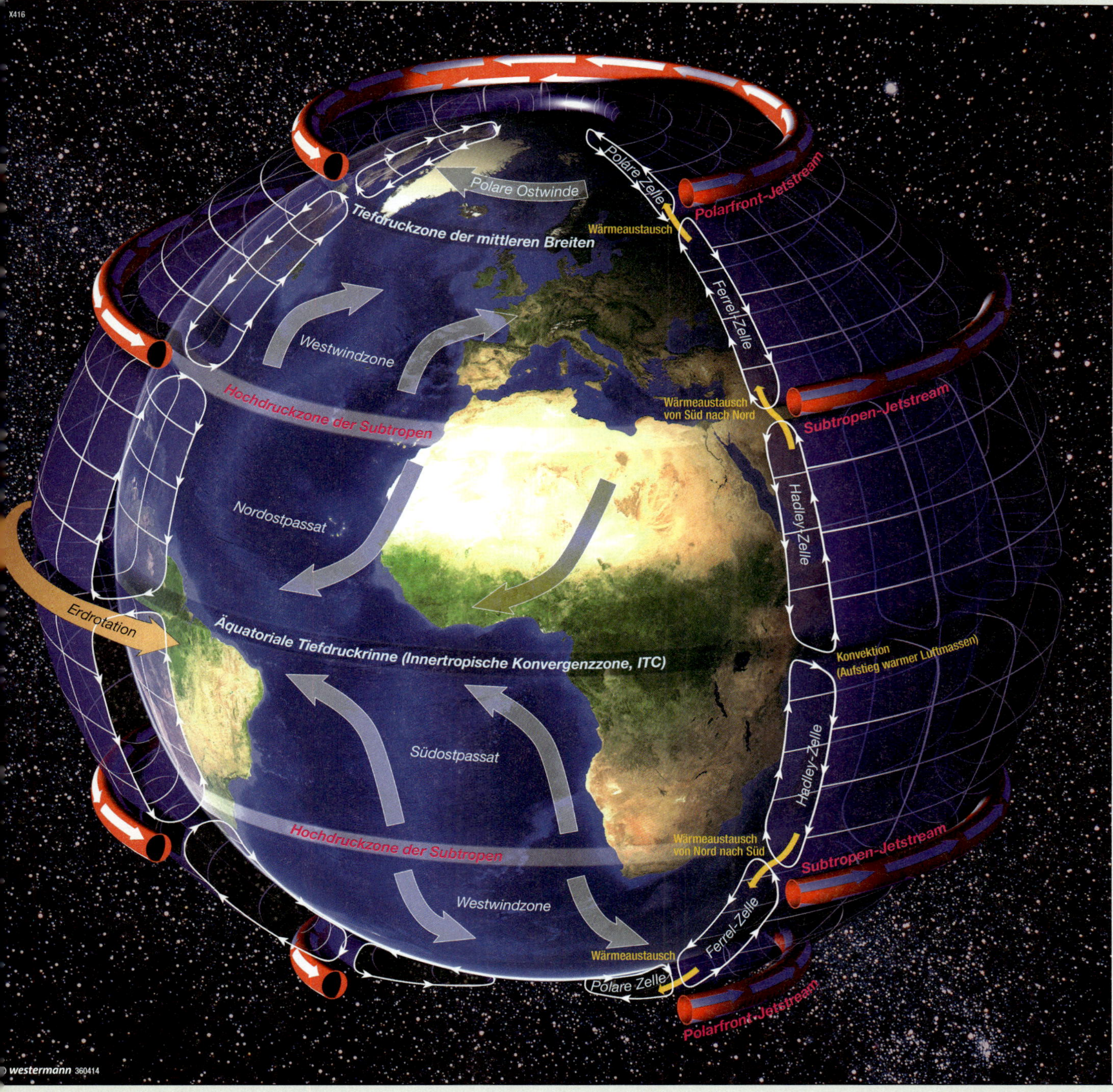

③ Windsysteme (schematisch)

Die allgemeine Zirkulation der Atmosphäre ist ein Modell für alle globalen Luftströmungen, die auf der unterschiedlichen Energiezufuhr der Erde durch die Sonne beruhen. Die Zellen der globalen Luftzirkulation sind ungefähr 100-fach überhöht dargestellt.

Auswirkung der Corioliskraft

Am Äquator bewegen sich die bodennahen Luftmassen ungefähr mit der Geschwindigkeit der Erddrehung nach Osten. In Richtung der Pole nimmt diese Geschwindigkeit wegen des geringeren Erdumfangs ab.

Polwärts strömende Luft wird aufgrund ihrer höheren Geschwindigkeit von der Corioliskraft nach Osten abgelenkt.

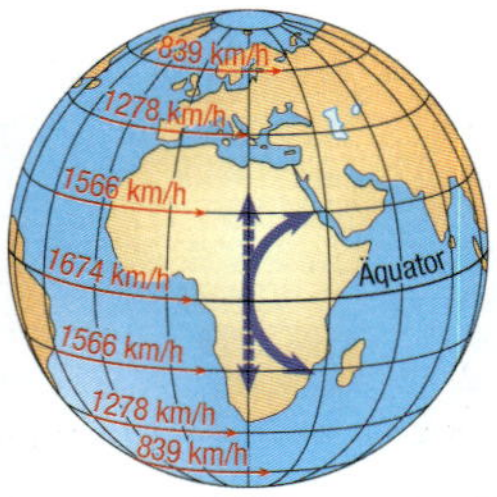

Äquatorwärts strömende Luft wird aufgrund ihrer langsameren Geschwindigkeit von der Corioliskraft nach Westen abgelenkt.

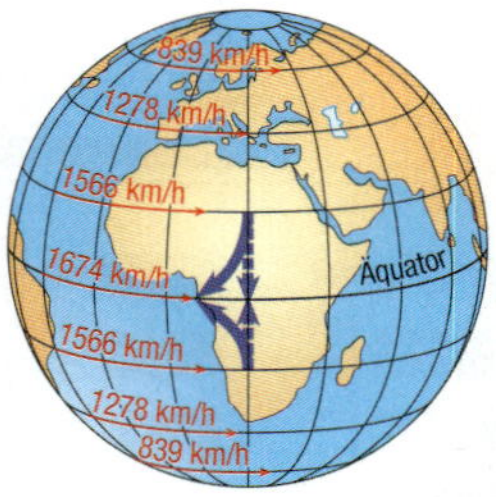

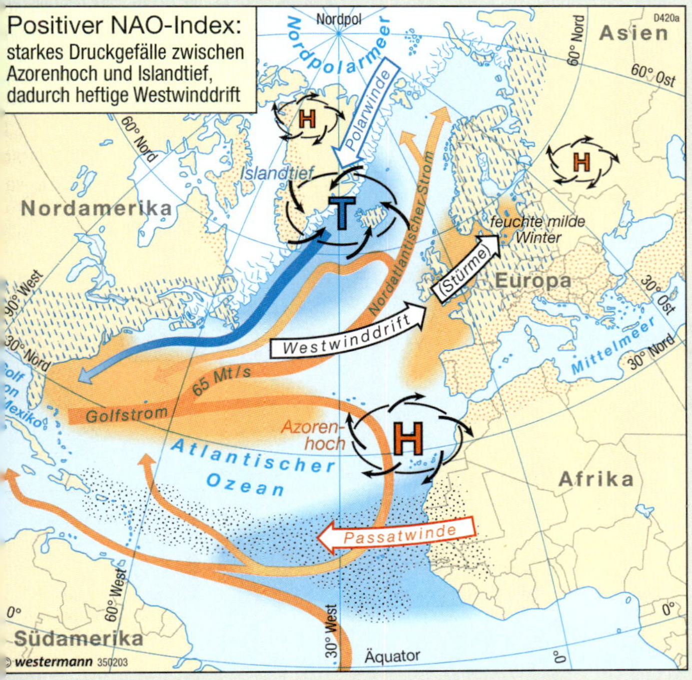

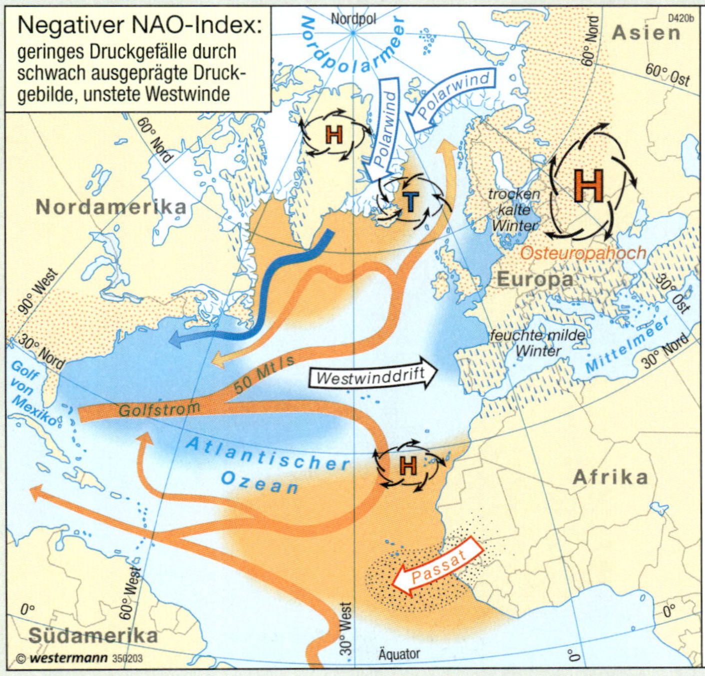

④ Nordatlantische Oszillation (NAO) – winterliche Wettersysteme

Maßstab 1 : 120 000 000

Meer
- warmer Meeresstrom
- kalter Meeresstrom
- 50 Mt/s (1 Megatonne = 1 Mio. t)

Meerestemperatur an der Oberfläche, im Vergleich zum langjährigen Mittel
- wärmer
- kälter

Festland
- häufiger Winterregen
- trockenes Winterwetter

Atmosphäre
- H Hochdruckgebiet
- T Tiefdruckgebiet
- Windsysteme
- Saharastaubwolke

Österreich
Europa
Asien
Ozeanien
Afrika
Amerika
Erde
Register

Klimavariabilität
(Beispiel Alpenraum)

Abweichung vom monatlichen Temperaturmittel

D754

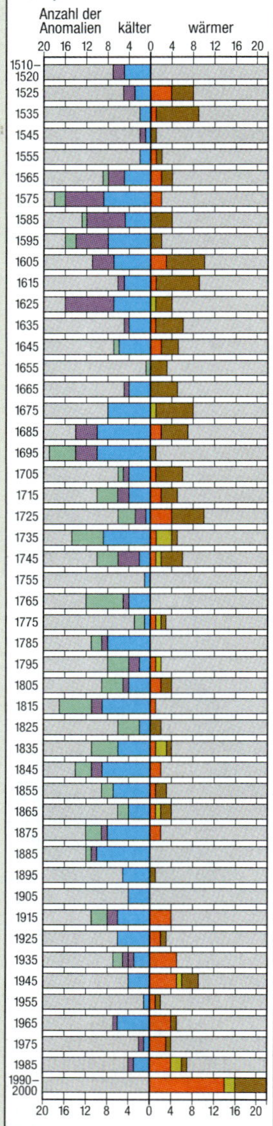

- kalt
- kalt-feucht
- kalt-trocken
- warm
- warm-feucht
- warm-trocken

① Reale Vegetation
Maßstab 1 : 90 000 000

- polare Kältewüste
- Tundra, Moor, subpolares Grasland
- Waldtundra
- nördlicher Nadelwald
- sommergrüner Laub- und Mischwald
- Steppe
- xeromorphe Strauchvegetation
- Hochgebirgs-trockensteppe
- Hartlaubgehölze (Macchie, z. T. Buschland)
- subtropischer Feuchtwald
- Wüste, Halbwüste
- Oasen
- Dornstrauchsavanne
- Trockensavanne
- tropischer Trockenwald (teilweise degradiert)
- Feuchtsavanne und regengrüner Feuchtwald
- tropischer Regenwald (teilweise degradiert)
- Kulturland
- Südgrenze des Dauerfrostbodens (Permafrostboden)

Anbaugrenzen

- Getreide
- Mais (Körnermais)
- Dattelpalme (Wirtschaftlichkeitsgrenze)

② Waldnutzungs- und Forstwirtschafts-formen
Maßstab 1 : 180 000 000

Waldwirtschaft

- multifunktionale Waldbewirtschaftung (Nutz-, Schutz- und Erholungsfunktion)
- Forstwirtschaft mit vorherrschender Nutzfunktion (ständige Waldpflege gewährleistet Dauernutzung)
- Nutzfunktion vorherrschend, Übergänge zur Nachhaltswirtschaft
- umfangreiche Aufforstung

ökozertifizierte Waldflächen (in Mio. ha)

- 5– 10
- 10– 50
- 50–100 Mio. ha

Waldnutzung

- Nutzfunktion vorherrschend; Industrieholz- und Brennholzentnahme
- shifting cultivation
- vorwiegend Viehhaltung
- selektive Ausbeutung
- unkontrollierte Nutzung

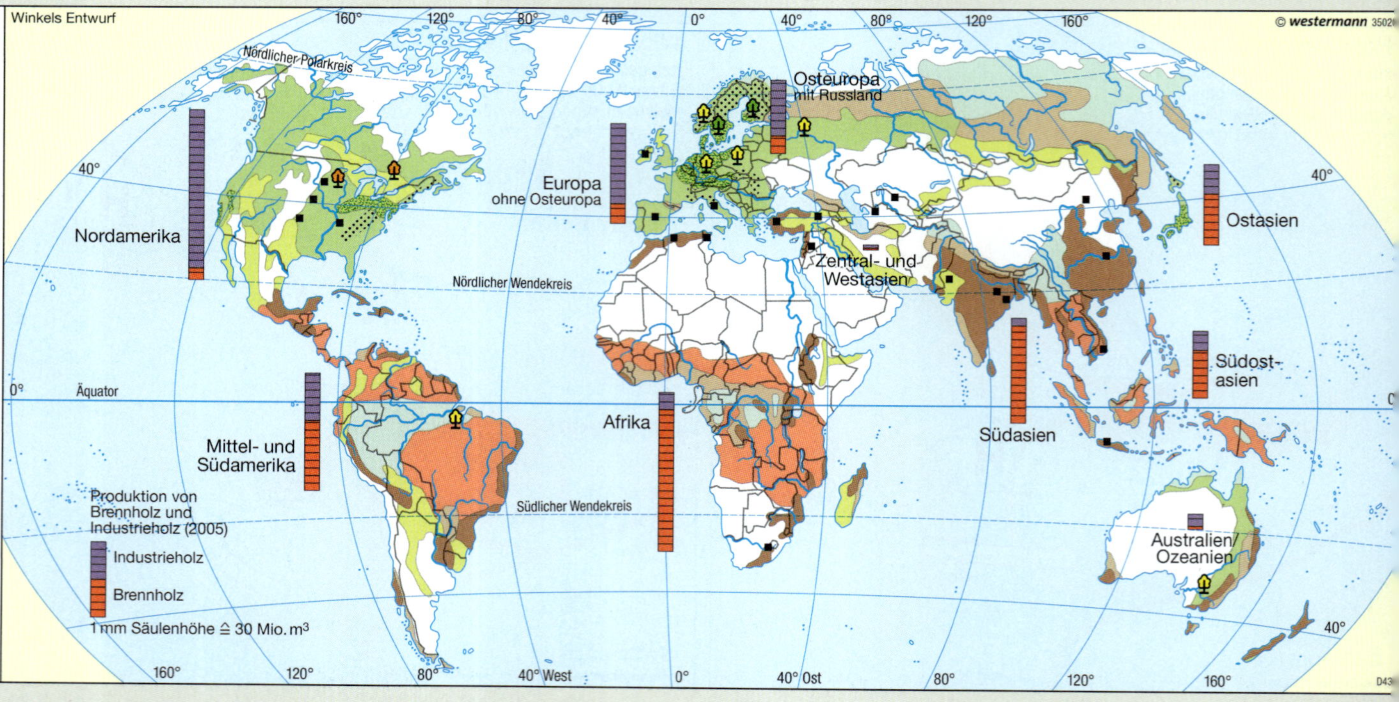

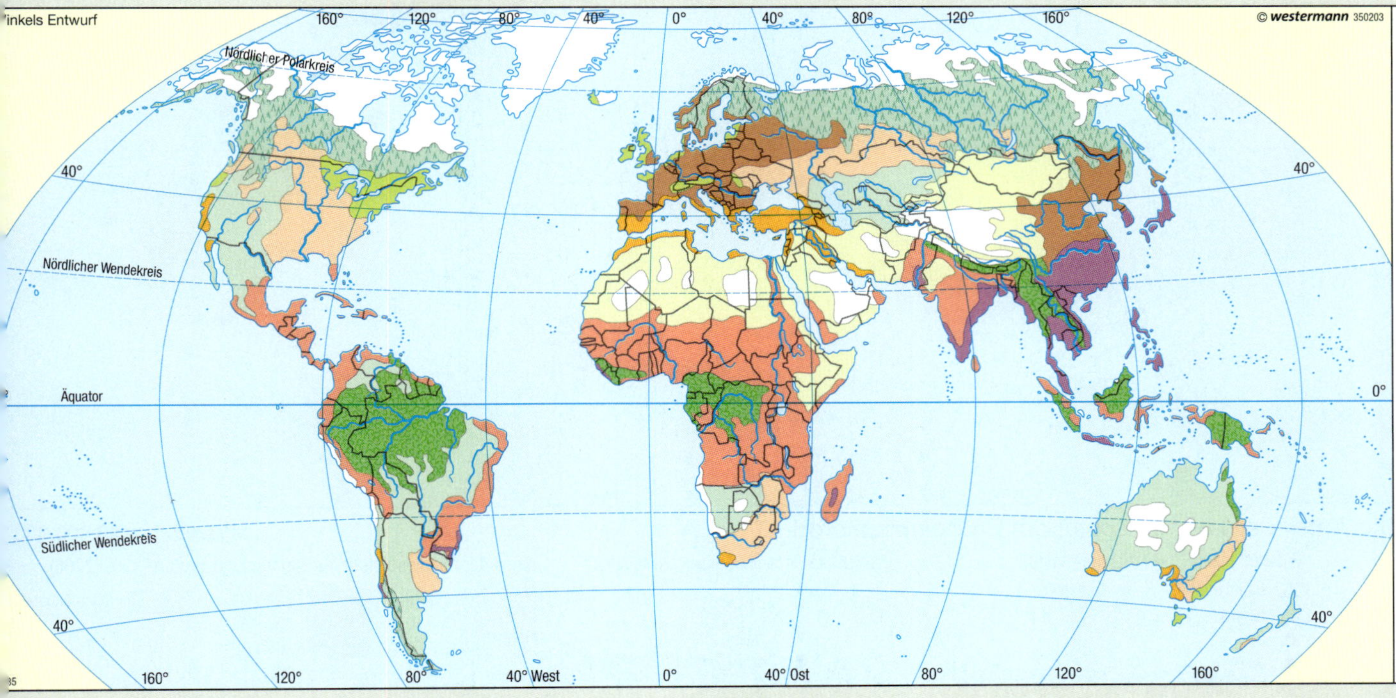

③ Agrarregionen

Maßstab 1 : 180 000 000

- gemischte traditionelle Agrarwirtschaft der Tropen
- tropischer Regenwald mit Landwechselwirtschaft (shifting cultivation)
- Nassreisanbau, vorwiegend bewässert
- extensive Wanderweidewirtsch., z. T. Nomadismus
- stationäre extensive Weidewirtschaft (Ranch, Estancia), stellenweise Ackerbau
- gemischte Landwirtschaft der Subtropen
- spezialisierte Landwirtsch. (Farmwirtschaft)
- gemischte Landwirtschaft der gemäßigten Breiten
- intensive Grünlandwirtschaft
- borealer Nadelwald mit Holzwirtschaft und Jagd
- nicht nutzbare Gebiete

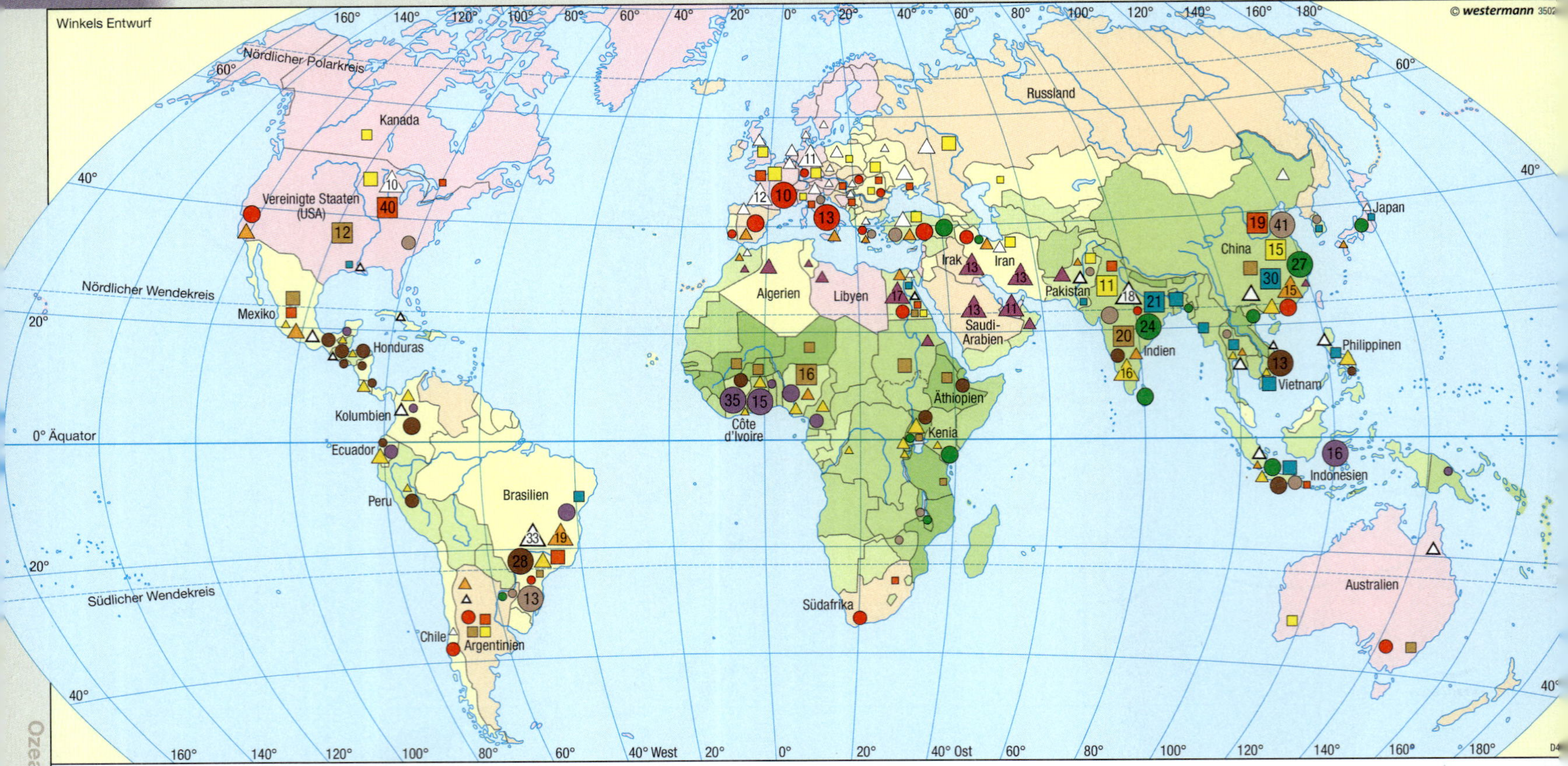

① Nahrungs- und Genusspflanzen/Beschäftigte in der Landwirtschaft

Maßstab 1 : 140 000 000

Getreide
- Weizen
- Reis
- Mais
- Hirse/Sorghum

Südfrüchte/Zuckerpflanzen
- Zitrusfrüchte (Orangen, Mandarinen, Zitronen)
- Ess- und Kochbananen
- Dattelpalmen
- Zuckerrohr
- Zuckerrüben

Genusspflanzen
- Kaffee
- Kakao
- Tee
- Wein
- Tabak

Größenstufen in % der Weltproduktion (2005)
- 1 – 2
- 2 – 5
- 5 – 10
- 40 16 35 über 10 % mit Prozentangabe

Anteil der Beschäftigten in der Landwirtschaft in % (2005)
- unter 5
- 5 – 10
- 10 – 25
- 25 – 50
- 50 – 75
- über 75
- keine Angabe

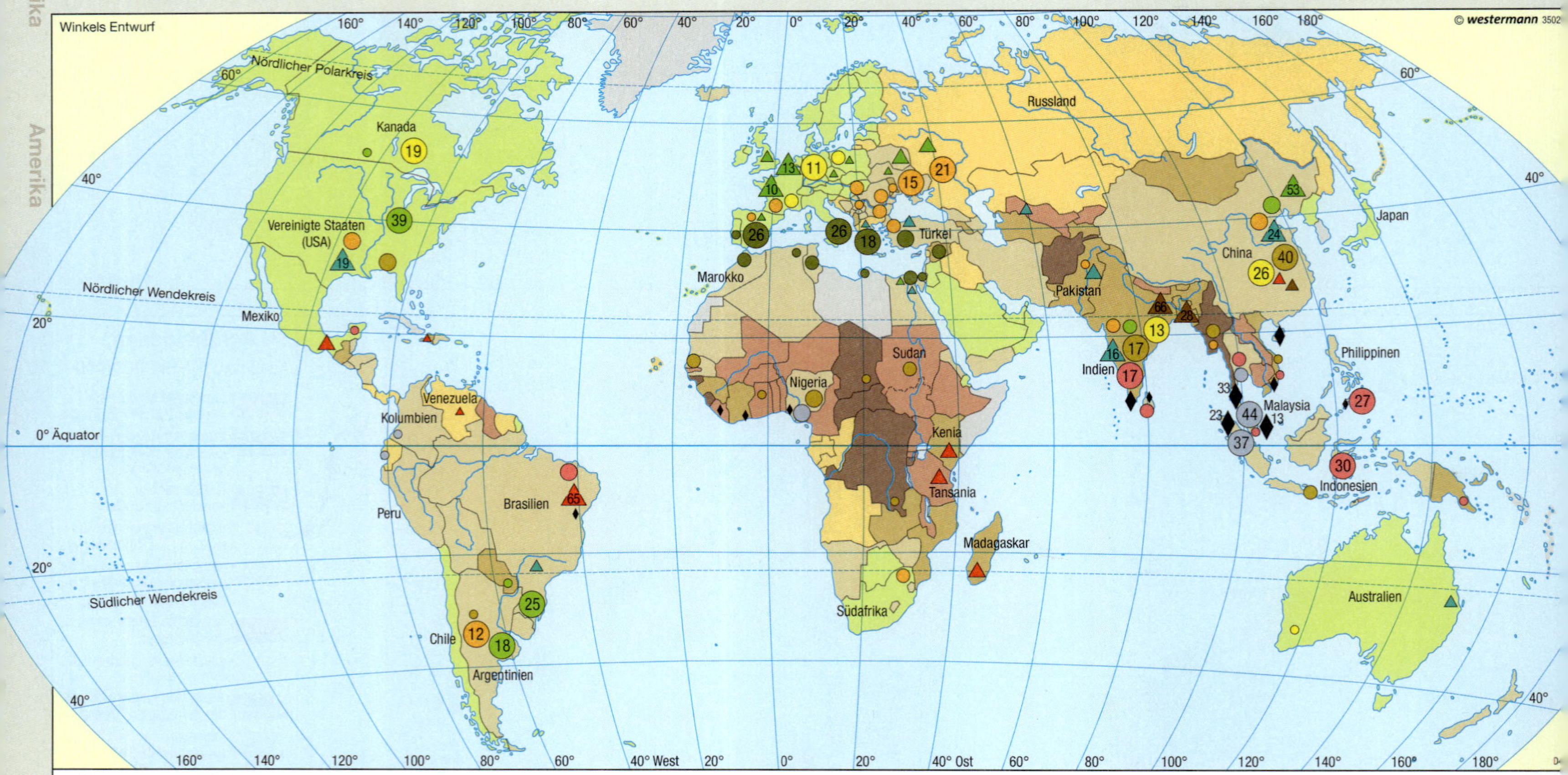

② Agrarische Rohstoffe/Anteil der Landwirtschaft am Bruttoinlandsprodukt

Maßstab 1 : 140 000 000

Ölpflanzen
- Sojabohnen
- Sonnenblumen
- Oliven
- Raps
- Erdnüsse
- Kokospalmen
- Ölpalmen

Faserpflanzen
- Baumwolle
- Flachs
- Sisal
- Jute

Gummirohstoff
- Kautschuk

Größenstufen in % der Weltproduktion (2005)
- 1 – 2
- 2 – 5
- 5 – 10
- 31 11 16 über 10 % mit Prozentangabe

Anteil der Landwirtschaft am Bruttoinlandsprodukt in % (2005)
- unter 5
- 5 – 10
- 10 – 20
- 20 – 30
- 30 – 50
- über 50
- keine Angabe

Ozeanien
Afrika
Amerika

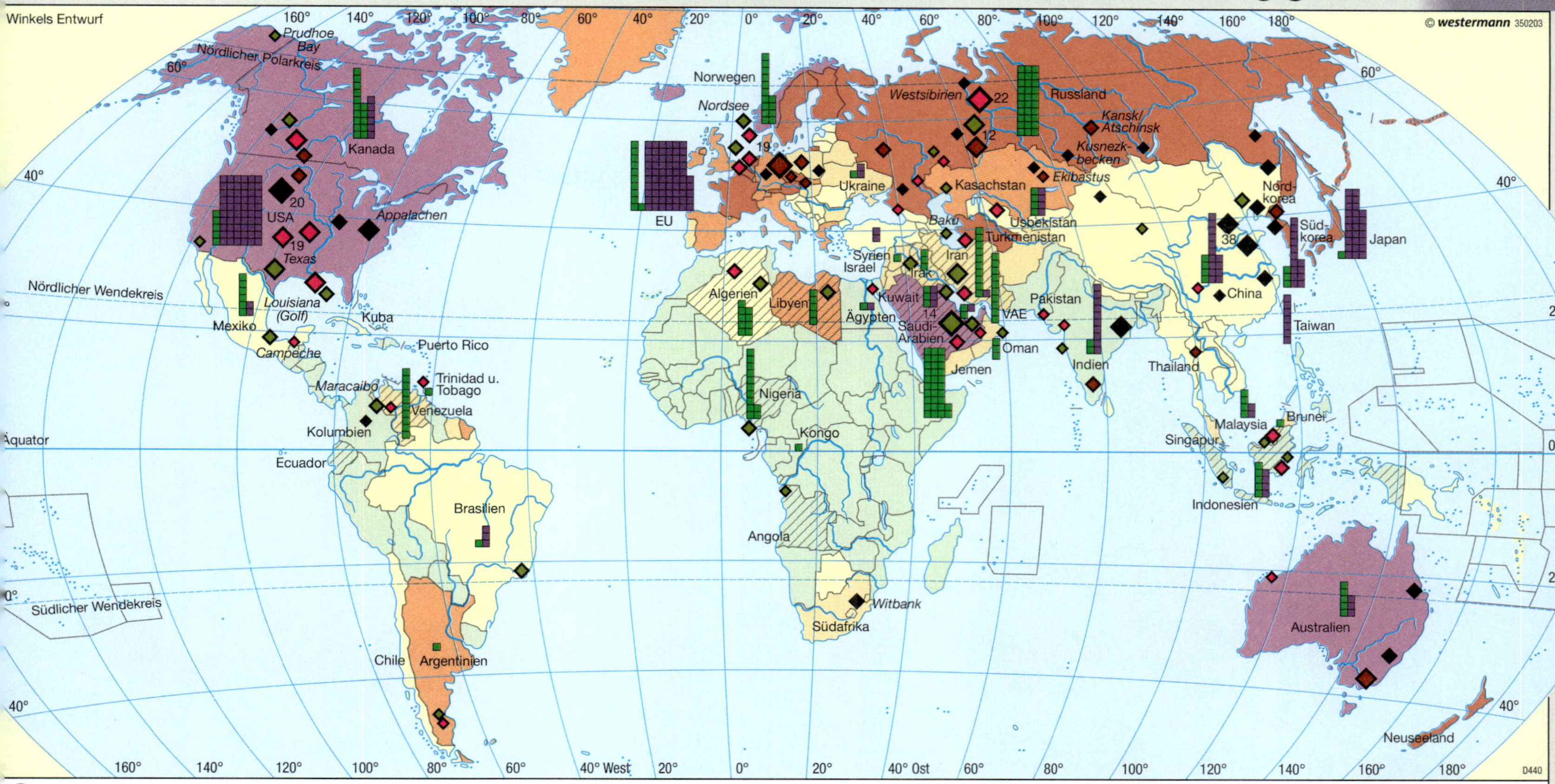

① Energierohstoffe/Energieverbrauch

Maßstab 1 : 140 000 000

Energierohstoffe
- Steinkohle
- Braunkohle
- Erdöl
- Erdgas

Größenstufen in % der Weltproduktion (2005)
- 1 – 2
- 2 – 5
- 5 – 10
- 22 über 10 % mit Prozentangabe

Mitglieder der OPEC (Organization of Petroleum Exporting Countries), 2007

Energieverbrauch pro Kopf in Tonnen Öläquivalent (2005)
- 0 – 1
- 1 – 2
- 2 – 3
- 3 – 4
- 4 – 6
- > 6

Export und Import von Energierohstoffen in Mio. t Öläquivalent (toe) 2005
- Export
- Import

1 mm Säulenhöhe ≙ 10 Mio. toe

Länder ohne Säulendarstellung: unter 10 Mio. toe

Reichweite der Energierohstoffe in Jahren ab 2005

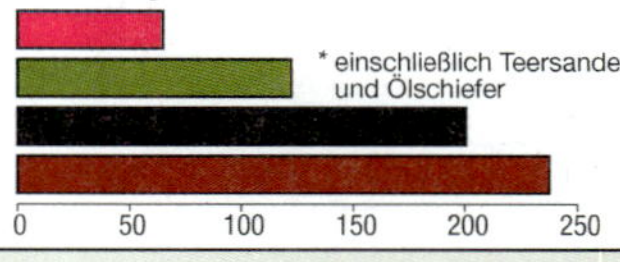

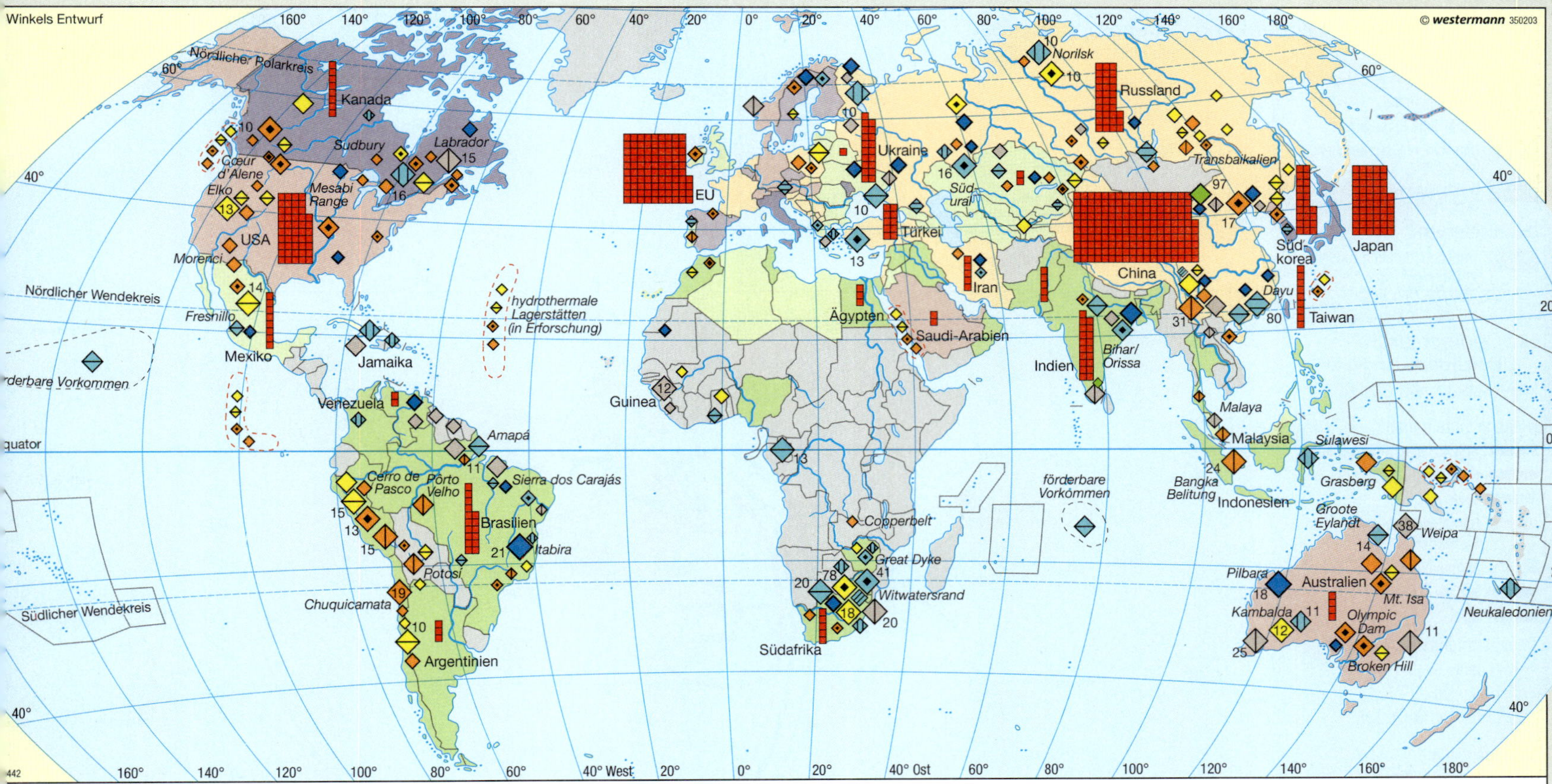

② Metallische Rohstoffe/Rohstoffabhängigkeit

Maßstab 1 : 140 000 000

Eisen und Stahlveredler
- Eisen
- Chrom
- Mangan
- Nickel
- Vanadium
- Wolfram

Buntmetalle
- Kupfer
- Blei, Zink
- Zinn

Edelmetalle
- Gold
- Silber
- Platin

Leichtmetalle
- Bauxit
- Titan

Seltene Erden

Größenstufen siehe Karte ①

Stahlverbrauch in kg/Einwohner (Fertigerzeugnisse)
- unter 100
- 100 – 200
- 200 – 300
- 300 – 400
- 400 – 500
- über 500
- keine Angabe

weltweiter Durchschnitt: 148 kg/Einw.

Rohstahlerzeugung in Mio. t (2005)

1 mm Säulenhöhe ≙ 2 Mio. t

Länder ohne Säulendarstellung: unter 2 Mio. t

Reichweite metallischer Rohstoffe in Jahren ab 2005

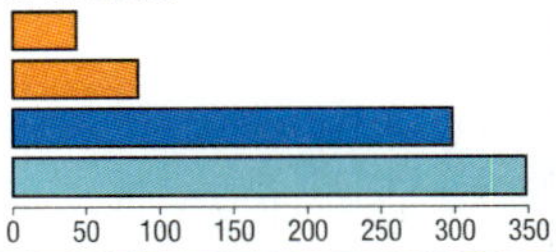

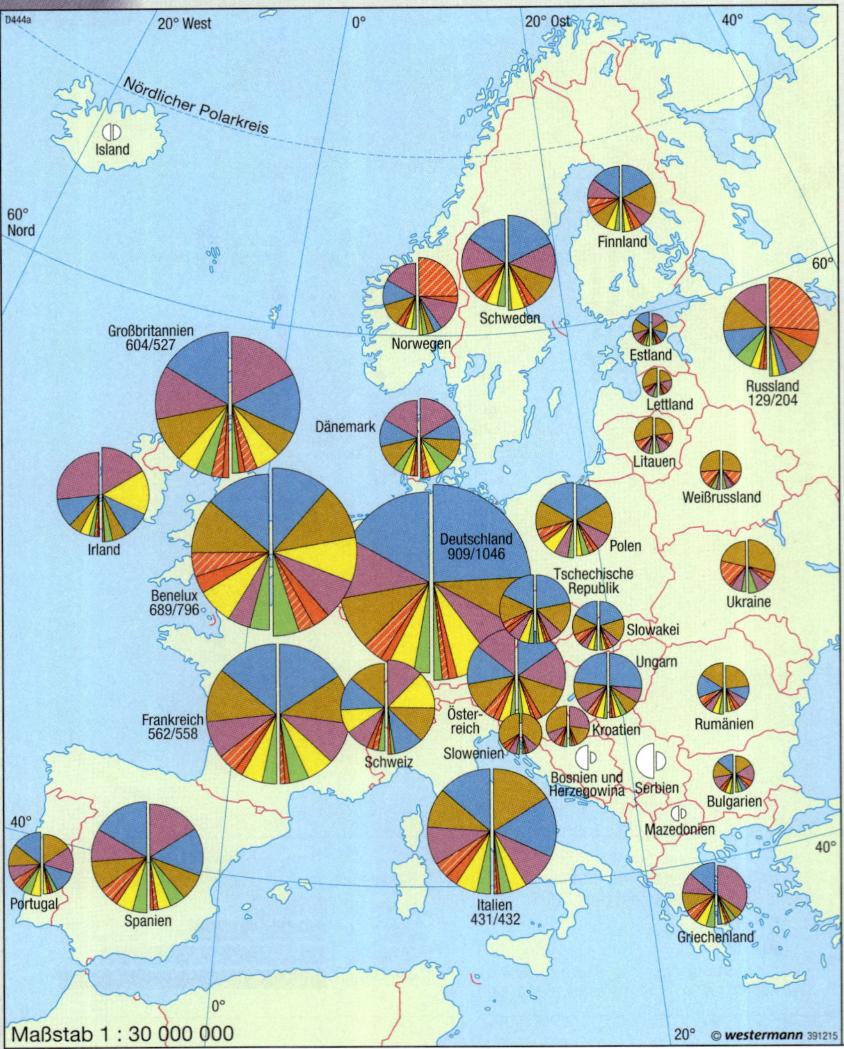

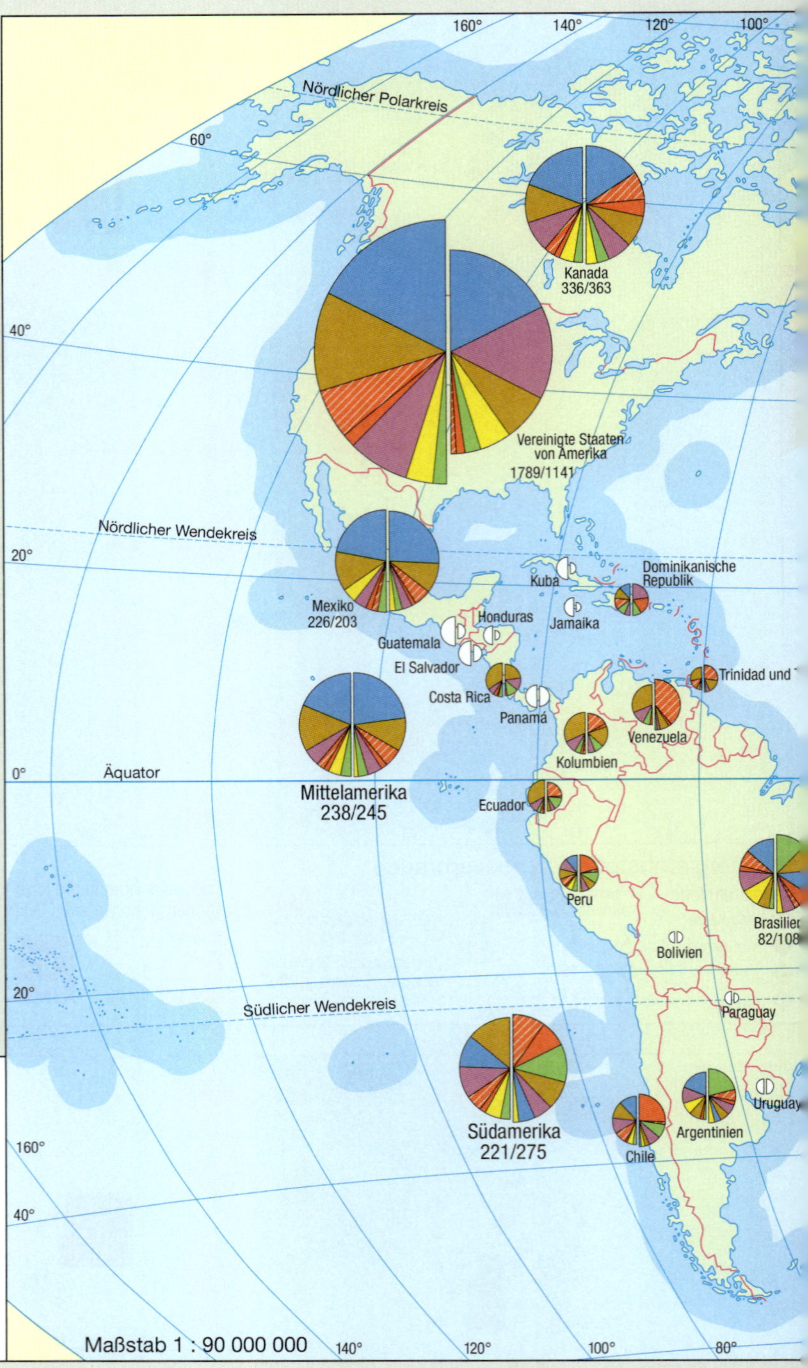

① Welthandel nach Ländern und Warengruppen (2005)

Warengruppen
- Rohstoffe, davon Energierohstoffe
- Nahrungsmittel
- chemische Erzeugnisse
- Maschinen, Elektrotechnik, Fahrzeuge
- bearbeitete Waren – Metalle, Holz, Glas, Textilien, andere Konsumgüter

Dienstleistungen
- Transport, Verkehr, Tourismus, Geldverkehr, Software, Kommunikation

Handelswert in Mrd. US-$

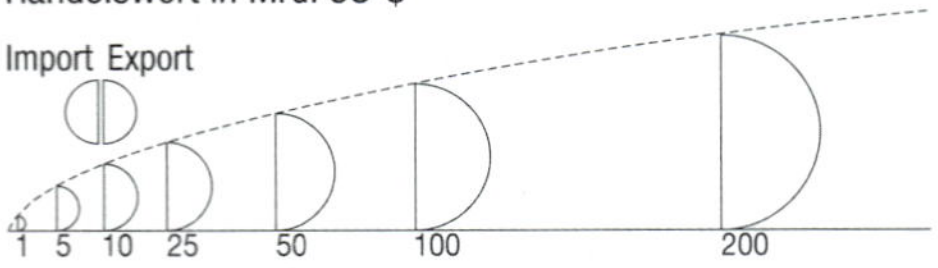

Die Halbkreise (180°) entsprechen jeweils 100 % der Import- und Exportgüter. Eingetragen sind Staaten mit einem Handelsvolumen über 1 Mrd. US-$. Ab 5 Mrd. US-$ Angabe der Warengruppen (soweit statistisch erfasst).

- 200-Seemeilen-Wirtschaftszone

② Deutschland – Rohstoffabhängigkeit

Maßstab 1 : 180 000 000

wichtige Einfuhrgüter
- Steinkohle u. Braunkohle
- Erdöl, Erdölprodukte
- Eisenerze
- Buntmetallerze, Stahlveredler
- Aluminiumerze
- Weizen
- Mais

Transportmengen in Mio. t
- unter 5
- 5 – 20
- über 20 Mio. t /Jahr

Außenhandel mit Deutschland (2005)
- unter 1
- 1 – 5
- 5 – 10
- 10 – 20
- 20 – 30
- über 30% aller exportierten Güter
- keine Angabe

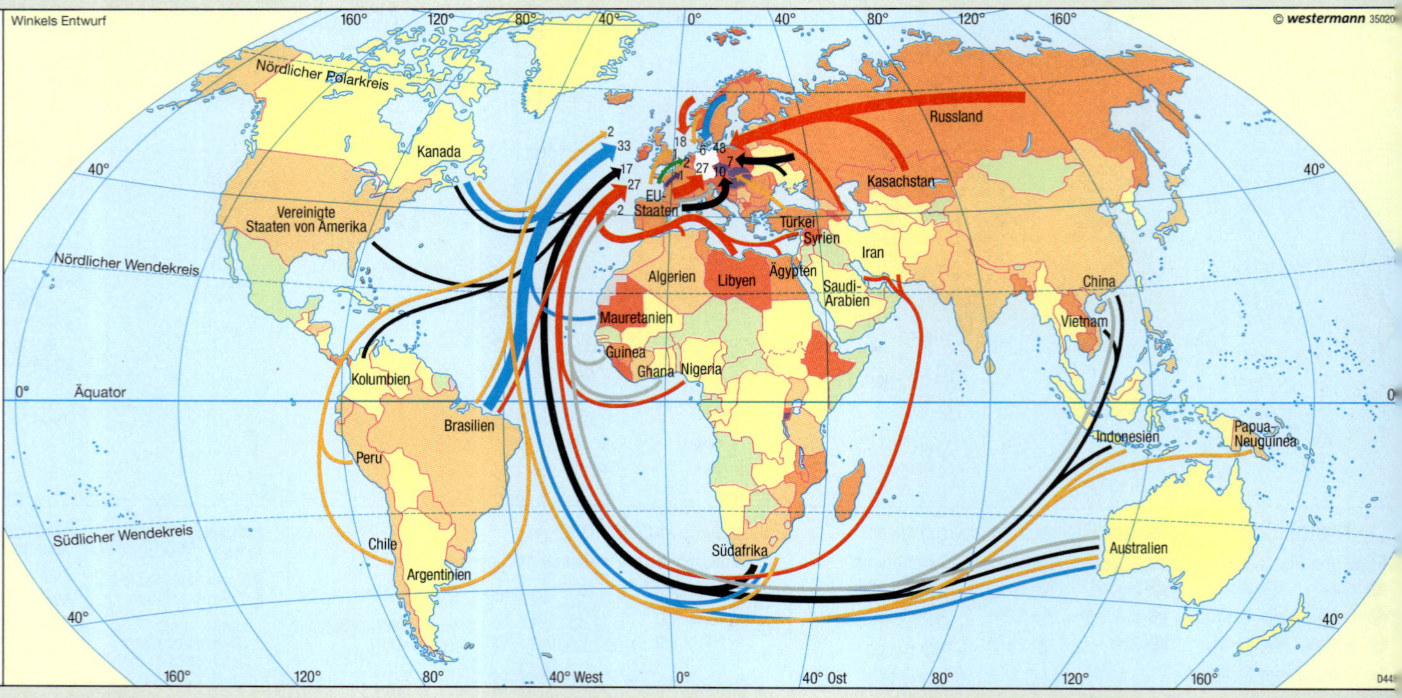

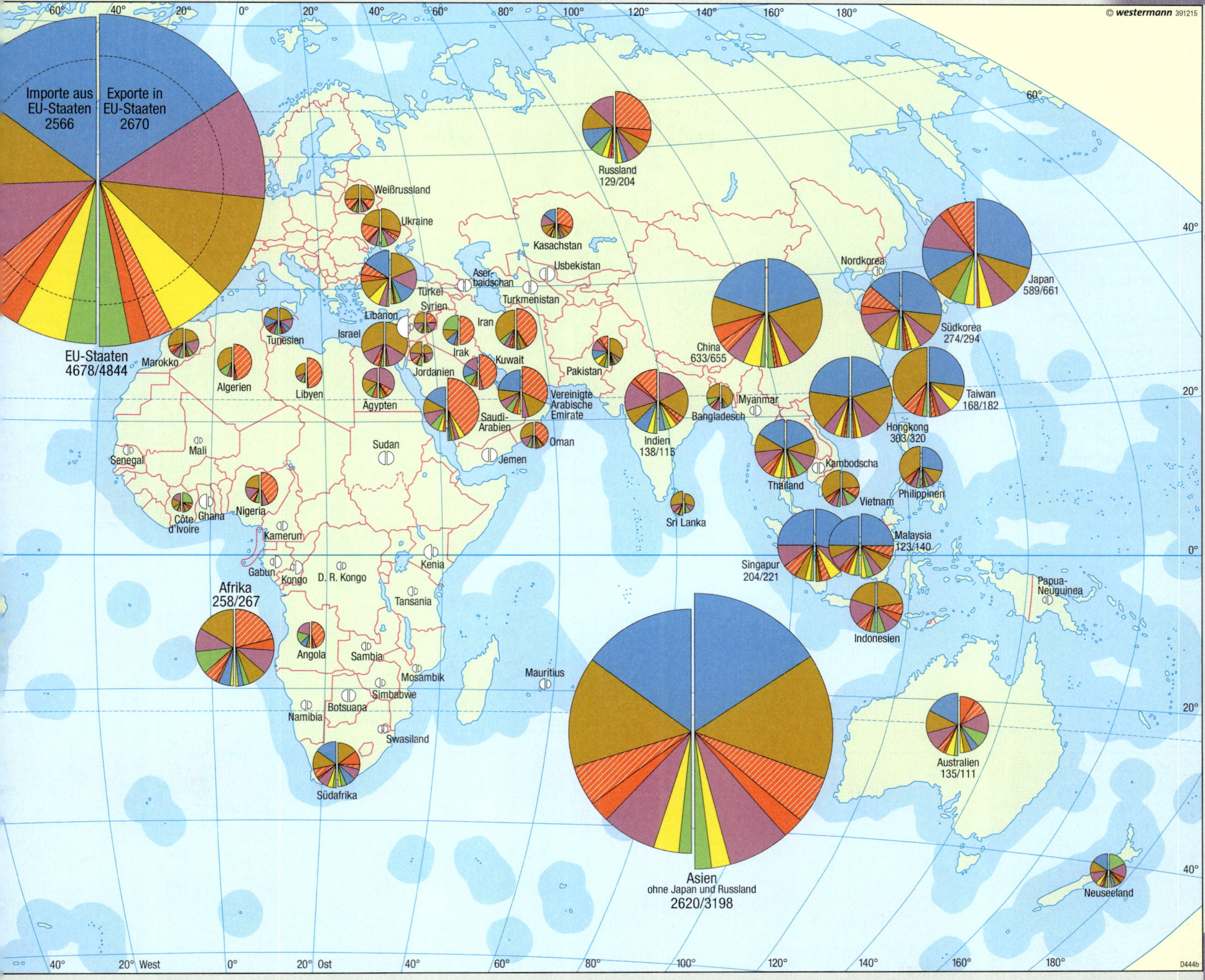

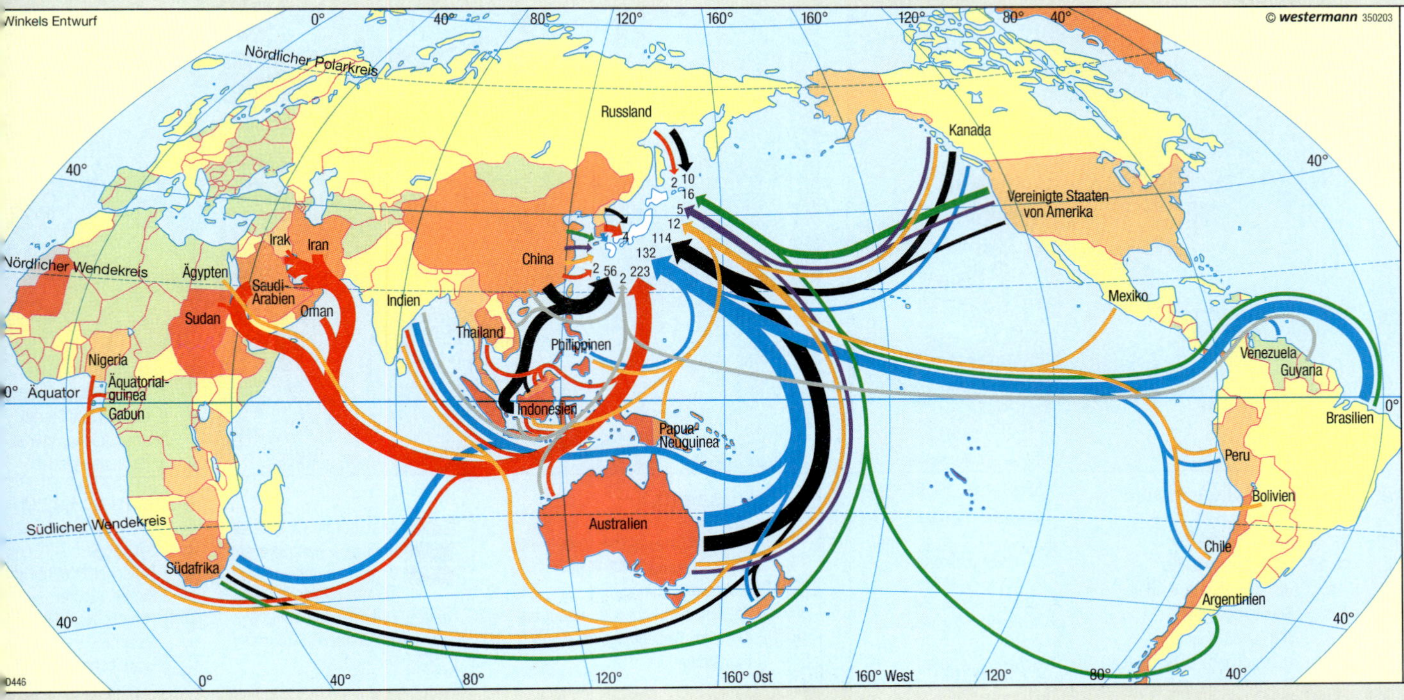

③ Japan – Rohstoffabhängigkeit

Maßstab 1 : 180 000 000

wichtige Einfuhrgüter
- Steinkohle u. Braunkohle
- Erdöl, Erdölprodukte
- Eisenerze
- Buntmetallerze, Stahlveredler
- Aluminiumerze
- Weizen
- Mais

Transportmengen in Mio. t
- unter 5
- 5 – 20
- 20 – 40
- über 40 Mio. t /Jahr

Außenhandel mit Japan (2005)
- unter 1
- 1 – 5
- 5 – 10
- 10 – 20
- 20 – 30% aller exportierten Güter
- keine Angabe

Österreich
Europa
Asien
Ozeanien
Afrika
Amerika
Erde
Register

① Tourismusformen und Reiseziele

Maßstab 1 : 120 000 000

Tourismusformen

- touristisches Verdichtungsgebiet (Massentourismus, Erholung)
- punktuelle touristische Erschließung (Besichtigungstourismus, Rundreisen)
- geringe touristische Erschließung (Expeditionstourismus, Abenteuerreisen)
- kaum bereiste Gebiete (ohne touristische Erschließung)

Grund der Reise / Reiseziele (Karte ① und ⑤)

- Pilgerzentrum
- Stadt
- kulturelle Sehenswürdigkeit (z.T. Weltkulturerbe)
- Badeurlaub
- Wintersport
- Rundreise, Safari, Trekking
- Kreuzfahrt
- Nationalpark, Naturdenkmal (z.T. Weltnaturerbe)
- Reisewarnung

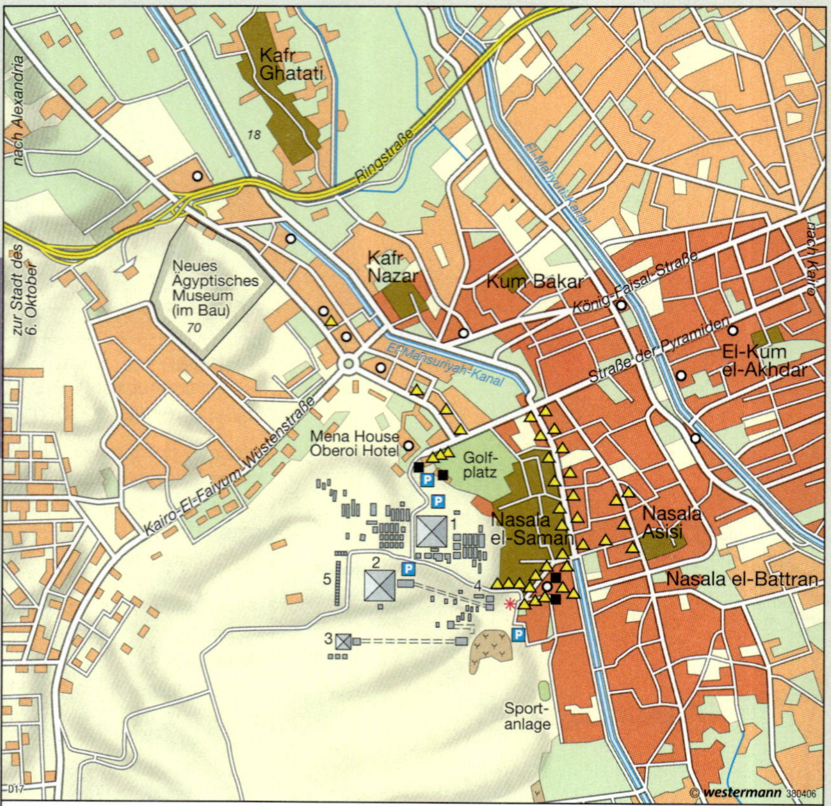

② Gizeh – Tourismusentwicklung und Stadtwachstum

Maßstab 1 : 50 000 (0 – 500 – 1000 m)

- ländlicher Siedlungskern
- Bebauung bis 1984
- Erweiterung bis 2006
- islamischer Friedhof
- Bewässerungsland
- Wüste, Freifläche
- Hotel, Busparkplatz
- Reitstall (Pferde, Kamele)
- Souvenirgeschäft
- Ton- und Lichtshow
- 18 Höhenangabe in Meter
- archäologische Stätte (Weltkulturerbe)
- 1 Cheops-Pyramide
- 2 Chefren-Pyramide
- 3 Mykerinos-Pyramide
- 4 Sphinx
- 5 Arbeiterquartiere

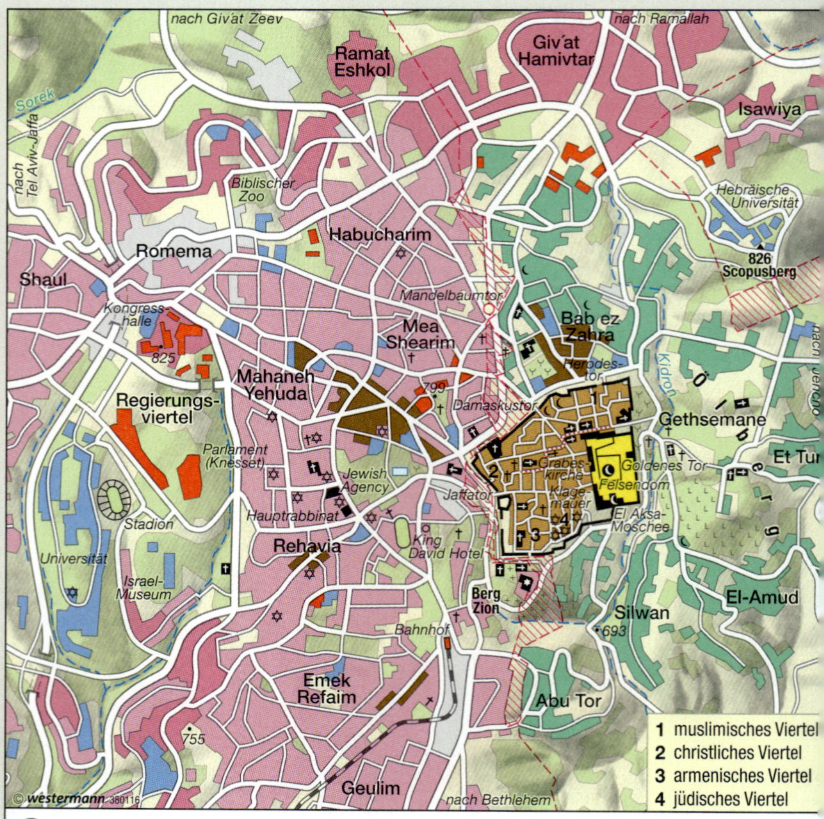

③ Jerusalem

Maßstab 1 : 50 000

- Waffenstillstandslinie 1949–1967
- Niemandsland 1949–1967
- arabisches Wohngebiet
- jüdisches Wohngebiet, erbaut bis 1967
- jüdisches Wohngebiet, erbaut nach 1967
- Industriegebiet
- Altstadt mit Stadtmauer
- Hauptgeschäftszentrum
- Regierung und öffentliche Verwaltung
- kulturelle Einrichtung
- Via Dolorosa (Kreuzweg)
- Tempelberg
- Synagoge
- jüdischer Friedhof
- Kirche, Kloster
- christlicher Friedhof
- Moschee
- islamischer Friedhof

Österreich · Europa · Asien · Ozeanien · Afrika · Amerika · Erde · Register

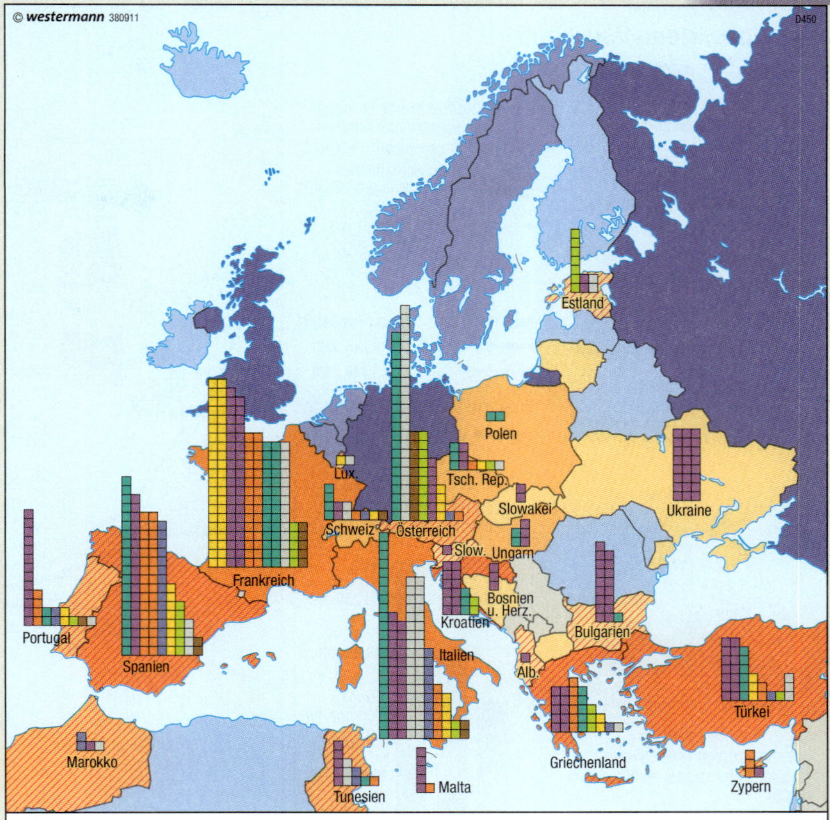

④ Europa – Herkunft der Reisenden / volkswirtschaftliche Bedeutung des Tourismus
Maßstab 1 : 40 000 000

aktive Reiseverkehrsbilanz	passive Reiseverkehrsbilanz	Reisende in Ländern mit aktiver Reisebilanz	
0 – 1 Mrd. Euro	0 – 1 Mrd. Euro	Deutschland	Skandinavien
1 – 5 Mrd. Euro	1 – 5 Mrd. Euro	Großbritannien	übriges Europa
über 5 Mrd. Euro	über 5 Mrd. Euro	Frankreich	USA
keine Angabe	Anteil des Tourismus am Bruttoinlandsprodukt über 5%	Benelux	übrige Länder
			≙ 500 000 Reisenden (2005)

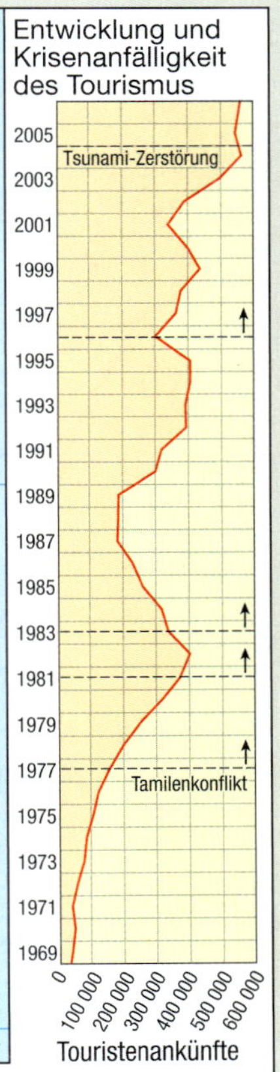

⑤ Sri Lanka – Tourismus und Konflikte
Maßstab 1 : 3 000 000
0 20 40 60 km

- tropischer Feuchtwald
- tropischer Trockenwald
- Ackerbau und Weide
- Nassreis
- Plantagenwirtschaft (Kokospalmen, Kautschuk, Tee)

Tourismus
- bedeutende Hotelkapazitäten
- rückläufige Hotelkapazitäten

(Symbole Reiseziele siehe Legende Karte ①)

Bürgerkrieg (tamilische Separatisten gegen singhalesisches Militär)
- unter Kontrolle der Rebellen (LTTE: „Tamilische Tiger")
- Gebietsanspruch der tamilischen Separatisten
- Minenfeld (z.T. geräumt)
- aus Sicherheitsgründen stillgelegte Eisenbahn
- singhalesischer Militärstützpunkt

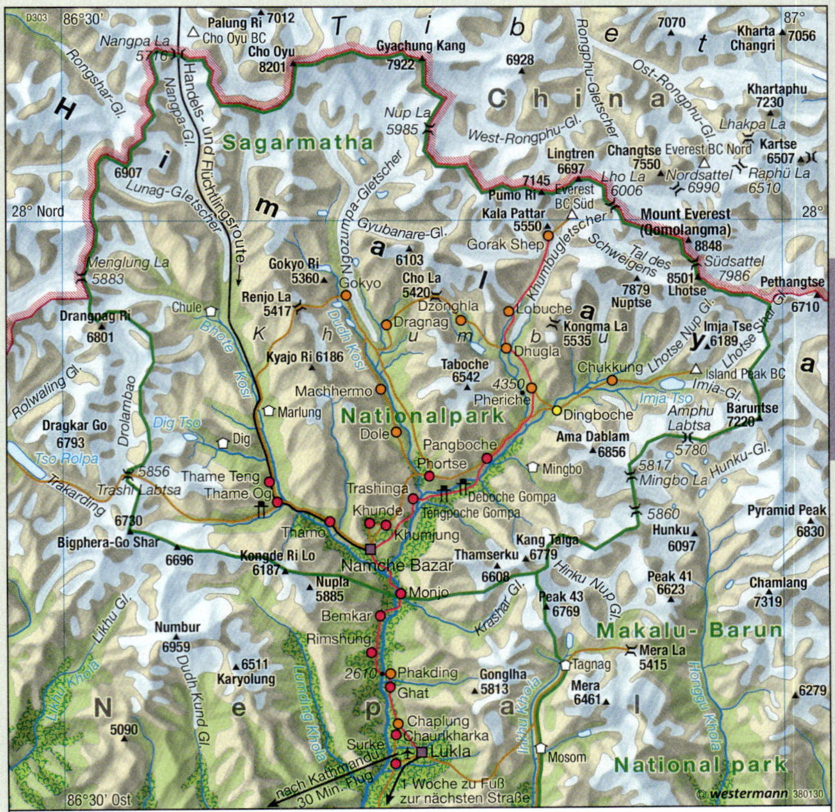

⑥ Himalaya – Tourismus
Maßstab 1 : 500 000
0 2 4 6 8 10 km

Bodenbedeckung
- Schnee- und Gletscherregion
- Felsregion
- hochalpine Matten, Weide
- immergrüner Bergnebelwald

Dauersiedlungen
- Dorf, z. T. mit Lodges
- Lodgesiedlung
- Handelsdorf mit Lodges und Telekommunikation
- buddhistische Klostersiedlung

Sommersiedlungen
- Sommerdorf mit Lodges (ganzjährig geöffnet)
- Karkha (Alm, z. T. Steinhütte)
- Basecamp für Bergbesteigungen

Erschließung
- Haupttrekkingweg
- sonstiger Trekkingweg, Pfad
- Pass (La)
- Flugplatz
- Staatsgrenze

① Globalisierte Wirtschaft

Maßstab 1 : 140 000 000

Erwerbstätige in den Wirtschaftssektoren 2006

- Industrie 35%–50%
- Industrie/Dienstleistung
- Dienstleistung (dominant)
- Landwirtschaft bis 25%
- Landwirtschaft 25%–50%
- Landwirtschaft über 50%
- global bedeutendes Zentrum
- kontinental bedeutendes Zentrum
- Steuerparadies
- OECD-Land (Organisation für wirtschaftliche Zusammenarbeit und Entwicklung)

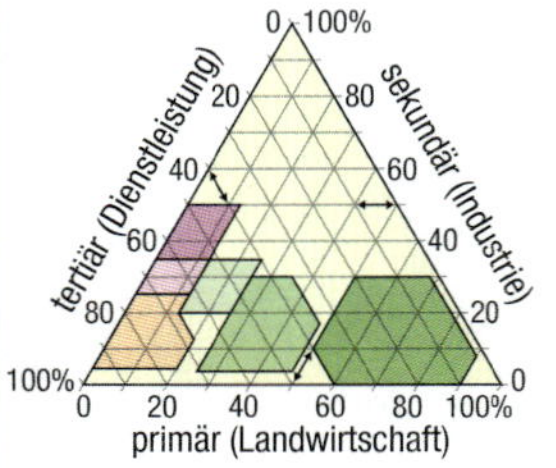

Stundenlöhne in der Industrie (2005, für ausgewählte Staaten)

- Deutschland = 100%
- durchschnittliches Lohnniveau des Staates

100 Kästchen entsprechen 15 €/Std.

Internationale Containerrouten

- über 2 Mrd. t pro Jahr
- unter 2 Mrd. t pro Jahr

Piraterie auf Schifffahrtsrouten

- Zonen der Piraterie

Internationaler Frachtverkehr

Cargoaufkommen der Weltflughäfen (2005)

- über 2 Mio.t Luftfracht
- 0,5 bis 2 Mio.t Luftfracht

Containerumschlag der Seehäfen in Mio.TEU*

- 10
- 10–20
- über 20

* Twenty-foot Equivalent Unit ≙ 33 m³ ≙ Fassungsvermögen eines Containers

Seeschifffahrt nach Fracht in Milliarden Tonnen

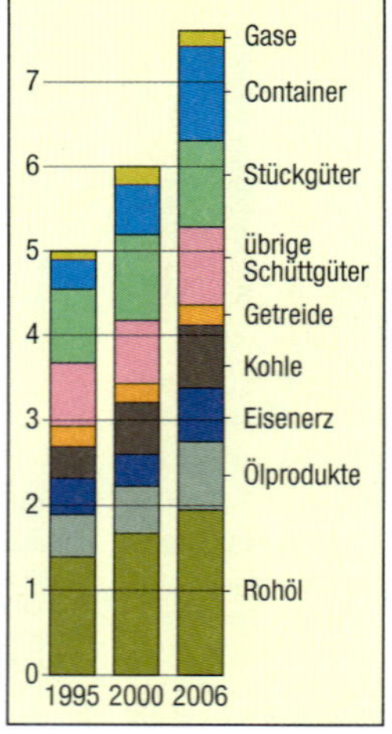

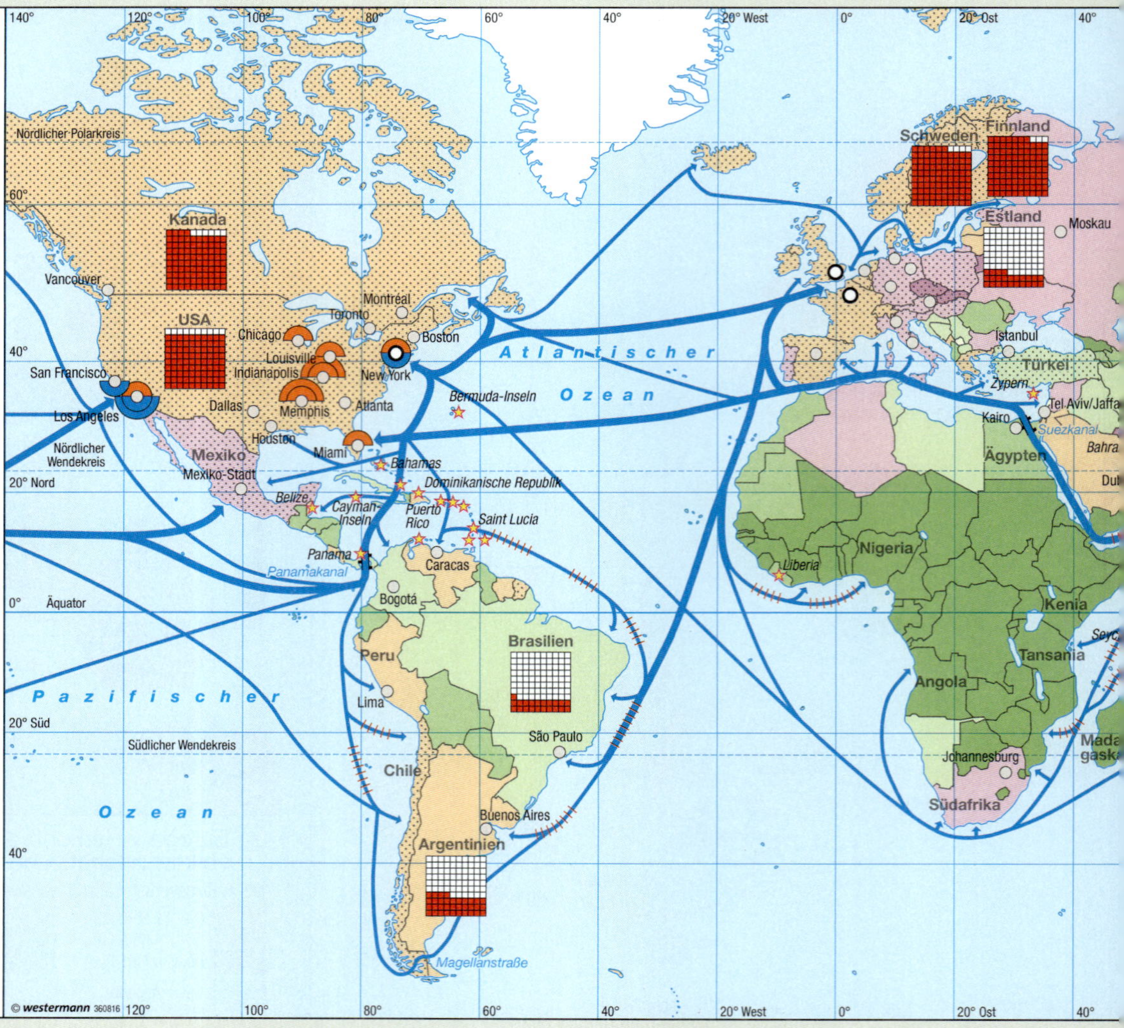

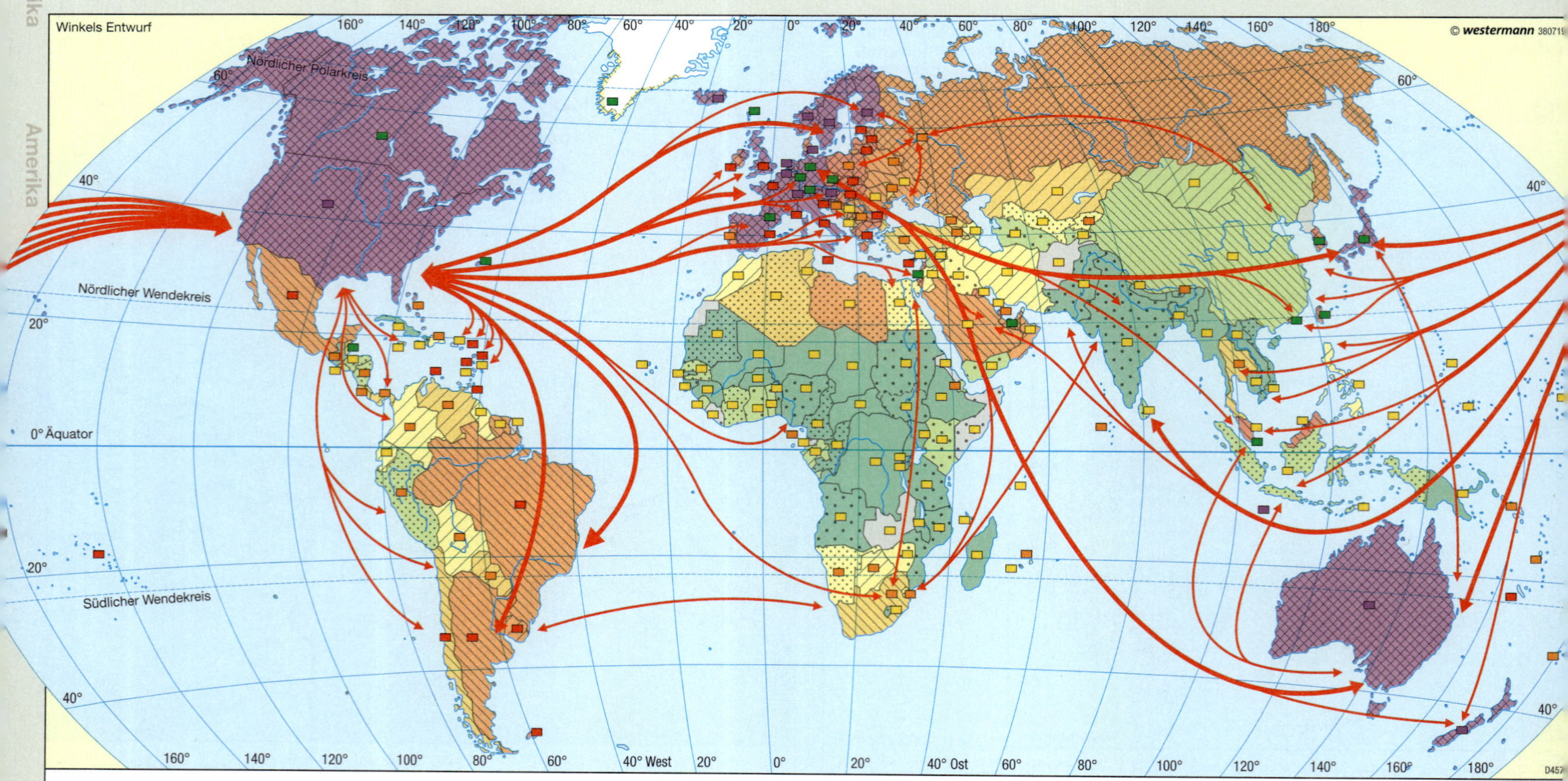

② Verkehr und Kommunikation

Maßstab 1 : 140 000 000

Pkw-Dichte (Pkw pro 1000 Einwohner, 2006)

unter 10 | 10–25 | 25–50 | 50–100 | 100–200 | 200–400 | über 400 | keine Angabe

Telefondichte (Telefonhauptanschlüsse und Handyverträge pro 1000 Einwohner, 2006)

unter 50 | 50–100 | 100–250 | 250–500 | 500–1000 | über 1000

Hostdichte (Rechner mit ständigem Internetanschluss pro 1000 Einwohner, 2006)

1–5 | 5–10 | 10–25 | 25–50 | über 50

Internationale Datenströme

- über 100 Millionen Minuten Telekommunikation im Jahr
- Hauptachse der Telekommunikation

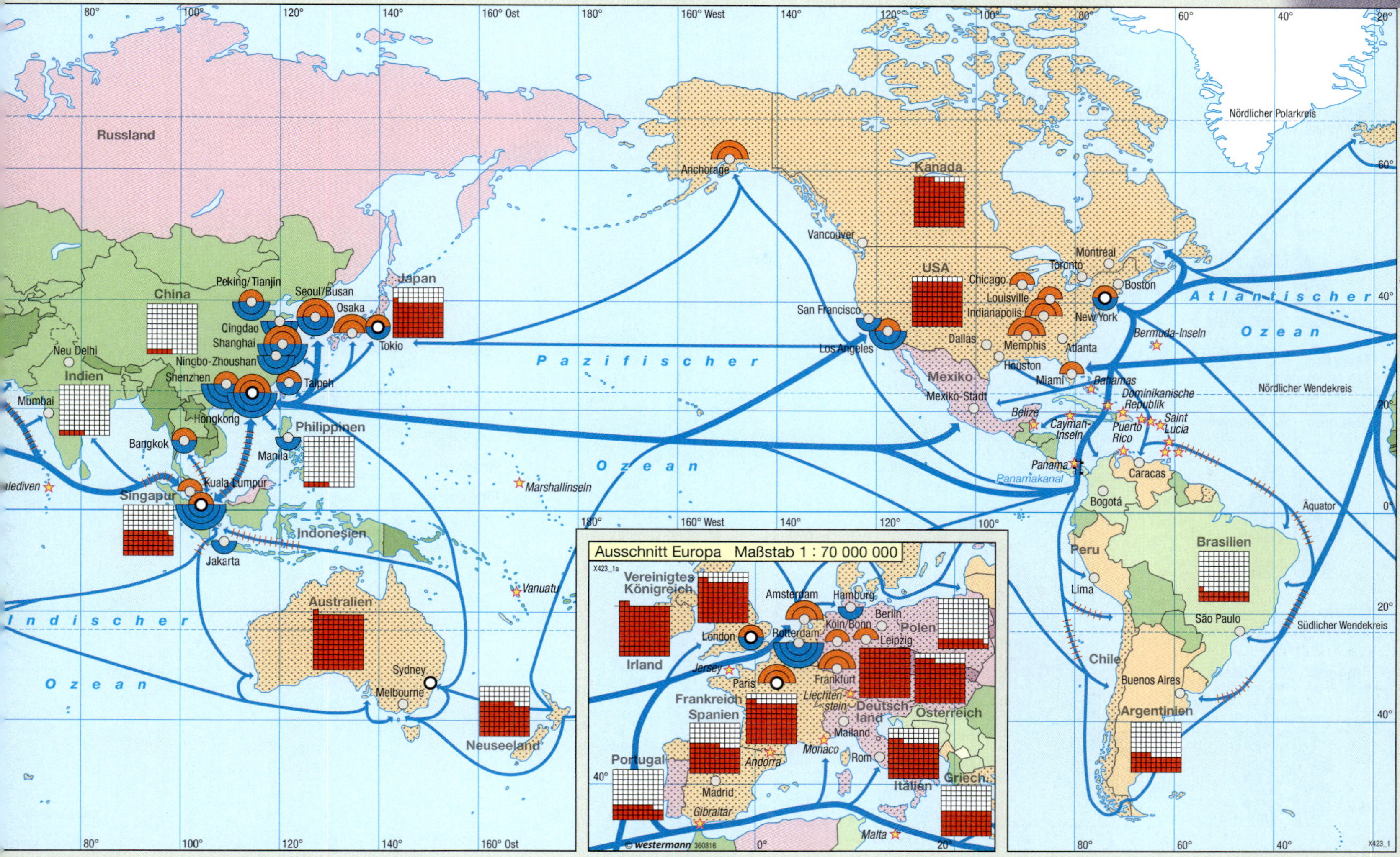

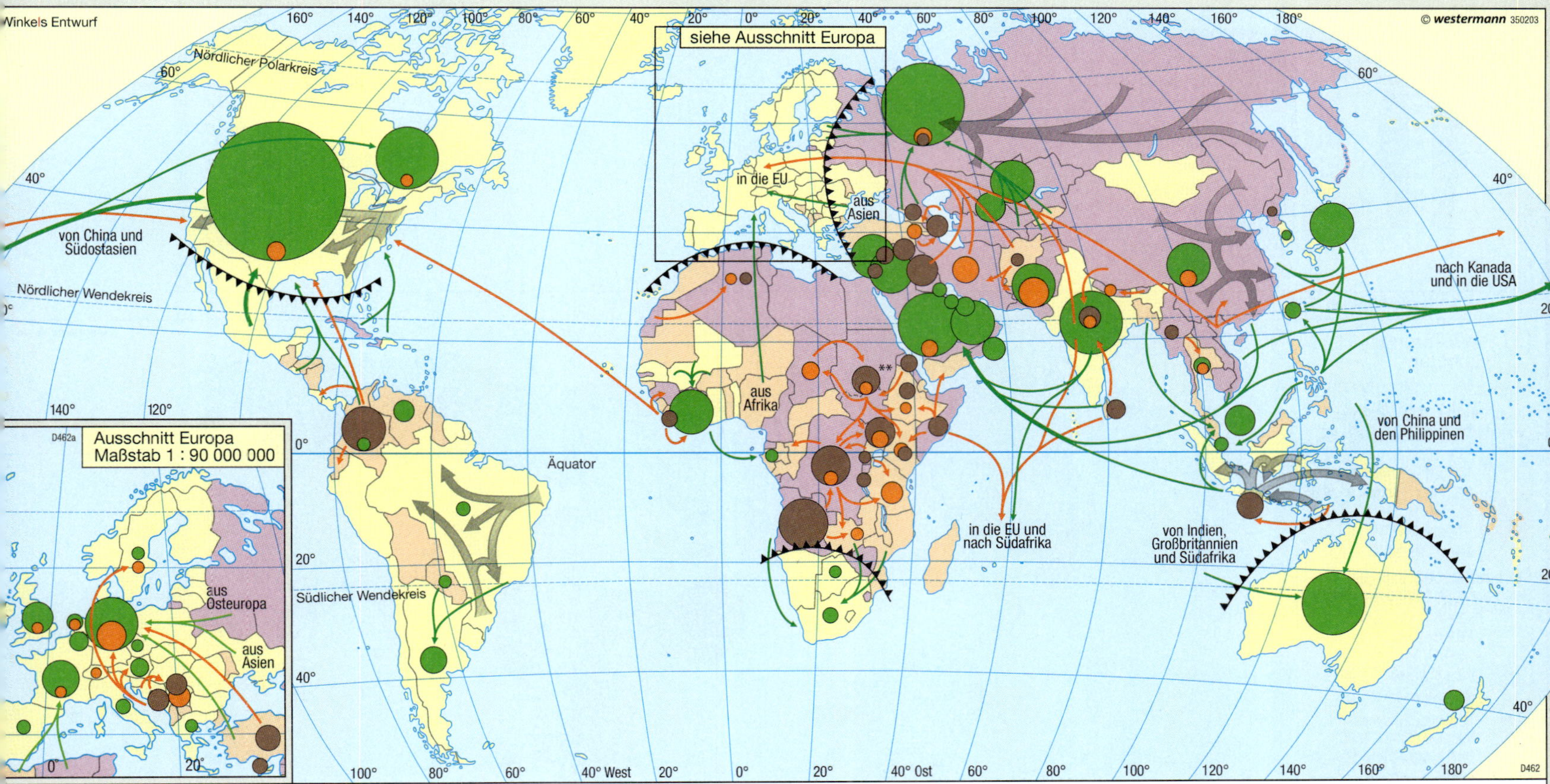

③ Migration*

- Arbeitsmigranten mit Aufenthaltsgenehmigung
- politische Flüchtlinge (erfasst im Aufnahmeland)
- Binnenflüchtlinge (Vertriebene unterwegs im Konfliktstaat)
- internationale Wanderung Arbeitssuchender (2006)
- internationale Flüchtlingsbewegung (2006)
- verschärfte Grenzsicherung (Zäune, Militärpatrouillen)
- Binnenwanderungsströme seit 1990

Personen (2006): 40 000 000, 20 000 000, 10 000 000, 5 000 000, 2 000 000, 1 000 000, 200 000 (dargestellt ab 100 000 Pers.)

Politische Rechte und bürgerliche Freiheiten (nach Freedom House, 2006)
- geschützt
- teilweise geschützt
- nicht geschützt

Maßstab 1 : 140 000 000

* Die Gesamtzahl der Migranten wird weltweit nicht einheitlich erfasst und ist starken Schwankungen unterworfen.

** Sudan und Südsudan

1 Altersaufbau – 5-Jahresgruppen in % der Bevölkerung (Schätzung)

Nigeria
170 Millionen Einwohner

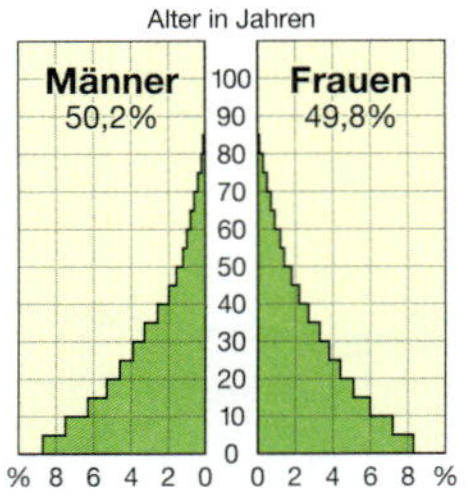

Mexiko
115 Millionen Einwohner

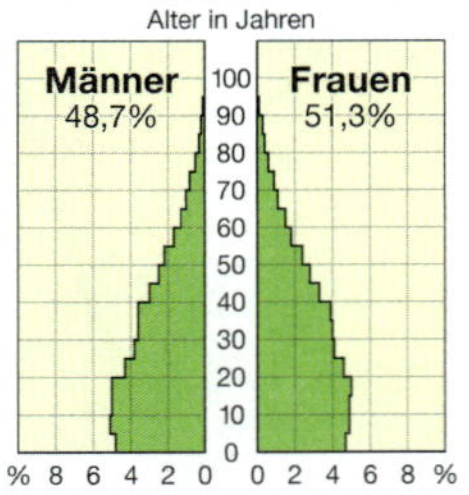

China
1 344 Millionen Einwohner

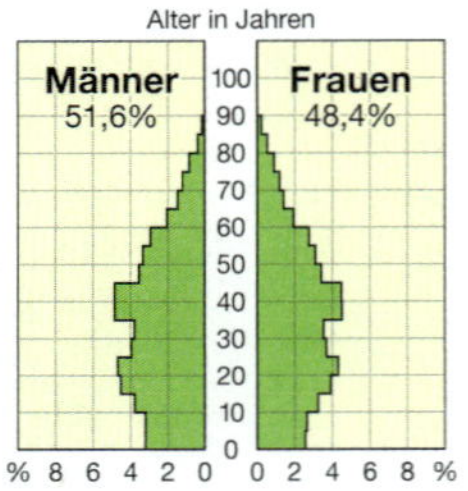

Japan
127 Millionen Einwohner

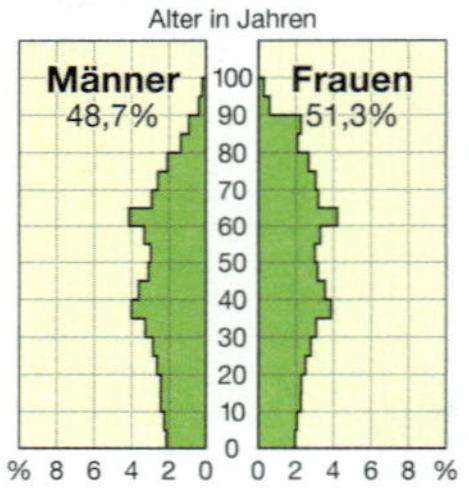

X412a

2 Bevölkerungsdichte und Bevölkerungsverteilung (2014)

Maßstab 1 : 90 000 000

Einwohner je km²
- über 200
- 100 – 200
- 50 – 100
- 25 – 50
- 10 – 25
- 1 – 10
- unter 1

Millionenstädte
Städtische Agglomeration mit
- über 10 000 000 (Megastädte)
- 5 000 000 – 10 000 000 Einwohnern

A = Österreich
BG = Bulgarien
CZ = Tschechische Republik
D = Deutschland
DK = Dänemark
GE = Georgien
GR = Griechenland
H = Ungarn
K = Kambodscha
RO = Rumänien
TJ = Tadschikistan
UAE = Vereinigte Arabische Emirate
UK = Großbritannien

Anstieg der Weltbevölkerung bis zum Jahr 2070

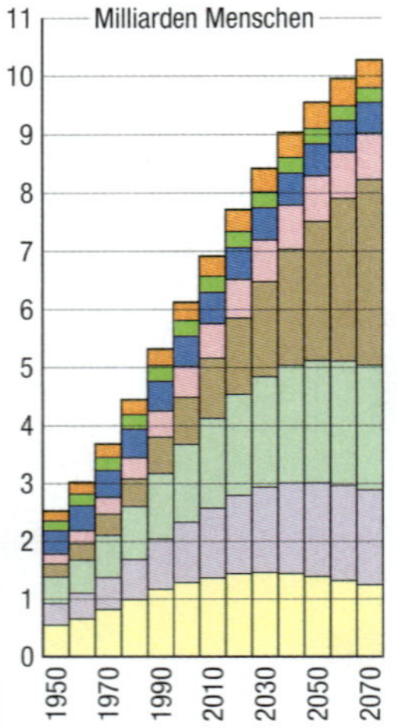

Industrieländer
- Europa
- GUS-Staaten
- Nordamerika

Schwellen-/Entwicklungsländer
- China
- Indien
- übriges Asien/Ozeanien
- Afrika
- Lateinamerika

X412b

3 Bevölkerungswachstum

Maßstab 1 : 180 000 000

Geburtenrate 2006 (Zahl der Lebendgeborenen je 1 000 Einw.)
- 7 – 12
- 13 – 20 Weltdurchschnitt = 20,05
- 21 – 30
- 31 – 40
- 41 – max. 51
- keine Angabe

Sterberate 2006 (Zahl der Gestorbenen je 1 000 Einwohner)
- 2 – 6
- 6 – 8
- 9 – 11
- 12 – max. 30
- keine Angabe

29 jährlicher Zuwachs in 100 000 (1995 – 2006) (nur ausgewählte Staaten)

Geburten- und Sterberate in Österreich

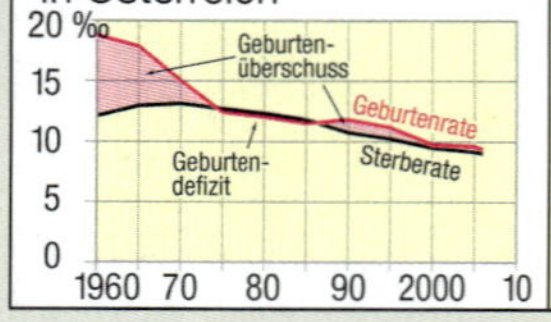

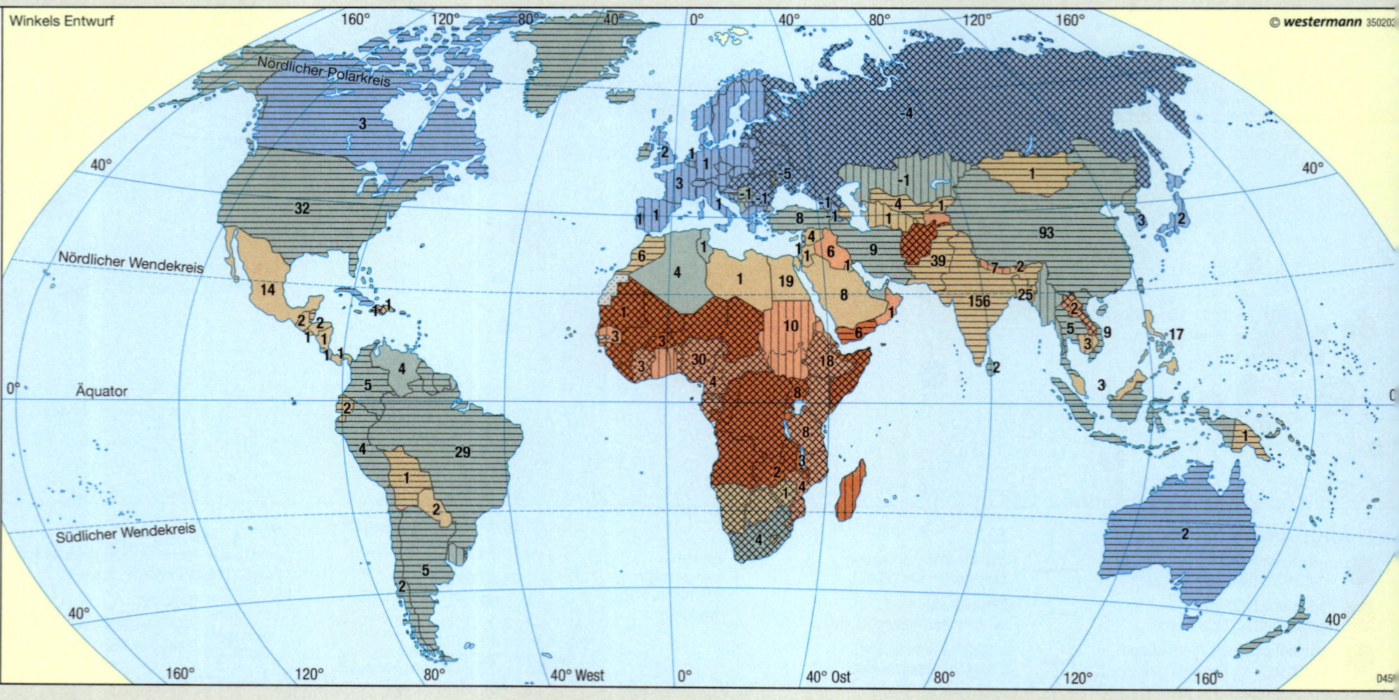

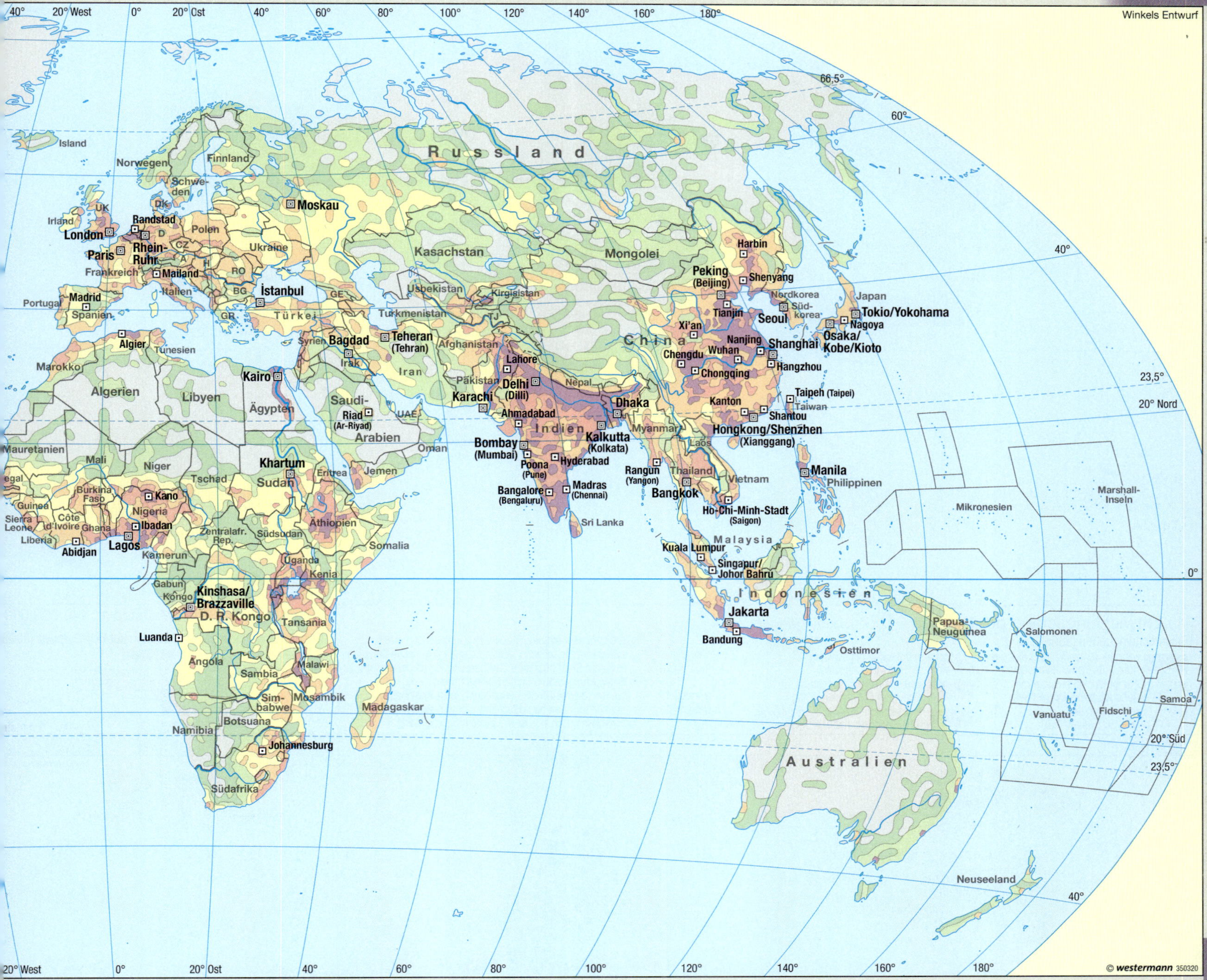

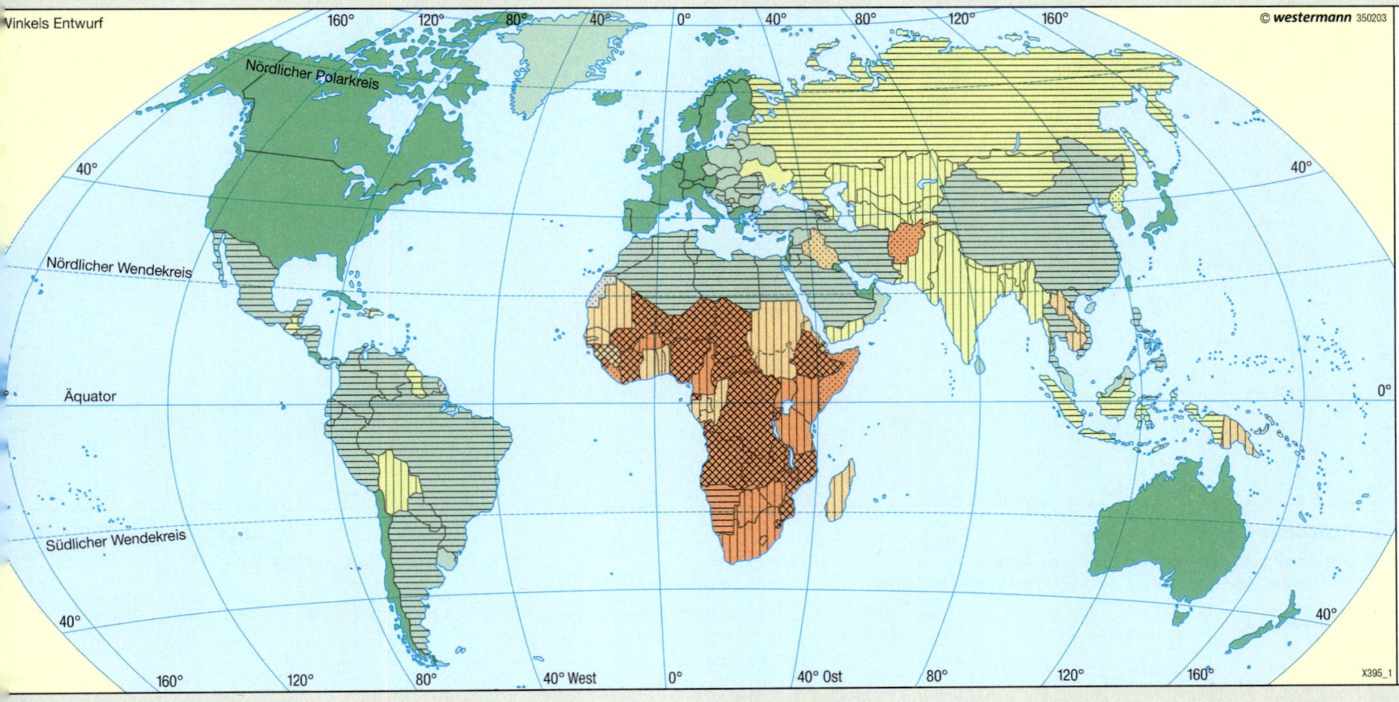

④ Lebenserwartung/ Säuglingssterblichkeit

Maßstab 1 : 180 000 000

Lebenserwartung 2006

- bis 50 Jahre
- 50–59
- 60–67
- 68–75
- über 75
- keine Angabe

Säuglingssterblichkeit 2006
(je 1000 Lebendgeborene)

- 2–15
- 15–50
- 51–100
- 101–max. 165
- keine Angabe

Entwicklung der Lebenserwartung in Österreich

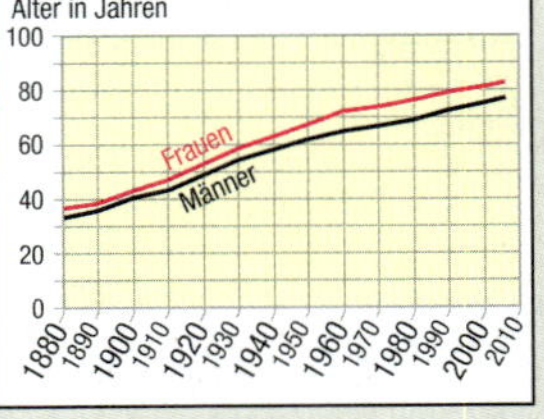

① Entwicklungsstand der Staaten – Lebensbedingungen

Maßstab 1 : 140 000 000

Lebensbedingungen (2006)

- über 0,9 – sehr gut (entwickeltes Land mit höchstem Entwicklungsstand)
- 0,8 – 0,9 – gut (entwickeltes Land mit hohem Entwicklungsstand)
- 0,7 – 0,8 – gut bis mittelmäßig (z. T. Schwellenland)
- 0,5 – 0,7 – mittelmäßig bis schlecht (z.T. Entwicklungsland)
- 0,4 – 0,5 – schlecht (Entwicklungsland mit niedrigem Entwicklungsstand)
- unter 0,4 – sehr schlecht (Entwicklungsland mit sehr niedrigem Entwicklungsstand)
- keine Angabe

Rang:
1. Norwegen
14. Österreich
177. Niger

Die Lebensbedingungen werden hauptsächlich durch die soziale, wirtschaftliche, politische und ökologische Situation in einem Staat bestimmt. Zur Berechnung des menschlichen Entwicklungsindex (Human Development Index - HDI) werden die Merkmale Lebenserwartung, Analphabetenrate und Einkommen herangezogen. Der HDI-Wert liegt immer zwischen 0 und 1. 1 ist der beste mögliche Wert.

Verteilung Weltbevölkerung/Staaten auf HDI-Gruppen (2006)

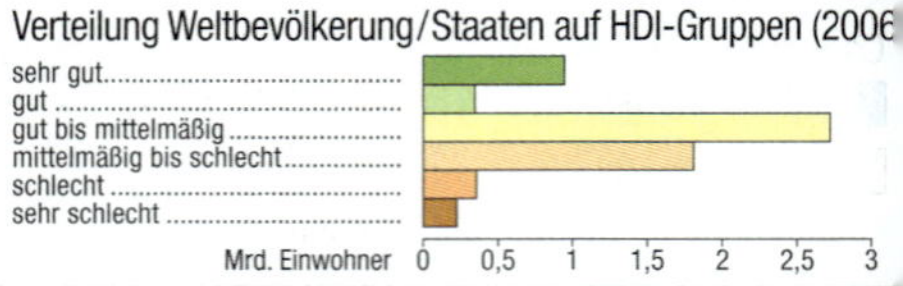

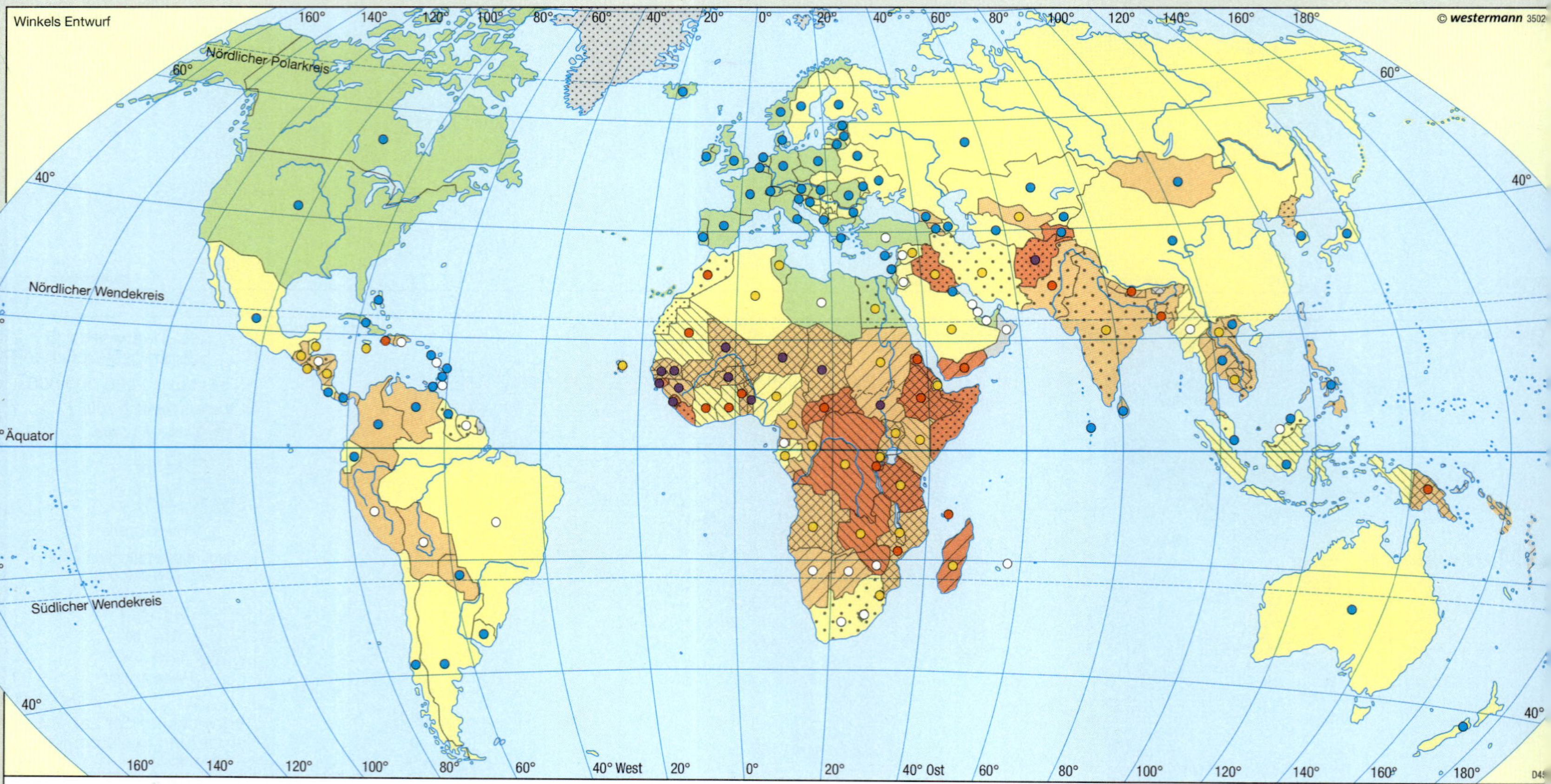

② Ernährung/Bildung/Gesundheit

Maßstab 1 : 140 000 000

Täglicher Energiegehalt der Nahrung und Versorgung mit Proteinen (pro Person, 2006)

Durchschnittlicher Energiebedarf eines 25 – 50 jährigen Mitteleuropäers pro Tag bei leichter körperlicher Tätigkeit: 12 200 KJ (Männer), 9 700 KJ (Frauen)

Mittelwert der Gruppe	7700	10100	12300	15000 Kilojoule (kJ)	
	45 g	60 g	90 g	120 g Eiweiß	keine Angabe

Analphabeten (in % der über Vierzehnjährigen, 2006)

unter 10 · 10 – 18 · 18 – 40 · 40 – 60 · über 60

Weltdurchschnitt = 18 %

Einwohner je Arzt (2006)

unter 1000 · 1000 – 2500 · 2500 – 5000 · 5000 – 10000 · über 10000 · keine Angaben

③ Religionen

Maßstab 1 : 140 000 000

Christen
- Katholiken
- Protestanten
- Orthodoxe und Orientale (alte Kirchen)
- Kopten

- Juden
- Ort mit bedeutender jüdischer Gemeinde
- Mormonen (Heilige der letzten Tage)

Muslime
- Sunniten
- Schiiten
- Wahabiten

Buddhisten
- nördliche und südliche Buddhisten
- Lamaisten

- Hindus
- Sikhs
- Konfuzianer, Taoisten
- Schintoisten
- Naturreligionen
- Pilgerzentrum / religiöses Zentrum
- unbewohnte Gebiete

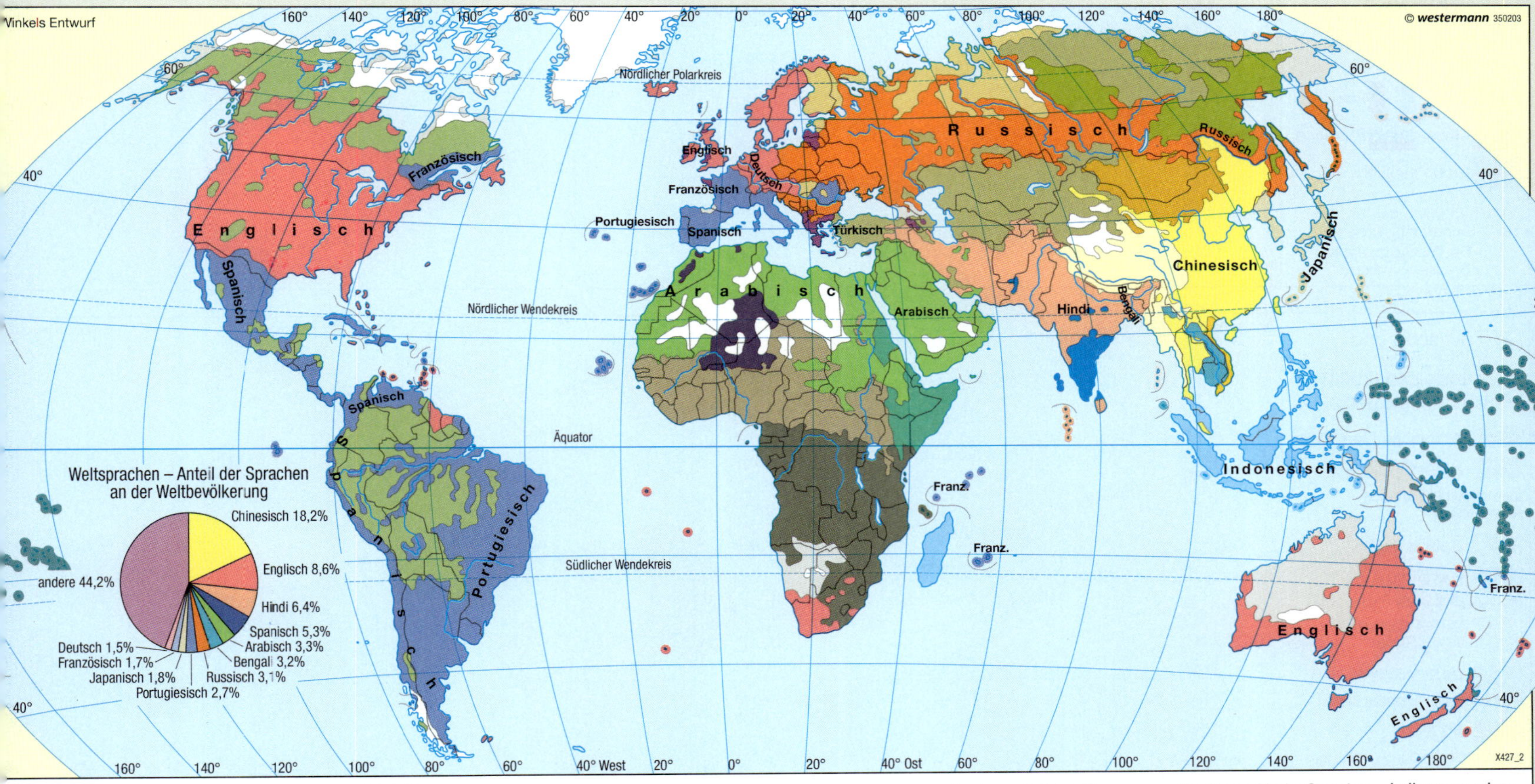

④ Sprachen

Maßstab 1 : 140 000 000

Indogermanische Sprachen
- Germanisch
- Slawisch
- Romanisch
- Sonstige
- Indoarisch

Sinotibetische Sprachen
- Tibetobirmanisch
- Chinesisch, Thai
- Vietnamesisch

Uralische u. Altaiische Sprachen
- Finno-ugrische und Samojedische Sprachen
- Tungusisch-Mandschurische Sprachen
- Turksprachen
- Mongolische Sprachen
- Einzelsprachen

Afrikanische Sprachen
- Sudansprachen
- Bantusprachen

Austronesische und Austroasiatische Sprachen
- Indonesische Sprachen
- Polynesische und Melanesische Sprachen
- Mon-Khmer-Sprachen

Hamitosemitische Sprachen
- Berbersprachen
- Kuschitische Sprachen
- Semitische Sprachen

- Drawidische Sprachen

Indianersprachen

Einzelsprachen

- unbewohnte Gebiete

Bengali = über 100 Mio. Menschen sprechen diese Sprache

Amts- und Arbeitssprache der UNO: Arabisch, Chinesisch, Englisch, Französisch, Russisch, Spanisch

Erde – politische Übersicht

① Staaten
Maßstab 1 : 90 000 000

- ● Hauptstadt
- Niue (Neuseel.) – Außengebiet mit innerer Autonomie
- Wake (USA) – abhängiges Gebiet, Außenbesitzung
- ——— Staatsgrenze (Staatsgrenzen im Meer sind Orientierungshilfen, sie entsprechen nicht dem rechtlich verbindlichen Verlauf.)

Abkürzungen:

(Austr.)	=	Australien
(Bras.)	=	Brasilien
(Fr.)	=	Frankreich
(G.-B.)	=	Großbritannien
(Ind.)	=	Indien
(Jap.)	=	Japan
(Mex.)	=	Mexiko
(Neuseel.)	=	Neuseeland
(Niederl.)	=	Niederlande
(Norw.)	=	Norwegen
(Port.)	=	Portugal
(Span.)	=	Spanien
(USA)	=	Vereinigte Staaten
V.A.E.	=	Vereinigte Arabische Emirate

UNO (1945 gegründet) (United Nations Organization/ Vereinte Nationen)

Anteil der Stimmen nach Kontinenten

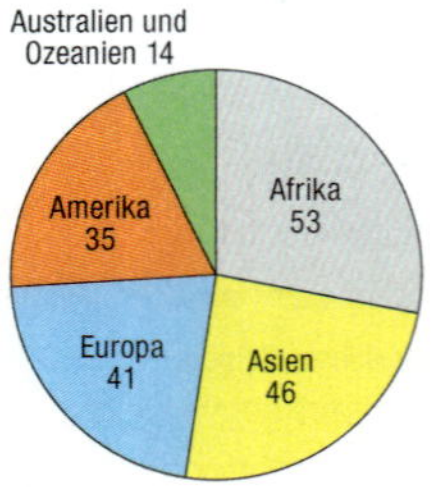

5 ständige Mitglieder des UNO-Sicherheitsrates

um einen ständigen Sitz im UNO-Sicherheitsrat bemüht: Deutschland, Japan, Brasilien, Indien

② Politische und militärische Bündnisse (2014)
Maßstab 1 : 180 000 000

- **Arabische Liga** (1945)
- **ASEAN** (1967) (Association of Southeast Asian Nations)
- **Golfrat** (1982)
- **NATO** (1949) (North Atlantic Treaty Organization)
- NATO „Partnerschaft für den Frieden"
- **OAS** (1890/1947) (Organization of American States)
- **AU** (2002) (Afrikanische Union)
- **Gemeinschaft Unabhängiger Staaten (GUS)** (1991)
- ○ Gründungsort der Bündnisse

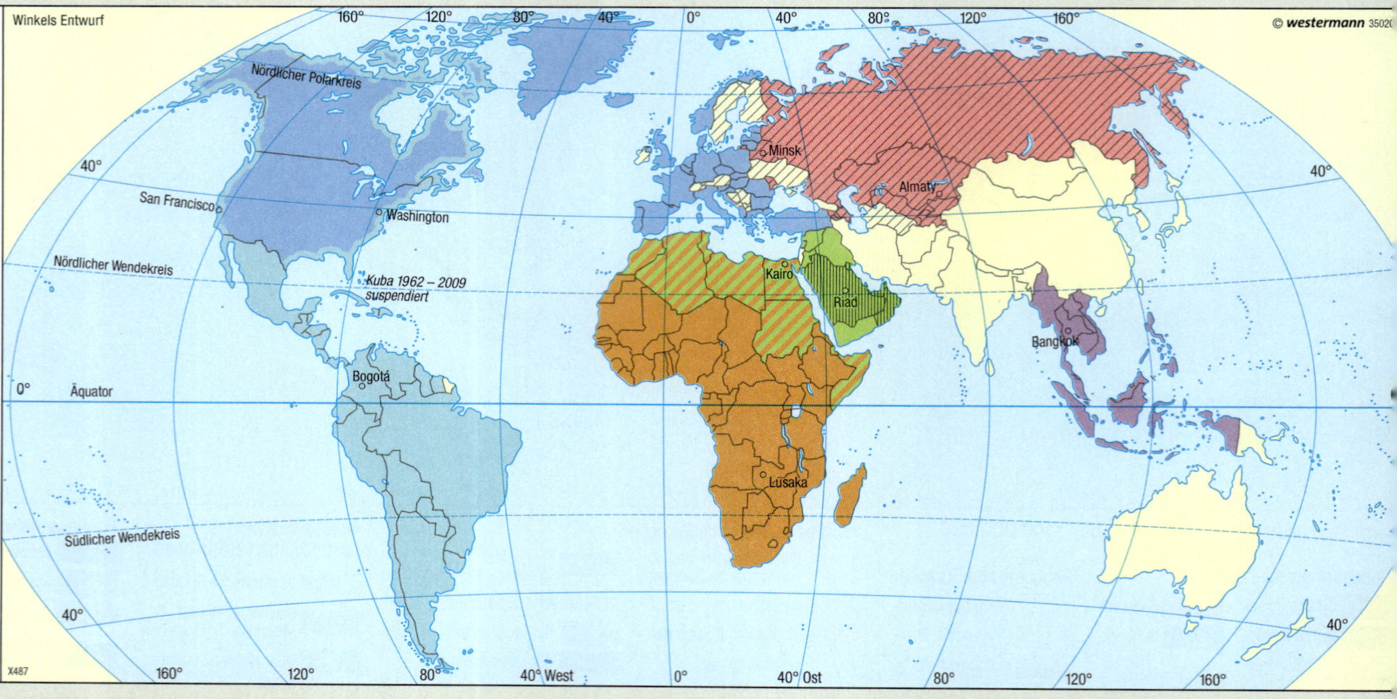

③ Zeitzonen

Maßstab 1 : 180 000 000

- Zonenzeit
- 14.30 Zwischenzeit mit direkter Angabe der Uhrzeit
- **MEZ** Mitteleuropäische Zeit

Seit 1992 gilt in Russland, mit Ausnahme von sieben Verwaltungsgebieten, die „Dekretzeit“: Alle Zonenzeiten sind während des ganzen Jahres 1 Stunde vorgestellt.

Österreich
Europa
Asien
Ozeanien
Afrika
Amerika
Erde
Register

(1) Erdatmosphäre

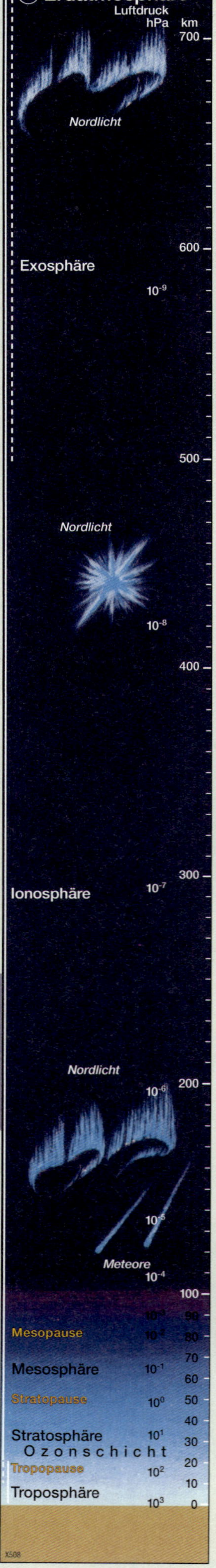

(2) Wetterlage – 26.10.2004 12⁰⁰ Uhr

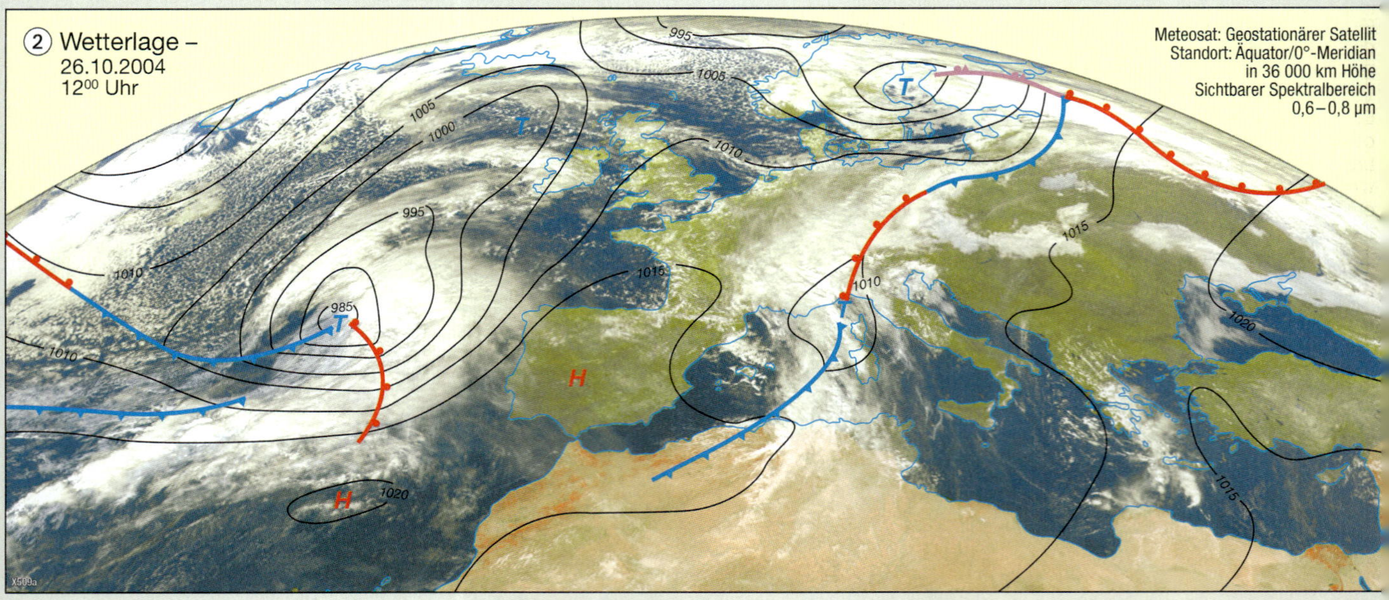

(3) Wetterlage – 27.10.2004 12⁰⁰ Uhr

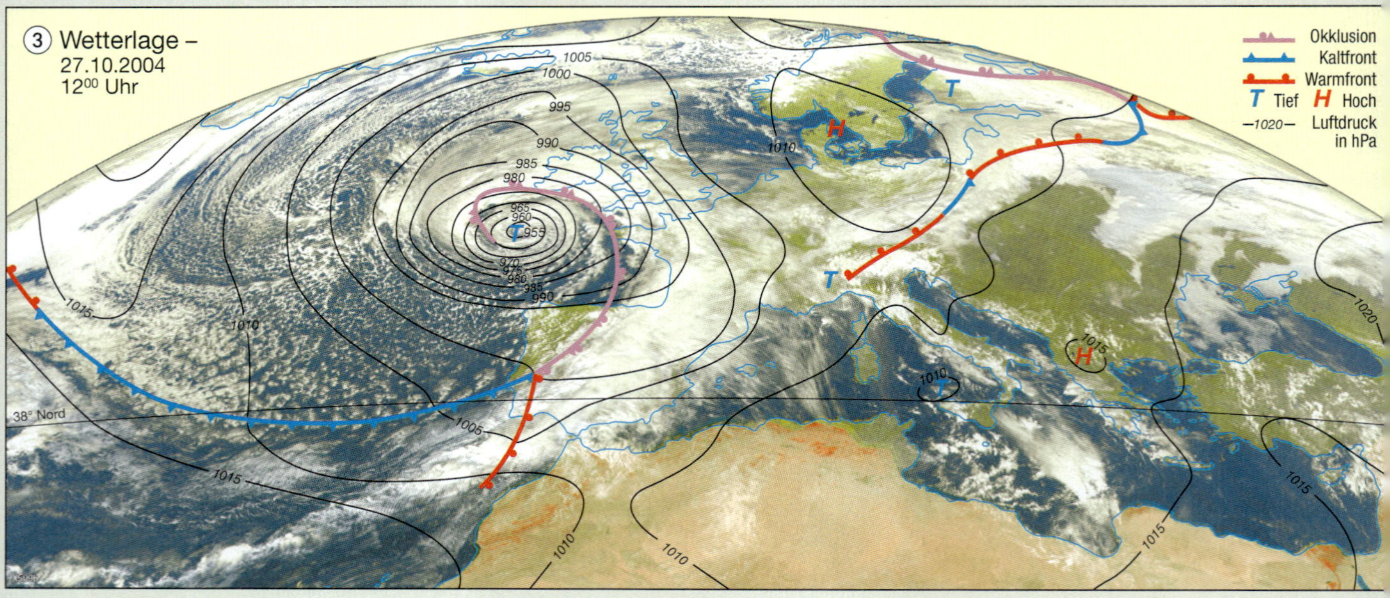

(4) Wetterlage – 28.10.2004 12⁰⁰ Uhr

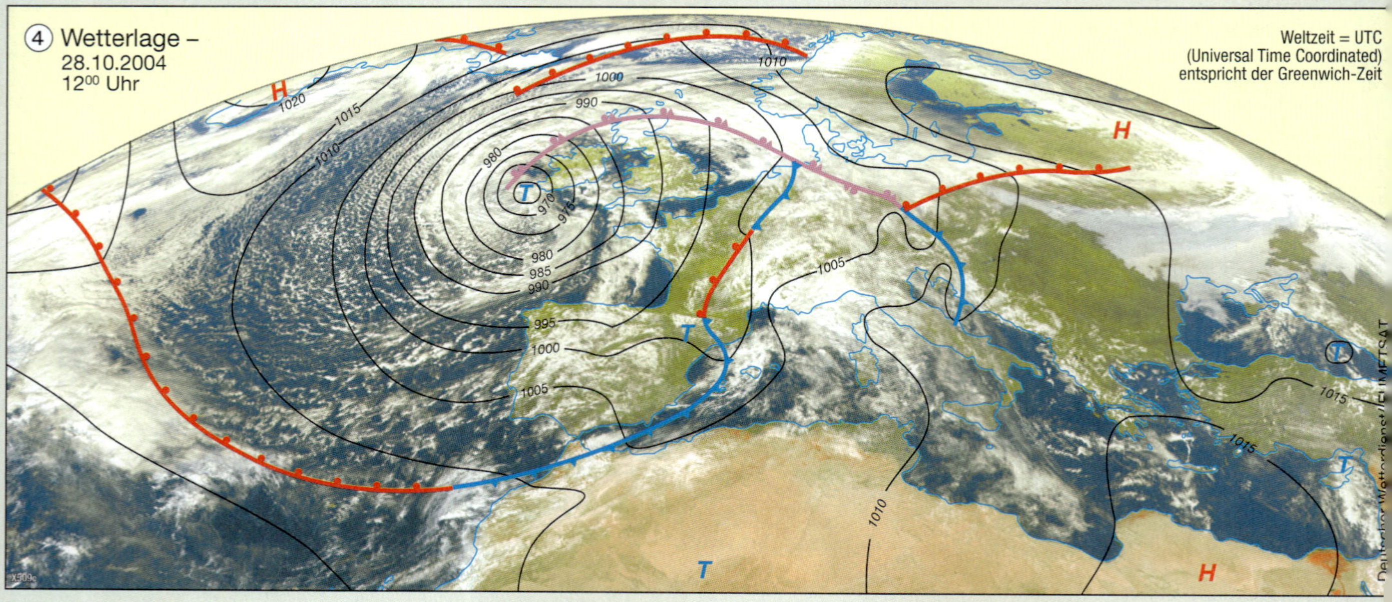

(5) Vertikalschnitt 38° Nord

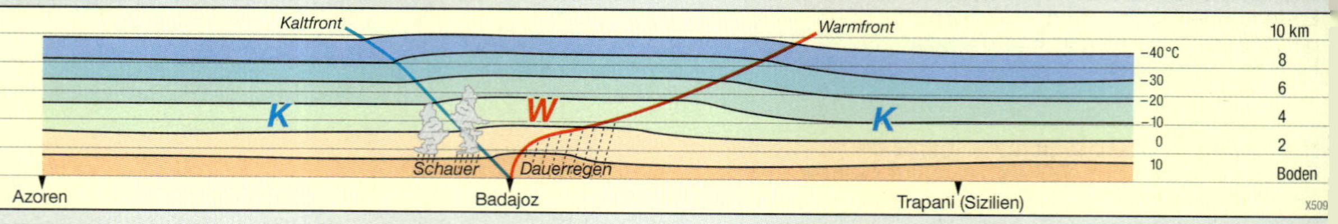

(6) Bodendruck 38° Nord

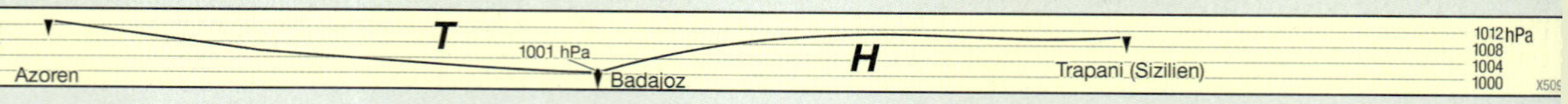

Eine Karte ist das verebnete Modell einer Kugeloberfläche. Ohne Verzerrung ist die Verebnung nicht möglich. Daher wird die Verebnungsmethode (Kartennetzentwurf) dem Verwendungszweck der Karte angepasst. Ein Kartennetzentwurf kann flächentreu (z. B. Schulatlaskarte) oder winkeltreu (z. B. Navigationskarte) sein. Längentreue kann nur für ausgewählte Linien eingehalten werden. Die Abbildung erfolgt auf eine Ebene, auf einen Kegel oder auf einen Zylinder.

1. **Azimutal-Abbildungen** (auf eine Ebene) eignen sich besonders für Gebiete von ungefähr kreisförmiger Gestalt.

1.1 Normale (polständige) Lage, geeignet für Nord- und Südpolargebiet.

1.2 Schiefachsige (zwischenständige) und

1.3 querachsige (äquatorständige, transversale) Lage, geeignet für flächentreue Erdteilkarten.

Abbildung auf eine Ebene
1.1 Normale Lage (mittabstandstreu)

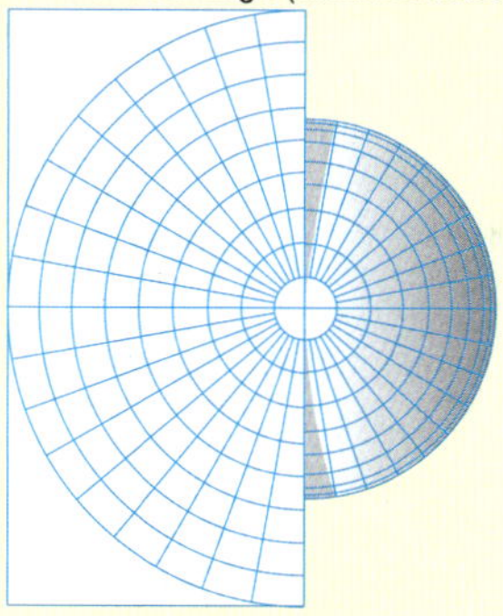

Beispiel Seite 166: Nordpolargebiet mit Konstruktionsmittelpunkt Nordpol

1.2 Schiefachsige Lage (flächentreu)

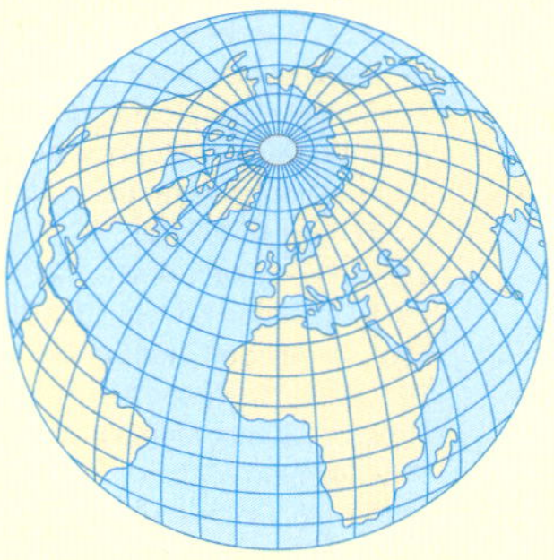

Beispiel Seite 99: Asien mit Konstruktionsmittelpunkt 40° Nord / 90° Ost

1.3 Querachsige Lage (flächentreu)

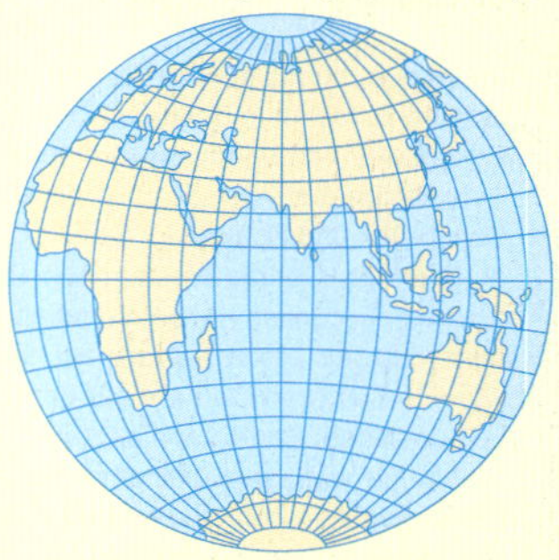

Beispiel Seite 133: Afrika mit Konstruktionsmittelpunkt Äquator / 15° Ost

2. **Kegel-Abbildungen** eignen sich für die Darstellung von Gebieten mittlerer geographischer Breite und starker Ost-West-Ausdehnung. Sie treten fast nur in normaler Lage auf.

2.1 Berührungskegel mit einem längentreuen Breitenkreis und

2.2 Schnittkegel mit zwei längentreuen Breitenkreisen. Im Diercke Weltatlas werden nur abstandstreue Kegelentwürfe verwendet; das bedeutet, auch die Meridiane (Längenkreise) sind längentreu. Der Schnittkegel bewirkt ein geringeres Anwachsen der Verzerrungen in der Nachbarschaft der längentreu abgebildeten Breitenkreise. Zwischen diesen Schnittparallelen wird die Fläche gestaucht, nördlich und südlich davon gestreckt.

Abbildung auf einen Kegel
2. Normale Lage

Berührungskegel in normaler Lage

2.1 Normale Lage
abstandstreuer Berührungskegel

Alle Meridiane und die Berührungsbreitenkreise sind längentreu.

2.2 Normale Lage
abstandstreuer Schnittkegel

Alle Meridiane und die beiden Schnittbreitenkreise sind längentreu. Beispiel Seite 68/69: Mitteleuropa mit Schnittbreitenkreisen 46° Nord und 52° Nord

3. **Zylinder-Abbildungen** eignen sich besonders für die Darstellung von Gebieten im Bereich des Äquators oder eines Meridians.

3.1 Normale Lage, Abbildung auf einen Berührungszylinder führt zu einem rechtwinkligen Koordinatensystem, bekannt als Quadratische Plattkarte. Diese Abbildung ist einer der ältesten Kartennetzentwürfe und geht auf die Antike zurück.

3.2 Normale Lage, Mercator-Abbildung, eignet sich auf Grund der Winkeltreue für Navigationskarten. Die Loxodrome (Kursgleiche) wird als gerade Linie abgebildet.

3.3 Querachsige Lage wird bei winkeltreuen Abbildungen für topographische Karten großer und mittlerer Maßstäbe eingesetzt (Gauß-Krüger-Abbildung als Grundlage vieler früherer amtlicher topographischer Kartenwerke). Basis für das heute weit verbreitete Universale Transversale Mercator-Netz (UTM) sind Mercator-Abbildungen auf verschiedene querachsige (äquatorständige) Zylinder.

Abbildung auf einen Zylinder
3.1 Normale Lage
(Quadratische Plattkarte)

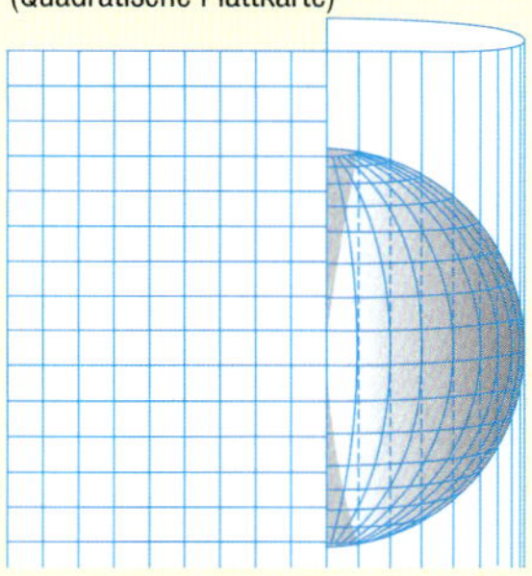

Alle Meridiane und der Berührungsbreitenkreis (Äquator) sind längentreu.

3.2 Normale Lage
(Mercator-Abbildung, Gerhard Kremer, genannt Mercator, 1512–1594)

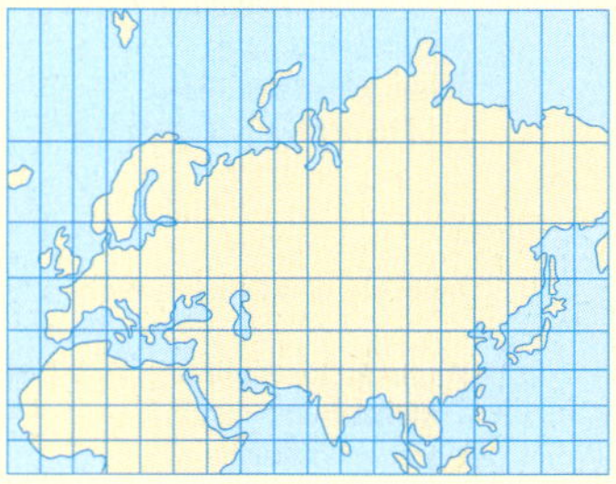

winkeltreu, Äquator ist längentreu, wachsende Breitenabstände
Beispiel: Seite 184/185

3.3 Querachsige Lage
(Gauß-Krüger-Meridianstreifenabbildung, entwickelt von C. F. Gauß, 1777–1855, ergänzt von J. H. L. Krüger, 1857–1923)

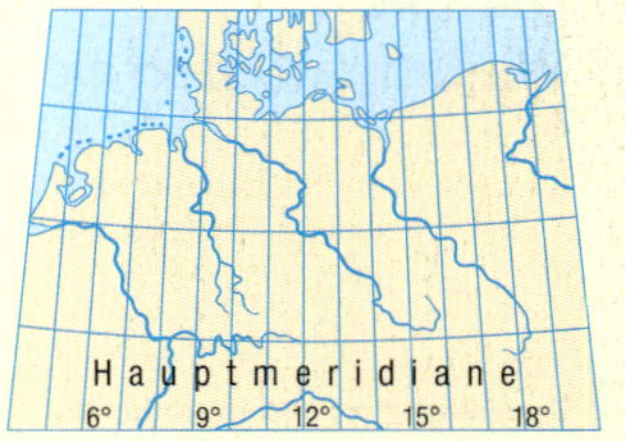

winkeltreu, alle Hauptmeridiane sind längentreu

4. **Planisphären** sind Darstellungen der gesamten Erdoberfläche.

4.1 Als Atlaskarte wird eine vermittelnde Abbildung zwischen Flächen- und Winkeltreue gewählt, um damit eine größtmögliche Formtreue der Kontinente und Ozeane zu erhalten.

5. **Himmelskörper** (z. B. Mond, Planeten) werden mitunter so abgebildet, wie man sie aus großer Entfernung sieht (Parallelprojektion). Häufig wird eine für den Darstellungszweck besser geeignete Abbildungsart zu Grunde gelegt (5.1 querachsige flächentreue Azimutalabbildung nach Lambert).

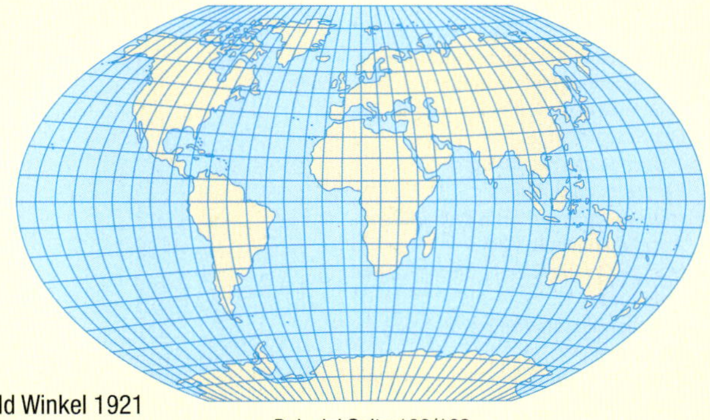

Planisphäre
4.1 Abbildung von Oswald Winkel 1921
(vermittelnde Abbildung)

Beispiel Seite 168/169

5.1 Mond in querachsiger flächentreuer Azimutalabbildung nach Lambert

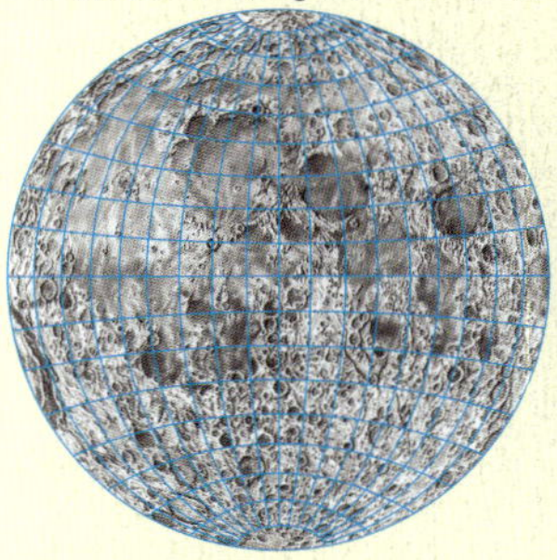

Mondkarte
siehe auch Seite 226/227

471a

Bestimmung von Entfernungen in Atlaskarten

Da sich eine Kugeloberfläche (Erde) nicht verzerrungsfrei auf einer Ebene (Karte) abbilden lässt, bleiben auch Entfernungen zweier Punkte nicht unverzerrt. Beschränkt sich eine großmaßstäbige Karte nur auf einen kleinen Ausschnitt der Erde, so spielt die Erdkrümmung (und damit die Verzerrung) nur eine geringe Rolle. Das Messen von großen Entfernungen ergibt dagegen in kleinmaßstäbigen Karten (z. B. Kontinent-Karten) oft große Fehler. In solchen Fällen benutzt man für genaue Entfernungsbestimmungen Formeln der sphärischen Trigonometrie:

Rechnerische Bestimmung von Entfernungen

Dieses Verfahren setzt die Kenntnis der geographischen Koordinaten von zwei Punkten der Erdoberfläche voraus, deren Entfernung (Sr) auf der Erdkugel zu bestimmen ist. Man ermittelt die Koordinaten durch Abgriff der geographischen Länge λ und Breite φ beider Punkte in der Karte (unter Beachtung der Vorzeichen). Ein Taschenrechner stellt nun für die weiteren Berechnungen ein geeignetes Hilfsmittel dar.

Formeln

$$Sr = \frac{R \cdot \delta \cdot \pi}{180°}$$

Sr = Abstand A-B
R = Erdradius 6370 km
δ = Mittelpunktswinkel

für δ gilt die Formel:

$$\cos\delta = \sin\varphi_A \cdot \sin\varphi_B + \cos\varphi_A \cdot \cos\varphi_B \cdot \cos(\lambda_A - \lambda_B)$$

(φ_A, φ_B = geogr. Breite A und B; λ_A, λ_B = geogr. Länge A und B)

Das Einsetzen der Koordinaten in die rechte Seite der Gleichung liefert einen Wert für cos δ. Den zugehörigen Winkel δ erhält man auf dem Taschenrechner mit Hilfe der Tasten INV · cos.

Beispiel

Berlin (A) φ 52° λ 13°
Tokio (B) φ 36° λ 140° Sr = 8960 km

Vergleiche durch Messen (Karte Seite 168/169)

Kartenstrecke Sk = 12,5 cm · 90 000 000 = 11 250 km
Die gemessene Strecke ist 25,5% zu lang.

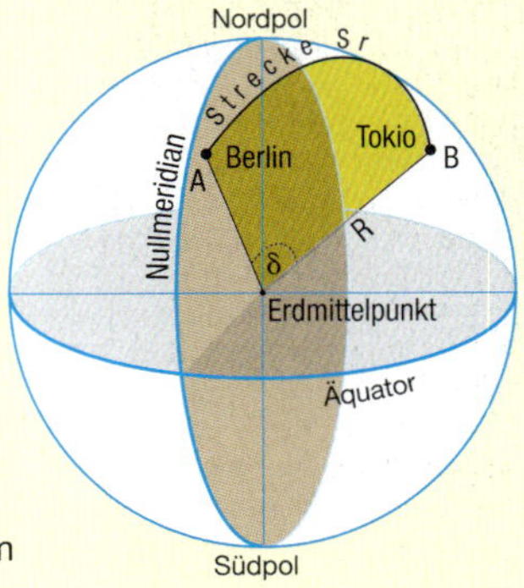

D471b

Österreich
Europa
Asien
Ozeanien
Afrika
Amerika
Erde
Register

Carl Diercke

Pädagoge, *Kyritz 1842, † Berlin 1913; unterrichtete zunächst in Berlin und als Privatlehrer in Riga; seit 1869 Seminarlehrer in Berlin, 1873 Seminardirektor in Stade und später Schulrat in Osnabrück und Schleswig. Seit 1875 beriet er den Verleger George Westermann, Braunschweig, bei dessen Atlantenvorhaben und gab dort 1883 sein erstes Kartenwerk heraus: „Schul-Atlas über alle Teile der Erde" für höhere Lehranstalten; Kartographie Eduard Gaebler, Glogau (47 Auflagen). Seine hervorragenden pädagogischen und didaktischen Fähigkeiten spiegeln sich in weiteren, ebenso erfolgreichen Bearbeitungen, wie dem Lange-Diercke-Atlas für Volks- und Realschulen mit ca. 80 nationalen und internationalen Ausgaben sowie zahlreichen Wandkarten.

Mitarbeiter Kartographie

Manuela Franke
Bernd Fuckert
Dr. Michael Hayn
Stefan Hochmuth
Katharina Hoth
Harald Iden
Florian Kronfeldt
Michael Perkovic
Arndt Russ
Henrik Selle
Heiko Strothmann
Sascha Vahlberg
Lars Vonau

Diercke Weltatlas Österreich

Konzeption der Neubearbeitung: Prof. Mag. Franz Forster, St. Ulrich bei Steyr

Kartenautoren und -autorinnen, wissenschaftliche Berater/innen und Mitarbeiter/innen

Ina Bartels, Hannover 184/185 ①
Prof. Tom Bell, Knoxville 150/151 ③
Prof. Dr. Hans-Georg Bohle, Merzhausen 112 ①
Dr. Toni Breuer, Regensburg 61 ②, 85 ②
Prof. Dr. Dirk Bronger, Bochum 184/185 ①
Prof. Dr. Hugh Clout, London 81 ②, ③
Prof. Dr. Martin Coy, Innsbruck 164 ②, ③ – ⑥
Prof. Dr. Eckart Dege, Kiel 117
Prof. Dr. Andreas Dittmann, Bonn 105 ②
Dr. Christoph Dittrich, Freiburg 112 ①, ③
OstR. Dr. Walter Dujmovits; Stegersbach 42 ③
Dr. Georg Ebert, Kassel 109 ①
Dr. Elke Ecker, Freiburg 85 ③
Prof. Dr. Ludwig Ellenberg, Berlin 156 ②
Prof. Mag. Wolfgang Feyrer, Wien 40 ①, ②
Prof. Mag. Franz Forster, St. Ulrich b. Steyr 18/19, 20/21, 22/23, 24/25, 32/33, 35 ①, 42 ①, 47 ④, 49 ②, ③, 68 ①
Prof. Dr. Peter Frankenberg, Bad Dürkheim 163 ④, 172/173 ①
Prof. Hans-Dieter Haas, München 74 ②
Dr. Peter Haimayr, Innsbruck 48 ②
Prof. Dr. Wolfgang Hassenpflug, Kronshagen 113 ③
Joachim Heinrich, Berlin 152
Werner Heriszt, Leopoldsdorf 68 ①
Prof. Dr. Peter Herzig, Kiel 179 ②
Knut Heyden, Ratzeburg 184 ②, 186/187, 188
Prof. Dr. Volker Hochschild, Tübingen 166/177
Prof. Dr. Wilfried Hoppe, Kiel 150 ①, 175 ④
Mag. Martin Hutter, Wien 34 ②, 37, 39
Prof. Dr. Hubert Job, München 61 ①, 182 ④
Prof. Dr. Volker Kaminske, Pfinztal 170/171
Univ. Doz. Dr. Wolfgang Kern, Salzburg 31 ④
Lukas Kilcher, Frick 157 ③
Prof. Dr. Werner Klohn, Vechta 150/151 ③
Dr. Petra Kohler, Innsbruck 154 ②
Prof. Mag. Peter Kostal, Hard 34 ①
Prof. Dr. Herbert Kreutzmann, Berlin 105 ②
Prof. Dr. Hans Dieter Laux, Meckenheim 147 ① – ③, 150 ②
Dipl. Ing. Rudolf Leitner, St. Pölten 49 ①
Prof. Dr. Gerhard Lieb, Graz 35 ④
Prof. Dr. Herbert Liedtke, Bochum 53 ②
Prof. Mag. Wolfgang Maier, Salzburg 41 ②
Prof. Dr. Günter Mertins, Wettenberg 164 ①
Prof. Dr. Odo Miklautz, Klagenfurt 43 ⑤
Prof. Mag. Gottfried Moser, Schwaz 9 ③, 43 ④
Prof. Dr. Detlef Müller-Mahn, Bayreuth 183 ②
Dr. Cordula Neiberger, Marburg 75 ②
Dr. Eduardo Pérez-Torrez, Mexiko-Stadt 154 ②
Dr. Sven Petersen, Kiel 179 ③
Prof. Dr. Christian Pfister, Bern 176 ①
Mag. Andreas Pflügler, Kitzbühel 183 ⑥
Prof. Dr. Alfred Pletsch, Marburg 83 ②, ③
Prof. Mag. Heribert Proebstl, Wien 40 ①, ②
Niklas Reese, Wuppertal 122 ②, 185 ③
Prof. Dr. Hans-Jörg Sander, Bad Breisig 154 ②
Dr. Konrad Schliephake, Würzburg 109 ②, ③
Dr. Maria Schmeiß-Kubat, Linz 41 ①
Prof. Dr. Ulrich Scholz, Gießen 123 ②
Dr. Andreas Schulz, Bonn 226/227
Prof. Dr. Alexander Siegmund, Heidelberg 54/55, 104, 123 ④, ⑤, 134, 146, 163, 172/173
Prof. Dr. Günter Thieme, Königswinter 147 ① – ③, 150 ②
Dr. Leon Vankan, Grave 79 ①, ②
Daniel Volz, Heidelberg 54/55, 104, 123 ④, ⑤, 134, 146, 163, 172/173
Prof. Dr. Karl Vorlaufer, Bad Soden 123 ③
Prof. Dr. Alois Wegleitner, Illmitz 30 ②, 47 ③
Prof. Dr. Hans-Werner Wehling, Mülheim/Ruhr 81
Alfred Wittstock, Mainz 182 ③
Dr. Franz Zirkl, Eichstätt 164 ③

Institute und Organisationen

Afghanische Regierung, Anti-Drogen-Ministerium, Kabul
Agrarmarkt Austria
Amt der oberösterreichischen Landesregierung
Aquastat Wasserinformationssystem (FAO/ Universität Frankfurt)
Brasilianisches Institut für Geographie und Statistik (IBGE)
Bundesamt für Eich- und Vermessungswesen, Wien
Bundesanstalt für Wassergüte, Wien
Bundeskammer der gewerblichen Wirtschaft, Bundessektion Fremdenverkehr, Bundessektion Verkehr, Wien
Bundesministerium für Land- und Forstwirtschaft, Wien
Bundesministerium für wirtschaftliche Angelegenheiten, Wien
Deutscher Wetterdienst, Seewetteramt Hamburg
Deutsche Stiftung Weltbevölkerung (DSW), Hannover
Dr. Michael Geomatics (R. Schönfeldt), Wernigerode
Entwicklungsprogramm der Vereinten Nationen (UNDP), New York
German Centre Shanghai, Pudong
Globalization and World Cities Study Network (GaWC), Loughborough
Institut für touristische Strategien (INESTUR), Palma de Mallorca
Kurverwaltung Bad Tatzmannsdorf
Kurverwaltung Pörtschach am Wörthersee
Magistrat der Stadt St. Pölten
Magistrat der Stadt Wien, MA 18 - Stadtstrukturplanung
National Aeronautics and Space Administration (NASA), Washington D.C.
Nationalparkverwaltung Kalkalpen, Molln
Nationalparkverwaltung Hohe Tauern, Neunkirchen am Großvenediger
Nationalparkverwaltung Neusiedler See, Illmitz
Niederländisches Raumplanungs- und Umweltministerium (VROM)
Organisation für Ernährung und Landwirtschaft (FAO), Wien
Organisation für wirtschaftliche Zusammenarbeit und Entwicklung (OECD), Paris
Österreichische Bundesbahnen, Generaldirektion, Wien
Österreichische Raumordnungskonferenz ÖROK, Wien
Österreichisches Statistisches Zentralamt, ÖSTAT, Wien
Petroleum Economist Ltd, London
Philippinenbüro im Asienhaus, Essen
Statistisches Amt der Autonomen Balearen-Regierung (IBAE), Mallorca
Statistisches Amt der Europäischen Union (Eurostat), Luxemburg
Statistisches Amt der Vereinten Nationen, New York
Tourismusverband Kirchberg in Tirol
Tourismusverband Ötztal, Sölden
Tauernkraftwerke Salzburg
U.S. Census Bureau, Washington D.C.
U.S. Geological Survey (USGS), Minerals Information, Reston (Virginia)
Weltbank, Washington D.C.
Wirtschaftskammern aller Bundesländer, Sektion Industrie

Bildquellenverzeichnis

Seite 8 ①: Ernst Scheurecker, Schärding/Inn
Seite 10 ① u. Seite 153: Trigis, Berlin
Seite 170 ①: Johann Brandstetter, Winhöring/Kronberg
Seite 175 ③: Christoph Hormann, Freiburg
Seite 226/227: Jo Herrmann, Bad Waldsee

Jeder Name erscheint im Register einmal. Verwiesen wird in der Regel auf den Wortanfang in der physischen Karte mit dem größten Maßstab, in der das Objekt in seiner Gesamtheit zu finden ist.

Das Orientierungssystem besteht aus
• Seitenzahlen für die Kartenseiten
• arabischen Ziffern für Teilkarten
• Suchangaben aus roten Buchstaben im oberen und unteren und aus roten Zahlen im rechten und linken Kartenrand.

In dieser Reihenfolge ist die Lage der Namen nach Atlasseite, Teilkarte und Gradfeld im Register ausgewiesen, z. B. Achenkirch 20, E 2.

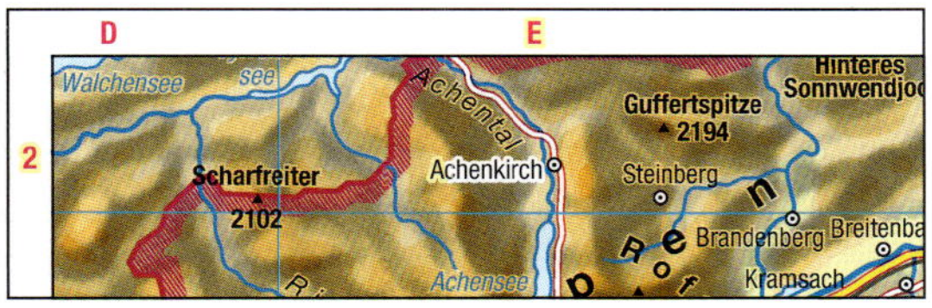

Hinweise zum Gebrauch des Registers finden sich auch auf Seite 12: „Orientierung in der Karte“.

Bei Flüssen ist in der Regel die Lage des quellnächsten Namens angegeben.

Liegen Wortanfang und dazu gehörige Signatur (z. B. Orte, Berge, Pässe und andere Einzelobjekte) in verschiedenen Gradfeldern, werden im Register beide Gradfelder genannt, z. B. Le Havre 82, C/D 2.

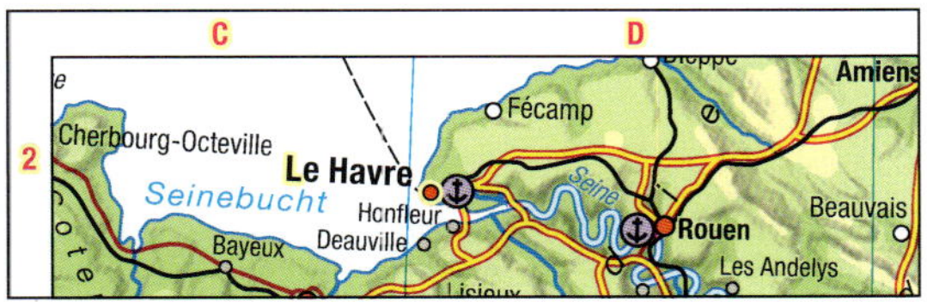

Für weit gespannte Namenszüge (z. B. Namen von Landschaften, Gebirgen oder Meeren) werden mehrere Suchfelder genannt, z. B. Baltischer Landrücken 52, E 3 – F 3.

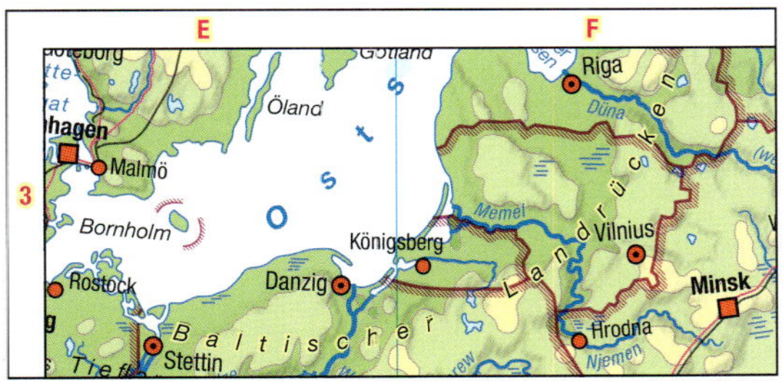

Gleich lautenden Begriffen ist eine unterscheidende Lage- oder Objektbezeichnung beigefügt, z. B. Valencia (Spanien), Valencia (Venezuela) oder Nauru (Insel), Nauru (Staat). Ortsnamen tragen keine Objektbezeichnung.

Sämtliche Namen sind alphabetisch geordnet. Die Umlaute ä, ö, ü sind wie die Selbstlaute a, o, u behandelt, Buchstaben mit besonderen Zeichen aus fremden Schriften wie einfache lateinische Buchstaben.

Namenteile wie etwa Aïn, Bad, Djebel, Golf, Groß, Kap, Klein, Mount, Oase, Pass, Puerto, Punta, Rio, Saint, Wadi bleiben in ihrer Stellung erhalten und sind bei der Alphabetisierung berücksichtigt.

Ortsnamen sind in ihrer gebräuchlichen Schreibweise eingetragen. Der landesübliche Name ist in Klammern dazugesetzt, z. B.: Warschau (Warszawa). Zusätzlich ist an entsprechender Stelle der landesübliche Name mit Verweis auf den deutschen Namen aufgenommen, z. B.: Warszawa = Warschau.
In wenigen Fällen erscheint ein früherer deutscher Name als historischer Name in Klammern, z. B. Bratislava (hist. Preßburg).

A

A Coruña = La Coruña 84, 1 A 2
A Estrada = La Estrada 84, 1 A 2
Aachen 70, A 6
Aalborg 63, 2 B 4
Aalen 71, E 8
Aalsmeer 79, 1 B 2
Aalst 78, D 4
Äänekoski 62, 2 F 3
Aarau 69, C/D 1
Aarberg 69, C 1
Aare 69, D 2
Aarhus 63, 2 B 4
Aavasaksa 62, 2 F 2
Aba (China) 114, E 3
Aba (D. R. Kongo) 137, F 4
Aba as-Suud = Najran 106, C 4
Abadan 106, C 2
Abadeh 106, D 2
Abadla 136, B 1
Abaetetuba 158, E 3
Abagnar Qi 115, F 2
Abai 100, F 5
Abakan 100, G/H 4
Abancay 158, B 4
Abashiri 117, F 1/2
Abashiribai 117, F 1
Abayasee 137, F 4
Abbai = Blauer Nil (Äthiopien) 137, F 3
Abbésee 137, G 3
Abbeville 82, 1 D 1
Abbotsford 148, 1 B 3
Abcoude 79, 1 B 2
Abd-al-Kuri 106, D 4
Abdanan 93, H 4
Abdulino 95, K 2
Abéché 137, D/E 3
Abengourou 136, B 4
Abeokuta 136, C 4
Aberdeen (Großbritannien) 80, E/F 2
Aberdeen (USA) 148, 1 E 3
Aberystwyth 80, D 4
Abetone 14, H 5
Abha 106, C 4
Abhar 93, J 3
Abidjan 136, B 4
Abilene 148, 1 D/E 4
Abisko 62, 2 D 1
Åbo = Turku 62, 2 E 3
Abomey 136, C 4
Abondance 14, D 3
Aborigen 101, N 3
Abrantes 84, 1 A/B 4
Abruzzen 86, 1 D 3 – E 4
Absam 20, E 3
Abschlag (Bad Großpertholz-) 22, E 2
Absdorf 23, G 3
Abtei (Badia) 21, E 4
Abtenau 21, H 2
Abu Dhabi 106, D 3
Abu Gharaba 108, 1 B 3
Abu Hamed 137, F 3
Abu Kamal 93, G 4
Abu Simbel 137, E/F 2
Abuja 136, C 4
Abukumagebirge 116, E 3
Abunã 158, C 3
Açailândia 158, E 3
Acajutla 154, 1 C 3
Acapulco 154, 1 B/C 3
Acatenango 154, 1 C 3
Accra 136, B 4
Achalziche 93, G 2
Acheloos 92, B 3
Achenkirch 20, E 2
Achenpass 20, E 2
Achensee 20, E 3
Achental 20, E 2
Acherkogel 20, C 3
Achern 71, C 8
Achill 80, A 4
Achim 70, D 3
Acht-Grad-Kanal 107, F 5
Achtubinsk 95, H 3
Achty 93, H 2
Acireale 86, 1 E 6
Acisee 92, D 3
Acklins 155, 1 E 2
Aconcagua 159, B 6
Acqui Terme 14, F 5
Acre 158, B 3
Ad-Dahna 106, C 3
Ad-Dakhla 136, A 2
Ad-Damazin 137, F 3
Ad-Damir 137, F 3
Ad-Dammam 106, C/D 3
Ad-Dawadimi 106, C 3
Ad-Dawhah = Doha 106, D 3
Ad-Du'ayn 137, E 3
Ad-Duwaym 137, F 3
Adaja 84, 1 C 3
Adamaoua 136, D 4
Adana 106, B 2
Adapazarı 92, D 2
Adda 14, G 3
Addis Abeba 137, F 4
Adel Bagrou 136, B 3
Adelaide 126, 1 D 8
Adelaide-Insel 167, 4 P 2
Adelboden 69, C 2
Adélieland 167, 4 G 2
Aden 106, C 4
Adenberg 22, A 3
Aderklaa 23, J 3
Adige = Etsch 14/15, H 3
Adigrat 137, F 3
Adirondackgebirge 149, 1 G 3
Adıyaman 93, F 3
Adler 93, F 2
Admiralitäts-Inseln 121, F 4
Admont 24, D 2
Adnet 21, H 2
Adour 82, 1 C 5
Adrano 86, 1 E 6
Adrar 136, B 2
Adrar des Iforas 136, C 2
Adrarmassiv 136, C 2
Adria 86, 1 D 2
Adriatisches Meer 52, 1 E 4
Adula 69, D 2 – E 2
Adytscha 101, M 3
Afghanistan 98, 1 E 4
Afgooye 137, G 4
Afif 106, C 3
Aflenz 25, F 2
Afmadu 137, G 4
Afrika 169, 1 K 5 – L 5
Afritz 24, C 4
Afritzer See 24, C 4
Afsin 93, F 3
Afula 108, 1 B 2
Afyonkarahisar 92, D 3
Agadez 136, C 3
Agadir 136, A/B 1
Ägadische Inseln 86, 1 C 5 – D 5
Ägäisches Meer 92, C 3
Agalega-Inseln 139, F 3
Agan 100, F 3
Agartala 107, H 3
Agats 121, E 4
Agboville 136, B 4
Agde 82, 1 E 5
Agen 82, 1 D 4
Agepsta 93, G 2
Ager 22, C 3
Aggsbach 23, F 3
Agion Oros 92, C 2
Agios Efstratios 92, C 3
Agordo 15, K 3
Agorro = Kinyeti 137, F 4
Agout 82, 1 E 5
Agra 107, F 3
Ağrı 93, G 3
Agri (Fluss) 86, 1 F 4
Agrigento 86, 1 D 6
Agrinion 92, B 3
Agropoli 86, 1 E 4
Ağstafa 93, H 2
Ağsu 93, J 2
Agua Negra-Pass 159, B/C 5
Agua Prieta 154, 1 A/B 1
Aguascalientes 154, 1 B 2
Águilas 84, 1 E 5
Agulhasbecken 169, 1 K 8 – L 8
Ägypten 132, 4 C 1
Ahaggar (Hoggar) 136, C 2
Ahar 93, H 3
Ahlen 70, B 5
Ahmadabad 107, F 3
Ahmadnagar 107, F 4
Ahr 71, B 6
Ahrntal 21, E 4
Ahrntal (Landschaft) 21, E 4 – F 3
Ahuradhapura 107, F/G 5
Ahvaz 106, C 2
Ahwar 106, C 4
Ai 95, L 2
Aichal 101, J/K 3
Aichfeld 24, E 3
Aidabiya 137, E 1
Aigen im Ennstal 24, D 2
Aigen im Mühlkreis 22, C 2
Aigle 69, B 2
Ain 82, 1 F 3
Ain Sefra 136, B 1
Aïn Témouchent 84, 1 E 6
Aion 101, P 2
Aiquile 158, C 4
Aïr (Azbine) 136, C 3
Aire 78, B 4
Airolo 69, D 2
Aisjaure 62, 2 D 2
Aisne 82, 1 F 2
Aist 22, E 3
Aitape 121, F 4
Aitutaki 127, 1 K 6
Aix-en-Provence 82, 1 F 5
Aix-les-Bains 14, C/D 4
Aizawl 107, H 3
Aizuwakamatsu 116, D/E 3
Ajab Shir 93, H 3
Ajaccio 83, 1 H 6
Ajagus 100, F/G 5
Ajan 101, M 4
Ajdovščina 15, L 4
Ajlun 108, 1 B 2
Ajmer 107, F 3
Ak 92, D 3
Ak dağ 92, E 3
Akaba (Al-'Aqabah) 108, 1 A/B 5
Akaishigebirge 116, D 4
Akan 117, E/F 2
Akashi 116, C 4
Akçadağ 93, F 3
Akçay 92, D 3
Akdağmadeni 93, E 3
Aketi 137, E 4
Akhisar 92, C 3
Akimiski-Insel 148, 1 F 2
Akita 116, D/E 3
Akjoujt 136, A 3
Akkeshi 117, F 2
Akko 108, 1 B 2
Akkol 95, J 4
Akkystau 95, J 4
Akmola = Astana 100, F 4
Ako 116, C 4
Akobo 137, F 4
Akobo (Fluss) 137, F 4
Akola 107, F 3
Akordat 137, F 3
Akranes 62, 1 B 1
Akron 149, 1 F 3
Akrotirio 92, E 4
Aksai 95, K 3
Aksai Chin 114, B/C 3
Aksaray 92, E 3
Aksaut 93, G 1
Aksay 114, D 3
Akşehir 92, D 3
Akşehirsee 92, D 3
Aksoran 100, F 5
Aksu 114, C 2
Aksu (Fluss) 93, F 3
Aksum 137, F 3
Aktjubinsk = Aqtöbe 100, D 4
Aktogai 100, F 5
Akureyri 62, 1 C 1
Akyab (Sittwe) 107, H 3
Al Djazâir = Algier 85, 1 G 5
Al Hoceima 108, 1 B 3/4
Al Lisan 108, 1 B 3
Al-'Aqabah = Akaba 108, 1 A/B 5
Al-Amadiya 93, G 3
Al-Atrun 137, E 3
Al-Ayn 106, D 3
Al-Bab 93, F 3
Al-Baghdadi 93, G 4
Al-Bahah 106, C 4
Al-Bahariya 137, E 2
Al-Baqah 108, 1 B 2
Al-Beida 137, E 1
Al-Biraq 136, D 2
Al-Chalil = Hebron 108, 1 B 3
Al-Dahiriya 108, 1 A 3
Al-Fallujah 93, G 4
Al-Faw 106, C 3
Al-Fruqlus 93, F 4
Al-Fuhayhil 106, C 3
Al-Fujayrah 106, D 3
Al-Ghayah 106, D 4
Al-Habbaniya-See 93, G 4
Al-Hadar 93, G 4
Al-Hamadah al-Hamra 136, D 1/2
Al-Hank 136, B 2
Al-Harujal-Aswad 137, D 2
Al-Hasaka 93, G 3
Al-Hawiyah 106, C 3
Al-Hillah 93, H 4
Al-Hirmil 93, F 4
Al-Hoceïma 84, 1 D 6
Al-Hudaydah = Hodeida 106, C 4
Al-Hufuf 106, C 3
Al-Jaghbub 137, E 2
Al-Jawf (Landschaft) 136, B 2
Al-Jawf (Libyen) 137, E 2
Al-Jawf (Saudi-Arabien) 106, B 3
Al-Jubayl 106, C 3
Al-Junaynah = El-Geneina 137, E 3
Al-Karak 108, 1 B 3
Al-Kawm 93, F 4
Al-Khafji 106, C 3
Al-Khalis 93, H 4
Al-Kharj 106, C 3
Al-Khums 136, D 1
Al-Kut 106, C 2
Al-Kuwayt = Kuwait 106, C 3
Al-Laziqiya = Latakia 106, B 2
Al-Lith 106, C 3
Al-Luhayyah 106, C 4
Al-Madinah = Medina 106, C 3
Al-Marj 137, D/E 1
Al-Mayadin 93, F/G 4
Al-Mazar 108, 1 B 3
Al-Mazraa 108, 1 B 3
Al-Milh-See 93, G 4
Al-Mrayyah 136, B 3
Al-Mubarraz 106, C 3
Al-Mudaybi 106, D 3
Al-Mukalla 106, C 4
Al-Musayyib 93, G/H 4
Al-Muwayh 106, C 3
Al-Qadarif = Gedaref 137, F 3
Al-Qadimah 106, B 3
Al-Qaim 93, G 4
Al-Qamishli 93, G 3
Al-Qaryatayn 93, F 4
Al-Qasr 108, 1 B 3
Al-Qaysuma 106, C 3
Al-Qunaytira 108, 1 B 1
Al-Qutayfah 93, F 4
Al-Ubayyid = El-Obeid 137, E/F 3
Al-Wajh 106, B 3
Alabama (Bundesstaat) 148, 1 F 4
Alabama (Fluss) 148, 1 F 4
Aladağ 93, E 3
Alagir 93, G/H 2
Alagoas 158, F 3
Alagohinas 158, F 3
Alagón 84, 1 B 4
Alaikette 107, F 2
Alajuela 155, 1 D 4
Alakul 100, G 5
Alakurtti 62, 2 G 2
Alamata 137, F 3
Åland-Inseln 62, 2 D 3 – E 3
Alanya 92, D/E 3
Alaotrasee 139, E 3
Alappuzha 107, F 5
Alasani 93, H 2
Alaseja 101, N/O 3
Alaska 144, 1 B 3 – C 3
Alaskakette 144, 1 B 3 – C 3
Alassio 14, F 6
Älät 93, J 3
Alatau 100, F/G 5
Alatyr 95, H 2
Alatyr (Fluss) 95, H 2
Alba 14, F 5
Alba (Schloss) 84, 1 C 3
Alba Iulia 94, B 4
Albacete 84, 1 E 4
Albanien 51, 4 G 4
Albany (Australien) 126, 1 B 8
Albany (Fluss) 148, 1 F 2
Albany (USA, Georgia) 148, 1 F 4
Albany (USA, New York) 149, 1 G 3
Albenga 14, F 5
Alberobello 87, 1 F 4
Alberschwende 20, A 3
Albert 78, B 4
Albert-Nil 137, F 4
Albert-See 137, E/F 4
Alberta 148, 1 C 2
Albertkanal 78, E 3
Albertville 82, 1 F/G 4
Albi 82, 1 E 5
Alblasserdam 79, 1 B 3
Alborán 84, 1 D 5
Albufera 84, 1 E 4
Albula 69, E 2
Albulapass 69, E 2
Albuquerque 148, 1 D 4
Alcahüyük 92, E 2
Alcalá de Henares 84, 1 D 3
Alcalá la Real 84, 1 D 5
Alcamo 86, 1 D 6
Alcañiz 84, 1 E 3
Alcántara 84, 1 B 4
Alcázar de San Juan 84, 1 D 4
Alcazarquivir = Ksar-el-Kebir 84, 1 B/C 6
Alcira 84, 1 E 4
Alcobaca 84, 1 A 4
Alcobendas 84, 1 D 3
Alcoy 84, 1 E 4
Aldabra 139, E 2
Aldabragruppe 139, E 2
Aldan 101, L 4
Aldan (Fluss) 101, L 4
Aldanhochland 101, L 4
Alderney 80, E 6
Aleg 136, A 3
Alegrete 159, D 5
Alejsk 100, G 4
Alençon 82, 1 D 2
Alentejo 84, 1 B 4
Aleppo (Halab) 106, B 2
Alert 144, 1 L 1
Alès 82, 1 F 4
Alessandria 86, 1 B 2
Ålesund 62, 2 A 3
Aletschhorn 69, C 2
Alëuten 168, 1 A 3
Alëutengraben 168, 1 A 3 – B 3
Alexander-Archipel 148, 1 A 2
Alexander-Insel 167, 4 P 2
Alexander-Selkirk-Insel 159, A 6
Alexandria (Ägypten, El-Iskandariya) 137, E 1
Alexandria (Rumänien) 92, C 2
Alexandria (USA) 148, 1 E 4
Alexandroupolis 92, C 2
Alexandrow 94, F 1
Alexandrow Gai 95, J 3

Alexandrowsk-Sachalinskij 101, N 4
Alexandrowskoje 100, F 3
Alexejewka 94, F 3
Alexin 94, F 2
Alfenz 20, A 3
Alföld 65, H 5
Algarve 84, 1 A 5 – B 5
Algeciras 84, 1 C 5
Algerien 132, 4 A 1 – B 1
Alghabas 95, K 3
Alghero 86, 1 A/B 4
Algier (Al Djazâir) 85, 1 G 5
Algoabai 138, C 5
Alhambra 84, 1 D 5
Alhucemas-Inseln 84, 1 D 6
Ali al-Gharbi 93, H 4
Ali Sabieh 137, G 3
Aliağa 92, C 3
Aliakmon 92, B 2
Alicante 84, 1 E 4
Alice Springs 126, 1 D 7
Alicudi 86, 1 E 5
Aligarh 107, F 3
Aling Gangri 114, C 3
Alingsås 63, 2 C 4
Aliskerowo 101, P 3
Aliwal North 138, C 5
Aljustrel 84, 1 A 4/5
Alkmaar 78, D 2
Alkoven 22, D 3
Allach-Jun 101, M 3
Allahabad 107, G 3
Alland 23, H 3
Alle (Lyna) 65, J 1
Allegheny 149, 1 G 3
Allegheny-Plateau 149, 1 G 3
Alleghenygebirge 149, 1 F 4 – G 4
Allenbybrücke 108, 1 B 3
Allenstein (Olsztyn) 65, J 2
Allentsteig 23, F 2
Aller 70, F 4
Allerheiligen 25, G 4
Allgäu 71, E 9
Allgäuer Alpen 20, B 3
Allier 82, 1 E 4
Alm 22, C 4
Alma-Ata = Almaty 100, F 5
Almada 84, 1 A 4
Almadén 84, 1 C 4
Almaty (Alma-Ata) 100, F 5
Almbach 21, H 2
Almelo 78, F 2
Almere 78, E 2
Almere-Buiten 79, 1 C 2
Almere-Haven 79, 1 C 2
Almería 84, 1 D 5
Almetjewsk 95, J 2
Almkogel 22, E 4
Almsee 22, C 4
Alor 120, D 4
Alor Setar 120, A/B 3
Álora 84, 1 C 5
Alotau 121, G 5
Alpbach 21, E 3
Alpe-d'Huez 14, D 4
Alpen 52, 1 D 4 – E 4
Alpenvorland 71, D 9 – G 8
Alphen aan den Rijn 78, D 2
Alphonsegruppe 139, F 2
Alpl (Krieglach-) 25, G 2
Alpu 92, D 3
Alsamai 100, H 4
Alsfeld 70, D 6
Alta 62, 2 E 1
Alta Floresta 158, D 3
Altach 20, A 3
Altaelv 62, 2 E 1
Altai 100, G 4
Altamira (Brasilien) 158, D 3
Altamira (Spanien) 84, 1 C 2
Altamura 86, 1 F 4
Altas 84, 1 A 2
Altaussee 24, C 2
Altausseer See 24, C 2
Altay 114, C 2
Altdorf 69, D 2
Alte IJssel 78, F 3
Alte Maas 79, 1 A/B 3
Altea 84, 1 E 4
Altenberg 22, D 3
Altenburg (Deutschland) 70, G 6
Altenburg (Österreich) 23, G 2
Altenmarkt an der Triesting 23, G 3
Altenmarkt bei St. Gallen 24, E 2
Altenmarkt im Pongau 21, H 3
Altes Land 70, D 3
Altheim 22, B 3
Althofen 24, D 4
Altiplano 158, C 4
Altkastilien 84, 1 C 3 – D 2
Altkirch 69, C 1
Altlengbach 23, G 3
Altlichtenwarth 23, J 2
Altmark 70, F 4
Altmühl 71, E 7
Altmünster 22, C 4
Altötting 71, G 8
Altschewsk 94, F 3
Altstätten 69, E 1
Altun Kupri 93, H 4
Altun Shan 114, C/D 3
Altvater 65, G 3
Alwar 107, F 3
Alytus 63, 2 F 5
Alzey 71, C 7
Am Timan 137, E 3
Amadeussee 126, 1 C 7 – D 7
Amagasaki 116, C 4
Amahai 121, D 4
Amakusa-Inseln 116, B 4
Amami-Inseln 115, G 4
Amapá 158, D 2
Amapá (Bundesstaat) 158, D 2
Amarillo 148, 1 D 4
Amasya 93, E 2
Amazonas (Bundesstaat) 158, C 3
Amazonas (Fluss) = Solimões 158, C 3
Amazonasquelle 158, B 4
Ambala 107, F 2
Ambato 158, B 3
Ambatondrazaka 139, E 3
Amberg 71, F 7
Ambilobe 139, E 3
Ambon 121, D 4
Ambon (Insel) 121, D 4
Ambongo 139, E 3
Ambosary 139, E 4
Ambositra 139, E 4
Ambovombe 139, E 4
Ambriz 138, B 2
Amderma 100, E 3
Amdo 114, D 3
Ameide 79, 1 B 3
Ameisberg 22, C 2
Ameland 78, E 1
American-Highland 167, 4 D 2
Amerikanisch-Samoa 127, 1 J 6
Ameringkogel 24, E 3
Amersfoort 78, E 2
Amery-Schelfeis 167, 4 D 2
Amga 101, M 3
Amga (Fluss) 101, L 4
Amgun 101, M 4
Amhara 137, F 3
Amiens 82, 1 D/E 2
Amindiven 107, F 4
Amiranten 139, F 2
Amistadstausee 148, 1 D 5
Amman 108, 1 B 3
Ammassalik = Tasiilaq 144, 1 O 3
Ammersee 71, E 9
Amorgos 92, C 3
Amos 149, 1 G 3
Ampanihy 139, E 4
Amparafaravola 139, E 3
Ampato 158, B 4
Amper 71, F 8
Ampflwang 22, C 3
Amphipolis 92, B/C 2
Amravati 107, F 3
Amritsar 107, F 2
Amrum 70, C 2
Amstel 79, 1 B 2
Amstelveen 79, 1 B 2
Amsterdam 78, D 2
Amsterdam-Rhein-Kanal 79, 1 C 2/3
Amstetten 22, E 3
Amudarja 106, E 2
Amundsensee 167, 4 N 2
Amungensee 62, 2 C 3
Amuntai 120, C 4
Amur 101, M 4
Amursk 101, M 4
An-Nabk 93, F 4
An-Najaf 106, C 2
An-Nasiriyah 106, C 2
An-Nu'ayriyah 106, C 3
An-Nuhud 137, E 3
An-Numaniyah 93, H 4
Ana 93, G 4
Anabar 101, K 2
Anaco 158, C 2
Anadyr 101, Q 3
Anadyr (Fluss) 101, Q 3
Anadyrhochland 101, P 3 – Q 3
Anafi 92, C 3
Anai Mudi 107, F 4
Analalava 139, E 3
Anambas-Inseln 120, B 3
Anamur 92, E 3
Anan 116, C 4
Anapa 93, F 1
Anápolis 158, E 4
Anatolien 92/93, D 3 – F 3
Anauá 158, C 2
Anchorage 144, 1 C 3
Ancona 15, L 6
Ancud 159, B 7
Åndalsnes 62, 2 A 3
Andalusien 84, 1 B 5 – D 5
Andamanen 107, H 4
Andamanisches Meer 107, H 4
Andapa 139, E 3
Andau 25, K 2
Andelsbuch 20, A 3
Anden (Kordilleren) 158/159, B 3 – B 7
Andenne 78, E 4
Anderlecht 78, D 4
Andermatt 69, D 2
Andernach 71, B 6
Andimeshk 93, J 4
Andishan 100, F 5
Andkhoy 106, E 2
Andoany (Hell-Ville) 139, E 3
Andong 116, B 3
Andorf 22, C 3
Andorra 82, 1 D 5
Andorra (Staat) 51, 4 F 4
Andøy 62, 2 C 1
Andrejewka 95, J 2
Andria 86, 1 F 4
Andringitra 139, E 4
Andros (Bahamas) 155, 1 E 2
Andros (Griechenland) 92, C 3
Andújar 84, 1 C 4
Andulo 138, B 3
Anéfis 136, C 3
Anécho 136, C 4
Angara 100, H 4
Angarsk 101, J 4
Angel de la Guarda 154, 1 A 2
Angeles 120, C/D 2
Angelfälle 158, C 2
Ängelholm 63, 2 C 4
Angeln 70, D 2
Anger 25, G 3
Ångermanälven 62, 2 D 2/3
Angern 23, J 3
Angers 82, 1 C 3
Angerwald 25, H 2
Angkor 120, B 2
Anglesey 80, D 4
Angoche 139, D 3
Angol 159, B 6
Angola 132, 4 B 3
Angolabecken 169, 1 K 6
Angoulême 82, 1 D 4
Anguilla 155, 1 F 3
Anif 21, H 2
Anjou 82, 1 C 3
Anjuigebirge 101, P 3
Ankang 114, E 3
Ankara 106, B 1/2
Ankaratra 139, E 3
Anklam 70, H 3
Ankogel 24, B 3
Anna 95, G 3
Annaba 136, C 1
Annaberg 23, F 4
Annaberg-Buchholz 71, H 6
Annaberg-Lungötz 21, H 2
Annam 114, E 5
Annapolis 149, 1 G 4
Annapurna 107, G 3
Annecy 82, 1 F/G 4
Annemasse 14, D 3
Anning 114, E 4
Annobón 138, A 2
Anqing 115, F 3
Ansbach 71, E 7
Anschu-Inseln 101, N 2
Ansfelden 22, D 3
Anshan 115, G 2
Anshero-Sudshensk 100, G 4
Anshun 114, E 4
Antakya 93, E/F 3
Antalaha 139, F 3
Antalya 106, B 2
Antananarivo 139, E 3
Antarktis 167, 4 P 1
Antarktische Halbinsel 167, 4 Q 2
Antequera 84, 1 C 5
Anthering 21, G/H 2
Antholzer Bach 21, F 4
Antiatlas 136, B 1 – B 2
Antibes 83, 1 G 5
Anticosti 149, 1 H 3
Antiesen 22, B 3
Antiesenhofen 22, B 3
Antigua und Barbuda 162, 3 C 2–D 1
Antipoden-Inseln 126, 1 H 9
Antsiranana 139, E 3
Antofagasta 159, B 5
Antongilbucht 139, E 3 – F 3
Antsirabe 139, E 3
Antsohihy 139, E 3
Antwerpen 78, D 3
Anuradhapura 107, F 5
Anxi 114, D 2
Anyang 115, F 3
Aoji 116, B 2
Äolische Inseln = Liparische Inseln 86, 1 E 5
Aomen = Macau 115, F 4
Aomori 115, J 2
Aosta 86, 1 A 2
Aouk 137, E 4
Aoulef 136, C 2
Aouzou 137, D 2
Apalachee-Bai 148, 1 F 5
Apaporis 158, B 2
Aparecida 158, E 4
Aparri 120, D 2
Apatity 62, 2 H 2
Apeldoorn 78, E 2
Apenninen 86, 1 B 2 – E 4
Apetlon 25, J 2
Apia 127, 1 J 6
Apo 120, D 3
Apolda 70, F 5
Apollonia 108, 1 A 2
Apolyontsee 92, D 2
Appalachen 149, 1 F 4 – H 3
Appenzell 69, E 1
Appenzeller Alpen 14, G 2
Appiano = Eppan 20, D 5
Aprilia 86, 1 D 4
Apscheronsk 93, F 1
Apt 14, C 6
Apuanische Alpen 14, H 5 – H 6
Apuka 101, P 3
Apulien 86, 1 E 4 – F 4
Apure 158, C 2
Apurimac 158, B 4
Apusenigebirge 92, B 1
Aqrah 93, G 3
Aqtau 100, D 5
Aqtöbe (Aktjubinsk) 100, D 4
Äquatorialguinea 132, 4 B 2
Aquidauana 158, D 5
Ar-Ramadi 106, C 2
Ar-Raqqah (Rakka) 106, B 2
Ar-Rass 106, C 3
Ar-Rayyan 106, C/D 3
Ar-Riyad = Riad 106, C 3
Ar-Rumman 108, 1 B 2
Ar-Rutba 106, C 2
Arabien 106, C 3
Arabische Wüste 137, F 2
Arabisches Becken 169, 1 M 5 – N 5
Arabisches Meer 106/107, E 3
Aracajú 158, F 4
Aracatuba 159, D 5
Arad (Israel) 108, 1 B 3
Arad (Rumänien) 92, B 1
Arafurasee 121, E 4
Aragaz 93, H 2
Aragón 84, 1 E 2
Aragonien 84, 1 E 3
Araguaia 158, D 4
Araguaína 158, E 3
Araguari 158, D 2
Arak 106, C 2
Arakangebirge 107, H 3 – H 4
Aral 100, E 5
Aran-Inseln 80, A/B 4
Aranda de Duero 84, 1 D 3
Aranjuez 84, 1 D 4
Araouane 136, B 3
Arapiraca 158, F 3
Arar 106, C 2
Ararat 106, C 2
Arauca 158, B 2
Arauca (Fluss) 158, C 2
Arava 108, 1 B 4
Aravalligebirge 107, F 3
Arawa 121, G 4
Arax 106, C 2
Arba Minch 137, F 4
Arbatax 86, 1 B 5
Arbesbach 23, E 2/3
Arbon 69, E 1
Arcachon 82, 1 C 4
Archangelsk 100, C 3
Archangelskoje 95, L 2
Arda 92, C 2
Ardabil 93, H/J 3
Ardagger 22, E 3
Ardatow 95, H 2
Ardennen 78, D 5 – E 4
Ardning 24, D 2
Arecibo 155, 1 F 3
Arendal 63, 2 B 4
Arensburg = Kuressaare 63, 2 E 4
Arequipa 158, B 4
Aresa 65, N 2
Arezzo 86, 1 C 3
Arga Emneke 101, N 3
Argens 83, 1 G 5
Argenta 15, J 5
Argentera 14, E 5
Argenteuil 82, 1 D/E 2
Argentinien 162, 3 C 4
Argentinisches Becken 168, 1 G 7 – H 8
Argentino-See 159, B 8
Argolischer Golf 92, B 3
Argonnen 82, 1 F 2
Argun 115, F/G 1
Argusdom 167, 4 D 1
Arica 158, B 4
Ariège 82, 1 D 5
Ariha = Jericho 108, 1 B 3
Arinos 158, D 4
Aripuanã 158, C 3
Aripuanã (Fluss) 158, C 3
Ariquemes 158, C 4
Arizona 148, 1 C 4 – D 4
Arjeplog 62, 2 D 2
Arkalyk 100, E 4/5
Arkansas (Bundesstaat) 148, 1 E 4
Arkansas (Fluss) 148, 1 D 4
Arkel 79, 1 B/C 3
Arktisches Kap 101, H 1
Arlberg 20, B 3
Arles 82, 1 F 5
Arlington (Texas) 148, 1 E 4
Arlington (Virginia) 149, 1 G 4
Arlit 136, C 3
Arlon 78, E 5
Arlscharte 21, H 3
Arma Konda 107, G 4
Armagnac 82, 1 C 4 – D 5
Armançon 82, 1 E/F 3
Armawir 93, G/H 2
Armenia 158, B 2
Armenien 51, 4 K 5
Armentières 82, 1 E 1
Arnfels 25, F 4
Arnheim (Arnhem) 78, E 2/3
Arnhem = Arnheim 78, E 2/3
Arnhemland 126, 1 D 6
Arno 86, 1 B 3
Arnoldstein 24, C 4
Arnsberg 70, C 5
Arosa 69, E 2
Arran 80, D 3
Arras 82, 1 E 1
Arriach 24, C 4
Arsamas 100, C 4
Arsgir 93, H 1
Arta 85, 1 G 4
Artemiwsk 94, F 3
Arth 69, D 1
Arti 95, L 1
Artjom 101, M 5
Artois 82, 1 D 1 – E 1
Artstetten (Artstetten-Pöbring-) 23, F 3
Artvin 93, G 2
Aru-Inseln 121, E 4
Arua 137, F 4
Arusha 138, D 2
Arvajcheer 114, E 2
Arve 14, D 3
Arvidsjaur 62, 2 D 2
Arvika 63, 2 C 4
Arxan 115, G 2
Arys 100, E 5
Arzberg (Passail-) 25, G 3
Arzew 84, 1 E 6
Arzl 20, C 3
As-Sadd al-Ali-Damm 137, F 2
As-Safi 108, 1 B 3
As-Salt 108, 1 B 2
As-Samawah 106, C 2
As-Sharqat 93, G 4
As-Sharurah 106, C 4
As-Sukhnah 93, F 4
As-Sulaymaniya 106, C 2
As-Suwar 93, G 4
As-Suwayq 106, D 3
Asahi 116, D 3
Asahi Dake 115, J 2
Asahikawa 115, J 2
Asansol 107, G 3
Ascension 168, 1 H/J 6
Ascha 95, L 2
Aschach 22, D 3
Aschach (Fluss) 22, C 3
Aschaffenburg 71, D 7
Aschau 21, E 3
Aschbach 22, E 3
Aschersleben 70, F 5
Aščiozek 95, H 3
Ascoli Piceno 86, 1 D 3
Ascona 69, D 2
Asela 137, F 4
Aserbaidschan 51, 4 K 5
Aserbaidschan (Landschaft) 93, H 3
Ash-Shaddada 93, G 3
Ash-Shariqah 106, D 3
Ash-Shawbak 108, 1 B 4
Ash-Shihr 106, C 4
Ashanti 136, B 4
Ashburton 126, 1 B 7
Ashdod 108, 1 A 3
Ashgabat 106, D 2
Ashibetsu 116, E 2
Ashio 116, D 3
Ashkelon 108, 1 A 3
Asi (Orontes) 93, F 4
Asiago 15, J 4
Asien 169, 1 N 3 – P 3
Asilah 84, 1 B 6
Asinara 86, 1 A/B 4
Asino 100, G 4
Asipowitschi 94, C/D 2
Askale 93, G 2
Askino 95, L 1
Askja 62, 1 C 1
Aslanduz 93, H 3
Asmara 137, F 3
Asnakajewo 95, K 2
Åsnen 63, 2 C 4
Asow 94, F 4
Asowsches Meer 53, 1 G 4
Aspach 22, B 3
Aspang 23, H 4
Asparn 23, H 2
Aspen 148, 1 D 4
Aspromonte 86, 1 E/F 5
Asralt Khairkhan 114, E 2
Assab 137, G 3
Assad-Stausee 93, F 3
Assalsee 137, G 3
Assam 107, H 3
Assen 78, F 1/2
Assisi 86, 1 D 3
Assos 92, C 3
Assuan (Aswan) 137, F 2
Assumption 139, E 2
Assur 106, C 2
Astana (Akmola) 100, F 4
Astaneh 93, J 4
Astara 93, J 3
Asten 22, D 3
Asti 86, 1 B 2
Astorga 84, 1 B 2
Astove 139, E 3
Astrachan 95, J 4
Asturien 84, 1 B 2 – C 2
Astypalea 92, C 3
Asunción 159, D 5
Åsundersee 63, 2 C/D 4
Aswan = Assuan 137, F 2
Asyut 137, F 2
At-Tafila 108, 1 B 4
Atacama 158/159, B 5 – C 4
Atacamagraben 168, 1 F 6 – F 7
Atar 136, A 2
Atassu 100, F 5
Atatürk-Stausee 93, F 3
Atbara 137, F 3
Atbara (Fluss) 137, F 3
Atbassar 100, E 4
Ath 78, C 4
Athabasca River 148, 1 C 2
Athabascasee 148, 1 D 2
Athen (Athinai) 92, C 3
Athens 148, 1 F 4
Athi 138, D 2
Athinai = Athen 92, C 3
Äthiopien 132, 4 C 2 – D 2
Athlone 80, C 4
Athos 92, C 3
Ati 137, D 3
Atka 101, O 3
Atkarsk 95, H 3
Atlanta 148, 1 F 4
Atlantic City 149, 1 G 4
Atlantische Küstenebene 149, 1 F 4 – G 4
Atlantischer Ozean 168/169, 1 G 4 – J 8
Atlit 108, 1 A 2
Ätna 86, 1 E 6
Ätran 63, 2 C 4
Atranos 92, D 3
Atrato 158, B 2
Atschinsk 100, G/H 4
Atschkassar 93, G 2
Atschohoi-Martan 93, H 2
Atschujewo 93, F 1
Attersee 22, C 4
Attnang-Puchheim 22, C 3
Atuel 159, C 6
Atyrau 100, D 5
Atzenbrugg 23, G 3
Auasberge 138, B 4
Aubagne 14, C 6
Aube 14, B 1
Aubenas 14, B 5
Aubrac 82, 1 E 4
Auch 82, 1 D 5
Auckland 126, 1 H 9
Auckland-Inseln 127, 1 G 10
Aude 82, 1 E 5
Aue 71, G 6
Auer (Ora) 20, D 5
Auersthal 23, J 3
Augsburg 71, E 8
Augusta (Italien) 86, 1 E 6
Augusta (USA, Georgia) 149, 1 F 4
Augusta (USA, Maine) 149, 1 H 3
Augustów 65, K 2
Auob 138, B 4
Aurach 21, F 3
Aurangabad 107, F 3/4
Aurich 70, B 3
Aurillac 82, 1 E 4
Aurolzmünster 22, B 3
Auron 14, D 5
Aurora 148, 1 D 4
Ausangate 158, B 4
Auschwitz (Oświęcim) 65, H 4
Äußere Hebriden 80, B 2 – C 1

Außerfern 20, C 3
Außerfragant (Flattach-) 24, B 4
Aussig (Ústí nad Labem) 64, F 3
Austin 148, 1 E 4
Austral-Inseln = Tubuai-Inseln 127, 1 M 7
Australien (Kontinent) 169, 1 P 7 – R 7
Australien (Staat) 190, 1 Q 6
Australisches Bergland 126, 1 E 6 – E 8
Australisches Tiefland 126, 1 D 7 – E 8
Austvågøy 62, 2 C 1
Authie 78, B 4
Autun 14, B 3
Auvergne 82, 1 E 4
Auxerre 82, 1 E 3
Auyán-Tepuí 158, C 2
Avallon 82, 1 E 3
Avarua 127, 1 K 7
Avedat 108, 1 A 4
Aveiro 84, 1 A 3
Avej 93, J 4
Avej-Pass 93, J 4
Avellino 86, 1 E 4
Aversa 86, 1 D/E 4
Avesnes 78, C 4
Avesta 63, 2 D 3
Aveyron 82, 1 D 4
Avignon 82, 1 F 5
Ávila 84, 1 C 3
Avilés 84, 1 C 2
Avon 80, E/F 4
Avranches 82, 1 C 2
Awa 116, D 3
Awaji 116, C 4
Awasa 137, F 4
Awash 137, G 3
Awbari 136, D 2
Awjilah 137, E 2
Axams 20, D 3
Axarfjord 62, 1 C 1
Axios 92, B 2
Ayacucho 158, B 4
Ayamonte 84, 1 B 5
Ayancık 92, E 2
Ayaş 92, E 2
Aydın 92, C 3
Aydıncık 92, E 3
Ayers Rock (Uluru) 128, B/C 3
Aygues 14, C 5
Ayod 137, F 4
Ayorou 136, C 3
Ayoûn el-Atroûs 136, B 3
Ayr 80, D 3
Ayteke Bi 100, E 5
Ayutthaya 120, B 2
Ayvacik 92, C 3
Ayvalık 92, C 3
Az-Zarqa 106, B 2
Az-Zulfi 106, C 3
Azaouad 136, B 3
Azare 136, D 3
Azarshahr 93, H 3
Azbine = Aïr 136, C 3
Azdavay 92, E 2
Azoren 168, 1 H 4
Azorenschwelle 168, 1 H 4 – J 4
Azua 155, 1 E 3
Azul 159, C/D 6

B

Baalbek 93, F 4
Baardheere 137, G 4
Baarn 79, 1 C 2
Bab al-Mandab 137, G 3
Bab Ezzouar 85, 1 G 5
Babajewo 94, E 1
Babar 121, D 4
Babati 138, D 2
Babia Gora 65, H 4
Babo 121, E 4
Babol 106, D 2
Babruisk 63, 2 G 5
Babylon 106, C 2
Bac Lieu 120, B 3
Bacabal 158, E 3
Bacău 94, C 4
Bachergebirge 15, N 3
Bachmatsch 94, D 3
Backnang 71, D 8
Bacolod 120, D 2
Bad Aussee 24, C 2
Bad Bleiberg 24, C 4
Bad Blumau 25, H 3
Bad Deutsch-Altenburg 23, J 3
Bad Dürrnberg (Hallein-) 21, H 2
Bad Erlach 23, H 4
Bad Fischau-Brunn 23, H 4
Bad Gams (Deutschlandsberg-) 25, F 4
Bad Gastein 21, H 3
Bad Gleichenberg 25, G 4
Bad Goisern 22, C 4
Bad Großpertholz 22, E 2
Bad Hall 22, D 3
Bad Häring 21, F 2
Bad Hersfeld 70, D 6
Bad Hindelang 71, E 9
Bad Hofgastein 21, H 3
Bad Homburg 71, C 6
Bad Honnef 71, B 6
Bad Ischl 22, C 4
Bad Kissingen 71, E 6
Bad Kleinkirchheim 24, C 4
Bad Kreuzen 22, E 3
Bad Kreuznach 71, B 7
Bad Lauterberg 70, E 5
Bad Leonfelden 22, D 2
Bad Lobenstein 71, F 6
Bad Mergentheim 71, D 7
Bad Mitterndorf 24, C 2
Bad Nauheim 71, C 6
Bad Neustadt 71, D/E 6
Bad Oldesloe 70, E 3
Bad Pirawarth 23, J 3
Bad Pyrmont 70, D 5
Bad Radkersburg 25, H 4
Bad Ragaz 69, E 1/2
Bad Reichenhall 71, G 9
Bad Salzungen 70, D/E 6
Bad Sankt Leonhard 24, E 4
Bad Sauerbrunn 25, H 2
Bad Schallerbach 22, C 3
Bad Schönau 23, H 5
Bad Tatzmannsdorf 25, H 3
Bad Tölz 71, F 9
Bad Traunstein 23, F 3
Bad Vöslau 23, H 4
Bad Waltersdorf 25, G/H 3
Bad Wimsbach-Neydharting 22, C 3
Bad Zell 22, E 3
Badain Jaran Shamo 114, E 2
Badajoz 84, 1 B 4
Badalona 85, 1 G 3
Baden (Österreich) 23, H 3
Baden (Schweiz) 69, D 1
Baden-Baden 71, C 8
Baden-Württemberg 71, C 8 – D 8
Badenweiler 71, B 9
Badhoevedorp 79, 1 B 2
Badia = Abtei 21, E 4
Badme 137, F 3
Badr 106, B 3
Baena 84, 1 C 5
Baffin-Insel 144, 1 J 2 – L 3
Baffinbai 144, 1 K 2 – L 2
Bafing 136, A 3
Bafoulabé 136, A 3
Bafra 93, E/F 2
Bagaces 155, 1 D 3
Bagdad 106, C 2
Bagdarin 101, K 4
Bagé 159, D 6
Baghlan 107, E 2
Bagnères-de-Bigorre 82, 1 D 5
Bagnols-sur-Cèze 14, B 5
Bagoé 136, B 3
Bagrax = Bosten Hu 114, C 2
Bagu = Pegu 107, H 4
Baguezane 136, C 3
Baguio 120, D 2
Bahama-Inseln 144, 1 K 7
Bahamas 162, 3 C 1
Bahār 93, J 4
Bahawalpur 107, F 3
Bahia 158, E 4
Bahía Blanca 159, C/D 6
Bahía Blanca (Bucht) 159, C 6 – D 6
Bahir Dar 137, F 3
Bahr al-Abiad = Weißer Nil 137, F 3
Bahr al-Arab 137, E 3/4
Bahr al-Azraq = Blauer Nil (Sudan) 137, F 3
Bahr al-Ghazal (Fluss, Sudan) 137, E/F 4
Bahr al-Ghazal (Fluss, Tschad) 136, D 3
Bahr al-Ghazal (Landschaft) 137, E 4 – F 4
Bahr al-Jabal 137, F 4
Bahrain 98, 1 D 4
Baia Mare 94, B 4
Baïbokoum 136, D 4
Baicheng 115, G 2
Baidoa = Baydhabo 137, G 4
Baie-Comeau 149, 1 G/H 3
Baikalgebirge 101, J 4
Baikalsee 101, J 4
Baikonur = Bajkonyr 100, E 5
Baile Atha Cliath = Dublin 80, C 4
Bailundo 138, B 3
Bairiki 126, 1 H 4
Baïse 82, 1 D 4/5
Bait Hanun 108, 1 A 3
Baiyin 114, E 3
Baja 65, H 5
Bajah 136, C 1
Bajan Uul 115, F 2
Bajanhongor 114, E 2
Bajánsenye 25, H 4
Bajdrag 114, D 2
Bajkonyr (Baikonur) 100, E 5
Bajram-Ali 106, E 2
Bajudasteppe 137, F 3
Bakel 136, A 3
Baker-Insel 126, 1 J 4
Bakersfield 148, 1 C 4
Bakhtaran = Kermanshah 106, C 2
Bakı = Baku 106, C 1/2
Bakkabucht 62, 1 D 1
Bakongan 120, A 3
Bakonywald 65, G 5
Bakovci 25, H 4
Bakoy 136, B 3
Baku (Bakı) 106, C 1/2
Bâlâ 92, E 3
Balabacstraße 120, C 3
Balachna 95, G 1
Balad 93, G/H 4
Balaklija 94, F 3
Balakowo 100, C 4
Balangir 107, G 3
Balaschicha 94, F 2
Balaschow 95, G 3
Balaton = Plattensee 65, G 5
Balchasch 100, F 5
Balchaschsee 100, F 5
Balearen 85, 1 F 4 – H 3
Bali 120, C 4
Balıkesir 92, C 3
Balikpapan 120, C 4
Balimo 121, F 4
Balingen 71, C 8
Balkan 52, 1 F 4
Balkanabat 106, D 2
Ballarat 126, 1 E 8
Balleny-Inseln 167, 4 J 2
Ballina 80, B 3
Ballymena 80, C 3
Balmhorn 69, C 2
Balsas 158, E 3
Balsas (Fluss) 154, 1 C 3
Balsthal 69, C 1
Balta 94, D 4
Baltai 95, H 2
Bălți 94, C 4
Baltimore 149, 1 G 4
Baltischer Landrücken 52, 1 E 3 – F 3
Baltisk = Pillau 65, H 1
Baltrum 70, B 3
Baluba 138, C 2
Balykchy 107, F 1
Bam 106, D 3
Bamako 136, B 3
Bambari 137, E 4
Bamberg 71, E 7
Bambili 137, E 4
Bamboutogebirge 136, C 4
Bamenda 136, C/D 4
Banaba (Ozean-Insel) 126, 1 G 5
Bananga 107, H 5
Banat 92, B 1
Banater Gebirge 92, B 1
Banda 107, F/G 3
Banda Aceh 120, A 3
Banda-Inseln 121, D 4
Bandama 136, B 4
Bandar Labuan 120, C 3
Bandar Lampung 120, B 4
Bandar Seri Begawan 120, C 3
Bandar-e Abbas 106, D 3
Bandar-e Anzali 106, C 2
Bandar-e Bushehr 106, D 3
Bandasee 120, D 4
Bandırma 92, C/D 2
Bandundu 138, B 2
Bandung 120, B 4
Baneh 106, C 2
Banff 148, 1 C 2
Banfora 136, B 3
Bangalore (Bengaluru) 107, F 4
Bangassou 137, E 4
Banghazi = Bengasi 137, D/E 1
Bangka 120, B 4
Bangkok (Krung Thep) 120, B 2
Bangladesch 98, 1 F 4
Bangor (Nordirland) 80, D 3
Bangor (Wales) 80, D 4
Bangui 137, E 3
Bangweulusee 138, C 3
Bani 136, B 3
Bani Bu Ali 106, D 3
Bani Walid 136, D 1
Banias 93, E 4
Banja Luka 86, 1 F 2
Banjarmasin 120, C 4
Banjul 136, A 3
Bank von Campeche 154/155, 1 C 2 – D 2
Banks-Insel 144, 1 E/F 2
Bann 80, C 3
Bannu 107, F 2
Banská Bystrica 65, H 4
Bantaeng 120, C/D 4
Bantry 80, B 5
Bantrybai 80, A 5 – B 5
Banyuwangi 120, C 4
Baoding 115, F 3
Baogdu 116, B 2
Baoji 114, E 3
Baoshan 114, D 4
Baotou 114, E 2
Baoulé 136, B 3
Bapaume 78, B 4
Baqubah 106, C 2
Bar-le-Duc 82, 1 F 2
Bar-sur-Aube 82, 1 F 2
Baraawe 137, G 4
Barabaebene 100, F 4
Barahona 155, 1 E 3
Barak 93, F 3
Barakaldo 84, 1 D 2
Baranawitschi 94, C 2
Baraque de Fraiture 78, E 4
Barbados 162, 3 D 2
Barbuda 155, 1 F 3
Barcarès 82, 1 E 5
Barcelona (Spanien) 85, 1 G 3
Barcelona (Venezuela) 158, C 2
Barcelonette 14, D 5
Barcelos 158, C 3
Barda 95, K 1
Bardejov 65, J 4
Bardonecchia 14, D 4
Bareilly 107, F 3
Bären-Inseln = Medweshi-Inseln 101, P 2
Barendrecht 79, 1 A/B 3
Bäreninsel 51, 4 G 1
Barentsburg 166, 1 J 2
Barentssee 169, 1 L 2 – M 2
Barga 114, C 3
Bari 86, 1 F 4
Barinas 158, B 2
Baris 137, F 2
Barisal 107, H 3
Barito 120, C 4
Barkol 114, D 2
Bårlad 94, C 4
Barletta 86, 1 F 4
Barmer 107, F 3
Barnaul 100, G 4
Bärnbach 25, F 3
Barnim 70, H 4 – J 4
Barnstaple 80, D 5
Baro 136, C 4
Barotse 138, C 3
Barquisimeto 158, B/C 1
Barra 158, E 4
Barra (Insel) 80, B/C 2
Barra do Garças 158, D 4
Barranca 158, B 4
Barrancabermeja 158, B 2
Barrancas 158, C 2
Barranquilla 158, B 1
Barreiras 158, E 4
Barreiro 84, 1 A 4
Barren Grounds 144, 1 E 3 – H 3
Barrie 149, 1 F/G 3
Barrow 80, C 4
Barrow-in-Furness 80, E 3
Barrow-Insel 126, 1 B 7
Bartica 158, D 2
Bartın 92, E 2
Baruun Urt 115, F 2
Barysau 94, C/D 2
Barysch 95, H 2
Basankusu 138, B 1
Basardjusju 93, H/J 2
Basarnyje Mataki 95, J 2
Basaruto 138, D 4
Basel 69, C 1
Basento 86, 1 F 4
Basilan 120, D 3
Basildon 80, G 5
Basilicata 86, 1 E 4 – F 4
Başkale 93, G 3
Baskenland 84, 1 D 2 – E 2
Basodino 69, D 2
Basoko 138, C 1
Basra 106, C 2
Bass-Straße 126, 1 E 8
Bassano del Grappa 15, J 4
Basse-Terre 155, 1 F 3
Bassein (Pathein) 107, H 4
Basso 137, E 3
Bastia 83, 1 H 5
Bastogne 78, E 5
Bat Yam 108, 1 A 2
Bata 136, C 4
Bataisk 94, F 4
Batalha 84, 1 A 4
Batamaj 101, L 3
Batan-Inseln 120, D 1
Batang 114, D 3/4
Batangafo 137, D 4
Batangas 120, C/D 2
Bath 80, E 5
Bathurst 149, 1 H 3
Batman 93, G 3
Batn al-Ghul 108, 1 B 5
Batna 136, C 1
Baton Rouge 148, 1 E 4
Batouri 136, D 4
Batschka 87, 1 G 2
Båtsfjord 62, 2 G 1
Battambang 120, B 2
Batu 137, F 4
Batu-Inseln 120, A 3 – A 4
Batumi 106, C 1
Baturaja 120, B 4
Baubau 120, D 4
Bauchi 136, C 3
Baukau 120, D 4
Baumgartenberg 22, E 3
Baunatal 70, D 5
Bauru 159, E 5
Bautzen 70, J 5
Bauxitogorsk 94, E 1
Bawku 136, B 3
Bawly 95, K 2
Bayamo 155, 1 E 2
Bayamón 155, 1 F 3
Bayan Har Shan 114, D 3
Bayan Obo 114, F 2
Bayburt 93, G 2
Baydhabo (Baidoa) 137, G 4
Bayerische Alpen 71, E 9 – G 9
Bayerischer Wald 71, G 7 – H 8
Bayern 71, E 7 – F 7
Bayeux 82, 1 C 2
Bayonne 82, 1 C 5
Bayramiç 92, C 3
Bayreuth 71, F 7
Bayt Lahm = Bethlehem (Israel) 108, 1 B 3
Baza 84, 1 D 5
Be'er Sheva = Beersheba 108, 1 A 3
Beaglekanal 159, C 8
Béarn 82, 1 C 5
Beaucaire 14, B 6
Beauce 82, 1 D 2 – E 2
Beaufort 120, C 3
Beaufort West 138, C 5
Beaufortsee 168, 1 B 2
Beaujolais 82, 1 F 3 – F 4
Beaumont 148, 1 E 4
Beaune 82, 1 F 3
Beauvais 82, 1 D 2 – E 2
Bebra 70, D 6
Béchar 136, B 1
Bechuanaland 138, C 4
Bedford 80, F 4
Beer Menuha 108, 1 A/B 4
Beer Ora 108, 1 A 5
Beersheba (Be'er Sheva) 108, 1 A 3
Beersheba (Fluss) 108, 1 A 3
Beesd 79, 1 C 3
Behamberg 22, E 3
Bei Shan 114, D 2
Bei'an 115, G 2
Beihai 114, E 4
Beijing = Peking 115, F 3
Beinn Dearg 80, D 2
Beira 138, D 3
Beiras 84, 1 A/B 3
Beirut 106, B 2
Beitbridge 138, D 4
Beja 84, 1 B 4
Bejaia 136, C 1
Béjar 84, 1 C 3
Bejssug 93, F 1
Bekasi 120, B 4
Békéscsaba 65, J 5
Bela (Österreich) = Vellach (Eisenkappel-Vellach-) 24, E 5
Bela (Pakistan) 107, E 3
Bela Vista 159, D 5
Belaja (Berg) 101, Q 3
Belaja (Fluss) 93, G 1/2
Belaja Glina 95, G 4
Belaja Kalitwa 95, G 3
Belarus = Weißrussland 51, 4 H 3
Bełchatów 65, H 3
Belcher-Inseln 148, 1 F 2 – G 2
Belebej 95, K 2
Beled Weyne (Belet Uen) 137, G 4
Belém 158, E 3
Belet Uen = Beled Weyne 137, G 4
Belfast 80, D 3
Belfort 83, 1 G 3
Belgard (Białogard) 64, F 1/2
Belgaum 107, F 4
Belgien 51, 4 F 3
Belgorod 94, F 3
Belgrad (Beograd) 92, A/B 1
Belikh 93, F 3
Belinskij 95, G 2
Belitung 120, B 4
Belize 155, 1 D 3
Belize (Staat) 162, 3 B 1– B 2
Bella Unión 159, D 6
Bellary 107, F 4
Belle-Ile 82, 1 B 3
Bellegarde 14, C 3
Bellingshausensee 167, 4 O 2
Bellinzona 69, E 2
Bello 158, B 2
Belluno 86, 1 C/D 1
Belmonte 158, F 4
Belmopan 155, 1 D 3
Belo Horizonte 158, E 4
Belogorsk 101, L 4
Belowo 100, G 4
Beltinci 25, H 4
Beltschistan 106/107, E 3
Belvedere Marittimo 86, 1 E 5
Bely 94, E 2
Bemaraha 139, E 3
Ben More Assynt 80, D 1
Ben Nevis 80, D 2
Benadir 137, G 4
Benavente 84, 1 C 2/3
Benbecula 80, B/C 2
Bender 94, D 4
Bender Qasim = Boosaaso 137, G 3
Bene Beraq 108, 1 A 2
Benevento 86, 1 E 4
Bengalen 107, G 3 – H 3
Bengalischer Rücken 169, 1 O 5 – O7
Bengaluru = Bangalore 107, F 4
Bengasi (Banghazi) 137, D/E 1
Bengbu 115, F 3
Bengkulu 120, B 4
Benguela 138, B 3
Beni 158, C 4
Beni Abbes 136, B 1
Beni Saf 84, 1 E 6
Beni Suef 137, F 2
Benidorm 84, 1 E 4
Benin (Landschaft) 136, C 4
Benin (Staat) 132, 4 A 2 – B 2
Benin-Stadt 136, C 4
Benue 136, C 4
Benxi 115, G 2
Beograd = Belgrad 92, A/B 1
Beppu 116, B 4
Berat 92, A 2
Beraun (Berounka) 64, E 3/4
Berounka = Beraun 64, E 3/4
Berber 137, F 3
Berbera 137, G 3
Berbérati 136, D 4
Berchtesgaden 71, G/H 9
Berdjansk 94, F 4
Berdsk 100, G 4
Berdytschiw 94, C/D 3
Berehowe 65, K 4
Bereschane 65, L 4
Beresina (Fluss zum Dnjepr, Bjaresina) 94, D 2
Beresina (Fluss zum Njemen) 65, M 1
Beresiwka 94, D 4
Beresniki 100, D 4
Beresowo 100, E 3
Berettyó 65, J 5
Berg Meron 108, 1 B 2
Berg Tabor 108, 1 B 2
Bergama 92, C 3
Bergamasker Alpen 14, G 4
Bergamo 86, 1 B 2
Bergen (Deutschland) 70, H 2
Bergen (Norwegen) 62, 2 A 3
Bergen op Zoom 78, D 3
Bergerac 82, 1 D 4
Bergheim 21, H 2
Bergisch Gladbach 70, B 5/6
Bergisches Land 70, B 5 – B 6
Bergland von Guayana 158, C 2
Bergland von Jos 136, C 3 – C 4
Bergse Maas 78, D 3
Bergufer 95, H 3
Bergwerkskogel 21, J 2
Bering-Insel 101, P 4
Beringen 78, E 3
Beringmeer 169, 1 S 3 – T 3
Beringowskij 101, Q 3
Beringstraße 168, 1 A 2
Berislaw 94, E 4
Berit Dagı 93, F 3
Berkane 84, 1 D 6
Berkel 78, F 2
Berkeley 148, 1 B 4
Berkner-Insel 167, 4 Q 2
Berlenga-Inseln 84, 1 A 4
Berlin 70, H 4
Berlin (Bundesland) 70, H 4
Bermejo 159, C 5
Bermuda-Inseln 149, 1 H 4
Bern 69, C 2
Bernau 70, H 4
Bernburg 70, F 5
Berndorf (Niederösterreich) 23, H 4
Berndorf (Oberösterreich) 21, H 2
Berner Alpen 69, C 2 – D 2
Bernhardsthal 23, J 2
Bernina 69, E 2
Berninapass 69, F 2
Bernstein 25, H 3
Beromünster 69, D 1
Berriane 136, C 1
Berry 82, 1 D/E 3
Berta 93, G 2

Bertoua 136, D 4
Berwang 20, C 3
Berwick-upon-Tweed 80, F 3
Besançon 82, 1 F/G 3
Besentschuk 95, J 2
Beshezk 94, F 1
Beshta 93, H 2
Beskiden 65, H 4 – J 4
Beslan 93, H 2
Besni 93, F 3
Bet Shean 108, 1 B 2
Bet Shemesh 108, 1 B 3
Betanzos 84, 1 A 2
Betaré Oya 136, D 4
Bethanien 138, B 4
Bethel = Ramallah 108, 1 B 3
Bethlehem (Israel, Bayt Lahm) 108, 1 B 3
Bethlehem (Südafrika) 138, C 4
Béthune 82, 1 E 1
Betioky 139, E 4
Betische Kordillere 84, 1 C 5 – E 5
Betong 120, C 3
Betpak-Dala (Hungersteppe) 100, E 5 – F 5
Betroka 139, E 4
Bettelwurf 20, E 3
Beuthen (Bytom) 65, H 3
Beveren 78, D 3
Beverwijk 79, 1 B 1/2
Bex 69, C 2
Beydagları 92, D 3
Beyla 136, B 4
Beypazarı 92, D 2
Beyşehir 92, D 3
Beyşehirsee 92, D 3
Bezau 20, A 3
Béziers 82, 1 E 5
Bhadravati 107, F 4
Bhagalpur 107, G 3
Bhatinda 107, F 2/3
Bhatpara 107, G 3
Bhavnagar 107, F 3
Bhilai 107, G 3
Bhilwara 107, F 3
Bhopal 107, F 3
Bhubaneshwar 107, G 3
Bhuj 107, E 3
Bhutan 98, 1 F 4
Biak 121, E 4
Biak (Insel) 121, E 4
Biała Podlaska 65, K 2
Białogard = Belgard 64, F 1/2
Białowieża 65, K 2
Białystok 65, K 2
Biarritz 82, 1 C 5
Biasca 69, D/E 2
Bibai 116, E 2
Biberach 71, D 8
Biberwier 20, C 3
Bibione 15, K/L 4
Biebrza 65, K 2
Biel (Bienne) 69, C 1
Bielefeld 70, C 4
Bielerhöhe 20, B 4
Biella 14, F 4
Bielsko-Biała 65, H 4
Bien Hoa 120, B 2
Bienne (Fluss) 69, A 2
Bienne = Biel 69, C 1
Bighorn-Berge 148, 1 D 3
Bihać 86, 1 E/F 2
Bihar 107, G 3
Bija 100, G 4
Bijar 93, H 4
Bijeljina 87, 1 G 2
Bijsk 100, G 4
Bikaner 107, F 3
Bikin 101, M 5
Bikin (Fluss) 101, M 5
Bikini-Atoll 126, 1 G 3
Bila-Zerkwa 94, D 3
Bilaspur 107, G 3
Biläsuvar 93, J 3
Bilbao (Bilbo) 84, 1 D 2
Bilbo = Bilbao 84, 1 D 2
Bilecik 92, D 2
Bilhorod-Dnistrowskyj 94, D 4
Bilibino 101, P 3
Billings 148, 1 D 3
Bilma 136, D 3
Bilogebirge 86, 1 F 1 – F 2
Bilopillja 94, E 3
Bilthoven 79, 1 C 2
Biltine 137, E 3
Bima-Raba 120, C 4
Bimbo 137, D 4
Bin Gardane 136, C/D 1
Binalbagan 120, D 2
Bindura 138, D 3
Binga 137, E 4
Bingen 71, B 7
Bingöl 93, G 3
Bingöl (Berg) 93, G 3
Binjai (Natuna-Besar-Inseln) 120, B 3
Bintulu 120, C 3
Bintuni 121, E 4
Biograd 15, N 6
Bioko 136, C 4
Bir Mogreïn 136, A 2
Birao 137, E 3
Birecik 93, F 3
Birjand 106, D 2
Birkenhead 80, E 4
Birkfeld 25, G 3
Birkkarspitze 20, D 3
Birmingham (Großbritannien) 80, E/F 4
Birmingham (USA) 148, 1 F 4
Birnbaum (Międzychód) 64, F 2
Birnhorn 21, G 3
Birni-N'Konni 136, C 3
Birnin Kebbi 136, C 3
Birnlücke 21, F 3
Birobidshan 101, M 5
Birougouberge 138, B 2
Birsk 95, K 2
Bisamberg 23, H 3
Bischofshofen 21, H 3
Bischofstetten 23, F 3
Bisert 95, L 1
Bishkek 107, F 1
Bisho 138, C 5
Bishop Rock 80, C 6
Biskra 136, C 1
Bislig 120, D 3
Bismarck 148, 1 D 3
Bismarck-Archipel 121, F 4 – G 4
Bismarcksee 121, F 4 – G 4
Bissagos-Inseln 136, A 3
Bissau 136, A 3
Bistrița 94, C 4
Bitburg 71, A 7
Bitola 92, B 2
Bitonto 86, 1 F 4
Bitterfeld-Wolfen 70, G 5
Bitterrootkette 148, 1 C 3
Bitung 120, D 3
Biu 136, D 3
Bivio 69, E 2
Biwasee 116, D 4
Bizerte 86, 1 B 6
Bjaresina = Beresina (Fluss zum Dnjepr) 94, D 2
Bjaroza 94, C 2
Bjelaja 100, D 4
Bjelinskij 95, G 2
Bjelokorowitschi 94, C/D 3
Bjelolasica 15, M 4
Bjelomorsk 62, 2 H 2
Bjelosersk 94, F 1
Bjelovar 86, 1 F 2
Bjelucha 100, G 5
Bjelyj-Insel 100, F 2
Bjeschezk 94, F 1
Björneborg = Pori 62, 2 E 3
Black Hills 148, 1 D 3
Blackburn 80, E 4
Blackpool 80, E 4
Blackwater 80, B 4
Blagodarny 93, G 1/2
Blagoevgrad 92, B 2
Blagoweschtschensk 101, L 4
Blanc-Sablon 149, 1 J 2
Blanca Peak 148, 1 D 4
Blanchardstown 80, C 4
Blangy 78, A 5
Blantyre 138, D 3
Blaricum 79, 1 C 2
Blauer Nil (Äthiopien, Abbai) 137, F 3
Blauer Nil (Sudan, Bahr al-Azraq) 137, F 3
Blåvands Huk 63, 2 A/B 5
Bled 15, M 3
Bleiburg 24, E 4
Blekinge 63, 2 C 4
Blida 85, 1 G 5
Blindenmarkt 23, E 3
Blinnenhorn 69, D 2
Blitta 136, C 4
Bliznica 94, C 3
Bloemendaal 79, 1 B 2
Bloemfontein 138, C 4
Blois 82, 1 D 3
Bloomington 148, 1 E 3
Bludenz 20, A 3
Blue Mountains 148, 1 C 3
Bluefields 155, 1 D 3
Blumenau 159, E 5
Blyth 80, F 3
Bo 136, A 4
Bo Hai 115, F 3
Boa Vista 158, C 2
Bobo Dioulasso 136, B 3
Bôca do Acre 158, C 3
Bocholt 70, A 5
Bochum 70, B 5
Bockfließ 23, J 3
Böckstein (Bad Gastein-) 21, H 3
Bodaibo 101, K 4
Bode 70, F 5
Bodegraven 79, 1 B 2
Bodelé 136, D 3
Boden 62, 2 E 2
Bodensdorf (Steindorf-) 24, C 4
Bodensee 71, D 9
Bodø 62, 2 C 2
Bodrog 65, J 4
Bodrum 92, C 3
Boende 138, C 2
Bogda Feng 114, C 2
Bogia 121, F 4
Bogor 120, B 4
Bogorodizk 94, F 2
Bogorodsk 95, G 1/2
Bogotá 158, B 2
Bogué 136, A 3
Bogutschany 100, H 4
Bogutschar 95, G 3
Böheimkirchen 23, G 3
Böhmen 64, E 3 – F 3
Böhmerwald 71, H 7 – H 8
Bohol 120, D 3
Boise 148, 1 C 3
Boizenburg 70, E 3
Bojnurd 106, D 2
Bokaro 107, G 3
Boké 136, A 3
Boknafjord 63, 2 A 4
Bokowskaja 95, G 3
Boksitogorsk 94, E 1
Bol 136, D 3
Bolama 136, A 3
Bolan-Pass 107, E 3
Bolen 101, M 4
Bolgatanga 136, B 3
Bolhrad 94, D 4
Bolivien 162, 3 C 3
Bollnäs 62, 2 C/D 3
Bolmen 63, 2 C 4
Bologna 86, 1 C 2
Bologoje 94, E 1
Bolschaja Martynowka 95, G 4
Bolschaja Tschernigowka 95, J 2/3
Bolscherezk 101, O 4
Bolschewik-Insel 101, J 2
Bolschoi Begitschew 101, K/L 2
Bolsenasee 86, 1 C 3
Bolsón de Mapimi 154, 1 B 2
Bolton 80, E 4
Bolu 92, D 2
Bolzano = Bozen 20, D 4
Boma 138, B 2
Bombay (Mumbai) 107, F 4
Bonab 93, H 3
Bonaire 155, 1 F 3
Boncourt 69, C 1
Bondjushskij 95, J/K 2
Bondo 137, E 4
Bondoukou 136, B 4
Bonette 14, D 5
Bongo-Lava 139, E 3
Bongor 136, D 3
Bongosberge 137, E 4
Bonifacio 83, 1 H 6
Bonin-Inseln 115, J 4
Bonn 70, B 6
Bontang 120, C 3
Bonthe 136, A 4
Boorama 137, G 3/4
Boosaaso (Bender Qasim) 137, G 3
Bor (Russland) 95, G 1
Bor (Serbien) 92, B 1
Bor (Südsudan) 137, F 4
Bor (Türkei) 92, E 3
Bora Bora 127, 1 L 6
Boran 137, F/G 4
Borås 63, 2 C 4
Bordeaux 82, 1 C 4
Borðeyri 62, 1 B 1
Bordj Omar Driss 136, C 2
Borespilj 94, D 3
Borgarnes 62, 1 B 1
Børgefjell 62, 2 C 2
Borgholm 63, 2 D 4
Borgne 69, C 2
Borgou 136, C 3
Borisowka 94, E/F 3
Borissoglebsk 100, C 4
Borja 158, B 3
Borkou 137, D 3
Borkum 70, A 3
Borlänge 62, 2 C 3
Bormida 14, F 5
Bormio 14, H 3
Born Jesus da Lapa 158, E 4
Borna 70, G 5
Borneo (Kalimantan) 120, C 3 – C 4
Bornholm 63, 2 C 5
Bornu 136, D 3
Borodino 94, E 2
Borohoro Shan 114, C 2
Borongan 120, D 2
Borowitschi 100, B 4
Borsja 101, K 4
Borujerd 93, J 4
Boryslaw 65, K 4
Boryspil 94, D 3
Bosanska Krupa 15, N/O 5
Bose 114, E 4
Böses Weibl 24, A 4
Boskoop 79, 1 B 2
Bosna 87, 1 G 2
Bosnien und Herzegowina 51, 4 G 4
Bosnisches Erzgebirge 86/87, 1 F 2 – F 3
Boso-Halbinsel 116, E 4
Bosporus 92, D 2
Bosruck 24, D 2
Bossangoa 137, D 4
Bosten Hu (Bagrax) 114, C 2
Boston (Großbritannien) 80, F 4
Boston (USA) 149, 1 G 3
Botan 93, G 3
Botev 92, C 2
Botlich 93, H 2
Botoșani 94, C 4
Botrange 78, F 4
Botsuana 132, 4 C 4
Bottnischer Meerbusen 62, 2 D 3 – E 2
Bottrop 70, A 5
Bouaflé 136, B 4
Bouaké 136, B 4
Bouar 136, D 4
Bouarfa 136, B 1
Boufarik 85, 1 G 5
Bougainville 121, G 4
Bougouni 136, B 3
Bouira 85, 1 G 5
Boujdour (Bu Jaydur) 136, A 2
Boulder City 148, 1 C 4
Boulogne-sur-Mer 82, 1 D 1
Bouna 136, B 4
Bounty-Inseln 126, 1 H 9
Bourbonnais 82, 1 E 3
Bourem 136, B 3
Bourg-en-Bresse 82, 1 F 3
Bourges 82, 1 E 3
Bourgoin-Jallieu 14, C 4
Bourke 126, 1 E 8
Bournemouth 80, E/F 5
Boutilimit 136, A 3
Bouvet-Insel 167, 4 A 3
Bowling Green 148, 1 F 4
Boxtel 78, E 3
Boyabat 92, E 2
Boyali 92, E 2
Boyne 80, C 4
Bozburun 92, D 3
Bozen (Bolzano) 20, D 4
Bozkır 92, E 3
Bozkurt 92, D 3
Bozoum 136, D 4
Bozüyük 92, D 3
Bra 14, E 5
Brabant 78, D 4 – E 4
Brač 86, 1 F 3
Braccianosee 86, 1 D 3
Bräcke 62, 2 C 3
Bradano 86, 1 F 4
Bradford 80, E/F 4
Braga 84, 1 A 3
Bragança (Brasilien) 158, E 3
Bragança (Portugal) 84, 1 B 3
Brahe (Brda) 65, G 2
Brahmapur 107, G 4
Brahmaputra 107, H 3
Brăila 94, C 4
Brake 70, C 3
Bramberg 21, F 3
Bramsche 70, B 4
Brandberg 138, B 4
Brandenberg 21, E 2/3
Brandenburg 70, G 4
Brandenburg (Bundesland) 70, G 4 – J 4
Brandon 148, 1 D/E 3
Braniewo = Braunsberg 65, H 1
Branzoll (Bronzolo) 20, D 5
Brasília 158, E 4
Brasilianisches Becken 168, 1 H 6
Brasilianisches Bergland 168, 1 G 6 – G 7
Brasilien 162, 3 D 3
Brașov = Kronstadt (Rumänien) 92, C 1
Bratislava (hist. Preßburg) 65, G 4
Bratsk 101, J 4
Bratsker Stausee 101, J 4
Braunarlspitze 20, A/B 3
Braunau 22, B 3
Braunsberg (Braniewo) 65, H 1
Bray 80, C 4
Brazos 148, 1 E 4
Brazzaville 138, B 2
Brčko 87, 1 G 2
Brda = Brahe 65, G 2
Brdywald 64, E 4 – F 4
Břeclav = Lundenburg 64, G 4
Breda 78, D 3
Breg 71, C 9
Bregenz 20, A 3
Bregenzer Ache 20, A 3
Bregenzerwald 20, A 3 – B 3
Breidafjord 62, 1 B 1
Breisgau 71, B 9 – B 8
Breitenau 25, F 3
Breitenbach 21, E 3
Breitenbrunn 25, J 2
Breitenfurt 23, H 3
Breiter Grieskogel 20, D 3
Breitstetten (Leopoldsdorf im Marchfelde-) 23, J 3
Bremen 70, C 3
Bremen (Bundesland) 70, C 3
Bremerhaven 70, C 3
Brenner (Brennero) 20, D 3/4
Brenner (Pass) 20, D/E 3
Brennero = Brenner 20, D 3/4
Brenntenriegel 25, H 2
Brenta 86, 1 C 2
Brescia 86, 1 C 2
Breslau (Wrocław) 64, G 3
Bressanone = Brixen 20, E 4
Bresse 82, 1 F 3
Brest (Frankreich) 82, 1 A 2
Brest (Weißrussland) 94, B 2/3
Bretagne 82, 1 B 2 – C 3
Bretstein (Pölstal-) 24, D 3
Breuil-Cervinia 14, E 4
Breukelen 79, 1 C 2
Bria 137, E 4
Briançon 83, 1 G 4
Bridgeport 149, 1 G 3
Bridgetown 155, 1 G 3
Brie 82, 1 E 2
Brielle 79, 1 A 3
Brienz 69, C/D 2
Brienzer See 69, C 2
Brig-Glis 69, C 2
Brigach 71, C 8
Brigdend 80, E 5
Brighton 80, F 5
Brignoles 14, D 6
Brijuni 86, 1 D 2
Brilon 70, C 5
Brindisi 87, 1 F/G 4
Brisbane 126, 1 F 7
Bristol 80, E 5
Bristolkanal 80, D 5 – E 5
Britische Inseln 52, 1 B 3 – C 3
British Columbia 148, 1 B 2
Brive 82, 1 D 4
Brixen (Bressanone) 20, E 4
Brixen im Thale 21, F 3
Brixental 21, F 3
Brixlegg 21, E 3
Brjansk 100, B 4
Brno = Brünn 64, G 4
Brochet 148, 1 D 2
Brocken 70, E 5
Brody 65, L 3
Broek in Waterland 79, 1 B/C 2
Broken Hill 126, 1 D/E 8
Brokopondo 158, D 2
Bromberg (Bydgoszcz) 65, G/H 2
Brønnøysund 62, 2 B/C 2
Bronzolo = Branzoll 20, D 5
Brookskette 144, 1 A 3 – C 3
Broome 126, 1 C 6
Browary 94, D 3
Broye 69, B 2
Bruchsal 71, C 7
Bruck an der Großglocknerstraße 21, G 3
Bruck an der Leitha 23, J 3
Bruck an der Mur 25, F 3
Brückl 24, E 4
Brüderinseln 106, D 4
Brügge (Brugge) 78, C 3
Brugge = Brügge 78, C 3
Bruneck (Brunico) 21, E 4
Brunei 98, 1 G 5
Brunico = Bruneck 21, E 4
Brünigpass 69, D 2
Brünn (Brno) 64, G 4
Brunn am Gebirge 23, H 3
Brunn an der Wild 23, G 2
Brunsbüttel 70, C/D 3
Brüssel (Bruxelles) 78, D 4
Brüsterort 65, H 1
Brüx (Most) 64, E 3
Bruxelles = Brüssel 78, D 4
Bryan 148, 1 E 4
Bu Jaydur = Boujdour 136, A 2
Bucaramanga 158, B 2
Buchanan 136, A/B 4
Buchara 100, E 6
Buchauer Sattel 24, D/E 2
Buchholz 70, D 3
Buchkirchen 22, C/D 3
Buchkogel 25, J 2
Buchloe 71, E 8
Buchs 69, E 1
Bucht von Benin 136, C 4
Bucht von Bonny 136, C 4
Bucht von Kotor 87, 1 F/G 3
Bucht von Taganrog 94, F 4
Buchtarma-Stausee 100, G 5
Buckie 80, E 2
Bucklige Welt 23, G 4 – H 4
Budapest 65, H 5
Budjonnowsk 93, G/H 1
Budweis (České Budějovice) 64, F 4
Buenaventura 158, B 2
Buenos Aires 159, C/D 6
Buffalo 149, 1 G 3
Bug (Fluss zum Schwarzen Meer) 52, 1 G 4
Bug (Fluss zur Weichsel) 52, 1 F 3
Bugulma 95, K 2
Buguruslan 95, K 2
Bui 95, G 1
Buinsk 95, H/J 2
Bujeollyeongebirge 116, A 2 – B 2
Bujumbura 138, C 2
Bukama 138, C 2
Bukarest 92, C 1
Bukatschatscha 101, K 4
Bukavu 138, C 2
Bukcheong 116, A/B 2
Bukittinggi 120, A/B 4
Bukoba 138, D 2
Bukowina 65, L 4
Bula 121, E 4
Bülach 69, D 1
Bulanık 93, G 3
Bulawayo 138, C 4
Bulgarien 51, 4 H 4
Bullaxaar 137, G 3
Bulle 69, B/C 2
Bulungu 138, B 2
Bumba 137, E 4
Bungostraße 116, C 4
Bungsberg 70, E 2
Bunguran-Inseln = Natuna-Besar-Inseln 120, B 3
Bunnik 79, 1 C 2
Bünyan 93, E 3
Buon Me Thuot 120, B 2
Buor-Chaja-Busen 101, M 2
Bur Said = Port Said 137, F 1
Bur Sudan = Port Sudan 137, F 3
Burajewo 95, K 2
Buraydah 106, C 3
Burco 137, G 4
Burdur 92, D 3
Burdursee 92, D 3
Bureja 101, M 4
Burejagebirge 101, M 4 – M 5
Burg 70, F 4
Burgas 92, C 2
Burgau 25, H 3
Burgdorf 69, C 1
Burgenland 50, 1 H 3
Bürgeralpe 25, F 2
Burgos 84, 1 C 2
Burgsvik 63, 2 D 4
Burgund 82, 1 F 3
Burgundische Pforte 83, 1 G 3
Burkina-Faso 132, 4 A 2
Burlington 149, 1 G 3
Bürmoos 21, G 2
Burnaby 148, 1 B 3
Burnley 80, E 4
Burriana 84, 1 E 4
Bürs 20, A 3
Bursa 106, A 1/2
Buru 120, D 4
Burundi 132, 4 C 3
Busan 115, G 3
Busangasumpf 138, C 3
Buschberg 23, H 2
Busira 138, B 2
Bussum 79, 1 C 2
Busto Arsizio 86, 1 B 2
Busuanga 120, C 2
Busuluk 95, K 2
Buta 137, E 4
Butare 138, C 2
Butembo 138, C 1
Butte 148, 1 C 3
Butuan 120, D 3
Butung 120, D 4
Buturlinowka 95, G 3
Bützow 70, F 3
Buxtehude 70, D 3
Büyük Menderes (Mäander) 92, D 3
Buzău 94, C 4
Bydgoszcz = Bromberg 65, G/H 2
Bygland 63, 2 A 4
Bykowo 95, H 3
Byrrangagebirge 100/101, G 2 – K 2
Bytom = Beuthen 65, H 3

C

Ca Mau 120, B 3
Caatinga 145, 1 N 10 – O 10
Cabanatuan 120, D 2
Cabeza del Buey 84, 1 C 4
Cabimas 158, B 1
Cabinda 138, B 2
Cabotstraße 149, 1 H 3 – J 3
Cabrera 85, 1 G 4
Čačak 92, B 2
Cáceres (Brasilien) 158, D 4
Cáceres (Spanien) 84, 1 B 4
Cachoeiro de Itapemirim 159, E 5

Cacoal 158, C 4
Cacolo 138, B 3
Caconda 138, B 3
Cádiz 84, 1 B 5
Caen 82, 1 C 2
Cagayan de Oro 120, D 3
Cagliari 86, 1 B 5
Caguán 158, B 2
Cahora Bassa 138, D 3
Cahors 82, 1 D 4
Cahul 94, D 4
Caibarién 155, 1 E 2
Caicara 158, C 2
Caicó 158, F 3
Caicos-Inseln 155, 1 E 2
Cairns 126, 1 E 6
Cajamarca 158, B 3
Cala 84, 1 B 5
Calabozo 158, C 2
Calais 82, 1 D 1
Calama 159, C 5
Călăraşi 92, C 1
Calatayud 84, 1 E 3
Calbayog 120, D 2
Caldaro = Kaltern 20, D 5
Caldas da Rainha 84, 1 A 4
Caldera 159, B 5
Calgary 148, 1 C 2
Cali 158, B 2
Calicut (Kozhikode) 107, F 4
California = Kalifornien 148, 1 B 4
Cälilabad 93, J 3
Callao 158, B 4
Caltagirone 86, 1 E 6
Caltanissetta 86, 1 E 6
Caluquembe 138, B 3
Caluula 137, H 3
Calvi 83, 1 H 5
Calvinia 138, B 5
Camagüey 155, 1 E 2
Camargue 82, 1 F 5
Cambrai 82, 1 E 1
Cambrian Mountains 80, D 5 – E 4
Cambridge 80, G 4
Cambridge Bay 166, 1 P 2
Camembert 82, 1 D 2
Cametá 158, D/E 3
Çamlibel 93, F 2
Camocim 158, E 3
Campbell-Insel 169, 1 S 8
Campeche 154, 1 C 3
Campidano 86, 1 B 5
Câmpina 94, C 4
Campina Grande 158, F 3
Campinas 159, E 5
Campo di Trens = Freienfeld 20, D 4
Campo Grande 158, D 5
Campo Tencia 69, D 2
Campo Tures = Sand in Taufers 21, E 4
Campobasso 86, 1 E 4
Campos 159, E 5
Câmpulung 94, C 4
Câmpulung Moldovenesc 94, C 4
Can Tho 120, B 3
Çanakkale 92, C 2
Canal du Centre 14, B 3
Canal du Midi 82, 1 E 5
Canberra 126, 1 E 8
Canche 78, B 4
Cancún 155, 1 D 2
Canfranc 84, 1 E 2
Cangas de Narcea 84, 1 B 2
Cangzhou 115, F 3
Caniapiscau 149, 1 H 2
Çankırı 92, E 2
Cankova 25, H 4
Cannae 86, 1 F 4
Cannes 83, 1 G 5
Canoas 159, D 5
Canossa 86, 1 C 2
Cantal 82, 1 E 4
Canterbury 80, G 5
Canumã 158, D 3
Cáorle 15, K 4
Cap-Haïtien 155, 1 E 3
Cape Coast 136, B 4
Cape Coral 149, 1 F 5
Cape Town = Kapstadt 138, B 5
Capelle a/d IJssel 79, 1 B 3
Capernaum 108, 1 B 2
Capim 158, E 3
Capraia 86, 1 B 3
Caprera 86, 1 B 4
Capri 86, 1 D 4
Caprivi-Zipfel 138, C 3
Caquetá 158, B 3
Caracal 92, C 1
Caracaraí 158, C 2
Caracas 158, C 2
Carajás 158, D 3
Caratascalagune 155, 1 D 3
Caravaca 84, 1 D/E 4
Carbonia 86, 1 B 5
Carcassonne 82, 1 D/E 5
Cárdenas 155, 1 D 2
Cardiff 80, E 5
Cardiganbai 80, D 4
Cardona 85, 1 F 3
Carei 94, B 4
Carev Vrh 92, B 2
Cargados-Carajos-Inseln 139, F 3
Caribouberge 148, 1 C 2
Carlisle 80, E 3
Carlow 80, C 4
Carlsbad 148, 1 D 4
Carmagnola 14, E 5
Carmona 84, 1 C 5
Carnac 82, 1 B 3
Carnarvon 126, 1 B 7
Carnot 136, D 4
Carnsore Point 80, C 4
Carolina 158, E 3
Caroline-Insel = Millennium-Insel 127, 1 L 5
Caroní 158, C 2
Carpentariagolf 126, 1 D 6 – E 6
Carpentras 14, C 5
Carpi 15, H 5
Carrara 86, 1 C 2
Carrauntoohil 80, A/B 5
Carrick 80, B 4
Çarşamba 93, F 2
Carson City 148, 1 C 4
Cartagena (Kolumbien) 158, B 1
Cartagena (Spanien) 84, 1 E 5
Cartago 155, 1 D 4
Caruaru 158, F 3
Carúpano 158, C 1
Casablanca (Ed-Dar-el-Bayda) 136, A/B 1
Casale Monferrato 14, F 4
Casanare 158, B 2
Cäsarea 108, 1 A 2
Cascavel 159, D 5
Cascina 14, H 6
Caserta 86, 1 E 4
Casiquiare 158, C 2
Casper 148, 1 D 3
Cassai 138, C 2
Cassel 78, B 4
Cassinga 138, B 3
Castanhal 158, E 3
Castel del Monte 86, 1 F 4
Castelbello = Kastelbell 20, C 4
Castelfranco Veneto 15, J 4
Castellane 14, D 6
Castellón de la Plana 84, 1 E 3/4
Castelnaudary 82, 1 D 5
Castelo Branco 84, 1 B 4
Castelrotto = Kastelruth 20, E 4
Castlebar 80, B 4
Castres 82, 1 D/E 5
Castries 155, 1 F 3
Castro 159, B 7
Cat 155, 1 E 2
Çatak 93, G 3
Catalão 158, E 4
Catamarca 159, C 5
Catanduanes 120, D 2
Catania 86, 1 E 6
Catanzaro 86, 1 F 5
Catarman 120, D 2
Catia La Mar 158, C 1
Cauca 158, B 2
Caucaia 158, F 3
Caura 158, C 2
Causses 82, 1 E 4/5
Cauvery 107, F 4
Cavaillon 14, C 6
Cavalese 15, J 3
Cavally 136, B 4
Cavan 80, C 4
Caxias 158, E 3
Caxias do Sul 159, D 5
Caxito 138, B 2
Çay 92, D 3
Cayambe 158, B 3
Cayenne 158, D 2
Cayman-Inseln 155, 1 D 3
Cazin 15, N 5
Ceará 158, E/F 3
Cebu 120, D 2
Cebu (Insel) 120, D 2
Cecerleg 114, E 2
Cedar City 148, 1 C 4
Cedar Rapids 148, 1 E 3
Cedros 154, 1 A 2
Ceerigaabo 137, G 3
Cefalù 86, 1 E 5
Celebes = Sulawesi 120, C 4 – D 4
Celebessee 120, D 3
Celje 86, 1 E 1
Celldömölk 15, P 2
Celle 70, E 4
Cento 15, J 5
Cerbère 82, 1 E 5
Ceres (Brasilien) 158, D/E 4
Ceres (Italien) 14, E 4
Cerf 139, F 2
Cerignola 86, 1 E 4
Cernavodă 92, C 1
Cerro Bolivar 158, C 2
Cerro de Pasco 158, B 4
Cerro el Liberador 159, C 5
Cerro Pissis 159, C 5
Cervaro 86, 1 E 4
Cesarea = Cherchell 85, 1 F 5
Cesena 86, 1 D 2
Cesenatico 15, K 5
České Budějovice = Budweis 64, F 4
Çesme 92, C 3
Çetinkaya 93, F 3
Ceuta 84, 1 C 6
Cevennen 82, 1 E 5 – F 4
Ceyhan 93, E 3
Ceyhan (Fluss) 93, F 3
Ceylanpinar 93, F/G 3
Ceylon = Sri Lanka 107, G 5
Chabahar 106, D/E 3
Chabarowsk 101, M 5
Chablis 82, 1 E 3
Chadyshensk 93, F 1
Chagar = Chegga 136, B 2
Chaghcharan 106, E 2
Chaljassawej 100, F 3
Chalkidike 92, B 2
Chalkis 92, B 3
Chalon-sur-Saône 82, 1 F 3
Châlons-en-Champagne 82, 1 F 2
Cham 71, G 7
Chaman 107, E 2
Chambal 107, F 3
Chambéry 82, 1 F 4
Chambord 82, 1 D 3
Chamonix-Mont-Blanc 14, D 4
Champagne 82, 1 E 2 – F 2
Champaign 148, 1 E/F 3
Chan Chan 158, B 3
Chañaral 159, B 5
Chandigarh 107, F 2
Chandrapur 107, F 3/4
Chandyga 101, M 3
Changaigebirge 114, D 2 – E 2
Changbai Shan 115, G 2
Changchun 115, G 2
Changde 114, E 4
Changji 114, C 2
Changjiang 114, E 5
Changsha 115, F 4
Changzhi 115, F 3
Changzhou 115, F 3
Chania 92, B 4
Chankasee 101, M 5
Channel-Port-aux-Basques 149, 1 J 3
Chanthaburi 120, B 2
Chanty-Mansijsk 100, E 3
Chaoyang 115, F/G 2
Chaozhou 115, F 4
Chapada das Mangabeiras 158, E 3 – E 4
Chapada Diamantina 158, E 4
Chapecó 159, D 5
Char Choto 114, E 2
Char Us Nuur 114, D 2
Charabali 95, H 4
Charente 82, 1 D 4
Chari 136, D 3
Charikar 107, E 2
Charkiw 94, E/F 3
Charleroi 78, D 4
Charleston (South Carolina) 149, 1 F/G 4
Charleston (West Virginia) 149, 1 F 4
Charleville-Mézières 82, 1 F 2
Charlotte 149, 1 F 4
Charlottetown 149, 1 H 3
Charolais 82, 1 F 3
Chartres 82, 1 D 2
Chasawjurt 93, H 2
Chaschuri 93, G 2
Chashmeh 93, H 4
Chasseron 69, B 2
Chatanga 101, J 2
Chatangabucht 101, J 2 – K 2
Châteaubriant 82, 1 C 3
Châteaudun 82, 1 D 2
Châteauroux 82, 1 D 3
Châtelet 78, D 4
Châtellerault 82, 1 C/D 3
Chatham 80, G 5
Chatham-Inseln 126, 1 H 9 – J 9
Châtillon-sur-Seine 14, B 2
Chattagam = Chittagong 107, H 3
Chattanooga 148, 1 F 4
Chau Doc 120, B 2
Chauk 107, H 3
Chaumont 82, 1 F 2
Chauny 78, C 5
Chaves 84, 1 B 3
Cheb = Eger 64, E 3
Cheduba 107, H 4
Chefchaouene 84, 1 C 6
Chegga (Chagar) 136, B 2
Chełm 65, K 3
Chelmsford 80, G 5
Cheltenham 80, E/F 5
Chemnitz 70, G 6
Chengde 115, F 2
Chengdu 114, E 3
Chennai = Madras 107, G 4
Chenôve 14, B/C 2
Chenzhou 115, F 4
Cheonju 115, G 3
Cher 82, 1 D 3
Cherbourg-Octeville 82, 1 C 2
Cherchell (Cesarea) 85, 1 G 5
Cherson 94, E 4
Chesapeakebai 149, 1 G 4
Chester 80, E 4
Chesterfield-Inseln 126, 1 F 6
Cheta 100, H 2
Chetumal 155, 1 D 3
Cheviot Hills 80, E 3
Cheyenne 148, 1 D 3
Chiang Mai 114, D 5
Chiang Rai 114, D 5
Chiange 138, B 3
Chiasso 69, E 3
Chiavari 14, G 5
Chiavenna 86, 1 B 1
Chiba 116, E 4
Chibiny 62, 2 H 2
Chibougamau 149, 1 G 3
Chicago 148, 1 F 3
Chichén Itza 155, 1 D 2
Chiclayo 158, A/B 3
Chico 159, C 7
Chiemsee 71, G 9
Chienes = Kiens 21, E 4
Chiengi 138, C 2
Chienti 86, 1 D 3
Chieri 14, E 4
Chiese 14, H 4
Chieti 86, 1 E 3
Chifeng 115, F 2
Chihuahua 154, 1 B 2
Chile 162, 3 C 4
Chilebecken 168, 1 E 7 – F 7
Chilenische Schwelle 168, 1 D 7 – E 8
Chillán 159, B 6
Chillon 69, B 2
Chiloé 159, B 7
Chilok 101, K 4
Chilpancingo 154, 1 B/C 3
Chilung 115, G 4
Chilwasee 138, D 3
Chimay 78, D 4
Chimborazo 158, B 3
Chimbote 158, B 3
Chimki 94, F 2
Chimoio 138, D 3
China 98, 1 F 4 – G 4
Chinandega 155, 1 D 3
Chincha Alta 158, B 4
Chinchorro-Bank 155, 1 D 3
Chindwin 107, H 3
Chingola 138, C 3
Chinhoyi 138, C/D 3
Chinon 82, 1 D 3
Chioggia 86, 1 D 2
Chios 92, C 3
Chios (Insel) 92, C 3
Chipata 138, D 3
Chiquimula 154, 1 C/D 3
Chiredzi 138, D 4
Chiriquí 155, 1 D 4
Chiriquígolf 155, 1 D 4
Chirripó 155, 1 D 4
Chisasibi (Fort George) 148, 1 F/G 2
Chişinău (Kischinau) 94, D 4
Chitato 138, C 2
Chitose 116, E 2
Chitral 107, F 2
Chittagong (Chattagam) 107, H 3
Chiusa = Klausen 20, D/E 4
Chiusi 86, 1 C 3
Chivilcoy 159, C/D 6
Chiwa 100, D/E 5
Chjargas 114, D 2
Chjargas Nuur 114, D 2
Chmelnizkij 94, C 3
Choiseul 121, G 4
Chokai 116, E 3
Chokwé 138, D 4
Cholet 82, 1 C 3
Cholm 63, 2 G 4
Cholmsk 101, N 5
Choma 138, C 3
Chongjin 115, G 2
Chongqing 114, E 4
Chonos-Archipel 159, B 7
Chonuu 101, N 3
Choper 53, 1 H 3
Chorog 107, F 2
Chortkiv 94, C 3
Choshi 116, E 4
Chosrech 93, H 2
Chotin 94, C 3
Chovd 114, D 2
Chövsgöl Nuur 114, E 1
Christchurch 126, 1 H 9
Christmas-Insel (Australien) 120, B 5
Christmas-Insel = Kiritimati 127, 1 L 4
Chubut 159, C 7
Chudshand 107, E 1/2
Chugokugebirge 116, C 4
Chulo 93, G 2
Chumphon 120, A 2
Chuncheon 116, A 3
Chur 69, E 2
Churchill 148, 1 E 2
Churchill (Fluss) 148, 1 D 2
Chust 94, B 3
Chuuk-Inseln 121, G 3
Chwalynsk 95, H/J 2
Chworostjanka 95, J 2
Cianacei 15, J 3
Cide 92, E 2
Ciechanów 65, J 2
Ciego de Ávila 155, 1 E 2
Ciénaga 158, B 1
Cienfuegos 155, 1 D 2
Cieza 84, 1 E 4
Çiftlik 93, F 2
Cihanbeyli 92, E 3
Cilacap 120, B 4
Cıldırsee 93, G 2
Cilegon 120, B 4
Cima dei Preti 15, K 3
Cima Presanella 15, H 3
Cima Tre Scarperi = Dreischusterspitze 21, F 4
Cinca 84, 1 F 3
Cincinnati 148, 1 F 4
Çine 92, C/D 3
Ciney 78, E 4
Čir 95, G 3
Cirebon 120, B 4
Ciskei 138, C 5
Citlaltépetl 154, 1 C 3
Città di Castello 15, K 6
Ciudad Acuña 154, 1 B 2
Ciudad Bolívar 158, C 2
Ciudad Camargo 154, 1 B 2
Ciudad Constitución 154, 1 A 2
Ciudad del Carmen 154, 1 C 3
Ciudad del Este 159, D 5
Ciudad Encantada 84, 1 D 3
Ciudad Guayana 158, C 2
Ciudad Guzmán 154, 1 B 3
Ciudad Juárez 154, 1 B 1
Ciudad Madero 154, 1 C 2
Ciudad Obregón 154, 1 B 2
Ciudad Ojeda 158, B 1
Ciudad Piar 158, C 2
Ciudad Real 84, 1 C/D 4
Ciudad Rodrigo 84, 1 B 3
Ciudad Victoria 154, 1 C 2
Civitavecchia 86, 1 C 3
Çivril 92, D 3
Cizre 93, G 3
Claireküste 167, 4 G 2
Clairvaux 14, B 1
Clarksville 148, 1 F 4
Clearwatersee 149, 1 G 2
Clermont 78, B 5
Clermont-Ferrand 82, 1 E 4
Cleveland 149, 1 F 3
Clifden 80, A 4
Clipperton-Insel 168, 1 D 5
Cloncurry 126, 1 E 7
Clonmel 80, C 4
Cloppenburg 70, C 4
Cloud Peak 148, 1 D 3
Clovis 148, 1 D 4
Cluj-Napoca = Klausenburg 94, B 4
Cluny 82, 1 F 3
Coari 158, C 3
Coari (Fluss) 158, C 3
Coatsland 167, 4 R 2
Coatzacoalcos 154, 1 C 3
Cobán 154, 1 C 3
Cobh 80, B 5
Coburg 71, E 6
Cochabamba 158, C 4
Cochem 71, A/B 6
Cochin 107, F 4
Cochinchina 120, B 2 – B 3
Cochrane 148, 1 F 3
Codó 158, E 3
Coëtivy 139, F 2
Coevorden 78, F 2
Cognac 82, 1 C 4
Coiba 155, 1 D 4
Coihaique 159, B 7
Coimbatore 107, F 4
Coimbra 84, 1 A 3
Coipasasee 158, C 4
Col de Keo Neua 114, E 5
Col de la Forclaz 69, C 2
Col de l'Iseran 14, D/E 4
Col de Tende 83, 1 G 4
Col des Tempêtes 82, 1 F 4
Col du Mont Cenis 83, 1 G 4
Colatina 158, E 4
Colchester 80, G 5
Coleraine 80, C 3
Colima 154, 1 B 3
Coll 80, C 2
Collalto = Hochgall 21, F 4
Colmar 83, 1 G 2
Colombier 69, B 2
Colombo 107, F 5
Colomiers 82, 1 D 5
Colón 155, 1 D/E 4
Colonia 121, E 3
Colonia del Sacramento 159, D 6
Colonsay 80, C 2
Colorado (Bundesstaat) 148, 1 D 4
Colorado (Fluss, Argentinien) 159, C 6
Colorado (Fluss, USA, Colorado) 148, 1 C 4
Colorado (Fluss, USA, Texas) 148, 1 D/E 4
Colorado Springs 148, 1 D 4
Colorado-Plateau 148, 1 C 4 – D 4
Columbia (Fluss) 148, 1 B 3
Columbia (Missouri) 148, 1 E 4
Columbia (South Carolina) 149, 1 F 4
Columbretes-Inseln 85, 1 F 4
Columbus (Georgia) 148, 1 F 4
Columbus (Ohio) 148/149, 1 F 4
Comacchio 86, 1 D 2
Comayagua 155, 1 D 3
Comer See 14, G 3
Como 14, G 4
Comodoro Rivadavia 159, C 7
Comoé 136, B 4
Compiègne 82, 1 E 2
Comrat 94, D 4
Conakry 136, A 4
Concarneau 82, 1 B 3
Conceição do Araguaia 158, D/E 3
Concepción (Argentinien) 159, C/D 6
Concepción (Chile) 159, B 6
Concepción (Paraguay) 159, D 5
Conchos 154, 1 B 2
Concord 149, 1 G 3
Concordia 159, D 6
Conegliano 15, K 4
Connacht 80, B 4
Connecticut 149, 1 G 3
Connemara 80, B 4
Conselheiro Lafaiete 159, E 5
Constanța = Konstanza 92, D 1
Constantine (Qacentina) 136, C 1
Contagem 158, E 4
Contamana 158, B 3
Cook-Inseln 127, 1 K 6 – L 7
Cook-Straße 126, 1 H 9
Cooktown 126, 1 E 6
Cooper Creek 126, 1 D/E 7
Copán 155, 1 D 3
Copiapó 159, B 5
Coquimbo 159, B 5/6
Corabia 92, C 2
Corantyne 158, D 2
Corbeil-Essonnes 82, 1 E 2
Corbie 78, B 5
Corcaigh = Cork 80, B 5
Corcovadogolf 159, B 7
Cordillera Domeyko 159, C 5
Córdoba (Argentinien) 159, C 6
Córdoba (Spanien) 84, 1 C 5
Cork (Corcaigh) 80, B 5
Çorlu 92, C 2
Corn-Inseln 155, 1 D 3
Cornedo = Karneid 20, D 5
Corner Brook 149, 1 H/J 3
Corno di Renon = Rittner Horn 20, D 4
Corno Fana = Pfannhorn 21, F 4
Corno Grande 86, 1 D 3
Cornwall 80, D 5
Coro 158, B/C 1
Coronel 159, B 6
Coropuna 158, B 4
Corozal 155, 1 D 3
Corpus Christi 148, 1 E 5
Corrientes 159, D 5
Cortaccia = Kurtatsch 20, D 5
Corte 83, 1 H 5
Cortina d'Ampezzo 15, J 3
Çoruh 93, G 2
Çorum 92, E 2
Corumbá 158, D 4
Corvara = Kurfar 21, E 4
Cosenza 86, 1 E/F 5
Cosmoledo 139, E 2
Cosne 82, 1 E 3
Cossonay 69, B 2
Costa Blanca 84, 1 E 4
Costa Brava 85, 1 G 3
Costa de la Luz 84, 1 B 5
Costa de Levante 84, 1 E 4 – F 4
Costa del Azahar 84, 1 E 4 – F 3
Costa del Sol 84, 1 C 5 – D 5
Costa Dorada 85, 1 F 3 – G 3
Costa Rica 162, 3 B 2
Costa Vasca 84, 1 D 2

Österreich
Europa
Asien
Ozeanien
Afrika
Amerika
Erde
Register

Costa Verde 84, 1 B 2 – C 2
Cotabato 120, D 3
Côte d'Azur 83, 1 G 5
Côte d'Ivoire 132, 4 A 2
Côte d'Or 82, 1 F 3
Cotentin 82, 1 C 2
Cotonou 136, C 4
Cotopaxi 158, B 3
Cotswold Hills 80, E 5 – F 4
Cottbus 70, J 5
Cottische Alpen 14, D 5
Council Bluffs 148, 1 E 3
Courcelles 78, D 4
Courchevel 14, D 4
Courmayeur 14, E 4
Coutances 82, 1 C 2
Couvet 69, B 2
Couvin 78, D 4
Coventry 80, F 4
Covilhã 84, 1 B 3
Coxim 158, D 4
Cozumel 155, 1 D 2
Cradock 138, C 5
Craigavon 80, C 3
Craiova 92, B 1
Crans-Montana 69, C 2
Crateús 158, E/F 3
Crati 86, 1 F 5
Crau 14, B/C 6
Crawley 80, F 5
Creesee 148, 1 D 2
Crema 14, G 4
Cremona 86, 1 C 2
Cres 15, M 5
Cres (Insel) 15, M 5
Crêt de la Neige 82, 1 F 3
Creta di Aip = Trogkofel 24, B 4
Creuse 82, 1 D 3
Criciúma 159, E 5
Crikvenica 15, M 4
Cristalândia 158, D/E 4
Crişul Alb 92, B 1
Crişul Negru 65, J/K 5
Črnomelj 15, N 4
Cro-Magnon 82, 1 D 4
Croda del Becco = Seekofel 21, F 4
Croda di Tona = Zwölferkofel 21, F 4
Croda Rossa = Hohe Gaisl 21, F 4
Crotone 87, 1 F 5
Crozet-Inseln 167, 4 C 3
Cruz Alta 159, D 5
Cruzeiro do Sul 158, B 3
Csongrád 65, H/J 5
Csorna 15, P 2
Cuamba 138, D 3
Cuango 138, B 2
Cuango (Fluss) 138, B 2
Cuanza 138, B 2
Cuauhtémoc 154, 1 B 2
Cubango 138, B 3
Çubuk 92, E 2
Cúcuta 158, B 2
Cuddalore 107, F/G 4
Cuenca (Ecuador) 158, B 3
Cuenca (Spanien) 84, 1 D 3
Cuernavaca 154, 1 B/C 3
Cuevas del Almanzora 84, 1 D/E 5
Cuiabá 158, D 4
Cuito 138, B 3
Culemborg 79, 1 C 3
Culiacán 154, 1 B 2
Cumana 158, C 1
Cumbrian Mountains 80, B 3
Çumra 92, E 3
Cuneo 86, 1 A 2
Curaçao 155, 1 F 3
Curcubăta 94, B 4
Curicó 159, B 6
Curitiba 159, E 5
Curvelo 158, E 4
Cuttack 107, G 3
Cuxhaven 70, C 3
Cuyuni 158, C 2
Cuzco 158, B 4
Cwmbran 80, E 5
Cyrenaika 137, E 1
Czeremcha 65, K 2
Częstochowa = Tschenstochau 65, H 3

D

D. C. = District of Columbia 149, 1 G 4
D'Entrecasteaux-Inseln 121, G 4/5
Da Lat 120, B 2
Da Nang 114, E 5
Da Qaidam 114, D 3
Daba Shan 114, E 3 – F 3
Dabola 136, A 3
Dachau 71, F 8
Dadu 107, E 3
Daegu 115, G 3
Daejeon 115, G 3
Daet 120, D 2
Dagestanskije Ogni 93, J 2
Dagö (Hiiumaa) 63, 2 E 4
Dagupan 120, C/D 2
Dahlak-Archipel 137, G 3
Dahra 85, 1 F 5
Dahuk 93, G 3
Daisen 116, C 4
Daito-Inseln 115, H 4
Dakar 136, A 3
Dakhla-Oasen 137, E 2
Dakovica 92, B 2
Dalaas 20, A/B 3
Dalälven 62, 2 D 3
Dalaman 92, D 3
Dalan Dzadgad 114, E 2
Dalarna 62, 2 C 3
Dalbandin 106, E 3
Dali 114, D/E 4
Dalian 115, G 3
Dalidag 93, H 3
Dallas 148, 1 E 4
Dalmatien 86/87, 1 E 2 – G 3
Dalmatinische Inseln 86, 1 E 2 – F 3
Dalnegorsk 101, M 5
Dalneretschensk 101, M 5
Daloa 136, B 4
Dalou Shan 114, E 4
Daman 107, F 3
Damanhur 137, E/F 1
Damar 106, C 4
Damar-Inseln 121, D 4
Damara 137, D 4
Damaraland 138, B 4
Damaskus (Dimashq) 106, B 2
Damaturu 136, D 3
Damergou 136, C 3
Damietta 137, F 1
Damiya 108, 1 B 2
Dammastock 69, D 2
Dampier 126, 1 B 7
Danakil 137, G 3
Dancheon 116, B 2
Dandong 115, G 2
Dänemark 51, 4 F 3
Dänemarkstraße 144, 1 P 3
Dangjin-Pass 114, D 3
Dangori 107, H 3
Danilow 95, G 1
Danilowka 95, H 3
Dänizkänary 93, J 2
Dannenberg 70, F 3
Danzig (Gdańsk) 65, H 1
Danziger Bucht 65, H 1
Dapaong 136, C 3
Dar as-Salam = Daressalam 139, D 2
Dar Nuba 137, E/F 3
Dar Rounga 137, E 3/4
Darab 106, D 3
Darchan 114, E 2
Dardanellen (Hellespont) 92, C 2
Daressalam (Dar as-Salam) 139, D 2
Darfur 137, E 3
Darilow 95, G 1
Darlingebene 126, 1 E 7
Darlingkette 126, 1 B 7 – B 8
Darlington 80, E/F 3
Darmstadt 71, C 7
Darnah 137, E 1
Darßer Ort 70, G 2
Dartmoor 80, D 5 – E 5
Dartmouth 149, 1 H 3
Daru 121, F 4
Darwin 126, 1 D 6
Dashitou 116, B 2
Dashoguz 106, D 1
Dasht e Kavir = Große Salzwüste 106, D 2
Date 116, E 2
Datong 115, F 2/3
Daua 137, G 4
Daugavpils 63, 2 F 4/5
Dauphiné 82, 1 F 4 – G 4
Dauphiné-Alpen 14, D 4 – D 5
Davangere 107, F 4
Davao 120, D 3
Davenport 148, 1 E 3
David 155, 1 D 4
Davis 167, 4 D 2
Davissee 167, 4 E 2
Davisstraße 168, 1 G 2
Davos 69, E 2
Dawlekanowo 95, K 2
Dawson 166, 1 Q 2
Dawson Creek 148, 1 B 2
Dax 82, 1 C 5
Daxian 114, E 3
Dayr az-Zawr 106, C 2
Dayton 148, 1 F 4
Daytona Beach 149, 1 F 5
De Aar 138, C 5
De Bilt 79, 1 C 2
De Lier 79, 1 A 3
De Long-Inseln 101, O 2
De Panne 78, B 3
Deauville 82, 1 C/D 2
Debanttal 24, A 4
Dęblin 65, J 3
Debre Birhan 137, F 3/4
Debre Markos 137, F 3/4
Debre Zeyit 137, F 4
Debrecen 65, J 5
Decazeville 82, 1 E 4
Deception 138, C 4
Dechantskirchen 25, H 3
Dedophliss Zkaro 93, H 2
Dédougou 136, B 3
Dee 80, E 2
Deganya 108, 1 B 2
Degeh Bur 137, G 4
Deggendorf 71, G 8
Deh Kord 93, J 4
Dehlorän 93, H 4
Dehra Dun 107, F 2
Deinze 78, C 3/4
Deister 70, D 4
Dej 94, B 4
Dekemhare 137, F 3
Dekese 138, C 2
Dekkan 107, F 4 – G 4
Del Rio 148, 1 D 5
Delagoabucht 138, D 4
Delaware 149, 1 G 4
Delawarebai 149, 1 G 4
Delémont 69, C 1
Delft 78, D 2/3
Delfzijl 78, F 1
Delhi (Dilli) 107, F 3
Delicias 154, 1 B 2
Dellach im Drautal 24, B 4
Dellach im Gailtal 24, B 4
Dellensee 62, 2 D 3
Dellys 85, 1 G 5
Delmenhorst 70, C 3
Delphi 92, B 3
Dema 95, K 2
Demawend 106, D 2
Demer 78, D 4
Demini 158, C 2
Demirköprü-Stausee 92, D 3
Demjanka 100, F 4
Demjanskoje 100, E 4
Demmin 70, H 3
Dempo 120, B 4
Den Burg 78, D 1
Den Dolder 79, 1 C 2
Den Haag ('s-Gravenhage) 78, C/D 2
Den Helder 78, D 2
Denain 78, C 4
Denali (Mount McKinley) 144, 1 B/C 3
Dendermonde 78, D 3
Denia 84, 1 F 4
Denizli 92, D 3
Denov 100, E 6
Denpasar 120, C 4
Dents du Midi 69, B 2
Denver 148, 1 D 4
Der Kanal 80, D 6 – F 5
Derbent 106, C 1
Derby (Australien) 126, 1 C 6
Derby (Großbritannien) 80, F 4
Derry (Londonderry) 80, C 3
Des Moines 148, 1 E 3
Dese 137, F 3
Deseado 159, C 7
Desenzano del Garda 14, H 4
Deshu 106, E 2
Desna 53, 1 G 3
Despeñaperros 84, 1 D 4
Dessau-Roßlau 70, G 5
Detmold 70, C 5
Detroit 148, 1 F 3
Deutsch Griffen 24, D 4
Deutsch Kaltenbrunn 25, H 3
Deutsch Schützen-Eisenberg 25, H 3
Deutsch Wagram 23, J 3
Deutsch-Goritz 25, G 4
Deutsche Bucht 70, B 2 – C 2
Deutsche Mittelgebirge 52, 1 D 3 – E 3
Deutschfeistritz 25, F 3
Deutschkreutz 25, J 2
Deutschland 51, 4 F 3
Deutschlandsberg 25, F 4
Deutschnofen (Nova Ponente) 20, D 5
Deva 94, B 4
Develi 93, E 3
Deventer 78, F 2
Devon 80, D 5 – E 5
Devon-Insel 144, 1 H/J 2
Deyang 114, E 3
Dez 93, J 4
Dezful 106, C 2
Dhaka 107, G/H 3
Dharan 107, G 3
Dhaulagiri 107, G 3
Dhiban 108, 1 B 3
Dhofar 106, D 4
Dhule 107, F 3
Diafanion 92, C 4
Diamantina 158, E 4
Diamantina (Fluss) 126, 1 D/E 7
Diamantino 158, D 4
Dibrugarh 107, H 3
Dickinson 148, 1 D 3
Die 14, C 5
Die Wild 23, F 2
Diedenhofen (Thionville) 82, 1 G 2
Diekirch 78, F 5
Dien Bien Phu 114, E 4
Dienten 21, H 3
Diepholz 70, C 4
Dieppe 82, 1 D 2
Diest 78, E 3
Dietach 22, D 3
Dietfurt 71, F 7
Dietikon 69, D 1
Diex 24, E 4
Diffa 136, D 3
Differdange 78, E 5
Digne 82, 1 G 4
Digul 121, F 4
Dijon 82, 1 F 3
Dikdash 93, H 3
Diksmuide 78, B 3
Dikson 100, G 2
Dila 137, F 4
Dili 120, D 4
Dilli = Delhi 107, F 3
Dilolo 138, C 3
Dimashq = Damaskus 106, B 2
Dimitrovgrad 95, J 2
Dimona 108, 1 B 3
Dinan 82, 1 B 2
Dinant 78, D 4
Dinar 92, D 3
Dinara 86, 1 F 2/3
Dinard 82, 1 B 2
Dinarisches Gebirge 52, 1 E 4
Dindigul 107, F 4
Dingolfing 71, G 8
Dingwall 80, D 2
Diourbel 136, A 3
Dipolog 120, D 3
Diré 136, B 3
Dire Dawa 137, G 4
Dirschau (Tczew) 65, H 1
Disentis (Mustér) 69, D 2
District of Columbia (D. C.) 149, 1 G 4
Dithmarschen 70, C 2 – D 3
Diu 107, F 3
Divandarreh 93, H 4
Divo 136, B 4
Divriği 93, F 3
Diwnoje 95, G 4
Dixonstraße 148, 1 A 2
Diyala 93, H 4
Diyarbakır 106, C 2
Dja 136, D 4
Djado 136, D 2
Djadoplateau 136, D 2
Djanet 136, C 2
Djanyschka 101, L 3
Djatkowo 94, E 2
Djebel Baqir 108, 1 B 5
Djebel ed Drouz 53, 1 G 5
Djebel el Ataita 108, 1 B 4
Djebel el Hajfi 108, 1 B 5
Djebel Mubarak 108, 1 B 4
Djebel Sarhro 136, B 1
Djebel Telertheba 136, C 2
Djebel Umm ed Darraj 108, 1 B 2
Djefara 136, D 1
Djelfa 136, C 1
Djénné 136, B 3
Djerba 136, D 1
Djougou 136, C 4
Djourab 137, D 3
Djultydag 93, H 2
Djurtjuli 95, K 2
Dmitrow 94, F 1
Dnipro (Dnjepr) 94, D 3
Dniprodsershynsk 94, E 3
Dniprodsershynsker Stausee 94, E 3
Dnipropetrowsk 94, E 3
Dnister (Dnjestr) 94, C 3
Dnjepr = Dnipro 94, D 2
Dnjepr-Bug-Kanal 65, L 2
Dnjestr = Dnister 94, C 3
Dno 63, 2 G 4
Dobbiaco = Toblach 21, F 4
Dobermannsdorf 23, J 2
Dobersberg 23, F 2
Doboj 121, E 4
Doboj 87, 1 F/G 2
Döbraberg 71, F 6
Dobratsch 24, C 4
Döbriach (Radenthein-) 24, C 4
Dobrič 92, C 2
Dobrudscha 92, C 2 – D 1
Dobrusch 94, D 2
Dodge City 148, 1 D 4
Dodoma 138, D 2
Doetinchem 78, F 2/3
Dogo 116, C 3
Dogondoutchi 136, C 3
Doğubayazıt 93, G/H 3
Doha (Ad-Dawhah) 106, D 3
Doi Inthanon 114, D 5
Dokan-Stausee 93, H 3
Dokkum 78, E 1
Dole 82, 1 F 3
Dollart 70, B 3
Dolo Odo 137, G 4
Dolomiten 15, J/K 3
Dölsach 24, A 4
Dolyna 94, B/C 3
Dom 69, C 2
Domat (Ems) 69, E 2
Dombai 93, G 2
Dombås 62, 2 B 3
Dombasle 14, D 1
Dombes 14, B/C 3
Dominica 162, 3 C 2–D 1
Dominikanische Republik 162, 3 C 1
Domrémy-la-Pucelle 14, C 1
Don (Russland) 100, B 4
Don (Schottland) 80, E 2
Don Benito 84, 1 C 4
Donau 52, 1 E 4
Donaudelta 92, D 1
Donaueschingen 71, C 9
Donaumoos 71, F 8
Donauried 71, E 8
Donauwörth 71, E 8
Doncaster 80, F 4
Dondo (Angola) 138, B 2
Dondo (Mosambik) 138, D 3
Donegal 80, B 3
Donegalbai 80, B 3
Donez 94, F 3
Donezbecken 102, B 4 – B 5
Donezk 94, F 4
Donezplatte 53, 1 G 4 – H 4
Dong Hoi 114, E 5
Dongcheng 114, E/F 3
Dongchuan 114, E 4
Donggala 120, C 4
Dongjingcheng 116, B 1
Dongning 116, B 1/2
Dongola = Dunqula 137, E/F 3
Dongsha (Pratas) 115, F 4
Dongting-Hu 115, F 4
Donnerpass 148, 1 B 4
Donnersbach (Fluss) 24, D 3
Donnersbach (Irdning-Donnersbachtal-) 24, D 3
Donnersbachwald (Irdning-Donnersbachtal-) 24, D 3
Donnersberg 71, B 7
Donnerskirchen 25, J 2
Donostia-San Sebastián 84, 1 D/E 2
Doorn 79, 1 C 2
Dora Baltea 14, E 4
Dora Riparia 14, E 4
Dordogne 82, 1 D 4 – E 4
Dordrecht 78, D 3
Doren 20, A 3
Dorfbeuern 21, H 1
Dorfgastein 21, H 3
Dorfstetten 23, F 3
Dori 136, B 3
Dornauberg (Finkenberg-) 21, E 3
Dornbirn 20, A 3
Dornbirner Ache 20, A 3
Dornoch 80, D/E 2
Dorohoi 94, C 3/4
Dorpat = Tartu 63, 2 F 4
Dortmund 70, B 5
Dortmund-Ems-Kanal 70, B 4
Dörtyol 93, F 3
Dosso 136, C 3
Dossor 95, K 4
Douai 82, 1 E 1
Douala 136, C 4
Douarnenez 82, 1 A 2
Doubs 82, 1 G 3
Douglas (Insel Man) 80, D 3
Douglas (USA) 148, 1 C/D 4
Dourados 159, D 5
Douro 84, 1 A 3
Dover (Großbritannien) 80, G 5
Dover (USA) 149, 1 G 4
Dovrefjell 62, 2 B 3
Dow Rud 93, J 4
Drachenhöhle 85, 1 G 4
Drachensund 155, 1 F 3
Drachten 78, F 1
Dragansee 62, 2 C 3
Draguignan 83, 1 G 5
Drakensberge 138, C 5 – D 4
Drama 92, C 2
Drammen 63, 2 B 4
Drance 69, C 3
Drangajökull 62, 1 B 1
Drasenhofen 23, J 2
Draßmarkt 25, H 2
Drau 52, 1 E 4
Dreiherrenspitze (Pico dei Tre Signori) 21, F 3
Dreischusterspitze (Cima Tre Scarperi) 21, F 4
Dresden 70, H 5
Dreux 82, 1 D 2
Drewenz (Drwęca) 65, H 2
Driebergen 79, 1 C 2
Drin 92, B 2
Drina 87, 1 G 3
Drobeta-Turnu Severin 92, B 1
Drogheda 80, C 4
Drohobytsch 94, B 3
Drôme 82, 1 F 4
Drömling 70, F 4
Drosendorf-Zissersdorf 23, G 2
Drösing 23, J 2
Drummondville 149, 1 G 3
Drusenfluh 20, A 3
Drushba 94, E 2
Drushina 101, N 3
Drushkiwka 94, F 3
Drwęca = Drewenz 65, H 2
Drygalski-Insel 167, 4 E 2
Dschang 136, D 4
Dschibuti 137, G 3
Dschibuti (Staat) 132, 4 D 2
Dschubga 93, F 1
Dsershinsk 95, G 1
Dshagdygebirge 101, L 4 – M 4
Dshalinda 101, L 4
Dshankoi 92, E 1
Dshargalant 115, F 2
Dshetygara 100, E 4
Dshugdshurgebirge 101, M 4
Dshulfa 93, H 3
Dsungarei 114, C 2 – D 2
Dsungarische Pforte 100, G 5
Dubai 106, D 3
Dubăsary 94, D 4
Dublin (Baile Atha Cliath) 80, C 4
Dubna 94, F 1
Dubno 65, L 3
Dubowka 95, H 3
Dubrovnik 87, 1 F/G 3
Dubuque 148, 1 E 3
Dudelange 78, F 5
Dudley 80, E 4
Duékoué 136, B 4
Duero 84, 1 C 3
Dufekmassiv 167, 4 Q 1
Dufourspitze 69, C 3
Duga Resa 15, N 4
Dugi Otok 86, 1 E 2 – E 3
Duisburg 70, A 5
Duitama 158, B 2
Dulce 159, C 5
Dulcegolf 155, 1 D 4
Duluth 148, 1 E 3
Duma 93, F 4
Dumaguete 120, D 3
Dumai 120, B 3
Dumfries 80, D/E 3
Dümmer 70, C 4
Dun Laoghaire 80, C 4
Düna (westliche Dwina) 52, 1 F 3
Dunajec 65, J 4
Dunaujváros 65, H 5
Dunay 116, C 2
Dunbar 80, E 2
Duncansby Head 80, E 1
Dundalk 80, C 3/4
Dundee 80, E 2
Dunderland 62, 2 C 2
Dundret 62, 2 E 2
Dunedin 126, 1 H 9
Dunfermline 80, E 2
Dungun 120, B 3
Dunhua 115, G 2
Dunhuang 114, D 3
Dunkelsteinerwald 23, F 3 – G 3
Dunkerque = Dünkirchen 82, 1 E 1
Dünkirchen (Dunkerque) 82, 1 E 1
Dunqula (Dongola) 137, E/F 3
Duolun 115, F 2
Dura 108, 1 B 3
Durance 14, C/D 5
Durango 148, 1 D 4
Durban 138, D 4
Düren 70, A 6
Durg 107, G 3
Durgapur 107, G 3
Durham 80, E/F 3
Durmitor 92, A 2
Dürnkrut 23, J 3
Dürnstein 23, G 3
Dürre Wand 23, G 4
Dürrenstein (Niederösterreich) 23, F 4
Dürrenstein (Südtirol, Picco di Vallandro) 21, F 4
Durrës 92, A 2
Dursunbey 92, D 3
Dushanbe 107, E 2
Düsseldorf 70, A 5
Duyun 114, E 4
Düzce 92, D 2
Dych-Tau 93, G 2
Dyje = Thaya 23, F 2

Dzavchan 114, D 2
Džida 101, J 4

E
Eagle Mountain 148, 1 E 3
East Kilbride 80, D 3
East London (Oos-London) 138, C 5
Eastbourne 80, G 5
Eastmain 149, 1 G 2
Eau Claire 148, 1 E 3
Eauripik-Atoll 121, F 3
Ebbe 70, B 5
Ebbs 21, F 2
Eben am Achensee 20, E 3
Eben im Pongau 21, H 3
Ebenfurth 23, H 4
Ebensee 22, C 4
Ebenstein 25, F 2
Ebental 24, D 4
Ebenthal 23, J 3
Eberau 25, H 3
Ebergassing 23, J 3
Eberndorf 24, E 4
Eberschwang 22, C 3
Ebersee 92, D 3
Eberstalzell 22, C 3
Eberstein 24, E 4
Eberswalde 70, H 4
Ebetsu 116, E 2
Ebinur Hu 114, C 2
Ebola 137, E 4
Eboli 86, 1 E 4
Ebolowa 136, D 4
Ebreichsdorf 23, H 4
Ebro 84, 1 D 2
Ecatepec 154, 1 C 3
Eceabat 92, C 2
Ech Chéliff 85, 1 F 5
Échirolles 14, C 4
Écija 84, 1 C 5
Eckartsau 23, J 3
Eckernförde 70, D 2
Ecuador 162, 3 B 3
Ed-Dar-el-Bayda = Casablanca 136, A/B 1
Edam-Volendam 78, E 2
Ede 78, E 2
Edéa 136, C 4
Edelschrott 25, F 3
Edelweißspitze 21, G 3
Eder 70, D 5
Edeyin Awbari 136, D 2
Edeyin Marzuq 136, D 2
Edinburgh 80, E 3
Edineţ 65, M 4
Edirne 92, C 2
Edith-Ronne-Land 167, 4 O 2 – R 1
Edjeleh 136, C 2
Edlitz 23, H 4
Edmonton 148, 1 C 2
Edolo 14, H 3
Edremit 92, C 3
Edson 148, 1 C 2
Eduard-VII.-Halbinsel 167, 4 L 2
Eduardsee 138, C 2
Edwardsplateau 148, 1 D 4 – E 4
Eemnes 79, 1 C 2
Eemshaven 78, F 1
Eferding 22, D 3
Eforie 92, D 1/2
Eger (Fluss, Ohře) 64, E/F 3
Eger (Tschechische Republik, Cheb) 64, E 3
Eger (Ungarn) 65, J 5
Egersund 63, 2 A 4
Egg 20, A 3
Eggelsberg 22, A 3
Eggenburg 23, G 2
Eggental 20, D 5
Eggersdorf 25, G 3
Egijn 114, E 2
Egilsstaðir 62, 1 D 1
Eğirdir 92, D 3
Eğirdirsee 92, D 3
Eglab 136, B 2
Ehingen 71, D 8
Ehrenhausen 25, F/G 4
Ehrwald 20, C 3
Eibiswald 25, F 4
Eichgraben 23, G 3
Eichsfeld 70, E 5
Eider 70, D 2
Eiderstedt 70, C 2
Eifel 71, A 6 – B 6
Eiger 69, D 2
Eindhoven 78, E 3
Einödriegel 71, H 8
Einser Kanal (Hansági-föcsatorna) 25, J 2
Einsiedeln 69, D 1
Eipel (Ipel) 65, H 4
Eirunepé 158, B/C 3
Eisack (Isarco) 20, E 4
Eisacktal 20, E 4
Eisenach 70, E 5/6
Eisenerz 24, E 2
Eisenerzer Alpen 24, E 2
Eisenhut 24, C 4
Eisenhüttenstadt 70, J 4
Eisenkappel-Vellach 24, E 5
Eisenstadt 25, J 2
Eisenstadt-Umgebung 50, 1 H 3
Eisenstein 23, F 4
Eisentratten (Krems-) 24, C 4
Eisenwurzen 22/23, E 4 – F 4
Eisgarn 23, F 2
Eitweg (St. Andrä-) 25, E 4
Eivissa = Ibiza 85, 1 F 4
Ekibastus 100, F 4
Ektag = Mongolischer Altai 114, C 2 – D 2
El Cerro 158, C 4
El Dorado (USA) 148, 1 E 4
El Dorado (Venezuela) 158, C 2
El Ejido 84, 1 D 5
El Escorial 84, 1 C 3
El Ferrol (Ferrol) 84, 1 A 2
El Ghor 108, 1 B 2/3
El Hierro = Ferro 136, A 2
El Lisan 108, 1 B 3
El Misti 158, B 4
El Paso 148, 1 D 4
El Puerto de Santa Maria 84, 1 B 5
El Salvador 162, 3 B 2
El Tigre 158, C 2
El Turbio 159, B 8
El Wak 139, D/E 1
El-Aaiún 136, A 2
El-Abiodh 136, C 1
El-Alamein 137, E 1
El-Bayadh 136, C 1
El-Faiyum 137, E/F 2
El-Fasher 137, E 3
El-Geneina (Al-Junaynah) 137, E 3
El-Golea 136, C 1
El-Hadjira 136, C 1
El-Iskandariya = Alexandria (Ägypten) 137, E 1
El-Kharga 137, E/F 2
El-Mansura 137, F 1
El-Minya 137, E/F 2
El-Obeid (Al-Ubayyid) 137, E/F 3
El-Oued 136, C 1
El-Qahira = Kairo 137, F 2
El-Qenitra = Kenitra 136, B 1
El-Quseima 108, 1 A 4
El-Quseir 137, F 2
El-Uqsur = Luxor 137, F 2
Elat 108, 1 A 5
Elâzığ 93, F 3
Elba 86, 1 C 3
Elbasan 92, A/B 2
Elbe (Labe) 64, F 3
Elbe-Havel-Kanal 70, G 4
Elbe-Lübeck-Kanal 70, E 3
Elbe-Seitenkanal 70, E 4
Elbeuf 82, 1 D 2
Elbigenalp 20, B 3
Elbing (Elbląg) 65, H 1
Elbistan 93, F 3
Elbląg = Elbing 65, H 1
Elbrus 106, C 1
Elbsandsteingebirge 70, H 6 – J 6
Elburs 106, C 2 – D 2
Elche (Elx) 84, 1 E 4
Elda 84, 1 E 4
Eldikan 101, M 3
Eldoret 138, D 1
Elektrostal 94, F 2
Eleuthera 155, 1 E 2
Elfenbeinküste 136, B 4
Elgin 80, E 2
Elgon 138, D 1
Elhovo 92, C 2
Elisabethville = Lubumbashi 138, C 3
Elista 95, H 4
Ełk = Lyck 65, K 2
Elko 148, 1 C 3
Ellesmere-Insel 144, 1 J 2 – K 1
Ellice-Inseln 126, 1 H 5
Ellmau 21, F 2
Ellmauer Halt 21, F 2
Ellsworthland 167, 4 O 2
Elm 69, E 2
Elmberg 24, C 2
Elmen 20, B/C 3
Elmshorn 70, D 3
Elsass 83, 1 G 2
Elsbethen 21, H 2
Elsene = Ixelles 78, D 4
Elstergebirge 71, G 6
Eltendorf 25, H 3
Elton 95, H 3
Eluru 107, G 4
Elvas 84, 1 B 4
Elverum 62, 2 B 3
Elx = Elche 84, 1 E 4
Ely (Großbritannien) 80, G 4
Ely (USA) 148, 1 C 4
Ema 63, 2 F 4
Emamshar 106, D 2
Emån 63, 2 C/D 4
Emba 100, D 5
Embrun 14, D 5
Emden 70, B 3
Emei Shan 114, E 4
Emi Koussi 137, D 2/3
Emilia-Romagna 86, 1 C 2
Emmeloord (Noordoostpolder-) 78, E 2
Emmen (Niederlande) 78, F 2
Emmen (Schweiz) 69, D 1
Emmendingen 71, B 8
Emmental 69, C 1 – C 2
Emmerich 70, A 5
Empoli 15, H 6
Ems = Domat 69, E 2
Ems (Fluss) 70, B 3
Ems-Jade-Kanal 70, B 3
Emsland 70, B 4
En Gedi 108, 1 B 3
En Gey 108, 1 B 3
En Yahav 108, 1 B 4
Encarnación 159, D 5
Ende 120, D 4
Enderbyland 167, 4 C 2
Enez 92, C 2
Engadin 69, E 2 – F 2
Engadiner Alpen 69, E 2 – F 2
Engelberg 69, D 2
Engelhartstetten 23, J 3
Engelhartszell 22, C 2/3
Engels 100, C 4
Engerwitzdorf 22, D 3
Enggano 120, B 4
England 52, 1 C 3
Enid 148, 1 E 4
Eniwetok-Atoll 126, 1 G 3
Enkhuizen 78, E 2
Enna 86, 1 E 6
Enneberg (Marebbe) 21, E 4
Ennedi 137, E 3
Ennis 80, B 4
Enns 22, D 3
Enns (Fluss) 21, J 3
Ennsfeld 22, D 3 – E 3
Ennstaler Alpen 24, D 2 – E 2
Enontekiö 62, 2 E 1
Enschede 70, A 4
Ensenada 154, 1 A 1
Enshi 114, E 3
Entebbe 138, D 1
Entenbühl 71, G 7
Enugu 136, C 4
Enz 71, C 8
Enzenkirchen 22, C 3
Enzersdorf (Hollabrunn-) 23, H 2
Enzersfeld 23, H 3
Epe 78, E 2
Épernay 82, 1 E 2
Eppan (Appiano) 20, D 5
Eppenstein (Weißkirchen-) 24, E 3
Er Rif 84, 1 D 5
Er-Ribat = Rabat 136, B 1
Eraclea Minoa 86, 1 D 6
Erbaa 93, F 2
Erbeskopf 71, A/B 7
Érd 65, H 5
Erdemli 92, E 3
Erdenet 114, E 2
Erding 71, F 8
Erdinger Moos 71, F 8
Erdiplateau 137, E 3
Erdistan 93, H 4
Erechim 159, D 5
Ereğli 92, E 3
Erenhot 115, F 2
Erft 70, A 6
Erfurt 70, F 5/6
Erg Chech 136, B 2
Erg er-Raoui 136, B 1 – B 2
Erg Iguidi 136, B 2
Ergene 92, C 2
Ergoldsbach 71, G 8
Erice 86, 1 D 5
Erie 149, 1 F 3
Eriesee 149, 1 F 3
Eritrea 132, 4 C 2 – D 2
Erl 21, F 2
Erlangen 71, F 7
Erlauf 23, F 3
Erlauf (Fluss) 23, F 3
Erlaufsee 25, F 2
Erlenbach 69, C 2
Ermenek 92, E 3
Ermland 65, H 1 – J 1
Ernstbrunn 23, H 2
Ernsthofen 22, D 3
Erpfendorf (Kirchdorf-) 21, F 2
Errigal 80, B 3
Ertil 95, G 3
Erzbach 24, E 2
Erzgebirge 70/71, G 6 – H 6
Erzincan 93, F 3
Erzurum 106, C 1
Es-Sallum 137, E 1
Es-Semara 136, A 2
Es-Seweis = Suez 137, F 1
Esashi (Nord-Hokkaido) 116, E 1
Esashi (Süd-Hokkaido) 116, D/E 2
Esbjerg 63, 2 A/B 5
Esch-sur-Alzette 78, E 5
Eschenau 22, C 3
Eschwege 70, D/E 5
Esh Shara 108, 1 B 4
Eskilstuna 63, 2 C/D 4
Eskişehir 106, B 2
Esla 84, 1 C 2
Eslamabad 93, H 4
Esmeraldas 158, A/B 2
Esperance 126, 1 C 8
Espirito Santo 158, F 4
Espiritu Santo 126, 1 G 6
Espoo 62, 2 E/F 3
Esquel 159, B 7
Essaouira 136, A/B 1
Esse-Chaija 101, M 3
Essen 70, A/B 5
Essequibo 158, D 2
Esslingen 71, D 8
Estavayer-le-Lac 69, B 2
Estelí 155, 1 D 3
Esternberg 22, C 2
Estland 51, 4 H 3
Estoril 84, 1 A 4
Estremadura 84, 1 A 4
Esztergom 65, H 5
Étang de Berre 14, C 6
Étaples 78, A 4
Etorofu (Iturup) 115, J 2
Etoschapfanne 138, B 3
Etsch (Adige) 14/15, H 3
Etsdorf 23, G 3
Ettelbruck 78, E/F 5
Ettendorf (Lavamünd-) 25, E 4
Euböa (Evvoia) 92, B 3
Eugendorf 21, H 2
Eugene 148, 1 B 3
Eupen 78, F 4
Euphrat 106, C 2
Euratsfeld 23, E 3
Eure 82, 1 D 2
Eureka 148, 1 B 3
Europa 169, 1 K 3 – M 3
Europäisches Nordmeer 52, 1 B 2 – D 2
Europoort 79, 1 A 3
Eutin 70, E 2
Evansville 148, 1 F 4
Everett 148, 1 B 3
Everglades 149, 1 F 5
Évian-les-Bains 14, D 3
Evolène 69, C 2
Évora 84, 1 A/B 4
Évreux 82, 1 D 2
Evvoia = Euböa 92, B 3
Exeter 80, E 5
Exmoor 80, E 5
Exmouth 80, E 5
Extremadura 84, 1 B 4
Exuma 155, 1 E 2
Eyasisee 138, D 2
Eyjafjord 62, 1 C 1
Eyjafjallajökull 62, 1 B/C 2
Eyl 137, G 4
Eyresee 126, 1 D 7

F
F.-D.-Roosevelt-Stausee 148, 1 B/C 3
Faaker See 24, C 4
Fabriano 86, 1 D 3
Fada 137, E 3
Fada N'Gourma 136, C 3
Faddejewskij-Insel 101, N 2
Faenza 15, J 5
Făgăraş 94, C 4
Fagernes 62, 2 B 3
Faggenbach 20, C 3
Faido 69, D 2
Fairbanks 144, 1 C 3
Faisalabad (Lyallpur) 107, F 2
Faistenau 21, H 2
Faizabad 107, F 2
Fakfak 121, E 4
Falcon-Stausee 148, 1 E 5
Falconara Marittima 15, L 6
Falkenberg 63, 2 B/C 4
Falkensee 70, G/H 4
Falkenstein 23, J 2
Falkert 24, C 4
Falkirk 80, E 2/3
Falkland-Inseln (Malwinen) 159, C 8 – D 8
Falmouth 80, D 5
Falster 63, 2 C 5
Falun 62, 2 C 3
Famagusta 92, E 4
Fan Si Pan 114, E 4
Fanning-Insel = Tabuaeran 127, 1 L 4
Fano 86, 1 D 3
Faradje 137, E 4
Farafangana 139, E 4
Farafra 137, E 2
Farah 106, E 2
Farasan-Inseln 106, C 4
Fargo 148, 1 E 3
Farià 108, 1 B 2
Faridabad 107, F 3
Färjestaden 63, 2 D 4
Farmahin 93, J 4
Farmington 148, 1 D 4
Faro 84, 1 B 5
Färöer 52, 1 C 2
Farquhar 139, F 3
Farquhargruppe 139, F 2
Fas = Fès 136, B 1
Fastiw 94, D 3
Fastnet Rock 80, B 5
Fatesh 94, E 2
Fátima 84, 1 A 4
Fauske 62, 2 C 2
Faxabucht 62, 1 B 1
Faya 137, D 3
Fayetteville 149, 1 G 4
Fdayrik = Fdérik 136, A 2
Fdérik (Fdayrik) 136, A 2
Fécamp 82, 1 D 2
Fehmarn 70, E/F 2
Fehring 25, G/H 4
Feichten 20, C 3
Feijó 158, B 3
Feira de Santana 158, E/F 4
Feistritz (Fluss zur Pitten) 23, G 4
Feistritz (Fluss zur Raab) 25, G 3
Feistritz am Wechsel 23, H 4
Feistritz im Rosental 24, D 4
Feistritz ob Bleiburg 24, E 4
Felber Tauern 21, F 3
Felbertal 21, G 3
Feld 24, C 4
Feldaist 22, D 2
Feldbach 25, G 4
Feldberg 71, B/C 9
Feldkirch 20, A 3
Feldkirchen (Kärnten) 24, D 4
Feldkirchen (Oberösterreich) 22, D 3
Feldkirchen (Steiermark) 25, F 3
Feldsee 24, C 4
Feldthurns (Velturno) 20, E 4
Felixdorf 23, H 4
Felixtowe 80, G 4/5
Fels 23, G 3
Felsengebirge = Rocky Mountains 168, 1 C 2 – D 4
Feltre 15, J 3
Femundsee 62, 2 B 3
Fenoarivo 139, E 3
Fenyang 114, F 3
Feodosija 93, E 1
Ferfer 137, G 4
Fergana 100, F 6
Ferlach 24, D 4
Ferndorf 24, C 4
Fernitz-Mellach 25, G 4
Fernpass 20, C 3
Ferrara 86, 1 C 2
Ferro = El Hierro 136, A 2
Ferrol = El Ferrol 84, 1 A 2
Fès (Fas) 136, B 1
Fessan 136, D 2
Fethiye 92, D 3
Feuerkogel 22, C 4
Feuerland (Tierra del Fuego) 159, B 8 – C 8
Feuilles 149, 1 G 2
Fianarantsoa 139, E 4
Fichtelberg 71, G 6
Fichtelgebirge 71, F 6 – G 7
Fidenza 14, G/H 5
Fidschi (Inseln) 169, 1 S 6
Fidschi (Staat) 191, 1 S 5
Fiè = Völs (Südtirol) 20, D 4/5
Fieberbrunn 21, G 3
Fier 92, A 2
Fiesch 69, D 2
Figueira da Foz 84, 1 A 3
Figueres 85, 1 G 2
Filchner-Schelfeis 167, 4 Q 2 – R 1
Filderstadt 71, D 8
Filitosa 83, 1 H 6
Filyos Çay 92, E 2
Filzmoos 21, J 3
Finale Ligure 14, F 5
Finike 92, D 3
Finkenberg 21, E 3
Finkenstein 24, C 4
Finne 70, F 5
Finnische Seenplatte 52, 1 F 2
Finnischer Meerbusen 63, 2 E 4 – F 4
Finnland 51, 4 H 2
Finnmark 62, 2 E 1 – F 1
Finsteraarhorn 69, D 2
Finsterwalde 70, H 5
Firenze = Florenz 86, 1 C 3
Firminy 14, B 4
Firth of Clyde 80, D 3
Firth of Forth 80, E 2
Firth of Lorne 80, C 2 – D 2
Firth of Tay 80, E 2
Fischa 23, J 3
Fischamend 23, J 3
Fischbach 25, G 3
Fischbacher Alpen 25, F 3 – G 2
Fischerhalbinsel 62, 2 H 1
Fischt 93, F 2
Fishguard 80, D 5
Fitzroy 126, 1 C 6
Flachau 21, H 3
Flachgau 21, H 2
Fladnitz 25, F 3
Flagstaff 148, 1 C 4
Flåm 62, 2 A 3
Flamborough Head 80, F 3/4
Fläming 70, G 4
Flandern 78, B 4 – C 3
Flannan-Inseln 80, B 1 – C 1
Flattach 24, B 4
Flattnitz (Glödnitz-) 24, D 4
Flaurling 20, D 3
Flekkefjord 63, 2 A 4
Flem = Flims 69, E 2
Flensburg 70, D 2
Fletschhorn 69, C/D 2
Fleurus 78, D 4
Flevoland 78, E 2
Flexenpass 20, B 3
Fließ 20, C 3
Flims (Flem) 69, E 2
Flin Flon 148, 1 D 2
Flinders 126, 1 E 6
Flint 148, 1 F 3
Flint-Insel 127, 1 L 6
Flirsch 20, B 3
Floning 25, F 3
Florencia 158, B 2
Florenz (Firenze) 86, 1 C 3
Flores 120, D 4
Floressee 120, C 4
Floriano 158, E 3
Florianópolis 159, E 5
Florida 149, 1 F 5
Florida Keys 149, 1 F 5
Floridastraße 149, 1 F 5 – G 5
Florø 62, 2 A 3
Fluchthorn 20, B 4
Flüelapass 69, E 2
Fly 121, F 4
Fnideq 84, 1 C 6
Foça 92, C 3
Foča = Srbinie 87, 1 G 3
Focşani 94, C 4
Foggia 86, 1 E 4
Fohnsdorf 24, E 3
Föhr 70, C 2
Foix 82, 1 D 5
Folgefonna 62, 2 A 3 – A 4
Foligno 86, 1 D 3
Folkestone 80, G 5
Fontainebleau 82, 1 E 2
Fonte Boa 158, C 3
Forbach 83, 1 G 2
Forchheim 71, F 7
Forchtenstein 25, H 2
Forlí 86, 1 C/D 2
Formentera 85, 1 F 4
Formosastraße 115, F 4
Forst 70, J 5
Forstau 21, J 3
Fort Albany 148, 1 F 2
Fort Chimo = Kuujjuaq 149, 1 G/H 2
Fort Frances 148, 1 E 3
Fort George = Chisasibi 148, 1 F/G 2
Fort Hope 148, 1 F 2
Fort Lauderdale 149, 1 F 5
Fort McMurray 148, 1 C 2
Fort Peck-Stausee 148, 1 D 3
Fort Schewtschenko 100, D 5
Fort Severn 148, 1 F 2
Fort Smith 148, 1 E 4
Fort Vermilion 148, 1 C 2
Fort Wayne 148, 1 F 3
Fort William 80, D 2
Fort Worth 148, 1 E 4
Fort-de-France 155, 1 F 3
Fortaleza 158, E/F 3
Fortore 86, 1 E 4
Fos-sur-Mer 82, 1 F 5
Foshan 115, F 4
Fossano 14, E 5
Fougères 82, 1 C 2
Fourmies 78, C/D 4
Fouta Djalon 136, A 3
Fowman 93, J 3
Foxebecken 144, 1 J 3 – K 3
Franceville (Masuku) 138, B 2
Franche-Comté 82, 1 F 3 – G 3
Francis-Case-Stausee 148, 1 D/E 3
Francistown 138, C 4
Frankenau 25, J 3
Frankenburg 22, B 3
Frankenfels 23, F 4
Frankenmarkt 22, B 4
Frankenthal 71, C 7

Frankenwald 71, F 6
Frankfort 148, 1 F 4
Frankfurt (Oder) 70, J 4
Frankfurt am Main 71, C 6
Fränkische Alb 71, E 8 – F 7
Fränkische Saale 71, D 6
Fränkische Schweiz 71, F 7
Frankreich 51, 4 E 4
Frantschach 24/25, E 4
Franz-Josef-Land 51, 4 K 1
Französisch-Guayana 158, D 2
Französisch-Polynesien 127, 1 L 6 – M 7
Französische Kalkalpen 14, C 5 – C 6
Französischer Jura 14, C 4 – D 3
Fraser 148, 1 B 2
Fraserburgh 80, E/F 2
Frastanz 20, A 3
Frauenfeld 69, D 1
Frauenkirchen 25, J 2
Frauenstein 24, D 4
Frauental 25, F 4
Fredericia 63, 2 B 5
Fredericton 149, 1 H 3
Frederikshavn 63, 2 B 4
Fredrikstad 63, 2 B 4
Freeport 155, 1 E 2
Freetown 136, A 4
Freiberg 70, H 6
Freiberger Mulde 70, H 6
Freiburg (Deutschland) 71, B 8/9
Freiburg (Schweiz, Fribourg) 69, C 2
Freienfeld (Campo di Trens) 20, D 4
Freiland (Türnitz-) 23, G 4
Frein (Neuberg-) 25, F 2
Freising 71, F 8
Freistaat 138, C 4
Freistadt 22, E 2
Freital 70, H 6
Freiwald 22, E 2
Fréjus 83, 1 G 5
Fremantle 126, 1 B 8
Fresnillo 154, 1 B 2
Fresno 148, 1 B 4
Freudenstadt 71, C 8
Freundschafts-Inseln 126, 1 J 6
Fria 136, A 3
Friaul 15, K 3 – L 3
Fribourg = Freiburg (Schweiz) 69, C 2
Fridolfing 21, G 2
Friedberg (Deutschland) 71, E/F 8
Friedberg (Österreich) 25, H 3
Friedrichshafen 71, D 9
Friesach 24, D 4
Friesland 78, E 2 – F 1
Frische Nehrung 65, H 1
Frisches Haff 65, H 1
Fritzbach 21, H 3
Frohnleiten 25, F 3
Frojach (Teufenbach-Katsch-) 24, D 3
Frolowo 95, G 3
Frosinone 86, 1 D 4
Frøya 62, 2 B 3
Frutigen 69, C 2
Fuchskaute 71, B/C 6
Fuerteventura 136, A 2
Fügen 21, E 3
Fuji 116, D 4
Fujin 115, H 2
Fujisan 115, H 3
Fujisawa 116, D 4
Fukawaga 116, E 2
Fukui 115, H 3
Fukuoka 115, G/H 3
Fukushima 116, E 3
Fukuyama 116, C 4
Fulda 71, D 6
Fulda (Fluss) 71, D 6
Fuling 114, E 4
Fulpmes 20, D 3
Funabashi 116, E 4
Funafuti 126, 1 H 5
Funchal 136, A 1
Fundybai 149, 1 H 3
Fünen 63, 2 B 5
Funes = Villnöß 20, E 4
Furano 116, E 2
Furkapass 69, D 2
Fürstenberg 70, H 3
Fürstenfeld 25, H 3
Fürstenfeldbruck 71, F 8
Fürstenwalde 70, J 4
Fürth 71, E/F 7
Furth (Deutschland) 71, G 7
Furth (Österreich) 23, H 2
Furukawa 116, E 3
Fusch 21, G 3
Fuscher Tal 21, G 3
Fuschl 21, H 2
Fuschlsee 21, H 2
Fushun 115, G 2
Fusong 116, A 2
Füssen 71, E 9
Futa 15, J 5
Futuna 126, 1 H/J 6
Fuxin 115, G 2
Fuyang 115, F 3
Fuyu 115, G 2
Fuzhou 115, F 4

G

Gaal 24, E 3
Gaalkacyo 137, G 4
Gabela 138, B 3
Gabis 136, C 1
Gablitz 23, H 3
Gaborone 138, C 4
Gabrovo 92, C 2
Gabun 132, 4 B 3
Gadera = Gaderbach 21, E 4
Gaderbach (Gadera) 21, E 4
Gadertal 21, E 4
Gaeta 86, 1 D 4
Gaflenz 22, E 4
Gafsa 136, C 1
Gagnoa 136, B 4
Gagnon 149, 1 H 2
Gaicht 20, C 3
Gail 24, B 4
Gailberg 24, A 4
Gaillimh = Galway 80, B 4
Gailtal 24, B 4 – C 4
Gailtaler Alpen 24, A 4 – C 4
Gainesville 149, 1 F 5
Gais 21, E 4
Gaisberg 21, H 2
Gaishorn 24, E 3
Gaising 63, 2 F 4
Galana 139, D 2
Galapagos-Inseln 168, 1 E 6
Galashiels 80, E 3
Galaţi 94, C/D 4
Galdhöpiggen 62, 2 A/B 3
Galgenberg 23, J 2
Gali 93, G 2
Galicien 84, 1 A 2 – B 2
Galiläa 108, 1 B 2
Galite 86, 1 B 6
Galitsch 95, G 1
Galizien 65, J 4 – K 4
Galla 137, F/G 4
Gallarate 14, F 4
Galle 107, G 5
Gallego 84, 1 E 2/3
Gallipoli 87, 1 F 4
Gällivare 62, 2 E 2
Gallneukirchen 22, D 3
Gallspach 22, C 3
Gallup 148, 1 D 4
Galtür 20, B 4
Galveston 148, 1 E 5
Galway (Gaillimh) 80, B 4
Galwaybai 80, B 4
Gambaga 136, B 3
Gambia (Fluss) 136, A 3
Gambia (Staat) 132, 4 A 2
Gamboma 138, B 2
Gaming 23, F 4
Gamlitz 25, G 4
Gampenjoch 20, D 4
Gams (Landl-) 24, E 2
Gamsfeld 21, H 2
Gamskarspitze 24, C 3
Gamvik 62, 2 G 1
Gan Jiang 115, F 4
Gäncä 106, C 1
Gandajika 138, C 2
Gander 149, 1 J 3
Gandhinagar 107, F 3
Gandia 84, 1 E 4
Gandvik 62, 2 G 1
Ganges 107, F 3
Gangesdelta (Sundarbans) 107, G 3 – H 3
Gangneung 115, G 3
Gangtok 107, G 3
Gannett Peak 148, 1 D 3
Gänserndorf 23, J 3
Ganzhou 115, F 4
Gao 136, B/C 3
Gaoual 136, A 3
Gap 82, 1 G 4
Gapsan 116, A/B 2
Gar 114, C 3
Gard 82, 1 F 4/5
Gardanne 14, C 6
Gardasee 86, 1 C 2
Gardelegen 70, F 4
Gardez 107, E 2
Gargano 86, 1 E/F 4
Gargazon (Gargazonne) 20, D 4
Gargazonne = Gargazon 20, D 4
Garissa 139, D 2
Garm 107, F 2
Garmal 137, G/H 4
Garmisch-Partenkirchen 71, F 9
Garonne 82, 1 D 4
Garoowe 137, G 4
Garoua 136, D 4
Gars 23, G 2
Garsten 22, D 3
Gartnerkofel 24, B 4
Gary 148, 1 F 3
Garzê 114, D/E 3
Gaschurn 69, E 2
Gascogne 82, 1 C 4 – D 5
Gasen 25, G 3
Gaspé 149, 1 H 3
Gaspoltshofen 22, C 3
Gasteiner Tal 21, H 3
Gateshead 80, E/F 3
Gatschina 63, 2 G 4
Gattendorf 25, J 1
Gäuboden 71, G 8
Gauja 63, 2 F 4
Gaußberg 167, 4 E 2
Gausta 63, 2 B 4
Gauteng 138, C 4
Gavdos 92, C 4
Gave de Pau 82, 1 C 5
Gävle 62, 2 D 3
Gaweinstal 23, J 3
Gaxun Nur 114, D/E 2
Gaya 136, C 3
Gaza (Ghazzah) 108, 1 A 3
Gazi Magusa = Famagusta 92, E 4
Gaziantep 106, B 2
Gazipaşa 92, E 3
Gazli 100, E 5
Gbadolite 137, D/E 4
Gbarnga 136, B 4
Gboko 136, C 4
Gdańsk = Danzig 65, H 1
Gdingen (Gdynia) 65, H 1
Gdynia = Gdingen 65, H 1
Gedaref (Al-Qadarif) 137, F 3
Gedera 108, 1 A 3
Gedersdorf 23, G 3
Gediz (Hermos) 92, D 3
Gedser (Guldborgsund-) 63, 2 B/C 5
Geelong 126, 1 E 8
Geesthacht 70, E 3
Geidam 136, D 3
Geiersberg 71, D 7
Geilo 62, 2 B 3
Geinberg 22, B 3
Geiranger 62, 2 A 3
Geislerspitze (Sass Rigais) 21, E 4
Geislingen 71, D 8
Geißstein 21, F 3
Geistthal (Geistthal-Södingberg-) 25, F 3
Gejiu 114, E 4
Gela 86, 1 E 6
Geladi 137, G 4
Gelber Fluss = Huang He 114, E 3
Gelbes Meer 115, G 3
Geldermalsen 79, 1 C 3
Geleen 78, E 4
Gelendshik 93, F 1
Gelnhausen 71, C/D 6
Gelsenkirchen 70, A/B 5
Gemena 137, D 4
Gemerek 93, E/F 3
Gemlik 92, D 2
Gemmipass 69, C 2
Gemona del Friuli 15, L 3
Gemspleisspitze 20, B 4
Gemünden 71, D 6
General Carrera-See 159, B 7
General Santos 120, D 3
Genève = Genf 69, B 2
Genf (Genève) 69, B 2
Genfer See (Lac Léman) 69, 1 B 2
Genil 84, 1 C 5
Genk 78, E 4
Genova = Genua 14, F 5
Gent 78, C 3
Genthin 70, G 4
Genua = Genova 14, F 5
Geochang 116, A 4
Geographischer Nordpol 166, 1 P 1
Geographischer Südpol 167, 4 P 1
Geomagnetischer Nordpol 166, 1 N 2
Geomagnetischer Südpol 167, 4 F 1
Georg-V.-Küste 167, 4 H 2
George 138, C 5
George (Fluss) 149, 1 H 2
George Town (Pinang) 120, A/B 3
Georgetown 158, D 2
Georgia 148, 1 F 4
Georgianbai 149, 1 F 3
Georgien 51, 4 K 4
Georgijewsk 93, G 1
Gepatschspeicher 20, C 4
Gera 70, G 6
Geraldton 126, 1 B 7
Geras 23, G 2
Gerasdorf 23, H 3
Gerede 92, E 2
Gereshk 106, E 2
Gerichtsberg 23, G 3
Gerlitzen 24, C 4
Gerlos 21, F 3
Gerlospass 21, F 3
Gerlostal 21, E 3 – F 3
Gerlsdorfer Spitze 65, J 4
Germering 71, F 8
Gerolstein 71, A 6
Gers 82, 1 D 4/5
Gersthofen 71, E 8
Gerze 93, E 2
Gêrzê 114, C 3
Gesäuse 24, E 2
Geschriebenstein 25, H 3
Gesellschaftsinseln 127, 1 L 6
Gesenke 65, G 4
Getafe 84, 1 D 3
Gevaş 93, G 3
Gezira 137, F 3
Gföhl 23, F 2
Gföhler Wald 23, F 2 – G 2
Ghadamis 136, C 1
Ghaghara 107, G 3
Ghana 132, 4 A 2
Ghanzi 138, C 4
Ghardaia 136, C 1
Gharyan 136, D 1
Ghat 136, D 2
Ghazaouet 84, 1 D/E 6
Ghazni 107, E 2
Ghazzah = Gaza 108, 1 A 3
Gheorghieni 94, C 4
Ghilizane 85, 1 F 6
Giant's Causeway 80, C 3
Gibraltar 84, 1 C 5
Gibsonwüste 126, 1 C 7
Gien 82, 1 E 3
Gießen 71, C 6
Gifhorn 70, E 4
Gifu 116, D 4
Giglio 86, 1 C 3
Gigüela 84, 1 D 4
Gijón 84, 1 C 2
Gila 148, 1 C 4
Gilan 93, J 3
Gilawüste 148, 1 C 4
Gilbert-Inseln 126, 1 H 4 – H 5
Gilge 65, J 1
Gilgit 107, F 2
Gilju 116, B 2
Gillam 148, 1 E 2
Gimcheon 116, B 3
Gioia Tauro 86, 1 E 5
Gioveretto = Zufrittspitze 20, C 4
Giovi 14, F 5
Gippel 23, G 4
Giresun 93, F 2
Girne = Kyrenia 92, E 4
Girón 158, B 2
Girona 85, 1 G 3
Gironde 82, 1 C 4
Gishiga 101, P 3
Gisors 78, A 5
Gitschtal 24, B 4
Gitschtal (Landschaft) 24, B 4
Giurgiu 92, C 1/2
Givatayim 108, 1 A 2
Givet 78, D 4
Givors 14, B 4
Gizeh 137, E/F 1
Gizo 121, G 4
Gjamysch 93, H 2
Gjøvik 62, 2 B 3
Gjumri 106, C 1
Glan 24, D 4
Glanderspitz 20, C 3
Glanegg 24, D 4
Glarner Alpen 69, D 2 – E 2
Glärnisch 69, D 2
Glarus 69, E 1
Glasgow 80, D 3
Glasow 100, D 4
Glatz (Kłodzko) 64, G 3
Glatzer Bergland 64, G 3
Glauchau 70, G 6
Gleinalpe 25, E 3 – F 3
Gleinstätten 25, F 4
Gleisdorf 25, G 3
Gleiwitz (Gliwice) 65, H 3
Glemmtal 21, G 3
Glion = Ilanz 69, E 2
Glittertind 62, 2 B 3
Gliwice = Gleiwitz 65, H 3
Glockturm 20, C 4
Glödnitz 24, D 4
Glogau (Głogów) 64, F/G 3
Gloggnitz 23, G 4
Głogów = Glogau 64, F/G 3
Glomma 62, 2 B 3
Gloucester 80, E 5
Gmund 20/21, E 2
Gmünd (Kärnten) 24, C 4
Gmünd (Niederösterreich) 23, E 2
Gmunden 22, C 4
Gnadendorf 23, H 2
Gnas 25, G 4
Gnasbach 25, G 4
Gnesau 24, C 4
Gnesen (Gniezno) 65, G 2
Gniezno = Gnesen 65, G 2
Gnjilane 92, B 2
Goba 137, G 4
Gobabis 138, B 4
Gobi 114, E 2
Gobi-Altai 114, D 2 – E 2
Göblberg 22, C 3
Gobo 116, C 4
Godavari 107, F 4
Godhavn = Qeqertarsuaq 144, 1 M 3
Godthåb = Nuuk 144, 1 L 3
Godwin Austen (K2) 114, B 3
Goes 78, C 3
Göhrde 70, E 3
Goiânia 158, D 4 – E 4
Goiás 158, D 4
Goiás (Bundesstaat) 158, D 4 – E 4
Göksu 92, E 3
Göktepe 106, D 2
Golanhöhen 108, 1 B 1 – B 2
Gold Coast 126, 1 F 7
Goldeck 24, B 4
Goldegg 21, H 3
Golden Hinde 148, 1 B 2/3
Golden Vale 80, B 4 – C 4
Goldene Aue 70, E 5 – F 5
Goldküste 136, B 4 – C 4
Goldstrand = Zlatni Pjasâci 92, D 2
Golf von Aden 106, C 4 – D 4
Golf von Akaba 108, 1 A 5
Golf von Alaska 144, 1 C 4
Golf von Antalya 92, D 3
Golf von Bengalen 107, G 4 – H 4
Golf von Biscaya 82, 1 B 4
Golf von Cádiz 84, 1 A 5 – B 5
Golf von Cagliari 86, 1 B 5
Golf von Campeche 154, 1 C 2 – C 3
Golf von Darién 155, 1 E 4
Golf von Fonseca 155, 1 D 3
Golf von Gaeta 86, 1 D 4
Golf von Genua 86, 1 B 2 – B 3
Golf von Guinea 136, B 4 – C 4
Golf von Honduras 155, 1 D 3
Golf von İskenderun 106, B 2
Golf von Kalifornien 154, 1 A 1 – B 2
Golf von Kerme 92, C 3
Golf von Khambhat 107, F 3
Golf von Kutch 107, E 3
Golf von Liaodong 115, G 2 – G 3
Golf von Manfredonia 86, 1 F 4
Golf von Mannar 107, F 5
Golf von Martaban 107, H 4
Golf von Mexiko 154/155, 1 C 2 – D 2
Golf von Neapel 86, 1 D 4 – E 4
Golf von Oman 106, D 3 – E 3
Golf von Panamá 155, 1 E 4
Golf von Paria 158, C 1
Golf von Peñas 159, B 7
Golf von Policastro 86, 1 E 5
Golf von Rosas 85, 1 G 2
Golf von Saint-Malo 82, 1 B 2
Golf von Salerno 86, 1 E 4
Golf von Sant'Eufemia 86, 1 E 5 – F 5
Golf von Saros 92, C 2
Golf von Squillace 86, 1 F 5
Golf von Suez 137, F 2
Golf von Tarent 86, 1 F 4 – F 5
Golf von Tehuantepec 154, 1 C 3
Golf von Thailand 120, B 2 – B 3
Golf von Tonkin 114, E 4 – E 5
Golf von Triest 15, L 4
Golf von Tunis 86, 1 C 6
Golf von Valencia 84/85, 1 F 4
Golf von Venezuela 158, B 1
Golfe du Lion 82, 1 E 5 – F 5
Golfito 155, 1 D 4
Golfküstenebene 148, 1 E 5 – F 5
Golfo Aranci 86, 1 B 4
Golfstrom 166, 1 L 3
Goljam Perelik 92, C 2
Gölköy 93, F 2
Göller 23, F 4
Göllersbach 23, H 2
Göllersdorf 23, H 2
Golling 21, H 2
Gollrad (Mariazell-) 25, F 2
Golmud 114, D 3
Golo 83, 1 H 5
Gols 25, J 2
Gölsen 23, G 3
Goma 138, C 2
Gombe 136, D 3/4
Gomera 136, A 2
Gómez Palacio 154, 1 B 2
Goms 69, D 2
Gonaïves 155, 1 E 3
Gonam 101, L 4
Gonâve 155, 1 E 3
Gonder 137, F 3
Gönen 92, C 3
Gongga Shan 114, E 4
Gonghe 114, D/E 3
Goose Bay 149, 1 H 2
Göpfritz 23, F 2
Göppingen 71, D 8
Gorakhpur 107, G 3
Gore 137, F 4
Gorgan 106, D 2
Gorgona 86, 1 B 3
Gori 93, H 2
Gorinchem 78, D 3
Goris 93, H 3
Gorizia 15, L 4
Gorjanci 15, N 4
Gorjatschi Kljutsch 93, F 1
Gorkha 107, G 3
Gorkijer Stausee 100, C 4
Görlitz 70, J 5
Gornja Radgona 25, H 4
Gorno-Altaisk 100, G 4
Gornyj 95, J 3
Gorodez 95, G 1
Gorodowikowsk 95, G 4
Goroka 121, F 4
Gorontalo 120, D 3
Görtschitz 24, E 4
Gorzów Wielkopolski = Landsberg 64, F 2
Gosau 22, C 4
Gosauseen 22, C 4
Göschenen 69, D 2
Goseong 116, B 3
Goslar 70, E 5
Gospić 15, N 5
Gösseck 25, E 3
Gostivar 92, B 2
Göstling 23, E 4
Götaälv 63, 2 B/C 4
Götakanal 63, 2 C/D 4
Götaland 63, 2 C 4
Göteborg 63, 2 B/C 4
Gotha 70, E 6
Gotland 63, 2 D 4
Goto-Inseln 116, B 4
Gotsu 116, B/C 4
Göttingen 70, D 5
Göttlesbrunn-Arbesthal 23, J 3
Göttweig 23, G 3
Götzendorf 23, J 3
Götzis 20, A 3
Gouda 78, D 3
Goulimine 136, A 2
Gournay-en-Bray 78, A 5
Governador Valadares 158, E 4
Goya 159, D 5
Göyçay 93, H 2
Göynük 92, D 2
Göze 93, G 2
Graaff-Reinet 138, C 5
Grabenstätt 21, G 2
Grabfeld 71, E 6
Grades (Metnitz-) 24, D 4
Grado 15, L 4
Grafendorf 25, G 3
Grafenschlag 23, F 2
Grafenstein 24, D 4
Grafenwörth 23, G 3
Grahamland 167, 4 P 2 – Q 2
Grahamstown 138, C 5
Grajische Alpen 14, D/E 4
Gramais 20, B 3/C 3
Gramastetten 22, D 3
Gramatneusiedl 23, J 3
Gramoz 92, B 2
Grampian Mountains 80, D 2 – E 2
Gran (Hron) 65, H 4
Gran Canaria 136, A 2
Gran Chaco 158/159, C 5
Gran Paradiso 86, 1 A 2
Gran Sasso d'Italia 86, 1 D 3
Gran Zebru = Königsspitze 20, C 5
Granada (Nicaragua) 155, 1 D 3
Granada (Spanien) 84, 1 C/D 5
Grand Bahama 149, 1 G 5
Grand Canyon 148, 1 C 4
Grand Combin 69, C 3
Grand Falls 149, 1 H 3
Grand Forks 148, 1 E 3
Grand Island 148, 1 E 3
Grand Veymont 14, C 5
Grand-Bassam 136, B 4
Grande Chartreuse 14, C 4
Grande Rivière de la Baleine 149, 1 G 2
Grande-Synthe 78, A/B 3
Granville 82, 1 C 2
Grasse 83, 1 G 5
Gratkorn 25, F 3
Gratwein (Gratwein-Straßengel-) 25, F 3
Gratwein-Straßengel 25, F 3
Graudenz (Grudziadz) 65, H 2
Graukogel 21, H 3
Gray 14, C 2
Graz 25, F 3
Graz-Umgebung 50, 1 G 3
Grazer Bergland 25, F 3 – G 3
Grazer Feld 25, F 4
Great Abaco 155, 1 E 2
Great Barrier Reef 126, 1 E 6 – F 6

Great Falls 148, 1 C 3
Great Ouse 80, F/G 4
Great Plains 148, 1 C 2 – D 4
Great Yarmouth 80, G 4
Grebenzen 24, D 3
Green Bay 148, 1 F 3
Green River 148, 1 D 3
Green River (Fluss) 148, 1 C/D 4
Greenock 80, D 3
Greensboro 149, 1 G 4
Greenville 136, B 4
Greifenburg 24, B 4
Greifenstein (Sankt Andrä-Wördern-) 23, H 3
Greifswald 70, H 2
Grein 22, E 3
Greiz 71, G 6
Grenaa 63, 2 B 4
Grenada 162, 3 D 2
Grenchen 69, C 1
Grenen 63, 2 B 4
Grenoble 82, 1 F 4
Gressenberg (Schwanberg-) 25, F 4
Gresten 23, F 4
Greven 70, B 4
Grevenmacher 78, F 5
Griechenland 51, 4 H 5
Gries im Sellraintal 20, D 3
Gries im Wipptal 20, D 3
Grieskirchen 22, C 3
Grießen 21, G 3
Griffen 24, E 4
Grimmenstein 23, H 4
Grimming 24, C/D 2
Grimsby 80, F 4
Grimselpass 69, D 2
Grímsey 62, 1 C 1
Grindelwald 69, D 2
Grins 20, C 3
Grjasi 94, F 2
Gröbming 24, C 3
Grödig 21, H 2
Grödner Joch 21, E 4
Grödnertal 20, E 4
Groix 82, 1 B 3
Gronau 70, B 4
Grong 62, 2 C 2
Groningen 78, F 1
Grönland 51, 4 A 2
Grönlandsee 144, 1 Q 2
Groot Winterhoek 138, B 5
Grootfontein 138, B 3
Grosne 14, B 3
Grosnyj 106, C 1
Groß Sankt Florian 25, F 4
Groß Windgällen 69, D 2
Groß-Enzersdorf 23, J 3
Groß-Gerungs 23, E 2
Groß-Namaland 138, B 4
Groß-Sieghart 23, F 2
Großache 21, F 2
Großarl 21, H 3
Großarltal 21, H 3
Großbritannien 51, 4 E 3
Großdietmanns 23, E 2
Große Antillen 155, 1 D 2 – F 3
Große Arabische Wüste (Rub al-Khali) 106, C 4 – D 3
Große Australische Bucht 126, 1 C 8 – D 8
Große Bahamabank 155, 1 E 2
Große Bischofsmütze 21, J 2/3
Große Ebene 115, F 3
Große Erlauf 23, F 4
Große Gusen 22, D 3
Große Karroo 138, C 5
Große Krems 23, F 3
Große Mauer 114, E 3
Große Mühl 22, C 2
Große Rodl 22, D 3
Große Salzwüste (Dasht e Kavir) 106, D 2
Große Sandspitze 24, A 4
Große Sandwüste 126, 1 C 7
Große Schütt 65, G 4 – G 5
Große Sölk 24, D 3
Große Sunda-Inseln 120, B 4 – C 4
Große Syrte 137, D 1
Große Tulln 23, G 3
Große Victoriawüste 126, 1 C 7 – D 7
Große Ysper 23, F 3
Großer Aletschgletscher 69, D 2
Großer Aralsee 100, D 5
Großer Arber 71, G/H 7
Großer Bärensee 144, 1 F 3
Großer Beerberg 71, E 6
Großer Belchen 83, 1 G 3
Großer Belt 63, 2 B 5
Großer Bösenstein 24, D 3
Großer Buchstein 24, E 2
Großer Chingan 115, F 2 – G 1
Großer Feldberg 71, C 6
Großer Galtenberg 21, E 3
Großer Hafner 24, B 3
Großer Höllkogel 22, C 4
Großer Inselsberg 70, E 6
Großer Irgis 95, J 2
Großer Jenissej 100, H 4
Großer Kanal (Yunhe) 115, F 3
Großer Kinel 95, K 2
Großer Knallstein 24, C 3
Großer Krottenkopf 20, B 3
Großer Löffler (Monte Lovllo) 21, E 3
Großer Möseler (Mesule) 21, E 4
Großer Mythen 69, D 1
Großer Ötscher 23, F 4
Großer Peilstein 15, N 1
Großer Priel 22, D 4
Großer Pyhrgas 22, D 4
Großer Rachel 71, H 8
Großer Rettenstein 21, F 3
Großer Salzsee (Türkei) = Tuz gölü 92, E 3
Großer Salzsee (USA) 148, 1 C 3
Großer Sankt Bernhard 69, C 3
Großer Sklavensee 144, 1 F 3
Großer Speikkogel 25, E 4
Großer Usen 95, J 3
Großer Zab 93, G 3
Großes Becken 148, 1 C 3 – C 4
Großes Ochsenhorn 21, G 2
Großes Walsertal 20, A 3
Großes Wiesbachhorn 21, G 3
Grosseto 86, 1 C 3
Großglockner 24, A 3
Großharras 23, H 2
Großhaslau (Zwettl-) 23, F 2
Großhöflein 25, H 2
Großkirchheim 24, A 4
Großklein 25, F 4
Großkrut 23, J 2
Großlobming 24, E 3
Großmugl 23, H 3
Großpertenschlag 23, F 3
Großpetersdorf 25, H 3
Großraming 22, E 4
Großreifling (Landl-) 24, E 2
Großriedenthal 23, G 3
Großrußbach 23, H 3
Großschönau 23, E 2
Großsölk (Sölk-) 24, C 3
Großsteinbach 25, G 3
Großstübing (Deutschfeistritz-) 25, F 3
Großvenediger 21, F 3
Großwarasdorf 25, J 2
Großwardein (Oradea) 65, J/K 5
Großweikersdorf 23, G 3
Großwetzdorf 23, G 2
Großwilfersdorf 25, H 3
Grosuplje 15, M 4
Grudziadz = Graudenz 65, H 2
Gruissan 82, 1 E 5
Grünau 22, C 4
Grünbach 23, G 4
Grünberg (Zielona Góra) 64, F 3
Grünburg 22, D 4
Grundlsee 24, C 2
Grundlsee (See) 24, C 2
Grüner Fluss = Yeşılırmak 93, F 2
Grünwald 71, F 8/9
Gruyères 69, C 2
Gschnitz 20, D 3
Gschwandt 22, C 4
Gstaad (Saanen-) 69, C 2
Gstoder 24, C/D 3
Guadalajara (Mexiko) 154, 1 B 2
Guadalajara (Spanien) 84, 1 D 3
Guadalcanal 126, 1 G 6
Guadalquivir 84, 1 C 5
Guadalupe 154, 1 B/C 2
Guadeloupe 155, 1 F 3
Guadiana 84, 1 B 4
Guadiana Menor 84, 1 D 5
Guadix 84, 1 D 5
Guaíba 159, D 5/6
Guaíra 159, D 5
Guajará-Mirim 158, C 4
Guam 121, F 2
Guanajuato 154, 1 B 2
Guanare 158, C 2
Guane 155, 1 D 2
Guangdong 115, F 4
Guangxi 114, E 4 – F 4
Guangyuan 114, E 3
Guangzhou = Kanton 115, F 4
Guantánamo 155, 1 E 2
Guaporé 158, C 4
Guarda 84, 1 B 3
Guaring Hu 114, D 3
Guarulhos 159, E 5
Guatemala (Staat) 162, 3 B 2
Guatemala-Stadt 154, 1 C 3
Guaviare 158, B 2
Guayana 158, C/D 2
Guayanabecken 168, 1 G 5
Guayaquil 158, A/B 3
Guaymas 154, 1 A 2
Gubacha 100, D 4
Guben 70, J 5
Gubkin 94, F 3
Gudautha 93, G 2
Gudbrandsdal 62, 2 B 3
Gudermes 93, H 2
Guëraberg 137, D 3
Guéret 82, 1 D 3
Guernsey 80, E 6
Guffertspitze 21, E 2
Guimarães 84, 1 A 3
Guinea 132, 4 A 2
Guinea-Bissau 132, 4 A 2
Guineabecken 169, 1 J 6 – K 6
Guineaschwelle 169, 1 J 6 – K 6
Güira de Melena 155, 1 D 2
Güiria 158, C 1
Guise 78, C 5
Guiyang 114, E 4
Gujranwala 107, F 2
Gulbarga 107, F 4
Gulbene 63, 2 F 4
Gulian 115, G 1
Gulja = Yining 114, C 2
Gulling 24, D 3
Gulu 138, D 1
Guma = Pishan 114, B 3
Gumbinnen (Gussew) 65, K 1
Gumi 116, B 3
Gummersbach 70, B 5
Gummi 136, C 3
Gumpoldskirchen 23, H 3
Gümüşhane 93, F 2
Güns (Gyöngyös) 25, H 3
Gunsan 115, G 3
Günser Gebirge 25, H 3 – J 3
Gunskirchen 22, C 3
Guntakal 107, F 4
Guntramsdorf 23, H 3
Guntur 107, F/G 4
Gunung Slamet 120, B 4
Gunungsitoli 120, A 3
Güre 92, D 3
Gurglbach 20, C 3
Gurguéia 158, E 3
Guristausee 158, C 2
Gurk 24, D 4
Gurk (Fluss, Österreich) 24, D 4
Gurk (Fluss, Slowenien) 15, M 4
Gurktal 24, D 4
Gurktaler Alpen 24, C 4 – D 3
Guru Sikhar 107, F 3
Gurué 138, D 3
Gurupá 158, D 3
Gurupi 158, E 4
Gus-Chrustalny 95, G 2
Gussew = Gumbinnen 65, K 1
Güssing 25, H 3
Gußwerk (Mariazell-) 25, F 2
Güstrow 70, G 3
Gutau 22, E 3
Gutenstein 23, G 4
Gütersloh 70, C 5
Gutland 78, E 5 – F 5
Guttaring 24, D/E 4
Guwahati 107, G 3
Guyana 162, 3 C 2 – D 2
Guyenne 82, 1 C/D 4
Güzel Yurt = Mórphou 92, E 4
Gwadar 106, E 3
Gwalior 107, F 3
Gwanda 138, C 4
Gwangju 115, G 3
Gwanmo 116, B 2
Gweru 138, C 3
Gyangzê 114, C 4
Gyda 100, F 2
Gydan-Halbinsel 100, F 2 – G 3
Gyeongju 116, B 4
Gyeongseong 116, B 2
Gyöngyös 65, H 5
Györ = Raab 65, G 5
Gypsumville 148, 1 E 2

H

Ha Tinh 114, E 5
Ha'il 106, C 3
Haag (Niederösterreich) 22, E 3
Haag (Oberösterreich) 22, C 3
Haapamäki 62, 2 E/F 3
Haapsalu 63, 2 E 4
Haar 70, B 5 – C 5
Haardt 71, B 7 – C 7
Haarlem 78, D 2
Haarlemmermeer 78, D 2
Haastrecht 79, 1 B 2
Habachtal 21, F 3
Haberg 23, H 2/3
Habicht 20, D 3
Habomai-Inseln 117, F 2
Haboro 116, E 1
Habsburg 69, D 1
Hachinohe 116, E 2
Hachioji 116, D 4
Hadejia 136, C/D 3
Hadeln 70, C 3
Hadera 108, 1 A 2
Hadera (Fluss) 108, 1 B 2
Hadersdorf 23, G 3
Haderslev 63, 2 B 5
Haditha 106, C 2
Hadramaut 106, C/D 4
Hadres 23, H 2
Hadrut 93, H 3
Hafar al-Batin 106, C 3
Hafelekar 20, D 3
Hafnarfjörður 62, 1 B 1/2
Hafnerbach 23, F 3
Hagåtña 121, F 2
Hagen 70, B 5
Hagenau (Haguenau) 83, 1 G 2
Hagengebirge 21, H 3 – H 2
Hagi 116, B 4
Haguenau = Hagenau 83, 1 G 2
Hahnenkamm 21, F 3
Haibach 22, C 3
Haidboden 25, K 1/2
Haidershofen 22, D 3
Haidmühle 22, C 2
Haifa 108, 1 A 2
Hailar 115, F 2
Hailar He 115, F 2
Hailuoto 62, 2 F 2
Haiming 20, C 3
Hainan 114, F 5
Hainanstraße 114, F 4
Hainburg 23, J 3
Hainburger Berge 23, J 3 – K 3
Hainfeld 23, G 3
Hainich 70, E 5
Hainleite 70, E 5
Haiphong 114, E 4
Haisyn 94, D 3
Haiti 155, 1 E 3
Haïti 162, 3 C 2
Haiworon 94, D 3
Hakalau 127, 2 B 2
Hakken 116, C 4
Hakodate 115, J 2
Haku 116, D 3
Hakui 116, D 3
Hala'ib 137, F 2
Halab = Aleppo 106, B 2
Halabja 93, H 4
Halbenrain 25, G 4
Halberstadt 70, F 5
Halbinsel Agrachan 93, H 2
Halbinsel Apsheron 93, J 2
Halbinsel Azuero 155, 1 D 4
Halbinsel Busatschi 93, J 1
Halbinsel Florida 149, 1 F 5 – G 5
Halbinsel Gaspé 149, 1 H 3
Halbinsel Guajira 158, B 1
Halbinsel Jamal (Samojeden-Halbinsel) 100, E 2 – F 2
Halbinsel Kola 62, 2 H 2 – J 2
Halbinsel Malakka 120, A 3 – B 3
Halbinsel Taitao 159, B 7
Halbinsel Tjub-Karagan 93, J 1
Halbinsel Valdés 159, C 7
Halbinsel Yucatán 154/155, 1 C 3 – D 3
Halbturn 25, J 2
Halcon 120, D 2
Halden 63, 2 B 4
Haldensleben 70, F 4
Halfa al-Jadidha 137, F 3
Halifax (Großbritannien) 80, E/F 4
Halifax (Kanada) 149, 1 H 3
Hall (Admont-) 24, D 2
Hall (Tirol) 20, E 3
Hall-Inseln 121, G 3
Halland 63, 2 C 4
Hallbach 23, G 4
Halle (Belgien) 78, D 4
Halle (Deutschland) 70, F 5
Hallein 21, H 2
Hallertau 71, F 8
Halligen 70, C 2
Hallsberg 63, 2 C 4
Hallstatt 22, C 4
Hallstätter See 22, C 4
Halmahera (Djailolo) 121, D 3
Halmstad 63, 2 C 4
Halserspitz 21, E 2
Haltitunturi 62, 2 E 1
Haluza 108, 1 A 3
Ham 78, C 5
Hama 106, B 2
Hamada von Tinghert 136, C 2 – D 2
Hamadan 93, J 4
Hamakua 127, 2 B 2
Hamamatsu 115, H 3
Hamar 62, 2 B 3
Hamburg 70, D/E 3
Hamburg (Bundesland) 70, E 3
Hämeenlinna 62, 2 E/F 3
Hameln 70, D 4
Hamhung 115, G 2
Hami (Kumul) 114, D 2
Hamilton (Fluss) 149, 1 H 2
Hamilton (Kanada) 149, 1 F/G 3
Hamilton (Neuseeland) 126, 1 H 8
Hamilton Inlet 149, 1 J 2
Hamm 70, B 5
Hammerfest 62, 2 E 1
Han Jiang 115, F 3
Hanamaki 116, E 3
Hanau 71, C 6
Handa 116, D 4
Handan 115, F 3
Hangang 116, A 3
Hangö = Hanko 63, 2 E 4
Hangzhou 115, F/G 3
Hanko (Hangö) 63, 2 E 4
Hann. Münden 70, D 5
Hannersdorf 25, H 3
Hannover 70, D 4
Hanoi 114, E 4
Hanság-föcsatorna = Einser Kanal 25, J 2
Hanstholm 63, 2 B 4
Hanzhong 114, E 3
Haouza (Hawza) 136, A 2
Haparanda 62, 2 E 2
Hapcheon 116, A 4
Har Hu 114, D 3
Har Zin 108, 1 B 4
Haramachi 116, E 3
Harar 137, G 4
Harar (Landschaft) 137, G 4
Harare 138, D 3
Harbin 115, G 2
Hard 20, A 3
Hardangerfjord 62, 2 A 3
Hardangervidda 62, 2 A 3 – B 3
Hardegg 23, G 2
Hardenberg 78, F 2
Harderwijk 78, E 2
Hardinxveld-Giessendam 79, 1 B 3
Hargeysa 137, G 4
Hari 120, B 4
Hari-Rud 106, E 2
Haringvliet 78, C/D 3
Harlikarnassos 106, A 2
Harlingen (Harns) 78, E 1
Harlow 80, G 5
Harmelen 79, 1 B 2
Härnösand 62, 2 D 3
Harns = Harlingen 78, E 1
Harod 108, 1 B 2
Harper 136, B 4
Harrisburg 149, 1 G 3
Harsin 93, H 4
Harşit 93, F 2
Harsprånget 62, 2 D 2
Harstad 62, 2 D 1
Hartberg 25, G 3
Hartford 149, 1 G 3
Hartkirchen 22, C/D 3
Hartlepool 80, F 3
Harwich 80, G 5
Harz 70, E 5
Hasandağı 92, E 3
Hase 70, B 4
Häselgehr 20, B 3
Hasenöhrl (L'Orecchia di Lepre) 20, C 4
Haskovo 92, C 2
Haslach 22, D 2
Haßberge 71, E 6 – E 7
Hasselt 78, E 4
Hassi Messaoud 136, C 1
Hässleholm 63, 2 C 4
Hastings 80, G 5
Hat Yai 120, B 3
Hatra 93, G 4
Hattusa 92, E 2
Haugesund 63, 2 A 4
Haugsdorf 23, H 2
Haugstein 22, C 2
Haukisee 62, 2 G 3
Haunsberg 21, G/H 2
Haus 24, C 3
Hausbrunn 23, J 2
Hauskirchen 23, J 2
Hausleiten 23, H 3
Hausmannstätten 25, G 3/4
Hausruck 22, B 3 – C 3
Hauteurs de Gâtine 82, 1 C 3
Havanna (La Habana) 155, 1 D 2
Havel 70, H 3
Havelland 70, G 4
Haviq 93, J 3
Havířov 65, H 4
Havre 148, 1 D 3
Havre-Saint-Pierre 149, 1 H 2
Havza 93, E 2
Hawaii 127, 1 L 3
Hawaii-Inseln 127, 1 J 2 – L 2
Hawaiirücken 168, 1 A 4
Hawi 127, 2 B 1
Hawza = Haouza 136, A 2
Hazebrouck 78, B 4
Hazerswoudedorp 79, 1 B 2
Heard-Insel 167, 4 D 3
Hebi 115, F 3
Hebriden 52, 1 C 3
Hebridensee 80, C 2
Hebron (Al-Chalil) 108, 1 B 3
Hecatestraße 148, 1 A 2 – B 2
Hede 62, 2 C 3
Hedschas 106, B 2 – C 3
Heemskerk 79, 1 B 1
Heemstede 79, 1 B 2
Heerhugowaard 78, D 2
Heerlen 78, E 3
Hefei 115, F 3
Hegang 115, H 2
Hegau 71, C 9
Heide 70, D 2
Heidelberg 71, C 7
Heidenheim 71, E 8
Heidenreichstein 23, F 2
Heihe 115, G 1
Heilbronn 71, D 7
Heiligenblut 24, A 3
Heiligenbrunn 25, H 3
Heiligenkreuz (Burgenland) 25, H 4
Heiligenkreuz (Niederösterreich) 23, H 3
Heiligenkreuz (Steiermark) 25, G 4
Heimaey 62, 1 B 2
Heimschuh 25, F 4
Heiterwang 20, C 3
Hekimhan 93, F 3
Hekla 62, 1 C 1/2
Hekura 116, D 3
Hela 65, H 1
Helen 121, E 3
Helena 148, 1 C 3
Helez 108, 1 A 3
Helfenberg 22, D 2
Helgeland 62, 2 C 2
Hell-Ville = Andoany 139, E 3
Hellevoetsluis 79, 1 A 3
Hellín 84, 1 E 4
Hellmonsödt 22, D 3
Helm (Monte Elmo) 21, F 4
Helmand 106, E 2
Helmond 78, E 3
Helmstedt 70, E/F 4
Helong 116, B 2
Helpfau-Uttendorf 22, B 3
Helpter Berge 70, H 3
Helsingborg 63, 2 C 4/5
Helsingør 63, 2 B/C 4
Helsinki 62, 2 E/F 3
Hemsedalsfjella 62, 2 A 3 – B 3
Henan 114, F 3
Henares 84, 1 D 3
Hendaye 82, 1 B 5
Henderson 148, 1 C 4
Hengstpass 22, D 4
Hengyang 115, F 4
Henitschesk 94, E 4
Henndorf 21, H 2
Hennegau 78, C 4
Hennigsdorf 70, G/H 4
Hentiesbaai 138, B 4
Henzada 107, H 4
Heppenheim 71, C 7
Hepu 114, E 4
Herakleia 92, C 3
Heraklion (Iraklion) 92, C 4
Herat 106, E 2
Hérault 82, 1 E 5
Herborn 71, C 6
Herðubreið 62, 1 C 1
Heredia 155, 1 D 3
Hereford 80, E 4
Herentals 78, D 3
Herisau 69, E 1
Hermannskogel 23, H 3
Hermannstadt (Sibiu) 94, C 4
Hermon 108, 1 B 1
Hermos = Gediz 92, D 3
Hermosillo 154, 1 A 2
Hermupolis 92, C 3
Herne 70, B 5
Hernstein 23, H 4
Herstal 78, E 4
Herzliyya 108, 1 A 2
Herzogenaurach 71, E 7
Herzogenburg 23, G 3
Herzogsdorf 22, D 3
Hesdin 78, B 4
Hessen 71, C 6 – D 6
Hessisches Bergland 70, C 5 – D 6
Hetian = Hotan 114, B 3
Hexenkopf 20, B 3
Hidagebirge 116, D 3 – D 4
Hidakagebirge 116, E 2
Hidalgo del Parral 154, 1 B 2
Hiddensee 70, G/H 2
Hieflau (Landl-) 24, E 2
Hiesberg 23, F 3
Higashikagawa 116, C 4
Higashine 116, D/E 3
Higashiosaka 116, C 4
High Willhays 80, D/E 5
Highlands 80, D 1 – D 2
Higüey 155, 1 F 3
Hiiumaa = Dagö 63, 2 E 4
Hikone 116, C/D 4
Hildesheim 70, D 4
Hillegom 79, 1 B 2
Hillerød 63, 2 B 4 – C 5
Hilo 127, 2 B 2
Hilo (Landschaft) 127, 2 B 2

Hilok 101, K 4
Hils 70, D 5
Hilversum 78, E 2
Himalaya 107, F 2 – H 3
Himberg 23, H 3
Himeji 116, C 4
Himmelberg 24, C/D 4
Hims = Homs 106, B 2
Hindukusch 107, E 2 – F 2
Hindustan 107, F 2 – G 3
Hines Creek 148, 1 C 2
Hınıs 93, G 3
Hinnøy 62, 2 C 1 – D 1
Hinterbrühl 23, H 3
Hinterer Geißstein 21, J 3
Hinteres Sonnwendjoch 21, E 2
Hinterglemm (Saalbach-Hinterglemm-) 21, G 3
Hinterrhein 69, E 2
Hinterschmiding 22, C 2
Hintersee 21, H 2
Hinterstoder 22, D 4
Hintertux (Tux-) 20, E 3
Hippach 21, E 3
Hirado 116, B 4
Hirakud-Stausee 107, G 3
Hirfanlı-Stausee 92, E 3
Hirosaki 116, E 2
Hiroshima 115, H 3
Hirschegg (Hirschegg-Pack-) 25, E 3
Hirschwang (Reichenau-) 23, G 4
Hirson 78, D 5
Hirşova 92, C 1
Hirtenberg 23, H 4
Hirtshals 63, 2 B 4
Hirzer 20, E 3
Hirzerspitze (Punta Cervina) 20, D 4
Hispaniola 155, 1 E 2 – F 2
Hit 93, G 4
Hita 116, B 4
Hitachi 116, E 3
Hitra 62, 2 A/B 3
Hittisau 20, A 3
Hitzendorf 25, F 3
Hjälmarsee 63, 2 C 4
Hlobyne 94, E 3
Hluchiw 94, E 3
Ho 136, C 4
Ho-Chi-Minh-Stadt (Saigon) 120, B 2
Hobart 126, 1 E 9
Hobyo 137, G 4
Hochalmspitze 24, B 3
Hochalpe 25, F 3
Hocharn 21, G 3
Hochburg 22, A 3
Hocheck 23, G 4
Hochegg 25, G 4
Hochfeiler 15, J 3
Hochficht-Berg (Smrčina) 22, C 2
Hochfilzen 21, G 3
Hochgall (Collalto) 21, F 4
Hochgolling 21, J 3
Hochgurgl (Sölden-) 20, D 4
Hochiß 21, E 3
Hochjoch 20, C 4
Hochkar 25, E 2
Hochkönig 21, H 3
Hochkreuz 24, B 4
Hochland der Schotts 136, B 1 – C 1
Hochland von Anatolien 52/53, 1 G 4 – G 5
Hochland von Bié 138, B 3
Hochland von Iran 106, D 2 – E 2
Hochland von Kastilien 52, 1 C 4 – C 5
Hochland von Mexiko 154, 1 B 2
Hochland von Tibet 114, C 3
Hochlantsch 25, F 3
Hochneukirchen 23, H 5
Hochobir 24, D 4
Hochosterwitz 24, D 4
Hochplattig 20, C 3
Hochreichhart 24, E 3
Hochrettelstein 24, D 3
Hochschober 24, A 4
Hochschwab 25, E 2 – F 2
Höchst 20, A 3
Hochstadl 25, F 2
Hochtannberg 20, B 3
Hochtor (Berg) 24, E 2
Hochtor (Pass) 24, A 3
Hochturm 25, F 2
Hochvogel 20, B 3
Hochwanner 20, D 3
Hochwechsel 25, G 2
Hochweißstein (Monte Peralba) 24, A 4
Hochwilde (l'Altissima) 20, D 4
Hochwildstelle 24, C 3
Hodeida (Al-Hudaydah) 106, C 4
Hódmezővásárhely 65, J 4
Hodoka 116, D 3
Hoek van Holland (Rotterdam-) 78, C/D 3
Hoeryeong 116, B 2
Hof (Deutschland) 71, F 6
Hof (Niederösterreich) 23, J 4
Hof (Oberösterreich) 21, H 2
Hofkirchen 22, C 3
Höfn 62, 1 D 1
Hofsjökull 62, 1 C 1
Hofstetten-Grünau 23, G 3
Hofu 116, B 4
Hoggar = Ahaggar 136, C 2
Hohe Acht 71, A/B 6
Hohe Gaisl (Croda Rossa) 21, F 4
Hohe Geige 20, C 3
Hohe Nock 22, D 4
Hohe Salve 21, F 3
Hohe Tatra 65, H 4 – J 4
Hohe Tauern 21, F 3 – H 4
Hohe Wand 23, G 4 – H 4
Hohe Warte 24, A 4
Hohenau 23, J 2
Hohenberg 23, G 4
Hohenbrugg (Fehring-) 25, H 4
Hoheneich 23, F 2
Hohenems 20, A 3
Hohenloher Ebene 71, D 7 – E 7
Hohenruppersdorf 23, J 3
Hohensalza (Inowrocław) 65, H 2
Hohenstein 23, F/G 4
Hohentauern 24, E 3
Hohenthurn 24, C 4
Hohenwart 24, D 3
Hohenwarth-Mühlbach 23, G 2
Hoher Atlas 136, B 1
Hoher Balkan 92, C 2
Hoher Dachstein 22, C 5
Hoher Freschen 20, A 3
Hoher Gallin 24, D 4
Hoher Göll 21, H 2
Hoher Ifen 20, B 3
Hoher Lindkogel 23, H 3
Hoher Riffler 20, B 3
Hoher Sonnblick 24, A 3
Hoher Stein 23, F 1/2
Hoher Tauern 24, B 3
Hoher Tenn 21, G 3
Hoher Zinken 21, H 2
Hohes Venn 78, E 4 – F 4
Hohhot 114, F 2
Hohoku 116, B 4
Hokkaido 115, J 2
Holguín 155, 1 E 2
Hollabrunn 23, H 2
Holland 78, D 2 – D 3
Hollandse IJssel 79, 1 B 2
Hollenburg (Krems-) 23, G 3
Höllengebirge 22, C 4
Hollenstein 22, E 4
Hollersbach 21, F 3
Holmsund 62, 2 E 3
Holon 108, 1 A 3
Holstebro 63, 2 A/B 4
Holualoa 127, 2 A 2
Holy Island 80, F 3
Holyhead 80, D 4
Holzgau 20, B 3
Homberg 24, D 4
Hombori 136, B 3
Homburg 71, B 7
Homel 94, D 2
Homolka 23, E 1
Homs (Hims) 106, B 2
Hondo 116, B 4
Honduras 162, 3 B 2
Hønefoss 62, 2 B 3
Honfleur 82, 1 C/D 2
Hong Gai 114, E 4
Hongkong (Xianggang) 115, F 4
Hongshi 116, A 2
Hongshui He 114, E 4
Honiara 126, 1 G 5
Honjo 116, D/E 3
Honningsvåg 62, 2 F 1
Honokaa 127, 2 B 1
Honolulu 127, 1 K/L 2
Honomu 127, 2 B 2
Honshu 116, C 3/4
Hoofddorp 79, 1 B 2
Hoogeveen 78, F 2
Hoogezand-Sappemeer 78, F 1
Hoogvliet 79, 1 A 3
Hoorn 78, E 2
Hopa 93, G 2
Hopedale 149, 1 H/J 2
Hopetown 138, C 4
Hopfgarten 21, F 3
Horasan 93, G 2
Hörbranz 20, A 2
Horenj 65, M 3
Hörersdorf (Mistelbach-) 23, J 2
Horgen 69, D 1
Horitschon 25, J 2
Horki 94, D 2
Horliwka 94, F 3
Horn 23, G 2
Horn (Landschaft) 62, 1 B 1
Hornavan 62, 2 D 2
Hornindalsvatnet 62, 2 A 3
Hornisgrinde 71, C 8
Hornstein 25, H 2
Hörsching 22, D 3
Horsens 63, 2 B 5
Hosaina 137, F 4
Hoshab 106, E 3
Hosszúpereszteg 25, J/K 3
Hosynabad 93, H/J 4
Hot Springs 148, 1 D 3
Hotan (Hetian) 114, B 3
Hotan He 114, B/C 3
Hotazel 138, C 4
Houndé 136, B 3
Houston 148, 1 E 5
Houten 79, 1 C 2
Hovd 114, D 2
Hoverlja 94, C 3
Howland-Inseln 126, 1 J 4
Höxter 70, D 5
Hoy 80, E 1
Hoyerswerda 70, J 5
Hradec Králové = Königgrätz 64, F 3
Hrebinka 94, D/E 3
Hrodna 94, B/C 2
Hron = Gran 65, H 4
Hua Hin 120, B 2
Huacho 158, B 4
Huaibai 115, F 3
Huaihua 114, E 4
Huainan 115, F 3
Huaiyin 115, F 3
Hualalai 127, 2 B 2
Hualien 115, G 4
Huallaga 158, B 3
Huambo 138, B 3
Huancavelica 158, B 4
Huáncayo 158, B 4
Huang He (Gelber Fluss) 114, E 3
Huangshi 115, F 3/4
Huánuco 158, B 4
Huaraz 158, B 3
Huascarán 158, B 3
Hubli-Dharwar 107, F 4
Huddersfield 80, F 4
Hudiksvall 62, 2 D 3
Hudson 149, 1 G 3
Hudsonbai 144, 1 J 3 – J 4
Hudsonstraße 144, 1 K 3 – L 3
Hue 114, E 5
Huebra 84, 1 B 3
Huelva 84, 1 B 5
Huesca 84, 1 E 2
Huéscar 84, 1 D 5
Hughenden 126, 1 E 7
Hühnerkogel 25, F 4
Huíla 138, B 3
Huizen 79, 1 C 2
Hulan Ergi 115, G 2
Hulen 108, 1 B 1
Hull 127, 1 L 7
Hulun Nur 115, F 2
Humaitá 158, C 3
Humber 52, 1 D 3
Hümmling 70, B 4
Hun 136, D 2
Húnabucht 62, 1 B 1
Hunchun 116, B 2
Hungersteppe = Betpak-Dala 100, E 5 – F 5
Hungnam 115, G 3
Hunjiang 115, G 2
Hunsrück 71, A 7 – B 6
Hunte 70, C 4
Huntsville 148, 1 F 4
Hurghada 137, F 2
Hürm 23, F 3
Huronsee 148, 1 F 3
Húsavik 62, 1 C 1
Huskvarna 63, 2 C 4
Husn 108, 1 B 2
Husum 70, D 2
Hutanopan 120, A 3
Hutchinson 148, 1 E 4
Hutjena 121, G 4
Hüttau 21, H 3
Hüttenberg 24, E 4
Hüttschlag 21, H 3
Hutwisch 25, H 2
Hvannadalshnúkur 62, 1 C 1
Hvar 86, 1 F 3
Hveragerði 62, 1 B 1/2
Hwange 138, C 3
Hwardijske 92, E 1
Hyderabad (Indien) 107, F 4
Hyderabad (Pakistan) 107, E 3
Hyères 82, 1 F/G 5
Hyesan 115, G 2
Hyngij 114, D 2
Hyonosen 116, C 4
Hyuga 116, B 4
Hyvinkää 62, 2 F 3

I

Iaçu 158, E 4
Ialomiţa 92, C 1
Iaşi 94, C 4
Ibadan 136, C 4
Ibagué 158, B 2
Ibar 92, B 2
Ibarra 158, B 2
Ibb 106, C 4
Ibbenbüren 70, B 4
Iberisches Randgebirge 84, 1 D 2 – E 3
Ibi 136, C 4
Ibicuy 159, D 6
Ibiza (Eivissa) 85, 1 F 4
Ibiza (Insel) 85, 1 F 4
Ibri 106, D 3
Ibu 121, D 3
Ica 158, B 4
Içá 158, C 3
Içana 158, C 2
Ichikawa 116, E 4
Ichinomiya 116, D 4
Ida 92, C 4
Idaho 148, 1 C 3
Idaho Falls 148, 1 C 3
Idar-Oberstein 71, B 7
Idfu 137, F 2
Idhan Awbari 136, D 2
Idlib 93, F 4
Idrija 15, M 4
Idrijca 15, L 3
Idrosee 14, H 4
Ieper = Ypern 78, B 4
Ifakara 138, D 2
Ifalik-Atoll 121, F 3
Ife 136, C 4
Ifėrouane 136, C 3
Iftesene 136, C 2
Iğdır 93, H 3
Iglau (Jihlava) 64, F 4
Iglesias 86, 1 B 5
Iglino 95, L 2
Igls (Innsbruck-) 20, D 3
Iğneada 92, C/D 2
Igra 95, K 1
Iguaçu 159, D 5
Iguaçufälle 159, D 5
Igualada 85, 1 F 3
Iguatu 158, E/F 3
Ihosy 139, E 4
Îles d'Hyères 83, 1 G 5
Iijoki 62, 2 F 2
Iisalmi 62, 2 F 3
IJburg 79, 1 C 2
IJmuiden 79, 1 B 2
IJsselmeer 78, E 2
IJsselstein 79, 1 B/C 2
Ik 95, K 2
Ikali 138, C 2
Ikaria 92, C 3
Iki 116, B 4
Iki-Burul 95, H 4
Ilagan 120, D 2
Ilam 106, C 2
Ilanz (Glion) 69, E 2
Île de France 82, 1 D 2 – E 2
Ilebo 138, C 2
Ilek 95, K 3
Ilgaz Dağları 92, E 2
Ilgın 92, D 3
Ilhéus 158, F 4
Ili 100, F 5
Iligan 120, D 3
Ilisu-Stausee 93, G 3
Ilizi 136, C 2
Ill 20, A 3
Illampu 158, C 4
Illapel 159, B 6
Iller 71, E 9
Illimani 158, C 4
Illinois (Bundesstaat) 148, 1 F 4
Illinois (Fluss) 148, 1 F 3
Illmitz 25, J 2
Ilmenau 71, E 6
Ilmensee 63, 2 G 4
Ilmenspitz (Monte degli Olmi) 20, C 5
Ilo 158, B 4
Iloilo 120, D 2
Ilorin 136, C 4
Ilowlja 95, H 3
Ilowlja (Fluss) 95, H 3
Ilz 25, G 3
Ilzbach 25, G 3
Imabari 116, C 4
Imandrasee 62, 2 H 2
Imatra 62, 2 G 3
Imbros = İmros 92, C 2
Imerina 139, E 3
Imi 137, G 4
Imischli 93, H/J 3
Imola 86, 1 C 2
Imotski 87, 1 F 3
Imperatriz 158, E 3
Imperia 86, 1 B 3
Impfondo 138, B 1
Imphal 107, H 3
İmros (Imbros) 92, C 2
Imst 20, C 3
In Amenas 136, C 2
In Asaoua 136, C 2
In Salah 136, C 2
Inagua-Inseln 155, 1 E 2
Inanwatan 121, E 4
Inari 62, 2 F 1
Inarisee 62, 2 F/G 1
Inca 85, 1 G 4
İnceburun (Kleines Kap) 92, E 2
Incheon 115, G 3
Indalsälven 62, 2 C/D 3
Inderborskij 95, J 3
Indiana 148, 1 F 3
Indianapolis 148, 1 F 4
Indien (Landschaft) 169, 1 N 4 – O 4
Indien (Staat) 98, 1 E 4 – F 4
Indigirka 101, N 3
Indischer Ozean 169, 1 M 6 – O 7
Indonesien 98, 1 G 6 – H 6
Indore 107, F 3
Indramayu 120, B 4
Indre 82, 1 D 3
Indus 107, E 3
Inebolu 92, E 2
İnegöl 92, D 2
Ingende 138, B 2
Ingering 24, E 3
Ingermanland 63, 2 G 4
Ingoda 101, K 4
Ingolstadt 71, F 8
Inhambane 138, D 4
Inharrime 138, D 4
Inhul 94, E 4
Inhulez 94, E 4
Inírida 158, B 2
Inja 101, N 3
Inje 116, B 3
Inn 71, F 9
Innbach 22, C 3
Innere Hebriden 80, C 2
Innere Mongolei 114/115, E 2 – F 2
Innerer Taurus 93, F 3 – G 3
Innerkrems (Krems-) 24, C 4
Innertkirchen 69, D 2
Innichen (San Candido) 21, F 4
Innsbruck 20, D 3
Innsbruck-Land 50, 1 C 3
Innviertel 22, A 3 – C 3
Inongo 138, B 2
Inowrocław = Hohensalza 65, H 2
Insa 95, H 2
Insel der Jugend (Pinos) 155, 1 D 2
Inseln über dem Winde 155, 1 F 3 – G 3
Inseln unter dem Winde 155, 1 F 3
Inser 95, L 2
Insterburg (Tschernjachowsk) 65, J 1
Inta 100, D/E 3
Interlaken 69, C 2
Intracoastal Waterway 148/149, 1 E 4 – G 4
Inukjuak 148, 1 G 2
Inuvik 144, 1 D 3
Invercargill 126, 1 G 9
Inverness 80, D 2
Inyangani 138, D 3
Ioannina 92, B 3
Iona 80, C 2
Ionische Inseln 92, A 3 – B 3
Ionisches Meer 52, 1 E 5
Iowa 148, 1 E 3
Ipatinga 158, E 4
Ipatowo 93, G 1
Ipel = Eipel 65, H 4
Ipiales 158, B 2
Ipoh 120, B 3
Ipswich 80, G 4
Iput 94, E 2
Iqaluit 144, 1 K/L 3
Iquique 158, B 5
Iquitos 158, B 3
Irak 98, 1 D 4
Iraklion = Heraklion 92, C 4
Iran 98, 1 D 4
Iran-Gebirge 120, C 3
Iranshahr 106, E 3
Irapuato 154, 1 B 2
Irawadi 107, H 3
Irawadidelta 107, H 4
Irazú 155, 1 D 3
Irbid 108, 1 B 2
Irbil 106, C 2
Irbit 100, E 4
Irdning-Donnersbachtal 24, D 2
Irian Jaya = Papua 121, E 4 – F 4
Iringa 138, D 2
Iriri 158, D 3
Irische See 80, D 4
Irkutsk 101, J 4
Irland (Insel) 52, 1 C 3
Irland (Staat) 51, 4 E 3
Irnfritz 23, G 2
Iroise 82, 1 A 2
Iron Range 126, 1 E 6
Irrsee 22, B 4
Irschen 24, B 4
Irtysch 100, F 4
Irún 84, 1 E 2
Iruña = Pamplona 84, 1 D/E 2
Isafjord 62, 1 B 1
Ísafjörður 62, 1 A/B 1
Isar 71, F 9
Isarco = Eisack 20, E 4
Isberbasch 93, H 2
Ischewsk 95, K 1
Ischgl 20, B 3/4
Ischia 86, 1 D 4
Ischim 100, E 4
Ischim (Fluss) 100, E 4
Ischimbai 95, L 2
Ischimebene 100, E 4 – F 4
Ise 116, D 4
Isebai 116, D 4
Iselsberg 24, A 4
Iseo 14, H 4
Iseran 14, D 4
Iserlohn 70, B 5
Isernia 86, 1 E 4
Isfahan 106, D 2
Isfjord 166, 1 J 2
Ishikari 116, E 2
Ishikaribai 116, E 2
Ishinomaki 116, E 3
Ishizuchi San 115, H 3
Isikul 100, F 4
Isiolo 138, D 1
Isiro 137, E 4
Isjangulowo 95, L 2
Isjaslaw 94, C 3
Isjum 94, F 3
Iskâr 92, B 2
İskenderun 93, F 3
Iskininskij 95, K 4
Islamabad 107, F 2
Island (Insel) 52, 1 A 2 – B 2
Island (Staat) 51, 4 C 3 – D 3
Islay 80, C 3
Isle 82, 1 D 4
Ismailia 137, F 1
Ismaning 71, F 8
Isna 137, F 2
Isobilny 93, G 1
Isonzo = Soča 15, L 3
Isparta 92, D 3
İspir 93, G 2
Israel 98, 1 C 4
Issel 70, A 5
Issoudun 82, 1 D 3
Issyk-Kul 107, F 1
İstanbul 92, D 2
İstanbul-Üsküdar 92, D 2
Isthmus von Darién 155, 1 E 4
Isthmus von Kra 120, A 2 – A 3
Isthmus von Panamá 155, 1 E 3 – E 4
Isthmus von Tehuantepec 154, 1 C 3
Istres 14, B/C 6
Istrien 86, 1 D 2 – E 2
Itabuna 158, E/F 4
Itacoatiara 158, D 3
Itaipú-Stausee 159, D 5
Itaituba 158, D 3
Itálica 84, 1 B 5
Italien 51, 4 G 4
Itambé 158, E 4
Itanagar 107, H 3
Itapetinga 158, E 4
Itapicuru 158, E 3
Ith 70, D 4 – D 5
Itoigawa 116, D 3
Itonamas 158, C 4
Itscha 101, O 4
Itschinskaja Sopka 101, O 4
Itum-Kale 93, H 2
Itumbiara 158, D/E 4
Ituri 137, E 4
Iturup = Etorofu 115, J 2
Itzehoe 70, D 3
Ivalo 62, 2 F 1
Ivalojoki 62, 2 F 1
Ivanščica 15, O 3
Iwaki 116, E 3
Iwakuni 116, C 4
Iwamisawa 116, E 2
Iwanawa 94, C 2
Iwano-Frankiwsk 94, C 3
Iwanowo 100, C 4
Iwantejewka 95, J 2
Iwanuma 116, E 3
Iwata 116, D 4
Iwate 115, J 2
Iwazewitschi 94, C 2
Iwdel 100, D/E 3
Iwo 136, C 4
Iwon 116, B 2
Ixelles (Elsene) 78, D 4
İzmir 92, C 3
İzmit 92, D 2
Izniksee 92, D 2

Izola 15, L 4
Izu-Halbinsel 116, D 4
Izu-Inseln 115, H 3

J

Jabal Abu Rujmayn 93, F 4
Jabal al-Akhdar 137, E 1
Jabal al-Lawz 106, B 3
Jabal al-Uwaynat 137, E 2
Jabal an-Nabi Shuayb 106, C 4
Jabal as-Sawda 136, D 2
Jabal Gurgei 137, E 3
Jabal Haraza 137, E/F 3
Jabal Marra 137, E 3
Jabal Nafusah 136, D 1
Jabal Ngaja 137, E 4
Jabalpur 107, F/G 3
Jabalyah 108, 1 A 3
Jablanica 87, 1 F 3
Jablonezkyj-Pass 94, B/C 3
Jablonowyjgebirge 101, K 4
Jaca 84, 1 E 2
Jackson 148, 1 E 4
Jacksonville 149, 1 F 4
Jacobabad 107, E 3
Jadebusen 70, C 3
Jadotville = Likasi 138, C 3
Jaén (Peru) 158, B 3
Jaén (Spanien) 84, 1 D 5
Jaffna 107, F/G 5
Jagdalpur 107, G 4
Jagenbach (Zwettl-) 23, F 2
Jagerberg 25, G 4
Jagodnoje 101, N 3
Jagst 71, D 7
Jahorina 87, 1 G 3
Jahrom 106, D 3
Jaipur 107, F 3
Jajce 86, 1 F 2
Jakarta 120, B 4
Jakobstad (Pietarsaari) 62, 2 E 3
Jakutien 101, K 3 – O 3
Jakutsk 101, L 3
Jalalabad 107, E/F 2
Jalandhar 107, F 2
Jalawla 93, H 4
Jalgaon 107, F 3
Jalón 84, 1 D 3
Jalta 92, E 1
Jalu 115, G 2
Jaluit 126, 1 G 4
Jalunkiang 114, E 3
Jamaame 137, G 4
Jamaika 162, 3 B/C 2
Jamantau 100, D 4
Jambi 120, B 4
Jambol 92, C 2
Jamesbai 148, 1 F 2 – G 2
Jammu und Kaschmir 107, F 2
Jamnagar 107, E 3
Jämsä 62, 2 F 3
Jamshedpur 107, G 3
Jamsk 101, O 4
Jämtland 62, 2 C 3 – D 3
Jan Mayen 51, 4 E 1
Jana 101, M 3
Jana-Indigirka-Tiefebene 101, M 2 – N 2
Janabucht 101, M 2
Janaul 95, K 1
Jangjin 116, A 2
Jangtsekiang = Jinsha Jiang 114, D 3
Janiskoski 62, 2 G 1
Januária 158, E 4
Japan 98, 1 H 4
Japanisches Meer (Ostmeer) 115, H 2
Japons 23, G 2
Japurá 158, C 3
Jar 95, K 1
Jarabulus 93, F 3
Jarama 84, 1 D 3
Paransk 95, H/J 1
Jarash 108, 1 B 2
Jari 158, D 3
Jarosław 65, K 3
Jaroslawl 100, B 4
Jaru 158, C 4
Jarvis-Insel 127, 1 K 4/5
Jarzewo 100, G/H 3
Jaschkul 95, H 4
Jasselda 65, L 2
Jasykowo 95, K 2
Jataí 158, D 4
Játiva (Xátiva) 84, 1 E 4
Jauerling 23, F 3
Jaufen 20, D 4
Jaunde (Yaoundé) 136, D 4
Jaunjelgava 63, 2 F 4
Jaunpass 69, C 2
Jauntal 24, E 4
Java 120, B 4 – C 4
Javalambre 84, 1 E 3
Javasee 120, B 4 – C 4
Jawhar 137, G 4
Jayapura 121, E/F 4
Jebba 136, C 4
Jebel Oda 137, F 2
Jechegnadsor 93, H 3
Jecheon 116, B 3
Jedenspeigen 23, J 2
Jefferson City 148, 1 E 4
Jefremow 94, F 2
Jegorjewsk 94, F 2
Jegorlyk 95, G 4
Jeja 94, F 4
Jejsk 94, F 4
Jeju 115, G 3
Jekabpils 63, 2 F 4
Jekaterinburg 100, D 4
Jekaterinowka 95, H 2
Jelabuga 95, J/K 2
Jelan 95, G 3
Jelez 100, B 4
Jelgava 63, 2 E 4
Jelizowo 101, O 4
Jelniki 95, G/H 2
Jember 120, C 4
Jemen 98, 1 D 5
Jena 70, F 6
Jenakijewe 94, F 3
Jenaschinmskij-Polkan 100, H 3
Jenbach 21, E 3
Jenesien (San Genesio Atesino) 20, D 4
Jenin 108, 1 B 2
Jenissej 100, G 3
Jenissejberge 100, H 3 – H 4
Jenissejsk 100, G/H 4
Jennersdorf 25, H 4
Jeonju 115, G 3
Jequié 158, E 4
Jequitinhonha 158, E 4
Jerbogatschon 101, J 3
Jerewan 106, C 1
Jergenihügel 95, H 3 – H 4
Jericho (Ariha) 108, 1 B 3
Jermisch 95, G 2
Jermolajewo 95, K 2
Jerschow 95, H/J 3
Jersey 80, E 6
Jersey City 149, 1 G 3
Jerusalem (Yerushalayim/Al-Quds) 108, 1 B 3
Jeruslan 95, H 3
Jesenice 15, L/M 3
Jesi 15, L 6
Jesolo 86, 1 D 2
Jesreel 108, 1 B 2
Jessentuki 93, G 2
Jessil 100, E 4
Jessore 107, G 3
Jewpatorija 92, E 1
Jezioro Mamry = Mauersee 65, J 1
Jezioro Sniardwy = Spirdingsee 65, J 2
Jhansi 107, F 3
Ji-Paraná 158, C 4
Ji'an 115, F 4
Jiagedagi 115, G 2
Jiamusi 115, H 2
Jiangmen 115, F 4
Jiangmifeng 116, A 1
Jiaohe 116, A 2
Jiaojiang 115, G 4
Jiaozuo 115, F 3
Jiaxing 115, G 3
Jiayuguan 114, D 3
Jiddah 106, B 3
Jihlava = Iglau 64, F 4
Jijiga 137, G 4
Jilib 137, G 4
Jilin 115, G 2
Jimeta 136, D 4
Jimma 137, F 4
Jinan 115, F 3
Jinchang 114, E 3
Jingdezhen 115, F 4
Jinghong 114, D/E 4
Jingpo-Stausee 116, B 2
Jinhua 115, F 4
Jining (Innere Mongolei) 115, F 2
Jining (Shandong) 115, F 3
Jinja 138, D 1
Jinju 116, A 4
Jinotega 155, 1 D 3
Jinsha Jiang (Jangtsekiang) 114, D 3
Jinzhou 115, F/G 2
Jiparaná 158, C 3
Jirja 137, F 2
Jiroft 106, D 3
Jisr ash-Shughur 93, E/F 4
Jiu 92, B 1
Jiujiang 115, F 4
Jixi 115, H 2
Jizan 106, C 4
João Pessoa 158, F 3
Jochberg 21, F 3
Jodhpur 107, F 3
Joensuu 62, 2 G 3
Joetsu 115, H 3
Joglland 25, G 3
Johannesburg 138, C 4
Johnsbach (Admont-) 24, E 2
Johnston-Insel 127, 1 K 3
Johor Bahru 120, B 3
Joigny 82, 1 E 2/3
Joinville 159, E 5
Jois 25, J 2
Jokkmokk 62, 2 D 2
Jökulsá á Fjöllum 62, 1 C 1
Jolfa 93, H 3
Joliet 148, 1 F 3
Jolo 120, D 3
Jolo (Insel) 120, D 3
Jonava 63, 2 E/F 5
Jonesboro 148, 1 E 4
Jönköping 63, 2 C 4
Jordan 108, 1 B 2
Jordanien 98, 1 C 4
Jörn 62, 2 E 2
Jorullo 154, 1 B 3
Jos 136, C 3/4
Joschkar-Ola 95, H/J 1
Josselin 82, 1 B 3
Jostedalsbre 62, 2 A 3
Jotunheimen 62, 2 A/B 3
Jouxtal 69, B 2
Juan-Fernández-Inseln 159, A 6 – B 6
Juazeiro 158, E 3
Juazeiro do Norte 158, E/F 3
Juba 137, F 4
Jubba 137, G 4
Júcar 84, 1 D 4
Judäa 108, 1 B 3
Judenau 23, H 3
Judenburg 24, E 3
Jufrah-Oasen 136, D 2
Jug 95, H 1
Jugorsk 100, E 3
Jugorstraße 100, E 3
Juína 158, D 4
Juist (Insel) 70, A 3
Juiz de Fora 159, E 5
Jukagiren-Plateau 101, O 3
Julbach (Österreich) 22, C 2
Juliaca 158, B 4
Jülich 70, A 6
Julier 14, G 3
Julierpass 69, E 2
Julische Alpen 15, L 3
Jumilla 84, 1 E 4
Juneau 144, 1 D 4
Jungbunzlau (Mladá Boleslav) 64, F 2
Jungferninseln 155, 1 F 3
Jungfrau 69, C 2
Jungholz 20, B 2
Junin 159, C 6
Jura 80, C/D 2
Jurbarkas 63, 2 E 5
Jurga 100, G 4
Jurino 95, H 1
Jurjewez 95, G 1
Jurjusan 95, L 2
Jurmala 63, 2 E 4
Juruá 158, C 3
Juruá (Fluss) 158, B 3
Juruena 158, D 4
Juschkosero 62, 2 G/H 2
Jusha 95, G 1
Jushno-Jenissejskij 100, H 4
Jushno-Sachalinsk 101, N 5
Jushno-Suchokumsk 93, H 1
Jutaí 158, C 3
Jütland 63, 2 B 4
Jyväskylä 62, 2 F 3

K

K2 = Godwin Austen 114, B 3
Ka Lae (Südkap) 127, 2 B 3
Kaabong 138, D 1
Kaatoan 120, D 3
Kabale 138, D 2
Kabalo 138, C 2
Kabinda 138, C 2
Kabir Kuh 93, H 4
Kabongo 138, C 2
Kabul 107, E 2
Kabwe 138, C 3
Kachin 107, H 3
Kachiwkaer Stausee 94, E 4
Kaçkar 93, G 2
Kadesch Bernea 108, 1 A 4
Kadirli 93, F 3
Kadoma 138, C 3
Kaduna 136, C 3
Kaduqli 137, E 3
Kaédi 136, A 3
Kaesong 115, G 3
Kaffa 137, F 4
Kaffrine 136, A 3
Kafue 138, C 3
Kafue (Fluss) 138, C 3
Kaga-Bandoro 137, D 4
Kagera 138, D 2
Kağızman 93, G 2/3
Kagoshima 115, G/H 3
Kagoshimabai 116, B 5
Kahler Asten 70, C 5
Kahramanmaraş 93, F 3
Kai-Inseln 121, E 4
Kaifeng 115, F 3
Kailas 114, C 3
Kailu 115, G 2
Kailua 127, 2 A 2
Kaimana 121, E 4
Kaimu 127, 2 C 2
Kainach 25, F 3
Kainach (Fluss) 25, F 3
Kaindorf 25, G 3
Kainji-Stausee 136, C 3
Kainuunselkä 62, 2 F/G 2
Kairo (El-Qahira) 137, F 1/2
Kairouan 136, C 1
Kaisergebirge 21, F 2
Kaiserschild 24, E 2
Kaiserslautern 71, B 7
Kaiserstuhl 71, B 8
Kaiyuan 114, E 4
Kajaani 62, 2 F/G 2
Kakegawa 116, D 4
Kakel 62, 2 D 2
Kakinada 107, G 4
Kalabrien 86, 1 F 5
Kalahari 138, C 4
Kalaharibecken 138, C 4
Kalakan 101, K 4
Kalamata 92, B 3
Kalansho-Serir 137, E 2
Kalaoa 127, 2 B 2
Kalat 107, E 3
Kalatsch am Don 95, G 3
Kalatsch an der Tulučaevka 95, G 3
Kalaus 93, G 1
Kälbäğar 93, H 2
Kaldygaity 95, K 3
Kalecik 92, E 2
Kaledonischer Kanal 80, D 2
Kalemie 138, C 2
Kalemyo 107, H 3
Kalewala 62, 2 G 2
Kaleybar 93, H 3
Kalgoorlie 126, 1 C 8
Kalifornien (California) 148, 1 B 4
Kalifornischer Strom 166, 1 Q 3
Kalima 138, C 2
Kalimantan = Borneo 120, C 3 – C 4
Kaliningrad = Königsberg 63, 2 D/E 5
Kalininsk 95, H 3
Kalinkawitschi 94, D 2
Kalisch (Kalisz) 65, G/H 3
Kalisz = Kalisch 65, G/H 3
Kalixälven 62, 2 E 2
Kaljasin 94, F 1
Kalkkögel 20, D 3
Kalkutta (Kolkata) 107, G 3
Kallasee 62, 2 F 3 – G 3
Kallham 22, C 3
Kallsee 62, 2 C 3
Kalmar 63, 2 C/D 4
Kalmarsund 63, 2 D 4
Kalmit 71, B/C 7
Kalmunai 107, G 5
Kalsdorf 25, F 4
Kaltenbach 21, E 3
Kaltenleutgeben 23, H 3
Kalterer See 20, D 5
Kaltern (Caldaro) 20, D 5
Kaluga 100, B 4
Kalusch 65, L 4
Kalwang 24, E 3
Kalyan 107, F 4
Kama 100, D 3/4
Kamaishi 116, E 3
Kamaran 106, C 4
Kamastausee 100, D 4
Kambarka 95, K 1
Kambodscha 98, 1 G 5
Kamčija 92, C 2
Kamen 100, H 3
Kamen-na-Obi 100, G 4
Kamenka (Kasachstan) 95, J 3
Kamenka (Russland) 95, G/H 2
Kamensk-Schachtinski 95, G 3
Kamensk-Uralski 100, D/E 4
Kamenskoje 101, P 3
Kamenz 70, H/J 5
Kamerun 132, 4 B 2
Kamerunberg 136, C 4
Kamina 138, C 2
Kamioka 116, D 3
Kamjanez-Podilskyj 94, C 3
Kamloops 148, 1 B 2
Kammern 25, E 3
Kamonsk-Schachtinskij 95, G 3
Kamp 23, G 2
Kampala 138, D 1
Kampanien 86, 1 D 4 – E 4
Kampen 78, E 2
Kampong Cham 120, B 2
Kamskoje Ustje 95, J 2
Kamtschatka (Fluss) 101, O/P 4
Kamtschatka (Landschaft) 101, O 4 – P 4
Kamuela 127, 2 B 2
Kamyschewatskaja 94, F 4
Kamyschin 100, C 4
Kamysjak 95, J 4
Kanada 190, 1 D 2 – E 2
Kanadischer Archipel 168, 1 D 2 – E 2
Kanadischer Schild 168, 1 D 2 – F 3
Kanal von Burgund 82, 1 F 3
Kanalinseln 80, E 6
Kananga 138, C 2
Kanaren 168, 1 H 4 – J 4
Kanarische Inseln 136, A 2
Kanarisches Becken 169, 1 H 4
Kanasch 95, H 2
Kanazawa 115, H 3
Kanchipuram 107, F 4
Kandahar 107, E 2
Kandalakscha 62, 2 G/H 2
Kandalakschabucht 62, 2 H 2
Kandangan 120, C 4
Kandersteg 69, C 2
Kandi 136, C 3
Kandy 107, G 5
Kandyagash 100, D 5
Kanem 136, D 3
Kangal 93, G 3
Kangar 120, A/B 3
Kangavar 93, H/J 4
Kangean-Inseln 120, C 4
Kanggye 115, G 2
Kangto 107, H 3
Känguru-Insel 126, 1 D 8
Kaniama 138, C 2
Kanin-Halbinsel 100, C 3
Kanisfluh 20, A 3
Kaniw 94, D 3
Kankan 136, B 3/4
Kanmonbrücke 116, B 4
Kano 136, C 3
Kanoya 116, B 5
Kanpur 107, F 3
Kansas 148, 1 D 4 – E 4
Kansas City (Kansas) 148, 1 E 4
Kansas City (Missouri) 148, 1 E 4
Kansk 100, H 4
Kant 107, F 1
Kantabrisches Gebirge 84, 1 B 2 – D 2
Kantchari 136, C 3
Kanton (Guangzhou) 115, F 4
Kanton-Insel 127, 1 J 5
Kanuma 116, D 3
Kanye 138, C 4
Kaokoveld 138, B 3 – B 4
Kaolack 136, A 3
Kaouar 136, D 3
Kap Adare 167, 4 K 2
Kap Akritas 92, B 3
Kap Alewin 101, O 4
Kap Alexandra 101, M 4
Kap Anamur 92, E 3/4
Kap Andreas 92, E 4
Kap Aniwa 101, N 5
Kap Ann 167, 4 C 2
Kap Arkona 70, H 2
Kap Ashizuri 116, C 4
Kap Baba 92, C 3
Kap Barrow 168, 1 B 2
Kap Blanc 86, 1 B 6
Kap Bon 86, 1 C 6
Kap Branco 168, 1 H 6
Kap Breton 149, 1 J 3
Kap Breton-Insel 149, 1 J 3
Kap Bugel 120, C 4
Kap Buor-Chaja 101, M 2
Kap Burica 155, 1 D 4
Kap Byron 126, 1 F 7
Kap Ca Mau 120, B 3
Kap Canaveral 149, 1 F 5
Kap Cangkuang 120, B 4
Kap Carbonara 86, 1 B 5
Kap Carvoeiro 84, 1 A 4
Kap Catoche 155, 1 D 2
Kap Cina 120, B 4
Kap Circeo 86, 1 D 4
Kap Cod 149, 1 G/H 3
Kap Comorin 169, 1 N 5
Kap Corrientes 154, 1 B 2
Kap Corse 83, 1 H 5
Kap Cretin 121, F 4
Kap Creus 85, 1 G 2
Kap Curz 155, 1 E 3
Kap d'Ambre = Tanjona Bobaomby 139, E 3
Kap Daio 116, D 4
Kap Dart 167, 4 M 2
Kap Datu 120, B 3
Kap Delgado 139, E 3
Kap der Guten Hoffnung 169, 1 K 7
Kap Deshnew 169, 1 T 2
Kap Dika 101, K 2
Kap Dolgaja 93, F 1
Kap Dungeness 159, C 8
Kap Elisabeth 101, N 4
Kap Esan 116, E 2
Kap Espichel 84, 1 A 4
Kap Farvel 144, 1 N 4
Kap Finisterre 84, 1 A 2
Kap Formentor 85, 1 G 4
Kap Gallo 86, 1 D 5
Kap Gata 84, 1 D 5
Kap Gelidonya 92, D 3
Kap Genteng 120, B 4
Kap Gracias a Dios 155, 1 D 3
Kap Guardafui 169, 1 M 5
Kap Hague 82, 1 C 2
Kap Hanikra 108, 1 A/B 1
Kap Hatteras 149, 1 G 4
Kap Hoorn 159, C 8
Kap Inubo 116, E 4
Kap Iro 116, D 4
Kap Jabung 120, B 4
Kap Janggi 116, B 3
Kap Jelagina 101, N 4
Kap Jushnyj 101, O 4
Kap Kamenjak 15, L 5
Kap Kamui 115, H/J 2
Kap Kanin Nos 100, C 3
Kap Karmel 108, 1 A 2
Kap Kumukahi 127, 2 C 2
Kap Leeuwin 126, 1 B 8
Kap Lopatka 101, O 4
Kap Lopez 138, A 2
Kap Mala 155, 1 D/E 4
Kap Malea 92, B 3
Kap Maria van Diemen 126, 1 G/H 8
Kap Mondego 84, 1 A 3
Kap Morris Jesup 144, 1 K 1
Kap Motsuta 115, H/J 2
Kap Muroto 116, C 4
Kap Musu 116, B 2
Kap Nao 84, 1 F 4
Kap Negrais 107, H 4
Kap Nojima 116, D 4
Kap Norvegia 167, 4 R/S 2
Kap Oljutorskij 101, Q 4
Kap Orange 158, D 2
Kap Ortegal 84, 1 A/B 2
Kap Osernoj 101, P 4
Kap Palmas 136, B 4
Kap Palos 84, 1 E 5
Kap Pangkalseang 120, D 4
Kap Papisoi 121, E 4
Kap Passero 86, 1 E 6
Kap Pestschany 93, J 2
Kap Poworotnyj 101, M 5
Kap Prince of Wales 144, 1 A 3
Kap Puting 120, C 4
Kap Race 149, 1 J 3
Kap Ray 149, 1 H/J 3
Kap Sable (Kanada) 149, 1 H 3
Kap Sable (USA) 149, 1 F 5
Kap Saint Charles 149, 1 J 2
Kap Sainte Marie = Tanjona Vohimena 139, E 4
Kap Salinas 85, 1 G 4
Kap San Agustin 120, D 3
Kap San Antonio 155, 1 D 2
Kap San Diego 159, C 8
Kap San Lucas 154, 1 A/B 2
Kap São Vicente 84, 1
Kap Sata 115, G/H 3
Kap Schalaurow 101, N 2
Kap Selatan 120, C 4
Kap Shelanija 100, E 2
Kap Shiono 116, C 4
Kap Shiretoko 117, F 1
Kap Shiriya 116, E 2
Kap Sounion 92, B/C 3
Kap Soya 115, J 2
Kap Spartel 84, 1 B/C 6
Kap Spartivento 86, 1 F 6
Kap Suzu 116, D 3
Kap Swyatoy Nos 101, M/N 2
Kap Tenaro 92, B 3
Kap Terpenija 101, N 5
Kap Teulada 86, 1 B 5
Kap Tjub-Karagan 93, J 1
Kap Toi 116, B 5
Kap Tolstoi 101, O 4
Kap Trafalgar 84, 1 B 5
Kap Tres Puntas 159, C 7
Kap Trois Fourches 84, 1 D 6
Kap Tscheljuskin 101, J 2
Kap Vals 121, E 4
Kap Verde 168, 1 J 5
Kap Verde (Staat) 190, 1 H 4
Kap Wilson 126, 1 E 8
Kap Wrath 80, D 1
Kap York 126, 1 E 6
Kap-York-Halbinsel 126, 1 E 6
Kapan 93, H 3
Kapela 86, 1 E 2
Kapellen (Neuberg-) 25, G 2
Kapelln 23, G 3
Kapfenberg 25, F 3
Kapfenstein 25, G 4
Kapıdağı 92, C 2
Kapingamarangi-Atoll 121, G 3
Kapiri Mposhi 138, C 3

Österreich
Europa
Asien
Ozeanien
Afrika
Amerika
Erde
Register

Kapland 138, B 5 – C 5
Kapoho 127, 2 C 2
Kapos 65, H 5
Kaposvár 65, G 5
Kappadokien 92, E 3
Kappel 24, D 4
Kappl 20, B 3
Kaprun 21, G 3
Kapruner Tal 21, G 3
Kapschwelle 169, 1 K 8
Kapstadt (Cape Town) 138, B 5
Kapuas 120, C 3
Kapuas Hulu-Gebirge 120, C 3
Kapuskasing 148, 1 F 3
Kapustin Jar 95, H 3
Kapuvár 15, P 2
Kapverden 168, 1 H 5
Kapverdenschwelle
168, 1 H 4 – H 5
Kapverdisches Becken 168, 1 H 5
Kara 136, C 4
Kara-Bogas-Gol 106, D 1
Karabiğa 92, C 2
Karabük 92, E 2
Karaca 93, F 3
Karacabey 92, D 2
Karachi 107, E 3
Karaganda = Qaraghandy
100, F 4/5
Karaginski-Golf 101, P 4
Karaginski-Insel 101, P 4
Karagöl Dağı 93, F 2
Karaikal 107, F/G 4
Karakayastausee 93, F 3
Karakol 107, F 1
Karakorum (Gebirge) 107, F 2
Karakorum (Ruinenstätte) 114, E 2
Karakorumpass 114, B 3
Karakul 100, E 6
Karakum 106, D 1 – E 2
Karakumkanal 106, E 2
Karaman 92, E 3
Karamay 114, C 2
Karapınar 92, E 3
Karasberge 138, B 4
Karasburg 138, B 4
Karasee 100, E 2 – G 2
Karasjok 62, 2 F 1
Karastraße 100, D 2
Karasu 92, D 2
Karasuk 100, F 4
Karatal 95, K 3
Karatal (Fluss) 100, F 5
Karataş 93, E 3
Karatau 100, E 5
Karatepe 93, E/F 3
Karatos 100, G 4
Karatschajewsk 93, G 2
Karatschew 94, E 2
Karawanken 15, L 3 – M 3
Karcag 65, J 5
Kardeljevo 87, 1 F 3
Karditsa 92, B 3
Kărdzali 92, C 2
Karelien 62, 2 G 3 – H 3
Karen 107, H 4
Karerpass 20, E 5
Karesuando 62, 2 E 1
Karhula 62, 2 F 3
Kariba 138, C 3
Karibasee 138, C 3
Karibib 138, B 4
Karibisches Meer 155, 1 D 3 – F 3
Karima (Kurimah) 137, F 3
Karimata-Inseln 120, B 4
Karimatastraße 120, B 4
Karimunjava-Inseln 120, C 4
Karisimbi 138, C 2
Karkar 121, F 4
Karkaraly 100, F 5
Karkheh 93, H 4
Karkinitbucht 94, E 4
Karleby = Kokkola 62, 2 E 3
Karlö = Hailuoto 62, 2 F 2
Karlobag 15, M/N 5
Karlovac 86, 1 E 2
Karlovy Vary = Karlsbad 64, E 3
Karlsbad (Karlovy Vary) 64, E 3
Karlskoga 63, 2 C 4
Karlskrona 63, 2 C 4
Karlsruhe 71, C 7
Karlstad 63, 2 C 4
Karlstein 23, F 2
Karlstetten 23, G 3
Karlstift (Bad Großpertholz-) 22, E 2
Karmelgebirge 108, 1 A 2
Karnal 107, F 3
Karneid (Cornedo) 20, D 5
Karnische Alpen 21, F 4 – J 4
Kärnten 50, 1 E 4
Karoi 138, C 3
Karolinen 121, E 3 – G 3
Karonga 138, D 2/3
Karpaten 52, 1 E 4 – F 4
Karpathos 92, C 4
Karpathos (Insel) 92, C 4
Kars 93, G 2
Karst 86, 1 E 2
Kartaly 100, D/E 4
Karun 93, J 4
Karungi 62, 2 E 2
Karwendel 20, D 3 – E 3
Karymskoje 101, K 4
Kaş 92, D 3
Kasachische Schwelle
100, E 5 – F 5
Kasachstan 98, 1 E 3
Kasai (Fluss) 138, B 2
Kasai (Landschaft) 138, C 2
Kasama 138, D 3
Kasan 100, C 4
Kasane 138, C 3
Kasanga 138, D 2
Kasanskaja 95, G 3
Kasaten 94, D 3
Kasatschinskoje 101, J 4
Kasbasee 148, 1 D 1
Kasbek 93, H 2
Kasberg 22, D 4
Kaschau = Košice 65, J 4
Kaschira 94, F 2
Kasempa 138, C 3
Kasese 138, D 1/2
Kashan 106, D 2
Kashghar = Kashi 114, B 2/3
Kashi (Kashghar) 114, B 2/3
Kashima 116, B 4
Kashimabucht 116, E 3
Kashiwazaki 116, D 3
Kashmar 106, D 2
Kasimow 95, G 2
Kaskadenkette 148, 1 B 3
Kaskinen (Kaskö) 62, 2 E 3
Kaskö = Kaskinen 62, 2 E 3
Kasongo 138, C 2
Kasongo-Lunda 138, B 2
Kaspijsk 93, H 2
Kaspische Senke 95, H 4 – K 4
Kaspisches Meer 106, C 1 – D 2
Kaspiskij 93, H 1
Kassala 137, F 3
Kassandra 92, B 2/3
Kassel 70, D 5
Kastamonu 92, E 2
Kastelbell (Castelbello) 20, C 4
Kastelruth (Castelrotto) 20, E 4
Kastilisches Scheidegebirge
84, 1 B 3 – D 3
Kastornoje 94, F 3
Kasungu 138, D 3
Kasym 100, E 3
Katalonien 85, 1 F 3 – G 2
Katanga 138, C 2
Katar 98, 1 D 4
Katerini 92, B 2
Katha 107, H 3
Katharinenschlag 23, G 4
Kathmandu 107, G 3
Katima Mulilo 138, C 3
Katiola 136, B 4
Katoro 138, D 2
Katowice = Kattowitz 65, H 3
Katschbach 24, D 3
Katschug 101, J 4
Katsina 136, C 3
Katsuura 116, E 4
Kattakurgan 100, E 5
Kattarasenke 137, E 2
Kattavia 92, C 4
Kattegat 63, 2 B 4 – C 4
Kattowitz (Katowice) 65, H 3
Katum 100, G 4
Katumba 138, D 2
Katwijk 78, D 2
Katzenbuckel 71, D 7
Katzrin 108, 1 B 2
Kau 127, 2 B 2
Kauai 127, 1 K/L 2
Kaufbeuren 71, E 9
Kaukasus 93, G 2
Kaumberg 23, G 3
Kaunas 63, 2 E/F 5
Kaunertal 20, C 3 – C 4
Kaura Namoda 136, C 3
Kautzen 23, F 2
Kavaratti 107, F 4
Kavieng 121, G 4
Kawagoe 116, D 4
Kawaihae 127, 2 A/B 1
Kawalerowo 116, C 1
Kawambwa 138, C 2
Kawasaki 115, H 3
Kaxgar He 114, B 3
Kaya 136, B 3
Kayes 136, A 3
Kayseri 106, B 2
Kaz Dağı 92, C 3
Kazanlâk 92, C 2
Kazerun 106, D 3
Kazuno 116, E 2
Kea 92, C 3
Keaau 127, 2 B 2
Keahole Point 127, 2 A 2
Keban-Stausee 93, F 3
Kebnekajse 62, 2 D 2
Kecskemét 65, H 5
Kedainiai 63, 2 E/F 5
Kediri 120, C 4
Kédougou 136, A 3
Keetmanshoop 138, B 4
Kefallinia 92, B 3
Kefar Sava 108, 1 A 2
Kefermarkt 22, E 3
Keflavik 62, 1 B 1/2
Keg River 148, 1 C 2
Kehdingen 70, D 3
Kehl 71, B 8
Keilberg 64, E 3
Keitelesee 62, 2 F 3
Kejiw = Kiew 94, D 3
Kelang 120, B 3
Kelheim 71, F 8
Kelkit 93, F 2
Kellerjoch 21, E 3
Kelloselkä 62, 2 F/G 2
Kelo 136, D 4
Kelowna 148, 1 C 3
Keltische See 80, D 5
Keluang 120, B 3
Kem 62, 2 H 2
Kem (Fluss) 62, 2 H 2
Kematen am Innbach 22, C 3
Kematen an der Krems 22, D 3
Kematen an der Ybbs 22, E 3
Kematen in Tirol 20, D 3
Kembolcha 137, F 3
Kemer 92, D 3
Kemer-Stausee 92, D 3
Kemerowo 100, G 4
Kemi 62, 2 F 2
Kemijärvi 62, 2 F 2
Kemijoki 62, 2 F 2
Kempen 78, D/E 3
Kempten 71, E 9
Kendari 120, D 4
Kendawangan 120, C 4
Kenema 136, A 4
Keng Tung 107, H 3
Kenhardt 138, C 4
Kenia 132, 4 C 2
Kenitra (El-Qenitra) 136, B 1
Kenora 148, 1 E 3
Kent 80, G 5
Kentau 100, E 5
Kentucky 148, 1 F 4
Kepsut 92, D 3
Kerbala 106, C 2
Kerem Shalom 108, 1 A 3
Kerema 121, F 4
Keren 137, F 3
Kerend 93, H 4
Keretsee 62, 2 H 2
Kerguelen 167, 4 D 3
Kerguelen-Gaußberg-Rücken
169, 1 N 8 – O 9
Kerinci 120, B 4
Keriya = Yutian 114, C 3
Kerki 106, E 2
Kerkyra = Korfu 92, A 3
Kerkyra = Korfu (Insel) 92, A 3
Kerma 137, F 3
Kermadec-Inseln 126, 1 H 8 – J 8
Kerman 106, D 2
Kermanshah (Bakhtaran) 106, C 2
Kerneten 25, H 3
Kernhof (St. Aegyd am Neuwalde-)
23, G 4
Kerry 80, A/B 5
Kerschbaumer Sattel 22, D 2
Kertsch 93, F 1
Kerulen 115, F 2
Keşan 92, C 2
Kesennuma 116, E 3
Keshma 101, J 4
Kestenga 62, 2 G 2
Keszthely 15, O/P 3
Ket 100, G 4
Keta 136, C 4
Ketapang 120, B 4
Ketchikan 148, 1 A 2
Kętrzyn = Rastenburg 65, J 1
Ketschenery 95, H 4
Keukenhof 79, 1 A/B 2
Keutschach 24, D 4
Key West 149, 1 F 5
Keziv 108, 1 B 1
Khabur 93, G 4
Khaiberpass 107, E/F 2
Khairpur 107, E 3
Khamis Mushayt 106, C 4
Khan Yunis 108, 1 A 3
Khanaqin 93, H 4
Kharagpur 107, G 3
Kharg 106, C 3
Khartum 137, F 3
Khash 106, E 3
Khasigebirge 107, H 3
Khazar 106, D 2
Khon Kaen 114, E 5
Khorramabad 106, C 2
Khorramshar 106, C 2
Khouribga (Khuribga) 136, B 1
Khowst 107, E 2
Khulm 107, E 2
Khulna 107, G 3
Khuribga = Khouribga 136, B 1
Khuzdar 107, E 3
Khvoy 106, C 2
Kiamba 120, D 3
Kiantasee 62, 2 G 2
Kibali 137, E 4
Kibombo 138, C 2
Kibwezi 139, D 2
Kidal 136, C 3
Kidodi 138, D 2
Kiel 70, E 2
Kielce 65, J 3
Kieler Bucht 70, E 2
Kienberg (Gaming-) 23, F 4
Kiens (Chienes) 21, E 4
Kiew (Kyjiv) 94, D 3
Kiffa 136, A 3
Kifri 93, H 4
Kigali 138, C/D 2
Kigoma 138, C 2
Kiistraße 116, C 4
Kikinda 92, B 1
Kikori 121, F 4
Kikwit 138, B 2
Kılaban 93, G 3
Kilauea-Krater 127, 2 B 2
Kilb 23, F 3
Kildin-Insel 62, 2 H 1
Kilemary 95, H 1
Kilifi 139, D/E 2
Kilija 94, D 4
Kilimandscharo 138, D 2
Kilis 93, F 3
Kilkenny 80, C 4
Killarney 80, B 4
Kilmes 95, J 1
Kilombero 138, D 2
Kilosa 138, D 2
Kilpilahti 62, 2 F 3
Kilwa Kivinje 139, D 2
Kimbe 121, G 4
Kimberley 138, C 4
Kimchaek = Songjin 115, G 2
Kimolos 92, C 3
Kimowsk 94, F 2
Kimry 94, F 1
Kinabalu 120, C 3
Kindberg 25, F 2
Kinderdijk 79, 1 B 3
Kindia 136, A 4
Kindu 138, C 2
Kinel 95, J 2
Kineschma 95, G 1
King's Lynn 80, G 4
Kingston (Jamaika) 155, 1 E 3
Kingston (Kanada) 149, 1 G 3
Kingston upon Hull 80, F 4
Kingstown 155, 1 F 3
Kinmen-Inseln 115, F 4
Kinnairds Head 80, E/F 2
Kinsale 80, B 5
Kinshasa 138, B 2
Kintyre 80, D 3
Kinyeti (Agorro) 137, F 4
Kinzig 71, C 8
Kirchbach (Kärnten) 24, B 4
Kirchbach (Steiermark) 25, G 4
Kirchberg am Wagram 23, G 3
Kirchberg am Walde 23, F 2
Kirchberg am Wechsel 23, G 4
Kirchberg an der Donau 22, C 3
Kirchberg an der Pielach 23, F 3
Kirchberg an der Raab 25, G 4
Kirchberg in Tirol 21, F 3
Kirchdorf (Tirol) 21, F 2
Kirchdorf an der Krems 22, D 4
Kirchheim 22, B 3
Kirchschlag 23, H 4
Kirensk 101, J 4
Kirgisistan 98, 1 E 3
Kiribati (Inseln) 169, 1 S 5
Kiribati (Staat) 191, 1 T 5
Kırıkhan 93, F 3
Kırıkkale 92, E 3
Kirishima 116, B 5
Kiritimati (Christmas-Insel)
127, 1 L 4
Kırka 92, D 3
Kırkağaç 92, C 3
Kirkcaldy 80, E 2
Kirkenes 62, 2 G 1
Kırklareli 92, C 2
Kirkuk 106, C 2
Kirkwall 80, E 1
Kirnberg 23, F 3
Kirow (Kaluga Oblast) 94, E 2
Kirow (Kirow Oblast) 95, J 1
Kirow-Inseln 100, G 2 – H 2
Kirowo-Tschepezk 95, J 1
Kirowohrad 94, E 3
Kirowsk 62, 2 H 2
Kirowskij 101, O 4
Kirs 95, K 1
Kirsanow 95, G 2
Kirtharkette 107, E 3
Kiruna 62, 2 D/E 2
Kiryu 116, D 3
Kis-Balaton 15, O/P 3
Kisalföld 15, O/P 2
Kisangani 138, C 1
Kisarazu 116, D/E 4
Kischinau = Chişinău 94, D 4
Kisel 95, L 1
Kisengwa 138, C 2
Kishi 136, C 4
Kishon 108, 1 B 2
Kisii 138, D 2
Kisiljurt 93, H 2
Kiskunhalas 65, H 5
Kisljar 93, H 2
Kislowodsk 93, G 2
Kismaayo 137, G 5
Kiso 116, D 4
Kissidougou 136, A 4
Kisumu 138, D 2
Kita 136, B 3
Kitakami 116, E 3
Kitakami (Fluss) 116, E 3
Kitakamigebirge 116, E 2
Kitakata 116, D 3
Kitakyushu 115, G/H 3
Kitale 138, D 1
Kitami 115, J 2
Kitamigebirge 116, E 1
Kitgum 138, D 1
Kitimat 148, 1 A/B 2
Kitinen 62, 2 F 2
Kittilä 62, 2 F 2
Kittsee 25, K 1
Kitui 139, D 2
Kitwe 138, C 3
Kitzbühel 21, F 3
Kitzbüheler Alpen 21, F 3 – G 3
Kitzbüheler Horn 21, F 3
Kitzsteinhorn 21, G 3
Kiunga 121, F 4
Kivalo 62, 2 F 2
Kivisee 62, 2 F 3
Kivu 138, C 2
Kivusee 138, C 2
Kiyamaki 93, H 3
Kiyiköy 92, D 2
Kızılırmak (Roter Fluss) 93, F 3
Kızıltepe 93, G 3
Kjachta 101, J 4
Kjurdamir 93, H/J 2
Kladanj 87, 1 G 2
Kladno 64, F 3
Klagenfurt 24, D 4
Klagenfurt-Land 50, 1 F 4
Klaipėda (hist. Memel) 63, 2 E 5
Klam 22, E 3
Klamath Falls 148, 1 B 3
Klarälven 62, 2 C 3
Klaus 22, D 4
Klausen (Chiusa) 20, D/E 4
Klausenburg (Cluj-Napoca) 94, B 4
Klausenleopoldsdorf 23, H 3
Klausenpass 69, D 2
Kleblach-Lind 24, B 4
Klein Pöchlarn 23, F 3
Klein St. Paul 24, E 4
Kleinarl 21, H 3
Kleinasien 106, A 2 – B 2
Kleine Antillen 155, 1 F 3
Kleine Erlauf 23, F 3
Kleine Gusen 22, D 3
Kleine Karpaten 65, G 4
Kleine Krems 23, F 3
Kleine Sölk 24, C 3
Kleine Sunda-Inseln 120, C 4 – D 4
Kleine Syrte 136, D 1
Kleine Tulln 23, H 3
Kleine Ysper 23, E 3
Kleiner Aralsee 100, D/E 5
Kleiner Belt 63, 2 B 5
Kleiner Chingan 115, G 2
Kleiner Jenissej 100, H 4
Kleiner Minch 80, C 2
Kleiner Sankt Bernhard 14, D 4
Kleiner Sklavensee 148, 1 C 2
Kleiner Usen 95, J 3
Kleiner Zab 93, H 4
Kleines Kap = İnceburun 92, E 2
Kleines Walsertal 20, B 3
Kleinlobming (Großlobming-)
24/25, E 3
Kleinsölk (Sölk-) 24, C 3
Kleinzell 23, G 4
Klerksdorp 138, C 4
Kletnja 94, E 2
Kletski 95, G 3
Kleve 70, A 5
Kliening (Bad St. Leonhard-)
24, E 4
Klimowsk 94, F 2
Klin 94, F 1
Klingenbach 25, H/J 2
Klingenthal 71, G 6
Klinzy 94, E 2
Klippitztörl 24, E 4
Kljasina 95, G 1
Kljutschewskaja Sopka 101, P 4
Klöch 25, G 4
Kłodzko = Glatz 64, G 3
Klopeiner See 24, E 4
Klossow 94, C 3
Klösterle 20, B 3
Klosterneuburg 23, H 3
Klosters-Serneus 69, E 2
Klostertal 20, A 3 – B 3
Kluchorski-Pass 93, G 2
Knidos 92, C 3
Knin 86, 1 E/F 2
Knittelfeld 24, E 3
Knokke-Heist 78, C 3
Knossos 92, C 4
Knox-Küste 167, 4 F 2
Knoxville 148, 1 F 4
Knüll 70, D 6
Kobe 115, H 3
København = Kopenhagen
63, 2 B/C 5
Kobenz 24, E 3
Kobernaußerwald 22, B 3
Kobersdorf 25, H 2
Koblenz 71, B 6
Kobryn 65, L 2
Koca 92, D 3
Kocacay 92, C 3
Kočani 92, B 2
Kočevje 15, M 4
Kocher 71, D 8
Kochi 115, H 3
Kockengen 79, 1 B 2
Kodok 137, F 3/4
Köflach 25, F 3
Koforidua 136, B 4
Kofu 116, D 4
Kogalym 100, F 3
Koh-i-Baba 107, E 2
Kohala 127, 2 B 1
Kohala Mountains 127, 2 B 1
Kohfidisch 25, H 3
Kohtla-Järve 63, 2 F 4
Koidu 136, A 4
Koje 116, B 4
Kokand 100, F 5
Kokemäenjoki 62, 2 E 3
Kokenau 121, E 4
Kokkola (Karleby) 62, 2 E 3
Kokopo 121, G 4
Kokos-Insel 155, 1 D 4
Kokos-Inseln 169, 1 O 6
Kökschetau 100, E 4
Kola 62, 2 H 1
Kolaka 120, D 4
Kolari 62, 2 E/F 2
Kolberg (Kołobrzeg) 64, F 1
Kolchis 93, G 2
Kolda 136, A 3
Kolding 63, 2 B 5
Kolgujew 100, C/D 3
Kolhapur 107, F 4
Koli 62, 2 G 3
Kolin 64, F 3
Kolkata = Kalkutta 107, G 3
Kollerschlag 22, C 2
Köln 70, A 6
Kołobrzeg = Kolberg 64, F 1
Kologriw 95, H 1
Kolokani 136, B 3
Kolomna 94, F 2
Kolomyja 65, L 4
Kolpaschewo 100, G 4
Kolpino 94, D 1
Kolpny 94, F 2
Kolumbien 162, 3 B 2 – C 2
Kolwezi 138, C 3
Kolyma 101, O 3
Kolyma-Tiefebene 101, O 3 – P 3
Kolymagebirge 101, O 3 – P 3
Komadugu 136, D 3
Komárno 65, G/H 5
Komárom 65, G/H 5
Komatsu 116, C/D 3
Komoren (Inseln) 139, E 3
Komoren (Staat) 132, 4 D 3
Komotini 92, C 2
Kompassberg 138, C 5
Komsomolsk 101, M 4
Komsomolski 93, H 1
Komsomolskij 95, H 2
Komsomolzen-Insel 100, G/H 1
Kona 127, 2 B 2
Konakowo 94, F 1
Konakowo (See) 94, E 1
Konda 100, E 4
Kondol 95, H 2
Kondorfa 25, H 4
Kondrowka 95, G 2
Kongo (Demokratische Republik)
132, 4 C 2 – C 3
Kongo (Fluss, Lualaba) 138, C 2
Kongo (Fluss, Zaire) 137, E 4
Kongo (Staat) 132, 4 B 3
Kongobecken 138, B 1 – C 2

Kongolo 138, C 2
Kongsberg 63, 2 B 4
Kongsvinger 62/63, 2 B 3 – C 4
Kongur Shan 114, B 3
Königgrätz (Hradec Králové) 64, F 3
Königin-Charlotte-Inseln 148, 1 A 2
Königin-Charlotte-Straße 148, 1 A 2 – B 2
Königin-Mary-Küste 167, 4 E 2
Königin-Maud-Land 167, 4 S 2 – B 2
Königs Wusterhausen 70, H 4
Königsberg (Berg) 22, E 4
Königsberg (Kaliningrad) 63, 2 D/E 5
Königsbrunn 71, E 8
Königsdorf 25, H 3
Königsspitze (Gran Zebru) 20, C 5
Königstetten 23, H 3
Königstuhl 24, C 4
Königswiesen 22, E 3
Konin 65, H 2
Köniz 69, C 2
Konotop 94, E 3
Konqi He 114, C 2
Konshakowskij Kamen 100, D 4
Konstanz 71, C/D 9
Konstanza (Constanța) 92, D 1
Kontagora 136, C 3
Kontiomäki 62, 2 G 2
Konya 106, B 2
Kopejsk 100, E 4
Kopenhagen (København) 63, 2 B/C 5
Koper 15, L 4
Kopetdag 106, D/E 2
Kopfing 22, C 3
Köping 63, 2 C 4
Korab 92, B 2
Korallensee 126, 1 F 6 – G 6
Koralpe 25, F 4
Korana 15, N 4
Korba 107, G 3
Korbach 70, C 5
Korçë 92, B 2
Korčula 86, 1 F 3
Kordillere von Mérida 158, B 2 – C 2
Kordilleren = Anden 158, B 3 – B 7
Kordofan 137, E 3 – F 3
Koreabucht 115, G 3
Koreastraße 115, G 3
Korenowsk 93, F 1
Korfu (Kerkyra) 92, A 3
Korfu (Kerkyra, Insel) 92, A 3
Korhogo 136, B 4
Korinth (Korinthos) 92, B 3
Korinthos = Korinth 92, B 3
Köris-hegy 65, G 5
Koriyama 115, J 3
Korjakengebirge 101, P 3 – Q 3
Korjakskaja Sopka 101, O 4
Korkuteli 92, D 3
Korla 114, C 2
Körmend 15, O 2/3
Korneuburg 23, H 3
Kornwestheim 71, D 8
Köroğlugebirge 92, D 2 – E 2
Korogwe 139, D 2
Koromandelküste 107, F 4 – G 4
Körös 65, J 5
Korosten 94, D 3
Korsakow 101, N 5
Korsika 83, 1 H 5
Korsør 63, 2 B 5
Kortrijk 78, C 4
Kos 92, C 3
Koshikiinseln 116, B 5
Košice (hist. Kaschau) 65, J 4
Kosjatyn 94, D 3
Köslin (Koszalin) 64, G 1
Kosmodemjansk 95, H 1
Kosovo 51, 4 H 4
Kosovska Mitrovica 92, B 2
Kosrae 126, 1 G 4
Kössdağı 93, F 2/3
Kössen 21, F 2
Kossou-Stausee 136, B 4
Kostanai 100, E 4
Kosti 137, F 3
Kostjantyniwka 94, F 3
Kostomukscha 62, 2 G 2
Kostopil 65, M 3
Kostrom 95, G 1
Kostroma 95, G 1
Kostrzyn = Küstrin 64, F 2
Kostschagyl 95, K 4
Koszalin = Köslin 64, G 1
Kota 107, F 3
Kota Bahru 120, B 3
Kota Kinabalu 120, C 3
Kotabumi 120, B 4
Kotamobagu 120, D 3
Kotelnikowo 95, G 4
Kotelnitsch 95, H/J 1
Kotelnjyj-Insel 101, M 2
Kotka 62, 2 F 3
Kotlas 100, C 3
Kotovs'k 94, D 4
Kotowo 95, H 3
Kotowsk 95, G 2
Kötschach-Mauthen 24, B 4
Kotschetschum 101, H/J 3
Kotschubej 93, H 1
Kotte (Sri Jayawardenepura) 107, G 5
Kottes 23, F 3
Kottingbrunn 23, H 4
Kotto 137, E 4
Koudougou 136, B 3
Koulikoro 136, B 3
Koumra 137, D 4
Kourou 158, D 2
Kousseri 136, D 3
Koutiala 136, B 3
Kouvola 62, 2 F 3
Kowdor 62, 2 G 2
Kowdsee 62, 2 G 2 – H 2
Kowel 65, L 3
Kowrow 95, G 1
Kozan 93, E 3
Kozani 92, B 2
Kozhikode = Calicut 107, F 4
Kpalimé 136, C 4
Kragujevac 92, B 2
Kraichgau 71, C 7 – D 7
Krainowka 93, H 1/2
Krakatau 120, B 4
Krakau (Kraków) 65, H 3
Kraków = Krakau 65, H 3
Kraljevo 92, B 2
Kramatorsk 94, F 3
Kramfors 62, 2 D 3
Kramsach 21, E 3
Kranj 15, M 3
Krapina 15, N 3
Krappfeld 24, D 4
Krasnoarmijsk 94, F 3
Krasnodar 93, F 1
Krasnodarer Stausee 93, F 1
Krasnohrad 94, E 3
Krasnojarsk 100, H 4
Krasnojarsker Stausee 100, H 4
Krasnokamensk 101, K 4
Krasnokamsk 95, K 1
Krasnoperekopsk 94, E 4
Krasnoselkup 100, G 3
Krasnosnamensk 100, E 4
Krasnostschelje 62, 2 H/J 2
Krasnoufimsk 95, L 1
Krasnousolskij 95, L 2
Krasnyj Jar 95, J 2
Krasnyj Kut 95, H 3
Krasnyj Lutsch 94, F 3/4
Kraubath 25, E 3
Kräuterin 25, F 2
Krefeld 70, A 5
Kremenez 94, C 3
Krementschuk 94, E 3
Krementschuker Stausee 94, E 3
Krems (Fluss zur Donau) 23, G 3
Krems (Fluss zur Traun) 22, D 3
Krems an der Donau 23, G 3
Krems in Kärnten 24, C 4
Krems-Land 50, 1 G 2
Kremsmauer 22, D 4
Kremsmünster 22, D 3
Kreta 92, C 4
Kreuzberg 25, F 4
Kreuzbergpass 21, F 4
Kreuzeckgruppe 24, A 4 – B 4
Kreuzjoch 21, E 3
Kreuzstetten 23, H 3
Kreuztal 70, B/C 6
Kribi 136, C/D 4
Krieglach 25, G 2
Krim 92, E 1
Krimgebirge 92, E 1
Krimml 21, F 3
Krimmler Ache 21, F 3
Krimpen a/d IJssel 79, 1 B 3
Krimpen a/d Lek 79, 1 B 3
Krishna 107, F 4
Kristiansand 63, 2 A 4
Kristianstad 63, 2 C 4/5
Kristiansund 62, 2 A 3
Kristiinankaupunki = Kristinestad 62, 2 E 3
Kristinestad (Kristiinankaupunki) 62, 2 E 3
Krk 15, M 5
Krk (Insel) 15, M 4
Kroatien 51, 4 G 4
Krog 25, H 4
Kromy 94, E 2
Kronach 71, F 6
Kronplatz (Plan de Corones) 21, E 4
Kronstadt (Rumänien, Brașov) 92, C 1
Kronstadt (Russland) 62, 2 G 3/4
Kronstorf 22, D 3
Kroonstad 138, C 4
Kropotkin 93, G 1
Krševa 92, A 2
Krško (Gurkfeld) 15, N 4
Krugersdorp 138, C 4
Krui 120, B 4
Krumau 23, F 2
Krumbach 23, H 4
Krumme Steyrling 22, D 4
Krummnußbaum 23, F 3
Krumpendorf 24, D 4
Krung Thep = Bangkok 120, B 2
Krupki 94, D 2
Kruševac 92, B 2
Krymsk 93, F 1
Krysuvik 62, 1 B 2
Krytschau 94, D 2
Krywyj Rih 94, E 3/4
Ksar el Boukhari 85, 1 G 6
Ksar-el-Kebir (Alcazarquivir) 84, 1 B/C 6
Kstowo 95, G 1
Kuala Lumpur 120, B 3
Kuala Terengganu 120, B 3
Kualakapuas 120, C 4
Kuantan 120, B 3
Kuba (Insel) 168, 1 F 4
Kuba (Staat) 162, 3 B 1 – C 1
Kuban 93, G 1/2
Kubenasee 94, F 1
Kuche = Kuqa 114, C 2
Kuchenspitze 20, B 3
Kuching 120, B/C 3
Kuchl 21, H 2
Kudat 120, C 3
Kudymkar 95, K 1
Kufra-Oasen 137, E 2
Kufstein 21, F 2
Kuh-e Lalehzar 106, D 3
Kuh-i Sahand 93, H 3
Kühdasht 93, H 4
Kuhgrat 20, A 3
Kuhnin-Pass 93, J 3
Kühnsdorf (Eberndorf-) 24, E 4
Kühtai (Silz-) 20, D 3
Kuibyschew 100, F 4
Kuibyschewer Stausee 95, J 2
Kuito 138, B 3
Kujtoseen 62, 2 G 2
Kujukuribucht 116, E 4
Kukmirn 25, H 3
Kukuihaele 127, 2 B 1
Kulani 127, 2 B 2
Kulebaki 95, G 2
Kulen Vakuf 15, N/O 5
Kuljab 107, E 2
Kullen 63, 2 C 4
Kulm (Pischelsdorf-) 25, G 3
Kulmbach 71, F 6
Kulsary 95, K 4
Kultai 93, J 1
Kültepe 93, E 3
Kulu 92, E 3
Kulunda 100, F 4
Kulundaebene 100, F 4
Kum = Qom 106, D 2
Kuma 93, H 1
Kumagaya 116, D 3
Kumamoto 115, H 3
Kumano 116, D 4
Kumanovo 92, B 2
Kumasi 136, B 4
Kumba 136, C 4
Kumberg 25, F/G 3
Kumdah 106, C 3
Kumertau 95, K 2
Kummerower See 70, G 3
Kumul = Hami 114, D 2
Kunaschir = Kunashiri 115, J 2
Kunashiri (Kunaschir) 115, J 2
Kundelungebirge 138, C 2 – C3
Kundl 21, E 3
Kunduz 107, E 2
Kunene 138, B 3
Kungur 95, L 1
Kunlun Shan 114, B 3 – D 3
Kunming 114, E 4
Künzelsau 71, D 7
Kuopio 62, 2 F 3
Kupa 15, N 4
Kupang 120, D 5
Kupiano 121, F 5
Kupjansk-Wuslowyj 94, F 3
Kuqa (Kuche) 114, C 2
Kura 106, C 1
Kurashiki 116, C 4
Kurdistan 93, G 3 – H 3
Kure 116, C 4
Kurejka 100, G 3
Kurejka (Fluss) 100, H 3
Kuressaare 63, 2 E 4
Kurfar (Corvara in Badia) 21, E 4
Kurgan 100, E 4
Kurganinsk 93, G 1
Kurgonteppa 107, E 2
Kuria-Muria-Inseln 106, D 4
Kurilen 101, N 5 – O 4
Kurimah = Karima 137, F 3
Kurische Nehrung 65, J 1
Kurisches Haff 65, J 1
Kurland 63, 2 E 4 – F 4
Kurnool 107, F 4
Kurnub 108, 1 B 3
Kurobe 116, D 3
Kursawka 93, G 1
Kursk 94, E/F 3
Kurtalan 93, G 3
Kurtatsch (Cortaccia) 20, D 5
Kuruktag 114, C 2
Kurume 116, B 4
Kuschka 106, E 2
Kuschtschowskaja 93, F 1
Kuschun 95, J 3
Kuschwa 95, L 1
Kushikino 116, B 5
Kushiro 115, J 2
Küsnacht 69, D 1
Kusnezk 95, H 2
Kusnezkbecken 102, G 4
Kusnezowsk 65, L 3
Küssnacht 69, D 1
Küstengebirge 168, 1 C 3
Küstenkanal 70, B 3
Küstenkette 148, 1 B 3 – C 4
Küstrin (Kostrzyn) 64, F 2
Kütahya 92, D 3
Kutaisi 106, C 1
Kutno 65, H 2
Kuujjuaq (Fort Chimo) 149, 1 G/H 2
Kuusamo 62, 2 G 2
Kuusankoski 62, 2 F 3
Kuvango 138, B 3
Kuwait (Al-Kuwayt) 106, C 3
Kuwait (Staat) 98, 1 D 4
Kuysanjaq 93, H 3
Kuytun 114, C 2
Kvaløy 62, 2 D 1
Kvarner 15, M 4/5
Kwa 138, B 2
Kwareli 93, H 2
KwaZulu-Natal 138, D 4
Kwekwe 138, C/D 3
Kwidzyn = Marienwerder 65, H 2
Kwilu 138, B 2
Kyabé 137, D 4
Kyburg 69, D 1
Kyffhäuser 70, E 5 – F 5
Kyjiv = Kiew 94, D 3
Kykladen 92, C 3
Kyle of Lochalsh 80, D 2
Kyllini 92, B 3
Kymijoki 62, 2 F 3
Kyogasee 138, D 1
Kyoto 115, H 3
Kyrenia (Girne) 92, E 4
Kyritz 70, G 4
Kysyl 100, H 4
Kysylkum 93, J 2
Kysylkum (Wüste) 100, E 5
Kysylorda 100, E 5
Kythira 92, B 3
Kythnos 92, C 3
Kyushu 115, H 3
Kyushugebirge 116, B 5

L

l'Altissima = Hochwilde 20, D 4
L'Orecchia di Lepre = Hasenöhrl 20, C 4
L'Aquila 86, 1 D 3
L'Hospitalet de Llobregat 85, 1 F/G 3
L'viv = Lemberg 65, L 4
La Alcarria 84, 1 D 3
La Banda 159, C 5
La Baule-Escoublac 82, 1 B 3
La Carolina 84, 1 D 4
La Ceiba 155, 1 D 3
La Chapelle-Saint Luc 14, A/B 1
La Chaux-de-Fonds 69, B 1
La Chorrera 155, 1 D/E 4
La Ciotat 14, C 6
La Coruña (A Coruña) 84, 1 A 2
La Crosse 148, 1 E 3
La Cumbre-Pass 159, C 6
La Cure (St-Cergue-) 69, B 2
La Dôle 69, B 2
La Dorada 158, B 2
La Estrada (A Estrada) 84, 1 A 2
La Garde 14, D 6
La Gomera 136, A 2
La Gran Sabana 158, C 2
La Granja 84, 1 D 3
La Habana = Havanna 155, 1 D 2
La Libertad 154, 1 C/D 3
La Línea 84, 1 C 5
La Louvière 78, D 4
La Maddalena 86, 1 B 4
La Maiella 86, 1 D/E 3
La Mancha 84, 1 D 4
La Manga 84, 1 E 5
La Oroya 158, B 4
La Palma 136, A 2
La Paz (Bolivien) 158, C 4
La Paz (Mexiko) 154, 1 A 2
La Pérouse-Straße 101, N 5
La Plata 159, D 6
La Quiaca 159, C 5
La Rioja 159, C 5
La Rioja (Landschaft) 84, 1 D 2
La Roche-sur-Yon 82, 1 C 3
La Rochelle 82, 1 C 3
La Ronge 148, 1 D 2
La Sagra 84, 1 D 5
La Serena 159, B 5
La Sila 86, 1 F 5
La Spezia 14, G 5
La Unión 84, 1 E 5
La Valle = Wengen 21, E 4
La Vega 84, 1 C/D 5
Laa 23, H 2
Laaben 23, G 3
Laakirchen 22, C 4
Laas (Lasa) 20, C 4
Laas Caanood 137, G 4
Labaantum 154, 1 C/D 3
Labé 136, A 3
Labe = Elbe 64, F 3
Labin 15, L/M 4
Labinsk 93, G 1
Labrador 149, 1 G 2 – H 2
Labrador City 149, 1 H 2
Labradorbecken 168, 1 G 3
Labradorsee 144, 1 M 4 – N 4
Labradorstrom 166, 1 M 3
Lábrea 158, C 3
Labuan 120, C 3
Labuhanbaju 120, C 4
Labytnangi 100, E 3
Lac de Vouglans 14, C 3
Lac du Bourget 14, C 4
Lac Léman = Genfer See 69, 1 B 2
Laces = Latsch 20, C 4
Lackenbach 25, H 2
Lackenhof (Gaming-) 23, F 4
Lacq 82, 1 C 5
Ladendorf 23, H/J 2
Ladinger Spitz 24, E 4
Ladis 20, C 3
Ladogasee 62, 2 G 3 – H 3
Ladysmith 138, C/D 4
Lae 121, F 4
Læso 63, 2 B 4
Lafayette 148, 1 E 4
Lafia 136, C 4
Lafiagi 136, C 4
Lafnitz 25, G/H 3
Lafnitz (Fluss) 25, H 3
Lagan 63, 2 C 4
Lågen 62, 2 B 3
Laghouat 136, C 1
Lago di Resia = Reschensee 20, C 4
Lago Maggiore 14, F 3
Lagos (Nigeria) 136, C 4
Lagos (Portugal) 84, 1 A 5
Lahad Datu 120, C 3
Lahat 120, B 4
Lahnsattel 23, G 4
Lahnstein 71, B 6
Lahore 107, F 2
Lahr 71, B 8
Lahti 62, 2 F 3
Laimbach (Münichreith-Laimbach-) 23, F 3
Laion = Lajen 20, E 4
Lais 120, B 4
Laisan 62, 2 D 2
Laives = Leifers 20, D 5
Laiwui 121, D 4
Lajen (Laion) 20, E 4
Lajes 159, D 5
Lake Charles 148, 1 E 4
Lake District 80, E 3
Lake Island 148, 1 E 2
Lake of the Woods 148, 1 E 3
Lake View 148, 1 B 3
Lakeland 149, 1 F 5
Lakkadiven 107, F 4 – F 5
Lakonischer Golf 92, B 3
Laksefjord 62, 2 F 1
Lakselv 62, 2 F 1
Lalibela 137, F 3
Lambach 22, C 3
Lambaréné 138, A/B 2
Lambertgletscher 167, 4 D 2
Lambrechten 22, B/C 3
Lamego 84, 1 B 3
Lamezia Terme 86, 1 E/F 5
Lamia 92, B 3
Lammer 21, H 2
Lamotrek-Atoll 121, F 3
Lampang 114, D 5
Lampedusa 136, D 1
Lamprechtshausen 21, G 2
Lamu 139, E 2
Lan 65, M 2
Lana 20, D 4
Lancang Jiang (Mekong) 114, D 4
Lancaster 80, E 3
Land's End 80, C/D 5
Landau 71, C 7
Landeck 20, C 3
Landes 82, 1 C 4/5
Landl 24, E 2
Landquart 69, E 2
Landquart (Fluss) 69, E 2
Landsberg (Gorzów Wielkopolski) 64, F 2
Landsee (Markt Sankt Martin-) 25, H 2
Landshut 71, G 8
Landsmeer 79, 1 B 2
Lang Son 114, E 4
Langanes 62, 1 D 1
Langau 23, G 2
Langeck 25, H 3
Längenfeld 20, C 3
Langenhagen 70, D 4
Langenlebarn (Tulln-) 23, H 3
Langenlois 23, G 3
Langenthal 69, C 1
Langenwang 25, G 2
Langenzersdorf 23, H 3
Langeoog 70, B 3
Langfang 115, F 3
Langjökull 62, 1 B 1
Langkofel (Sasso Lungo) 20, E 4
Langnau 69, C 2
Langøy 62, 2 C 1
Langreo 84, 1 C 2
Langres 14, C 2
Langsa 120, A 3
Langschlag 22, E 2
Längsee 24, D 4
Languedoc 82, 1 D 5 – F 4
Lanin 159, B 6
Länkäran 93, J 3
Lannach 25, F 4
Lannion 82, 1 B 2
Lansing 148, 1 F 3
Lansingerland 79, 1 A 2 – B 2
Lanzarote 136, A 2
Lanzenkirchen 23, H 4
Lanzhou 114, E 3
Lao Cai 114, E 4
Laoag 120, D 2
Laon 78, C 5
Laos 98, 1 G 4/5
Lappeenranta 62, 2 F 3
Lappland 62, 2 E 2
Laptewsee 101, L 2 – M 2
Laptewstraße 101, N 2
Lar 106, D 3
Larache 84, 1 B 6
Laramie 148, 1 D 3
Laramie Peak 148, 1 D 3
Laranjal do Jari 158, D 3
Larantuka 120, D 4
Larche 14, D 5
Laredo 148, 1 E 5
Laren 79, 1 C 2
Larissa 92, B 3
Larnaca 92, E 4
Larne 80, C/D 3
Larvik 63, 2 B 4
Las Cruces 148, 1 D 4
Las Heras 159, C 7
Las Marismas 84, 1 B 5
Las Palmas 136, A 2
Las Plumas 159, C 7
Las Vegas 148, 1 C 4
Lasa = Laas 20, C 4
Lasberg 22, E 3
Lascaux 82, 1 D 4
Lashio 107, H 3
Lassee 23, J 3
Lassing (Fluss) 25, F 2
Lassing (Niederösterreich, Göstling-) 23, E 4
Lassing (Steiermark) 24, D 2
Laßnitz (Fluss) 25, F 4
Laßnitz (Murau-) 24, D 3
Laßnitzhöhe 25, G 3
Lastovo 86, 1 F 3
Latakia (Al-Laziqiya) 106, B 2
Latemar 20, E 5
Latina 86, 1 D 4
Latium 86, 1 C 3 – D 4
Latorica 65, J/K 4
Latsch (Laces) 20, C 4
Latschur 24, B 4
Latur 107, F 4
Lau-Gruppe 126, 1 J 6
Lauchhammer 70, H 5
Lauenburg (Lębork) 65, G 1
Laufenburg 69, D 1
Launceston 126, 1 E 9
Laupahoehoe 127, 2 B 2
Laurein 20, D 5
Lausanne 69, B 2
Lausche 70, J 6
Laut 120, C 4
Lautaret 14, D 4
Lauterach 20, A 3
Laval 82, 1 C 2
Lavamünd 25, E 4
Lavant 24, A 4

Lavant (Fluss) 24, E 3
Lavanttal 24, E 4
Lavongai 121, F/G 4
Lawinenstein 24, C 2
Lawton 148, 1 E 4
Laxenburg 23, H 3
Lázaro Cárdenas 154, 1 B 3
Le Brassus (Le Chenit-) 69, B 2
Le Cannet 14, D/E 6
Le Cateau 78, C 4
Le Chenit 69, B 2
Le Creusot 14, B 3
Le Havre 82, 1 C/D 2
Le Lavandou 14, D 6
Le Locle 69, B 1
Le Maire-Straße 159, C 8
Le Mans 82, 1 D 2/3
Le Puy 82, 1 E 4
Le Seu d'Urgell = Seo de Urgel 85, 1 F 2
Le Verdon-sur-Mer 82, 1 C 4
Lebedjan 94, F 2
Lebedyn 94, E 3
Lebomboberge 138, D 4
Lębork = Lauenburg 65, G 1
Lebrija 84, 1 B 5
Lebring-Sankt Margarethen 25, G 4
Lebu 159, B 6
Lecce 87, 1 G 4
Lech 20, B 3
Lech (Fluss) 71, E 8
Lechaschau 20, C 3
Lechfeld 71, E 8
Lechtal 20, B 3 – C 3
Lechtaler Alpen 20, B 3 – C 3
Leda 70, B 3
Ledava = Limbach 25, H 4
Ledjanaja 101, Q 3
Leeds 80, F 4
Leer 70, B 3
Leerdam 79, 1 C 3
Leeuwarden (Ljouwert) 78, E 1
Lefkas (Leukas) 92, B 3
Lefkosia = Nikosia 106, B 2
Legaspi 120, D 2
Legnago 15, J 4
Legnica = Liegnitz 64, G 3
Leh 107, F 2
Lehrte 70, E 4
Leiah 107, F 2
Leiben 23, F 3
Leibnitz 25, F/G 4
Leibnitzer Feld 25, F 4 – G 4
Leicester 80, F 4
Leiden 78, D 2
Leiderdorp 79, 1 B 2
Leidschendam 79, 1 A 2
Leie 78, C 4
Leifers (Laives) 20, D 5
Leikanger 62, 2 A 3
Leine 70, D 4
Leinefelde-Worbis 70, E 5
Leinster 80, C 4
Leipzig 70, G 5
Leipziger Tieflandsbucht 70, G 5
Leiria 84, 1 A 4
Leiser Berge 23, H 2
Leitha 15, O 2
Leithagebirge 25, J 2
Leiyang 115, F 4
Lek 78, D 3
Leksula 120, D 4
Lelystad 78, E 2
Lembach 22, C 3
Lemberg (Berg) 71, C 8
Lemberg (L'viv) 94, C 3
Lemesos = Limassol 92, E 4
Lena 101, J 4
Lenadelta 101, L 2
Lend 21, H 3
Lendery 62, 2 G 3
Lendorf 24, B 4
Lenedjan 94, F 2
Lengau 22, B 3
Leninogorsk 95, J/K 2
Leninsk-Kusnezkij 100, G 4
Leninskoje 101, M 5
Lenk 69, C 2
Lens 78, B 4
Lensk 101, K 3
Lentechi 93, G 2
Lenti 15, O 3
Lenzburg 69, D 1
Lenzing 22, C 4
Leoben 25, F 3
Leobersdorf 23, H 4
Leogang 21, G 3
Leoganger Steinberge 21, G 3
León (Landschaft) 84, 1 C 2
León (Mexiko) 154, 1 B 2
León (Nicaragua) 155, 1 D 3
León (Spanien) 84, 1 C 2/3
Leonding 22, D 3
Leonora 126, 1 C 7
Leonstein (Grünburg-) 22, D 4
Leopoldschlag 22, E 2
Leopoldsdorf 23, J 3
Lepel 94, D 2
Lérida (Llerida) 84, 1 F 3
Lermoos 20, C 3
Les Andelys 82, 1 D 2
Les Baux 14, B 6
Les Cayes 155, 1 E 3
Les Diablerets 69, C 2
Les Sables-d'Olonne 82, 1 B/C 3
Les-Deux-Alpes 14, D 5
Lesachtal 24, A 4
Lesbos 92, C 3
Leshan 114, E 4
Leskovac 92, B 2
Lesnoi 62, 2 H 2
Lesnoj 97, K 2
Lesosibirsk 100, G/H 4
Lesotho 132, 4 C 4
Lessach 21, J 3
Lessach (Fluss) 21, J 3
Leszno = Lissa 64, G 3
Lethbridge 148, 1 C 3
Lethem 158, D 2
Leticia 158, B 3
Letterkenny 80, B/C 3
Lettland 51, 4 H 3
Leucate 82, 1 E 5
Leuk 69, C 2
Leukas = Lefkas 92, B 3
Leukerbad 69, C 2
Leuna 70, G 5
Leuser 120, A 3
Leutasch 20, D 3
Leutascher Ache 20, D 3
Leutschach 25, F 4
Leuven = Löwen 78, D 4
Levadia 92, B 3
Levanger 62, 2 B 3
Levantinisches Meer 106, B 2
Levanto 14, G 5
Leverkusen 70, A 5
Levico 15, J 3/4
Lewis 80, C 1
Lexington 148, 1 F 4
Leysin 69, B/C 2
Leyte 120, D 2
Lgow 94, E 3
Lhasa 114, D 4
Lhokseumawe 120, A 3
Liangpran 120, C 3
Lianyungang 115, F 3
Liao He 115, F/G 2
Liaodong-Halbinsel 115, G 3
Liaoyuan 115, G 2
Libanon (Gebirge) 93, E 4 – F 4
Libanon (Staat) 98, 1 C 4
Libenge 137, D 4
Liberec = Reichenberg 64, F 3
Liberia 132, 4 A 2
Libourne 82, 1 C 4
Libreville 138, A 1
Libyen 132, 4 B 1 – C 1
Libysche Wüste 137, E 2
Licata 86, 1 D 6
Lice 93, G 3
Lich 71, C 6
Lichinga 138, D 3
Lichoslawl 94, E 1
Lichtenau 23, F 2
Lichtenberg 22, D 3
Lichtenfels 71, E/F 6
Lichtenwörth 23, H 4
Lida 94, C 2
Lido di Jesolo 15, K 4
Lido di Ostia (Rom-) 86, 1 C 4
Liebenau 22, E 2
Liebenfels 24, D 4
Lieboch 25, F 4
Liebochbach 25, F 3
Liechtenstein 51, 4 G 4
Liège = Lüttich 78, E 4
Liegnitz (Legnica) 64, G 3
Lieksa 62, 2 G 3
Lienz 24, A 4
Liepāja 63, 2 E 4
Lier 78, D 3
Lieser 24, C 4
Liesertal 24, C 4
Liesing 25, E 3
Liestal 69, C 1
Liévin 78, B 4
Liezen 24, D 2
Ligist 25, F 4
Ligurien 86, 1 A 3 – B 2
Ligurische Alpen 14, E 6 – F 5
Ligurischer Apennin 14, F 5 – G 5
Ligurisches Meer 86, 1 A 3
Likasi (Jadotville) 138, C 3
Lilienfeld 23, G 3
Lille 78, C 4
Lillehammer 62, 2 B 3
Lillers 78, B 4
Lilongwe 138, D 3
Lima 158, B 4
Limassol (Lemesos) 92, E 4
Limay 159, C 6
Limbach (Ledava) 25, H 4
Limberg (Maissau-) 23, G 2
Limburg 71, C 6
Limburg (Provinz) 78, E 4 – F 3
Limerick (Luimneach) 80, B 4
Limfjord 63, 2 A 4 – B 4
Liminka 62, 2 F 2
Limmat 69, D 1
Limnos 92, C 3
Limoges 82, 1 D 4
Limousin 82, 1 D 4
Limpopo 138, C 4
Linares (Chile) 159, B 6
Linares (Spanien) 84, 1 D 4
Linchuan 115, F 4
Lincoln (Großbritannien) 80, F 4
Lincoln (USA) 148, 1 E 3
Lindau 71, D 9
Linden 158, D 2
Lindesnes 63, 2 A 4
Lindi 139, D 2
Lindi (Fluss) 138, C 2
Lindos 92, D 3
Line-Inseln 127, 1 K 4 – L 5
Linfen 114, F 3
Linge 79, 1 C 3
Lingen 70, B 4
Lingenau 20, A 3
Lingga-Inseln 120, B 3 – B 4
Linguère 136, A 3
Linhai 115, G 4
Linhe 114, E 2
Linköping 63, 2 C 4
Linthal 69, D 2
Linxi 115, F 2
Linxia 114, E 3
Linyanti 138, C 3
Linz 22, D 3
Linz-Land 50, 1 F 2
Lipari 86, 1 E 5
Liparische Inseln (Äolische Inseln) 86, 1 E 5
Lipezk 94, F 2
Lippe 70, C 5
Lippstadt 70, C 5
Lira 138, D 1
Liri 86, 1 D 4
Lisala 137, E 4
Lisboa = Lissabon 84, 1 A 4
Lisburn 80, C 3
Lisieux 82, 1 D 2
Liski 94, F 3
Lissa (Leszno) 64, G 3
Lissabon (Lisboa) 84, 1 A 4
Lisse 79, 1 B 2
Litauen 51, 4 H 3
Liten 94, C/D 3
Litija 15, M 3
Litschau 23, F 2
Little Rock 148, 1 E 4
Litz 20, B 3
Litzelsdorf 25, H 3
Litzner Spitze (Punta d'Alliz) 20, C 4
Liuzhou 114, E 4
Livaara 62, 2 G 2
Liverpool 80, E 4
Livingstone = Maramba 138, C 3
Livingstonegebirge 138, D 2 – D 3
Livland 63, 2 F 4
Livno 86, 1 F 3
Livorno 14, H 6
Liwny 94, F 2
Lizard Point 80, D 6
Ljachow-Inseln 101, N 2
Ljouwert = Leeuwarden 78, E 1
Ljuberzy 94, F 2
Ljubljana (hist. Laibach) 15, M 3
Ljubotyn 94, E 3
Ljudinowo 94, E 2
Ljusdal 62, 2 C/D 3
Ljusnan 62, 2 C 3
Llanelli 80, D 5
Llanes 84, 1 C 2
Llano Estacado 148, 1 D 4
Llanos 158, B 2 – C 2
Llerida = Lérida 84, 1 F 3
Lloydminster 148, 1 C 2
Llullaillaco 159, C 5
Loa 159, B/C 5
Lobito 138, B 3
Locarno 69, D 2
Loch Linnhe 80, D 2
Loch Lomond 80, D 2
Loch Ness 80, D 2
Lockenhaus 25, H 3
Lod 108, 1 A 3
Lodi 14, G 4
Lodja 138, C 2
Lodwar 138, D 1
Łódź 65, H 3
Loenen 79, 1 C 2
Lofer 21, G 2
Loferer Steinberge 21, G 2
Lofoten 62, 2 C 1 – C 2
Logatec 15, M 4
Logone 136, D 3
Logroño 84, 1 D 2
Lohnsburg 22, B 3
Loibl 15, M 3
Loiblpass 24, D 5
Loimaa 62, 2 E 3
Loipersdorf 25, H 3
Loir 82, 1 D 3
Loire 82, 1 D 3
Loja (Ecuador) 158, B 3
Loja (Spanien) 84, 1 C 5
Lokka 62, 2 F 2
Løkken (Dänemark) 63, 2 B 4
Løkken (Norwegen) 62, 2 B 3
Loknja 94, D 1
Lokoja 136, C 4
Lol 137, E 4
Lolland 63, 2 B 5
Lölling (Hüttenberg-) 24, E 4
Lom 92, B 2
Lomaberge 136, A 4
Lomami 138, C 2
Lomas 159, D 6
Lombardei 14, F/H 4
Lomblen 120, D 4
Lombok 120, C 4
Lomé 136, C 4
Lomela 138, C 2
Lomme 78, B 4
Lommel 78, E 3
Lomniza 65, L 4
Lomonossow 94, D 1
Lompobatang 120, C 4
Łomża 65, J/K 2
London (Großbritannien) 80, F 5
London (Kanada) 149, 1 F 3
Londonderry = Derry 80, C 3
Londrina 159, D 5
Long 155, 1 E 2
Long Beach 148, 1 B/C 4
Long Xuyen 120, B 2
Longarone 15, K 3
Longiram 120, C 4
Longs Peak 148, 1 D 3
Longuyon 78, E 5
Longwy 78, E 5
Longyan 115, F 4
Lons-le-Saunier 14, C 3
Lønsdal 62, 2 C 2
Loolmalasin 138, D 2
Loosdorf 23, F 3
Lop Buri 114, E 5
Lop Nor 114, D 2
Lopatina 101, N 4
Lopatino 95, H 2
Lopik 79, 1 B 3
Lorca 84, 1 E 5
Lord-Howe-Insel 126, 1 F 8
Lorengau 121, F 4
Loreto 15, L 6
Loretto 25, J 2
Loriansumpf 139, D 1
Lorica 158, B 2
Lorient 82, 1 B 3
Lörrach 71, B 9
Los Alamos 148, 1 D 4
Los Ángeles (Chile) 159, B 6
Los Angeles (USA) 148, 1 B/C 4
Los Mochis 154, 1 B 2
Los Pedroches 84, 1 C 4
Losap-Atoll 121, G 3
Losenstein 22, D 4
Lošinj 15, M 5
Losowa 94, F 3
Lot 82, 1 D 4
Lothringen 82, 1 F 2 – G 2
Lötschental 69, C 2
Loubomo 138, B 2
Louchi 62, 2 H 2
Louga 136, A 3
Lough Corrib 80, B 4
Lough Derg 80, B 4
Lough Erne 80, C 3
Lough Neagh 80, C 3
Lough Ree 80, B 4
Louisiade-Archipel 121, G 5
Louisiana 148, 1 E 4
Louisville 148, 1 F 4
Loulan 114, C 2
Lourdes 82, 1 C 5
Loveč 92, C 2
Lowat 94, D 1
Löwen (Leuven) 78, D 4
Lowestoft 80, G 4
Lowosero 62, 2 H 1
Loyalty-Inseln 126, 1 G 7
Lualaba = Kongo (Fluss) 138, C 2
Luanda 138, B 2
Luang Nam Tha 114, E 4
Luang Prabang 114, E 5
Luangwa 138, D 3
Luanshya 138, C 3
Luapula 138, C 2/3
Luarca 84, 1 B 2
Lubana 63, 2 F 4
Lubango 138, B 3
Lubao 138, C 2
Lübbenau 70, H 5
Lubbock 148, 1 D 4
Lübeck 70, E 3
Lüben (Lubin) 64, F/G 3
Lubin = Lüben 64, F/G 3
Lublin 65, K 3
Lubny 94, E 3
Lubuk Linggau 120, B 4
Lubumbashi (Elisabethville) 138, C 3
Lucapa 138, C 2
Lucca 14, H 6
Lucena 120, D 2
Lučenec 65, H 4
Lucheringo 138, D 3
Lüchow 70, F 4
Lucknow 107, G 3
Lüdenscheid 70, B 5
Lüderitz 138, B 4
Lüderitzbucht 138, B 4
Ludesch 20, A 3
Ludhiana 107, F 2
Ludvika 63, 2 C 3
Ludweis 23, F 2
Ludwigsburg 71, D 8
Ludwigsfelde 70, H 4
Ludwigshafen 71, C 7
Ludwigslust 70, F 3
Ludzk 94, C 3
Luebo 138, C 2
Luena 138, B 3
Luesen (Luson) 21, E 4
Lufeng 115, F 4
Lufira 138, C 2
Luftenberg 22, D 3
Luga 94, D 1
Luga (Fluss) 94, D 1
Luganer See 69, E 3
Lugano 69, D 2
Lugenda 138, D 3
Lugo (Italien) 15, J 5
Lugo (Spanien) 84, 1 B 2
Lugoj 92, B 1
Lugowoi 100, F 5
Luhansk 94, F 3
Luimneach = Limerick 80, B 4
Lukangasumpf 138, C 3
Lukenie 138, C 2
Lukmanierpass 69, D 2
Lukojanow 95, H 2
Łuków 65, K 3
Lukuga 138, C 2
Lule älv 62, 2 E 2
Luleå 62, 2 E 2
Lulua 138, C 2
Lund 63, 2 C 5
Lunda 138, B/C 2
Lundazi 138, D 3
Lundenburg (Břeclav) 64, G 4
Lundy 80, D 5
Lüneburg 70, E 3
Lüneburger Heide 70, D 3 – E 4
Lünersee 20, A 3
Lunéville 83, 1 G 2
Lungau 21, J 3
Luninjetz 94, C 2
Lunz 23, E/F 4
Luoxiao Shan 115, F 4
Luoyang 114/115, F 3
Luputa 138, C 2
Lure 14, C 5
Lurio 138, D 3
Luristan 93, H 4
Lusaka 138, C 3
Lusambo 138, C 2
Lushnjë 92, A 2
Luson = Luesen 21, E 4
Lustenau 20, A 3
Lut 106, D 2
Lutherstadt Eisleben 70, F 5
Lutherstadt Wittenberg 70, G 5
Luton 80, F 5
Lüttich (Liège) 78, E 4
Lutz 20, A 3
Lutzmannsburg 25, J 3
Luuq 137, G 4
Luvua 138, C 2
Luwuk 120, D 4
Luxembourg = Luxemburg 78, F 5
Luxemburg (Luxembourg) 78, F 5
Luxemburg (Staat) 51, 4 F 4
Luxor (El-Uqsur) 137, F 2
Luzern 69, D 1
Luzhou 114, E 4
Luziânia 158, E 4
Luzk 94, C 3
Luzon 120, D 2
Luzonstraße 120, D 1
Lyallpur = Faisalabad 107, F 2
Lyck (Ełk) 65, K 2
Lycksele 62, 2 D 2
Lyna = Alle 65, J 1
Lynchburg 149, 1 G 4
Lynn Lake 148, 1 D 2
Lyon 14, B 4
Lyonnais 84, 1 C/D 5
Lysá hora 65, H 4
Lysefjord 63, 2 A 4
Lyskowo 95, H 1/2
Łysogóry 65, J 3
Lyss 69, C 1
Lyswa 95, L 1
Lysytschansk 94, F 3

M

Ma'an 108, 1 B 4
Mäander = Büyük Menderes 92, D 3
Maanselkä 62, 2 G 2
Maarianhamina = Mariehamn 63, 2 D/E 3
Maarrat an-Numan 93, F 4
Maarssen 79, 1 B/C 2
Maas (Meuse) 82, 1 F 2
Maassluis 79, 1 A 3
Maastricht 78, E 4
Maasvlakte 79, 1 A 3
Maba 121, D 3
Mabaruma 158, D 2
Macapá 158, D 2
Macau (Aomen) 115, F 4
Macdonnellkette 126, 1 C 7 – D 7
Maceió 158, F 3
Macenta 136, A/B 4
Macerata 86, 1 D 3
Machala 158, B 3
Machatschkala 106, C 1
Machilipatnam 107, G 4
Machiques 158, B 1
Machland 22, E 3
Machu Picchu 158, B 4
Macina 136, B 3
Mackay 126, 1 E 7
Mackenzie 144, 1 E 3
Mackenziegebirge 144, 1 D 3 – E 3
Macon 148, 1 F 4
Mâcon 14, B 3
Madaba 108, 1 B 3
Madagaskar 132, 4 D 3
Madagaskar (Staat) 139, E/F 4
Madagaskarbecken 169, 1 M 7
Madang 121, F 4
Madaoua 136, C 3
Madeira (Fluss) 158, C 3
Madeira (Insel) 136, A 1
Mädelegabel 20, B 3
Maden 93, F 3
Madererspitze 20, B 3
Madison 148, 1 E/F 3
Madoi 114, D 3
Madonie 86, 1 D/E 6
Madonna di Campiglio 15, H 3
Madras (Chennai) 107, G 4
Madre de Dios 158, C 4
Madrid 84, 1 C/D 3
Madura 120, C 4
Madurai 107, F 5
Maebashi 115, H 3
Maevatanana 139, E 3
Mafeteng 138, C 4/5
Mafia 139, D/E 2
Mafikeng 138, C 4
Mafinga 138, D 2
Magadan 101, N/O 4
Magadi 138, D 2
Magangué 158, B 2
Magdagatschi 101, L 4
Magdalena 158, B 2
Magdaleneninseln 149, 1 H 3
Magdalensberg 24, D 4
Magdeburg 70, F 4
Magellanstraße 159, B 8
Magerøya 62, 2 E 1
Maggia 69, D 2
Magnetischer Nordpol 166, 1 P 2
Magnetischer Südpol 167, 4 G 2
Magnitogorsk 100, D 4
Magway 107, H 3
Mahabad 93, H 3
Mahajanga 139, E 3
Mahakam 120, C 4
Mahalapye 138, C 4
Mahanadi 107, G 3
Mahanoro 139, E 3
Mahé 139, F 2
Mahiljew 94, D 2
Mahón 85, 1 H 4
Mähren 64/65, F 4 – G 4
Mährisch-Böhmische Höhe 64, F 4
Mährische Pforte 65, G 4
Mahukona 127, 2 A 1
Mai Ndombe-See 138, B 2
Maicao 158, B 1
Maicurú 158, D 3
Maiduguri 136, D 3
Maikop 93, G 1
Mailand = Milano 14, F/G 4
Mailberg 23, H 2
Maimana 106, E 2
Main 71, F 6
Main-Donau-Kanal 71, F 7
Mainake 84, 1 C/D 5
Maine (Bundesstaat) 149, 1 H 3
Maine (Landschaft) 82, 1 C 2 – D 2
Mainland 80, E 1

Maintirano 139, E 3
Mainz 71, C 7
Maipo 159, B/C 6
Maishofen 21, G 3
Maissau 23, G 2
Maizuru 116, C 4
Maja 101, M 4
Majdanpek 92, B 1
Majene 120, C 4
Maji 137, F 4
Majuro 126, 1 H 4
Makambako 138, D 2
Makapala 127, 2 B 1
Makarjew 95, G 1
Makarow 101, N 5
Makassar (Ujung Pandang) 120, C 4
Makassarstraße 120, C 4
Makat 95, K 4
Makedonien 92, B 2
Makeni 136, A 4
Makgadikgadi-Salzpfanne 138, C 4
Makhfar al-Quuwayra 108, 1 B 5
Makijiwka 94, F 3/4
Makin 100, F 4
Makokou 138, B 1
Maku 93, H 3
Makurazaki 116, B 5
Makurdi 136, C 4
Malabarküste 107, F 4 – F 5
Malabo 136, C 4
Malacky 15, O 1
Maladeta 84, 1 F 2
Maladzetschna 94, C 2
Málaga 84, 1 C 5
Malaiischer Archipel
169, 1 P 5 – Q 6
Malakal 137, F 4
Malakka 120, B 3
Malakkastraße 120, B 3
Malang 120, C 4
Malanje 138, B 2
Malargüe 159, C 6
Mälarsee 63, 2 D 4
Malatya 106, B 2
Malawi 132, 4 C 3
Malawisee (Njassasee) 138, D 3
Malaya 120, B 3
Malayer 93, J 4
Malaysia 98, 1 G 5
Malazgirt 93, G 3
Malbork = Marienburg 65, H 2
Malden-Insel 127, 1 L 5
Male 191, 1 N 4
Malediven (Insel) 169, 1 N 5
Malediven (Staat) 98, 1 E 5
Malegaon 107, F 3
Malen 94, D 3
Malgomai 62, 2 C 2
Mali 132, 4 A 2
Mali Lošinj 15, M 5
Mali Rajinac 15, M/N 5
Maliku 120, D 4
Malili 120, D 4
Malin 94, D 3
Malin Head 80, B/C 3
Malindi 139, E 2
Malino 120, D 3
Mallaig 80, D 2
Mallawi 137, E/F 2
Mallersbach (Hardegg-) 23, G 2
Malles Venosta = Mals 20, C 4
Mallnitz 24, B 3
Mallorca 85, 1 G 4
Malmberget 62, 2 E 2
Malmedy 78, F 4
Malmö 63, 2 C 5
Malmysh 95, J 1
Maloelap-Atoll 126, 1 H 4
Malojapass 69, E 2
Malojaroslawez 94, E/F 2
Malpelo 155, 1 D 4
Mals (Malles Venosta) 20, C 4
Malta 24, C 4
Malta (Fluss) 24, B 3
Malta (Insel) 52, 1 E 5
Malta (Staat) 51, 4 G 5
Maltahöhe 138, B 4
Maltatal 24, B 3 – C 4
Malwinen = Falklandinseln
159, C 8 – D 8
Malyginstraße 100, E/F 2
Malyj Anjui 101, P 3
Mamadysch 95, J 2
Mamaia 92, D 1
Mamberamo 121, E 4
Mamissonski-Pass 93, G 2
Mamoré 158, C 4
Mamuju 120, C 4
Man 136, B 4
Man (Insel) 80, D 3
Manacapuru 158, C 3
Manacor 85, 1 G 4
Manado 120, D 3
Managua 155, 1 D 3
Manakara 139, E 4
Manama 106, D 3
Mananjary 139, E 4
Manankoro 136, B 3
Manatali-Stausee 136, A 3
Manaus 158, C 3
Manavgat 92, D 3
Manbij 93, F 3
Manchester 80, E 4
Mandalay 107, H 3
Mandalgov 114, E 2
Mandali 93, H 4
Mandaragebirge 136, D 3 – D 4
Mandera 137, G 4
Mandling 23, H 4
Mandlingpass 24, C 3
Mandschurei 115, G 2 – H 2
Manfredonia 86, 1 E/F 4
Manga 136, D 3
Mangai 138, B 2
Mangalia 92, D 2
Mangalore 107, F 4
Mangochi 138, D 3
Mangoky 139, E 4
Mangueni 136, D 2
Mangui 115, G 1
Manhartsberg 23, G 2
Manica 138, D 3
Manicoré 158, C 3
Manihiki 127, 1 K 6
Manila 120, C/D 2
Manisa 92, C 3
Manitoba 148, 1 E 2
Manitobasee 148, 1 E 2
Manizales 158, B 2
Mank 23, F 3
Manna 120, B 4
Mannersdorf am Leithagebirge
23, J 4
Mannersdorf an der Rabnitz
25, H/J 3
Mannheim 71, C 7
Manokwari 121, E 4
Manono 138, C 2
Manosque 14, C 6
Manresa 85, 1 F 3
Mansa 138, C 3
Mansfield 149, 1 F 3
Manta 158, A 3
Mantalingajan 120, C 3
Mantova = Mantua 15, H 4
Mantua = Mantova 15, H 4
Manturowo 95, G/H 1
Mäntyluoto 62, 2 E 3
Manyasee 92, C 2
Manyoni 138, D 2
Manytschniederung 95, G 4
Manytschsee 95, G 4
Manzanares 84, 1 D 4
Manzanares (Fluss) 84, 1 D 3
Manzanillo 154, 1 B 3
Manzhouli 115, F 2
Manzowka 116, C 1
Mao 136, D 3
Maokegebirge 121, E 4
Maoming 114, F 4
Mapia 121, E 3
Mapuera 158, D 3
Maputo 138, D 4
Maqteïr 136, A 2
Mar Chiquita 159, C 6
Mar del Plata 159, D 6
Mar Menor 84, 1 E 5
Maraã 158, C 3
Marabá 158, D/E 3
Maracá 158, D 2
Maracaibo 158, B 1
Maracaibosee 158, B 2
Maracay 158, C 1
Maradi 136, C 3
Maragheh 106, C 2
Marahuaca 158, C 2
Marajó 158, D/E 3
Marajóbai 158, E 3
Maramba (Livingstone) 138, C 3
Marand 93, H 3
Maranhão 158, E 3
Marañon 158, B 3
Marathon (Griechenland) 92, B/C 3
Marathon (Kanada) 148, 1 F 3
Marawi (Merowe) 137, F 3
Marbach an der Donau 23, F 3
Marbach im Felde (Rastenfeld-)
23, F 2
Marbella 84, 1 C 5
Marburg 70, C 6
March (Morava) 65, G 4
Marcha 101, K 3
Marche 82, 1 D 3
Marche-en-Famenne 78, E 4
Marchegg 23, J 3
Marchfeld 23, J 3
Marchtrenk 22, D 3
Marcus-Insel 126, 1 F 2
Mardin 93, G 3
Marebbe = Enneberg 21, E 4
Maremmen 86, 1 C 3
Margarita 158, C 1
Margate 80, G 5
Marguareis 14, E 5
Marhanez 94, E 4
Mari 121, F 4
Maria Alm 21, G 3
Maria Enzersdorf 23, H 3
Maria Laach 23, F 3
Maria Lankowitz 25, E/F 3
Maria Lanzenberg 23, H 3
Maria Luggau (Lesachtal-) 24, A 4
Maria Rain 24, D 4
Maria Saal 24, D 4
Maria Schmolln 22, B 3
Maria Taferl 23, F 3
Maria Wörth 24, D 4
Mariampol (Marijampole) 63, 2 E 5
Marianen 121, F 2
Mariapfarr 21, J 3
Mariastein 21, F 2
Mariazell 25, F 2
Marib 106, C 4
Maribor (hist. Marburg) 15, N 3
Marica 92, C 2
Marie-Byrd-Land 167, 4 N 2 – M 1
Marie-Galante 155, 1 F 3
Mariehamn = Maarianhamina
63, 2 D/E 3
Mariel 155, 1 D 2
Marienburg (Malbork) 65, H 2
Mariental 138, B 4
Marienwerder (Kwidzyn) 65, H 2
Mariestad 63, 2 C 4
Marignane 14, C 6
Mariinsk 100, G 4
Mariinskoje 101, M/N 4
Marijampole = Mariampol 63, 2 E 5
Maringá 159, D 5
Maringa (Fluss) 138, C 1
Mariupilj 94, F 4
Marivan 93, H 4
Marka 137, G 4
Marken 86, 1 D 3
Markermeer 78, E 2
Markgrafneusiedl 23, J 3
Markkleeberg 70, G 5
Markowo 101, Q 3
Marks 95, H 3
Markt Allhau 25, H 3
Markt Hartmannsdorf 25, G 3
Markt Neuhodis 25, H 3
Markt Piesting 23, H 4
Markt St. Florian 22, D 3
Markt St. Martin 25, H 2
Markthof (Engelhartstetten-) 23, J 3
Marktredwitz 71, G 6/7
Marle 78, C 5
Marlengo = Marling 20, D 4
Marling (Marlengo) 20, D 4
Marmarameer 92, C 2 – D 2
Marmarika 137, E 1
Marmaris 92, D 3
Marmolada 15, J 3
Marne 82, 1 F 2
Marneuli 93, H 2
Maroantsetra 139, E/F 3
Marokko 132, 4 A 1
Marondera 138, D 3
Maroni 158, D 2
Maros (Mureş) 65, J 5
Maroua 136, D 3
Marovoay 139, E 3
Marrakech (Murrakesh) 136, B 1
Marroumeu 138, D 3
Marsa al-Burayqah 137, D 1
Marsa Matruh 137, E 1
Marsabit 139, D 1
Marsala 86, 1 D 6
Marseille 82, 1 F 5
Marshall-Inseln 169, 1 S 5
Marshall-Inseln (Staat) 191, 1 S 4
Martaban 107, H 4
Martapura 120, C 4
Martelltal 20, C 4
Martigny 69, C 2
Martigues 14, B/C 6
Martin 65, H 4
Martinique 155, 1 F 3
Martinsberg 23, F 3
Martuk 95, L 3
Marungu 138, C/D 2
Marv Dasht 106, D 2/3
Marx 95, H 3
Mary 106, E 2
Maryland 149, 1 G 4
Marzuq 136, D 2
Masada 108, 1 B 3
Masaka 138, D 2
Masan 115, G 3
Masasi 139, D 3
Masaya 155, 1 D 3
Masbate 120, D 2
Mascara 84, 1 F 6
Masenberg 25, G 3
Masenderan 93, J 3
Maseru 138, C 4
Mashabbe Sade 108, 1 A 3
Mashhad = Meschhed 106, D 2
Mashonaland 138, D 3
Masindi 138, D 1
Masirah 106, D 3
Maskanah 93, F 4
Maskarenen 139, F 4 – G 3
Maskat (Masqat) 106, D 3
Mason City 148, 1 E 3
Masqat = Maskat 106, D 3
Massa 14, H 5/6
Massachusetts 149, 1 G 3
Massaisteppe 138, D 2
Massally 93, J 3
Massawa 137, F 3
Massif des Maures 14, D 6
Massinga 138, D 4
Masuda 116, B 4
Masuku = Franceville 138, B 2
Masuren 65, J 2 – K 1
Masvingo 138, D 4
Masyr 94, D 2/3
Matabeleland 138, C 3
Matadi 138, B 2
Matagalpa 155, 1 D 3
Matala 138, B 3
Matam 136, A 3
Matamoros 154, 1 C 2
Matane 149, 1 H 3
Matanzas 155, 1 D 2
Mataram 120, C 4
Mataró 85, 1 G 3
Matatiele 138, C 5
Matera 86, 1 F 4
Mathura 107, F 3
Mati 120, D 3
Mato Grosso 158, D 4
Mato Grosso do Sul 158, D 4
Matopoberge 138, C 4
Matosinhos 84, 1 A 3
Mátra 65, H/J 5
Matrah 106, D 3
Matrei 20, D 3
Matsu 115, G 4
Matsue 115, H 3
Matsumae 116, D/E 2
Matsumoto 116, D 3
Matsuyama 115, H 3
Matterhorn 69, C 3
Mattersburg 25, H 2
Mattig 22, B 3
Mattighofen 22, B 3
Mattsee 21, H 2
Maturín 158, C 2
Matzen-Raggendorf 23, J 3
Maubeuge 78, C 4
Mauer 22, E 3
Mauerkirchen 22, B 3
Mauersee (Jezioro Mamry) 65, J 1
Maui 127, 1 L 2
Maumere 120, D 4
Maun 138, C 3
Mauna Kea 127, 2 B 2
Mauna Loa 127, 2 B 2
Mauretanien 132, 4 A 1 – A 2
Mauritius (Insel) 139, F 4
Mauritius (Staat) 191, 1 M 5
Mautern an der Donau 23, G 3
Mautern in Steiermark 24, E 3
Mauterndorf 21, J 3
Mauthausen 22, D/E 3
Mawlamyine = Moulmein 107, H 4
Maxixe 138, D 4
May 80, E 2
Maya 120, B 4
Mayaguana 155, 1 E 2
Mayagüez 155, 1 F 3
Mayang 116, B 3
Mayenne 82, 1 C 3
Mayotte 139, E 3
Mayrhofberg 22, C 3
Mayrhofen 21, E 3
Mazabuka 138, C 3
Mazagan 136, A/B 1
Mazar 114, B 3
Mazar-e Sharif 107, E 2
Mazatenango 154, 1 C 3
Mazatlán 154, 1 B 2
Mazedonien 51, 4 H 4
Mažeikiai 63, 2 E 4
Mbabane 138, D 4
Mbaiki 137, D 4
Mbala 138, D 2
Mbandaka 138, B 1
Mbanza-Congo 138, B 2
Mbanza-Ngungu 138, B 2
Mbeya 138, D 2
Mbinda 138, B 2
Mbomou 137, E 4
Mbuji-Mayi 138, C 2
McAllen 148, 1 E 5
McClure-Straße 144, 1 E 2 – F 2
McDonald-Insel 167, 4 D 3
McRobertson-Küste
167, 4 C 2 – D 2
Mead-Stausee 148, 1 C 4
Meakan 117, E 2
Mearim 158, E 3
Meaux 82, 1 E 2
Mechailiwka 94, E 4
Mechelen 78, D 3
Mecklenburg-Vorpommern
70, F 3 – H 3
Mecklenburger Bucht 70, F 2
Mecklenburgische Seenplatte
70, F 3 – H 3
Mecsekgebirge 65, G 5 – H 5
Medan 120, A 3
Médéa 85, 1 G 5
Medellín 158, B 2
Medford 148, 1 B 3
Mediaş 94, C 4
Medicine Hat 148, 1 C 2
Medina (Al-Madinah) 106, C 3
Medina del Campo 84, 1 C 3
Médoc 82, 1 C 4
Medweshi-Inseln (Bären-Inseln)
101, P 2
Medwjediza 95, G 3
Meekatharra 126, 1 B 7
Meeralpen 14, D 5 – E 6
Meerut 107, F 3
Megève 14, D 4
Megiddo 108, 1 B 2
Megion 100, F 3
Mehrabad 93, H 3
Mehrän 93, H 4
Meiktila 107, H 3
Meiningen 71, E 6
Meiringen 69, D 2
Meißen 70, H 5
Meißner 70, D 5
Mekele 137, F 3
Mekka 106, B 3
Meknès (Miknas) 136, B 1
Mekong = Lancang Jiang 114, D 4
Mekongdelta 120, B 2 – B 3
Mekran 106, D/E 3
Melanesien 121, F 3 – G 4
Melbourne (Australien) 126, 1 E 8
Melbourne (USA) 149, 1 F 5
Melekeok 121, E 3
Melenki 95, G 2
Meleus 95, K 2
Melibocus 71, C 7
Melilla 84, 1 D 6
Melitopol 94, E 4
Melk 23, F 3
Melk (Fluss) 23, F 3
Mellansel 62, 2 D 3
Mellau 20, A 3
Mellerud 63, 2 B/C 4
Mellum 70, C 3
Melo 159, D 6
Melun 82, 1 E 2
Melville-Insel 126, 1 C/D 6
Memel = Klaipéda 63, 2 E 5
Memel (Fluss) 63, 2 E 5
Memmingen 71, E 9
Memphis 148, 1 F 4
Menabe 139, E 4
Ménaka 136, C 3
Menam 120, B 2
Mende 82, 1 E 4
Mendelpass 20, D 5
Mendi 121, F 4
Mendoza 159, C 6
Menemen 92, C 3
Meng 20, A 3
Menongue 138, B 3
Menorca 85, 1 H 3
Menselinsk 95, K 2
Mentawai-Inseln 120, A 4
Menton 14, E 6
Menzel Bourguiba 86, 1 B 6
Mepischkaro 93, G 2
Meppel 78, F 2
Meppen 70, B 4
Mequinenza 84, 1 E/F 3
Mera 69, E 2
Meran (Merano) 20, D 4
Merano = Meran 20, D 4
Merapi 120, C 4
Merauke 121, E/F 4
Mercedes (Argentinien) 159, C 6
Mercedes (Uruguay) 159, D 6
Merefa 94, E/F 3
Mergui = Myeik 107, H 4
Merhorod 94, E 3
Mérida (Mexiko) 154, 1 C/D 2
Mérida (Spanien) 84, 1 B 4
Mérida (Venezuela) 158, B 2
Meridian 148, 1 F 4
Merkys 65, L 1
Merlo 159, C/D 6
Merowe = Marawi 137, F 3
Mers el Kébir 84, 1 E 6
Merseburg 70, F 5
Mersin 106, B 2
Merthyr Tydfil 80, E 5
Meru 139, D 1
Meru (Berg) 138, D 2
Merzifon 93, E 2
Mesa 148, 1 C 4
Mesa Verde 148, 1 D 4
Mesabikette 148, 1 E 3
Meschede 70, C 5
Meschhed (Mashhad) 106, D 2
Mesen 100, C 3
Mesen (Fluss) 100, C 3
Meshginshahr 93, H 3
Mesocco 69, E 2
Mesopotamien 106, C 2
Messaad 136, C 1
Messenischer Golf 92, B 3
Messern (Irnfritz-) 23, G 2
Messina (Italien) 86, 1 E 5
Messina (Südafrika) 138, D 4
Mestre (Venedig-) 15, K 4
Mesule = Großer Möseler 21, E 4
Meta 158, B 2
Metán 159, C 5
Metaponto 86, 1 F 4
Metauro 15, K 6
Metković 87, 1 F 3
Metnitz 24, D 4
Metnitz (Fluss) 24, D 4
Mettmach 22, B 3
Metz 82, 1 G 2
Meurthe 83, 1 G 2
Meuse = Maas 82, 1 F 2
Mexicali 154, 1 A 1
Mexiko 162, 3 B 1
Mexiko-Stadt 154, 1 B/C 3
Mežica 24, E 4
Mi 116, B 4
Miami 149, 1 F 5
Miami Beach 149, 1 F/G 5
Miandoab 93, H 3
Mianeh 106, C 2
Mianwali 107, F 2
Mianyang 114, E 3
Miass 100, D/E 4
Miass (Fluss) 100, E 4
Michailowka 95, G 3
Michalovce 65, J 4
Michelbach 23, G 3
Micheldorf 22, D 4
Michigan 148, 1 F 3
Michigansee 148, 1 F 3
Midar 84, 1 D 6
Midas Sehri 92, D 3
Middelburg (Niederlande) 78, C 3
Middelburg (Südafrika,
Mpumalanga) 138, C 4
Middelburg (Südafrika, Ostkap)
138, C 5
Middelharnis-Sommelsdijk
79, 1 A 3
Middlesbrough 80, F 3
Midjan 106, B 3
Midland 148, 1 D 4
Midway-Inseln 126, 1 J 2
Midyat 93, G 3
Międzychód = Birnbaum 64, F 2
Mielec 65, J 3
Mieming 20, C 3
Mieminger Gebirge 20, C 3 – D 3
Mieres 84, 1 C 2
Mihajlovgrad 92, B 2
Mihara 116, C 4
Mijdrecht 79, 1 B 2
Mikkeli 62, 2 F 3
Miknas = Meknès 136, B 1
Mikronesien (Inseln) 121, F 2 – G 3
Mikronesien (Staat) 191, 1 R 4
Mikunigebirge 116, D 3
Mikunipass 116, D 3
Milano = Mailand 14, F/G 4
Milas 92, C 3
Milazzo 86, 1 E 5
Mildura 126, 1 E 8
Miles City 148, 1 D 3
Milford Haven 80, D 5
Miliana 85, 1 F/G 5
Miljutinskaja 95, G 3
Milkowo 101, O 4
Millau 82, 1 E 4
Millennium-Insel (Caroline-Insel)
127, 1 L 5
Millerowo 95, G 3
Millstatt 24, C 4
Millstätter Alpe 24, C 4
Millstätter See 24, C 4
Milos 92, C 3
Mils 20, E 3
Milton Keynes 80, F 4/5
Milwaukee 148, 1 E 3 – F 3
Min Shan 114, E 3
Minab 106, D 3
Minas 159, D 6
Minas de Riotinto 84, 1 B 5
Minas Gerais 158, E 4
Minatitlán 154, 1 C 3
Mincio 86, 1 C 2
Mindanao 121, D 3
Minden 70, C 4
Mindoro 120, C/D 2
Mîndra 92, B 1
Mineralnyje Wody 93, G 1
Mingäçevir 93, H 2
Mingäçevir-Stausee 93, H 2
Mingora 107, F 2
Minho (Fluss) 84, 1 A 2/3
Minho (Landschaft) 84, 1 A 3

Minicoy 107, F 5
Mining 22, B 3
Minna 136, C 4
Minneapolis 148, 1 E 3
Minnesota 148, 1 E 3
Mino 116, D 4
Miño 84, 1 B 2
Minot 148, 1 D 3
Minsk 94, C 2
Mintosee 149, 1 G 2
Minussinsk 100, H 4
Mira 15, K 4
Miranda de Ebro 84, 1 D 2
Mirandola 15, H/J 5
Miri 120, C 3
Mirnock 24, C 4
Mirnyi (Antarktis) 167, 4 E 2
Mirnyj (Russland) 101, K 3
Mirpur Khas 107, E 3
Miryang 116, B 4
Mirzapur 107, G 3
Misawa 116, E 2
Mischendorf 25, H 3
Mischkino 95, K 2
Miskolc 65, J 4
Misool 121, D 4
Misrata 136, D 1
Mississippi (Bundesstaat) 148, 1 E 4 – F 4
Mississippi (Fluss) 148, 1 E 3
Mississippidelta 148, 1 F 5
Missoula 148, 1 C 3
Missouri (Bundesstaat) 148, 1 E 4
Missouri (Fluss) 148, 1 D 3
Mistassinisee 149, 1 G 2
Mistelbach 23, J 2
Mistras 92, B 3
Mithapur 107, E 3
Mitla 154, 1 C 3
Mito 115, J 3
Mitschurinsk 95, G 2
Mittagskogel 24, C 4
Mittelamerika 168, 1 D 5 – E 5
Mittelatlantischer Rücken 168, 1 H 3 – J 8
Mittelberg (Tirol, St. Leonhard-) 20, C 4
Mittelberg (Vorarlberg) 20, B 3
Mittelland 69, B 2 – D 1
Mittellandkanal 70, C 4
Mittelmeer 52, 1 D 5 – G 5
Mittelrussische Platte 94, E 2 – F 3
Mittelsibirisches Bergland 100/101, G 3 – K 3
Mitterbach 23, F 4
Mitterdorf 25, G 3
Mittersill 21, F 3
Mittlerer Atlas 136, B 1
Mittlerer Taurus 93, E 3
Mitú 158, B 2
Mitumbagebirge 138, C 2
Mitumbakette 138, C 3
Mixnitz (Pernegg-) 25, F 3
Miyake 116, D 4
Miyako 116, E 3
Miyakonojo 116, B 5
Miyazaki 115, H 3
Miyazu 116, C 4
Mizdah 136, D 1
Mizen Head 80, A/B 5
Mizpe Ramon 108, 1 A 4
Mizusawa 116, E 3
Mjøsensee 62, 2 B 3
Mladá Boleslav = Jungbunzlau 64, F 2
Mława 65, J 2
Mljet 87, 1 F 3
Mmabatho 138, C 4
Mo i Rana 62, 2 C 2
Moanda 138, B 2
Moba 138, C 2
Mobaye 137, E 4
Mobile 148, 1 F 4
Mobuto-Sese-Seko-See (Albert-See) 137, E/F 4
Mochudi 138, C 4
Mocímboa da Praia 139, E 3
Moco 138, B 3
Mocoa 158, B 2
Mocuba 138, D 3
Modane 14, D 4
Modena 15, H 5
Modica 86, 1 E 6
Mödling 23, H 3
Modriach 25, F 4
Mödringberg 24, D 4
Moen 121, G 3
Moers 70, A 5
Moesa 69, E 2
Mogadischu (Muqdishu) 137, G 4
Mogador = Essaouira 136, A 1
Mogami 116, D/E 3
Mogersdorf 25, H 4
Mogok 107, H 3
Mogotscha 101, K 4
Mohács 65, H 5
Mohammadia 84, 1 E/F 6
Mohe 115, G 1
Mohenjo Daro 107, E 3
Mohyliw-Podilskyj 94, C 3
Moijero 101, J 3
Mointy 100, F 5
Mõisaküla 63, 2 F 4
Moissac 82, 1 D 4
Mojavewüste 148, 1 C 4
Mokpo 115, G 3
Mokscha 95, G 2
Moldau (Staat) 51, 4 H 4
Molde 62, 2 A 3
Moldoveanu 92, C 1
Molepolole 138, C 4
Moléson 69, B/C 2
Molfetta 86, 1 F 4
Möll 24, B 4
Möllbrücke (Lurnfeld-) 24, B 4
Mollendo 158, B 4
Molln 22, D 4
Mölltal 24, A 3 – B 4
Mologa 94, E 1
Moloma 95, J 1
Molopo 138, C 4
Molukken 121, D 3 –D 4
Molukkensee 120/121, D 3/4
Momagebirge 101, N 3
Mombasa 139, D 2
Mompós 158, B 2
Møn 63, 2 C 5
Mona 155, 1 F 3
Monaco 14, E 6
Monaco (Staat) 51, 4 F 4
Monapassage 155, 1 F 3
Monbetsu 116, E 1
Moncalieri 14, E 4/5
Moncayo 84, 1 E 3
Mönch 69, D 2
Mönchengladbach 70, A 5
Mönchhof 25, J 2
Monclova 154, 1 B 2
Moncton 149, 1 H 3
Mondego 84, 1 A 3
Mondoñedo 84, 1 B 2
Mondovi 14, E 5
Mondsee 22, B 4
Mondsee (See) 22, B 4
Monfalcone 15, L 4
Monforte de Lemos 84, 1 B 2
Mongala 137, D/E 4
Mongalla 137, F 4
Mongo 137, D 3
Mongolei 98, 1 F 3 – G 3
Mongolischer Altai (Ektag) 114, C 2 – D 2
Mongu 138, C 3
Monguelfo = Welsberg 21, F 4
Mönichkirchen 23, H 4
Mönichwald (Waldbach-Mönichwald-) 25, G 3
Monnickendam 79, 1 C 2
Monopoli 87, 1 F 4
Monreal del Campo 84, 1 E 3
Monreale 86, 1 D 5
Monroe 148, 1 E 4
Monrovia 136, A 4
Mons 78, C 4
Monster 79, 1 A 2
Mont Blanc 14, D 4
Mont Boussuivre 14, B 4
Mont des Fourches 14, C 1
Mont Lozère 82, 1 E 4
Mont Mézenc 82, 1 F 4
Mont Pelée 155, 1 F 3
Mont Pilat 14, B 4
Mont Risoux 69, B 2
Mont Saint Vincent 14, B 3
Mont Tasselot 14, B 2
Mont Tendre 69, B 2
Mont Ventoux 14, C 5
Mont-Cenis 14, D/E 4
Mont-de-Marsan 82, 1 C 4/5
Mont-Saint-Michel 82, 1 C 2
Montafon 20, A 3 – B 4
Montagne du Lubéron 14, C 6
Montalbán 84, 1 E 3
Montana 148, 1 C 3 – D 3
Montargis 82, 1 E 2/3
Montauban 82, 1 D 5
Montbard 14, B 2
Montbéliard 83, 1 G 3
Montbrison 82, 1 E/F 4
Montceau-les-Mines 14, B 3
Montdidier 78, B 5
Monte Adamello 14, H 3
Monte Alto 15, J 4
Monte Amiata 86, 1 C 3
Monte Argentario 86, 1 C 3
Monte Azul 158, E 4
Monte Bégua 14, F 5
Monte Caseros 159, D 6
Monte Cassino 86, 1 D 4
Monte Catria 15, K 6
Monte Cervialto 86, 1 E 4
Monte Cimone 15, H 5
Monte Cinto 83, 1 H 5
Monte Cristallo 21, F 4
Monte degli Olmi = Ilmenspitz 20, C 5
Monte Disgrazia 69, E 2
Monte Elmo = Helm 21, F 4
Monte Falterona 15, J 6
Monte Fumaiolo 15, K 6
Monte Generoso 69, E 3
Monte Leone 69, D 2
Monte Lovllo = Großer Löffler 21, E 3
Monte Maggiorasca 14, G 5
Monte Nerone 15, K 6
Monte Pelat 14, D 5
Monte Peralba = Hochweißstein 24, A 4
Monte Perdido 84, 1 E/F 2
Monte Petroso 86, 1 D 4
Monte Pisano 14, H 6
Monte Pollino 86, 1 F 4/5
Monte Rosa 69, C 3
Monte Rotondo 83, 1 H 5
Monte Sant'Angelo 86, 1 E/F 4
Monte Sciliar = Schlern 20, E 4
Monte Spico = Speikboden 21, E 4
Monte Spino 22, C 4
Monte Tamaro 69, D 2
Monte Telegrafo = Telegraph 20/21, E 4
Monte Venda 15, J 4
Monte Viso 86, 1 A 2
Monte Vulture 86, 1 E 4
Montecatini-Terme 15, H 6
Montecristo 86, 1 C 3
Montego Bay 155, 1 E 3
Montélimar 14, B 5
Montenegro 51, 4 G 4
Montepuez 139, D 3
Monterey 148, 1 B 4
Montería 158, B 2
Montero 158, C 4
Monterrey 154, 1 B 2
Montes Claros 158, E 4
Montes de Toledo 84, 1 C/D 4
Montevarchi 15, J 6
Montevideo 159, D 6
Montfaucon 78, D/E 5
Montfort 108, 1 B 1/2
Montgenèvre 14, D 5
Montgomery 148, 1 F 4
Monthey 69, B 2
Monti del Chianti 15, J 6
Monti del Gennargentu 86, 1 B 4/5
Monti del Matese 86, 1 E 4
Monti Sibillini 86, 1 D 3
Montluçon 82, 1 E 3
Montmédy 78, E 5
Montone 15, J 5
Montpelier 149, 1 G 3
Montpellier 82, 1 E 5
Montréal 149, 1 G 3
Montreuil-sur-Mer 78, A 4
Montreux 69, B 2
Montrose 80, E 2
Monts d'Arrée 82, 1 A 2 – B 2
Montschegorsk 62, 2 G/H 2
Montserrat (Insel) 155, 1 F 3
Montserrat (Kloster) 85, 1 F 3
Monument Valley 148, 1 C 4
Monywa 107, H 3
Monza 14, G 4
Moon (Muhu) 63, 2 E 4
Moordrecht 79, 1 B 3
Moorhead 148, 1 E 3
Moos (Moso in Passiria) 20, D 4
Moosburg 24, D 4
Moose Jaw 148, 1 D 2
Mooskirchen 25, F 4
Moosonee 148, 1 F 2
Mopti 136, B 3
Moquegua 158, B 4
Mora 62, 2 C 3
Moradabad 107, F 3
Moramanga 139, E 3
Moratuwa 107, F 5
Morava (Fluss, Serbien) 92, B 1
Morava (Fluss, Slowakei) = March 65, G 4
Moray Firth 80, E 2
Mörbisch 25, J 2
Mordowo 95, G 2
Morecambebai 80, E 3 – E 4
Morelia 154, 1 B 3
Morez 14, C/D 3
Morges 69, B 2
Morioka 115, J 3
Morki 95, J 1
Morlaix 82, 1 A/B 2
Mormugao 107, F 4
Morobe 121, F 4
Morogoro 138, D 2
Morombé 139, E 4
Mörön 114, E 2
Morón de le Frontera 84, 1 C 5
Morondava 139, E 4
Moroni 139, E 3
Morosowsk 95, G 3
Morotai 121, D 3
Moroto 138, D 1
Moroto (Berg) 138, D 1
Mórphou (Güzel Yurt) 92, E 4
Morrassale 100, E 2/3
Morro Alto 158, E 4
Morschansk 95, G 2
Morvan 14, B 2
Morzine 69, B 2
Mosambik 139, E 3
Mosambik (Staat) 132, 4 C 3
Mosbach 71, D 7
Moschendorf 25, H 3
Mosdok 93, H 2
Mosel 52, 1 D 4
Moshaisk 94, E/F 2
Moshga 95, J/K 1
Moshi 138, D 2
Mosjøen 62, 2 C 2
Moskau (Moskwa) 94, E/F 2
Moskito-Bank 155, 1 D 3
Moskito-Küste 155, 1 D 3
Moskitogolf 155, 1 D 3 – D 4
Moskwa = Moskau 94, E/F 2
Mosonmagyaróvár 15, O/P 2
Moss 63, 2 B 4
Mosselbaai = Mosselbay 138, C 5
Mosselbay (Mosselbaai) 138, C 5
Mossendjo 138, B 2
Mossoró 158, F 3
Most = Brüx 64, E 3
Mostaganem 84, 1 E/F 5
Mostar 87, 1 F 3
Móstoles 84, 1 C/D 3
Mosul 106, C 2
Motagua 154, 1 C 3
Motala 63, 2 C 4
Motherwell 80, E 3
Motovun 15, L 4
Motril 84, 1 D 5
Moudon 69, B 2
Mouila 138, B 2
Moulins (Allier) 82, 1 E 3
Moulmein (Mawlamyine) 107, H 4
Moulouya 136, B 1
Moundu 136, D 4
Mount Bruce 126, 1 B 7
Mount Chamberlin 144, 1 B/C 3
Mount Columbia 148, 1 C 2
Mount Cook 126, 1 G 9
Mount Erebus 167, 4 K 2
Mount Everest (Qomolangma) 107, G 3
Mount Fridtjof Nansen 167, 4 J 1
Mount Hagen 121, F 4
Mount Hood 148, 1 B 3
Mount Isa 126, 1 D 7
Mount Kenia 138, D 1
Mount Kirkpatrick 167, 4 H 1
Mount Kosciuszko 126, 1 E 8
Mount Logan 144, 1 D 3
Mount McKinley = Denali 144, 1 B/C 3
Mount Menzies 167, 4 C 2
Mount Minto 167, 4 J 2
Mount Mitchell 149, 1 F 4
Mount Palomar 148, 1 C 4
Mount Rainier 148, 1 B 3
Mount Robson 148, 1 B 2
Mount Saint Helens 148, 1 B 3
Mount Shasta 148, 1 B 3
Mount Sidley 167, 4 M 2
Mount Smythe 148, 1 B 2
Mount Victoria (Myanmar) 107, H 3
Mount Victoria (Papua-Neuguinea) 121, F 4
Mount Vinson 167, 4 O/P 2
Mount Waddington 148, 1 B 2
Mount Washington 149, 1 G 3
Mount Whitney 148, 1 C 4
Mount Wilhelm 121, F 4
Mountain View 127, 2 B 2
Moura (Brasilien) 158, C 3
Moura (Portugal) 84, 1 B 4
Mourdisenke 137, E 3
Mourne Mountains 80, C/D 3
Mourre Nègre 14, C 6
Mouscron 78, C 4
Moutier 69, C 1
Moûtiers 14, D 4
Moyale 139, D 1
Moyobamba 158, B 3
Mpanda 138, D 2
Mpika 138, D 3
Mpouya 138, B 2
Mpumalanga 138, C 4
Mrakowo 95, L 2
M'Sila 136, C 1
Mtwara 139, E 3
Muanda 138, B 2
Muarasiberut 120, A 4
Muaratewe 120, C 4
Mubi 136, D 3
Muchingagebirge 138, D 3
Mudan Jiang 116, B 1
Mudanjiang 115, G 2
Mufulira 138, C 3
Mugi 116, C 4
Muğla 92, D 3
Mugodsharyberge 100, D 5
Muha'il 106, C 4
Muhammad Qol 137, F 2
Mühlacker 71, C 8
Mühlbach (Hohenwarth-Mühlbach-) 23, G 2
Mühlbach (Südtirol, Rio di Pusteria) 20, E 4
Mühlbach am Hochkönig 21, H 3
Mühldorf (Deutschland) 71, G 8
Mühldorf (Kärnten) 24, B 4
Mühldorf (Niederösterreich) 23, F 3
Mühlen 24, E 3
Mühlhausen 70, E 5
Mühlviertel 22, D 3 – E 3
Mühlwald (Selva del Molini) 21, E 4
Mühlwalder Bach 21, E 4
Muhr 21, H 3
Muhu = Moon 63, 2 E 4
Muiden 79, 1 C 2
Muiderberg 79, 1 C 2
Muinak 100, D 5
Mujib 108, 1 B 3
Mujunkum 100, E 5 – F 5
Mukah 120, C 3
Mukatschewe 94, B 3
Mulde 70, G 5
Mulhacén 84, 1 D 5
Mülhausen (Mulhouse) 83, 1 G 3
Mulhouse = Mülhausen 83, 1 G 3
Mull 80, C/D 2
Mullet 80, A 3
Mulobezi 138, C 3
Multan 107, F 2/3
Mumbai = Bombay 107, F 4
Mumbwa 138, C 3
Mumra 93, H 1
Muna 101, K 3
München 71, F 8
Münchendorf 23, H 3
Munderfing 22, B 3
Mungbere 137, E 4
Münichreith-Laimbach 23, F 3
Munku-Sardyk 101, H/J 4
Munnaberg 63, 2 F 4
Münsingen 69, C 2
Munster 80, B 4
Münster 70, B 5
Münsterland 70, B 5 – C 5
Münzbach 22, E 3
Münzkirchen 22, C 3
Muonio 62, 2 E 2
Muonio älv 62, 2 E 1/2
Muqdishu = Mogadischu 137, G 4
Mur (Mura) 15, M 2
Mura = Mur 15, M 2
Muradiye 93, G 3
Murakami 116, D 3
Murallón 159, B 7
Muraschi 95, J 1
Murat Dağı 92, D 3
Murau 24, D 3
Murawlenko 100, F 3
Murboden 24, E 3
Murchison 126, 1 B 7
Murcia 84, 1 E 5
Murcia (Landschaft) 84, 1 D 4 – E 4
Mureck 25, G 4
Mureș 94, C 4
Muri 69, D 1
Müritz 70, G 3
Murmanküste 62, 2 H 1 – J 1
Murmansk 62, 2 G/H 1
Murom 95, G 2
Muroran 115, J 2
Muroto 116, C 4
Murrakesh = Marrakech 136, B 1
Murray 126, 1 E 8
Mürren (Lauterbrunnen-) 69, C 2
Murrumbidgee 126, 1 E 8
Murska Sobota 15, O 3
Murten 69, C 2
Murtörl 21, H 3
Murwara 107, G 3
Murwinkel 21, H 3 – J 3
Mürz 25, G 2
Mürzsteg (Neuberg-) 25, F 2
Mürzzuschlag 25, G 2
Muş 93, G 3
Mus Chaja 101, M/N 3
Musala 92, B 2
Musan 116, B 2
Musi 120, B 4
Musina 138, D 4
Musoma 138, D 2
Mussau 121, F 4
Mustafakemalpasa 92, C 3 – D 2
Müstair 69, F 2
Mustér = Disentis 69, D 2
Mut 92, E 3
Mutare 138, D 3
Mutsamudu 139, E 3
Mutsu 116, E 2
Mutsubai 116, E 2
Muttekopf 20, C 3
Muyinga 138, D 2
Muzaffarpur 107, G 3
Mwali 139, E 3
Mwanza 138, D 2
Mweka 138, C 2
Mwene-Ditu 138, C 2
Mwerusee 138, C 2
My Tho 120, B 2
Myanmar (Birma) 98, 1 F 4
Mychailiwka 94, E 4
Myeik (Mergui) 107, H 4
Myingyan 107, H 3
Myinmoletkat 107, H 4
Myitkyina 107, H 3
Mykene 92, B 3
Mykolajiw 94, D/E 4
Mykonos 92, C 3
Myra 92, D 3
Myrdal 62, 2 A 3
Myrdalsjökull 62, 1 C 2
Myrhorod 94, E 3
Myrtle Beach 149, 1 F/G 4
Mysore 107, F 4
Mytilini 92, C 3
Mytischtschi 94, F 2
Myvatn 62, 1 C 1
Mzensk 94, F 2
Mzuzu 138, D 3

N

N'Djamena 136, D 3
N'Guigmi 136, D 3
Naab 71, F 7
Naaldwijk 79, 1 A 3
Naalehu 127, 2 B 2
Naantali 62, 2 E 3
Naarden 79, 1 C 2
Naarn 22, E 3
Naas 80, C 4
Nabereshnyje Tschelny 95, K 2
Nabire 121, E 4
Nablus (Sichem) 108, 1 B 2
Nacala 139, E 3
Nachodka 101, M 5
Nachuge 107, H 4
Nacozari 154, 1 A/B 2
Nador 84, 1 D 6
Nadwoizy 62, 2 H 3
Nadym 100, F 3
Nadym (Fluss) 100, F 3
Nafplion = Nauplia 92, B 3
Naga 120, D 2
Nagai 116, D/E 3
Nagano 116, D 3
Nagaoka 116, D 3
Nagasaki 115, G 3
Nagato 116, B 4
Nagaur 107, F 3
Nagdong 116, B 3
Nagdongbecken 116, B 4
Nagercoil 107, F 5
Nagornyj 101, L 4
Nagoya 115, H 3
Nagpur 107, F 3
Nagqu 114, D 3
Nagykanizsa 65, G 5
Nagykörös 65, H 5
Naha 115, G 4
Nahariyya 108, 1 A/B 1
Nahavand 93, J 4
Nahe 71, B 7
Nahr es Zarka 108, 1 B 2
Naikliu 120, D 4
Nain 149, 1 H 2
Nairn 80, E 2
Nairobi 138, D 2
Najafabad 106, D 2
Najin 116, B 2
Najran (Aba as-Suud) 106, C 4
Nakhon Pathom 120, A/B 2
Nakhon Phanom 114, E 5
Nakhon Ratchasima 114, E 5
Nakhon Sawan 114, E 5
Nakhon Si Thammarat 120, A/B 3
Nakina 148, 1 F 2
Nakuru 138, D 2
Nalajch 114, E 2
Nalles = Nals 20, D 4
Nals (Nalles) 20, D 4
Naltschik 93, G 2
Nalut 136, D 1
Nam Co 114, C/D 3
Nam Dinh 114, E 4
Namangan 100, E/F 5
Namaqualand 138, B 4 – B 5
Namatanai 121, G 4
Namerikawa 116, D 3
Namialo 139, D 3
Namib 138, B 3 – B 4
Namibe 138, B 3
Namibia 132, 4 B 3 – B 4
Namlea 121, D 4
Namlos 20, C 3
Namonuito-Atoll 121, F 3
Nampala 136, B 3
Nampo 115, G 3

Nampula 139, D 3
Namsos 62, 2 B 2
Namur 78, D 4
Nan 114, E 5
Nan Ling 114, F 4
Nan Shan 114, D 3
Nanao 116, D 3
Nanatsu 116, D 3
Nanchang 115, F 4
Nanchong 114, E 3
Nancy 82, 1 G 2
Nanda Devi 107, F/G 2
Nanded 107, F 4
Nanga Parbat 107, F 2
Nanjing 115, F 3
Nankoku 116, C 4
Nanning 114, E 4
Nanping 115, F 4
Nanpo-Inseln 115, H 3
Nansei-Inseln 115, G 3 – G 4
Nantes 82, 1 C 3
Nantong 115, G 3
Nanyang 115, F 3
Nanyuki 138, D 1
Napf 69, C 1
Napo 158, B 3
Napoli = Neapel 86, 1 D/E 4
Nara 136, B 3
Narbonne 82, 1 E 5
Narew 65, J 2
Narjan-Mar 100, D 3
Narmada 107, F 3
Naro-Fominsk 94, E/F 2
Narodnaja 100, D/E 3
Narotschsee 94, C 2
Narrn 22, E 3
Narva 63, 2 F/G 4
Narva (Fluss) 63, 2 F 4
Narvabucht 63, 2 F 4
Narvastausee 63, 2 G 4
Narvik 62, 2 D 1
Naryn 107, F 1
Naryn (Fluss) 107, F 1
Nashik 107, F 4
Nashville 148, 1 F 4
Näsisee 62, 2 E/F 3
Nassau 155, 1 E 2
Nassau (Insel) 127, 1 K 6
Nassereith 20, C 3
Nassersee 137, F 2
Nassfeld 24, B 4
Nässjö 63, 2 C 4
Naßwald (Schwarzau-) 23, G 4
Nasywajewsk 100, F 4
Nata 138, C 3/4
Natal (Brasilien) 158, F 3
Natal (Indonesien) 120, A 3
Natchez 148, 1 E 4
Natitingou 136, C 3
Natronsee 138, D 2
Natternbach 22, C 3
Natuna-Besar-Inseln (Bunguran-Inseln) 120, B 3
Naturno = Naturns 20, D 4
Naturns (Naturno) 20, D 4
Natz-Schabs (Naz-Sciaves) 20, E 4
Nauders 20, C 4
Naumburg 70, F 5
Nauplia (Nafplion) 92, B 3
Nauru (Insel) 126, 1 G 5
Nauru (Staat) 191, 1 S 5
Navan 80, C 4
Navarra 84, 1 D/E 2
Navia 84, 1 B 2
Navis 20, E 3
Navoiy 100, E 5
Nawabshah 107, E 3
Nawadibu = Nouadhibou 136, A 2
Nawaksut = Nouakchott 136, A 3
Nawapolazk 63, 2 F/G 5
Nawlja 94, E 2
Naxçıvan 106, C 2
Naxos 92, C 3
Nayoro 116, E 1
Naypyidaw 107, H 4
Naz-Sciaves = Natz-Schabs 20, E 4
Nazareth 108, 1 B 2
Nazca 158, B 4
Naze 115, G 4
Nazilli 92, D 3
Nazret 137, F 4
Ndalatando 138, B 2
Ndélé 137, E 4
Ndjolé 138, B 2
Ndola 138, C 3
Neapel (Napoli) 86, 1 D/E 4
Nebelstein 22, E 2
Nebraska 148, 1 D 3 – E 3
Neckar 71, D 7
Necochea 159, D 6
Nederhorst den Berg 79, 1 C 2
Nedjd 106, C 3
Neftçala 93, J 3
Neftegorsk 95, J 2
Neftekamsk 95, K 1
Neftekumsk 93, H 1
Nefud 106, B 3 – C 3
Negele 137, F 4
Negev 108, 1 A 4 – B 4
Negombo 107, F 5
Negros 120, D 3
Neijiang 114, E 4
Neisse (Nysa) 65, G 3
Neiva 158, B 2
Nekemte 137, F 4
Nelidowo 94, E 1
Nelkan 101, M 4
Nellore 107, F 4
Nelma 101, M 5
Nelson 148, 1 E 2
Nelspruit 138, C/D 4
Néma 136, B 3
Nemuro 115, J 2
Nemuro-Straße 117, F 1 – F 2
Nenjiang 115, G 2
Nenjiang (Fluss) 115, G 2
Nenzing 20, A 3
Nepal 98, 1 F 4
Nephin 80, B 3/4
Neqarot 108, 1 B 4
Nera 86, 1 D 3
Nerechta 95, G 1
Neretva 87, 1 G 3
Neris 94, C 2
Nerjungri 101, L 4
Nertschinsk 101, K 4
Nertschinskij Sawod 101, K 4
Nesebâr 92, C 2
Neskaupstaður 62, 1 D 1
Nesslau 69, E 1
Nestelbach 25, G 3
Nestos 92, C 2
Netanya 108, 1 A 2
Netze (Noteć) 64, G 2
Neu-Delhi 107, F 3
Neu-Ulm 71, E 8
Neuberg 25, G 2
Neubrandenburg 70, H 3
Neubritannien 121, G 4
Neuburg 71, F 8
Neuchâtel = Neuenburg 69, B 1/2
Neudau 25, H 3
Neudörfl 25, H 2
Neue Hebriden = Vanuatu 126, 1 G 6
Neue Maas 79, 1 A 3
Neuenburg (Neuchâtel) 69, B 1/2
Neuenburger See 69, B 2
Neuengland 149, 1 H 3
Neufchâteau (Belgien) 78, E 5
Neufchâteau (Frankreich) 14, C 1
Neufeld 25, H 2
Neufelden 22, C/D 3
Neufundland 149, 1 J 3
Neufundlandbecken 168, 1 G 3 – H 3
Neuguinea 121, E 4 – F 4
Neuhaus (Burgenland) 25, H 4
Neuhaus (Kärnten) 25, E 4
Neuhaus (Niederösterreich, Gaming-) 23, F 4
Neuhofen an der Krems 22, D 3
Neuhofen an der Ybbs 22, E 3
Neuirland 121, G 4
Neukaledonien 126, 1 G 7
Neukastilien 84, 1 C 4 – D 3
Neukirchen (Altmünster-) 22, C 4
Neukirchen am Großvenediger 21, F 3
Neukirchen am Walde 22, C 3
Neukirchen an der Enknach 22, B 3
Neukirchen an der Vöckla 22, C 3
Neulengbach 23, G 3
Neumarkt (Rumänien, Târgu Mureș) 92, C 1
Neumarkt am Wallersee 21, H 2
Neumarkt an der Ybbs 23, F 3
Neumarkt im Hausruckkreis 22, C 3
Neumarkt im Mühlkreis 22, D 3
Neumarkt in der Oberpfalz 71, F 7
Neumarkt in Steiermark 24, D 3
Neumarkter Sattel 24, D 3
Neumünster 70, D/E 2
Neun-Grad-Kanal 107, F 5
Neunkirchen (Deutschland) 71, B 7
Neunkirchen (Österreich) 23, H 4
Neuquén 159, C 6
Neureichenau 22, C 2
Neuruppin 70, G 4
Neusandez (Nowy Sacz) 65, J 4
Neusäß 71, E 8
Neuschottland 149, 1 H 3
Neuschwabenland 167, 4 S 2 – A 2
Neuseeland (Landschaft) 169, 1 S 7 – S 8
Neuseeland (Staat) 191, 1 S 6
Neusibirien 101, N 2 – O 2
Neusibirische Inseln 101, M 2 – O 2
Neusiedl (Burgenland) 25, J 2
Neusiedl (Niederösterreich) 23, J 2
Neusiedler See 25, J 2
Neuss 70, A 5
Neustadt an der Weinstraße 71, C 7
Neustadt in Holstein 70, E 2
Neustadtl 22/23, E 3
Neustettin (Szczecinek) 64, G 2
Neustift im Mühlkreis 22, C 2
Neustift im Stubaital 20, D 3
Neustrelitz 70, H 3
Neuwerk 70, C 3
Neuwied 71, B 6
Nevada 148, 1 C 4
Nevado de Colima 154, 1 B 3
Nevado del Huila 158, B 2
Nevado del Ruiz 158, B 2
Nevers 82, 1 E 3
Nevșehir 92, E 3
New Amsterdam 158, D 2
New Brunswick 149, 1 H 3
New Georgia 121, G 4
New Hampshire 149, 1 G 3
New Jersey 149, 1 G 3 – G 4
New Mexico 148, 1 D 4
New Orleans 148, 1 F 5
New York 149, 1 G 3
New York (Bundesstaat) 149, 1 G 3
Newa 62, 2 G 4
Newark 149, 1 G 3
Newcastle (Australien) 126, 1 F 8
Newcastle (Südafrika) 138, C/D 4
Newcastle upon Tyne 80, E/F 3
Newel 94, D 1
Newer 101, L 4
Newfoundland and Labrador 149, 1 J 2
Newhaven 80, F/G 5
Newinnomyssk 93, G 1
Newman 126, 1 B/C 7
Newport (England) 80, F 5
Newport (Wales) 80, E 5
Newry 80, C 3
Newtownabbey 80, C/D 3
Neyshabur 106, D 2
Ngamiland 138, C 4
Ngaoundéré 136, D 4
Ngoc Linh 114, E 5
Ngoring Hu 114, D 3
Nguru 136, D 3
Nha Trang 120, B 2
Nia-Nia 138, C 1
Niafunké 136, B 3
Niagarafälle 149, 1 F/G 3
Niamey 136, C 3
Niangara 137, E 4
Nias 120, A 3
Nicaragua 162, 3 B 2 – C 2
Nicaraguasee 155, 1 D 3
Nice = Nizza 14, E 6
Nichinan 116, B 5
Nickelsdorf 25, K 2
Niebüll 70, C 2
Niederdorf (Villabassa) 21, F 4
Niedere Tatra 65, H 4
Niedere Tauern 21, H 3 – J 3
Niederer Tauern 24, B 3
Niederguineaschwelle 138, A 1 – B 2
Niederjoch 20, C 4
Niederkalifornien 154, 1 A 1 – A 2
Niederlande 51, 4 F 3
Niederländische Antillen 155, 1 F 3
Niederlausitz 70, J 5
Niederndorf 21, F 2
Niedernsill 21, G 3
Niederösterreich 50, 1 G 2
Niedersachsen 70, C 4 – D 4
Niederwaldkirchen 22, D 3
Niederwölz 24, D 3
Nienburg 70, D 4
Niesen 69, C 2
Niete 136, B 4
Nieuw Nickerie 158, D 2
Nieuw-Loosdrecht 79, 1 C 2
Nieuw-Vennep 79, 1 B 2
Nieuwegein 78, D/E 2
Nieuwendijk 79, 1 B 3
Nieuwerkerk a/d IJssel 79, 1 B 3
Nieuwkoop 79, 1 B 2
Nieuwpoort 78, B 3
Niğde 92, E 3
Niger (Fluss) 136, B 3
Niger (Staat) 132, 4 B 2
Nigerbecken 136, B 3 – C 3
Nigerdelta 136, C 4
Nigeria 132, 4 B 2
Nii 116, D 4
Niigata 115, H 3
Niihama 116, C 4
Niitsu 116, D 3
Nijmegen = Nimwegen 78, E 3
Nikel 62, 2 G 1
Nikitsch 25, J 2
Nikko 116, D 3
Niklasdorf 25, F 3
Nikobaren 107, H 5
Nikolajewsk (Oblast Wolgograd) 95, H 3
Nikolajewsk am Amur 101, M/N 4
Nikolsdorf 24, A 4
Nikolsk (Pensa) 95, H 2
Nikolsk (Wologda) 95, H 1
Nikolski 95, G 4
Nikopol (Bulgarien) 92, C 2
Nikopol (Ukraine) 94, E 4
Nikosia (Lefkosia) 106, B 2
Niksar 93, F 2
Nikšić 92, A 2
Nil 137, F 2
Nilgiri 107, F 4
Nimbaberge 136, B 4
Nîmes 82, 1 F 5
Nimrin 108, 1 B 3
Nimrud 106, C 2
Nimwegen (Nijmegen) 78, E 3
Ning'an 116, B 1
Ningbo 115, G 4
Ningde 115, F 4
Ningdu 115, F 4
Ningxia 114, E 3
Ninive 106, C 2
Ninosminda 93, G 2
Ninove 78, C/D 4
Nioki 138, B 2
Niono 136, B 3
Nioro du Sahel 136, A/B 3
Niort 82, 1 C 3
Nipigonsee 148, 1 E/F 3
Niquelândia 158, E 4
Nir 93, J 3
Niš 92, B 2
Nishen 94, D 3
Nishneangarsk 101, J/K 4
Nishnekamsk 95, J 2
Nishnekamsker Stausee (Unterer Kamastausee) 95, K 1
Nishnekolymsk 101, O 3
Nishneudinsk 101, H 4
Nishnewartowsk 100, F 3
Nishnij Baskuntschak 95, H 3
Nishnij Lomow 95, G 2
Nishnij Nowgorod 95, G/H 1
Nishnij Tagil 100, D 4
Nishnij Tschir 95, G 3
Nishyn 94, D 3
Niterói 159, E 5
Nitra 65, H 4
Niue 127, 1 K 6
Niulii 127, 2 B 1
Nivelles 78, D 4
Nivernais 82, 1 E 3
Nizamabad 107, F 4
Nizip 93, F 3
Nizza (Nice) 14, E 6
Nizzana 108, 1 A 4
Nizzana (Fluss) 108, 1 A 4
Njagan 100, E 3
Njassasee = Malawisee 138, D 3
Njazidja 139, E 3
Njemen 94, C 2
Njombe 138, D 2
Nkayi 138, B 2
Nkongsamba 136, C/D 4
Nobeoka 116, B 4
Noboribetsu 116, E 2
Nöchling 23, E/F 3
Nockberge 24, C 4
Nogales 154, 1 A 1
Nogaltal 137, G 4
Nogat 65, H 1
Nogent-le-Rotrou 82, 1 D 2
Nogent-sur-Oise 78, B 5
Noginsk (Oblast Moskau) 94, F 2
Noginsk (Region Krasnojarsk) 100, G/H 3
Nogliki 101, N 4
Noheji 116, E 2
Noirmoutier 82, 1 B 3
Nojabrsk 100, F 3
Nok Kundi 106, E 3
Nola 136, D 4
Nolinsk 95, J 1
Nong Khai 114, E 5
Noordoostpolder 78, E 2
Noordwijk 78, D 2
Noordwijkerhout 79, 1 A/B 2
Noranda 149, 1 G 3
Nord-Ostsee-Kanal 70, D 3
Nord-Saskatchewan 148, 1 C 2 – D 2
Nordamerika 168, 1 D 3 – E 3
Nordamerikanisches Becken 168, 1 F 4 – G 4
Nordaustralisches Becken 169, 1 O 6 – P 6
Nordbrabant 78, E 3
Norden 70, B 3
Nordenham 70, C 3
Nordenskjöld-Archipel 100, G 2 – H 2
Norderney 70, A/B 3
Norderstedt 70, D/E 3
Nordfjord 62, 2 A 3
Nordfriesische Inseln 70, C 2
Nordfriesland 70, C 2
Nordhausen 70, E 5
Nordhollandkanal 78, D 2
Nordhorn 70, B 4
Nordinsel 126, 1 H/J 8
Nordirland 51, 4 E 3
Nordkanal 80, C 3 – D 3
Nordkap 62, 2 F 1
Nordkap (Provinz) 138, C 5
Nordkinn 62, 2 F 1
Nordkorea 98, 1 H 3 – H 4
Nördliche Dwina 100, C 3
Nördliche Sporaden 92, B 3 – C 3
Nördlicher Aralsee 100, D/E 5
Nördlicher Landrücken 70, D 2 – J 4
Nördlingen 71, E 8
Nordminch 80, D 1
Nordpolarmeer 168, 1 G 1 – O 1
Nordreisa 62, 2 E 1
Nordrhein-Westfalen 70, A 5 – C 5
Nordrussischer Landrücken 53, 1 H 3 – J 2
Nordrussisches Tiefland 100, C 3
Nordsee 52, 1 D 3
Nordseekanal 78, D 2
Nordsibirisches Tiefland 100/101, G 2 – L 2
Nordtiroler Kalkalpen 20/21, B 3 – E 2
Nordwest 138, C 4
Noreia (Mühlen-) 24, E 3
Norfolk 149, 1 G 4
Norfolk (Landschaft) 80, G 4
Norfolk-Insel 126, 1 G 7
Norilsk 100, G 3
Normandie 82, 1 C 2 – D 2
Norra Storfjället 62, 2 C 2
Norrbotten 62, 2 E 2
Norrköping 63, 2 D 4
Norrland 62, 2 D 2
North Bay 149, 1 F/G 3
North Carolina 149, 1 G 4
North Dakota 148, 1 D/E 3
North Downs 80, F/G 5
North Platte 148, 1 D 3
North Platte (Fluss) 148, 1 D 3
North Uist 80, C 2
Northampton 80, F 4
Northeim 70, E 5
Norway House 148, 1 E 2
Norwegen 51, 4 F 2
Norwich 80, G 4
Noshiro 116, D/E 2
Nossob 138, B 4
Nosy Bé 139, E 3
Nosy Boraha 139, E/F 3
Nosy-Varika 139, E 4
Noteć = Netze 64, G 2
Noto-Halbinsel 116, D 3
Nötsch 24, C 4
Notsee 62, 2 G 1
Nottaway 149, 1 G 2
Nottingham 80, F 4
Nouadhibou (Nawadibu) 136, A 2
Nouakchott (Nawaksut) 136, A 3
Nouméa 126, 1 G 7
Nova Gorica 15, L 4
Nova Iguaçu 159, E 5
Nova Levante = Welschnofen 20, E 5
Nova Mambone 138, D 4
Nova Ponente = Deutschnofen 20, D 5
Nova Scotia 149, 1 H/J 3
Nova Viçosa 158, F 4
Novara 14, F 4
Nové Zámky 65, H 5
Novi 86, 1 B 2
Novi Ligure 14, F 5
Novi Pazar 92, A/B 2
Novi Sad 92, A 1
Novo Hamburgo 159, D 5
Novo Mesto 15, M/N 4
Novoasowsk 94, F 4
Nowa Kachiwka 94, E 4
Nowaja Kasanka 95, J 3
Nowaja Malykla 95, J 2
Nowaja Semlja 100, D/E 2
Nowbaran 93, J 4
Nowej Buh 94, E 4
Nowgorod 63, 2 G 4
Nowhorod-Sirwerskej 94, E 2/3
Nowhorod-Wolynskyj 94, C 3
Nowoalexejewka 95, K 3
Nowoanninskij 95, G 3
Nowoasowsk 94, F 4
Nowobogatinskoje 95, J 4
Nowohrad-Wolynskyj 94, C 3
Nowokuibyschewsk 95, J 2
Nowokusnezk 100, G 4
Nowominskaja 94, F 4
Nowomoskowsk (Russland) 94, F 2
Nowomoskowsk (Ukraine) 94, E 3
Nowopskiw 94, F 3
Noworossijsk 93, F 1
Nowosergijewka 95, K 2/3
Nowosibirsk 100, G 4
Nowospasskoje 95, H 2
Nowosybkow 94, D/E 2
Nowotroizk 100, D 4
Nowotscheboksary 95, H 1
Nowousensk 95, H/J 3
Nowowolynsk 94, C 3
Nowy Dwór 65, J 2
Nowy Sacz = Neusandez 65, J 4
Nowyj Buh 94, E 4
Nowyj Oskol 94, F 3
Nowyj Port 100, E/F 3
Nowyj Urengoi 100, F 3
Noyelles 78, A 4
Noyon 78, B/C 5
Nu Jiang (Saluën) 114, D 3
Nubien 137, E 3 – F 3
Nubische Wüste 137, F 2
Nueltinsee 148, 1 E 1
Nueva Loja 158, B 2
Nuevitas 155, 1 E 2
Nuevo Casas Grandes 154, 1 B 1
Nuevo Laredo 154, 1 B/C 2
Nufenenpass 69, D 2
Nugush 52, L 2
Nuku'alofa 126, 1 J 6
Nukus 100, D 5
Nullarborebene 126, 1 C 8 – D 8
Numantia 84, 1 D 3
Numazu 115, H 3
Nuoro 86, 1 B 4
Nura 100, F 4
Nurlat 95, J 2
Nurmes 62, 2 G 3
Nürnberg 71, F 7
Nürtingen 71, D 8
Nuruhakdaği 93, F 3
Nusaybin 93, G 3
Nußdorf am Attersee 22, B/C 4
Nußdorf ob der Traisen 23, G 3
Nußdorf-Debant 24, A 4
Nuthe 93, F 3
Nuuk = Godthåb 144, 1 M 3
Nüziders 20, A 3
Nyala 137, E 3
Nyamlell 137, E 4
Nyda 100, F 3
Nyenchen Tanglha 114, C/D 3
Nyeri 138, D 2
Nyingchi 114, D 4
Nyiregyháza 65, J 5
Nyiru 138, D 1
Nyköping 63, 2 D 4
Nyon 69, B 2
Nyons 14, C 5
Nysa = Neisse 65, G 3
Nystad = Uusikaupunki 62, 2 E 3
Nytwa 95, K 1
Nzérékoré 136, B 4
Nzwani 139, E 3

O

Oahe-Stausee 148, 1 D 3
Oahu 127, 1 K 2
Oak Ridge 148, 1 F 4
Oakland 148, 1 B 4
Oase Djalo 137, E 2
Oasen von Tidikelt 136, C 2
Oasen von Touat 136, B 2
Oaxaca 154, 1 C 3
Ob 100, E 3
Oban 80, D 2
Obbusen 100, F 2 – F 3
Obdach 24, E 3
Obdacher Sattel 24, E 3
Oberalppass 69, D 2
Oberdrauburg 24, A 4
Oberdrautal 24, B 4
Oberer See 148, 1 F 3
Oberes Ennstal 24, C 3 – D 2
Obergrafendorf 23, F/G 3
Obergurgl (Sölden-) 20, D 4
Oberhaag 25, F 4
Oberhausen 70, A 5
Oberjoch 20, B 2
Oberkappel 22, C 2
Oberland 69, C 2
Oberlausitz 70, J 5
Oberlienz 24, A 4
Obermarkersdorf (Schrattenthal-) 23, G 2
Obernai 14, E 1
Obernberg 22, B 3
Oberndorf an der Melk 23, F 3
Oberndorf bei Salzburg 21, G 2
Oberneukirchen 22, D 3
Obernilbecken 137, E 4 – F 4
Oberort (Tragöß-St. Katharein-) 25, F 2
Oberösterreich 50, 1 E 2
Oberpfälzer Wald 71, G 7
Oberpullendorf 25, H/J 3
Oberrheinisches Tiefland 71, B 9 – C 7
Obersberg 23, G 4
Oberschützen 25, H 3
Oberstdorf 71, E 9
Obertauern 21, H/J 3
Obertraun 22, C 4
Obertrum 21, H 2
Obervellach 24, B 4
Oberwaltersdorf 23, H 4

Oberwart 25, H 3
Oberwölz 24, D 3
Oberzeiring (Pölstal-) 24, D 3
Obi 121, D 4
Óbidos 158, D 3
Obiou 14, C 5
Öblarn 24, D 3
Oblutschje 101, L/M 5
Obo 137, E 4
Obojan 94, E/F 3
Obschtschij Syrt 95, J 2 – K 2
Obsteig 20, C 3
Obuasi 136, B 4
Obva 95, K 1
Ocaña 158, B 2
Ocha 101, N 4
Ochotsk 101, N 4
Ochotskisches Meer 101, N 4 – O 4
Ochtyrka 94, E 3
Oda 136, B 4
Odda 62, 2 A 3/4
Ödenburg (Sopron) 64, G 5
Ödenburger Gebirge 25, H 2 – J 2
Odense 63, 2 B 5
Odenwald 71, C 7 – D 7
Oder (Odra) 52, 1 E 3
Oder-Havel-Kanal 70, H 4
Oder-Spree-Kanal 70, J 4
Oderbruch 70, J 4
Odessa (Ukraine) 94, D 4
Odessa (USA) 148, 1 D 4
Odienné 136, B 4
Odinzowo 94, F 2
Odra = Oder 52, 1 E 3
Odranci 25, H 4
Oecussi 120, D 4
Oed 22, E 3
Oegstgeest 79, 1 A/B 2
Oetz 20, C 3
Ofanto 86, 1 E 4
Ofaqim 108, 1 A 3
Ofenpass 69, F 2
Offenbach 71, C 6
Offenburg 71, B 8
Offenhausen 22, C 3
Offensee 22, C 4
Ofotfjord 62, 2 D 1
Oga-Halbinsel 116, D 2 – D 3
Ogaden 137, G 4
Ogbomosho 136, C 4
Ogden 148, 1 C 3
Oggau 25, J 2
Oginski-Kanal 65, L 2
Oglio 14, G 4
Ogooué 138, B 2
Ogre 63, 2 F 4
Ogulin 15, N 4
Ohanet 136, C 2
Ohio 148, 1 F 3
Ohio (Fluss) 148, 1 F 4
Öhling 22, E 3
Ohlsdorf 22, C 4
Ohre 70, F 4
Ohře = Eger (Fluss) 64, E/F 3
Ohrid 92, B 2
Oiapoque 158, D 2
Oiapoque (Fluss) 158, D 2
Oimjakon 101, N 3
Ois = Ybbs (Fluss) 22, E 3
Oise 78, C 5
Oisternig = Osternig 24, B/C 4
Oita 116, B 4
Oituzpass 92, C 1
Ojika-Halbinsel 116, E 3
Ojos del Salado 159, C 5
Oka 95, F 2
Okaba 121, E 4
Okahandja 138, B 4
Okara 107, F 2
Okavango 138, C 3
Okavangobecken 138, C 3
Okavangoland 138, B 3 – C 3
Okayama 115, H 3
Okazaki 116, D 4
Okeechobeesee 149, 1 F 5
Okene 136, C 4
Oki-Inseln 115, H 3
Okiep 138, B 4
Okinawa 115, G 4
Oklahoma 148, 1 C 4
Oklahoma City 148, 1 E 4
Oktjabrsk 95, J 2
Oktjabrski 101, H 4
Oktjabrskij (Baschkortostan) 95, K 2
Oktjabrskij (bei Krasnoufimsk) 95, L 1
Oktjabrskoje 100, E 3
Oktoberrevolutions-Insel 101, J 2
Okushiri 116, D 2
Ólafsfjörður 62, 1 C 1
Öland 63, 2 D 4
Olavarría 159, C 6
Olbia 86, 1 B 4
Oldenburg (Oldenburg) 70, C 3
Oldenburg in Holstein 70, E 2
Oldenzaal 78, F 2
Oldham 80, E/F 4
Olenegorsk 62, 2 G/H 1
Oleniwka 92, E 1
Olenjok 101, K 3
Olenjok (Fluss) 101, J 3
Olenjokbucht 101, K 2 – L 2
Oléron 82, 1 C 4
Olexandrija 94, E 3
Olexandriwka 94, E 3
Olga 101, M 5
Ölgij 114, C/D 2
Olhão 84, 1 B 5
Olifants 138, C/D 4
Oljokma 101, L 4
Oljokminsk 101, K/L 3
Ollersbach (Neulengbach-) 23, G 3
Olmütz (Olomouc) 65, G 4
Olojgebirge 101, P 3
Olomouc = Olmütz 65, G 4
Olonez 62, 2 H 3
Olperer 20, E 3
Olsa 24, D 3
Olsztyn = Allenstein 65, J 2
Olt 92, C 2
Olten 69, C 1
Oltu 93, G 2
Oltu (Fluss) 93, G 2
Olymp 92, B 2
Olympia 148, 1 B 3
Olympia (Ruinenstätte) 92, B 3
Om 100, G 4
Omachi 116, D 3
Omagari 116, D/E 3
Omagh 80, C 3
Omaha 148, 1 E 3
Oman 98, 1 D 4
Omangebirge 106, D 3
Omatako 138, B 4
Ombrone 86, 1 C 3
Omdurman (Umm Durman) 137, F 3
Omești 92, C 1
Omo 137, F 4
Omolon 101, P 3
Omsk 100, F 4
Omsuktschan 101, O 3
Omuta 116, B 4
Omutninsk 95, J 1
Ondangwa 138, B 3
Ondjiva 138, B 3
Öndörchaan 114, E/F 2
Onega 100, B 3
Onegasee 100, B 3
Onekotan 101, O 5
Onești 94, C 4
Ongijn 114, E 2
Oni 93, G 2
Onilahy 139, E 4
Onon 101, K 4
Ontario 148, 1 F 2
Ontariosee 149, 1 G 3
Ookala 127, 2 B 1
Oos-London = East London 138, C 5
Oostende = Ostende 78, B 3
Oosterhout 78, D 3
Oosterschelde 78, C/D 3
Oostvoorne 79, 1 A 3
Oostzaan 79, 1 B 2
Opala 138, C 2
Opatija 15, M 4
Opava = Troppau 65, G 4
Opole = Oppeln 65, G/H 3
Opornyi 95, K 4
Opotschka 94, D 1
Oppeln (Opole) 65, G/H 3
Oppenberg (Rottenmann-) 24, D 3
Opponitz 22, E 4
Oppua 126, 1 H 8
Ora = Auer 20, D 5
Oradea = Großwardein 65, J/K 5
Öræfajökull 62, 1 C 1
Oral (Uralsk) 95, J 3
Oran (Wahran) 84, 1 E 6
Orange 14, B 5
Oranienburg 70, G/H 4
Oranje 138, B 4
Oranjemund 138, B 4
Orapa 138, C 4
Orăștie 92, B 1
Orbe 69, B 2
Orbetello 86, 1 C 3
Orchies 78, C 4
Orchon 114, E 2
Ordos 114, E/F 3
Ordu 93, F 2
Örebro 63, 2 C 4
Orechowo-Sujewo 94, F 2
Oregon 148, 1 B 3 – C 3
Orenburg 95, K 3
Orense (Ourense) 84, 1 B 2
Øresund 63, 2 C 5
Orgelspitze (Punta di Lasa) 20, C 4
Orhei 94, D 4
Orihuela 84, 1 E 4
Orinoco 158, C 2
Orinocodelta 158, C 2
Orissa 107, G 3
Oristano 86, 1 B 5
Orizaba 154, 1 C 3
Orjol 94, F 2
Orkney-Inseln 80, E 1
Orlando 149, 1 F 5
Orléanais 82, 1 D 3 – E 3
Orléans 82, 1 D 3
Orlowski 95, G 4
Örnsköldsvik 62, 2 D 3
Orontes = Asi 93, F 4
Orotukan 101, N/O 3
Orscha 94, D 2
Orsières 69, C 2
Orsk 100, D 4
Ortelsburg (Szczytno) 65, J 2
Orth 23, J 3
Ortigueira 84, 1 B 2
Ortler 14, H 3
Orumiyeh = Urmia 106, C 2
Oruro 158, C 4
Orvieto 86, 1 C/D 3
Osa 95, K 1
Osaka 115, H 3
Ösel (Saaremaa) 63, 2 E 4
Osery 94, F 2
Osh 107, F 1
Oshakati 138, B 3
Oshawa 149, 1 G 3
Oshima 116, D 4
Oshima-Halbinsel 116, E 2
Oshnoviyeh 93, H 3
Oshogbo 136, C 4
Osijek 87, 1 G 2
Osimo 15, L 6
Osinki 95, J 3
Oskarshamn 63, 2 C/D 4
Öskemen (Ust-Kamenogorsk) 100, G 4/5
Oskol 94, F 3
Osku 93, H 3
Ösling 78, E 4 – F 4
Oslo 63, 2 B 4
Oslofjord 63, 2 B 4
Osmancık 92, E 2
Osmaniye 93, E/F 3
Osnabrück 70, C 4
Osorno 159, B 7
Osory 94, F 2
Oss 78, E 3
Ossa 95, K 1
Ossiach 24, D 4
Ossiacher See 24, C 4
Ostaschkow 94, E 1
Ostbalkan 92, C 2
Ostchinesisches Meer 115, G 3 – G 4
Oste 70, D 3
Ostende (Oostende) 78, B 3
Österbotten 62, 2 F 2/3
Østerdal 62, 2 B 3
Österdalälven 62, 2 C 3
Osterholz-Scharmbeck 70, C 3
Osterhorngruppe 21, H 2
Ostermiething 22, A 3
Osternig (Oisternig) 24, B/C 4
Osterode (Deutschland) 70, E 5
Osterode (Polen, Ostróda) 65, H 2
Österreich 51, 4 G 4
Österreichisches Alpenvorland 22/23, B 4 – F 3
Östersund 62, 2 C 3
Ostfriesische Inseln 70, A 3 – B 3
Ostfriesland 70, B 3
Ostghats 107, F 4 – G 4
Ostiglia 15, J 4
Ostkap 138, C 5
Ostkarpaten 94, B 3
Ostkordillere 158, B 2
Ostkoreagolf 116, A 3 – B 3
Östliche Sierra Madre 154, 1 B 2 – C 2
Östlicher Euphrat 106, C 2
Östlicher Großer Erg 136, C 1 – C 2
Östlicher Taurus 106, B 2 – C 2
Ostpreußen 65, H 2 – K 1
Ostrau (Ostrava) 65, G/H 4
Ostrava = Ostrau 65, G/H 4
Ostróda = Osterode (Polen) 65, H 2
Ostrogoshsk 94, F 3
Ostroh 94, C 3
Ostrołęka 65, J 2
Ostrong 23, F 3
Ostrow 94, D 1
Ostrów Mazowiecka 65, J 2
Ostrów Wielkopolski 65, G 3
Ostrowiec Świętokrzyski 65, J 3
Ostsajan 100/101, H 4 – J 4
Ostsee 52, 1 E 3 – F 3
Ostsibirische See 101, O 2 – P 2
Oststeirisches Hügelland 25, G 4 – G 3
Osttimor 98, 1 H 6
Ostturkestan 114, B 3 – C 3
Ostwind-Drift 167, 4 H 2
Osumi-Inseln 115, H 3
Osuna 84, 1 C 5
Osurgethi 93, G 2
Oświęcim = Auschwitz 65, H 4
Otaru 115, H/J 2
Otavi 138, B 3
Otawara 116, D/E 3
Otgon Tenger uul 114, D 2
Otishberge 149, 1 G 2
Otjiwarongo 138, B 4
Otočac 15, N 5
Otradnaja 93, G 1
Otradnyj 95, J 2
Otranto 87, 1 G 4
Otschamtschira 93, G 2
Ötscher 15, N 2
Otsu 116, C/D 4
Otta 62, 2 A/B 3
Ottawa 149, 1 G 3
Ottawa (Fluss) 149, 1 G 3
Ottenschlag 23, F 3
Ottensheim 22, D 3
Ottnang 22, C 3
Ottobrunn 71, F 8
Ötztal 20, C 3 – D 4
Ötztaler Ache 20, C 3
Ötztaler Alpen 20, C 4 – D 4
Ouadda 137, E 4
Ouagadougou 136, B 3
Ouahigouya 136, B 3
Ouargla 136, C 1
Ouarsénismassiv 85, 1 F/G 6
Ouarzazate 136, B 1
Oud-Beijerland 79, 1 A 3
Oude Rijn 79, 1 B 2
Oude Wetering 79, 1 B 2
Oudenaarde 78, C 4
Ouderkerk a/d IJssel 79, 1 B 3
Oudewater 79, 1 B 2
Oudtshoorn 138, C 5
Ouessant 82, 1 A 2
Ouesso 138, B 1
Ouezzane 84, 1 C 6
Ougebirge 116, E 3
Oujda (Ujda) 136, B 1
Oulu (Uleåborg) 62, 2 F 2
Oulujoki 62, 2 F 2
Oulusee 62, 2 F 2
Ounasjoki 62, 2 F 2
Ounastunturi 62, 2 E/F 1
Our 78, F 4
Ourense = Orense 84, 1 B 2
Ourthe 78, E 4
Outjo 138, B 4
Outokumpu 62, 2 G 3
Ovalle 159, B 6
Ovamboland 138, B 3
Overath 70, B 6
Övertorneå 62, 2 E 2
Overveen 79, 1 B 2
Oviedo 84, 1 B/C 2
Owando 138, B 2
Owase 116, D 4
Owenfälledamm 138, D 1
Owerri 136, C 4
Owo 136, C 4
Owrutsch 94, D 3
Oxford 80, F 5
Oya-Schio 166, 1 A 3
Oyabe 116, D 3
Oyama 116, D 3
Oyem 138, B 1
Oyo 136, C 4
Oyonnax 14, C 3
Ozarkplateau 148, 1 E 4 – F 4
Ózd 65, J 4
Ozean-Inseln = Banaba 126, 1 G 5

P

Paarl 138, B 5
Pabianice 65, H 3
Pabneukirchen 22, E 3
Pachacamac 158, B 4
Pachuca 154, 1 C 2
Pack (Hirschegg-Pack-) 25, F 4
Packalpe 24, E 3
Packsattel 25, E/F 4
Padang 120, A/B 4
Paderborn 70, C 5
Padova = Padua 15, J 4
Padua = Padova 15, J 4
Pag 15, N 5
Pag (Insel) 15, M 5
Pagadian 120, D 3
Pagerdewa 120, B 4
Pago Pago 127, 1 J 6
Pahala 127, 2 B 2
Pahoa 127, 2 B 2
Pai-Choi 100, E 3
Päijänne 62, 2 F 3
Painted Desert 148, 1 C 4
Paisley 80, D 3
Pajala 62, 2 E 2
Pakistan 98, 1 E 4
Pakokku 107, H 3
Paks 65, H 5
Pakxé 114, E 5
Pala 136, D 4
Palagruča 86, 1 F 3
Palana 101, O 4
Palangkaraya 120, C 4
Palanpur 107, F 3
Palapye 138, C 4
Palästina 108, 1 A 3 – B 2
Palau 191, 1 Q 4
Palauk 107, H 4
Palawan 120, C 2
Paldau 25, G 4
Paldiski 63, 2 E/F 4
Paleleh 120, D 3
Palembang 120, B 4
Palencia 84, 1 C 3
Palenque 154, 1 C 3
Palermo 86, 1 D 5
Palfau (Landl-) 24, E 2
Palikir 126, 1 F 4
Palkstraße 107, F 5 – G 4
Palla Bianca = Weißkugel 20, C 4
Pallasowka 95, H 3
Pallastunturi 62, 2 E/F 1
Palma 85, 1 G 4
Palmas 158, E 4
Palmer-Archipel 167, 4 P 2
Palmerland 167, 4 P 2
Palmirá 158, B 2
Palmyra (Syrien) 106, B 2
Palmyra (USA) 127, 1 K 4
Palopo 120, D 4
Palten 24, D 2
Palu 120, C 4
Pamekasan 120, C 4
Pamhagen 25, J 2
Pamir 107, F 2
Pampa 159, C 6
Pamplona (Iruña) 84, 1 D/E 2
Panaji 107, F 4
Panamá 162, 3 C 2
Panamá-Stadt 155, 1 E 4
Panamákanal 145, 1 J 8
Panarea 86, 1 E 5
Panaro 15, J 5
Panay 120, D 2
Pančevo 92, B 1
Panevežys 63, 2 E/F 5
Panevo 92, B 1
Pangkajene 120, C 4
Pangkalanbuun 107, H 3
Pangkalpinang 120, B 4
Panjin 115, G 2
Pantanal 158, D 4
Pantifer Höhen 63, 2 F 4
Panzhihua 114, E 4
Papaikou 127, 2 B 2
Papeete 127, 1 M 6
Papendrecht 79, 1 B 3
Paphos 92, E 4
Papua (Irian Jaya) 121, E 4 – F 4
Papua-Neuguinea 191, 1 R 5
Papuagolf 121, F 4
Pará 158, D 3
Paracatu 158, E 4
Paracel-Inseln 115, F 5
Paragominas 158, E 3
Paraguay (Fluss) 158, D 4
Paraguay (Staat) 162, 3 C 4 – D 4
Paraíba 158, F 3
Parakou 136, C 4
Paramaribo 158, D 2
Paramuschir 101, O 4
Paran 108, 1 B 4
Paraná 159, C 6
Paraná (Bundesstaat) 159, D 5
Paraná (Fluss) 159, D 5
Paranaguá 159, E 5
Paranaíba 158, E 3
Paraschwelle 168, 1 G 5 – H 5
Parchim 70, F 3
Parcines = Partschins 20, D 4
Pardes Hanna 108, 1 A 2
Pardubice = Pardubitz 64, F 3/4
Pardubitz (Pardubice) 64, F 3/4
Parece Vela 115, H 4
Parentis-en-Born 82, 1 C 4
Parepare 120, C 4
Paricutín 154, 1 B 3
Parigi 120, D 4
Parintins 158, D 3
Paris 82, 1 E 2
Pariser Becken 52, 1 D 4
Parkano 62, 2 E 3
Parma 14, H 5
Parnaíba 158, E 3
Parnass 92, B 3
Parndorf 25, J 2
Parndorfer Platte 25, J 2
Parnon 92, B 3
Pärnu 63, 2 E/F 4
Paros 92, C 3
Parry-Inseln 144, 1 F 2 – G 2
Parseierspitze 20, B 3
Partschins (Parcines) 20, D 4
Pasadena 148, 1 C 4
Pașcani 94, C 4
Pasching 22, D 3
Pasewalk 70, J 3
Pasig 120, D 2
Pasinler 93, G 2
Pasni 106, E 3
Pass Gschütt 21, H 2
Pass Lueg 21, H 2
Pass Thurn 21, F 3
Passail 25, G 3
Passau 71, H 8
Passeiertal 20, D 4
Passer (Passirio) 20, D 4
Passirio = Passer 20, D 4
Passo dei Giovi 86, 1 B 2
Passo della Cisa 86, 1 B/C 2
Passo Fundo 159, D 5
Passos 159, E 5
Pastawy 94, C 2
Pasto 158, B 2
Pasvikelv 62, 2 G 1
Patagonien 159, B 8 – C 6
Patan 107, G 3
Paternion 24, C 4
Patkaigebirge 107, H 3
Patmos 92, C 3
Patna 107, G 3
Patnos 93, G 3
Patomhochland 101, K 4
Patos de Minas 158, E 4
Patos-Lagune 159, D 6
Patrai = Patras 92, B 3
Patras (Patrai) 92, B 3
Patsch 20, D 3
Patscherkofel 20, D 3
Pattani 120, B 3
Pattergassen (Reichenau-) 24, C 4
Pau 82, 1 C 5
Pauillac 82, 1 C 4
Paulistana 158, E 3
Paulo Afonso 158, F 3
Pavia 14, G 4
Pawlodar 100, F 4
Pawlohrad 94, E 3
Pawlowka 95, L 2
Pawlowo 95, G 2
Pawlowskaja 93, F 1
Pawlowsker Stausee 95, L 2
Payerbach 23, G 4
Payerne 69, B 2
Paysandú 159, D 6
Pazar 93, G 2
Pazardžik 92, C 2
Pazifischer Ozean 168, 1 A 4 – C 7
Pazifischer Strom 166, 1 R 3
Paznauntal 20, B 4 – B 3
Pea 92, B 2
Peace River 148, 1 C 2
Pearyland 144, 1 N 1
Pebas 158, B 3
Peć 92, B 2
Pecos 148, 1 D 4
Pecos (Fluss) 148, 1 D 4
Pécs 65, H 5
Pedro Afonso 158, E 3
Pedro Juan Caballero 159, D 5
Peene 70, H 3
Peggau 25, F 3
Pegu (Bagu) 107, H 4
Pegugebirge 107, H 3 – H 4
Pehuajó 159, C 6
Peilstein 22, C 2
Peine 70, E 4
Peipussee 63, 2 F 4
Peitlerkofel (Sass de Putia) 21, E 4
Pekalongan 120, B 4
Pekanbaru 120, B 3
Peking (Beijing) 115, F 3
Peledui 101, K 4
Peleng 120, D 4
Pelješac 87, 1 F 3
Pello 62, 2 F 2
Peloponnes 92, B 3
Pelotas 159, D 6
Pelotas (Fluss) 159, D 5
Pelvoux-Écrins 14, D 5
Pematangsiantar 120, A 3
Pemba 139, E 3
Pemba (Insel) 139, D/E 2
Pembroke (Großbritannien) 80, D 5
Pembroke (Kanada) 149, 1 G 3
Peña Ubiña 84, 1 B 2
Peñalara 84, 1 C/D 3
Peñarroya 84, 1 E 3
Pendling 21, F 2
Penghu-Inseln 115, F 4
Peñíscola 84, 1 F 3
Penk (Reißeck-) 24, B 4
Pennines 80, E 3 – F 4
Pennsylvania 149, 1 G 3
Peñón de Velez de la Gomera 84, 1 C 6
Penonomé 155, 1 D 4
Penrhyn (Tongareva) 127, 1 K/L 5
Pensa 95, H 2
Pensacola 148, 1 F 4
Penser Joch 20, D 4
Penshina 101, P 3
Penshinabusen 101, P 3
Pentland Firth 80, E 1
Penzance 80, D 5
Peoria 148, 1 E 3

Pepeekeo 127, 2 B 2
Perchauer Sattel 24, D 3
Perche 82, 1 D 2
Perchtoldsdorf 23, H 3
Pereslawl-Salesskij 94, F 1
Perewos 95, H 2
Perg 22, E 3
Pergamino 159, C 6
Pergamon 92, C 3
Perge 92, D 3
Périgueux 82, 1 D 4
Perm 95, K/L 1
Pernambuco 158, F 3
Pernegg (Niederösterreich) 23, G 2
Pernegg (Steiermark) 25, F 3
Pernik 92, B 2
Pernitz 23, G 4
Péronne 78, B 5
Perpignan 82, 1 E 5
Perschling 23, G 3
Perschomajske 94, D 3
Persenbeug-Gottsdorf 23, E/F 3
Persepolis 106, D 3
Persischer Golf 106, C 3 – D 3
Pertek 93, F 3
Perth (Australien) 126, 1 B 8
Perth (Großbritannien) 80, E 2
Pertisau (Eben-) 20, E 3
Pertuis 14, C 6
Peru 162, 3 C 3
Perugia 86, 1 D 3
Perwomaisk (Russland) 95, G 2
Perwomaisk (Ukraine) 94, D 3
Perwouralsk 100, D 4
Pesaro 15, K 6
Pescara 86, 1 E 3
Pescara (Fluss) 86, 1 E 3
Peschnoi 95, J 4
Peshawar 107, F 2
Petah Tiqwa 108, 1 A 2
Petare 158, C 1
Petauke 138, D 3
Peter-des-Großen-Bai
116, B 2 – C 2
Peter-I.-Insel 167, 4 O 2
Peterborough 80, F 4
Peterhead 80, F 2
Petersberg 70, F 5
Peterskirchen 22, B/C 3
Petra 108, 1 B 4
Petrikau (Piotrków Trybunalski)
65, H 3
Petrolina 158, E 3
Petronell-Carnuntum 23, J 3
Petropawl 100, E 4
Petropawlowsk-Kamtschatskij
101, O 4
Petrópolis 159, E 5
Petroşani 94, B 4
Petrosawodsk 100, B 3
Petrowsk 95, H 2
Petrowsk-Sabaikalski 101, J 4
Petrowskaja 93, F 1
Petschenga 62, 2 G 1
Petschora 100, D 3
Petschora (Fluss) 100, D 3
Petschorasee 100, D 3
Pettenbach 22, C/D 4
Pettneu 20, B 3
Petzeck 24, A 4
Petzen 24, E 4
Peuerbach 22, C 3
Peureulak 120, A 3
Pewek 101, Q 3
Pézenas 82, 1 E 5
Pezinok 15, P 1
Pfaffenhofen 71, F 8
Pfälzerwald 71, B 7
Pfänder 20, A 2
Pfannhorn (Corno Fana) 21, F 4
Pfarrkirchen 71, G 8
Pfefferküste 136, A 4 – B 4
Pfitsch (Val di Vizze) 20, D/E 4
Pfitscher Joch 20, E 4
Pfitscher Tal 20, D 4 – E 4
Pflerscher-Tribulaun 20, D 4
Pforzheim 71, C 8
Pfroslkopf 20, C 4
Pfunds 20, C 4
Phagan Samui 120, B 3
Phan Rang 120, B 2
Phan Thiet 120, B 2
Phattalung 120, B 3
Phetchaburi 120, A/B 2
Philadelphia 149, 1 G 3/4
Philippeville 78, D 4
Philippinen 98, 1 H 5
Phitsanulok 114, E 5
Phnom Penh 120, B 2
Phoenix 148, 1 C 4
Phönixinseln 127, 1 J 5
Phou Bia 114, E 5
Phuket 120, A 3
Piacenza 14, G 4
Pianosa 86, 1 B/C 3
Pians 20, B/C 3
Piatra Neamt 94, C 4
Piauí 158, E 3
Piave 15, K 3
Piber (Köflach-) 25, F 3
Pibor 137, F 4
Pic de l'Étendard 14, D 4
Pic du Canigou 82, 1 E 5
Pic du Midi Bigorre 82, 1 D 5
Pic du Midi d'Ossau 82, 1 C 5
Picardie 78, B 5 – D 5
Picco della Croce = Wilde
Kreuzspitze 20, E 4
Picco di Vallandro = Dürrenstein
(Südtirol) 21, F 4
Pichilemu 159, B 6
Pichl 22, C 3
Pichl-Preunegg (Schladming-)
24, C 3
Pico Bolívar 158, B 2
Pico Cristóbal Colón 158, B 1
Pico da Neblina 158, C 2
Pico de Aneto 84, 1 F 2
Pico de Teide 136, A 2
Pico dei Tre Signori =
Dreiherrenspitze 21, F 3
Pico Duarte 155, 1 E 3
Pico Ruivo 136, A 1
Picos 158, E 3
Picos de Europa 84, 1 C 2
Picos de San Lorenzo 84, 1 D 2
Pidigbach 21, F 4
Pidurutalagala 107, G 5
Piedras Negras 154, 1 B 2
Pieksämäki 62, 2 F 3
Pielach 23, F 3
Pielinen-See 62, 2 G 3
Piemont 14, E 4/5
Pierre 148, 1 D 3
Piesendorf 21, G 3
Pieštany 65, G 4
Piesting 23, H 4
Pietarsaari = Jakobstad 62, 2 E 3
Pietermaritzburg 138, D 4
Pietersburg = Polokwane 138, C 4
Pietra Ligure 14, F 5
Pieve di Cadore 15, K 3
Pijnacker 79, 1 A 2
Pik Ismail Samani 107, F 2
Pik Lenin 107, F 2
Pik Pobedy 114, B/C 2
Piketberg 138, B 5
Piła = Schneidemühl 64, G 2
Pilatus 69, D 2
Pilcomayo 158, C 4/5
Pilica 65, J 3
Pillau (Baltisk) 65, H 1
Pillichsdorf 23, J 3
Pilsen (Plzeň) 64, E 4
Pinar del Rio 155, 1 D 2
Pınarbaşı 93, F 3
Pinatubo 120, C/D 2
Pindaré 158, E 3
Pindos 92, B 2/3
Pine Bluff 148, 1 E 4
Pinerolo 14, E 5
Ping 114, D 5
Pingdingshan 115, F 3
Pinggau 25, H 3
Pingliang 114, E 3
Pingxiang 115, F 4
Pinios 92, B 3
Pinka 25, H 3
Pinkafeld 25, H 3
Pinos = Insel der Jugend 155, 1 D 2
Pinsk 94, C 2
Pinta 154, 1 C 4
Pinzgau 21, F 3 – G 3
Piombino 86, 1 C/D 3
Piotrków Trybunalski = Petrikau
65, H 3
Piraieus = Piräus 92, B 3
Piran Shahr 93, H 3
Pirapora 158, E 4
Piräus (Piraieus) 92, B 3
Piripiri 158, E 3
Pirmasens 71, B 7
Pirna 70, H 6
Pirot 92, B 2
Piru 121, D 4
Pisa 14, H 6
Pisac 158, B 4
Pisagua 158, B 4
Pischelsdorf 25, G 3
Pisco 158, B 4
Pisek (Písek) 64, E/F 4
Písek = Pisek 64, E/F 4
Pishan (Guma) 114, B 3
Pistoia 15, H 6
Pisuerga 84, 1 C 3
Pisweg (Gurk-) 24, D 4
Piteå 62, 2 E 2
Piteälven 62, 2 D/E 2
Piteşti 92, C 1
Pitkjaranta 62, 2 G 3
Piton des Neiges 139, F 4
Pitschajewo 95, G 2
Pitten 23, H 4
Pittsburgh 149, 1 F/G 3
Pityusen 85, 1 F 4
Pitzbach 20, C 3
Pitztal 20, C 3
Piura 158, A 3
Piz Bernina 14, G 3
Piz Buin 69, F 2
Piz Linard 69, E/F 2
Piz Medel 69, D 2
Piz Rots 20, B 4
Pizunda 93, F 2
Pizzo Carbonara 86, 1 E 6
Pizzo di Coca 14, G/H 3
Pjandsh 107, E 2
Pjasee 62, 2 G 2
Pjasina 100, G 2
Pjasinabucht 100, G 2
Pjatigorsk 93, G 1
Pjöngjang 115, G 3
Plackles 23, H 4
Plan de Corones = Kronplatz
21, E 4
Planaltina 158, E 4
Plankogel 25, G 3
Plansee 20, C 3
Plateau von Langres 14, B 2 – C 2
Plateau von Tademaït 136, C 2
Platte (Fluss) 148, 1 E 3
Platte (Insel) 139, F 2
Plattensee (Balaton) 65, G 5
Plattling 71, G 8
Plauen 71, G 6
Play Cu 120, B 2
Playa del Carmen 155, 1 D 2/3
Plechý = Plöckenstein 22, C 2
Pleißing (Hardegg-) 23, G 2
Pleschanowo 95, K 2
Pleschkogel 25, F 3
Pletzen 24, E 3
Pleven 92, C 2
Plitvicer Seen 15, N 5
Pljevlja 92, A 2
Pljussa 94, D 1
Płock 65, H 2
Plöckenpass 24, A 4
Plöckenstein (Plechý) 22, C 2
Ploieşti 92, C 1
Plön 70, E 2
Plovdiv 92, C 2
Plymouth 80, D 5
Plzeň = Pilsen 64, E 4
Po 14, E 5
Pobeda 101, N 3
Pobushske 94, D 3
Pocatello 148, 1 C 3
Pöchlarn 23, F 3
Pochwistnewo 95, J/K 2
Podeba-Insel 167, 4 E/F 2
Podelta 15, K 5
Podersdorf 25, J 2
Podgorica 92, A 2
Podkamennaja-Tunguska
100, G/H 3
Podkoren 24, C 4
Podolsk 94, F 2
Poebene 52, 1 D 4 – E 4
Poel 70, F 2
Pofadder 138, B 4
Poggersdorf 24, D 4
Poggibonsi 15, J 6
Pöggstall 23, F 3
Pogranitschnyj 116, B 1
Pohang 115, G 3
Pohnpei 126, 1 F 4
Pointe de Penmarch 82, 1 A 3
Pointe de Saint-Mathieu 82, 1 A 2
Pointe du Raz 82, 1 A 3
Pointe-à-Pitre 155, 1 F 3
Pointe-Noire 138, B 2
Poitiers 82, 1 C/D 3
Poitou 82, 1 C 3
Poix 78, A 5
Pokhara 107, G 3
Poko 137, E 4
Pokrowskoje 94, F 4
Polasna 95, L 1
Polatlı 92, E 3
Polazk 94, D 2
Polcirkeln 62, 2 E 2
Polen 51, 4 G 3
Polesje 94, B 3 – D 2
Pölfing-Brunn 25, F 4
Poligny 14, C 3
Polillo-Inseln 120, D 2
Polina Ossipenko 101, M 4
Polinik 24, A 4
Pólis 92, E 4
Poljarnoe 101, N 2
Poljarnyj 62, 2 H 1
Pölla 23, F 2
Pöllau 25, G 3
Pöllauberg 25, G 3
Polmak 62, 2 F/G 1
Polohi 94, F 4
Polohy 94, F 4
Polokwane (Pietersburg) 138, C 4
Pöls 24, E 3
Pöls-Oberkurzheim 24, E 3
Pölstal 24, D/E 3
Poltawa 94, E 3
Polynesien 126/127, 1 J 7 – L 3
Pomerellen 65, G 2 – H 1
Pomitschna 94, D 3
Pommern 64, E 2 – G 2
Pommersche Bucht 70, J 2
Pomoschna 94, D 3
Pompeji 86, 1 E 4
Ponce 155, 1 F 3
Pondicherry (Puducherry)
107, F/G 4
Pöndorf 22, B 3/4
Ponferrada 84, 1 B 2
Pongau 21, H 3
Ponomarjowka 95, K 2
Ponta Grossa 159, D 5
Ponta Porã 159, D 5
Pontarlier 14, D 3
Pontebba 86, 1 D 1
Pontevedra 84, 1 A 2
Pontianak 120, B 3/4
Pontinische Inseln 86, 1 D 4
Pontisches Gebirge 106, B 1 – C 1
Pontremoli 14, G 5
Pontresina 69, E 2
Ponza 86, 1 D 4
Poole 80, E/F 5
Poona (Pune) 107, F 4
Poopósee 158, C 4
Popayán 158, B 2
Popocatépetl 154, 1 B/C 3
Popondetta 121, F 4
Poppberg 71, F 7
Poprad 65, J 4
Porangatu 158, D/E 4
Porbandar 107, E 3
Porchow 94, D 1
Pordenone 15, K 3/4
Pordoi 15, J 3
Poreć 15, L 4
Pori (Björneborg) 62, 2 E 3
Porjus 62, 2 D 2
Porkkala 63, 2 F 4
Porlamar 158, C 1
Porrentruy 69, B/C 1
Porsangerfjord 62, 2 F 1
Porsgrunn 63, 2 B 4
Port Antonio 155, 1 E 3
Port Arthur 148, 1 E 5
Port Augusta 126, 1 D 8
Port Blair 107, H 4
Port Elizabeth 138, C 5
Port Gentil 138, A 2
Port Harcourt 136, C 4
Port Hedland 126, 1 B 6/7
Port Láirge = Waterford 80, C 4
Port Louis 139, F 3
Port Moresby 121, F 4
Port Nolloth 138, B 4
Port of Spain 155, 1 F 3
Port Said (Bur Said) 137, F 1
Port Shepstone 138, D 5
Port Sudan (Bur Sudan) 137, F 3
Port Vila 126, 1 G 6
Port-au-Prince 155, 1 E 3
Port-Cartier 149, 1 H 2/3
Port-Vendres 82, 1 E 5
Porta Orientala 92, B 1
Portage la Prairie 148, 1 E 2/3
Portalegre 84, 1 B 4
Portbou 85, 1 G 2
Portimão 84, 1 A 5
Portland (USA, Maine) 149, 1 G 3
Portland (USA, Oregon) 148, 1 B 3
Portland Bill 80, E 5
Porto 84, 1 A 3
Porto Alegre 159, D 6
Porto Amboim 138, B 3
Porto Empedocle 86, 1 D 6
Porto Franco 158, E 3
Porto Nacional 158, E 4
Porto Novo 136, C 4
Porto Seguro 158, F 4
Porto Torres 86, 1 B 4
Porto Velho 158, C 3
Porto-Vecchio 83, 1 H 6
Portoferraio 86, 1 B/C 3
Portofino 14, G 5
Portogruaro 15, K 4
Portoviejo 158, A 3
Portree 80, C 2
Pörtschach 24, D 4
Portsmouth (Großbritannien) 80, F 5
Portsmouth (USA) 149, 1 G 3
Porttipahta 62, 2 F 2
Portugal 51, 4 D 5
Portugalete 84, 1 D 2
Porvenir 159, B/C 8
Porvoo 62, 2 F 3
Posadas 159, D 5
Poschiavo 69, F 2
Poschwa 95, K/L 1
Posen (Poznań) 64, G 2
Posjet 101, M 5
Poso 120, D 4
Pospelicha 100, G 4
Poßruck 25, F 4 – G 4
Postmasburg 138, C 4
Postojna 15, L/M 4
Potchefstroom 138, C 4
Potenza 86, 1 E 4
Poti 93, G 2
Potosi 158, C 4
Pötschenhöhe 22, C 4
Potschinok 94, E 2
Potsdam 70, G/H 4
Pottenbrunn (St. Pölten-) 23, G 3
Pottendorf 23, H 4
Pottenstein 23, H 4
Pottschach (Ternitz-) 23, G/H 4
Póvoa de Varzim 84, 1 A 3
Powell-Stausee 148, 1 C 4
Poworino 95, G 3
Poyang Hu 115, F 4
Poysdorf 23, J 2
Požarevac 92, B 1
Poznań = Posen 64, G 2
Pra Loup 14, D 5
Präbichl 25, E 2
Prabumulih 120, B 4
Prachuap Khiri Khan 120, A/B 2
Prad (Prato allo Stelvio allo Stelvio)
20, C 4
Prag (Praha) 64, F 3/4
Praha = Prag 64, F 3/4
Praia 190, 1 H 4
Pram 22, C 3
Pram (Fluss) 22, C 3
Prambachkirchen 22, C 3
Prankerhöhe 24, D 3
Prärien = Great Plains
168, 1 D 3 – E 4
Pratas = Dongsha 115, F 4
Prato 15, J 6
Pratomagno 15, J 6
Preber 21, J 3
Prebl (Bad St. Leonhard-) 24, E 4
Predeal 92, C 1
Predilpass 15, L 3
Preding 25, F 4
Pregarten 22, E 3
Pregel 65, J 1
Prein (Reichenau-) 23, G 4
Preluke 94, E 3
Prenzlau 70, H 3
Prerau (Přerov) 65, G 4
Přerov = Prerau 65, G 4
Prerow 70, G 2
Prešov 65, J 4
Pressbaum 23, H 3
Preßburg = Bratislava 65, G 4
Preston 80, E 4
Pretoria 138, C 4
Pretulalpe 25, G 2
Prieska 138, C 4
Prievidza 65, H 4
Prignitz 70, F 3 – G 3
Prijedor 86, 1 F 2
Prijutowo 95, K 2
Prilep 92, B 2
Primorsk (Leningrad) 62, 2 G 3
Primorsk (Wolgograd) 95, H 3
Primorsko-Achtarsk 93, F 1
Prince Albert 148, 1 D 2
Prince Edward Island 149, 1 H 3
Prince George 148, 1 B 2
Prince Rupert 148, 1 A 2
Principe 136, C 4
Prinz-Eduard-Inseln 167, 4 B 3
Prinzersdorf 23, G 3
Prinzessin-Astrid-Küste 167, 4 A 2
Prinzessin-Martha-Küste 167, 4 S 2
Prinzessin-Ragnhild-Küste
167, 4 B 2
Priobje 100, E 3
Priosersk 62, 2 G 3
Pripjat 94, D 3
Pripjatsümpfe 94, C 2 – D 3
Prislop 94, C 4
Priština 92, B 2
Privas 14, B 5
Prizren 92, B 2
Prochenberg 23, E 4
Prochladny 93, G 2
Progreso 154, 1 C/D 2
Prokopjewsk 100, G 4
Proletarsk 95, G 4
Proßnitz (Prostějov) 64, G 4
Prostějov = Proßnitz 64, G 4
Provençalische Alpen 14, D 5 – D 6
Provence 14, C 6 – D 6
Providence 149, 1 G 3
Providence (Insel) 139, F 2
Providencia (Kolumbien) 155, 1 D 3
Provins 82, 1 E 2
Provo 148, 1 C 4
Pruszków 65, J 2
Pruth 94, D 4
Prutz 20, C 3
Pryluky 94, E 3
Prymorsk 93, E/F 1
Przemyśl 65, K 4
Pschisch 93, G 2
Psiol 94, E 3
Pskow 94, D 1
Pskower See 94, D 1
Psunj 86, 1 F 2
Ptitsch 94, D 2
Ptuj 15, N 3
Puako 127, 2 B 2
Pucallpa 158, B 3
Puch 25, G 3
Puchberg 23, G 4
Puchenau 22, D 3
Puchenstuben 23, F 4
Puconci 25, H 4
Puducherry = Pondicherry 107, G 4
Puebla 154, 1 C 3
Pueblo 148, 1 D 4
Puente Alto 159, B 6
Puente-Genil 84, 1 C 5
Puerto Aisén 159, B 7
Puerto Alfonso 158, B 3
Puerto Armuelles 155, 1 D 4
Puerto Ayacucho 158, C 2
Puerto Barrios 155, 1 D 3
Puerto Berrío 158, B 2
Puerto Cabello 158, C 1
Puerto Cabezas 155, 1 D 3
Puerto Carreño 158, C 2
Puerto Casado 159, D 5
Puerto Cortés 155, 1 D 4
Puerto Cumarebo 158, C 1
Puerto Deseado 159, C 7
Puerto Escondido 154, 1 C 3
Puerto Inírida 158, C 2
Puerto la Cruz 158, C 1
Puerto Limón 155, 1 D 3
Puerto Madryn 159, C 7
Puerto Maldonado 158, B/C 4
Puerto Montt 159, B 7
Puerto Natales 159, B 8
Puerto Plata 155, 1 E 3
Puerto Princesa 120, C 3
Puerto Rico 155, 1 F 3
Puerto Santa Cruz 159, C 8
Puerto Vallarta 154, 1 B 2
Puerto Williams 159, C 8
Puertollano 84, 1 C 4
Pugatschow 95, J 2/3
Pula 15, L 5
Puławy 65, J 3
Pulkau 23, G 2
Pulkau (Fluss) 23, H 2
Pully 69, B 2
Pulog 120, D 2
Pulosero 62, 2 H 1
Pułtusk 65, J 2
Pülümür 93, F 3
Puna 127, 2 B 2
Punaluu 127, 2 B 2
Puncak Jaya 121, E 4
Pune = Poona 107, F 4
Pungsan 116, B 2
Punia 138, C 2
Punjab 107, F 2
Puno 158, C 4
Punta Alta 159, C 6
Punta Arenas 159, B 8
Punta Cervina = Hirzerspitze
20, D 4
Punta d'Alliz = Litzner Spitze
20, C 4
Punta de la Estaca de Bares
84, 1 B 2
Punta de la Mona 84, 1 D 5
Punta di Lasa = Orgelspitze 20, C 4
Punta Eugenia 154, 1 A 2
Punta la Marmora 86, 1 B 4
Punta Marroqui 84, 1 B/C 6
Punta Parinas 168, 1 E 6
Puntarenas 155, 1 D 3
Punto Fijo 158, C 1
Pur 100, F 3
Purace 158, B 2
Purbach 25, J 2
Pürgg (Stainach-Pürgg-) 24, D 2
Purgstall 23, F 3
Purkersdorf 23, H 3
Purmerend 78, D 2
Pursat 120, B 2
Purús 158, B 4
Puschkin 94, D 1
Puschkino (Oblast Moskau)
94, F 1/2
Puschkino (Oblast Saratow) 95, H 3
Pustertal 21, E 4 – G 4
Pusterwald 24, D 3
Pustoschka 94, D 1
Putao 107, H 3
Putian 115, F 4
Putoranagebirge 100, H 3
Putrajaya 120, B 3
Putschesh 95, G 1
Puttgarden (Fehmarn-) 70, F 2
Putumayo 158, B 3
Putzleinsdorf 22, C 2
Puu o Keokeo 127, 2 B 2
Puulasee 62, 2 F 3
Puy de Dôme 82, 1 E 4

Puy de Sancy 82, 1 E 4
Puyang 115, F 3
Pweto 138, C 2
Pyay 107, H 4
Pyhra 23, G 3
Pyhrnpass 24, D 2
Pyin U Lwin 120, A 1
Pyinmana 107, H 4
Pyramiden 137, E/F 2
Pyrenäen 82, 1 C 5 – D 5
Pyritz (Pyrzyce) 64, F 2
Pyrzyce = Pyritz 64, F 2
Pyt-Jach 100, F 3

Q

Qaanaaq = Thule 144, 1 L 2
Qacentina = Constantine 136, C 1
Qaidambecken 114, D 3
Qal'at Bishah 106, C 3
Qala-e Nau 106, E 2
Qalat 107, E 2
Qalqilyah 108, 1 A/B 2
Qamdo 114, D 3
Qaraghandy (Karaganda) 100, F 4/5
Qardho 137, G 4
Qarehsu 93, J 4
Qarkilik = Ruoqiang 114, C 3
Qarqan = Qiemo 114, C 3
Qarqan He 114, C 3
Qarshi 100, E 6
Qasr-e Shirin 93, H 4
Qazimämmäd 93, J 2
Qazvin 106, C/D 2
Qeqertarsuaq = Godhavn 144, 1 L/M 3
Qeydár 93, J 3
Qezel Owzan 93, J 3
Qiatou 114, E 3
Qiemo (Qarqan) 114, C 3
Qilian Shan 114, D 3
Qin Ling 114, E/F 3
Qina 137, F 2
Qingdao = Tsingtau 115, G 3
Qinghai Hu 114, D 3
Qinhuangdao 115, F 2/3
Qinzhou 114, E 4
Qiqihar 115, G 2
Qiryat Ata 108, 1 B 2
Qiryat Gat 108, 1 A 3
Qiryat Shemona 108, 1 B 1
Qiryat Tivon 108, 1 B 2
Qiryat Yam 108, 1 B 2
Qitai 114, C 2
Qom (Kum) 106, D 2
Qomolangma = Mount Everest 107, G 3
Qongirot 100, D 5
Qorveh 93, H 4
Qotur 93, H 3
Quadaï 137, D/E 3
Quang Ngai 114, E 5
Quanzhou 115, F 4
Quartu Sant'Elena 86, 1 B 5
Quba 93, J 2
Quchan 106, D 2
Québec 149, 1 G/H 2
Qued Chéliff 85, 1 F 5
Queenstown (Neuseeland) 126, 1 G 9
Queenstown (Südafrika) 138, C 5
Quelimane 138, D 3
Quellon 159, B 7
Querétaro 154, 1 B 2
Quetta 107, E 2
Quezaltenango 154, 1 C 3
Quezon City 120, D 2
Qui Nhon 120, B 2
Quibdo 158, B 2
Quiberon 82, 1 B 3
Quillan 82, 1 D/E 5
Quimbele 138, B 2
Quimper 82, 1 A 2
Quito 158, B 3
Qujing 114, E 4
Qumran 108, 1 B 3
Qushchi 93, H 3

R

Raab (Fluss, Rába) 25, G 3
Raab (Österreich) 22, C 3
Raab (Ungarn, Győr) 65, G 5
Raabs 23, F 2
Raahe 62, 2 E/F 2
Raalte 78, F 2
Raasdorf 23, J 3
Rab 15, M 5
Rába = Raab (Fluss) 25, G 3
Rabak 137, F 3
Rabat (Er-Ribat) 136, B 1
Rabaul 121, G 4
Rabenstein 23, F 3
Rábka = Rabnitz 25, H 3
Rabnitz (Rábka) 25, H 3
Racibórz = Ratibor 65, G/H 3
Rădăuți 94, C 4
Radebeul 70, H 5
Radenci 25, H 4
Radenthein 24, C 4
Radlberg 25, F 4
Radlpass 25, F 4
Radmer 24, E 2
Radom 65, J 3
Radomsko 65, H 3
Radstadt 21, H 3
Radstädter Tauern 21, H 3
Radstädter Tauernpass 21, J 3
Radushny 100, F 3
Rafaela 159, C 6
Rafah 108, 1 A 3
Rafha 106, C 3
Rafsanjan 106, D 2
Ragusa 86, 1 E 6
Rahatschew 94, D 2
Rahimyar Khan 107, F 3
Raiatea 127, 1 L 6
Raichur 107, F 4
Rainbach 22, D 2
Raintal 21, F 4
Raipur 107, G 3
Raitschichinsk 101, L 5
Rajahmundry 107, G 4
Rajasthan 107, F 3
Rajewskij 95, K 2
Rajkot 107, F 3
Rajshahi 107, G 3
Rakka = Ar-Raqqah 106, B 2
Rakuscha 95, K 4
Raleigh 149, 1 G 4
Ralikgruppe 126, 1 G 4
Ramallah (Bethel) 108, 1 B 3
Ramat Gan 108, 1 A 2
Ramelau 120, D 4
Ramingbach 22, E 4
Ramingstein 21, J 3
Ramla 108, 1 A 3
Râmnicu Vâlcea 94, B/C 4
Ramon 108, 1 A 4
Ramree 107, H 4
Ramsau 23, G 3
Ramsau (Landschaft) 24, C 3
Ramsele 62, 2 C/D 3
Ramsgate 80, G 5
Rancagua 159, B 6
Rance 82, 1 B 2
Ranchi 107, G 3
Randegg 23, E 3
Randers 63, 2 B 4
Rangersdorf 24, A 4
Ranghulu 115, G 2
Rangpur 107, G 3
Rangun (Yangon) 107, H 4
Rankweil 20, A 3
Ransiki 121, E 4
Ransu 117, F 1
Rantemario 120, C 4
Ranten 24, D 3
Rantenbach 24, C 3
Rapallo 14, G 5
Rapid City 148, 1 D 3
Rapperswil-Jona 69, D 1
Rappottenstein 23, F 2
Rarotonga 127, 1 K/L 7
Ras ad-Daqm 106, D 4
Ras al-Ayn 93, G 3
Ras al-Haad 106, D/E 3
Ras an-Naqb 108, 1 B 4
Ras Banas 137, F 2
Ras Daschan 137, F 3
Ras Gharib 137, F 2
Ras Mohammed 106, B 3
Ras Xaafun 106, D 4
Rasdan 93, H 2
Rasen Antholz (Rasun Anterselva) 21, E/F 4
Rasht 93, J 3
Rasskasowo 95, G 2
Rastatt 71, C 8
Rastenburg (Kętrzyn) 65, J 1
Rastenfeld 23, F 2
Rastkogel 20/21, E 3
Rasun Anterselva = Rasen Antholz 21, E/F 4
Ratakgruppe 126, 1 G 3 – G 4
Rathenow 70, G 4
Ratibor (Racibórz) 65, G/H 3
Rätikon 69, E 1 – E 2
Rätische Alpen 69, E 2
Ratten 25, G 3
Rattenberg 21, E 3
Rattendorf (Hermagor-Pressegger See-) 24, B 4
Rattersdorf (Mannersdorf-) 25, H/J 3
Ratzeburg 70, E 3
Raucheck 21, H 3
Rauchwart 25, H 3
Raufarhöfn 62, 1 C/D 1
Rauher Kulm 71, F 7
Rauma 62, 2 E 3
Rauris 21, H 3
Rauriser Tal 21, G 3
Ravelsbach 23, G 2
Ravenna 15, K 5
Ravensburg 71, D 9
Ravne na Koroškem 15, M 3
Rawa-Rusjka 94, B 3
Rawalpindi 107, F 2
Rawanduz 93, H 3
Rax 25, G 2
Raxendorf 23, F 3
Razan 93, J 4
Ré 82, 1 C 3
Reading 80, F 5
Realicó 159, C 6
Reboly 62, 2 G 3
Rebun 116, E 1
Rechnitz 25, H 3
Recife 158, F 3
Recklinghausen 70, B 5
Reconquista 159, C/D 5
Red Deer 148, 1 C 2
Red Lake 148, 1 E 2
Red River 148, 1 E 4
Redding 148, 1 B 3
Refahiye 93, F 3
Regau 22, C 4
Regen 71, G 7
Regensburg 71, G 7
Reggâne (Riggan) 136, B/C 2
Reggio di Calabria 86, 1 E 5/6
Reggio nell'Emilia 14, H 5
Reghin 94, C 4
Regina 148, 1 D 2
Regnitz 71, E 7
Rehoboth 138, B 4
Rehovot 108, 1 A 3
Reichenau (Kärnten) 24, C 4
Reichenau (Niederösterreich) 23, G 4
Reichenberg (Liberec) 64, F 3
Reichenfels 24, E 3/4
Reichenspitze 21, F 3
Reichenstein 24, E 2
Reichenthal 22, D 2
Reichersberg 22, B 3
Reichraming 22, D 4
Reichramingbach 22, D 4
Reidling 23, G 3
Reims 82, 1 F 2
Rein 25, F 3
Reinischkogel 25, F 4
Reinosa 84, 1 C 2
Reisalpe 23, G 4
Reißbach (Dračice) 23, F 2
Reißeck 24, B 4
Reißeck (Berg) 24, B 4
Reißkofel 24, B 4
Reiter Alm 21, G 2
Reitereck 24, C 3
Reith 21, E 3
Rekawinkel (Pressbaum-) 23, H 3
Remanso 158, E 3
Remontnoje 95, G 4
Remscheid 70, B 5
Rendsburg 70, D 2
Reni 92, D 1
Rennel 126, 1 F 6
Rennes 82, 1 C 2
Rennfeld 25, F 3
Rennweg 24, C 3
Reno 148, 1 C 4
Reno (Fluss) 15, J 5
Renon = Ritten 20, D 4
Rentiersee 148, 1 D 2
Reprêsa Balbina 158, D 3
Requena (Peru) 158, B 3
Requena (Spanien) 84, 1 E 4
Reschenpass 20, C 4
Reschensee (Lago di Resia) 20, C 4
Resistencia 159, C/D 5
Reșița 92, B 1
Resko Tepe 93, G 3
Resznek 25, H 4
Rethel 78, D 5
Rethimnon 92, C 4
Retschiza 94, D 2
Rettenegg 25, G 2
Retz 23, G 2
Retzbach 23, H 2
Réunion 139, F 4
Reus 85, 1 F 3
Reuß 69, D 2
Reutlingen 71, C/D 8
Reutte 20, C 3
Reval = Tallinn 63, 2 F 4
Revillagigedo-Inseln 154, 1 A 3
Rey 155, 1 E 4
Reykjanes 62, 1 B 2
Reykjavik 62, 1 B 1
Reynosa 154, 1 C 2
Rezekne 63, 2 F 4
Rezvanshahr 93, J 3
Rhein 52, 1 D 4
Rhein-Marne-Kanal 82, 1 F 2
Rheine 70, B 4
Rheinfall 69, D 1
Rheinfelden 69, C 1
Rheinisches Schiefergebirge 70/71, A 6 – C 5
Rheinland-Pfalz 71, B 7 – C 7
Rheinsberg 70, G 3
Rheinwaldhorn 69, D/E 2
Rho 14, G 4
Rhode Island 149, 1 G 3
Rhodopen 92, B/C 2
Rhodos 92, D 3
Rhodos (Insel) 92, D 3
Rhön 71, D 6 – E 6
Rhondda 80, E 5
Rhône 82, 1 F 3/4
Rhônedelta 82, 1 F 5
Rhoon 79, 1 A 3
Rhube 93, F 4
Rhum 80, C 2
Riad (Ar-Riyad) 106, C 3
Rias 84, 1 A 2
Rias Bajas 84, 1 A 2
Ribadeo 84, 1 B 2
Ribatejo 84, 1 A 4
Ribáuè 139, D 3
Ribeirão Prêto 159, E 5
Riberalta 158, C 4
Rîbnița 94, D 4
Ribnitz-Damgarten 70, G 2
Riccione 15, K 5
Richard-Toll 136, A 3
Richards Bay 138, D 4
Richmond 149, 1 G 4
Richterswil 69, D 1
Ridder 100, G 4
Ridnauntal 20, D 4
Ried (Sieghartskirchen-) 23, H 3
Ried im Innkreis 22, B 3
Ried im Oberinntal 20, C 3
Ried im Traunkreis 22, D 3
Ried in der Riedmark 22, E 3
Riedau 22, C 3
Riederberg 23, H 3
Riegersburg 25, G 3/4
Rienz (Rienza) 21, F 4
Rienza = Rienz 21, F 4
Ries 71, E 8
Riesa 70, H 5
Riesengebirge 64, F 3
Rieti 86, 1 D 3
Rietz 20, D 3
Rietzer Grieskogel 20, D 3
Riezlern (Mittelberg-) 20, B 3
Riga 63, 2 F 4
Rigaischer Meerbusen 63, 2 E 4 – F 4
Riggan = Reggâne 136, B/C 2
Rigi 69, D 1
Riihimäki 62, 2 E/F 3
Riiser-Larsen-Halbinsel 167, 4 B 2
Rijeka 15, M 4
Rijnsburg 79, 1 A 2
Rijswijk 79, 1 A 2
Riksgränsen 62, 2 D 1
Rillieux 14, B 4
Rimatara 127, 1 L 7
Rimini 15, K 5
Rimouski 149, 1 H 3
Ringelspitz 69, E 2
Ringkøbing 63, 2 A/B 4
Ringvaart 79, 1 B 2
Ringvassøy 62, 2 D 1
Rinjani 120, C 4
Rio Branco 158, C 3/4
Rio Branco (Fluss) 158, C 2/3
Rio Bravo del Norte 154, 1 B 2
Rio Cuarto 159, C 6
Rio de Janeiro 159, E/F 5
Rio de Janeiro (Bundesstaat) 159, E 5
Rio de la Plata 159, D 6
Rio di Pusteria = Mühlbach (Südtirol) 20, E 4
Río Gallegos 159, C 8
Rio Grande (Argentinien) 159, C 8
Rio Grande (Brasilien) 159, D 6
Rio Grande (Fluss, Brasilien) 158, D/E 4
Rio Grande (Fluss, USA) 148, 1 D 4
Rio Grande do Norte 158, F 3
Rio Grande do Sul 159, D/E 6
Rio Negro (Fluss, Argentinien) 159, C 6
Rio Negro (Fluss, Brasilien) 158, C 3
Rio Negro (Fluss, Uruguay) 159, D 6
Rio Verde 158, D/E 4
Rio-Grande-Schwelle 168, 1 G 7 – H 7
Riobamba 158, A/B 3
Riohacha 158, B 1
Rioni 93, G 2
Rishon Le Zion 108, 1 A 3
Rißtal 20, E 3
Ritten (Renon) 20, D 4
Rittner Horn (Corno di Renon) 20, D 4
Riva del Garda 18, B 4
Rivas 155, 1 D 3
Rivera 159, D 6
Riviera di Levante 14, F 5 – G 6
Riviera di Ponente 14, E/F 6
Rivoli 14, E 4
Riwne 94, C 3
Rixhöft 65, H 1
Rize 93, G 2
Rizokárpason 92, E 4
Rjasan 95, F 2
Rjashsk 95, G 2
Rjukan 63, 2 A/B 4
Roanne 82, 1 E/F 4
Roanoke 149, 1 F 4
Roatan 155, 1 D 3
Robertsport 136, A 4
Robinson-Crusoe-Insel 159, B 6
Roboré 158, D 4
Rocamadour 82, 1 D 4
Rocas Alijos 148, 1 C 5
Rochefort (Belgien) 78, E 4
Rochefort (Frankreich) 82, 1 C 4
Rochester (USA, Minnesota) 148, 1 E 3
Rochester (USA, New York) 149, 1 G 3
Rockall 52, 1 B 3
Rockanje 79, 1 A 3
Rockford 148, 1 E/F 3
Rockhampton 126, 1 F 7
Rocky Mountains (Felsengebirge) 168, 1 C 2 – D 4
Rocroi 78, D 5
Rødbyhavn (Lolland-) 63, 2 B 5
Rodeneck (Rodengo) 20, E 4
Rodengo = Rodeneck 20, E 4
Rodez 82, 1 E 4
Rodniki 95, G 1
Rodrigues 139, G 3
Roelofarendsveen 79, 1 B 2
Roen 20, D 5
Roermond 78, E/F 3
Roeselare 78, C 4
Rofan 21, E 3
Rofen (Sölden-) 20, C 4
Rohatyn 94, C 3
Rohr bei Hartberg 25, H 3
Rohr im Gebirge 23, G 4
Rohr im Kremstal 22, D 3
Rohrau 23, J 3
Rohrbach (Oberösterreich) 22, C 2
Rohrbach an der Lafnitz 25, G/H 3
Rohrbach bei Mattersburg 25, H 2
Rohrendorf 23, G 3
Rolim de Moura 158, C 4
Rom (Roma) 86, 1 D 4
Roma = Rom 86, 1 D 4
Roman 94, C 4
Romans-sur-Isère 14, C 4
Romanshorn 69, E 1
Romau 23, F 2
Rombo = Timmelsjoch 20, D 4
Romny 94, E 3
Romodanowo 95, H 2
Rompin 120, B 3
Romsdalen 62, 2 A 3 – B 3
Roncesvalles 84, 1 E 2
Ronda 84, 1 C 5
Rondane 62, 2 B 3
Rondônia 158, C 4
Rondonópolis 158, D 4
Rongcheng (Guangdong) 115, F 4
Rønne 63, 2 C 5
Ronne-Schelfeis 167, 4 P 2 – Q 2
Ronse 78, C 4
Roosendaal 78, D 3
Roosevelt-Insel 167, 4 L 1
Roquefort 82, 1 E 5
Roraima 158, C 2
Roraima (Berg) 158, C 2
Røros 62, 2 B 3
Rorschach 69, E 1
Rosaliengebirge 23, H 4
Rosanna 20, B 3
Rosario (Argentinien) 159, C 6
Rosario (Mexiko) 154, 1 A 1
Roseau 155, 1 F 3
Rosegg 24, D 4
Roseldorf (Sitzendorf-) 23, G 2
Rosenau (Zwettl-) 23, F 2
Rosenberg = Rožmberk 15, M 1
Rosenburg 23, G 2
Rosenheim 71, F/G 9
Rosennock 24, C 4
Rosental 24, D 4
Roskilde 63, 2 B/C 5
Roslawl 94, E 2
Ross-Insel 167, 4 J 2
Ross-Schelfeis 167, 4 J 1 – K 1
Rossano 86, 1 F 5
Rossatz 23, F/G 3
Rossbarriere 167, 4 K 2
Roßbrand 21, H 3
Roßkogel 25, G 2
Rosslare 80, C 4
Rossmeer 167, 4 K 2
Rosso 136, A 3
Rossosch 94, F 3
Roßwandspitze 21, E 3
Rostock 70, G 2
Rostow am Don 94, F 4
Rostow am Nerosee 94, F 1
Røsvatn 62, 2 C 2
Roswell 148, 1 D 4
Rota 84, 1 B 5
Rota (Insel) 121, F 2
Rote Wand 20, A 3
Rotenburg 70, D 3
Rotenturm 25, H 3
Rotenturmpass 94, B/C 4
Roter Fluss (China) 114, E 4
Roter Fluss (Türkei) = Kızılırmak 93, F 3
Roter Kopf 24, A 4
Rotes Becken 114, E 3 – E 4
Rotes Meer 137, F 2 – G 3
Rothaargebirge 70, C 5 – C 6
Röthelstein (Frohnleiten-) 25, F 3
Rothenburg 71, E 7
Rotherham 80, F 4
Röthis 20, A 3
Roti 120, D 5
Röti 69, C 1
Rotten = Rhône 14, B 5
Rottenmann 24, D 2
Rottenmanner Tauern 24, D 3
Rotterdam 78, D 3
Rottweil 71, C 8
Rotuma 126, 1 H 6
Roubaix 78, C 4
Rouen 82, 1 D 2
Rourkela 107, G 3
Roussillon 82, 1 E 5
Rovaniemi 62, 2 F 2
Rovereto 15, J 4
Rovigo 15, J 4
Rovinj 15, L 4
Rowenki 94, F 3
Roxas 120, C 2
Royan 82, 1 C 4
Roye 78, B 5
Rožmberk = Rosenberg 15, M 1
Roztocze 65, K 3
Rozzano 14, G 4
Rshew 94, E 1
Rtischtschewo 95, G 2
Ruacanafälle 138, B 3
Ruaha 138, D 2
Ruanda 132, 4 C 3
Ruapehu 126, 1 H 8
Rub al-Khali = Große Arabische Wüste 106, C 4 – D 3
Rubishne 94, F 3
Rubzowsk 100, G 4
Rudbâr 93, J 3
Rüdbar 93, H 4
Ruden 24, E 4
Rudersdorf 25, H 3
Rüdesheim 71, B 6/7
Rudna 95, H 3
Rudnaja-Pristan 101, M 5
Rudnitschry 95, J/K 1
Rudnogorsk 101, J 4
Rudnyj 100, E 4
Rudolfsee = Turkanasee 138, D 1
Rue 69, B 2
Ruetzbach 20, D 3
Rufiji 139, D 2
Rügen 70, H 2
Ruhner Berge 70, F 3
Ruhr 70, B 5
Ruian 115, G 4
Rukwasee 138, D 2
Rum 20, D 3
Rumänien 51, 4 H 4
Rumbek 137, E 4
Rumoi 116, E 2
Rundu 138, B 3
Rungwe 138, D 2
Ruo Shui 114, D/E 2
Ruoqiang (Qarkilik) 114, C 3
Rupert House = Waskaganish 149, 1 G 2
Ruprechtshofen 23, F 3
Rur 70, A 6
Ruruty 127, 1 L 7
Rusajewka 95, H 2
Ruse 92, C 2
Rußbach (Fluss zur Donau) 23, J 3
Rußbach am Pass Gschütt 21, H 2
Rüsselsheim 71, C 7
Russland 51, 4 K 3
Rust 25, J 2
Rustawi 93, H 2
Rustenburg 138, C 4
Rutenga 138, D 4
Rutog 114, B 3
Ruwenzori 138, C 1
Rybinsk 94, F 1
Rybinsker Stausee 94, F 1
Rybnik 65, H 3/4
Rybnoje 94, F 2
Rylsk 94, E 3
Ryukyu-Inseln 115, G 4
Rzeszów 65, K 4

S

Saalach 21, G 2
Saalbach-Hinterglemm 21, G 3
Saaldorf-Surheim 21, G 2
Saale 71, F 6
Saalfeld 71, F 6
Saalfelden 21, G 3
Saane (Sarine) 69, C 2
Saanen 69, C 2
Saar 71, A 7
Saarbrücken 71, A 7
Saaremaa = Ösel 63, 2 E 4
Saariselkä 62, 2 F 1 – G 1
Saarland 71, A 7 – B 7
Saarlouis 71, A 7
Saas-Fee 69, C 2
Sab Biyar 93, F 4
Saba 106, C 4
Šabac 92, A 1
Sabadell 85, 1 G 3
Sabah 120, C 3
Sabalan 93, H 3
Sabang 120, C 3
Sabha 136, D 2
Sabi 138, D 4
Sabiner Berge 86, 1 D 3
Sabirabad 93, J 2/3
Sable-Insel 149, 1 J 3
Sabrinaküste 167, 4 F 2 – G 2
Saburunje 95, J 4
Sabya 106, C 4
Sabzevar 106, D 2
Sacco 86, 1 D 4
Sachalin 101, N 4
Sacheon 116, B 4
Sachsen 70, G 5 – H 5
Sachsen-Anhalt 70, F 4 – G 5
Sachsenburg 24, B 4
Sacramento 148, 1 B 4
Sacramento (Fluss) 148, 1 B 3
Sadah 106, C 4
Sadnig 24, A 4
Sado (Fluss) 84, 1 A 5
Sado (Insel) 116, D 3
Safaga 137, F 2
Safi 136, A/B 1
Safonowo 94, E 2
Safranbolu 92, E 2
Sag Sag 121, F 4
Saga 116, B 4
Sagamibucht 116, D 4
Sagar 107, F 3
Saggaubach 25, F 4
Saggi 108, 1 A 4
Saginaw 148, 1 F 3
Sagis 95, K 3
Sagis (Fluss) 95, K 3
Sagres 84, 1 A 5
Saguenay 149, 1 G 3
Sagunto 84, 1 E 4
Saham 108, 1 B 2
Sahara (Landschaft) 136/137, B 2 – E 2
Sahara (Staat) 132, 4 A 1
Saharaatlas 136, B 1 – C 1
Saharanpur 107, F 3
Sahel 136, B 3 – E 3
Saïda 84, 1 E/F 6
Saidia 84, 1 D 6
Saidiyeh 93, J 3
Saidor 121, F 4
Saifenbach 25, G 3
Saignelégier 69, B 1
Saigon = Ho-Chi-Minh-Stadt 120, B 2
Saihan Tal 115, F 2
Saihan Toroi 114, D/E 2
Saiki 116, B 4
Saile 20, D 3
Saimaakanal 62, 2 G 3
Saimaasee 62, 2 F 3 – G 3
Saimbeyli 93, F 3
Sainsk 95, K 2
Saint Albans 80, F 5
Saint Andrews 80, E 2
Saint Augustine 149, 1 F 5
Saint Austell 80, D 5
Saint Bride's Bai 80, D 5
Saint Cloud 148, 1 E 3
Saint Croix 155, 1 F 3
Saint George 148, 1 C 4
Saint George's 155, 1 F 3
Saint Helena 169, 1 J 6
Saint Helens 80, E 4
Saint Helier 80, E 6
Saint John (Fluss) 149, 1 H 3
Saint John (Kanada) 149, 1 H 3
Saint John (USA) 155, 1 F 3
Saint John's (Antigua und Barbuda) 155, 1 F 3
Saint John's (Neufundland) 149, 1 J 3
Saint Joseph 148, 1 E 4
Saint Kilda 80, B 2
Saint Kitts und Nevis 162, 3 C 2
Saint Louis 148, 1 E 4
Saint Lucia 162, 3 C 2–D 1
Saint Paul 148, 1 E 3
Saint Paul (Insel, Atlantischer Ozean) 168, 1 H 5
Saint Paul (Insel, Indischer Ozean) 169, 1 N 7
Saint Petersburg 149, 1 F 5
Saint Pierre 139, E/F 2
Saint Thomas 155, 1 F 3
Saint Vincent und die Grenadinen 162, 3 C 2–D 2
Saint-Brieuc 82, 1 B 2
Saint-Chamond 14, B 4
Saint-Claude 14, C 3
Saint-Denis (Frankreich) 82, 1 D/E 2
Saint-Denis (Réunion) 139, F 4
Saint-Dizier 82, 1 F 2
Saint-Étienne 82, 1 F 4
Saint-Germain-en-Laye 82, 1 D/E 2
Saint-Imier 69, B 1
Saint-Jean-de-Luz 82, 1 C 5
Saint-Jean-de-Maurienne 14, D 4
Saint-Laurent-du-Maroni 158, D 2
Saint-Lô 82, 1 C 2
Saint-Louis 14, E 2
Saint-Malo 82, 1 B/C 2
Saint-Martin 155, 1 F 3
Saint-Martin-d'Hères 14, C 4
Saint-Maurice 69, C 2
Saint-Nazaire 82, 1 B 3
Saint-Omer 82, 1 D/E 1
Saint-Pierre 139, E 2
Saint-Pierre und Miquelon 149, 1 J 3
Saint-Pol-sur-Ternoise 78, B 4
Saint-Quentin 78, C 5
Saint-Raphaël 14, D 6
Saint-Tropez 14, D 6
Sainte-Baume 14, C 6
Sainte-Croix 69, B 2
Sainte-Maxime 14, D 6
Saintes 82, 1 C 4
Saintonge 82, 1 C 4
Saipan 121, F 2
Saissan 100, G 5
Saissansee 100, G 5
Saitama 115, H 3
Sajak 100, F 5
Sajama 158, C 4
Sajanogorsk 100, H 4
Sajinsk 95, K 2
Sajnschand 114, E/F 2
Sajó 65, J 4
Sakai 116, C 4
Sakaide 116, C 4
Sakakah 106, C 3
Sakakawea-Stausee 148, 1 D 3
Sakamensk 101, J 4
Sakarya 52, 1 G 4
Sakata 115, H 3
Şaki 93, H 2
Sakishima-Inseln 115, G 4
Sakmara 95, K 2 – L 3
Sakol 95, G 1
Saky 92, E 1
Sal 95, G 4
Sala 63, 2 D 4
Salado 159, C 5
Salado del Oeste 159, C 6
Salaga 136, B 4
Salalah 106, D 4
Salamanca 84, 1 C 3
Salamat 137, D 3
Salamis 92, E 4
Salamiye 93, F 4
Salar de Atacama 159, C 5
Salar de Uyuni 158, C 5
Salawat 95, K 2
Saldanha 138, B 5
Saldurbach 20, C 4
Salechard 100, E 3
Salem 148, 1 B 3
Salerno 86, 1 E 4
Salgótarján 65, H 4/5
Salgueiro 158, E/F 3
Salihli 92, D 3
Salihorsk 94, C 2
Salima 138, D 3
Salina 148, 1 E 4
Salina (Insel) 86, 1 E 5
Salina Cruz 154, 1 C 3
Salinas Grandes 159, C 5
Salisbury 80, E/F 5
Salla (Maria Lankowitz-) 25, E 3
Sallingberg 23, F 3
Salmas 93, H 3
Salò 14, H 4
Salomon-Inseln 126, 1 F 5 – G 6
Salomonen 191, 1 S 5
Salomonsee 121, F 4 – G 4
Salon-de-Provence 14, C 6
Saloniki = Thessaloniki 92, B 2
Salorno = Salurn 20, D 5
Salou 85, 1 F 3
Salpausselkä 62, 2 F 3 – G 3
Salsk 95, G 4
Salsomaggiore Terme 14, G 5
Salt Lake City 148, 1 C 3
Salta 159, C 5
Saltfjord 62, 2 C 2
Saltillo 154, 1 B 2
Salto 159, D 6
Saltonsee 148, 1 C 4
Saluën = Nu Jiang 114, D 3
Salurn (Salorno) 20, D 5
Saluzzo 14, E 5
Salvador 158, F 4
Salyan 93, J 3
Salza (Fluss zur Enns, Gesäuse) 25, F 2
Salza (Fluss zur Enns, Salzkammergut) 24, C 2
Salzach 22, A 3
Salzachgeier 21, F 3
Salzburg 21, H 2
Salzburg (Bundesland) 50, 1 E 3
Salzburg-Umgebung 50, 1 D 3
Salzburger Kalkalpen 21, G 2 – H 2
Salzburger Schieferalpen 21, G 3 – H 3
Salzgitter 70, E 4
Salzkammergut 21, H 2 – J 2
Salzsteigjoch 24, D 2
Salzwedel 70, F 4
Samana Cay 155, 1 E 2
Samar 120, D 2
Samara 95, J 2
Samara (Fluss) 95, K 2
Samaria 108, 1 B 2
Samarinda 120, C 4
Samarkand 100, E 6
Samarra 106, C 2
Şamaxı 93, J 2
Sambalpur 107, G 3
Sambava 139, F 3
Sambesi 138, C 3
Sambia 132, 4 C 3
Sambir 94, B 3
Sambre 78, D 4
Samcheok 116, B 3
Samfya 138, C 3
Samland 65, J 1
Samnaun 69, F 2
Samnaungruppe 20, B 4 – C 3
Samoa 191, 1 T 5
Samoa-Inseln 126/127, 1 J 6 – K 6
Samobor 15, N 4
Samojeden-Halbinsel = Halbinsel Jamal 100, E/F 2
Samos 92, C 3
Samos (Insel) 92, C 3
Samothraki 92, C 2
Sampit 120, C 4
Samsun 106, B 1
Samtredia 93, G 2
Samur 93, H/J 2
San 136, B 3
San (Fluss) 65, K 3
San Ambrosio 159, B 5
San Andrés 155, 1 D 3
San Angelo 148, 1 D 4
San Antonio (Chile) 159, B 6
San Antonio (USA) 148, 1 E 5
San Antonio Oeste 159, C 7
San Benedetto 86, 1 D 3
San Benedicto 154, 1 A 3
San Benito 154, 1 C/D 3
San Bernardino 148, 1 C 4
San Bernardino (Pass) 69, E 2
San Blas 154, 1 B 2
San Borja 158, C 4
San Candido = Innichen 21, F 4
San Carlos 155, 1 D 3
San Carlos de Bariloche 159, B 7
San Carlos del Zulia 158, B 2
San Cristóbal 158, B 2
San Cristóbal (Insel) 126, 1 G 6
San Cristóbal de las Casas 154, 1 C 3
San Diego 148, 1 C 4
San Donà di Piave 15, K 4
San Félix 159, A/B 5
San Fernando (Philippinen) 120, C/D 2
San Fernando (Spanien) 84, 1 B 5
San Fernando (Trinidad und Tobago) 155, 1 F 3
San Fernando (Venezuela) 158, C 2
San Fernando de Atabapo 158, C 2
San Francisco 148, 1 B 4
San Francisco Pass 159, C 5
San Genesio Atesino = Jenesien 20, D 4
San Gil 158, B 2
San Gimignano 15, H/J 6
San Ignacio 158, C 4
San Joaquin 148, 1 B 4
San Jorge-Golf 159, C 7
San José (Costa Rica) 155, 1 D 4
San José (Guatemala) 154, 1 C 3
San Jose (Philippinen) 120, C/D 2
San Jose (USA) 148, 1 B 4
San José del Cabo 154, 1 B 2
San Juan (Argentinien) 159, C 6
San Juan (Fluss) 155, 1 D 3
San Juan (Puerto Rico) 155, 1 F 3
San Juan de los Morros 158, C 2
San Justo 159, C/D 6
San Lorenzo (Berg) 159, B 7
San Lorenzo (Ecuador) 158, A/B 2
San Lorenzo (Paraguay) 159, D 5
San Lorenzo di Sebato = Sankt Lorenzen im Pustertal 21, E 4
San Luis 159, C 6
San Luis Obispo 148, 1 B 4
San Luis Potosí 154, 1 B 2
San Luis Río Colorado 154, 1 A 1
San Marino 15, K 6
San Marino (Staat) 51, 4 G 4
San Martino in Badia = Sankt Martin in Thurn 21, E 4
San Martino in Passiria = Sankt Martin in Passeier 20, D 4
San Matías-Golf 159, C 7
San Miguel 155, 1 D 3
San Miguel de Tucumán 159, C 5
San Nicolás 159, C 6
San Pédro (Côte d'Ivoire) 136, B 4
San Pedro (Dominikanische Republik) 155, 1 F 3
San Pedro Sula 155, 1 D 3
San Pietro 86, 1 A/B 5
San Rafael 159, C 6
San Ramón de la Nueva Oran 159, C 5
San Remo 14, E 6
San Roque 159, C 6
San Salvador 154, 1 D 3
San Salvador de Jujuy 159, C 5
San Severo 86, 1 E 4
San Valentín 159, B 7
Sana (Sana'a) 106, C 4
Sana'a = Sana 106, C 4
Sanaga 136, D 4
Sanandaj 106, C 2
Sancti Spíritus 155, 1 E 2
Sand in Taufers (Campo Tures) 21, E 4
Sandakan 120, C 3
Sandl 22, E 2
Sandl (Berg) 23, F 3
Sandoa 138, C 2
Sandomierz 65, J 3
Sangar 101, L 3
Sangatte 78, A 4
Sanggau 120, C 3
Sangha 138, B 1
Sangihe-Inseln 120, D 3
Sangju 116, B 3
Sangli-Miraj 107, F 4
Sangmélima 136, D 4
Sangro 86, 1 E 4
Sanjo 116, D 3
Sankt Aegidi 22, C 3
Sankt Aegyd am Neuwalde 23, G 4
Sankt Agatha 22, C 3
Sankt Andrä (Villach-) 24, C 4
Sankt Andrä am Zicksee 25, J 2
Sankt Andrä-Höch 25, F 4
Sankt Andrä-Wördern 23, H 3
Sankt Anna 25, G 4
Sankt Anton am Arlberg 20, B 3
Sankt Anton an der Jeßnitz 23, F 4
Sankt Barbara 25, G 2
Sankt Corona (Altenmarkt an der Triesting-) 23, G 3
Sankt Corona am Wechsel 23, H 4
Sankt Gallen (Österreich) 24, E 2
Sankt Gallen (Schweiz) 69, E 1
Sankt Gallenkirch 20, A 3
Sankt Georg 92, D 1
Sankt Georgen (St. Pölten-) 23, G 3
Sankt Georgen am Kreischberg 24, D 3
Sankt Georgen am Längssee 24, D 4
Sankt Georgen am Reith 22, E 4
Sankt Georgen am Walde 22, E 3
Sankt Georgen an der Gusen 22, D 3
Sankt Georgen an der Stiefing 25, G 4
Sankt Georgen im Attergau 22, B 4
Sankt Georgen im Lavanttal 25, E 4
Sankt Georgen ob Judenburg 24, E 3
Sankt Gilgen 21, H 2
Sankt Goar 71, B 6
Sankt Gotthard 69, D 2
Sankt Helenabai 138, B 5
Sankt Jakob 24, D 4
Sankt Johann (Pölstal-) 24, D/E
Sankt Johann am Walde 22, B 3
Sankt Johann bei Herberstein 25, G 3
Sankt Johann im Pongau 21, H 3
Sankt Johann in Tirol 21, F 2
Sankt Kanzian 24, E 4
Sankt Kathrein am Hauenstein 25, G 3
Sankt Kathrein am Offenegg 25, G 3
Sankt Koloman 21, H 2
Sankt Lambrecht 24, D 3
Sankt Leonhard am Forst 23, F 3
Sankt Leonhard am Hornerwald 23, G 2
Sankt Leonhard bei Freistadt 22, E 3
Sankt Leonhard im Pitztal 20, C 3
Sankt Lorenzen (Trieben-) 24, D 3
Sankt Lorenzen am Wechsel 25, G 3
Sankt Lorenzen bei Knittelfeld 25, E 3
Sankt Lorenzen im Mürztal 25, F 3
Sankt Lorenzen im Pustertal (San Lorenzo di Sebato) 21, E 4
Sankt Luciasee 138, D 4
Sankt Marein bei Graz 25, G 3
Sankt Marein im Mürztal 25, F 3
Sankt Marein-Feistritz 24, E 3
Sankt Margarethen an der Raab 25, G 3
Sankt Margarethen im Burgenland 25, J 2
Sankt Margarethen im Rosental 24, D 4
Sankt Marien 22, D 3
Sankt Marienkirchen 22, B 3
Sankt Martin (Niederösterreich) 22, E 2
Sankt Martin am Tennengebirge 21, H 3
Sankt Martin an der Raab 25, H 4
Sankt Martin bei Lofer 21, G 2
Sankt Martin im Innkreis 22, B 3
Sankt Martin im Mühlkreis 22, D 3
Sankt Martin in Passeier (San Martino in Passiria) 20, D 4
Sankt Martin in Thurn (San Martino in Badia) 21, E 4
Sankt Michael (Burgenland) 25, H 3
Sankt Michael (Salzburg) 21, J 3
Sankt Michael (Steiermark) 25, E/F 3
Sankt Moritz 69, E 2
Sankt Niklaus 69, C 2
Sankt Nikola 23, E 3
Sankt Nikolai (Sölk-) 24, D 3
Sankt Oswald (Eibiswald-) 25, F 4
Sankt Oswald bei Freistadt 22, E 2
Sankt Pankraz 22, D 4
Sankt Pantaleon 22, A 3
Sankt Pantaleon-Erla 22, E 3
Sankt Paul 24, E 4
Sankt Peter am Hart 22, B 3
Sankt Peter am Kammersberg 24, D 3
Sankt Peter am Ottersbach 25, G 4
Sankt Peter am Wimberg 22, D 2
Sankt Peter in der Au 22, E 3
Sankt Peter-Freienstein 25, F 3
Sankt Peter-Ording 70, C 2
Sankt Petersburg 94, D 1
Sankt Pölten 23, G 3
Sankt Pölten-Land 50, 1 G 2
Sankt Radegund 25, F 3
Sankt Ruprecht (Sankt Georgen-) 24, D 3
Sankt Ruprecht an der Raab 25, G 3
Sankt Stefan im Gailtal 24, B 4
Sankt Stefan im Rosental 25, G 4
Sankt Stefan ob Leoben 25, E 3
Sankt Stefan ober Stainz 25, F 4
Sankt Thomas 22, E 3
Sankt Ulrich am Pillersee 21, G 2
Sankt Ulrich bei Steyr 22, D 3
Sankt Valentin 22, E 3
Sankt Veit an der Glan 24, D 4
Sankt Veit an der Gölsen 23, G 3
Sankt Veit im Pongau 21, H 3
Sankt Vith 78, F 4
Sankt Wolfgang 22, B 4
Sankt-Georgs-Kanal 80, C 5 – D 4
Sankt-Lorenz-Golf 149, 1 H 3
Sankt-Lorenz-Insel 144, 1 A 3
Sankt-Lorenz-Strom 149, 1 G 3
Sankuru 138, C 2
Şanlıurfa 93, F 3
Sanlúcar de Barrameda 84, 1 B 5
Sanmenxia 114, E/F 3
Sannar 137, F 3
Sannikowstraße 101, M 2
Sanok 65, K 4
Sansibar 139, D 2
Sansibar-Stadt 139, D 2
Sant'Antioco 86, 1 A/B 5
Santa 158, B 3
Santa Ana (Bolivien) 158, C 4
Santa Ana (El Salvador) 154, 1 C/D 3
Santa Barbara 148, 1 B/C 4
Santa Catarina 159, E 5
Santa Clara 155, 1 D 2
Santa Cruz de la Sierra 158, C 4
Santa Cruz de Tenerife 136, A 2
Santa Elena 158, C 2
Santa Fe (Argentinien) 159, C 6
Santa Fe (USA) 148, 1 D 4
Santa Inés 159, B 8
Santa Inês 158, E 3
Santa Isabel 126, 1 F 5
Santa Maria (Brasilien) 159, D 5
Santa Maria (Schweiz) 69, F 2
Santa Marta 158, B 1
Santa Rosa 159, C 6
Santa Rosalia 154, 1 A 2
Santa-Cruz-Inseln 126, 1 G 6
Santana do Livramento 159, D 6
Santander 84, 1 D 2
Santanilla 155, 1 D 3
Santañy 85, 1 G 4
Santarém (Brasilien) 158, D 3
Santarém (Portugal) 84, 1 A 4
Santerno 15, J 5
Santiago (Chile) 159, B 6
Santiago (Dominikanische Republik) 155, 1 E 3
Santiago (Panamá) 155, 1 D 4
Santiago de Compostela 84, 1 A 2
Santiago de Cuba 155, 1 E 3
Santiago del Estero 159, C 5
Säntis 14, G 2
Santo Angelo 159, D 5
Santo Domingo (Dominikanische Republik) 155, 1 E/F 3
Santo Domingo de los Colorados 158, A 2 – B 3
Santorin 92, C 3
Santos 159, E 5
Santpoort 79, 1 B 2
Sanya (Yaxian) 114, E 5
São Bernado do Campo 159, E 5
São Carlos 159, E 5
São Francisco 158, E 4
São Gonçalo 159, E 5
São José do Rio Prêto 159, E 5
São José dos Campos 159, E 5
São Luis 158, E 3
São Manuel 158, D 3
São Mateus 158, F 4
São Paulo 159, D/E 5
São Paulo (Bundesstaat) 159, D 5 – E 5
São Tomé 136, C 4
São Tomé (Insel) 136, C 4
São Tomé und Príncipe 132, 4 A/B 2
Saône 14, C 2
Sapadnaja Dwina 94, E 1
Sapitwa 138, D 3
Saporishshja 94, E 4
Sapowednyj 116, C 2
Sappada 15, K 3
Sapporo 115, J 2
Saqqez 93, H 3
Sar Dasht 93, H 3
Sarab 93, H 3
Sarai-Berke 95, H 3
Sarajevo 87, 1 G 3
Saraktasch 95, L 3
Saramati 107, H 3
Saran 100, F 5
Saransk 95, H 2
Sarany 95, L 1
Sarapul 95, K 1
Sarasota 149, 1 F 5
Saratow 95, H 3
Saratower Stausee 95, J 2
Saravan 106, E 3
Saravane 114, E 5
Sarawak 120, C 3
Sarayönü 92, E 3
Sarca 15, H 3
Sardes 92, C/D 3
Sardinien 86, 1 A/B 4
Sarentino = Sarnthein 20, D 4
Sargans 69, E 1
Sargassosee 155, 1 F 1 – F 2
Sargodha 107, F 2
Sarh 137, D 4
Sari 106, D 2
Sarine = Saane 69, C 2
Sariyar-Stausee 92, D 3
Sarıkamış 93, G 2
Sarkand 100, F 5
Şarkışla 93, F 3
Sarleinsbach 22, C 2
Sarmi 121, E 4
Sarmiento 159, B/C 7
Särna 62, 2 C 3
Sarnen 69, D 2
Sarntaler Alpen 20, D 4
Sarnthein (Sarentino) 20, D 4
Sarny 94, C 3
Saronischer Golf 92, B 3
Sarpa 95, H 4
Sarpasee 95, H 4
Sartène 83, 1 H 6
Sarthe 82, 1 C 3

Österreich
Europa
Asien
Ozeanien
Afrika
Amerika
Erde
Register

Sárvár 15, O 2
Sarytasch 93, J 1
Sasebo 116, B 4
Saskatchewan (Fluss) 148, 1 D 2
Saskatchewan (Provinz) 148, 1 D 2
Saskatoon 148, 1 D 2
Sass de Putia = Peitlerkofel 21, E 4
Sass Rigais = Geislerspitze 21, E 4
Sassandra 136, B 4
Sassari 86, 1 B 4
Saßbach 25, G 4
Sassnitz 70, H 2
Sasso Lungo = Langkofel 20, E 4
Sassowo 95, G 2
Sassuolo 15, H 5
Satawan-Atoll 121, G 3
Sätbajew 100, E 5
Sátoraljaújhely 65, J 4
Satpuragebirge 107, F 3
Satsumasendai 116, B 5
Satteins 20, A 3
Sattledt 22, D 3
Sattnitz 24, D 4
Satu Mare 94, B 4
Saualpe 24, E 4
Sauda 63, 2 A 4
Sauðárkrókur 62, 1 C 1
Saudi-Arabien 98, 1 C 4 – D 4
Sauer 78, F 5
Sauerfeld (Tamsweg-) 21, J 3
Sauerland 70, B 5 – C 5
Saul 158, D 2
Sault Sainte Marie (Kanada) 148, 1 F 3
Sault Sainte Marie (USA) 148, 1 F 3
Saumarkt 24, D 4
Saumlaki 121, E 4
Saumur 82, 1 C 3
Saura 93, J 1
Saurimo 138, C 2
Sausal 25, F 4
Sautens 20, C 3
Sauternes 82, 1 C 4
Sauwald 22, C 2 – C 3
Savaii 126, 1 J 6
Savannah 149, 1 F 4
Savannah (Fluss) 149, 1 F 4
Savannakhet 114, E 5
Save 86, 1 E 1
Saveh 106, D 2
Savio 15, K 6
Savona 14, F 5
Savonlinna 62, 2 G 3
Savoyen 83, 1 G 3 – G 4
Savoyer Alpen 14, D 3 – D 4
Savukoski 62, 2 G 2
Sawakin = Suakin 137, F 3
Sawu 120, D 5
Sawusee 120, D 4
Saxen 22, E 3
Say 136, C 3
Sayda = Sidon 93, E 4
Sayhut 106, D 4
Scandicci 15, J 6
Scapa Flow 80, E 1
Scarborough 80, F 3
Scena = Schenna 20, D 4
Schachendorf 25, H 3
Schachunja 95, H 1
Schadrinsk 100, E 4
Schafberg 21, H 2
Schaffhausen 69, D 1
Schafreuter = Scharfreiter 20, D 2
Schajyq = Ural 95, J 3
Schalchen 22, B 3
Schalkar 100, D 5
Schalkar (See) 95, J 3
Schallaburg 23, F 3
Schamkir 93, H 2
Schantar-Inseln 101, M 4
Schardenberg 22, B/C 2
Schärding 22, B 3
Scharfreiter (Schafreuter) 20, D 2
Scharhörn 70, C 3
Scharja 95, H 1
Scharlyk 95, K 2
Scharnitz 20, D 3
Scharnstein 22, C 4
Scharten 22, D 3
Schäßburg (Sighişoara) 94, C 4
Schatt al-Arab 106, C 3
Schattendorf 25, H/J 2
Schaulen = Šiauliai 63, 2 E 4/5
Schazk 95, G 2
Schebekino 94, F 3
Scheffau am Tennengebirge 21, H 2
Scheffau am Wilden Kaiser 21, F 2
Schefferville 149, 1 H 2
Scheibbs 23, F 3
Scheiblingkirchen 23, H 4
Scheifling 24, D 3
Schelde 78, D 3
Schelichowgolf 101, O 3 – O 4
Schenkenfelden 22, D 2
Schenna (Scena) 20, D 4
Schepetiwka 94, C 3
Schepte 93, J 1
Schesaplana 20, A 3
Scheveningen (Den Haag-) 78, C/D 2
Schiaschkotan 101, O 5
Schiedam 79, 1 A 3
Schießeck 24, D 3
Schilka 101, K 4
Schilowo 95, G 2
Schimanowsk 101, L 4
Schiphol 79, 1 B 2
Schirwansteppe 93, H 2 – J 2
Schklow 94, D 2
Schladming 24, C 3
Schladminger Tauern 24, C 3
Schlägl 22, C 2
Schlanders (Silandro) 20, C 4
Schlangeninsel 92, D 1
Schlangenkanal 158, C 2
Schlegeisspeicher 20, E 3
Schleiz 71, F 6
Schlern (Monte Sciliar) 20, E 4
Schlesien 64/65, F 3 – G 3
Schleswig 70, D 2
SchleswigHolstein 70, D 2 – E 2
Schlierbach 22, D 4
Schloss Hof 23, J 3
Schluderns (Sluderno) 20, C 4
Schlüßlberg 22, C 3
Schmerynka 94, C 3
Schmida 23, G 2
Schmidt-Insel 100, G 1
Schmirn 20, E 3
Schmittenstein 21, H 2
Schnals (Senales) 20, C 4
Schnalstal 20, C 4
Schneealpe 25, G 2
Schneebauerberg 24, D 4
Schneeberg (Deutschland) 71, F 6
Schneeberg (Österreich) 23, G 4
Schneegattern (Lengau-) 22, B 3
Schneekoppe 64, F 3
Schneidemühl (Piła) 64, G 2
Schober 21, H 2
Schoberpass 24, E 3
Schoberspitze 24, D 3
Schoberstein 22, D 4
Schöckl 25, F 3
Schöder 24, D 3
Schodzina 94, D 2
Schönbach 23, F 3
Schönberg (Totes Gebirge) 22, C 4
Schönberg am Kamp 23, G 2
Schönbühel 23, F 3
Schönebeck 70, F 4
Schonen 63, 2 C 5
Schönfeldspitze 21, G 3
Schongau 71, E 9
Schöngrabern 23, H 2
Schönwies 20, C 3
Schoonhoven 79, 1 B 3
Schöpfl 23, G 3
Schoppernau 20, B 3
Schorfheide 70, H 3
Schörfling 22, C 4
Schostka 94, E 3
Schottische Hochlande 52, 1 C 3
Schottwien 23, G 4
Schrankogel 20, D 3
Schrattenberg 23, J 2
Schrattenthal 23, G 2
Schrems 23, F 2
Schrick (Gaweinstal-) 23, J 2
Schruns 20, A 3
Schtschara 65, L 2
Schtschigry 94, F 3
Schtschokino 94, F 2
Schugurowo 95, J 2
Schuja 95, G 1
Schuls (Scuol) 69, F 2
Schumerlja 95, H 2
Schüttenberg 23, J 3
Schützen 25, J 2
Schwabach 71, E/F 7
Schwäbisch Gmünd 71, D 8
Schwäbisch Hall 71, D 7
Schwäbische Alb 71, C 8 – D 8
Schwadorf 23, J 3
Schwanberg 25, F 4
Schwandorf 71, F/G 7
Schwanenstadt 22, C 3
Schwarza 23, G 4
Schwarzach (Salzburg) 21, H 3
Schwarzach (Vorarlberg) 20, A 3
Schwarzau 23, G 4
Schwarzaubach 25, G 4
Schwarzautal 25, G 4
Schwarze Elster 70, H 5
Schwarzenau 23, F 2
Schwarzenberg 22, C 2
Schwarzer Fluss 114, E 4
Schwarzer Irtysch 114, C 2
Schwarzer Volta 136, B 3/4
Schwarzes Meer 52/53, 1 G 4
Schwarzhorn 20, D 3
Schwarzmeertiefland 94, E 4
Schwarzwald 71, B 9 – C 8
Schwarzwand 24, C 3
Schwaz 20, E 3
Schwechat 23, H 3
Schwechat (Fluss) 23, H 3
Schweden 51, 4 G 2
Schwedt 70, J 3
Schweiggers 23, F 2
Schweinfurt 71, E 6
Schweiz 51, 4 F 4
Schweizer Jura 69, B 2 – C 1
Schweizer Mittelland 83, 1 G 3 – H 3
Schweizer-Reneke 138, C 4
Schwendt 21, F 2
Schwerin 70, F 3
Schweriner See 70, F 3
Schwertberg 22, E 3
Schwyz 69, D 1
Sciacca 86, 1 D 6
Scilly-Inseln 80, C 6
Scott-Insel 167, 4 K 2
Scottsdale 148, 1 C 4
Scranton 149, 1 G 3
Scrivia 14, F 5
Scuol = Schuls 69, F 2
Seattle 148, 1 B 3
Sebastiyah (Shomron) 108, 1 B 2
Sebersdorf (Bad Waltersdorf-) 25, G 3
Secchia 15, H 5
Sechura-Wüste 158, A 3
Seckau 24, E 3
Seckauer Alpen 24/25, E 3 – E 3
Sedan 78, D/E 5
Sede Boker 108, 1 A 4
Sederot 108, 1 A 3
Sedom 108, 1 B 3
See 20, B 3
See Genezareth 108, 1 B 2
Seebenstein 23, H 4
Seebergsattel 24, E 5
Seeboden 24, C 4
Seefeld 20, D 3
Seeheim 138, B 4
Seekirchen 21, H 2
Seekofel (Croda del Becco) 21, F 4
Seeland 63, 2 B 5 – C 5
Seetal (Tamsweg-) 21, J 3
Seetaler Alpen 24, D 3 – E 4
Seewalchen 22, B/C 4
Seewiesen (Turnau-) 25, F 2
Seewinkel 25, J 2 – K 2
Segendy 93, J 2
Segesha 62, 2 H 3
Segesta 86, 1 D 6
Ségou 136, B 3
Segovia 84, 1 C 3
Segré 82, 1 C 3
Segre (Fluss) 84, 1 F 3
Segsee 62, 2 H 3
Séguéla 136, B 4
Segura 84, 1 D 4
Seguv 108, 1 A 5
Seibersdorf 23, J 4
Seiersberg-Pirka 25, F 3
Seikantunnel 116, D 2
Seim 94, E 3
Seinäjoki 62, 2 E 3
Seine 82, 1 D 2
Seinebucht 82, 1 C 2
Seiser Alm 20, E 4
Seitenstetten 22, E 3
Seja 101, L 4
Seja (Fluss) 101, L 4
Sejmtschan 101, O 3
Sekondi-Takoradi 136, B 4
Sekseuildi 100, D/E 5
Selam 107, F 4
Selayar 120, D 4
Selb 71, G 6
Sele (Fluss) 86, 1 E 4
Sele = Zell (Kärnten) 24, D 5
Selebi-Phikwe 138, C 4
Selenga 101, J 4
Selennjach 101, N 3
Selenodolsk 95, J 2
Selenogorsk 62, 2 G 3
Selenograd 94, F 1/2
Selenokumsk 93, G 1
Selentschukskaja 93, G 2
Seletytenissee 100, F 4
Selfoss 62, 1 B 2
Seliger-See 94, E 1
Selinunt 86, 1 D 6
Selisharowo 94, E 1
Seliški vrh 15, N 5
Seljonodolsk 95, J 2
Selkirk 80, E 3
Selkirkberge 148, 1 C 2/3
Sellrain 20, D 3
Sellrain (Landschaft) 20, D 3
Selva del Molini = Mühlwald 21, E 4
Selvas 158, B 3 – D 3
Selzthal 24, D 2
Semarang 120, C 4
Semdinli 93, H 3
Semei (Semipalatinsk) 100, F/G 4
Semera 137, G 3
Semeru 120, C 4
Semetschino 95, G 2
Semipalatinsk = Semei 100, F/G 4
Semjonow 95, H 1
Semmering 25, G 2
Semnan 106, D 2
Semriach 25, F 3
Sena 138, D 3
Senales = Schnals 20, C 4
Sendai 115, J 3
Sendaibai 116, E 3
Senec 15, P 1
Senegal (Fluss) 136, A 3
Senegal (Staat) 132, 4 A 2
Senelkowe 94, E 3
Senftenberg (Deutschland) 70, H/J 5
Senftenberg (Österreich) 23, F/G 3
Sengsengebirge 22, D 4
Senhor do Bonfim 158, E/F 4
Senigallia 15, L 6
Senirkent 92, D 3
Senj 15, M 5
Senja 62, 2 D 1
Senlis 82, 1 E 2
Sennoi 95, H 2
Sens 82, 1 E 2
Seo de Urgel = Le Seu d'Urgell 85, 1 F 2
Seokcho 115, G 3
Seoul 115, G 3
Sepik 121, F 4
Sept-Îles 149, 1 H 2
Serafimowitsch 95, G 3
Serain 14, B 2
Seraing 78, E 4
Seram 121, D 4
Seramsee 121, D 4 – E 4
Serbien 51, 4 G 4
Serchio 14, H 5
Serdar 106, D 2
Serdica 25, H 4
Serdobsk 95, H 2
Şereflikoçhisar 92, E 3
Seremban 120, B 3
Sereth = Siret 94, C 4
Serfaus 20, C 3
Sergatsch 95, H 2
Sergijew Posad 94, F 1
Sergipe 158, F 4
Serifos 92, C 3
Serik 92, D 3
Serles 20, D 3
Sernograd 95, G 4
Sernowodsk 95, J 2
Seroglaska 95, H 4
Serow 100, E 4
Serowe 138, C 4
Serpa 84, 1 B 5
Serpuchow 94, F 2
Serra 159, E 5
Serra Acaraí 158, D 2
Serra da Chela 138, B 3
Serra da Estrêla 84, 1 A 3 – B 3
Serra da Mantiqueira 159, E 5
Serra da Mesa 158, E 4
Serra da Tabatinga 158, E 4
Serra de Famatina 159, C 5 – C 6
Serra de Monchique 84, 1 A 5
Serra do Cachimbo 158, D 3
Serra do Caiapó 158, D 4
Serra do Espinhaço 158, E 4
Serra do Estrondo 158, E 3 – E 4
Serra do Mar 159, E 5
Serra do Maracaju 158/159, D 4 – D 5
Serra do Navaio 158, D 2
Serra do Roncador 158, D 4
Serra dos Carajás 158, D 3
Serra dos Gradaús 158, D 3 – E 3
Serra dos Parecis 158, C 4 – D 4
Serra Dourada 158, E 4
Serra Formosa 158, D 4
Serra Geral 159, D 5 – E 5
Serrai 92, B 2
Serranía de Cuenca 84, 1 D/E 3
Serui 121, E 4
Sesfontein 138, B 3
Sesheke 138, C 3
Sesia 14, F 4
Sestafoni 93, G 2
Sesto = Sexten 21, F 4
Sestrière 14, D/E 5
Sesvete 15, O 4
Setana 116, D 2
Sète 82, 1 E 5
Sete Lagoas 158, E 4
Setesdal 63, 2 A 4
Sétif 136, C 1
Seto 116, D 4
Setschenowo 95, H 2
Setúbal 84, 1 A 4
Seulsee 148, 1 E 2
Severn (Großbritannien) 80, E 4
Severn (Kanada) 148, 1 E 2
Sevilla 84, 1 B 5
Sèvre Nantaise 82, 1 C 3
Sèvre Niortaise 82, 1 C 3
Sewan 93, H 2
Sewansee 93, H 2
Sewastopol 92, E 1
Sewernaja Semlja 101, H/K 1
Sewernaja Soswa 100, E 3
Sewero-Jenissejskij 100, H 3
Sewerobaikalsk 101, J 4
Sewerodonezk 94, F 3
Sewerodwinsk 100, B 3
Seweromorsk 62, 2 H 1
Sewersk 100, G 4
Sewerskaja 93, F 1
Sexten (Sesto) 21, F 4
Seychellen (Inseln) 139, F 2
Seychellen (Staat) 191, 1 M 5
Seydişehir 92, D 3
Seyðisfjörður 62, 1 D 1
Seylac 137, G 3
Sfagis = Sfax 136, D 1
Sfax (Sfagis) 136, D 1
's-Gravendeel 79, 1 B 3
's-Gravenhage = Den Haag 78, C/D 2
's-Gravenzande 79, 1 A 2
Shabeelle 137, G 4
Shache (Yarkand) 114, B 3
Shackleton-Schelfeis 167, 4 E 2 – F 2
Shah Alam 120, A/B 3
Shah Fuladi 107, E 2
Shahjahanpur 107, G 3
Shakotan-Halbinsel 116, D 2
Shalpaktal 95, J 3
Shamosee 137, F 4
Shan 107, H 3
Shandong 115, F/G 3
Shanga Kasaly 100, E 5
Shangaösen 100, D 5
Shanghai 115, G 3
Shangrao 115, F 4
Shannon 80, A/B 4
Shantou 115, F 4
Shaoxing 115, F/G 4
Shaoyang 114, E/F 4
Sharonebene 108, 1 A 2
Shaschkiw 94, D 3
Shashemene 137, F 4
Shashi 115, F 3
Shashi (Wadi) 138, C 4
Shawinigan 149, 1 G 3
Shebele 137, G 4
Sheberghan 107, E 2
Shefela 108, 1 A 3
Sheffield 80, F 4
Shelesnogorsk (Krasnojarsk Oblast) 100, H 4
Shelesnogorsk (Kursk Oblast) 94, E 2
Shelesnogorsk-Ilimski 101, J 4
Shendi 137, F 3
Shenyang 115, G 2
Shenzhen 115, F 4
Sherbro 136, A 4
Sherbrooke 149, 1 G 3
Sherdewka 95, G 3
Sheridan 148, 1 D 3
Sheskasgan 100, E 5
Shetland-Inseln 52, 1 C 2
Shibam 106, C 4
Shibata 116, D 3
Shigansk 101, L 3
Shiguljowsk 95, J 2
Shihezi 114, C 2
Shijiazhuang 115, F 3
Shikoku 115, H 3
Shikokugebirge 116, C 4
Shikotan 117, F 2
Shilaja Kosa 95, K 4
Shiliguri 107, G 3
Shillong 107, H 3
Shimada 116, D 4
Shimbirís 137, G 3
Shimizu 116, E 2
Shimokita-Halbinsel 116, E 2
Shimonoseki 115, G/H 3
Shinano 116, D 3
Shindand 106, E 2
Shingu 116, C/D 4
Shinjo 116, E 3
Shinshar 93, F 4
Shinwali 93, H 2
Shinyanga 138, D 2
Shiogama 116, E 3
Shiping 114, E 4
Shipkapass 92, C 2
Shipkipass 107, F 2
Shiqma 108, 1 A 3
Shiquanhe 114, B 3
Shiranuka 117, F 2
Shiraz 106, D 3
Shire 138, D 3
Shiretoko-Halbinsel 117, F 1
Shirnowsk 95, H 3
Shiroishi 116, E 3
Shirvan 106, D 2
Shivta 108, 1 A 4
Shiyan 114, E/F 3
Shizuishan 114, E 3
Shizunai 116, E 2
Shizuoka 116, D 4
Shkodër = Skutari 92, A 2
Shlobin 94, D 2
Sholapur 107, F 4
Shomron = Sebastiyah 108, 1 B 2
Shossaly 100, E 5
Shreveport 148, 1 E 4
Shrewsbury 80, E 4
Shtatha 93, G 4
Shuangliao 115, G 2
Shuangyashan 115, H 2
Shukowskij 94, F 2
Shule He 114, D 2
Shunan 116, B 4
Shur 93, J 4
Shush 93, H/J 4
Shushtar 93, J 4
Shympity 95, K 3
Shytomyr 94, C/D 3
Sialkot 107, F 2
Šiauliai 63, 2 E 4/5
Sibai 100, D 4
Sibari 86, 1 F 5
Šibenik 15, N 6
Siberut 120, A 4
Sibi 107, E 3
Sibiu = Hermannstadt 94, C 4
Sibolga 120, A 3
Sibratsgfäll 20, B 3
Sibu 120, C 3
Sibut 137, D 4
Sichem = Nablus 108, 1 B 2
Sichote-Alin 101, M 4/5
Sichuan 114, E 3
Sicuani 158, B 4
Side 92, D 3
Siders (Sierre) 69, C 2
Sidi bel Abbès 84, 1 E 6
Sidi Ifni 136, A 2
Sidon (Sayda) 93, E 4
Siebenbürgen 94, B 4 – C 4
Siebenstromland 100, F 5
Siedlce 65, K 2
Sieg 70, B 6
Siegburg 70, B 6
Siegen 70, C 6
Siegendorf 25, J 2
Sieggraben 25, H 2
Sieghartskirchen 23, G/H 3
Siemreab 120, B 2
Siena 86, 1 C 3
Sierndorf 23, H 3
Sierning 22, D 3
Siero 84, 1 C 2
Sierra Acaraí 158, D 2
Sierra de Alcaraz 84, 1 D 4
Sierra de Gador 84, 1 D 5
Sierra de Gata 84, 1 B 3
Sierra de Gredos 84, 1 B 3
Sierra de Guadalupe 84, 1 C 4
Sierra de Guadarrama 84, 1 C 3 – D 3
Sierra de la Demanda 84, 1 D 2
Sierra de Perija 158, B 2
Sierra de San Pedro 84, 1 B 4
Sierra Leone 132, 4 A 2
Sierra Morena 84, 1 B 5 – D 4
Sierra Nevada (Spanien) 84, 1 D 5
Sierra Nevada (USA) 148, 1 B 3 – C 4
Sierra Pacaraima 158, C 2
Sierra Parima 158, C 2
Sierra Tapirapeco 158, C 2
Sierra-Leone-Schwelle 168, 1 H 5 – J 5
Sierre = Siders 69, C 2
Sig 84, 1 E 6
Sigasinskij 95, L 2
Sighişoara = Schäßburg 94, C 4
Siglufjörður 62, 1 C 1
Sigmaringen 71, D 8
Sigmundsherberg 23, G 2
Signal de la Sauvette 14, D 6
Signal de Lure 14, C 5
Sigüenza 84, 1 D 3
Siguiri 136, A/B 3
Siirt 93, G 3
Sijäzän 93, J 2
Sikasso 136, B 3
Sikkim 107, G 3
Sil 84, 1 B 2
Silandro = Schlanders 20, C 4
Silberegg (Kappel-) 24, E 4
Silenen 69, D 2
Silifke 92, E 3
Silistra 92, C 1/2
Siljansee 62, 2 C 3
Silkeborg 63, 2 B 4
Sill 20, D 3
Sillajhuay 158, C 4
Sillustani 158, B 4
Sils/Segl 69, E 2
Silvan 93, G 3
Silvasa 107, F 3/4

Österreich Europa Asien Ozeanien Afrika Amerika Erde Register

Silver City 148, 1 D 4
Silvretta 20, A 4 – B 4
Silz 20, C 3
Sima 101, J 4
Simao 114, E 4
Simav 92, D 3
Simav (Fluss) 92, D 3
Simbabwe (Ruinenstätte) 138, D 4
Simbabwe (Staat) 132, 4 C 3
Simeuluë 120, A 3
Simferopol 92, E 1
Simikot 107, G 3
Similaun 20, C 4
Šimkent 100, E 5
Simoda 116, D 4
Simowniki 95, G 4
Simplonpass 69, C/D 2
Simrishamn 63, 2 C 5
Simuschir 101, N/O 5
Sinabelkirchen 25, G 3
Sinai 106, B 3
Sincelejo 158, B 2
Sinchang 116, B 2
Sind 107, E 3
Sindelfingen 71, C/D 8
Sındırgı 92, D 3
Sinegorskij 95, G 4
Sines 84, 1 A 5
Singapur 120, B 3
Singapur (Staat) 98, 1 G 5
Singen 71, C 9
Singida 138, D 2
Singkawang 120, B 3
Sinjar 93, G 3
Sinjar (Berg) 93, G 3
Sinkiang = Xinjiang 114, C 2
Sinop 158, D 4
Sinpo 116, B 2
Sinsheim 71, C 7
Sint-Niklaas 78, C/D 3
Sintang 120, C 3
Sintra 84, 1 A 4
Sinuiju 115, G 2
Sió 65, H 5
Sion = Sitten 69, C 2
Sioux City 148, 1 E 3
Sioux Falls 148, 1 E 3
Sipbachzell 22, D 3
Siping 115, G 2
Siracusa = Syrakus 86, 1 E 6
Siret (Sereth) 94, C 4
Sirjan 106, D 3
Sirwan 93, H 4
Sisak 86, 1 F 2
Sishen 138, C 4
Sisteron 14, C 5
Sithonia 92, B 2 – C 3
Sittard-Geleen 78, E 3/4
Sitten (Sion) 69, C 2
Sittersdorf 24, E 4
Sittwe = Akyab 107, H 3
Sitzendorf 23, G 2
Sivas 93, F 3
Siverek 93, F 3
Sivrihisar 92, D 3
Siwa 137, E 2
Siwalikkette 107, F 2 – G 3
Sizilien 86, 1 D 6 – E 6
Sjenica 87, 1 G/H 3
Skadiwsk 94, E 4
Skagafjord 62, 1 B 1 – C 1
Skagen 63, 2 B 4
Skagerrak 63, 2 A 4 – B 4
Skanden 62, 2 B 3 – E 1
Skandinavien 169, 1 K 2 – L 2
Skellefte älv 62, 2 D 2
Skellefteå 62, 2 E 2
Skibbereen 80, B 5
Skibotn 62, 2 E 1
Skien 63, 2 B 4
Skierniewice 65, J 3
Skikda 136, C 1
Sklavenfluss 144, 1 F 3/4
Sklavenküste 136, C 4
Skopelos 92, B 3
Skopin 94, F 2
Skopje 92, B 2
Skövde 63, 2 C 4
Skoworodino 101, L 4
Skutari (Shkodër) 92, A 2
Skutarisee 92, A 2
Skye 80, C 2
Skyros 92, C 3
Slanzy 94, D 1
Slatina 92, C 1
Slatoust 100, D 4
Slatoustowsk 101, M 4
Slavonski Brod 87, 1 F/G 2
Slavuta 65, M 3
Slawgorod 100, F 4
Slawjansk 93, F 1
Slawonien 86/87, 1 F 2 – G 2
Sliedrecht 79, 1 B 3
Sligo 80, B 3
Sliven 92, C 2
Sljeme 15, N 4
Sljudjanka 101, J 4
Slobodskoi 95, J 1
Slonim 94, C 2
Slough 80, F 5
Slovenska Bistrica 15, N 3
Slowakei 51, 4 G 4
Slowakisches Erzgebirge 65, H 4 – J 4
Slowenien 51, 4 G 4
Slowjansk 94, F 3
Sluderno = Schluderns 20, C 4
Sluis 78, C 3
Słupsk = Stolp 64, G 1
Slutsch (Ukraine) 65, M 3
Slutsch (Weißrussland) 65, M 2
Sluzk 94, C 2
Småland 63, 2 C 4
Smallwoodreservoir 149, 1 H 2
Smarhon 94, C 2
Smederevo 92, B 1
Smila 94, D 3
Smirnych 101, N 5
Smøla 62, 2 A 3
Smolensk 94, D/E 2
Smolikas 92, B 2
Smrčina = Hochficht-Berg 22, C 2
Snæfell 62, 1 D 1
Snæfellsjökull 62, 1 A/B 1
Snake Canyon 148, 1 C 3
Snake River 148, 1 C 3
Snamjanka 94, D/E 3
Snatenj 94, C 3
Sneek (Snits) 78, E 1
Snežnik 15, M 4
Snits = Sneek 78, E 1
Snøhetta 62, 2 B 3
Snønuten 63, 2 A 4
Snowdon 80, D 4
Soavinandriana 139, E 3
Sobaekgebirge 116, A 4
Sobat 137, F 4
Soboth (Eibiswald-) 25, F 4
Sobradinhostausee 158, E 4
Sobral 158, E 3
Soča = Isonzo 15, L 3
Söchau 25, G/H 3
Sochondo 101, K 5
Socompapass 159, C 5
Socorro 154, 1 A 3
Sodankylä 62, 2 F 2
Söderhamn 62, 2 D 3
Södermanland 63, 2 D 4
Södertälje 63, 2 D 4
Söding-Sankt Johann 25, F 3
Soe 120, D 4
Soest (Deutschland) 70, C 5
Soest (Niederlande) 79, 1 C 2
Soesterberg 79, 1 C 2
Sofia (Sofija) 92, B 2
Sofija = Sofia 92, B 2
Sogamoso 158, B 2
Sognefjord 62, 2 A 3
Sohag 137, F 2
Soignies 78, C/D 4
Soissons 78, C 5
Sok 95, J 2
Sokal 94, B/C 3
Söke 92, C 3
Sokhor 101, J 4
Sokodé 136, C 4
Sokoto 136, C 3
Sokoto (Fluss) 136, C 3
Sokoto (Landschaft) 136, C 3
Sokotra 106, D 4
Sokskije Jary 95, J 2
Sol-Ilezk 95, K 3
Sölden 20, D 4
Soledad 154, 1 B 2
Solferino 14, H 4
Soligalitsch 95, G 1
Solikamsk 100, D 3/4
Solimões = Amazonas 158, C 3
Solingen 70, B 5
Soljonoje 95, G 4
Sölkpass 24, D 3
Söll 21, F 2
Sollefteå 62, 2 D 3
Sollenau 23, H 4
Sóller 85, 1 G 4
Solling 70, D 5
Solnoje 95, J 2
Sologne 82, 1 D/E 3
Solothurn 69, C 1
Solotschiw 94, C 3
Solstein 20, D 3
Šolta 86, 1 F 3
Soltau 70, D 4
Solway Firth 80, E 3
Solwezi 138, C 3
Soma (Japan) 116, E 3
Soma (Türkei) 92, C 3
Somali-Halbinsel 137, G 4 – H 3
Somalia 132, 4 D 2
Sombor 92, A 1
Somes = Szamos 65, K 4
Somme 78, B 5
Sommensee 63, 2 C 4
Sömmerda 70, F 5
Somosierra 84, 1 D 3
Somport 84, 1 E 2
Sondalo 20, B 5
Sondrio 86, 1 B 1
Songea 138, D 3
Songhua Jiang 115, G 2
Songhua-Stausee 116, A 2
Songjin = Kimchaek 115, G 2
Songkhla 120, B 3
Songo 138, D 3
Sonneberg 71, F 6
Sonnenberg 25, H 2
Sonntagberg 22, E 4
Sonntagshorn 21, G 2
Sonora 154, 1 A 1/2
Sonqor 93, H 4
Sonthofen 71, E 9
Sorak 116, B 3
Sorau (Żary) 64, F 3
Soreq 108, 1 A 3
Sorgschrofen 20, B 2
Soria 84, 1 D 3
Sorocaba 159, E 5
Soroka 94, C/D 3
Sorol-Atoll 121, F 3
Sorong 121, E 4
Soroti 138, D 1
Sorotschinsk 95, K 2
Sørøy 62, 2 E 1
Sørøysund 62, 2 E 1
Sorriso 158, D 4
Sorsele 62, 2 D 2
Sortavala 62, 2 G 3
Sosch 94, D 2
Sosnowiec 65, H 3
Sosnowka 95, J 1
Sosnowoborsk 95, H 2
Sotschi 93, F 2
Soubré 136, B 4
Sour el Ghozlane 85, 1 G 5
Sousa 158, F 3
Sousse 136, D 1
South Bend 148, 1 F 3
South Carolina 149, 1 F 4 – G 4
South Dakota 148, 1 D 3 – E 3
South Downs 80, F 5 – G 5
South Shields 80, F 3
South Uist 80, B/C 2
Southampton 80, E/F 5
Southampton-Insel 144, 1 J 3
Southend-on-Sea 80, G 5
Southern Uplands 80, D 3 – E 3
Southport 80, E 4
Soutpansberg 138, C/D 4
Sowjetsk (Oblast Kaliningrad) = Tilsit 65, J 1
Sowjetsk (Oblast Kirow) 95, J 1
Sowjetskaja 95, G 3
Sowjetskaja-Gawan 101, M/N 5
Soyo 138, B 2
Spa 78, E 4
Spanien 51, 4 E 5
Spanish Town 155, 1 E 3
Sparta 92, B 3
Spas-Demensk 94, E 2
Spassk-Dalnij 101, M 5
Speiereck 21, J 3
Speikboden (Monte Spico) 21, E 4
Speikkogel 25, F 3
Spencergolf 126, 1 D 8
Spessart 71, D 6
Spey 80, E 2
Speyer 71, C 7
Spiekeroog 70, B 3
Spielberg 24, E 3
Spielfeld (Straß-Spielfeld-) 25, G 4
Spiez 69, C 2
Spijkenisse 78, D 3
Spindeleben 22, E 4
Spirdingsee (Jezioro Sniardwy) 65, J 2
Spiss 20, B 4
Spital am Pyhrn 22, D 4
Spital am Semmering 25, G 2
Spittal 24, B 4
Spitz 23, F 3
Spitzbergen 51, 4 H 1
Spitzegel 24, B 4
Spitzkofel 24, A 4
Spitzmauer 22, D 4
Split 86, 1 F 3
Splügen 69, E 2
Splügenpass 69, E 2
Spokane 148, 1 C 3
Spoleto 86, 1 D 3
Spratly-Inseln 120, C 3
Spree 70, J 5
Spreewald 70, H 5 – J 5
Spremberg 70, J 5
Springbok 138, B 4
Springdale 149, 1 J 3
Springfield (Illinois) 148, 1 F 4
Springfield (Missouri) 148, 1 E 4
Spui 79, 1 A 3
Srbinie (Foča) 87, 1 G 3
Srednekolymsk 101, N/O 3
Sretensk 101, K 4
Sri Jayawardenepura = Kotte 107, G 5
Sri Lanka (Insel) = Ceylon 107, G 5
Sri Lanka (Staat) 98, 1 F 5
Srinagar 107, F 2
Staaten-Insel 159, C 8
Staatz 23, H 2
Stachanow 94, F 3
Stade 70, D 3
Stadl-Paura 22, C 3
Stadl-Predlitz 24, C 3
Stadskanaal 78, F 2
Stadtschlaining 25, H 3
Staffelberg 71, F 6
Stainach-Pürgg 24, D 2
Stainz 25, F 4
Stall 24, B 4
Staller Sattel 21, F 4
Stallhofen 25, F 3
Stalowa Wola 65, J/K 3
Stams 20, C 3
Stang (Kirchschlag-) 23, H 4
Stanley 159, D 8
Stanowoigebirge 101, L 4 – M 4
Stanowoihochland 101, K 4
Stans 20, E 3
Stanz 25, F 3
Stanzach 20, C 3
Stanzertal 20, B 3
Stara Zagora 92, C 2
Starachowice 65, J 3
Staraja Maina 95, J 2
Staraja Russa 94, D 1
Starbuck-Insel 127, 1 K/L 5
Stargard (Stargard Szczeciński) 64, F 2
Stargard Szczeciński = Stargard 64, F 2
Starnberg 71, F 8
Starnberger See 71, F 9
Starobilsk 94, F 3
Starodub 94, E 2
Starokostjantyniw 94, C 3
Starominskaja 94, F 4
Starosubchangulowo 95, L 2
Start Point 80, E 5
Staryj Oskol 94, F 3
Statzendorf 23, G 3
Stausee von Dubăsary 94, D 4
Stausee von Gruyère 69, C 2
Stausee von Kaunas 63, 2 F 5
Stausee von Kiew 94, D 3
Stausee von Tscheboksary 95, H 1
Stavanger 63, 2 A 4
Stawropol 93, G 1
Stawropoler Hochland 93, G 1
Steeg 20, B 3
Steenwijk 78, E/F 2
Stefaniesee 137, F 4
Steffisburg 69, C 2
Stegersbach 25, H 3
Steiermark (Bundesland) 50, 1 F 3
Steiermark (Landschaft) 15, M 2 – N 2
Steigerwald 71, E 7
Stein 69, D 1
Steinach 20, D 3
Steinakirchen 23, F 3
Steinamanger (Szombathely) 64, G 5
Steinbach 22, D 4
Steinberg 25, J 3
Steindorf 24, D 4
Steinerkirchen 22, C 3
Steinernes Meer 21, G 2– G 3
Steinfeld 24, B 4
Steinfeld (Landschaft) 23, H 4
Steinhuder Meer 70, D 4
Steinige Tunguska 100, H 3
Steinkjer 62, 2 B 3
Steinpass 21, G 2
Steirisch-niederösterreichische Kalkalpen 25, F 2 – G 2
Steirische Kalkspitze 24, C 3
Steirischer Seeberg 25, F 2
Stelvio = Stilfs 20, C 4
Stenay 78, E 5
Stendal 70, F 4
Stepanakert = Xankändi 93, H 3
Stepanzminda 93, H 2
Stephanawan 93, H 2
Ster 94, C 3
Sterlitamak 95, K 2
Sternstein 22, D 2
Sterzing (Vipiteno) 20, D 4
Stetteldorf 23, H 3
Stettin (Szczecin) 64, F 2
Steuerberg 24, D 4
Stewart-Insel 126, 1 G 9
Steyr 22, D 3
Steyr (Fluss) 22, D 4
Steyr-Land 50, 1 F 3
Steyregg 22, D 3
Steyrling (Klaus an der Pyhrnbahn-) 22, D 4
Stickelberg 23, H 4
Stijena 15, N/O 5
Stilfs (Stelvio) 20, C 4
Stilfser Joch 20, B 4
Stilluppgrund 21, E 3
Stinatz 25, H 3
Štip 92, B 2
Stirling 80, D/E 2
Stochid 65, L 3
Stockerau 23, H 3
Stockholm 63, 2 D 4
Stockport 80, E 4
Stockton (Kalifornien) 148, 1 B 4
Stockton-on-Tees 80, F 3
Stoderzinken 24, C 3
Stoke-on-Trent 80, E 4
Stolbzy 94, C 2
Stolp (Słupsk) 64, G 1
Stolzalpe 24, D 3
Stonehaven 80, E 2
Stonehenge 80, E/F 5
Stony Rapids 148, 1 D 2
Stoob 25, H/J 2
Stoober Bach 25, J 2
Stora Lulevatten 62, 2 D 2
Storavan 62, 2 D 2
Støren 62, 2 B 3
Storlien 62, 2 C 3
Stormarn 70, D 3 – E 3
Stornoway 80, C 1
Storsee 62, 2 C 3
Storuman 62, 2 D 2
Storuman (See) 62, 2 D 2
Storvindeln 62, 2 D 2
Straden 25, G 4
Stradner Kogel 25, G 4
Strallegg 25, G 3
Stralsund 70, G/H 2
Stranraer 80, D 3
Strasbourg = Straßburg 83, 1 G 2
Strass 21, E 3
Straß 23, G 3
Straß-Spielfeld 25, G 4
Straßburg (Frankreich, Strasbourg) 83, 1 G 2
Straßburg (Österreich) 24, D 4
Straße von Bonifacio 86, 1 B 4
Straße von Dover 80, F 5
Straße von Gibraltar 84, 1 C 6
Straße von Hormus 106, D 3
Straße von Kertsch 93, F 1
Straße von Messina 86, 1 E 5 – E 6
Straße von Mosambik 139, D 4 – E 3
Straße von Otranto 87, 1 G 4 – G 5
Straße von Sizilien 86, 1 C 6 – D 6
Straße von Yucatán 155, 1 D 2
Strasshof 23, J 3
Straßwalchen 21, H 2
Stratford-upon-Avon 80, F 4
Straubing 71, G 8
Streefkerk 79, 1 B 3
Strelka 101, O 3
Strelka-Tschunja 101, J 3
Strem 25, H 3
Strem (Fluss) 25, H 3
Strengberg 22, E 3
Strengberge 22, E 3
Strengen 20, B 3
Stresa 14, F 4
Streshewoi 100, F 3
Strickland 121, F 4
Strobl 21, H 2
Stromboli 86, 1 E 5
Stromness 80, E 1
Strömsund 62, 2 C 3
Stronsdorf 23, H 2
Struma 92, B 2
Strumica 92, B 2
Stryj 94, B/C 3
Strymonischer Golf 92, C 2
Stubachtal 21, G 3
Stubaier Alpen 20, D 3
Stubaital 20, D 3
Stubalpe 25, E 3
Stubbenkammer 70, H 2
Stubenberg 25, G 3
Stubnerkogel 21, H 3
Stuhleck 25, G 2
Stuhlfelden 21, G 3
Stumm 21, E 3
Stung Treng 120, B 2
Stupava 15, P 1
Stupino 94, F 2
Stura 14, E 5
Stuttgart 71, D 8
Stykkishólmur 62, 1 B 1
Suakin (Sawakin) 137, F 3
Suben 22, B 3
Subotica 92, A 1
Subowa Poljana 95, G 2
Suceava 94, C 4
Suchinitschi 94, E 2
Suchona 95, G 1
Suchumi 93, G 2
Suckling 121, F 4
Sucre 158, C 4
Süd-Saskatchewan 148, 1 C 2 – D 2
Suda 94, F 1
Südafrika 132, 4 C 4
Südamerika 168, 1 F 6 – G 6
Sudan 132, 4 C 2
Sudbury 149, 1 F 3
Südchinesisches Bergland 115, F 4
Südchinesisches Meer 120, B 3 – C 2
Sudd 137, E 4 – F 4
Sudeten 64/65, F 3 – G 3
Südgeorgien 167, 4 Q 3
Südindisches Becken 169, 1 O 7 – P 7
Südinsel 126, 1 H 9
Südkap = Ka Lae 127, 2 B 3
Südkarpaten 92, B 1
Südkorea 98, 1 H 4
Südliche Morava 92, B 2
Südliche Sierra Madre 154, 1 B 3 – C 3
Südliche Sporaden 92, C 3
Südlicher Aralsee 100, D 5
Südlicher Indianersee 148, 1 D/E 2
Südorkney-Inseln 167, 4 Q 2
Südpass 148, 1 D 3
Südsandwich-Inseln 167, 4 R 3
Südshetland-Inseln 167, 4 P 3 – Q 2
Südsudan 132, 4 C 2
Südtirol 20/21, C 4 – E 4
Suez (Es-Seweis) 137, F 1/2
Suezkanal 137, F 1
Suffolk 80, G 4
Suğlasee 92, E 3
Suhar 106, D 3
Sühbaatar 114, E 1
Suhl 71, E 6
Suhr 69, C 1
Suifenhe 115, G/H 2
Suihua 115, G 2
Suir 80, C 4
Suiyang 116, B 1
Sujewka 95, J 1
Sukabumi 120, B 4
Sukadana 120, B 4
Sukagawa 116, E 3
Sukkosero 62, 2 H 3
Sukkur 107, E 3
Sukumo 116, C 4
Sula 94, E 3
Sula-Inseln 120, D 4
Sulaimangebirge 107, E 3 – F 2
Sulak 93, H 2
Sulak (Fluss) 93, H 2
Sulawesi = Celebes 120, C 4 – D 4
Sulitjelma 62, 2 D 2
Sullana 158, A 3
Sulm 25, F 4
Sulphur Cone 127, 2 B 2
Sulu-Inseln 120, C 3 – D 3
Sulusee 120, C 3 – D 3
Sulz 23, J 3
Sulzbach-Rosenberg 71, F 7
Sulzberg 20, A 2
Sumatra 120, A 3 – B 4
Sumba 120, C 5
Sumbawa 120, C 4
Sumbawa Besar 120, C 4
Sumbe 138, B 3
Šumen 92, C 2
Sumoto 116, C 4
Sumqayıt 93, J 2
Sumy 94, E 3
Sunagawa 116, E 2
Sundarbans = Gangesdelta 107, G 3 – H 3
Sundastraße 120, B 4
Sunderland 80, F 3
Sundsvall 62, 2 D 3
Sungai Petani 120, A/B 3
Sungaipenuh 120, B 4
Sungurlu 92, E 2
Sunnfjord 62, 2 A 3
Suntar 101, K 3
Suntar Chajata 101, M 3 – N 3
Süntel 70, D 4
Sunyani 136, B 4
Suojärvi 62, 2 G 3
Suomenselkä 62, 2 E 3 – G 3
Superior 148, 1 E 3
Süphan 93, G 3
Sur (Libanon) = Tyros 93, E 4
Sur (Oman) 106, D 3
Sura 95, H 2
Surabaya 120, C 4
Surakarta 120, C 4
Surat 107, F 3
Surat Thani 120, A 3
Surendranagar 107, E/F 3
Surgut 100, F 3
Surigao 120, D 3
Surin 114, E 5
Suriname 162, 3 D 2
Surowikino 95, G 3
Sursee 69, C/D 1
Sursk 95, H 2
Surt 136, D 1
Surtsey 62, 1 B 2

Suruç 93, F 3
Surugabucht 116, D 4
Susa (Iran) 106, C 2
Susa (Italien) 14, E 4
Susaki 116, C 4
Susch 69, F 2
Susdal 95, G 1
Sussuman 101, N 3
Sustenpass 69, D 2
Sütçüler 92, D 3
Sutlej 107, F 3
Sutschan 116, C 2
Sutton Coldfield 80, F 4
Suttsu 116, D/E 2
Suva 126, 1 H 6
Suwa 116, D 3/4
Suwałki 65, K 1
Suwayli 108, 1 B 2
Suweon 115, G 3
Suzhou (Anhui) 115, F 3
Suzhou (Jiangsu) 115, G 3
Suzu 116, D 3
Svartisen 62, 2 C 2
Svealand 63, 2 C 3 – D 3
Sveg 62, 2 C 3
Svištov 92, C 2
Svolvær 62, 2 C 1
Swakop 138, B 4
Swakopmund 138, B 4
Swansea 80, D/E 5
Swartberge 138, C 5
Swasiland 132, 4 C 4
Swatowe 94, F 3
Swenyhorodka 94, D 3
Swerdlowsk 94, F 3
Swetlahorsk 94, D 2
Swetlograd 93, G 1
Swetly 101, K 4
Swetlyj Jar 95, H 3
Swindon 80, F 5
Swinemünde (Świnoujście) 64, F 1/2
Świnoujście = Swinemünde 64, F 1/2
Switlowodsk 94, E 3
Swobodnyj 101, L 4
Sydney (Australien) 126, 1 F 8
Sydney (Kanada) 149, 1 H 3
Syktywkar 100, D 3
Sylarna 62, 2 C 3
Sylt 70, C 2
Sylwa 95, L 1
Symi 92, C 3
Synelnykowe 94, E 3
Syracuse 149, 1 G 3
Syrakus (Siracusa) 86, 1 E 6
Syrdarja 100, E 5
Syrdarja (Fluss) 100, E 5
Syrien 98, 1 C 4
Syrische Wüste 106, B 2
Syrjan 100, G 5
Syrjanka 101, N/O 3
Syros 92, C 3
Syrtika 136/137, D 1
Sysran 95, H/J 2
Sytschowka 94, E 2
Szamos (Somes) 65, K 4
Szczytno = Ortelsburg 65, J 2
Szczecin = Stettin 64, F 2
Szczecinek = Neustettin 64, G 2
Szeged 65, H/J 5
Székesfehérvár 65, H 5
Szekszárd 65, H 5
Szentes 65, J 5
Szentgotthárd 15, O 3
Szolnok 65, H/J 5
Szombathely = Steinamanger 15, O 2

T

Ta'izz 106, C 4
Tabas 106, D 2
Tabatinga 158, B 3
Taberg 63, 2 C 4
Tabora 138, D 2
Täbris (Tabriz) 106, C 2
Tabriz = Täbris 106, C 2
Tabuaeran (Fanning-Insel) 127, 1 L 4
Tabuk 106, B 3
Täby 63, 2 D 4
Tacheng 114, C 2
Tacloban 120, D 2
Tacna 158, B 4
Tacoma 148, 1 B 3
Tacuarembó 159, D 6
Tadmor (Tudmor) 93, F 4
Tadschikistan 98, 1 E 4
Taebaekgebirge 116, B 3
Taganrog 94, F 4
Tagant 136, A 3
Tagbilaran 120, D 3
Tagliamento 15, K 3
Tahan 120, B 3
Tahat 136, C 2
Tahe 115, G 1
Tahir-Pass 93, G 3
Tahiti 127, 1 M 6
Tahoua 136, C 3
Tai'an 115, F 3
Taichung 115, G 4
Taif 106, C 3
Taimyr-Halbinsel 100/101, G 2 – J 2
Taimyrsee 101, J 2
Tainan 115, F/G 4
Taipak 95, J 3
Taipeh (Taipei) 115, G 4
Taipei = Taipeh 115, G 4
Taiping 120, A/B 3
Taischet 100, H 4
Taisetsu 116, E 2
Taiskirchen 22, C 3
Taitung 115, G 4
Taivalkoski 62, 2 F/G 2
Taiwan 98, 1 H 4
Taiyuan 115, F 3
Taizhou 115, G 3
Tajo 84, 1 C 4
Tajumulco 154, 1 C 3
Takab 93, H 3
Takamatsu 116, C 4
Takaoka 116, D 3
Takasaki 116, D 3
Takase 137, F 3
Takayama 116, D 3
Takefu 116, C/D 4
Takeshima/Dokdo 115, H 3
Takht-i Sulaiman 93, H 3
Tal des Todes 148, 1 C 4
Talara 158, A 3
Talas-Alatau 107, F 1
Talaud-Inseln 121, D 3
Talavera de la Reina 84, 1 C 3/4
Talca 159, B 6
Talcahuano 159, B 6
Taldykorgan 100, F 5
Talesh 93, J 3
Talfer (Talvera) 20, D 4
Talkheh 93, H 3
Tall Afar 93, G 3
Tall Kalakh 93, F 4
Tallaght 80, C 4
Tallahassee 148, 1 F 4
Tallinn (hist. Reval) 63, 2 F 4
Talnach 100, G 3
Talo 137, F 3
Talowaja 95, G 3
Taltal 159, B 5
Talvera = Talfer 20, D 4
Tamala 95, G 2
Tamale 136, B 4
Tamanrasset (Tamenghest) 136, C 2
Tambacounda 136, A 3
Tambora 120, C 4
Tambow 95, G 2
Tamdybulak 100, E 5
Tamenghest = Tamanrasset 136, C 2
Tamgak 136, C 3
Tamil Nadu 107, F 4/5
Tamins 69, E 2
Tampa 149, 1 F 5
Tampa-Bai 155, 1 D 2
Tampere 62, 2 E/F 3
Tampico 154, 1 C 2
Tamsag Bulag 115, F 2
Tamsweg 21, J 3
Tana 62, 2 F/G 1
Tana (Fluss, Kenia) 139, D 2
Tana (Fluss, Norwegen) 62, 2 F 1
Tanabe 116, C 4
Tanafjord 62, 2 G 1
Tanagro 86, 1 E 4
Tanahgrogot 120, C 4
Tanahjampea-Inseln 120, D 4
Tanahmerah 121, E/F 4
Tanaro 14, E/F 5
Tanasee 137, F 3
Tandag 120, D 3
Tandil 159, D 6
Tanega 115, H 3
Tanegashima 116, B 5
Taneichi 116, E 2
Tanete 120, C 4
Tanezrouft 136, B/C 2
Tanga 139, D 2
Tanganjikasee 138, C 2 – D 2
Tanger 84, 1 B/C 6
Tanggu 115, F 3
Tanggula Shan 114, C 3 – D 3
Tanggula-Pass 114, D 3
Tangra Yumco 114, C 3
Tangshan 115, F 3
Tanimbar-Inseln (Timorlaut-Inseln) 121, D/E 4
Tanjona Bobaomby (Kap d'Ambre) 139, E 3
Tanjona Vohimena (Kap Sainte Marie) 139, E 4
Tanjung Pinang 120, B 3
Tanjungpandan 120, B 4
Tanjungredeb 120, C 3
Tanjungselor 120, C 3
Tannberg 22, B 4
Tannheim 20, B/C 3
Tannugebirge 100, H 4
Tanout 136, C 3
Tansam 138, D 2
Tansania 132, 4 C 3
Tanta 137, F 1
Taoer He 115, G 2
Taolagnaro 139, E 4
Taormina 86, 1 E 6
Taoudenni 136, B 2
Tapa 63, 2 F 4
Tapachula 154, 1 C 3
Tapajós 158, D 3
Tapaktuan 120, A 3
Tapolca 15, P 3
Tapurucuara 158, C 3
Taqatu Hayya 137, F 3
Taquari 158, D 4
Tara 100, F 4
Tara (Fluss) 92, A 2
Tarabuco 158, C 4
Tarabulus = Tripoli (Libanon) 106, B 2
Tarabulus = Tripolis (Libyen) 136, D 1
Tarai 107, G 3
Tarakan 120, C 3
Taranto = Tarent 87, 1 F 4
Tarapoto 158, B 3
Tarat 136, C 2
Taraz 100, F 5
Tarazona 84, 1 D/E 3
Tarbagatai 100, G 5
Tarbes 82, 1 D 5
Tardoki Yani 101, M 5
Tarent (Taranto) 87, 1 F 4
Tarfaya 136, A 2
Târgoviste 92, C 1
Târgu Jiu 92, B 1
Târgu Mureş = Neumarkt 92, C 1
Tarhuna 136, D 1
Tarifa 84, 1 C 5
Tarija 159, C 5
Tarim 106, C 4
Tarim He 114, C 2
Tarimbecken 114, B 3 – C 2
Tarin Kowt 107, E 2
Tarko-Sale 100, F 3
Tarkwa 136, B 4
Tarlac 120, D 2
Tarn 82, 1 E 4/5
Tarnobrzeg 65, J 3
Tarnów 65, J 3/4
Taro 86, 1 B 2
Tarragona 85, 1 F 3
Tarrasa (Terrassa) 85, 1 G 3
Tarrentonspitze 20, C 3
Tarrenz 20, C 3
Tarsus 92, E 3
Tartagal 159, C 5
Tartu (Dorpat) 63, 2 F 4
Tartus 93, E 4
Tarutung 120, A 3
Tarvisio 15, L 3
Tas 100, G 3
Tas Tumus 101, L 3
Tasbusen 100, F 3
Taschkent (Toshkent) 100, E 5
Taschla 95, K 3
Taschtagol 100, G 4
Tasiilaq = Ammassalik 144, 1 O 3
Tasmanien 126, 1 E 9
Tasmansee 126, 1 F 8 – G 8
Tasowskij 100, F 3
Tassili der Adjer 136, C 2
Tassili des Ahaggar 136, C 2
Tatabánya 65, H 5
Tatarensund 101, N 4
Tatarsk 100, F 4
Tateyama 116, D 4
Tatvan 93, G 3
Tauber 71, D 7
Tauberbischofsheim 71, D 7
Taucha 70, G 5
Tauferer Tal 21, E 4
Taufers 21, E 4
Taufkirchen 22, C 3
Taufstein 71, D 6
Taunggyi 107, H 3
Taunton 80, E 5
Taunus 71, B 6 – C 6
Tauplitz (Bad Mitterndorf-) 24, D 2
Taurach 21, J 3
Tauragė (hist. Tauroggen) 63, 2 E 5
Tauroggen = Tauragė 63, 2 E 5
Taurus 106, A 2 – B 2
Tavira 84, 1 B 5
Tavoy 107, H 4
Tavşanli 92, D 3
Tawau 120, C 3
Tawda 100, E 4
Tawda (Fluss) 100, E 4
Tawi-Tawi 120, C 3
Tawkar = Tokar 137, F 3
Tawuq 93, H 4
Taxen 23, F 2
Taxenbach 21, G 3
Taxila 107, F 2
Tay Ninh 120, B 2
Taygetos 92, B 3
Tayma 106, B 3
Taza 136, B 1
Tazerbo 137, E 2
Tbilissi = Tiflis 106, C 1
Tchab 93, F 1
Tchibanga 138, B 2
Tczew = Dirschau 65, H 1
Tebessa 136, C 1
Tebulosmta 93, H 2
Techendorf (Weißensee-) 24, B 4
Tecuci 94, C 4
Tedshen 106, D 2
Tees 80, F 3
Tefé 158, C 3
Tefenni 92, D 3
Tegucigalpa 155, 1 D 3
Teheran (Tehran) 106, D 2
Tehran = Teheran 106, D 2
Tehuantepec 154, 1 C 3
Teichl 22, D 4
Tejkowo 95, G 1
Tejo 84, 1 A 4
Tekax 154, 1 C/D 3
Tekes He 114, C 2
Tekirdağ 92, C 2
Tel Arad 108, 1 B 3
Tel Aviv-Jaffa 108, 1 A 2
Tela 155, 1 D 3
Telawi 93, H 2
Telegraph (Monte Telegrafo) 20/21, E 4
Telemark 63, 2 A 4 – B 4
Teleno 84, 1 B 2
Telfs 20, D 3
Tellatlas 84/85, 1 F 6 – G 5
Telšiai 63, 2 E 4/5
Teltow 70, H 4
Tema 136, C 4
Temax 155, 1 D 2
Tembilahan 120, B 4
Temeschburg (Timişoara) 92, B 1
Temirtau 100, F 4
Temple 148, 1 E 4
Temrjuk 93, F 1
Temuco 159, B 6
Tendo 116, E 3
Ténéré 136, C 2 – D 3
Teneriffa 136, A 2
Ténès 85, 1 F 5
Tengger Shamo 114, E 3
Tengissee 100, E 4
Tenkodogo 136, B 3
Tenneck (Werfen-) 21, H 3
Tennengau 21, H 2
Tennengebirge 21, H 2
Tennessee (Bundesstaat) 148, 1 F 4
Tennessee (Fluss) 148, 1 F 4
Tenryu 116, D 4
Teófilo Otôni 158, E 4
Tepic 154, 1 B 2
Teplice = Teplitz 64, E 3
Teplitz (Teplice) 64, E 3
Ter 85, 1 G 3
Terai 107, F 3 – G 3
Teraina (Washington-Insel) 127, 1 K/L 4
Teramo 86, 1 D 3
Terbuny 94, F 2
Terek 93, G/H 2
Terek (Fluss) 93, H 2
Terek-Kuma-Niederung 93, H 1
Terekli-Mekteb 93, H 1
Terenga 95, H/J 2
Teresina 158, E 3
Tergnier 78, C 5
Teriberka 62, 2 H 1
Terkoz 92, D 2
Terlan (Terlano) 20, D 4
Terlano = Terlan 20, D 4
Termeno = Tramin 20, D 5
Termini Imerese 86, 1 D 5/6
Termiz 100, E 6
Termoli 86, 1 E 3/4
Ternate 121, D 3
Ternberg 22, D 4
Ternej 101, M 5
Terneuzen 78, C 3
Terni 86, 1 D 3
Ternitz 23, G/H 4
Ternopil 94, C 3
Terpenijabai 101, N 5
Terracina 86, 1 D 4
Terrassa = Tarrasa 85, 1 G 3
Terschelling 78, E 1
Teruel 84, 1 E 3
Teshikaga 117, F 2
Teshio 116, E 1
Tesijn 114, D 2
Tesimo = Tisens 20, D 4
Tessa = Texelspitze 20, C 4
Tessalit 136, B/C 2
Tessaoua 136, C 3
Tessin (Ticino) 69, D 2
Tessiner Alpen 69, D 2
Testa del Gargano 86, 1 F 4
Tete 138, D 3
Teteriw 94, D 3
Tétouan 84, 1 C 6
Tetovo 92, B 2
Teufelsmoor 70, C 3 – D 3
Teufelsschlucht 138, C 3
Teufelstein 25, G 3
Teufenbach (Teufenbach-Katsch-) 24, D 3
Teutoburger Wald 70, B 4 – C 5
Texarkana 148, 1 E 4
Texas 148, 1 D 4 – E 4
Texel 78, D 1
Texelgruppe 20, D 4
Texelspitze (Tessa) 20, C 4
Texomasee 148, 1 E 4
Teylingen 79, 1 A/B 2
Thailand 98, 1 F 5 – G 5
Thalerhof (Kalsdorf-) 25, F 4
Thalgau 21, H 2
Thalheim 22, D 3
Thalwil 69, D 1
Thana 107, F 4
Thanh Hoa 114, E 5
Tharr 107, F 3
Tharthersee 93, G 4
Thasos 92, C 2
Thatta 107, E 3
Thaya (Dyje) 23, F 2
The Fens 80, F 4 – G 4
The Pas 148, 1 D 2
The Wash 80, G 4
Theben (Ruinenstätte) 137, F 2
Theben (Thivai) 92, B 3
Theiß (Tisa, Tisza) 65, K 4
Themse 80, F 5
Thermaischer Golf 92, B 2 – B 3
Thermopylen 92, B 3
Thernberg 23, H 4
Thessaloniki (Saloniki) 92, B 2
Thiersee 21, F 2
Thiès 136, A 3
Thika 138, D 2
Thimphu 107, G 3
Thingvellir 62, 1 B 1
Thionville = Diedenhofen 82, 1 G 2
Thiórsá 52, 1 A 2
Thiruvananthapuram = Trivandrum 107, F 5
Thisted 63, 2 B 4
Thistilfjord 62, 1 D 1
Thivai = Theben 92, B 3
Thjórsá 62, 1 C 1
Thohoyandou 138, D 4
Thomatal 21, J 3
Thompson 148, 1 E 2
Thonon-les-Bains 83, 1 G 3
Thorez 94, F 3
Thörl 25, F 2
Thörl Bach 25, F 3
Thorn (Toruń) 65, H 2
Thouet 82, 1 C 3
Thrakien 92, C 2
Thule = Qaanaaq 144, 1 L 2
Thun 69, C 2
Thunder Bay 148, 1 F 3
Thuner See 69, C 2
Thur 69, D 1
Thüringen 20, A 3
Thüringen (Bundesland) 70, E 6 – F 6
Thüringer Becken 70, E 5 – F 5
Thüringer Wald 70/71, E 6 – F 6
Thurso 80, E 1
Thurston-Insel 167, 4 O 2
Thusis 69, E 2
Tiahuanacu 158, C 4
Tian Shan 114, B 2 – D 2
Tianjin (Tientsin) 115, F 3
Tianquiaoling 116, B 2
Tianshui 114, E 3
Tiaret 136, C 1
Tibati 136, D 4
Tiber 86, 1 C/D 4
Tiberias 108, 1 B 2
Tibesti 136/137, D 2
Tibesti-Serir 137, D 2
Tibet = Xizang 114, C 3
Tiburón 154, 1 A 2
Tichau (Tychy) 65, H 3
Tichorezk 93, G 1
Tichwin 94, E 1
Ticino = Tessin 69, D 2
Tidjikdja 136, A 3
Tienen 78, D 4
Tierra de Campos 84, 1 C 2 – C 3
Tierra del Fuego = Feuerland 159, B 8 – C 8
Tiétar 84, 1 C 3
Tietê 159, E 5
Tiflis (Tbilissi) 106, C 1
Tigir 101, O 4
Tignes 14, D 4
Tigre (Fluss, Peru) 158, B 3
Tigre (Fluss, Venezuela) 158, C 2
Tigre (Landschaft) 137, F 3
Tigris 106, C 2
Tihama 106, B 3 – C 4
Tihuța 94, C 4
Tijuana 154, 1 A 1
Tikal 154, 1 D 3
Tikrit 93, G 4
Tiksi 101, L 2
Tilburg 78, D/E 3
Tilemsi-Tal 136, B 3
Tilitschiki 101, P 3
Tillabéri 136, C 3
Tilos 92, C 3
Tilsit (Sowjetsk) 65, J 1
Tim Misau 136, C 2
Timanrücken 100, C 3 – D 3
Timaschowsk 93, F 1
Timbedgha 136, B 3
Timbuktu (Tombouctou) 136, B 3
Timelkam 22, C 3/4
Timia 136, C 3
Timimoun 136, B/C 2
Timiş 92, B 1
Timişoara = Temeschburg 92, B 1
Timmelsjoch (Rombo) 20, D 4
Timmins 148, 1 F 3
Timor 120, D 4
Timorlaut-Inseln = Tanimbar-Inseln 121, D/E 4
Timorsee 120, D 5
Tinduf 136, B 2
Tineo 84, 1 B 2
Tingo María 158, B 3
Tinos 92, C 3
Tinto 84, 1 B 5
Tintummasteppe 136, D 3
Tipperary 80, B 4
Tirana (Tiranë) 92, A 2
Tiranë = Tirana 92, A 2
Tirano 14, H 3
Tiraspol 94, D 4
Tire 92, C 3
Tiree 80, C 2
Tirich Mir 107, F 2
Tirol (Bundesland) 50, 1 B 3
Tirol (Landschaft) 15, J 2 – K 3
Tirol (Tirolo) 20, D 4
Tirolerkogel 23, F 4
Tirolo = Tirol 20, D 4
Tirso 86, 1 B 4
Tiruchchirappalli 107, F 4
Tiruppur 107, F 4
Tisa = Theiß 65, K 4
Tisens (Tesimo) 20, D 4
Tisza = Theiß 65, K 4
Titicacasee 158, C 4
Titlis 69, D 2
Titwan = Tétouan 84, 1 C 6
Tivoli 86, 1 D 3/4
Tixtla 154, 1 C 3
Tizi-Ouzou 85, 1 H 5
Tiznite 136, A/B 2
Tjulenji-Inseln 93, J 1
Tjulgan 95, K/L 2
Tjumen 100, E 4
Tjung 101, K 3
Tlaxcala 154, 1 C 3
Tlemcen 84, 1 E 6
Toamasina 139, E 3
Toba 116, D 4
Tobago 155, 1 F 3
Tobaj 25, H 3
Tobelo 121, D 3
Tobi 116, D 3
Toblach (Dobbiaco) 21, F 4
Toboali 120, B 4
Tobol 100, E 4
Tobolsk 100, E 4
Tobruk (Tubruq) 137, E 1
Tocantins (Bundesstaat) 158, D 4 – E 4
Tocantins (Fluss) 158, E 3
Toce 69, D 2
Tocopilla 159, B 5
Tocuyo 158, C 1
Tödi 69, D 2
Toggenburg 69, E 1
Togliatti 95, J 2
Togo 132, 4 A 2
Tohma 93, F 3
Toijala 62, 2 E 3
Toili 120, D 4
Tokaj 65, J 4
Tokar (Tawkar) 137, F 3
Tokara-Inseln 115, G 4
Tokat 93, F 2
Tokelau-Inseln 127, 1 J/K 5
Tokio 115, H/J 3
Tokmak 94, E 4
Tokushima 115, H 3
Toledo (Spanien) 84, 1 C 4
Toledo (USA) 148, 1 F 3
Toliara 139, E 4
Tolitoli 120, C/D 3
Tolmin 15, L 3

Tolosa 84, 1 D 2
Toluca 154, 1 B/C 3
Tom 100, G 4
Tomakomai 116, E 2
Tomar 84, 1 A 4
Tomaszów Mazowiecki 65, H/J 3
Tomboa 138, B 3
Tombouctou = Timbuktu 136, B 3
Tomé 159, B 6
Tomelloso 84, 1 D 4
Tommot 101, L 4
Tompo 101, M 3
Tomsk 100, G 4
Tonale 14, H 3
Tonga 168, 1 A 7
Tonga (Staat) 191, 1 T 5
Tongareva = Penrhyn 127, 1 K/L 5
Tongchuan 114, E 3
Tongeren 78, E 4
Tonghua 115, G 2
Tongliao 115, G 2
Tongyeong 116, B 4
Tonion 25, F 2
Tonkin 114, E 4
Tonnerre 14, A 2
Tønsberg 63, 2 B 4
Tonya 93, F 2
Toowoomba 126, 1 E/F 7
Topeka 148, 1 E 4
Topki 100, G 4
Toplitzsee 24, C 2
Topsee 62, 2 G 2
Torbal 92, C 3
Torbat-e Heydariyeh 106, D 2
Tordesillas 84, 1 C 3
Torfajökull 62, 1 C 2
Torgai 100, E 5
Torgai (Fluss) 100, E 5
Torgaisenke 100, E 4
Torgau 70, G 5
Toriipass 116, D 4
Torino = Turin 14, E 4
Torkaman 93, H 3
Tormes 84, 1 B 3
Torne älv 62, 2 E 1/2
Torneträsk 62, 2 D/E 1
Tornio 62, 2 F 2
Toronto 149, 1 F/G 3
Toropez 94, D 1
Torquay 80, E 5
Torre de Moncorvo 84, 1 B 3
Torrecilla 84, 1 C 5
Torrelavega 84, 1 C 2
Torremolinos 84, 1 C 5
Torrenssee 126, 1 D 7/8
Torreón 154, 1 B 2
Torresstraße 126, 1 E 6
Torrevieja 84, 1 E 5
Torshok 94, E 1
Torstein 21, J 3
Tortona 14, F 5
Tortosa 84, 1 F 3
Tortuga 158, C 1
Tortum 93, G 2
Toruń = Thorn 65, H 2
Toshka-Seen 137, F 2
Toshkent = Taschkent 100, E 5
Toskana 14/15, H 6 – J 6
Toskanische Inseln 86, 1 C 3
Toskanischer Apennin 14/15, H 5 – K 6
Tosya 92, E 2
Totes Gebirge 24, C 2 – D 2
Totes Meer 108, 1 B 3
Totma 95, G 1
Totness 158, D 2
Tottori 115, H 3
Touba 136, A 3
Touggourt 136, C 1
Toul 14, C 1
Toulon 14, C 6
Toulouse 82, 1 D 5
Toungoo 107, H 4
Touraine 82, 1 D 3
Tourcoing 78, B/C 4
Tournai 78, C 4
Tours 82, 1 D 3
Towada 116, E 2
Towarkowskij 94, F 2
Townsville 126, 1 E 6
Toyama 115, H 3
Toyamabai 116, D 3
Toyohashi 116, D 4
Toyooka 116, C 4
Toyota 116, D 4
Tozar 136, C 1
Trá Lí = Tralee 80, B 4
Trabzon 106, B 1
Træna 62, 2 B/C 2
Tragöß (Tragöß-St. Katharein-) 25, F 2
Tragöß-Sankt Katharein 25, F 3
Tragwein 22, E 3
Traisen 23, G 3
Traisen (Fluss) 23, G 3
Traiskirchen 23, H 3
Traismauer 23, G 3
Tralee (Trá Lí) 80, B 4
Tramin (Termeno) 20, D 5
Trani 86, 1 F 4
Transantarktisches Gebirge 167, 4 O 1 – H 2
Transhimalaya 114, C 3
Transkei 138, C 5
Trapani 86, 1 D 5
Trarza 136, A 3
Trasimenischer See 86, 1 C/D 3
Trasos Montes 84, 1 B 3
Traun 22, D 3
Traun (Fluss) 22, C 4
Traun-Enns-Platte 22, D 3
Traunkirchen 22, C 4
Traunsee 22, C 4
Traunstein 71, G 9
Traunstein (Berg) 22, C 4
Trautmannsdorf 23, J 3
Travemünde (Lübeck-) 70, E 2/3
Travnik 87, 1 F 2
Trbovlje 15, M 3
Trdinov vrh 15, N 4
Trebbia 14, G 5
Trebesing 24, B 4
Trebinje 87, 1 G 3
Treffen 24, C 4
Treglwang (Gaishorn-) 24, E 3
Treibach (Althofen-) 24, D 4
Trelew 159, C 7
Trelleborg 63, 2 C 5
Tremiti 86, 1 E 3
Trenčín 65, G/H 4
Trent 80, F 4
Trento = Trient 15, J 3
Trenton 149, 1 G 3
Tres Arroyos 159, C 6
Três Lagoas 159, D 5
Tres Marias-Inseln 154, 1 B 2
Tresa 14, F 3/4
Treuchtlingen 71, E 8
Treviglio 14, G 4
Treviso 15, K 4
Trieben 24, E 3
Triebner Tauern 24, D 3
Trient (Trento) 15, J 3
Trier 71, A 7
Triest (Trieste) 15, L 4
Trieste = Triest 15, L 4
Triesting 23, H 4
Triglav 15, L 3
Trikala 92, B 3
Trimmelkam (St. Pantaleon-) 22, A 3
Trincomalee 107, G 5
Trinidad (Bolivien) 158, C 4
Trinidad (Insel) 155, 1 F 3
Trinidad (Kuba) 155, 1 D 2
Trinidad und Tobago 162, 3 D 2
Trinitybai 149, 1 J 3
Tripoli 106, B 2
Tripolis (Griechenland) 92, B 3
Tripolis (Libyen, Tarabulus) 136, D 1
Tripolitanien 136, D 1
Trisanna 20, B 3
Trischen 70, C 2
Tristan da Cunha 168, 1 H/J 7
Trivandrum (Thiruvananthapuram) 107, F 5
Trnava 65, G 4
Trobriand-Inseln 121, G 4
Trofaiach 25, F 3
Trogkofel (Creta di Aip) 24, B 4
Trois-Rivières 149, 1 G 3
Troiseck 25, F 2
Troizk 100, E 4
Troizkoje 94, F 3
Troja 92, C 3
Trojizke 94, F 3
Trollhättan 63, 2 C 4
Trollhättanfälle 63, 2 C 4
Trombetas 158, D 2
Tromsø 62, 2 D 1
Tronador 159, B 7
Trøndelag 62, 2 B 3 – C 2
Trondheim 62, 2 B 3
Trondheimsfjord 62, 2 B 3
Tronto 86, 1 D 3
Troodos 92, E 4
Troppau (Opava) 65, G 4
Troyes 82, 1 E/F 2
Trujillo (Honduras) 155, 1 D 3
Trujillo (Peru) 158, B 3
Trujillo (Spanien) 84, 1 C 4
Tsangpo = Yarlung 114, C 4
Tsaratananamassiv 139, E 3
Tsavo 139, D 2
Tschad 132, 4 B 2 – C 2
Tschadbecken 136/137, D 3
Tschadsee 136, D 3
Tschagda 101, M 4
Tschagguns 20, A 3
Tschagoda 94, E 1
Tschagodostscha 94, E 1
Tschagos-Inseln 169, 1 N 6
Tschaikowskij 95, K 1
Tschanysee 100, F 4
Tschapajewsk 95, J 2
Tschatschersk 94, D 2
Tschawusy 94, D 2
Tscheboksary 95, H 1/2
Tschechische Republik 51, 4 G 4
Tschechow 94, F 2
Tschegdomyn 101, M 4
Tschekmagusch 95, K 2
Tscheljabinsk 100, D/E 4
Tschenstochau (Częstochowa) 65, H 3
Tschepza 95, J 1
Tscheremschan 95, J 2
Tscherepowez 94, F 1
Tscherkassy 94, D/E 3
Tscherkessk 93, G 1
Tschermos 95, K/L 1
Tschernihiw 94, D 3
Tscherniwzi 94, C 3
Tschernjachowsk = Insterburg 65, J 1
Tschernosemelski 93, H 1
Tschernuschka 95, K/L 1
Tschernyschewskij 101, J/K 3
Tscherskigebirge 101, M 3 – N 3
Tscherskij 101, P 3
Tscherwonohrad 65, L 3
Tschirgant 20, C 3
Tschistopol 95, J 2
Tschita 101, K 4
Tschojbalsan 115, F 2
Tschokurdach 101, N 2
Tschop 94, B 3
Tschortkiw 94, C 3
Tschu 100, F 5
Tschu (Fluss) 100, F 5
Tschudowo 94, D 1
Tschugusch 93, G 2
Tschuhujiw 94, F 3
Tschulman 101, L 4
Tschulym 100, G 4
Tschumikan 101, M 4
Tschuna 100, H 4
Tschunja 101, J 3
Tschussowaja 95, L 1
Tschussowoi 95, L 1
Tshane 138, C 4
Tshikapa 138, B/C 2
Tshuapa 138, B 2
Tsingtau (Qingdao) 115, G 3
Tsu 116, D 4
Tsubame 116, D 3
Tsuchiura 116, E 3
Tsugaru-Halbinsel 116, D 2 – E 2
Tsugarustraße 115, H 2
Tsumeb 138, B 3
Tsuruga 116, D 4
Tsushima 115, G 3
Tsushimastraße 116, B 4
Tsuyama 116, C 4
Tua 84, 1 B 3
Tual 121, E 4
Tuamotu-Archipel 168, 1 B 6 – C 7
Tuamotu-Inseln 127, 1 L/M 6
Tuapse 93, F 2
Tubarão 159, E 5
Tubas 108, 1 B 2
Tübingen 71, C/D 8
Tubruq = Tobruk 137, E 1
Tubuai-Inseln (Austral-Inseln) 127, 1 M 7
Tucson 148, 1 C 4
Tucupita 158, C 2
Tucuruí 158, D/E 3
Tucurui-Stausee 158, E 3
Tudela 84, 1 E 2
Tudmor = Tadmor 93, F 4
Tufi 121, F 4
Tuguegarao 120, D 2
Tuimasy 95, K 2
Tukangbesi-Inseln 120, D 4
Tukuringragebirge 101, L 4
Tula 94, F 2
Tulcea 92, D 1
Tulkarm 108, 1 B 2
Tulle 82, 1 D 4
Tulln 23, H 3
Tullner Feld 23, G 3 – H 3
Tuloma 62, 2 G/H 1
Tulsa 148, 1 E 4
Tultschyn 94, D 3
Tulun 101, H/J 4
Tumaco 158, B 1
Tumbasee 138, B 2
Tumen 115, G 2
Tunas de Zaza 155, 1 E 2
Tunceli 93, F 3
Tundža 92, C 2
Tunesien 132, 4 B 1
Tunis 136, D 1
Tunja 158, B 2
Tunxi 115, F 4
Tupelo 148, 1 F 4
Tura 101, J 3
Tura (Fluss) 100, E 4
Turan 100, D 5 – E 5
Turayf 106, B 2
Turbat 106, E 3
Turbo 158, B 2
Türchlwand 21, H 3
Turda 94, B 4
Turfan = Turpan 114, C 2
Turfansenke 114, C 2 – D 2
Turgutlu 92, C 3
Turhal 93, E 2
Turia 84, 1 E 4
Turin (Torino) 14, E 4
Turkanasee (Rudolfsee) 138, D 1
Türkei 51, 4 J 5
Türkestan 100, E 5
Turkmenabat 106, E 2
Turkmenbashy 106, D 1
Turkmenistan 98, 1 D 4–E 3
Turks-Inseln 155, 1 E/F 2
Turku (Åbo) 62, 2 E 3
Turnau 25, F 2
Turnhout 78, D 3
Türnitz 23, F 4
Türnitzer Höger 23, G 4
Turpan (Turfan) 114, C 2
Turquino 155, 1 E 3
Turrach 24, C 3
Turracher Höhe 24, C 4
Turscha 95, H 1
Turuchansk 100, G 3
Turumiquire 158, C 2
Tuticorin 107, F 5
Tuttlingen 71, C 9
Tutuila 127, 1 J 6
Tuul 114, E 2
Tuvalu (Inseln) 169, 1 S 6
Tuvalu (Staat) 191, 1 S 5
Tuwaik 106, C 3/4
Tux 20, E 3
Tuxer Alpen 20, E 3
Tuxer Tal 20, E 3
Tuxpan 154, 1 C 2
Tuxtla Gutiérrez 154, 1 C 3
Túy 84, 1 A 2
Tuy Hoa 120, B 2
Tuz gölü (Großer Salzsee) 92, E 3
Tuz Khurmatu 93, H 4
Tuzla 87, 1 G 2
Tuzsee 106, B 2
Tverca 94, E 1
Tweed 80, E 3
Tweng 21, J 3
Twer 94, E 1
Twimberg (Bad St. Leonhard-) 24, E 4
Twin Falls 148, 1 C 3
Tychy = Tichau 65, H 3
Tyjn 114, E 2
Tyler 148, 1 E 4
Tym 100, G 3
Tymfristos 92, B 3
Tynda 101, L 4
Tynemouth 80, F 3
Tynset 62, 2 B 3
Tyrnyaus 93, G 2
Tyros (Sur) 93, E 4
Tyrrhenisches Meer 86, 1 C 5 – D 5

U

Ubangi 138, B 1
Ube 116, B 4
Ubeda 84, 1 D 4
Übelbach 25, F 3
Uberaba 158, E 4
Uberlândia 158, E 4
Überlingen 71, D 9
Ubon Ratchathani 114, E 5
Ubortj 65, M 3
Ubundu 138, C 2
Ucayali 158, B 3
Uchiurabai 116, E 2
Uchta 100, D 3
Ucker 70, H 3
Uckermark 70, H 3 – J 3
Uda 101, M 4
Udaipur 107, F 3
Udatschnij 101, K 3
Uddevalla 63, 2 B 4
Uddjaure 62, 2 D 2
Uderns 21, E 3
Udine 15, L 3
Udon Thani 114, E 5
Uecker 70, J 3
Ueckermünde 70, H/J 3
Ueda 116, D 3
Uele 137, E 4
Uelzen 70, E 4
Ueno 116, D 4
Ufa 95, K 2
Ufa (Fluss) 95, L 2
Uganda 132, 4 C 2
Ugarit 93, E 4
Uglegorsk 101, N 5
Ugleuralsk 95, L 1
Uglitsch 94, F 1
Ugra 94, E 2
Uige 138, B 2
Uil 95, K 3
Uitenhage 138, C 5
Uithoorn 79, 1 B 2
Ujda = Oujda 136, B 1
Uji 116, C 4
Ujjain 107, F 3
Ujung Pandang = Makassar 120, C 4
Ukerewe 138, D 2
Ukmerge 63, 2 F 5
Ukonongo 138, D 2
Ukraine 51, 4 H 4
Ulaanbaatar = Ulan Bator 114, E 2
Ulaangom 114, D 2
Ulan Bator (Ulaanbaatar) 114, E 2
Ulan Hot 115, G 2
Ulan-Chol 93, H 1
Ulan-Ude 101, J 4
Ülbischin 95, J 3
Uleåborg = Oulu 62, 2 F 2
Uliastaj 114, D 2
Ulithi-Atoll 121, E/F 2
Uljanowsk 95, H/J 2
Ullung 115, H 3
Ulm 71, D 8
Ulmerfeld-Hausmening 22, E 3
Ulrichsberg 24, D 4
Ulrichskirchen 23, H 3
Ulsan 115, G 3
Ulster 80, C 3
Ultental 20, C 4 – D 4
Uludağ 92, D 2/3
Uluguruberge 138, D 2
Ulukışla 92, E 3
Ulungur He 114, C 2
Ulungur Hu 114, C 2
Uluru = Ayers Rock 128, C 3
Ulutau 100, E 5
Umag 15, L 4
Uman 94, D 3
Umbrien 86, 1 D 3
Umbrischer Apennin 15, K 6
Umbsee 62, 2 H 2
Ume älv 62, 2 D 2
Umeå 62, 2 E 3
Umhausen 20, C 3
Umm Durman = Omdurman 137, F 3
Umm Ruwabah 137, F 3
Umtata 138, C 5
Umuarama 159, D 5
Una 15, N 5
Unayzah 106, C 3
Unetscha 94, E 2
Ungarn 51, 4 G 4
Ungoni 138, D 3
Unjetscha 94, E 2
Unken 21, G 2
Unscha 95, G 1
Unstrut 70, F 5
Unterach 22, B 4
Unterberg 23, G 4
Untere Tunguska 100, H 3
Unterlamm 25, H 4
Unterloibl (Ferlach-) 24, D 4
Unterort (Tragöß-St. Kathrarein-) 25, F 3
Untertalbach 24, C 3
Untertauern 21, H/J 3
Unterwaltersdorf (Ebreichsdorf-) 23, H 4
Unterwart 25, H 3
Unterweißenbach 22, E 3
Unyamwezi 138, D 2
Ünye 93, F 2
Unzmarkt-Frauenburg 24, D 3
Upa 94, F 2
Upata 158, C 2
Upington 138, C 4
Upolu 126, 1 J 6
Upolu Point 127, 2 B 1
Uppsala 63, 2 D 4
Ur 106, C 2
Uraj 100, E 3
Urakawa 116, E 2
Ural (Schajyq) 95, K 3
Uralgebirge 100, D 4 – E 3
Uralsk = Oral 95, J 3
Uranium City 148, 1 D 2
Uraricoera 158, C 2
Urbino 15, K 6
Ureki 93, G 2
Urfahr-Umgebung 50, 1 F 2
Urgentsch 100, E 5
Urjupinsk 95, G 3
Url 22, E 3
Urla 92, C 3
Urmia (Orumiyeh) 106, C 2
Urmiasee 93, H 3
Uroševac 92, B 2
Urubupunga-Stausee 158, D 5
Uruguaiana 159, D 5/6
Uruguay (Fluss) 159, D 5
Uruguay (Staat) 162, 3 D 4
Uruk 106, C 2
Urumchi (Ürümqi) 114, C 2
Ürümqi = Urumchi 114, C 2
Urup 101, N 5
Uşak 92, D 3
Usambaraberge 139, D 2
Usbekistan 98, 1 D/E 3
Uschakow-Insel 100, F 1
Uschhorod 65, K 4
Usedom 70, J 2
Ush 94, D 3
Ushirombo 138, D 2
Ushorod 94, B 3
Ushuaia 159, C 8
Usinsk 100, D 3
Uslowaja 94, F 2
Usman 94, F 2
Usolje-Sibirskoje 101, J 4
Uspenka 100, F 5
Ussa 100, D 3
Ussurijsk 101, M 5
Ust-Bargusin 101, J 4
Ust-Ilimsk 101, H/J 4
Ust-Ilimsker Stausee 101, H/J 4
Ust-Ischim 100, E/F 4
Ust-Jansk 101, M 2
Ust-Kamenogorsk = Öskemen 100, G 4/5
Ust-Kamtschatsk 101, P 4
Ust-Kut 101, J 4
Ust-Labinsk 93, F 1
Ust-Maja 101, M 3
Ust-Nera 101, N 3
Ust-Port 100, G 2/3
Ust-Zilma 100, D 3
Uster 69, D 1
Ústí nad Labem = Aussig 64, F 3
Ustica 86, 1 D 5
Ustjurt-Plateau 100, D 5
Usuki 116, B 4
Usumacinta 154, 1 C 3
Utah 148, 1 C 4
Utena 63, 2 F 5
Utete 139, D 2
Utica 149, 1 G 3
Utiel 84, 1 E 4
Utrecht 78, E 2
Utrera 84, 1 C 5
Utschur 101, M 4
Utsjoki 62, 2 F 1
Utsunomiya 115, H/J 3
Utta 95, H 4
Uttaradit 114, D/E 5
Uttendorf 21, G 3
Uusikaupunki (Nystad) 62, 2 E 3
Uvira 138, C 2
Uvs Nuur 114, D 1
Uwa 95, K 1
Uwajima 116, C 4
Uwayl 137, E 4
Uxmal 154, 1 C 2
Uyuni 158, C 5
Uzaym 93, H 4
Užice 92, A 2

V

Vaal 138, C 4
Vaasa 62, 2 E 3
Vác 65, H 5
Vadodara 107, F 3
Vadsø 62, 2 G 1
Vaduz 69, E 1
Vaganski vrh 15, N 5
Váh = Waag 65, H 4
Vahrn (Varna, Italien) 20, E 4
Vailly 78, C 5
Vaison-la-Romaine 14, C 5
Val di Vizze = Pfitsch 20, D/E 4
Valdagno 15, J 4
Valdaora-Olang 21, E/F 4
Valdepeñas 84, 1 D 4
Val-d'Isère 14, E 4
Valdivia 159, B 6
Valdosta 149, 1 F 4
Valence 14, B 5
Valencia (Landschaft) 84, 1 E 4 – F 3
Valencia (Spanien) 84, 1 E 4
Valencia (Venezuela) 158, C 2
Valenciennes 78, C 4
Valera 158, B 2
Valga 63, 2 F 4
Valjevo 92, A 1
Valka 63, 2 F 4
Valladolid (Mexiko) 155, 1 D 2
Valladolid (Spanien) 84, 1 C 3
Valle de la Pascua 158, C 2
Valledupar 158, B 1
Vallenar 159, B 5
Valletta 136, D 1
Valli di Comacchio 15, J/K 5
Valluga 20, B 3
Valmiera 63, 2 F 4
Valmy 82, 1 F 2
Valparaíso 159, B 6
Vals 69, E 2
Van 106, C 2
Van Blommestein-See 158, D 2
Vancouver (Kanada) 148, 1 B 3
Vancouver (USA) 148, 1 B 3

Vancouver-Insel 148, 1 B 3
Vandoies = Vintl 20/21, E 4
Vänersborg 63, 2 C 4
Vänersee 63, 2 C 4
Vangaindrano 139, E 4
Vanimo 121, F 4
Vannes 82, 1 B 3
Vanrhynsdorp 138, B 5
Vansee 93, G 3
Vantaa 62, 2 F 3
Vanua Levu 126, 1 H 6
Vanuatu (Staat) 191, 1 S 5
Vanuatu = Neue Hebriden 126, 1 G/H 6
Var 14, E 6
Varanasi 107, G 3
Varanger-Halbinsel 62, 2 G 1
Varangerfjord 62, 2 G 1
Varaždin 86, 1 F 1
Varberg 63, 2 B/C 4
Vardar 92, B 2
Varde 63, 2 B 5
Vardø 62, 2 G 1
Vareš 87, 1 G 2
Varese 14, F 4
Vârful Pietrosu (bei Bistrița) 94, C 4
Vârful Pietrosu (nördliche Ostkarpaten) 94, C 4
Varginha 159, E 5
Varkaus 62, 2 F 3
Värmland 63, 2 C 4
Varna (Bulgarien) 92, C 2
Varna (Italien) = Vahrn 20, E 4
Värnamo 63, 2 C 4
Várzea Grande 158, D 4
Vaslui 94, C 4
Västerås 63, 2 D 4
Västerdalälven 62, 2 C 3
Västervik 63, 2 D 4
Vatikanstadt 51, 4 G 4
Vatnajökull 62, 1 C 1
Vatneyri 62, 1 A/B 1
Vatomandry 139, E 3
Vättersee 63, 2 C 4
Vaupés 158, B 2
Växjö 63, 2 C 4
Vechta 70, C 4
Vechte 78, F 2
Veendam 78, F 1
Veenendaal 78, E 2
Vega 62, 2 B/C 2
Veitsch (St. Barbara-) 25, F 2
Veitschalpe 25, F 2
Vejle 63, 2 B 5
Velden 24, D 4
Velebit 15, N 5
Velenje 15, N 3
Veles 92, B 2
Vélez-Málaga 84, 1 C 5
Velika Gorica 15, N/O 4
Velika Kladuša 15, N 4
Velika Kopa 15, N 3
Velika Polana 25, H 4
Veliko Târnovo 92, C 2
Vellach (Eisenkappel-Vellach-, Bela) 24, E 5
Vellach (Fluss) 24, E 4
Vellore 107, F 4
Velmerstot 70, C 5
Velsen 78, D 2
Veltlin 69, E 2 – F 2
Velturno = Feldthurns 20, E 4
Vence 14, E 6
Vendée 82, 1 C 3
Vendôme 82, 1 D 3
Venedig = Venezia 15, K 4
Venetien 15, J 4 – K 4
Venezia = Venedig 15, K 4
Venezianer Alpen 15, K 4
Venezuela 162, 3 C 2
Vénissieux 14, B 4
Venray 78, E 3
Vent (Sölden-) 20, C 4
Venta 63, 2 E 4
Ventimiglia 14, E 6
Ventotene 86, 1 D 4
Ventspils 63, 2 E 4
Veracruz 154, 1 C 3
Verbania 14, F 4
Vercelli 14, F 4
Vercors 14, C 4 – C 5
Verden 70, D 4
Verdon 14, D 6
Verdun 82, 1 F 2
Vereeniging 138, C 4
Vereinigte Arabische Emirate 98, 1 D 4
Vereinigte Staaten von Amerika 190, 1 D 2
Vereinigtes Königreich von Großbritannien und Nordirland 51, 4 E 3
Vermont 149, 1 G 3
Vermunt 20, B 4
Vernier 69, A/B 2
Vernon (Frankreich) 82, 1 D 2
Vernon (Kanada) 148, 1 C 2
Verona 15, H/J 4
Versailles 82, 1 D/E 2
Verviers 78, E 4
Vervins 78, C 5
Verwallgruppe 20, B 3
Vesterålen 62, 2 C 1
Vestfjord 62, 2 C 2
Vestmannaeyjar 62, 1 B 2
Vesulspitze 20, B 3/4
Vesuv 86, 1 E 4
Veszprém 65, G/H 5
Veurne 78, B 3
Vevey 69, B 2
Vézelay 82, 1 E 3
Viana do Castelo 84, 1 A 3
Vianen 79, 1 C 3
Viangchan = Vientiane 114, E 5
Viareggio 14, H 6
Vibo Valentia 86, 1 E/F 5
Viborg 63, 2 B 4
Vicenza 15, J 4
Vichada 158, B 2
Vichy 82, 1 E 3
Vicksburg 148, 1 E 4
Victoria (Kanada) 148, 1 B 3
Victoria (Seychellen) 139, F 2
Victoria (USA) 148, 1 E 5
Victoria de Durango 154, 1 B 2
Victoria West 138, C 5
Victoria-Insel 144, 1 F 2 – G 3
Victoria-Nil 137, F 4
Victorialand 167, 4 H/J 2
Victoriasee 138, D 2
Vidin 92, B 1
Viedma 159, C 7
Viehberg 22, E 2
Viehhofen 21, G 3
Vienne 14, B 4
Vienne (Fluss) 82, 1 D 3
Vientiane (Viangchan) 114, E 5
Vierwaldstätter Alpen 69, D 2
Vierwaldstätter See 69, D 2
Vierzon 82, 1 E 3
Vieste 86, 1 F 4
Vietnam 98, 1 G 5
Vigan 120, C/D 2
Vigevano 14, F 4
Vignola 15, H/J 5
Vigo 84, 1 A 2
Vijayawada 107, G 4
Vik 62, 1 C 2
Viktring (Klagenfurt-) 24, D 4
Vila Franca de Xira 84, 1 A 4
Vila Nova de Gaia 84, 1 A 3
Vila Real 84, 1 B 3
Vila Real de Santo António 84, 1 B 5
Vilaine 82, 1 C 2/3
Vilanova i la Geltrú 85, 1 F 3
Vilar Formoso 84, 1 B 3
Vilhelmina 62, 2 D 2
Vilhena 158, C 4
Viljandi 63, 2 F 4
Villa Ahumada 154, 1 B 1
Villa Krause 159, C 6
Villa María 159, C 6
Villabassa = Niederdorf 21, F 4
Villach 24, C 4
Villach-Land 50, 1 E 4
Villafranca di Verona 15, H 4
Villahermosa 154, 1 C 3
Villanders (Villandro) 20, D/E 4
Villandro = Villanders 20, D/E 4
Villard-de-Lans 14, C 4
Villarrica (Chile) 159, B 6
Villarrica (Paraguay) 159, D 5
Villavicencio 158, B 2
Villaviciosa 84, 1 C 2
Ville 70, A 6
Villefranche 14, B 4
Villena 84, 1 E 4
Villeneuve 69, B 2
Villeurbanne 14, B/C 4
Villgratner Berge 21, F 4
Villingen-Schwenningen 71, C 8
Villnöß (Funes) 20, E 4
Vilnius (hist. Wilna) 63, 2 F 5
Vils 20, C 2
Viña del Mar 159, B 6
Vinarós 84, 1 F 3
Vinces 158, B 3
Vinci 15, H 6
Vindelälven 62, 2 D 2
Vindhyagebirge 107, F 3
Vinh 114, E 5
Vinkovci 87, 1 G 2
Vinschgau 20, C 4
Vinsonmassiv 167, 4 O 2
Vintl (Vandoies) 20/21, E 4
Vipiteno = Sterzing 20, D 4
Virac 120, D 2
Viranşehir 93, F 3
Virginia 149, 1 G 4
Virginia Beach 149, 1 G 4
Vis 86, 1 F 3
Visaginas 63, 2 F 5
Visakhapatnam 107, G 4
Visby 63, 2 D 4
Višegrad 87, 1 G 3
Viseu 84, 1 B 3
Visp 69, C 2
Vispa 69, C 2
Viterbo 86, 1 C/D 3
Viti Levu 126, 1 H 6
Vitis 23, F 2
Vitória 159, E 5
Vitória da Conquista 158, E 4
Vitoria-Gasteiz 84, 1 D 2
Vitré 82, 1 C 2
Vitry-le-François 82, 1 F 2
Vittel 14, C 1
Vittorio Veneto 15, K 3/4
Vivarais 14, B 4 – B 5
Vivi 100, H 3
Vizianagaram 107, G 4
Vjosë 92, B 2
Vlaardingen 79, 1 A 3
Vleuten 79, 1 B/C 2
Vlieland 78, D 1
Vlissingen 78, C 3
Vlorë 92, A 2
Vöckla 22, B 4
Vöcklabruck 22, C 3
Vöcklamarkt 22, B 3
Vogelkopf 121, E 4
Vogelsberg 71, D 6
Vogesen 83, 1 G 2/3
Voghera 14, F/G 4
Vogtland 71, F 6 – G 6
Voi 139, D 2
Voiron 14, C 4
Voitsberg 25, F 3
Vojak 15, M 4
Vojvodina 87, 1 G 2 – H 2
Volders 20, E 3
Völkermarkt 24, E 4
Völkermarkter Stausee 24, D/E 4
Völklingen 71, A 7
Volos 92, B 3
Völs (Südtirol, Fiè) 20, D 4/5
Völs (Tirol) 20, D 3
Volta Redonda 159, E 5
Volta-Stausee 136, B 4
Volterra 15, H 6
Volturno 86, 1 D 4
Vomp 20, E 3
Voorburg 79, 1 A 2
Voorschoten 79, 1 A 2
Vopnafjord 62, 1 D 1
Voralm 22, E 4
Vorarlberg (Bundesland) 50, 1 A 2
Vorarlberg (Landschaft) 14, G 2 – H 2
Vorau 25, G 3
Vorchdorf 22, C 4
Vordernberg 25, E 3
Vorderrhein 69, E 2
Vorderstoder 22, D 4
Vorderweißenbach 22, D 2
Vormsi = Worms (Insel) 63, 2 E 4
Voss 62, 2 A 3
Vostock-Insel 127, 1 L 6
Vouziers 78, D 5
Vrbas 87, 1 F 2
Vrnograč 15, N 4
Vrsac 92, B 1
Vryburg 138, C 4
Vufflens 69, B 2
Vukovar 87, 1 G 2
Vulcano 86, 1 E 5
Vulkaninseln 115, J 4

W

Wa 136, B 3
Waag (Váh) 65, H 4
Waal 78, E 3
Waalwijk 78, D/E 3
Waardenburg 79, 1 C 3
Wabe Gestro 137, G 4
Wach 100, G 3
Wachau 23, F 3
Waco 148, 1 E 4
Wad Madani 137, F 3
Waddinxveen 79, 1 B 2
Wadi al-Malik 137, E 3
Wadi Azaouak 136, C 3
Wadi Djedi 136, C 1
Wadi Draa 136, B 2
Wadi el Hasa 108, 1 B 4
Wadi el Melik 137, E 3
Wadi Ha Arava 108, 1 B 4
Wadi Halfa 137, F 2
Wadi Hauran 93, G 4
Wadi Igharghar 136, C 2
Wadi Miyah 93, F 4
Wadi Mja 136, C 2
Wadi Musa 108, 1 B 4
Wadi Musa (Fluss) 108, 1 B 4
Wadi Rum 108, 1 B 5
Wadi Saoura 136, B 1/2
Wadi Tafassasset 136, C 2
Wadi Tamanrasset 136, C 2
Wadi Tharthar 93, G 4
Wadinsk 95, G 2
Waga 95, G 0
Wagna 25, G 4
Wagrain 21, H 3
Wagrainer Höhe 21, H 3
Wagram 23, G 3 – H 3
Wagrien 70, E 2
Waha 137, D 2
Wahran = Oran 84, 1 E 6
Waidhofen an der Thaya 23, F 2
Waidhofen an der Ybbs 22, E 4
Waidring 21, G 2
Waigatsch 100, D 2
Waigeo 121, E 3/4
Waikelo 120, C 4
Waingapu 120, D 4
Wainwright 148, 1 C 2
Waizenkirchen 22, C 3
Wajima 116, D 3
Wajir 139, E 1
Wakasabai 116, C 4
Wakayama 115, H 3
Wake 126, 1 G 3
Wakkanai 115, H/J 2
Walachei 92, C 1
Wałbrzych = Waldenburg (Polen) 64, G 3
Walchsee 21, F 2
Wald (Zürich) 69, D 1
Wald am Schoberpass 24, E 3
Waldai 94, E 1
Waldaihöhe 94, D 1 – E 1
Waldaist 22, E 3
Waldbach (Waldbach-Mönichwald-) 25, G 3
Waldegg 23, H 4
Waldenburg (Polen, Wałbrzych) 64, G 3
Waldenburg (Schweiz) 69, C 1
Waldenstein (Wolfsberg-) 25, E 4
Waldhausen (Niederösterreich) 23, F 2
Waldhausen (Oberösterreich) 23, E 3
Waldkarpaten 65, K 4 – L 4
Waldkirchen (Niederösterreich) 23, F 2
Waldkirchen (Oberösterreich) 22, C 3
Waldkogel 24, D/E 4
Waldkraiburg 71, G 8
Waldshut-Tiengen 71, C 9
Waldviertel 23, F 2 – G 2
Waldzell 22, B 3
Walensee 69, E 1
Walenstadt 69, E 1
Walentin 116, C 2
Wales 52, 1 C 3
Walfischbai (Walvis Bay) 138, B 4
Walfischrücken 169, 1 K 6 – K 7
Walgau 20, A 3
Walhalla 71, G 7
Walkenstein (Sigmundsherberg-) 23, G 2
Wall des Dschingis Khan 115, F 2 – G 2
Walla Walla 148, 1 C 3
Wallern 25, J 2
Wallersee 21, H 2
Wallis (Insel) 126, 1 J 6
Wallis (Landschaft) 69, C 2
Walliser Alpen 69, C 3 – D 2
Wallsee 22, E 3
Wals-Siezenheim 21, G 2
Walsall 80, E/F 4
Walsrode 70, D 4
Waluiki 94, F 3
Walvis Bay = Walfischbai 138, B 4
Wamba 137, E 4
Wamba (Fluss) 138, B 2
Wamena 121, E 4
Wanadsor 93, H 2
Wangen 71, D 9
Wangerooge 70, B 3
Wangqing 116, B 2
Wanxian 114, E 3
Warangal 107, F 4
Warburg 70, D 5
Wardha 107, F 3
Waren 70, G 3
Warendorf 70, B 5
Warmbad 138, C 4
Warnemünde (Rostock-) 70, F/G 2
Warnow 70, F 3
Warri 136, C 4
Warschau (Warszawa) 65, J 2
Warscheneck 22, D 4
Warstein 70, C 5
Warszawa = Warschau 65, J 2
Warta = Warthe 64, G 2
Wartberg (St. Barbara-) 25, F 2
Wartberg an der Krems 22, D 4
Wartberg ob der Aist 22, E 3
Warthe (Warta) 64, G 2
Warwick 80, E/F 4
Wasatchkette 148, 1 C 3 – C 4
Waschberg 23, H 3
Washington 149, 1 G 4
Washington (Bundesstaat) 148, 1 B 3
Washington-Insel = Teraina 127, 1 K/L 4
Wasjugaebene 100, F 4
Wasjugan 100, F 4
Waskaganish (Rupert House) 149, 1 G 2
Wassenaar 79, 1 A 2
Wasserkuppe 71, D 6
Watampone 120, D 4
Waterberg 138, B 4
Waterford (Port Láirge) 80, C 4
Wateringen 79, 1 A 2
Waterloo 78, D 4
Watford 80, F 5
Watrous 148, 1 D 2
Watsa 137, E 4
Wattenbach 20, E 3
Wattenmeer 78, E 1 – F 1
Wattens 20, E 3
Wattwil 69, E 1
Watzespitze 20, C 3/4
Watzmann 71, G 9
Waukawysk 94, C 2
Waw 137, E 4
Waw an-Namus 137, D 2
Wechsel 25, G 2 – G 3
Weda 121, D 3
Weddellmeer 167, 4 Q 2 – R 2
Weddellmeer Drift 167, 4 R 3 – S 3
Wedel 70, D 3
Weer 20, E 3
Weert 78, E 3
Weesen 69, E 1
Weesp 79, 1 C 2
Wegscheid (Mariazell-) 25, F 2
Weichsel (Wisła) 65, J 3
Weichselboden (Mariazell-) 25, F 2
Weiden am See 25, J 2
Weiden an der March 23, J 3
Weiden in der Oberpfalz 71, F/G 7
Weidenbach 23, J 3
Weifang 115, F 3
Weihai 115, G 3
Weikendorf 23, J 3
Weikertschlag (Raabs-) 23, F 2
Weiler 20, A 3
Weilhartsforst 22, A 3
Weimar 70, F 5/6
Weinan 114, E 3
Weinburg 25, G 4
Weinfelden 69, E 1
Weingarten 71, D 9
Weinheim 71, C 7
Weinsberg 23, F 3
Weinsberger Wald 23, E 3 – F 3
Weinviertel 23, G 3 – J 2
Weißbach 21, G 2
Weißeck 21, H 3
Weißenbach (Fluss) 24, B 4
Weißenbach (Niederösterreich) 23, H 4
Weißenbach (Tirol) 20, C 3
Weißenfels 70, F 5
Weißenkirchen 23, F 3
Weißensee 24, B 4
Weißenstein 24, C 4
Weißer Nil (Bahr al-Abiad) 137, F 3
Weißer Volta 136, B 3
Weißes Meer 62, 2 H 2
Weißhorn 69, C 2
Weißkirchen (Oberösterreich) 22, D 3
Weißkirchen (Steiermark) 24, E 3
Weißkugel (Palla Bianca) 20, C 4
Weißmeer-Ostsee-Kanal 62, 2 H 2
Weißrussland (Belarus) 51, 4 H 3
Weiten 23, F 3
Weitenbach 23, F 3
Weitensfeld 24, D 4
Weitersfeld 23, G 2
Weitersfelden 22, E 3
Weitra 22, E 2
Weiz 25, G 3
Welikaja 94, D 1
Weliki Nowgorod 94, D 1
Welikije Luki 94, D 1
Welkom 138, C 4
Wellington 126, 1 H 9
Wellington-Insel 159, B 7
Wells 148, 1 C 3
Wels 22, D 3
Wels-Land 50, 1 E 2
Welsberg (Monguelfo) 21, F 4
Welschnofen (Nova Levante) 20, E 5
Welser Heide 22, D 3
Wemberesteppe 138, D 2
Wendland 70, F 3
Wengen (La Valle) 21, E 4
Wenigzell 25, G 3
Wenns 20, C 3
Wenzhou 115, G 4
Weppersdorf 25, H 2
Werchnekolymsk 101, N/O 3
Werchojansk 101, M 3
Werchojansker Gebirge 101, L 3 – M 3
Werchowje 94, F 2
Werdau 70, G 6
Werfen 21, H 3
Werfenweng 21, H 3
Werkendam 79, 1 B 3
Wernigerode 70, E 5
Wernstein 22, B 3
Werra 70, E 6
Wertach 71, E 8
Wertheim 71, D 7
Wesel 70, A 5
Weser 70, D 5
Weserbergland 70, D 4 – D 5
Wesergebirge 70, D 4
Wesjegonsk 94, F 1
Wesjelyjstausee 95, G 4
West Palm Beach 149, 1 F 5
West Virginia 149, 1 F 4
Westalpen 83, 1 G 5 – H 3
Westbalkan 92, B 2
Westendorf 21, F 3
Westerschelde 78, C 3
Westerwald 71, B 6 – C 6
Westeuropäisches Becken 168/169, 1 H 3 – J 3
Westfriesische Inseln 78, D 1 – F 1
Westghats 107, F 3 – F 4
Westjordanland 108, 1 B 2/3
Westkap 138, B 5
Westkordillere 158, B 2
Westland 79, 1 A 2
Westliche Dwina 94, D 2
Westliche Morava 92, B 2
Westliche Sierra Madre 154, 1 B 1 – B 2
Westlicher Euphrat 106, B/C 2
Westlicher Großer Erg 136, B 2 – C 1
Westlicher Taurus 92, D 3
Westport 80, B 4
Westsajan 100, G 4 – H 4
Westsibirisches Flachland 53, 1 K 2 – K 3
Westsibirisches Tiefland 100, E 3 – H 3
Weststeirisches Hügelland 25, F 4
Westwind-Drift 167, 4 H 3
Wetar 120, D 4
Wetluga 95, H 1
Wetluga (Fluss) 95, H 1
Wetlushskij 95, H 1
Wetterau 71, C 6
Wettersteingebirge 20, C 3 – D 3
Wetuschski 95, H 1
Wetzikon 69, D 1
Wetzlar 71, C 6
Wewak 121, F 4
Wexford 80, C 4
Weyburn 148, 1 D 3
Weyer Markt 22, E 4
Weymouth 80, E 5
Weyregg 22, C 4
Wheeler Peak 148, 1 D 4
Whitehorse 144, 1 D 3
Wichita 148, 1 E 4
Wichita Falls 148, 1 D/E 4
Wick 80, E 1
Wicklow 80, C/D 4
Wicklow Mountains 80, C 4
Wiehengebirge 70, C 4
Wielands (Großdietmanns-) 22/23, E 2
Wien 23, H 3
Wien (Bundesland) 50, 1 H 2
Wien (Fluss) 23, H 3
Wien-Umgebung 50, 1 H 2
Wiener Becken 23, H 4 – J 3
Wiener Neustadt 23, H 4
Wiener Neustadt-Land 50, 1 G 3
Wiener Wald 23, G 3 – H 3
Wienerhöhe 22, B 3
Wieningerberg 23, F 2
Wieprz 65, K 3
Wieringerwerf 78, D/E 2
Wies 25, F 4
Wiesbaden 71, C 6
Wieselburg 23, F 3
Wiesen 25, H 2
Wiesenufer 95, H 3
Wiesmath 23, H 4
Wight 80, F 5
Wijk aan Zee 79, 1 A/B 2
Wil 69, E 1
Wildalpen 25, E 2
Wilde Kreuzspitze (Picco della Croce) 20, E 4
Wildendürnbach 23, H 2
Wildermieming 20, C/D 3
Wildgrat 20, C 3
Wildhorn 69, C 2
Wildon 25, G 4
Wildschönau 21, F 3
Wildshut (St. Pantaleon-) 22, A 3
Wildspitze 20, C 4

Wilejka 94, C 2
Wilfersdorf 23, J 2
Wilhelminagebirge 158, D 2
Wilhelmsburg 23, G 3
Wilhelmshaven 70, B/C 3
Wilhering 22, D 3
Wiljui 101, J 3
Wiljuisk 101, L 3
Wiljujskoe-Stausee 101, K 3
Wilkesland 167, 4 F 2 – G 2
Wilkizkistraße 101, H 2 – J 2
Willemstad 155, 1 F 3
Willendorf (Aggsbach-) 23, F 3
Williston 148, 1 D 3
Wilmington 149, 1 G 4
Wilna (Vilnius) 63, 2 F 5
Wilseder Berg 70, D 3
Wiltz 78, E 5
Wimitz 24, D 4
Wimpassing 23, H 4
Winchester 80, F 5
Windauer Ache 21, F 3
Windhaag 22, E 2
Windhuk 138, B 4
Windische Bühel (Slovenske gorice) 25, G 4
Windischeschenbach 71, F/G 7
Windischgarsten 22, D 4
Windsor 80, F 5
Windwardpassage 155, 1 E 2 – E 3
Winisk 148, 1 F 2
Winklern 24, A 4
Winnipeg 148, 1 E 3
Winnipeg-See 148, 1 E 2
Winnipegosissee 148, 1 D 2
Winnyzja 94, D 3
Winschoten 78, F/G 1
Winston-Salem 149, 1 F 4
Winterswijk 78, F 3
Winterthur 69, D 1
Winzendorf 23, H 4
Wipptal 20, D 3 – E 4
Wirzsee 63, 2 F 4
Wische 70, F 4
Wisconsin 148, 1 E 3 – F 3
Wise-Insel 100, F 2
Wisła = Weichsel 65, H 2
Wismar 70, F 3
Witim 101, K 4
Witim (Fluss) 101, K 4
Witimplateau 101, K 4
Witschuga 95, G 1
Wittenberge 70, F 3
Wittlich 71, A 6/7
Wittstock 70, G 3
Wizebsk 94, D 2
Wjasma 94, E 2
Wjasniki 95, G 1
Wjatka 95, J 1
Wjatskije-Poljany 95, J 1
Wladikawkas 106, C 1
Wladimir 95, G 1
Wladiwostok 101, M 5
Włocławek 65, H 2
Woerden 79, 1 B 2
Wölbling 23, G 3
Wolchow 94, E 1
Wolchow (Fluss) 94, E 1
Woleai-Atoll 121, F 3
Wolfau 25, H 3
Wolfern 22, D 3
Wolfgangsee 21, H 2
Wolfsbach 22, E 3
Wolfsberg 24, E 4
Wolfsburg 70, E 4
Wolfsegg 22, C 3
Wolfsthal 23, K 3
Wolfurt 20, A 3
Wolga 94, E 1
Wolga-Don-Kanal 95, G 3
Wolgaplatte 95, H 2 – H 3
Wolgast 70, H 2
Wolgodonsk 95, G 4
Wolgograd 95, G/H 3
Wolgograder Stausee 95, H 3
Wolhusen 69, C/D 1
Wolhynien 65, L 3 – M 3
Wolhynisch-Podolische Platte 52, 1 F 3 – F 4
Wölkerkogel 25, E 3
Wolkersdorf 23, J 3
Wollastonsee 148, 1 D 2
Wöllersdorf 23, H 4
Wollongong 126, 1 F 8
Wolnowacha 94, F 4
Wolodymyr-Wolynskyj 65, L 3
Wologda 94, F 1
Wolokolamsk 94, E 1
Wolotschanka 100, H 2
Wolshsk 95, H/J 2
Wolshskij 95, H 3
Wolsk 95, H 2
Woltschansk 94, F 3
Wolverhampton 80, E 4
Wolynien 94, C 3
Wolynisch-Podolische Platte 94, C 3 – D 3
Wölzer Bach 24, D 3
Wölzer Tauern 24, D 3
Wonju 116, A 3
Wonsan 115, G 3
Woodlark 121, G 4
Worcester (Großbritannien) 80, E 4
Worcester (Südafrika) 138, B 5
Wörgl 21, F 3
Workuta 100, E 3
Wormer 79, 1 B 1/2
Wormerveer 79, 1 B 2
Worms 71, C 7
Worms (Insel, Vormsi) 63, 2 E 4
Worona 95, G 2
Woronesch 94, F 3
Wörschach 24, D 2
Worskla 94, E 3
Wörth (Rohr bei Hartberg-) 25, H 3
Wörther See 24, D 4
Woskressensk 94, F 2
Wosnessensk 94, D 4
Wostok 167, 4 F 2
Wotkinsk 95, K 1
Wotkinsker Stausee 95, K 1
Woutschansk 94, F 3
Wrexham 80, E 4
Wrocław = Breslau 64, G 3
Wu Jiang 114, E 4
Wuhai 114, E 3
Wuhan 115, F 3
Wuhu 115, F 3
Wuktyl 100, D 3
Wulka 25, J 2
Wulkaprodersdorf 25, H/J 2
Wullersdorf 23, H 2
Wulzeshofen (Laa-) 23, H 2
Wümme 70, D 3
Wundschuh 25, F 4
Wunsiedel 71, F/G 6
Wunstorf 70, D 4
Wuntho 107, H 3
Wuoksa 62, 2 G 3
Wuppertal 70, B 5
Wursten 70, C 3
Würzburg 71, D 7
Wurzen 70, G 5
Wurzenpass 24, C 4
Wüste Juda 108, 1 B 3
Wüste Takla Makan 114, C 3
Wuwei 114, E 3
Wuxi 115, G 3
Wuyi Shan 115, F/G 4
Wuzhi Shan 114, E 5
Wuzhong 114, E 3
Wuzhou 114, F 4
Wyborg 62, 2 G 3
Wyk 70, C 2
Wyksa 95, G 2
Wyoming 148, 1 D 3
Wyschnij Wolotschok 94, E 1
Wytschegda 100, D 3

X

Xaafun 137, H 3
Xaçmaz 93, J 2
Xai-Xai 138, D 4
Xalapa Enriquez 154, 1 C 3
Xankändi (Stepanakert) 93, H 3
Xanthi 92, C 2
Xanthos 92, D 3
Xátiva = Játiva 84, 1 E 4
Xi'an 114, E 3
Xiamen 115, F 4
Xiangfan 115, F 3
Xianggang = Hongkong 115, F 4
Xiangtan 115, F 4
Xianyang 114, E 3
Xichang 114, E 4
Xigazê 114, C 4
Xingtai 115, F 3
Xingu 158, D 4
Xingyi 114, E 4
Xining 114, E 3
Xinjiang = Sinkiang 114, C 2
Xinxiang 115, F 3
Xizang = Tibet 114, C 3
Xuanhua 115, F 2
Xuanwei 114, E 4
Xudat 93, J 2
Xuguit Qi 115, G 2
Xuzhou 115, F 3

Y

Ya'an 114, E 3/4
Yabelo 137, F 4
Yabis 108, 1 B 2
Yacuiba 159, C 5
Yacyretá-Stausee 159, D 5
Yad Mordekhay 108, 1 A 3
Yafran 136, D 1
Yagishiri-Inseln 116, E 1
Yaizu 116, D 4
Yakima 148, 1 B 3
Yakoma 137, E 4
Yakumo 116, D/E 2
Yakushima 116, B 5
Yalinga 137, E 4
Yalova 92, D 2
Yalvaç 92, D 3
Yamagata 116, D/E 3
Yamaguchi 116, B 4
Yambio 137, E 4
Yamdena 121, E 4
Yamoussoukro 136, B 4
Yan'an 114, E 3
Yanbu al-Bahr 106, B 3
Yancheng 115, G 3
Yangambi 138, C 1
Yangjiang 115, F 4
Yangon = Rangun 107, H 4
Yangquan 115, F 3
Yangzhou 115, F 3
Yanji 115, G 2
Yantai 115, G 3
Yaoundé = Jaunde 136, D 4
Yap-Inseln 121, E 3
Yapen 121, E 4
Yapnaya = Jaffna 107, G 5
Yaqui 154, 1 B 2
Yaren 126, 1 G 4
Yarkand = Shache 114, B 3
Yarkand He 114, B 3
Yarlung (Tsangpo) 114, C 4
Yarmuk 108, 1 B 2
Yasuj 106, D 2
Yatsushiro 116, B 4
Yatta 108, 1 B 3
Yaviza 155, 1 E 4
Yawatahama 116, B 4
Yaxchilán 154, 1 C 3
Yaxian = Sanya 114, E 5
Yazd 106, D 2
Ybbs 23, F 3
Ybbs (Fluss, Ois) 22, E 3
Ybbsfeld 23, E 3 – F 3
Ybbsitz 23, E 4
Ye 107, H 4
Yecla 84, 1 E 4
Yei 137, F 4
Yellowknife 144, 1 F 3
Yellowstone 148, 1 D 3
Yellowstonesee 148, 1 C 3
Yen Bai 114, E 4
Yenice 93, F 3
Yeongdeok 116, B 3
Yeongju 116, B 3
Yerköy 92, E 3
Yeroham 108, 1 A 4
Yerupaja 158, B 4
Yerushalayim/Al-Quds = Jerusalem 108, 1 B 3
Yeşilhisar 93, E 3
Yeşilırmak (Grüner Fluss) 93, F 2
Yeşilyurt 93, F 3
Yeu 82, 1 B 3
Yevlax 93, H 2
Yibin 114, E 4
Yichang 114, E/F 3
Yichun 115, G 2
Yin Shan 114, E 2
Yinchuan 114, E 3
Ying He 115, F 3
Yingcheng 115, F 3
Yingkou 115, G 2
Yining (Gulja) 114, C 2
Yirshi 115, F 2
Yitulihe 115, G 1
Yiyang 115, F 4
Yıldızeli 93, F 3
Ylikitka 62, 2 G 2
Yogan 159, B/C 8
Yogyakarta 120, C 4
Yokkaichi 116, D 4
Yokohama 115, H 3
Yokosuka 116, D 4
Yokote 116, E 3
Yonago 116, C 4
Yongan 116, B 2
Yonghungbai 116, A/B 3
Yongilbai 116, B 3
Yonne 82, 1 E 3
York 80, F 4
York (Landschaft) 80, F 3
York Factory 148, 1 E 2
Yos Sudarso 121, E 4
Yosemitetal 148, 1 B 4 – C 4
Yotei 116, E 2
Yotvata 108, 1 A/B 5
Yozgat 92, E 3
Ypern (Ieper) 78, B 4
Ypichi 116, E 2
Yrghys 100, E 5
Yspertal 23, F 3
Ystad 63, 2 C 5
Yu Jiang 114, E 4
Yu Shan 115, G 4
Yuan Jian 114, F 4
Yuanling 114, E/F 4
Yubari 116, E 2
Yucatán 144, 1 H 8 – J 7
Yueyang 115, F 4
Yukon 144, 1 B 3
Yulin (Guangxi) 114, E 4 – F 4
Yulin (Shaanxi) 114, E 3
Yuma 148, 1 C 4
Yumen 114, D 3
Yumenshen 114, D 2
Yunak 92, D 3
Yunhe = Großer Kanal 115, F 3
Yünnan 114, D 4 – E 4
Yurimaguas 158, B 3
Yushu 114, D 3
Yuste 84, 1 C 3
Yusufeli 93, G 2
Yutian (Keriya) 114, C 3
Yverdon-les-Bains 69, B 2

Z

Zaandam 79, 1 B 2
Zaanstad 78, D 2
Zabid 106, C 4
Zabol 106, E 2
Zacatecas 154, 1 B 2
Zadar 15, N 5
Zafra 84, 1 B 4
Zagreb 15, N 4
Zagrosgebirge 106, C 2 – D 3
Zahedan 106, D/E 3
Zaire = Kongo (Fluss) 137, E 4
Zaječar 92, B 2
Zakhu 93, G 3
Zakopane 65, H 4
Zakynthos 92, B 3
Zala 15, O 3
Zalaegerszeg 15, O 3
Zalatun 115, G 2
Zaltan 137, D 2
Zaltbommel 79, 1 C 3
Zambezi 138, C 3
Zamboanga 120, D 3
Zamora 84, 1 C 3
Zamość 65, K 3
Zams 20, C 3
Záncara 84, 1 D 4
Zandvoort 78, D 2
Zanjan 106, C 2
Zaozhuang 115, F 3
Zapala 159, B 6
Zapopan 154, 1 B 2
Zaqatala 93, H 2
Zara 93, F 3
Zaragoza 84, 1 E 3
Zarand 106, D 2
Zaranj 106, E 2
Zard Kuh 106, C/D 2
Zaria 136, C 3
Zarrineh 93, H 3
Żary = Sorau 64, F 3
Zawarat = Zouérat 136, A 2
Zawiercie 65, H 3
Zaya 23, J 2
Zdolbuniv 65, M 3
Zduńska Wola 65, H 3
Zederhaus 21, H 3
Zederhaustal 21, H 3 – J 3
Zeebrugge 78, B/C 3
Zefa 108, 1 B 3
Zefat 108, 1 B 1
Zehn-Grad-Straße 107, H 5
Zeinisjoch 20, B 4
Zeiritzkampel 24, E 3
Zeist 78, E 2
Zeitz 70, G 5
Zell (Kärnten, Sele) 24, D 5
Zell am Moos 22, B 4
Zell am See 21, G 3
Zell am Ziller 21, E 3
Zell an der Pram 22, C 3
Zeller See 21, G 3
Zellerndorf 23, G 2
Zeltweg 24, E 3
Zembra 86, 1 C 6
Zemmgrund 21, E 3
Zenica 87, 1 F 2
Zentralafrikanische Republik 132, 4 B 2 – C 2
Zentralkordillere 158, B 2
Zentralmassiv 82, 1 E 4
Zermatt 69, C 2
Zernez 69, F 2
Zêzere 84, 1 B 4
Zgierz 65, H 3
Zhangjiakou 115, F 2
Zhangye 114, E 3
Zhanjiang 114, E/F 4
Zhaoqing 115, F 4
Zhaotong 114, E 4
Zhengzhou 115, F 3
Zhenjiang 115, F 3
Zhob 107, E 2
Zhongba 114, C 4
Zhuzhou 115, F 4
Zibo 115, F 3
Zielona Góra = Grünberg 64, F 3
Ziersdorf 23, G 2
Zigana-Pass 93, F 2
Zighen 137, E 2
Zigong 114, E 4
Ziguinchor 136, A 3
Zihuatanejo 154, 1 B 3
Zile 93, E 2
Žilina 65, H 4
Zillah 137, D 2
Ziller 21, E 3
Zillergrund 21, E 3 – F 3
Zillertal 21, E 3
Zillertaler Alpen 20/21, E 3 – F 3
Zillingdorf 23, H 4
Zimba 20, A 3
Zimljansk 95, G 4
Zimljansker Stausee 95, G 3
Zin 108, 1 B 4
Zinder 136, C 3
Zingst 70, G 2
Zinken 25, F 2
Zirbitzkogel 24, E 3
Zirknitzer See 15, M 4
Zirl 20, D 3
Zistersdorf 23, J 2
Zittau 70, J 6
Zitterklapfen 20, A 3
Žizdra 94, E 2
Zlatni Pjasâci (Goldstrand) 92, D 2
Zlín 65, G 4
Zna 95, G 2
Znaim (Znojmo) 64, G 4
Znojmo = Znaim 64, G 4
Znori 93, H 2
Zöbern 23, H 4
Zöbernbach 25, H 3
Zoetermeer 78, D 2
Zofingen 69, C 1
Zollfeld 24, D 4
Zomba 138, D 3
Zonguldak 92, D 2
Zouar 136, D 2
Zouérat (Zawarat) 136, A 2
Zrenjanin 92, B 1
Zschinwali 93, G 2
Zuckerhütl 20, D 4
Zudachar 93, H 2
Zufrittspitze (Gioveretto) 20, C 4
Zug 69, D 1
Zuger See 69, D 1
Zugspitze 20, C 3
Zújar 84, 1 C 4
Zululand 138, D 4
Zumbo 138, D 3
Zunyi 114, E 4
Zurabad 93, H 3
Zürich 69, D 1
Zürichsee 69, D 1
Zurndorf 25, K 2
Zürs (Lech-) 20, B 3
Zuwara 136, D 1
Zvolen 65, H 4
Zvornik 87, 1 G 2
Zwanenburg 79, 1 B 2
Zwedru 136, B 4
Zweibrücken 71, B 7
Zweisimmen 69, C 2
Zwentendorf 23, G 3
Zwettl (Fluss) 23, F 2
Zwettl (Kloster) 23, F 2
Zwettl (Niederösterreich) 23, F 2
Zwettl (Oberösterreich) 22, D 3
Zwickau 71, G 6
Zwickauer Mulde 70, G 6
Zwiesel 71, H 7
Zwischenwasser 20, A 3
Zwölferkofel (Croda di Tona) 21, F 4
Zwolle 78, F 2
Zypern (Insel) 106, B 2
Zypern (Staat) 51, 4 J 5

A

Abfallbeseitigung 39 (Wien), 48 ② (Ötztaler Alpen), 74 ① (Berlin), 123 ③ (Bali)
Abfluss 48 ① (Österreich)
Ablagerung 26/27 ① (Eiszeit), 87 ③ (Vulkan)
Aborigines 128 ② (Australien)
Abwasser 39 (Wien), 48 ② (Ötztaler Alpen), 74 ① (Berlin)
Agglomeration 34/35 (österr. Industrieräume), 60 ① (Europa), 75 ① (Rhein-Main), 147 ③ (USA)
Agrarindustrie 30 ① (Österreich)
Agrarkolonisation 165 ② (Amazonien)
Agrarrohstoffe 123 ② (Ölpalmen), 178 ② (Erde)
Agrarstruktur 30 ① (Österreich), 31 ④ (Flachgau)
Agrarwirtschaft 178 (Erde)
Alpenübergang → Pass
Alternative Energie 59 ③ (Europa), 77 (Mitteleuropa)
Altersaufbau 36 ② (Österreich), 40 ① (Wien), 147 ④ (USA), 186 ① (Erde)
Altstadt 41 ① (Linz), 49 ②, ③ (Steyr), 182 ③ (Jerusalem)
Analphabeten 188 ② (Erde)
Anbaugrenze 176/177 ① (Erde)
Aquakultur 156 ② (Honduras)
Arabische Liga 190 ②
Arbeitslosigkeit 147 ④ (USA)
Arbeitsmigration 60 ② (Europa), 122 ① (Asien), 185 ③ (Erde)
Aridität 134 ④ (Afrika)
ASEAN 190 ②
Asyl 185 ③ (Erde)
Atmosphäre 175 ③ (Allgemeine Zirkulation), 192 ①
Atoll 127 ③ (Marshall-Inseln)
AU (Afrikanische Union) 190 ②
Aufschüttungsfläche 109 ③ (Dubai), 119 ② (Hongkong), 123 ① (Singapur)
Ausländische Arbeitnehmer 60 ② (Europa), 85 ③ (El Ejido), 122 ② (asiatisch-pazifischer Raum)
Automobilindustrie 72/73 (Deutschland), 150/151 ③ (USA)

B

Bädertourismus 42 ③ (Bad Tatzmannsdorf)
Ballungsraum → Agglomeration
BAM (Baikal-Amur-Magistrale) 102/103 (Nordasien)
Bananenanbau 178 ① (Erde)
BENELUX 50 ③, 78 (physisch)
Besiedlung 128 ② (Australien), 147 ① (USA)
Bevölkerung
-Dichte 36 ① (Österreich), 60 ① (Europa), 79 ① (Niederlande), 98 ② (Asien), 132 ② (Afrika), 145 ② (Kalifornien), 147 ③ (USA), 162 ④ (Mittel-, Südamerika), 186/187 ② (Erde)
-Gruppen 128 ② (Australien), 147 (USA)
-Wanderungen 122 ② (Asien), 147 ②, ③ (USA), 164 ② (Brasilien), 185 ③ (Erde)
Bewässerung (Beispiele) 85 ② (Murcia), 85 ③ (El Ejido), 105 ① (Aralsee), 109 ① (Al-Hasa)
Binnenhafen 41 ① (Linz), 44 ① (Österreich)
Binnenwanderung 122 ② (China), 147 ②, ③ (USA), 164 ② (Brasilien), 185 ③ (Erde)
Biosphärenpark 46 ① (Österreich), 48 ② (Ötztaler Alpen)
Biotop 49 ① (St. Pölten)
Blumen 79 ① (Niederlande)
Bodentyp 31 ③ (Österreich), 57 ② (Europa)
Bodenversalzung 105 ① (Aralsee)
Borealer Nadelwald 176/177 ① (Erde)
Braunkohle 77 (Mitteleuropa), 179 ① (Erde)
Brunnenschutzgebiet 41 ① (Linz), 49 ① (St. Pölten)
Bruttoinlandsprodukt (BIP) 122 ② (Ostasien), 178 ② (Landwirtschaft)
Buddhismus 189 ③

C

CBD (Central Business District) 81 ③ (London), 152 ① (New York)
Christen 87 ② (Vatikan), 189 ③ (Erde)
City → Hauptgeschäftszentrum
Commonwealth of Nations 132 ④ (Afrika), 98 ① (Asien)
Container 79 ② (Rotterdam), 109 ③ (Dubai), 123 ① (Singapur), 184/185 ① (Erde)

D

Datumsgrenze 126/127 ①, 168/169 ①, 191 ③
Dauerfrostboden 166 ① (Arktis), 176/177 ① (Erde)
Degradation 123 ③ (Bali)
Deich 79 ① (Niederlande)
Delta (Beispiele) 15 (Po), 78 (Rhein), 95 (Wolga), 120 (Irawadi, Mekong)
Demographischer Wandel 36 ② (Österreich), 186 ③, 187 ④ (Erde)
Depression 95 (Kaspische Senke), 108 ① (Israel)
Dienstleistungszentrum 39 (Wien), 74 ① (Berlin), 75 ① (Rhein-Main)
Dienstleistung → Wirtschaftsabteilungen
Disparitäten 59 ② (Europa), 112 ① (Südasien), 122 ② (Asiatisch-pazifischer Wirtschaftsraum), 164 ② (Brasilien)
Dornstrauchsavanne 176/177 ① (Erde)
Drogen 105 ② (Afghanistan), 164 ① (Kolumbien)
Düne 79 ① (Randstad Holland)
Dürre 131 ② (El Niño/El Niña), 134 ④ (Afrika), 163 ④ (Nordostbrasilien)

E

EFTA 50 ③
Einkaufszentrum 37 ① (Dreiländereck Österreich – Slowakei – Ungarn)
Einwanderung 128 ② (Australien), 147 ① (USA)
Einzelhandel 49 ②, ③ (Steyr)
Eisdrift 166 ① (Arktis)
Eisenbahn 44 ② (Österreich), 45 ⑤ (Zentraleuropa), 147 ① (USA)
Eisenerzbergbau 179 ② (Erde)
Eiszeit 26/27 ② (Alpenländer), 53 ② (Europa), 170 ① (Erdgeschichte)
El Niño (El Niña) 131 ②, 163 ④ (Nordostbrasilien)
Energierohstoffe 59 ③ (Europa), 179 ① (Erde)
Entdeckungsreisen 162 ① (Mittel-, Südamerika), 166 ② (Arktis), 167 ⑥ (Antarktis)
Entsorgung 39 (Wien), 74 ① (Berlin), 76 ② (Ruhrgebiet)
Entwicklungsland 186/187 ②, 188 ① (Erde)
Erdachse (Rotationsachse) 166 ③
Erdbeben 53 ③ (Europa), 145 ② (Kalifornien), 168/169 ③, 170/171 ③ (Erde)
Erdmantel (-kruste) 168/169 ②, ③
Erdöl/Erdgas 109 ② (Golfstaaten), 110/111 (West - und Südasien), 150 ① (Alberta), 179 ① (Erde)
Erdzeitalter 26 ②, 170 ①
Ernährung 30 ① (Österreich), 178 ①, 188 ② (Erde)
Ethnische Gliederung 105 ② (Afghanistan), 147 ②, ④ (USA), 162 ③ (Mittel-, Südamerika)
Europäische Zusammenschlüsse 50 ③
EU (Europäische Union) 50 ③
Exosphäre 192 ①
Exploration 150 ① (Ölsandabbau), 179 ② (Erde)

F

Faltengebirge 53 ③ (Europa), 170/171 ② (Erde)
Farbige Bevölkerung 147 (USA), 162 ③ (Mittel-, Südamerika)
Favelas 164 ③ (Rio de Janeiro), 165 ③ (Brasília)
Fennosarmatia 53 ③
Ferntourismus 109 ③ (Dubai), 123 ③ (Bali), 182/183 ① (Erde)
Fernwasserversorgung 39 (Wien), 84/85 (Spanien), 140/141 (Libyen)
Festspielstadt 41 ② (Salzburg)
Flächennutzung 41 ① (Linz), 49 ① (St. Pölten)
Feuchtsavanne 176/177 ① (Erde)
Fjord 62/63 ② (Skandinavien), 63 ③ (Fjordküste)
Fleischwirtschaft 30/31 ③ (Österreich)
Flüchtlinge 105 ② (Afghanistan), 185 ③ (Erde)
Flughafen 75 ② (Frankfurt)
Flussoase 85 ③ (El Ejido), 105 ① (Amudarja, Syrdarja)
Flussregulierung 34 ① (Rheintal), 39 (Wien)
Flutkatastrophe 170/171 ③ (Erde)
Föhn 54 (Europa)
Folientreibhaus 85 ③ (El Ejido)
Forschungsreisen 166 ②, 167 ⑥ (Polargebiete)
Forstwirtschaft 176 ② (Erde)
Fragmentierte Stadt 109 ③ (Dubai), 112 ③ (Bangalore), 154 ② (Mexiko-Stadt)
Freihafen 109 ③ (Dubai)
Freizeitpark 61 ① (Europa)
Friedenssicherung 105 ② (Afghanistan)
Frontier 147 ① (USA)
Frostbelt (Frosttage) 146 ④ (USA)
Frühlingseinzug 55 ④ (Europa)
Fußgängerzone 9 ④ (Innsbruck), 40 ① (Wien), 41 ② (Salzburg), 49 ③ (Steyr)

G

Gartenbau 85 ③ (El Ejido)
Gated community (Condominio) 164 ③ (Rio de Janeiro)
Geburten (-rate, -defizit, -überschuss) 186 ③ (Erde)
Gemüseanbau 34 ① (Rheintal), 85 ③ (El Ejido)
Geologische Karte 26/27 ② (Alpenländer)
Geologisches Profil 27 ③ (Alpenländer), 145 ③ (Kalifornien)
Gewässerbelastung 48 ① (Österreich), 156 ② (Honduras)
Geysir 62 ① (Island)
Gezeiten (Tide) 226 ④ (Entstehung)
Glaziale Serie 26/27 ② (Alpenländer)
Gletscher 14/15 (Alpenländer), 16/17 (Alpen im Weltraumbild), 20/21 (Tirol), 45 ③ (Glocknermassiv), 46 ② (Hohe Tauern), 48 ② (Ötztaler Alpen), 53 ② (Europa), 62/63 (Skandinavien), 68 ① (Westalpen), 69 ① (Schweiz), 167 ④ (Antarktis), 183 ⑥ (Himalaya)
Global City 81 ②, ③ (London), 83 ②, ③ (Paris), 123 ① (Singapur), 152 ①, 153 ② (New York), 184/185 ① (Erde)
Globalisierung 112 ③ (Bangalore), 113 ②, ③ (Shanghai/Pudong), 122 ② (Arbeitsmigration), 184/185 ① (Erde)
Golfstrom 54 (Europa), 166 ① (Arktis), 175 ④ (Nordatlantik)
Gondwanaland 170 ①
Grundwasseranreicherung 49 ① (St. Pölten)
Grundwassergefährdung 85 ③ (El Ejido)
Grünlandwirtschaft 30 ① (Österreich), 31 ④ (Flachgau), 45 ③ (Glocknermassiv)
GUS (Gemeinschaft Unabhängiger Staaten) 50 ③ (Europa), 190 ② (Erde)

H

Hafen 41 ① (Linz), 44 ① (Österreich), 79 ② (Rotterdam), 109 ③ (Dubai), 119 ② (Hongkong), 152 ① (New York)
Halbwüste 57 ② (Spanien, Naher Osten, Kasachstan, Nordafrika), 176/177 ① (Erde)
Handel 178/179, 180/181 (Erde)
Hauptgeschäftszentrum (City) 39, 40 ① (Wien), 41 ① (Linz), 81 ③ (London), 83 ③ (Paris), 87 ② (Rom), 123 ① (Singapur), 152 ① (New York), 164 ③ (Rio de Janeiro), 182 ③ (Jerusalem)
Hauptstadt 38/39, 40 ① (Wien), 74 ① (Berlin), 165 ③ (Brasilia)
HDI (Human Development Index) 188 ① (Erde)
Heilbäder 8 ② (Schärding), 42 ③ (Bad Tatzmannsdorf), 61 ① (Europa), 68 ① (Westalpen)
Hightech-Standorte 59 ② (Europa), 74 ② (München), 112 ③ (Bangalore), 113 ③ (Pudong), 150 ② (Silicon Valley)
Himmelskunde 226/227
Hindus 189 ③
Hochdruckgebiet 131 ② (El Niño/La Niña), 163 ④ (Nordostbrasilien), 174 (Erde), 175 ④ (Nordatlantik), 192 ②-④ (Wetterbeobachtung)
Hochgeschwindigkeitsverkehr 44 ② (Österreich), 79 ① (Niederlande), 83 ② (Paris), 113 ② (Shanghai), 117 (Japan)
Höhenstufe der Vegetation 29 ④ (Alpen)
Holzwirtschaft 176 ② (Erde)
Huerta 85 ② (Murcia)
Human Footprint 58/59 ① (Europa), 122 ① (Asien)
Hunger 188 ② (Erde)
Hurrikan 146 ②, 149 ② (Karibik/USA)

I

Indianerreservation 147 ① (USA), 150 ① (Alberta)
Indioschutzgebiet 165 ② (Brasilien)
Industrieansiedlung 34/35 (österr. Industrieräume), 37 ① (Dreiländereck Österreich – Slowakei – Ungarn), 113 ② (Shanghai)
Industrieentwicklung 81 ① (Nord- und Mittelengland), 150 ② (Silicon Valley)
Industrieentwicklungsprogramm 113 ② (Shanghai)
Industriegasse 34 ① (Rheintal), 34 ② (Wiener Becken)
Industrieland 180/181, 186/187 ②, 188 ① (Erde)
Inlandeis 166/167 (Polargebiete)
Innertropische Konvergenz (ITC) 172 ②, 173 ④, 175 ③
Internet 150 ② (Silicon Valley), 184 ② (Erde)
Ionosphäre 192 ①
Islam 132 ① (Afrika), 189 ③ (Erde)
Isobare 149 ② (Hurrikan Katrina), 174 (Erde)
Isotherme 28 (Österreich), 54 (Europa), 104 ①, ② (Asien), 127 ⑤ (Australien), 130/131 ① (Ozean/Meerwasser), 134 ①, ② (Afrika), 146 ①, ② (Nord- und Mittelamerika), 163 ①, ② (Mittel-, Südamerika)

J

Jetstream 175 ③
Juden 182 ③ (Jerusalem), 189 ③ (Erde)

K

Kaffee 178 ① (Erde)
Kakao 178 ① (Erde)
Kalkalpen 26/27 ①, 27 ③ (Alpenländer), 68 ② (Alpengliederung)
Kalmen 174
Kaltfront 163 ④ (Nordostbrasilien), 192 (Wetterbeobachtung)
Kartennetzentwurf 193
Kaste 112 ② (Indien)
Kernenergie 59 ③ (Europa), 77 (Mitteleuropa)
Klimadiagramm 54, 163, 166/167, 172/173
Klimavariabilität 176/177 ① (Alpenraum)
Klimawandel 45 ③ (Glocknermassiv), 131 ② (El Niño, La Niña), 167 ⑤ (Antarktis), 176/177 ① (Alpen)
Klimazone 172/173 ① (Erde)
Kohle → Braunkohle, Steinkohle
Kolonien 98 ① (Asien), 132 ③ (Afrika), 147 ① (USA), 162 ② (Mittel-, Südamerika)
Kommunikation 184 ② (Erde)
Konflikte 105 ② (Afghanistan), 128 ② (Australien), 166 ② (Arktis-Hoheitsansprüche), 182 ③ (Jerusalem), 183 ⑤ (Sri Lanka)
Kontinentalklima 172/173 ① (Erde)
Kontinentalverschiebung 168/169, 170 ①, 170/171 ②, ③
Korallenriffe 127 ③ (Atoll)
Kraftfahrzeugverkehr 44 ①, 45 ④ (Österreich)
Kreisberegnung (Karusselbewässerung) 109 ① (Al Hasa)
Krill 167 ④ (Antarktis)
Kurort 42 ③ (Bad Tatzmannsdorf), 61 ① (Europa), 68 ① (Westalpen)

L

Lagune 17 (Adria), 127 ③ (Atoll)
Landflucht 164 ②, ③ (Brasilien)
Ländliche Siedlung 30 ② (Illmitz), 112 ② (Umbalacheri), 123 ② (Ophir)
Landnutzungssystem 177 ③ (Erde)
Landschaftsgürtel 176/177 ① (Erde)
Landschaftswandel 30 ② (Illmitz), 85 ③ (El Ejido), 105 ① (Aralsee), 124/125 ①, ② (Borneo), 156 ② (Honduras)
Landwirtschaftliche Nutzungsformen 30 ① (Österreich)
Lärmbelastung 75 ② (Frankfurt), 79 ① (Randstad Holland)
Lava 87 ③ (Vesuv), 127 ② (Hawaii)
Laurasia 170 ①
Lebenserwartung 187 ④ (Erde)
Lithosphäre 168 ②
Logistik 75 ② (Frankfurt), 79 ② (Rotterdam), 184/185 ① (Erde)
Löss 53 ② (Europa)
Luftbild 8 ① (Schärding), 9 ③ (Innsbruck)
Luftdruck 149 ② (Hurrikan), 174, 192 ②-⑥ (Europa)
Luftverkehr 44 ① (Österreich), 75 ② (Flughafen Frankfurt), 184/185 ① (Erde)

M

Magnetische Pole 166 ③
Mangrove 156 ② (Honduras)
Manufacturing Belt 150/151 ③ (USA)
Massengut 79 ② (Rotterdam)
Meeresströmung 54 (Europa), 166 ① (Arktis), 172/173 ① (Erde), 175 ④ (Nordatlantik)
Meerwasserentsalzung 85 ③ (El Ejido), 109 ② (Golfstaaten), 109 ③ (Dubai)
Megastadt 98 ② (Asien), 113 ② (Shanghai), 154 ② (Mexiko-Stadt), 186/187 ② (Erde)
Melioration → Bewässerung
Menschenrechte 185 ③ (Erde)
Mesopause/Mesosphäre 192 ①
Messe (Ausstellung) 74 ② (München), 113 ② (Shanghai)
Migration → Bevölkerung – Wanderungen
Milchwirtschaft 30 ① (Österreich), 31 ④ (Flachgau)
Minderheiten 50 ② (Europa/Sprachminderheiten), 147 ② (USA)
Mischlinge 162 ③ (Mittel-, Südamerika)
Mittelzentrum 37 ① (Dreiländereck Österreich – Slowakei – Ungarn)

Mond 226
Monsun 104 ④ (Vorderindien), 172 ②, 173 ④, 174 (Erde)
Moräne 26/27 ① (Alpenländer)

N

Nachhaltigkeit 49 ① (St. Pölten), 176 ② (Erde)
Nadelwald 176/177 ① (Erde)
Naherholung 30 ② (Illmitz), 42 ③ (Bädertourismus), 43 ④, ⑤ (Winter-/Sommertourismus), 46 ②, 47 (österr. Nationalparks), 68 ① (Westalpen)
Nahrungsmittel 178 ①
Nahrungsmittelindustrie 30 ① (Österreich), 178 ① (Erde)
NATO 105 ② (Afghanistan), 190 ② (Erde)
Naturgefahren 48 ① (Österreich), 48 ② (Ötztaler Alpen), 145 ② (Kalifornien), 170/171 ②, ③ (Erde)
Naturpark, Naturschutzgebiet, Nationalpark 37 ① (Dreiländereck Österreich – Slowakei – Ungarn), 46/47 (österr. Nationalparks), 48 ② (Ötztaler Alpen), 81 ① (Nord- und Mittelengland), 123 ③ (Bali), 150 ① (Alberta), 156 ② (Honduras)
Neulandgewinnung 109 ③ (Dubai), 119 ② (Hongkong), 123 ① (Singapur)
New Town 119 ② (Hongkong), 123 ① (Singapur)
Nord-Süd-Gefälle 188 (Erde)
Nutzungskonflikt 30 ② (Illmitz), 79 ① (Randstad Holland), 123 ③ (Bali), 150 ① (Alberta)

O

OAS (Organisation Amerikanischer Staaten) 190 ②
Oase 109 ① (Al Hasa), 182 ② (Gizeh), 176/177 ① (Erde)
Oberzentrum 37 ① (Dreiländereck Österreich – Slowakei – Ungarn)
Obstanbau 30 ② (Illmitz), 32/33, 34/35 (Österreich), 79 ① (Niederlande), 85 ② (Murcia), 85 ③ (El Ejido), 178 ① (Erde)
OECD 184/185 ① (Erde)
Offshorebereich 109 ② (Golfstaaten), 110 (Naher Osten)
Okklusion 192 ②-④
Ökologischer Landbau 57 ③ (Europa), 157 ③ (Kuba)
Ökosysteme 176/177 ①
OPEC 179 ① (Erde)
Oszillation 175 ③
Ozon 175 ③ (Erde)

P

Packeis 166/167 (Polargebiete)
Pangäa 170 ①
Pass (Alpenübergang) 14/15, 44 ①
Passat 163 ④ (Nordostbrasilien), 172 ②, 173 ④, 174, 175 ③ (Erde), 175 ④ (Nordatlantik)
Physische Karte 12
Pilger 87 ② (Rom), 182/183 ① (Erde)
Planeten 227
Plantage 123 ② (Ophir)
Plattentektonik 168/169 ③, 170/171 ③
Polarlicht 192 ①
Polarregion 166/167
Primärenergieverbrauch 179 ① (Erde)
Primärer Sektor → Wirtschaftsabteilungen

R

Raffinerie 79 ② (Rotterdam), 109 ② (Golfstaaten), 109 ③ (Dubai), 110 (Naher Osten), 150 ① (Alberta)
Raumordnung 37 ① (Dreiländereck Österreich – Slowakei – Ungarn), 49 ① (St. Pölten), 59 ② (Europa), 79 ① (Randstad Holland), 83 ② (Paris), 119 ② (Hongkong)
Regenerative Energie 59 ③ (Eurpa), 77 (Mitteleuropa)
Regenfeldbau 123 ③ (Bali)
Regenzeit 104 ④ (Vorderindien), 172 ②, 173 ④ (Erde)
Regionalplanung 49 ① (St. Pölten), 49 ②, ③ (Steyr)
Reisebilanz 42 ② (Österreich), 183 ④ (Europa)
Religionen 189 ③ (Erde)
Religionskonflikt 182 ③ (Jerusalem)
Rekultivierung 105 ① (Aralsee)
Reservation 128 ② (Australien), 147 ① (USA), 150 ① (Alberta)
Rodung 124/125 ①, ② (Borneo), 165 ① (Amazonien)
Rohstoffabhängigkeit 179 ②, 180 ②, 181 ③ (Erde)
Roll-on/Roll-off-Anlage → Hafen
Römersiedlung 87 ② (Rom)
Rossbreiten 174

S

Sahel 135 (Afrika)
Salzgarten 119 ② (Hongkong)
Salzpfanne (-see) 126/127 ① (Australien), 136/137 (Nordafrika)
Satellitenbild 16/17 (Alpenländer), 38 (Wien), 192 ②-④ (Wetter)
Satellitenbildkarte 10 ① (Zell am See)
Säuglingssterblichkeit 187 ④
Savanne 176/177 ①
Schalenbau der Erde 168 ②
Schichtstufenland 26/27 ① (Alpenländer)
Schiiten 189 ③
Schleuse (Siel) 113 ① (Jangtsekiang)
Schwarzerde 31 ③ (Österreich), 57 ② (Europa)
Schwellenland 186/187 ②, 188 ① (Erde)
Seebad 47 ③ (Neusiedler See), 61 ① (Europa), 79 ① (Niederlande), 81 ① (Nord-, und Mittelengland)
Seebeben 170/171 ③
Segregation 164 ③ (Rio de Janeiro)
Seilbahn, Sessellift 43 ④ (Kirchberg in Tirol), 45 ③ (Glocknermassiv), 46 ②, 47 ④ (österr. Nationalparks), 48 ② (Ötztaler Alpen), 123 ① (Singapur), 164 ③ (Rio de Janeiro)
Sekundärer Sektor → Wirtschaftsabteilungen
Sklaven 147 ① (USA)
Slums 112 ③ (Bangalore), 154 ② (Mexiko-Stadt), 164 ③ (Rio de Janeiro), 165 ③ (Brasilia)
Sommertourismus 43 ⑤ (Pörtschach)
Sonnenscheindauer 146 ④ (USA), 226 ⑥ (Tagesbogen der Sonne)
Sprachen 50 ② (Europa), 189 ④ (Erde)
Stadtkern 9 ④ (Innsbruck), 40 ① (Wien), 41 ① (Linz), 41 ② (Salzburg), 49 ① (St. Pölten), 49 ②, ③ (Steyr)
Stadtklima 49 ① (St. Pölten)
Stadtlandschaft 76 ② (Ruhrgebiet), 79 ① (Randstad Holland), 81 ② (London), 83 ② (Paris), 113 ② (Shanghai)
Stadtplan 9 ④ (Innsbruck)
Stadtsanierung (-umbau) 49 ②, ③ (Steyr), 109 ③ (Dubai)
Stadtstaat 123 ① (Singapur)
Stadtviertel (-teil) 8 ② (Schärding-Innviertel), 40 ② (Wien-Inzersdorf)
Stahlerzeugung 76 (Ruhrgebiet), 96/97 (Russland/Ukraine), 118/119 ① (Ostchina/Korea/Japan), 150/151 ③ (USA)
Stausee 11 ③, ④ (Hauptspeicher Kölnbrein), 76 ② (Sauerland), 45 ③ (Glocknermassiv), 105 ① (Aralsee), 113 ① (Jangtsekiang), 119 ② (Hongkong)
Steinkohle 59 ③ (Europa), 76 (Ruhrgebiet), 77 (Mitteleuropa), 81 ① (Nord-, und Mittelengland), 150/151 ③ (USA), 170 ①, 179 ① (Erde)
Sterberate 186 ③, 187 ④
Steuerparadies 184/185 ①
Straßendorf 30 ② (Illmitz), 43 ⑤ (Pörtschach), 112 ② (Umbalacheri)
Straßenkarte 11 ④ (Tauernautobahn)
Stratosphäre, Stratopause 192 ①
Stromerzeugung 59 ③ (Europa), 77 (Mitteleuropa)
Strukturschwaches Gebiet 30 ② (Illmitz), 31 ④ (Flachgau)
Strukturwandel 30 ② (Illmitz), 31 ④ (Flachgau), 37 ① (Dreiländereck Österreich – Slowakei – Ungarn), 49 ① (St. Pölten), 81 ① (Nord-/ Mittelengland)
Subduktion 168/169 ③, 170/171 ②
Subtropen 172/173 ①, 175 ③ (Windsysteme)
Sunbelt 59 ② (Europa), 146 ④ (USA)
Sunniten 189 ③

T

Tagebau 150 ① (Ölsandabbau)
Tagesklima 163 ①, ② (Belem, Quito)
Tageslänge 172 ②, 173 ④
Taifun 104 ② (Asien)
Taiga 102/103 (Sibirien), 176/177 ① (Erde)
Telefondichte 184 ② (Erde)
Tertiärer Sektor → Wirtschaftsabteilungen
Thermalquelle 62 ① (Island), 87 ③ (Golf von Neapel)
Thermoisoplethendiagramm 163 (Mittel-, Südamerika)
Tide (Gezeiten) 226 ④ (Entstehung)
Tiefdruckgebiet 131 ② (El Niño/La Niña), 163 ④ (Nordostbrasilien), 174 (Erde), 175 ④ (Nordatlantik), 192 ②-④ (Wetterbeobachtung)
Tiefengestein 26/27 ① (Alpenländer)
Tiefseebecken/-graben 168/169, 170/171 ②
Topographische Karte 10 ② (Zell am See)
Tourismus 30 ② (Illmitz), 41 ② (Salzburg), 42 ① (Österreich), 42 ③ (Bädertourismus), 43 ④, ⑤ (Winter-/Sommertourismus), 46 ②, 47 (österr. Nationalparks), 61 ① (Europa), 61 ② (Balearen), 68 ① (Westalpen), 109 ③ (Dubai), 123 ③ (Bali), 182/183 (Erde, Gizeh, Jerusalem, Sri Lanka, Himalaya)
Transamazonica 158 (Südamerika)
Treibeis 166/167 (Polargebiet)
Trichtermündung (Ästuar) 70 (Elbe), 80 (Themse)
Trockenklima 134 ④ (Afrika), 163 ④ (Nordostbrasilien), 172/173 ① (Erde)
Trockenwald 176/177 ①
Tropischer Regenwald 165 ①, ② (Amazonien), 176/177 ① (Erde)
Troposphäre, Tropopause 192 ①
Tsunami 170/171 ③
Tundra 102/103 (Sibirien), 176/177 ① (Erde)

U

Umweltbelastung 48 ① (Österreich), 156 ② (Honduras)
UN (Vereinte Nationen) 190 ①, 224/225
Urbevölkerung 132 ① (Afrika), 147 ① (USA), 162 ① (Mittel-, Südamerika)
Urkontinent 170 ①
Urstromtal 26/27 ① (Alpenländer)

V

Variskisches Gebirge 53 ③ (Europa), 170/171 ② (Erde)
Vegetationsstufe → Höhenstufe
Verbundwirtschaft 59 ③ (Europa), 77 (Mitteleuropa/Energie)
Vereinte Nationen → UN
Verkehrsbelastung 44 ① (Österreich), 45 ④, ⑤ (Zentraleuropäische Fernverbindungen)
Verkehrserschließung 37 ② (Dreiländereck Österreich – Slowakei – Ungarn), 165 ①, ② (Amazonien)
Versorgung (Wasser, Strom) 39 (Wien)
Verwerfung 26/27 ① (Alpenländer), 145 ②, ③ (Kalifornien)
Viehwirtschaft 30 ① (Österreich), 31 ④ (Flachgau), 165 ② (Amazonien)
Vielvölkerstaat 105 ② (Afghanistan)
Viertelsbildung 164 ③ (Rio de Janeiro), 165 ③ (Brasília), 182 ③ (Jerusalem)
Ville Nouvelle 83 ② (Paris)
Vulkanismus 27 ③ (Albvulkan), 53 ③ (Europa), 62 ① (Island), 87 ② (Vesuv), 127 ② (Hawaii), 168/169 ③, 170/171 ③ (Erde)

W

Wadi 136/137, 138/139 (Afrika)
Waldschäden 48 ① (Österreich)
Wanderkarte 11 ③ (Ankogelgruppe)
Wanderungsgewinn (-verlust) 36 ③ (Österreich), 164 ② (Brasilien)
Wanderweg 11 ③ (Wanderkarte), 43 ⑤ (Pörtschach), 46 ②, 47 (österr. Nationalparks), 48 ② (Ötztaler Alpen)
Warmfront 149 ② (Hurrikan Katrina), 192 (Wetterbeobachtung)
Wasserferntransport → Fernwasserversorgung
Wasserkraftwerk 39 (Wien), 77 (Mitteleuropa), 105 ① (Aralsee), 113 ① (Jangtsekiang)
Wasserschutzgebiet 46 ① (Österreich), 119 ② (Hongkong)
Wasserstraße 44 ① (Österreich)
Wasserverschmutzung → Gewässerbelastung
Wasserwirtschaft 113 ① (Jangtsekiang), 119 ② (Hongkong)
Watt 150 ② (Silicon Valley)
Weinbau 30 ② (Illmitz), 32/33 (Österreich), 34 ② (Wiener Becken), 39 (Wien), 47 ③ (Neusiedler See), 56/57 ① (Europa)
Weltall 226/227
Welthandel 178, 180/181, 184/185 ①
Weltraumbild → Satellitenbild
Wetter 149 ② (Hurrikan Katrina), 192 ②-⑥
Windenergie 59 ③ (Europa)
Windhäufigkeit/-richtung 55 (Europa), 154 ② (Mexiko-Stadt)
Windschutzstreifen 109 ① (Al Hasa)
Wintersportzentrum 43 ④ (Kirchberg in Tirol), 61 ① (Europa), 68 ① (Westalpen)
Wintertourismus 43 ④ (Kirchberg in Tirol)
Wirbelsturm 104 ② (Asien), 146 ② (Nordamerika), 149 ② (Hurrikan Katrina)
Wirtschaftsbündnis 50 ③ (Europa), 179 ①, 184/185 ① (Erde)
Wirtschaftsabteilungen/-sektoren 58/59 ① (Europa), 122 ① (Asien), 180/181 ①, 184/185 ① (Erde)
Wirtschaftszone 166 ② (Arktis), 180/181 ① (Erde)
Wüste 57 ② (Naher Osten, Kasachstan, Nordafrika), 110/111 (West- und Südasien), 140/141, 142/143 (Afrika), 176/177 ① (Erde)

Z

Zechenstilllegung 76 ② (Ruhrgebiet)
Zeitzonen 191 ③
Zenitstand der Sonne 172 ②, 173 ④, 226 ⑥ (Tagesbogen der Sonne)
Zentralalpen 26/27 ①, 27 ③ (Alpenländer), 68 ② (Alpengliederung)
Zentrale Orte 37 ① (Dreiländereck Österreich – Slowakei – Ungarn)
Zuckerraffinerie 157 ③ (Kuba)
Zuwanderung 60 ① (Europa), 122 ② (Asien), 185 ③ (Erde)

1 Mond–Vorderseite

2 Erde aus Mondsicht

3 Mondphasen

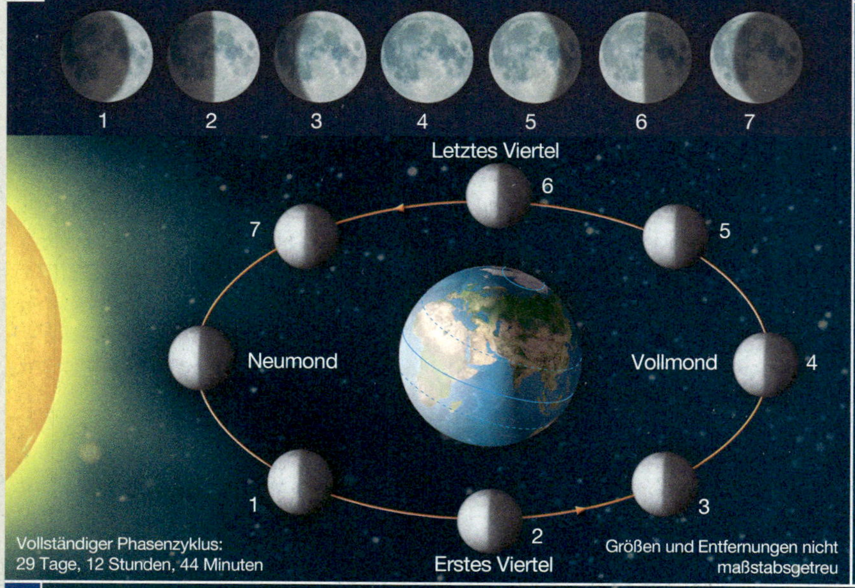

4 Entstehung der Gezeiten

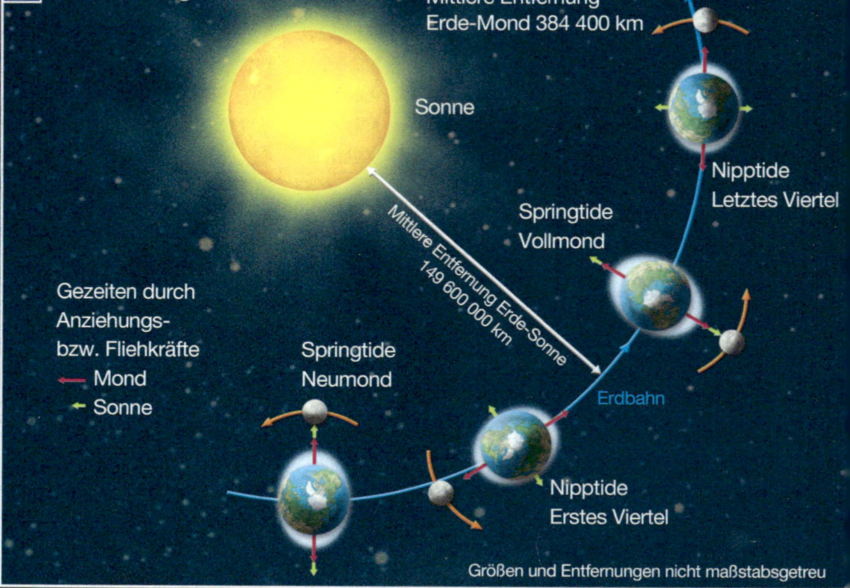

5 Bahn der Erde um die Sonne

6 Tagesbogen der Sonne

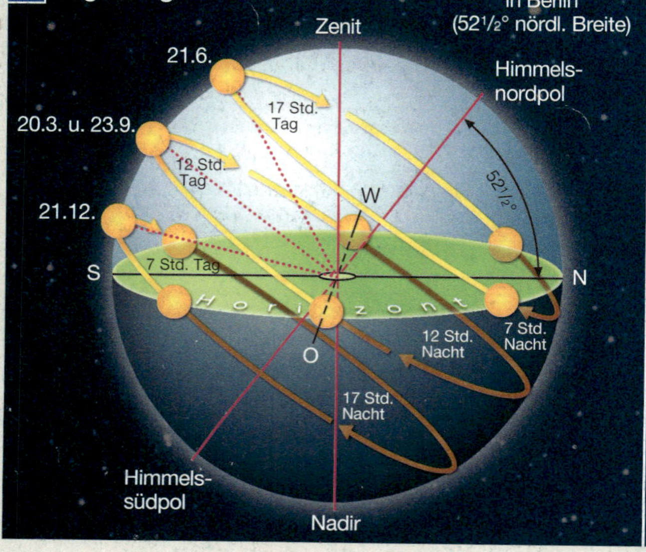

7a Mondfinsternis

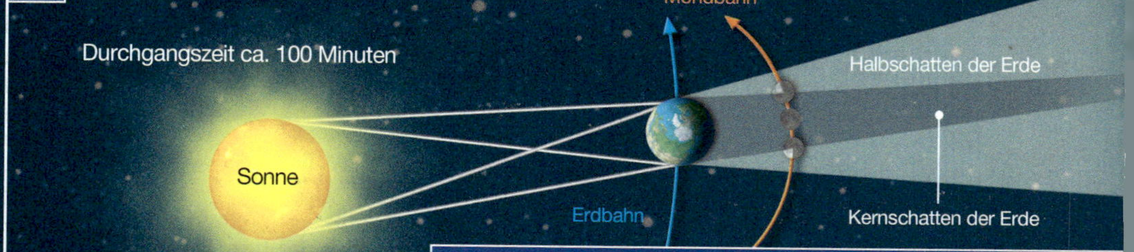

Da die Mondbahn gegenüber der Erdbahn um 5° geneigt ist, wandert der Mond am Erdschatten (7a) bzw. der Mondschatten an der Erde (7b) meist vorbei.

7b Sonnenfinsternis

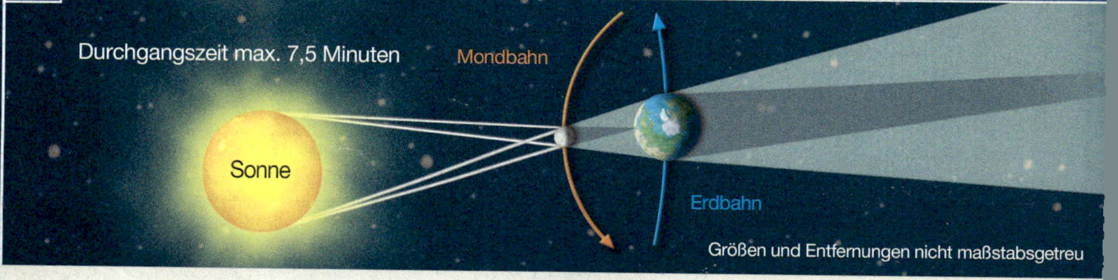